数学花园探秘（原“迎春杯”）全国组委会官方指定教参
中国数学资优教育协作体教练员等级认证指定用书

小学数学资优教育年鉴
MO2024

刘嘉 付谦◎主编

长江出版传媒
湖北科学技术出版社

中国数学资优教育协作体。

裘宗沪
28/12/2007

祝中国数学资优教育
继往开来，再展辉煌

赠刘嘉老弟
越干越好

裘宗沪
二〇一六.十月十八日

中国数学资优教育协作体顾问

裘宗沪 中国科学院数学与系统科学研究院研究员，前中国数学奥林匹克委员会常务副主席、中国数学会普及工作委员会主任。

余其煌 中国科学院数学与系统科学研究院研究员，原全国“华罗庚金杯”少年数学邀请赛主试委员会副主任。

陶晓永 北京教育学院副教授

序言一

·1. 数学资优教育·

700 多年前，英国思想家罗吉尔·培根提出："数学是科学的大门和钥匙。"发展到今天，数学越来越呈现出其重要的基础地位，就科学角度而言，已几乎表现为自然科学、社会科学、数学三足鼎立的独立的科学体系。

数学竞赛是普及数学知识、推广数学文化、选拔数学人才、提高数学水平的一种形式。虽然参加竞赛的只是少数学生，但是通过竞赛传播了科学的数学思维方式，对人类文明的发展以及个人的人生发展起到了至关重要的作用。

在数学竞赛中没有失败者，参加数学竞赛取得成绩固然可喜，体验成功也会带给我们自信；但遭遇挫折、积累感受更是人生的宝贵财富。人生就是一道数学题，解题会遇到困难，人生会遇到挫折。遇到困难并不可怕，可怕的是你没有面对困难的勇气和解决困难的信心。做什么事都会遇到挫折和失败的挑战，只有勇敢地去迎接挑战并战胜它才能获得成功，才能为自己短暂的人生增添夺目的光彩！

学习数学、参加竞赛并不是将来一定要去当数学家，但是通过学习不仅可以拓展我们的思维，还可以让我们在学习中感受到数学的精神和文化。这样学习数学就不仅仅是掌握一门工具，而是把数学作为素质教育的载体，用数学的思想、数学的哲理与数学的精神来丰富人的智慧，为人生发展奠定坚实的基础，这远比在一次竞赛中获奖更为宝贵。

数学竞赛是数学资优教育的有机组成部分，资优教育可以从两个方面来理解：

一方面，资优教育就是针对资质优秀的孩子进行因材施教，使之潜能得到最大限度的开发，从而成为出类拔萃的人才。

另一方面，大部分孩子的天资是没有多大差异的，但是后天的教育可以使他们的人生出现差异。资优教育，就是用科学的方法，将普及与提高相结合，帮助每一个孩子增长智慧、追求卓越、成就人生。

·2. 一套书，两代人的数学资优教育情怀·

2007 年 10 月，我与天津华英学校的李忠校长自驾游川藏线，过康定后，我俩一边驾车穿行于连绵起伏的群山之中，一边畅聊数学教育，有感于当时小学数学资优教育领域缺乏一本能够帮助教师、学生及家长及时了解小学数学竞赛命题风格、命题方向及竞赛标准的资料。我们商议旅程结束后，聚集一批国内从事小学数学资优教育的专家同仁们，汇编一册能够反映当年国内外重要的小学数学竞赛试题，为数学爱好者拓展思维、形成特长、培养竞赛技能提供一份即时、实用、系统、权威的资料，以帮助他们全面掌握竞赛知识并了解数学资优教育。

旅程结束后，我们把这个设想与为中国数学竞赛事业的发展做出巨大贡献的裘宗沪教授进行了沟通，得到他悉心的指导并欣然题词“中国数学资优教育协作体”。同时，也得到了中国奥数教育权威专家余其煌教授、陶晓永副教授及“华杯赛”组委会副主任兼办公室主任唐保玲女士的关心与支持，国内这方面的青年专家与同仁也积极地响应！由此，第一本《小学数学竞赛年鉴：MO2007》诞生了！

弹指一挥间，《小学数学竞赛年鉴》今年已经出版到第 17 个年头了。这么多年，一路走来，一路感慨，一路感悟：

数学的美观，让这份事业愉悦；

数学的美好，让这份事业灿烂；

数学的美妙，让这份事业璀璨；

数学的完美，让这份事业辉煌！

感受数学中美的旋律，感动数学教育中一路同行的你和他！其中留下的每一份试题、每一个命题构思都是中国数学资优教育工作者们纯真与执着的数学教育情怀的写照，正是这种纯真与执着融入了我们的事业，奏响了我们事业征程的号角，让事业走向永恒。

今年，《小学数学资优教育年鉴：MO2024》分 3 个版块展现给读者。

第一版块：览胜探幽·2024 年真题在线

这一部分汇集了 2024 年国内重要的小学数学竞赛试题。其中大部分试题是由一群活跃在中国“奥数江湖”的高智商精英们在数学思想与方法、数学游戏方面的精妙数学思考与创造。“奇思妙想、微言大义、意蕴隽永”的命题风格让学生能够从解题经历中探究和感悟到数学中精微、本质的数学思想。

第二版块：历事炼心·2024 年模拟题精选

我们特邀：

谢堉绚(福州)；

李　巍(广州)；

李冰莹(广州)；

曹晓勇(武汉)；

王天喜(广州)；

马　维(沈阳)。

这 6 位年轻有为、风华正茂的“80 后”“90 后”(学生时代的竞赛党！)且有着丰富的奥数学习与教育经历的奥数教练为读者提供了 6 套高质量的模拟题。这些不落俗套的试题，可以很好地考查学生原生态思维。

第三版块：钩沉索隐·热门专题名师讲堂

2020 年 9 月上旬，疫情管制解除后，云南昆明乐之培优校长刘祖相盛情邀请我和全国“数学花园探秘”(原“迎春杯”)科普活动秘书长严红权赴昆明小憩。在昆明期间，严红权秘书长同时组织北京、广州与武汉等地区的资深奥数教练在昆明乐之培优对云南地区部分青年奥数教练进行了为期一周的师训。师训活动的主要目的是从下面几个方面为青年教师打开数学教育的视角、提升青年教师的专业能力与职业素质：

一是梳理小学奥数的知识结构；

二是介绍奥数中的经典思维方法与技巧；

三是了解奥数知识点的来龙去脉与前世今生。

这部分授课内容就构成了本书的第三个版块——钩沉索隐·热门专题名师讲堂。2020年新增的这个版块一经出版，深受广大奥数教练的青睐。所以，我们决定在以后出版的年鉴中把这个版块固定下来。

今年，我们呈现给广大读者的专题是：

1.宏观控制　统揽全局（一）——寻找复杂问题的直观呈现…………北京·班　昌

2.直角三角形内接正方形 ……………………………………北京·李兆伟

3.几何与几何学习——小学课外培训视角下的几点思考与建议 ………北京·饶海波

4.构造论证中的趣味巧思 ……………………………………北京·史子贤

5.从整体出发，再从个体到整体——如何入手思考构造论证问题 ……北京·孙佳俊

6.三个几何图形的溯源与演变 …………………………………北京·周炬坤

7.在整除中寻找方法，在余数中发现规律——探究小学常见数论问题之二

……………………………………………………………………广州·黄达鹏

8.探索神秘的完全立方数 ……………………………………广州·黄锦熙

9.从取整符号$[x]$谈化归 ……………………………………宁波·朱晓睿

10.浅谈直线型图形平移中的重叠问题 …………………………沈阳·张　旭

本书是全国各地从事数学资优教育的专家同行们倾力合作的结晶，他们为本书的构建付出了心力，给予了建设性的帮助与支持：

陈　平（"数学花园探秘"科普活动全国组委会主试委员会）

严红权（北京资优教育科技中心）

须佶成（北京高思教育集团）

管　强（希望杯全国组委会）

邹　瑾（北京高思教育集团）

卢振虎（北京顺天府学教育中心）

赵晓峰（北京桦树湾培训学校）

李　忠（天津华英学校）

李　明（天津华英学校）

崔恒兵（南京书人教育集团）

刘育涛（郑州平行线教育）

张宇鹏（北京学而思培优）

吴　旭（北京新东方教育集团）

徐占国（北京新东方教育集团）

朱　凯（武汉新东方培训学校）

成建斌（太原晨晨教育）

满　涛（南京开明数学工作室）

田　峰(合肥方田教育)

饶海波(北京优才教育)

王志波(百度作业帮)

余逸舟(杭州算学宫)

龙　腾(武汉)

湖北明心书院的付谦、刘亚乔、卢韵秋、王鑫、刘昆等奥数教练承担了成书过程中大量的演算、编辑与校对工作。

·3.中国数学资优教育协作体征题启示·

为推动“在普及基础上提高”的奥数教育原则的普及,助力奥数在中、小学阶段健康、有序地发展,在裘宗沪教授的倡导下,中国数学资优教育协作体现面向全国广大数学工作者、数学爱好者征集2024—2025年度3～9年级的中国数学资优教育协作体核心竞赛“数学花园探秘”及国内其他竞赛备选题。

一、命题要求

1.试题需构思新颖、杜绝陈题,以现行教材知识点为纲,注重考查学生原生态思维;

2.备选题只征集个题,注明具体适用年级(3～9年级)、命题意图,并提供参考答案;

3.命题需注明原创或改编,改编题须附上原题并注明出处。

二、投稿方式及注意事项

1.请于2025年10月31日前以电子邮件形式发送至邮箱:zyo2017@126.com;

2.命题人需自觉遵守命题保密原则,提供的备选题在2024—2025年赛季结束前不得泄露或变相泄露;

3.对于正式采用为比赛试题的备选题,将在下一年度的《小学数学资优教育年鉴:MO2025》中注明署名权,同时对供题者颁发证书并参选年度最佳命题人。

“奇文共欣赏,疑义相与析”,我们欢迎全国关注数学资优教育的各界人士提出积极的建议,也希望国内更多从事数学资优教育的学校与教师加入这个队伍,请将您宝贵的信息发至电子邮箱:zyo2017@126.com。

通信地址:武汉市江岸区中山大道1071号麟趾路三阳金城C1栋湖北明心书院(邮编:430014)

刘　嘉
2025年1月1日于武汉

序言二·一灯能破千年暗，一智能灭万年愚

“一无所知的人什么都不爱，一无所能的人什么都不懂。什么都不懂的人是毫无价值的。但是懂得很多的人，却能爱，有见识，有眼光……对一件事了解得越深，爱的程度也越深。”

一流的教育让孩子用热爱的情感去学习，二流的教育让孩子用竞争的态度去学习，末流的教育让孩子用怨恨的心情去学习。

·1.什么是奥数？·

奥数是一种数学的学习眼光与思维能力。

对喜欢数学的人而言是奥妙的数学，它美观、美好、美妙、完美；对讨厌数学的人而言是懊恼的数学。

先看一个让人脑洞大开的奥数题：

家喻户晓的斐波那契数列是这样一个数列：

1,1,2,3,5,8,13,21,…

这个数列从第三项开始，每一项都等于前两项之和，$F_{n+2}=F_{n+1}+F_n$。

请证明：$F_1^2+F_2^2+\cdots+F_n^2=F_nF_{n+1}$，其中 $F_1=1,F_2=1$。

乍一看，冰冷、枯燥的数学符号让人对数学望而却步。

犀利的数学眼光，能看出淤泥中种子的生命力，能透过浓雾看到光明的前方。如果你能抓住问题的实质，画一幅奇妙的图（下图）来揭示烦琐算式和枯燥数字中蕴藏的意义，你就会给出一个闪闪发光的证明！

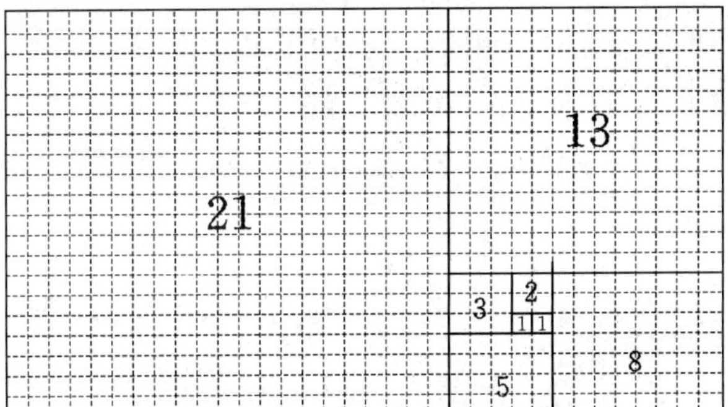

看了上面的证明，你会发觉数学简洁、有趣，甚至很“美”！

“一花一世界，一叶一菩提。”每一道数学题都是数学花园中的一朵小花，每一个数学公式都像一首小诗那样多情。在解题过程中去悟出花中的世界、叶中的菩提，才能感悟到数学之美、思维之妙。

·2."知识同步、能力超前、思维灵活"是奥数的学习目标·

奥数学习,不是"超前学习",更不是"数学中的杂技",而是与教学同步,通过提高与升华教材中的知识生长点,拓宽数学视野,开发思维潜能,提升思维品质。

数学的特点在于初级知识包含于高级知识之中,知识点是以螺旋式上升的方式呈现出知识的梯度、广度、深度。所以,有意义、有价值的奥数学习一定要遵循数学的这个发展规律。

我们来看初中数学中无理数计算基本公式"$\sqrt{x}\cdot\sqrt{y}=\sqrt{xy}$",课本对它的诠释是经验性的,但如果我们能够灵活地运用小学奥数中"用面积比计算面积"的数学技巧,就可以完美诠释这个公式:

如图所示,设正方形 S_1 的面积为 x,正方形 S_2 的面积为 y,长方形的面积为 S。

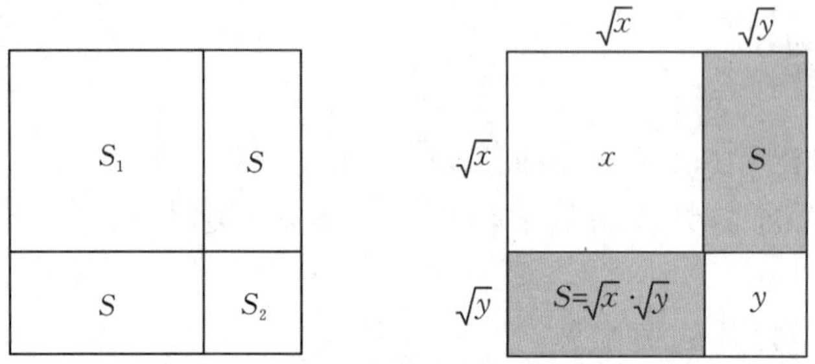

根据"长方形的宽一定,面积与长成正比"可得:

(i)看上左图:$\frac{S_1}{S}=\frac{S}{S_2}\Rightarrow S^2=S_1\cdot S_2$;

(ii)看上右图:一方面有 $S^2=xy\Rightarrow S=\sqrt{xy}$,另一方面有 $S=\sqrt{x}\cdot\sqrt{y}$。

所以 $\sqrt{x}\cdot\sqrt{y}=\sqrt{xy}$。

古人云:"善学者穷于一物,不善学者穷于物物。"读书、做题,眼界一定要开阔,要见大场面,大观则大见,小观则小见。学习要学出灵气来,不要学出腐气,死读书的人是在读死书,读死书的人读书死。

我们再来看一道"华罗庚金杯"少年数学邀请赛的试题:

用一张斜边长为29的红色直角三角形纸片,一张斜边长为49的蓝色直角三角形纸片,一张白色的正方形纸片,如图拼成一个直角三角形。问:红、蓝两张三角形纸片面积之和是多少?

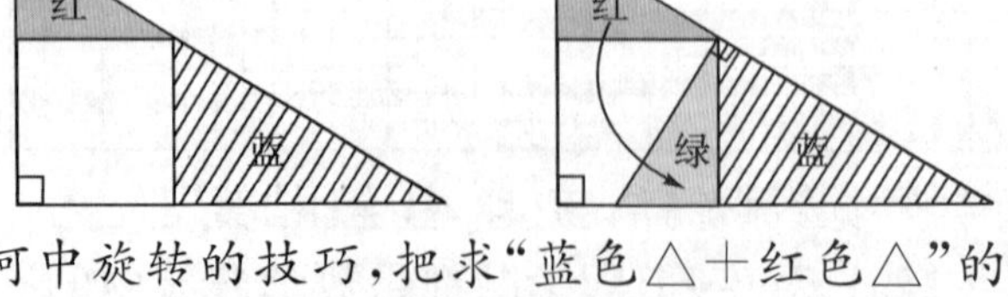

如图所示,运用几何中旋转的技巧,把求"蓝色△+红色△"的面积问题化归成求"蓝色△+绿色△"的面积问题,而"蓝色△+绿色△"构成了一个直角三角形!

其面积为:29×49÷2=710.5。

沿着这个题接下来思考:

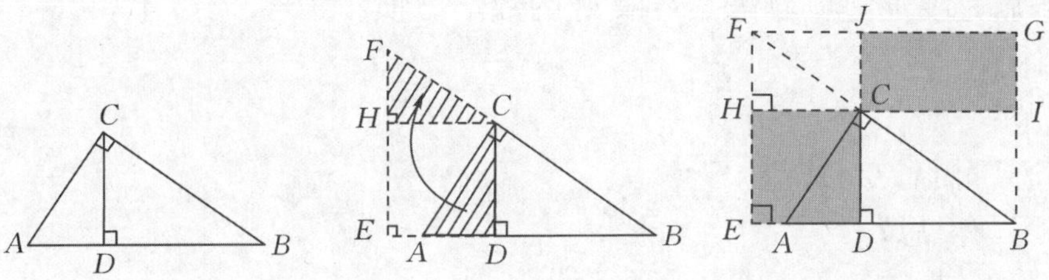

如上图所示，把左图中 $\triangle ACD$ 旋转至中图的 $\triangle FCH$，形成直角 $\triangle BEF$。然后再把直角 $\triangle BEF$ 补成右图中的长方形 $BEFG$。

如上右图所示，$S_{正方形DEHC}=S_{长方形CIGJ}$ 。这说明：$CD^2=HF\times DB=AD\times DB$ 。

进一步，还可借助小学生喜欢的几何切拼技巧画出著名的外弦图（下左图）与内弦图（下右图）：

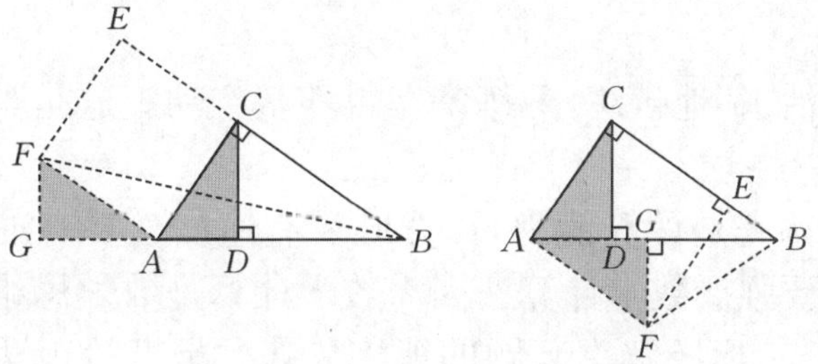

如图，把直角 $\triangle ACD$ 拼补至图中直角 $\triangle FAG$ 处，那么：

$$AC^2=S_{正方形ACEF}=2S_{\triangle ABF}=2\times\frac{1}{2}AB\times FG=AB\times AD。$$

你看，我们在不超前学习中学知识的情况下就可以得出中学“平面几何”中著名的“射影定理”！

古人云：“善学者小得，善事者大得，善悟者了不得。”在平时的奥数学习中善于“玩味”“感悟”问题，寻觅知识之间的联系，往往就会发现数学中曲径通幽的思维奇观，体验到思维的愉悦，同时能有效提高思维品质、数学素养和解决问题的能力。

· 3. 学习奥数“肇于行，行者无疆；臻于智，智者无涯” ·

“学”字的金文是一个象形字“”，符号“”表示孩子独居屋中，符号“”表示双手摆弄、练习算筹。所以“学”的本义是：孩子必须通过反复模仿和操作以获取技能与知识。

20 世纪，数学家哈尔莫斯说过“问题构成数学的心脏”，美国出版的“新数学丛书”序言中对学数学有一句中肯的建议：“学数学最好的方法是做数学。”

学习奥数提倡“通过解题学数学”，把学习数学分解成提出问题、分析问题、解决问题的过程，通过学习者本身的解题实践去形成数学思维能力。

解题俗称“刷题”，是学数学必不可少的经历，但“过犹不及，知止不败”，刷题必须有个度。在刷题过程中，求效不求量，不要把重量当力量，把肥大当强大。

刷题，一刷思路、二刷速度、三刷格式。

刷题，不仅要用力地吃苦，更要用心地吃苦。

所谓用心，就是要通过刷题来培养良好的数学习惯：

1. 审题清晰；

2. 书写规范；

3. 计算细心、耐心、专心；

4. 善于复习与反思；

5. 学会自我纠错；

6. 形成自学能力（在没有外界帮助的情况下自我学习的能力）；

7. 培养治学能力（能够从大量的碎片信息中选择有意义、有价值的信息构建有逻辑关系的知识链）。

数学能力的形成也要经历一个循序渐进、厚积薄发、归纳与感悟的过程。

正如王国维在《人间词话》中说人生奋斗必然要经过三种境界一样，数学学习也要经历三层境界。

第一层境界：“死去活来”地苦练，熟练掌握数学基本功。这是学数学的硬功夫，一个从薄到厚的积累过程。

数学基本功的核心首先是计算能力，计算既要有速度又要有准确度，这种能力是经年累月练出来的。为什么要强调数学计算？因为数学计算是数学思维的出发点，在算的过程中才会迸发出思维的灵光，形成解决问题的策略！其次是书写表达能力，华罗庚教授要求学生在数学表达上要做到“想得清楚、说得明白、写得干净”，书写的规范性体现在层次分明、条理清楚、干净整洁。

正如庄子言：“且夫水之积也不厚，则负大舟也无力……风之积也不厚，则其负大翼也无力。”没有扎实的数学基本功是学不好数学的。

学习没有厚积的过程，临“死”抱佛脚地去上“点睛”班、“冲刺”班，“点睛”只怕是越点眼睛越瞎，“冲刺”只怕是从河里冲到沟里去了，“墙高基下，虽得必失”！

第二层境界：“高屋建瓴”地归纳，达到数学方法的融会贯通。这是学数学的巧功夫，一个从厚到薄的提炼过程。

没有上千小时的飞行经历成不了优秀的飞行员，不在数学题海里遨游一番培养不了数学的思维，体会不到数学的精彩。但跳进“题海”里的人必须跳得进去游得回来！什么样的人游得回来？在做题过程中会反思、纠错、归纳、总结的人。

数学的精髓不是做题的数量而是从做题中去掌握数学的思想，不同类型的数学题体现出不同的数学方法与思想，通过相互对比、借鉴，看出数学问题的“同中之异，异中之同”，归纳总结出其中隐藏的数学思想与方法，把琐碎零散的知识通过数学思想与方法串成一条链，形成系统有序的知识结构，以达到“博见为馈贫之粮，贯一为拯乱之药”（刘勰《文心雕龙·神思》）的学习效果。

第三层境界：“得意忘形”地感悟，在数学思想层次得到新的认识，形成自己的数学思维品质。这是学数学的妙功夫，一个从有形到无形的升华过程。

“学贵心悟，守旧无功。”疲劳驾驶不休息终究要出车祸，疯狂刷题不感悟最终会厌学。

细心理解数学概念；
耐心训练数学技巧；
精心归纳数学方法；
用心感悟数学思想。

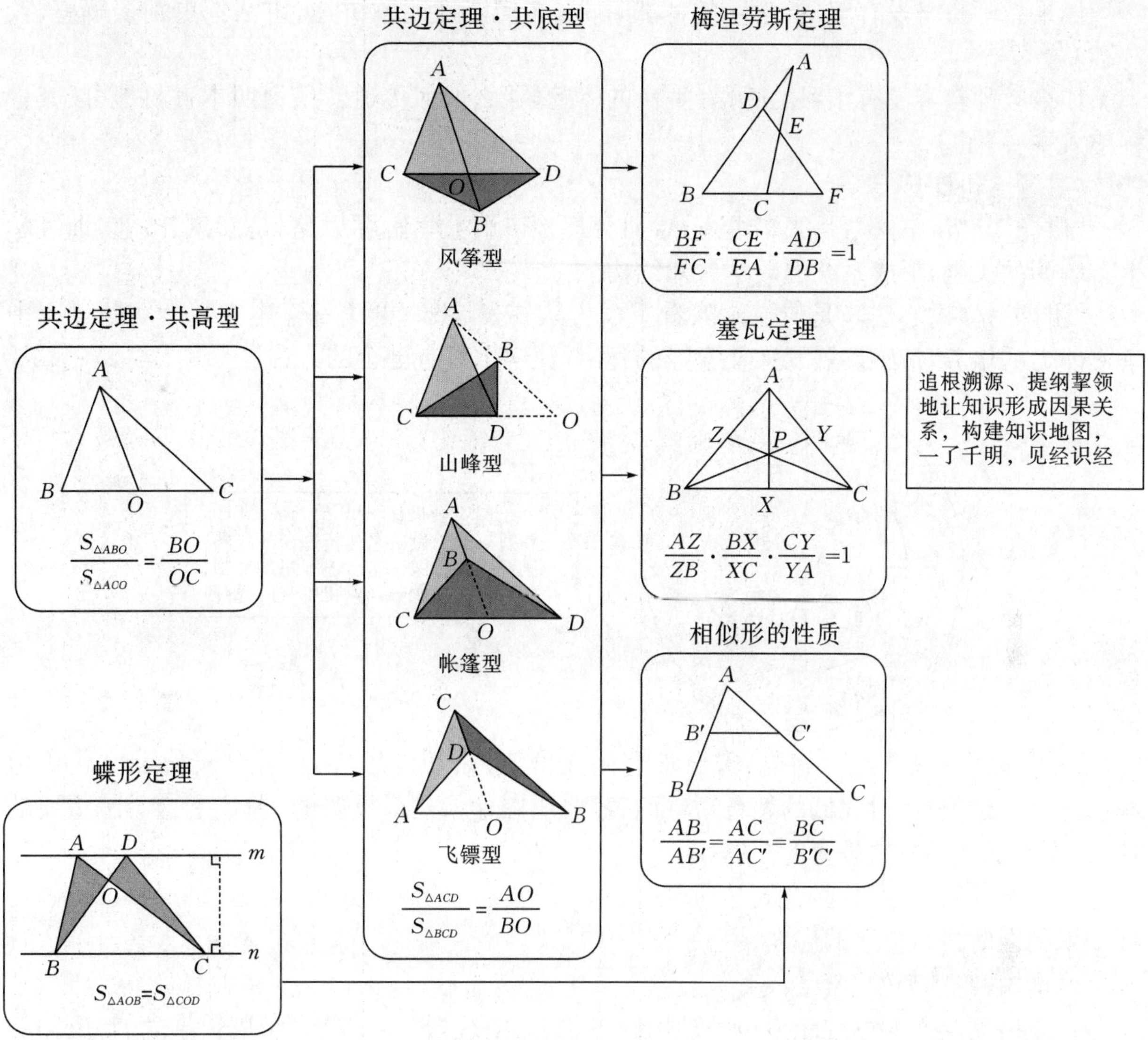

由薄到厚是量的积累，由厚到薄是质的提炼，从无序到有序是规律的体现，从有形到无形是思想的升华。

外修于行，内化于心，只有经历了这样一个学古师贤、穷物究理的学习过程，守得住基础，破得了成规，离得开教条，才能格物致知，求真致远，明心见性，产生数学的智慧。

·4. 奥数教学要"一语天然万古新，豪华落尽见真淳"·

"教"字的甲骨文是一个象形字"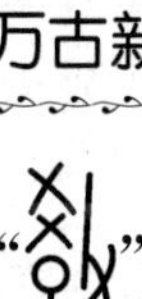"，符号"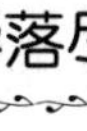"表示算筹象征着"变化"，引申为知识与学问，符号""表示学生，符号"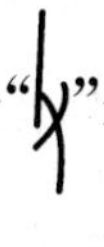"表示老师手持的教鞭。所以"教"字的本义是：孩子在老师的监督与指导下学习知识。

学生通过解题来学习数学，教师则通过讲题启发学生去思考，引导学生去学习从而形成思维能力。

作为一名奥数教师，数学的专业眼界决定了学生眼中的数学世界。

如果教师自身没有解题、学习的体验，那么如何能把问题讲透、讲活？更别谈解惑、授业了。

如果教师自身没有学习的感悟、生命的体验，那么如何传道？只会照本宣科地“以其昏昏使人昏昏”了。

“讲题≠讲课！”

“讲题”是“讲拳法”，是张本继末、擘肌分理地讲解数学解题思路，是解惑、授业，训练学生有聪明的头脑，形成系统的数学认知结构。

“讲课”是“讲心法”，是传道。除看重学生认知发展外，更注重学生在数学解题过程中学习能力的培养，情感发展及人文素养的陶冶，让学生具有健全的人格。

从“讲题”升华到“讲课”：
精研专业，做一名传授知识的经师；
勤耕职业，做一名启迪智慧的导师；
敬畏事业，做一名点化生命的人师

学习数学不只是智力的提升，数学有多元价值，诸如应用价值、科学价值和文化价值等。在多元价值中，对我们的教育对象而言，要明白什么是最重要的，抓住了这个最重要的价值，也就抓住了奥数教育的根本。

对于教师而言，奥数教育既是通过“讲题”增进学生的数学知识，更是“讲课”，即讲题传授知识的同时进行智慧的启发。

所谓“智慧的启发”就是：

1. 发展高层次的思维能力：发散思维（想象力、创造力），收敛思维（逻辑推理、解决问题的能力），批判思维（分析、综合与反思）。

2. 学习能力的形成：学生通过教师的指导而掌握科学的学习方法，也就是通常所说的“会学”，学生只有懂得“会学”，才能实现“学会”。培养学生由“迷时师渡法华转”的被动学习到“悟时自渡转华法”的自主学习能力形成。

古人说：“积学以储宝，酌理以富才。”能力比名次重要，经历会让你人生分数更高！名次是一时的快感，能力与经历是人一生的财富。要努力去做有一流能力的学生，不要刻意去追求做第一名的学生。

3. 培养情感与意志：学习需要意志力，而学习也是锻炼意志力的方式之一。

对学生而言，奥数考试难、奥数学习苦；对教师而言，学生在解题过程中产生的困境与逆境，既是培养学生逆境智能与意志品格的最佳机会，也是帮助学生树立正确的情感、态度与价值观的最佳素材。

有意义、有价值的奥数教育应让学生在经历解题这个学习活动的过程中，提升智力的同时去历练他的情感与意志。教师不仅帮助学生构建知识（认知）系统，更培养学生情（情感）与意（意志）的心理品格。

忽略了情感与意志品格培养的解题活动是枯木朽枝！

欲路上事，毋乐其便而姑为染指，一染指便深入万仞；理路上事，毋惮其难而稍为退步，一退步便远隔千山。

功夫自难处做去，如逆风鼓棹，才是一段真精神；学问自苦中得来，似披沙获金，才是一个真消息。

不畏难、不畏苦的意志品格才是助学生登上人生高原、攀上人生高峰的登山鞋与防寒服。

正如斯宾诺莎所言："意志与智慧两者是一个相同的东西。"知识虽然重要，但智慧才是人的灵魂！

·5."黄金无足色，白璧有微瑕"——理性看待奥数教育·

奥数工具化让奥数"为学日益"，强化了奥数的选拔功能，弱化了其本身培养学生兴趣、拓展孩子思维的教育功能，违背了奥数本来的教育价值。

奥数商业化让奥数"为道日损"，用狭隘的应试教育手段来训练学生，过分注重应试技巧培养，一味追求"模式化"解题技巧固化学生思维，学生的应试模仿能力增强了，自主学习能力、独立探究能力丧失了。

当奥数异化为"选拔工具"，沦落为"商业资本"的金融手段时，留给我们的只有残酷的应试与市侩的俗气。

奥数教育不只对应试负责，还要对人的发展负责，是以数学为平台，以数学知识为起点，通过教育提升知识到智慧层面的启发。

奥数教育不应该是简单的知识扩充，也不是盲目的题型训练，而是致力于透视数学的本质，追寻数学的来龙去脉，让学生在掌握数学之真的同时也感受到数学之善和数学之美。

奥数更多应该承载的是教育功能……

"心静者胜出，心定者致远"，作为一名身处奥数教育风口浪尖的体制外教师，更应勿忘"至纯至善，至简至真"的教育初心，风雨兼程，如履薄冰地砥砺前行，真做教育，做真教育。努力做一个净心、静心、尽心和意诚、意执——"三心二意"的明心见性的明师，而不是沽名钓誉的名师。

目　录

试题　参考答案

一、览胜探幽·2024年真题在线

二、历事炼心 · 2024 年模拟题精选

三、钩沉索隐 · 热门专题名师讲堂

一、览胜探幽·2024年真题在线

2024 年全国“数学花园探秘”(原“迎春杯”)数学竞赛

2024 年“希望杯”全国数学邀请赛

2024 年“优才杯”暑秋数学学情诊断

2024 年南京市第十八届“时代杯”数学文化节活动

2024 年春 · 广州悦教育高端班选拔考试

2024 年秋 · 广州悦教育高端班选拔考试

2024 年郑州平行线百子菁英计划数学选拔赛

2024 年方田教育升班定级考试

2024 年春 · 武汉明心资优生水平测试

2024 年秋 · 武汉明心资优生水平测试

2024年 全国“数学花园探秘”（原“迎春杯”）数学竞赛

决赛

中年级组C卷

思考笔记

一、填空题Ⅰ（每小题 8 分，共 32 分）

1. 算式 12×34×5－6＋7－8－9 的计算结果是________。

（肖婷婷　供题）

2. 图中共能数出________个三角形。

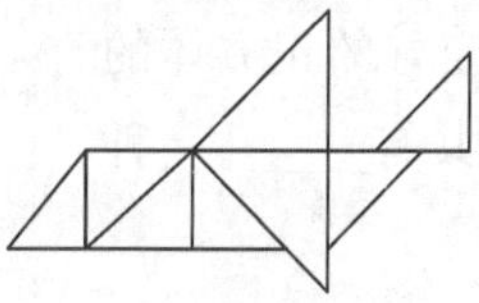

第 2 题图

（侯佩英　供题）

3. 在如图所示的算式中，相同的汉字代表相同的数字，不同的汉字代表不同的数字，那么龙行天下表示的四位数是________。［注：龘(dá)］

龙行龘龘＋行天下＝2024

第 3 题图

（胡一凡　供题）

4. 某地 7 月份的 31 天不是晴天就是雨天。有一棵新种的小树苗，在每个晴天会长高 3 毫米，在每个雨天会长高 2 毫米，但连续经过 6 个晴天，小树苗就会停止生长。那么整个 7 月份小树苗最多长高________毫米。

（刘苗　供题）

二、填空题Ⅱ（每小题 10 分，共 40 分）

5. 老师来到教室，发现糊糊和涂涂在争吵。糊糊和涂涂两人各有一堆开心果，但现在开心果混到一起了。

糊糊说：“之前我数过，我的开心果的数量比你的开心果数量的 2 倍还多 1 颗。”

涂涂说：“后来你吃了 22 颗开心果，我只吃了 2 颗，所以我的开心果的数量比你的开心果数量的 2 倍多 1 颗。”

两人说的都是对的。老师根据他们的话把两人的开心果分好了，那么涂涂现在有________颗开心果。

（胡球　供题）

6. 甲、乙、丙、丁、戊、己 6 人站成 2×3 的队列，已知第一行的人对第二行的人说假话，第二行的人对第一行的人说真话，同一行的人互相不说话。6 人之间的对话如下：

甲对乙说：“我们都在第二列。”

乙对丙说：“我跟第三列的人没有交流。”

丙对丁说：“我和你不在同一列。”

丁对戊说：“你和乙不在同一列。”

那么己所在的行数与列数的和是________。

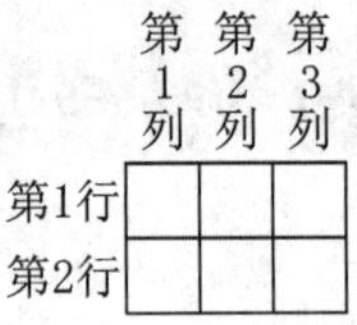

第 6 题图

（孙奕青　供题）

7. 如图，边长为 24 的大正方形被分成了 5 个周长相等的长方形，那么阴影长方形的面积是________。

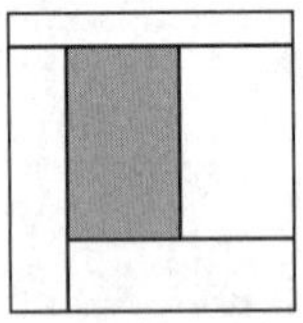

第 7 题图

（胡浩　供题）

8. 将 1、2、3、4、5、6、7、8 这八个数字分别填到一个固定好的正方体的八个顶点上，要求同一条棱上的两个数之和小于 12，那么共有________种不同的填法。

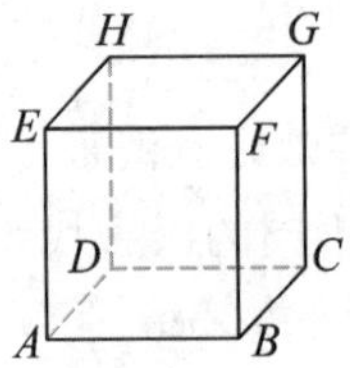

第 8 题图

（周炬坤　供题）

三、填空题Ⅲ（每小题 16 分，共 48 分）

9. 如图，在正六边形 $ABCDEF$ 中，以 AB 为边长向内作正方形 $ABGH$，CG 与 FH 交于点 M。

(1) 如果正六边形 $ABCDEF$ 的边长是 20，那么 $\triangle AFH$ 的面积是________。(5 分)

(2) 如果正六边形 $ABCDEF$ 的面积是 24，那么阴影部分的面积之和是________。(11 分)

（陈景发　供题）

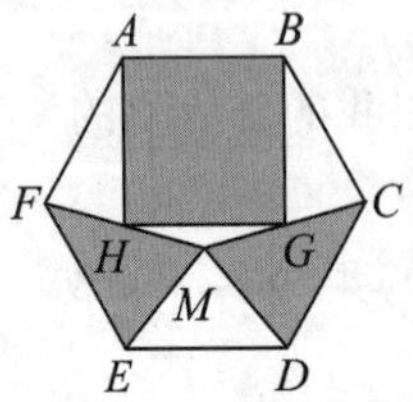

第 9 题图

10. 坤坤对 3×3 的方格表按顺序完成下列 3 个操作，称为完成了 1 组操作：

①选择一个格子让格子中的数变为 0；

②选择两个不同的格子让每个格子中的数增加 2；

③选择一行和一列，让该行和该列包含的 5 个格子中的数都增加 1。

在操作过程中要求任意时刻不能出现两位数，那么：

(1)坤坤对左方格表进行 1 组操作后，表中所有数总和至多是________。

(2)坤坤将左方格表至少进行________组操作后，才能变为右方格表。

1	2	3
4	5	6
7	8	9

6	5	4
9	8	7
1	2	3

第 10 题图

（周炬坤　供题）

11. 一个表盘上只有一个指针，初始时指针指向 12，小宇可以顺时针或逆时针转动指针。小宇共转了 5 次指针，指针第一次转动后指向整数 A，第二次转动后指向整数 B，第三次转动后指针指向整数 C，第四次转动后指针指向整数 D，第五次转动后指针指向整数 E。已知：

①这五次转动的格数恰是 5 个连续自然数的某个排列；

②某一次指针转动了 5 格；

③A、B、C、D、E 可能相同，其中只有 D 是奇数，且 $B=6$。

(1)$C=$________。

(2)$A\times B\times C\times D\times E$ 的结果有________种不同的取值。

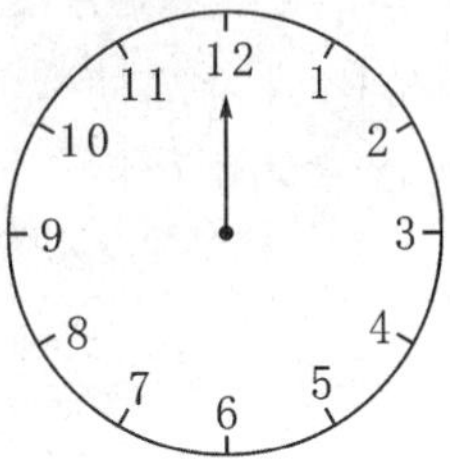

第 11 题图

（张宇平　供题）

高年级组C卷

一、填空题Ⅰ(每小题 8 分,共 32 分)

1. 算式 $2024\div\left(\frac{1}{20}-\frac{1}{24}\right)\div(2+0+2+4)$ 的计算结果是________。

(饶海波　供题)

2. 在如图所示的乘法竖式中,相同的汉字代表相同的数字,不同的汉字代表不同的数字,其中“为”代表的数字是最小自然数,那么 $\overline{\text{书山有路}}$ 表示的四位数是________。

```
        书 山
×       有 路
-------------
        径 勤
   勤 为 径
-------------
   勤 勤 奋 勤
```

第 2 题图

(田洁娜　供题)

3. 如图所示的信号标志是由同心的圆和扇环组成,圆的半径为 10 厘米,扇环之间的宽度也均为 10 厘米,圆心角度数均为 60°,那么一个信号标志(阴影部分)的面积是________平方厘米。(π 取 3.14)

第 3 题图

(杜小燕　供题)

4. 购物节到了,商场进行促销活动。已知 B 商品的原价比 A 商品便宜 10%,现将 A 商品降价 20 元出售,B 商品打九折出售,B 商品的售价反而比 A 商品贵 1.25%。那么 A 商品的原价是________元。

(王威　供题)

二、填空题Ⅱ(每小题 10 分,共 40 分)

5. 小白和小黑从同一个格子开始猜拳。每次猜拳:小白赢了就前进 2 格,输了原地不动;小黑赢了就前进 4 格,输了后退 1 格;平局两人都不动。已知第 1 次是小黑赢了,那么两人至少还要猜________次才能又站在同一个格子中。

(古瑞香　供题)

6. 三个不同自然数 a、b、c 满足:$(a+b-c)\times(b+c-a)\times(c+a-b)=2024$,那么 $a\times b\times c=$________。

(胡浩　供题)

7. 有 20 位剑客,他们任意两人之间,要么是朋友,要么是敌人,而且满足两个条件:①朋友的朋友还是朋友;②敌人的敌人也是朋友。

那么现在这 20 位剑客之间，任意两个敌人都比一场剑术，那么最多要比________场剑术。

（林牧　供题）

8. 下图由 9 个小正方形组成，将其中 1 格染成红色，2 格染成黄色，6 格染成绿色，一共有________种不同的染色方式。（旋转后相同的染色方式视为同一种）

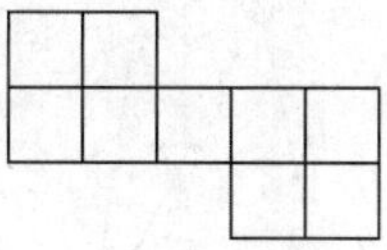

第 8 题图

（李兆伟　供题）

三、填空题Ⅲ（每小题 14 分，共 42 分）

9. 一个正整数的 2024 倍和 2025 倍的因数个数相同，这个正整数的最小值是________。

（周炬坤　供题）

10. 如图，从 A 地到 B 地，AC 段为上坡路，CB 段为下坡路。已知甲、乙两人以同样的初始速度分别从 A、B 两地同时出发，相向而行，将在点 D 相遇。若出发时甲提速 20%，则在距点 D 55.5 米处遇到乙；若出发时乙提速 20%，则在距点 D 54 米处遇到甲。已知每人下坡速度是自己上坡速度的1.5 倍，那么 A、C 两地相距________米。

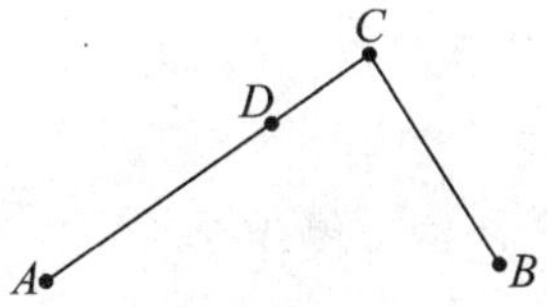

第 10 题图

（胡球　供题）

11. 老师和聪明且诚实的甲、乙、丙三位同学玩推理游戏。老师先想好 3 个不同的数字，并用这 3 个数字各一次组成了若干不同的三位数，选中其中的 3 个数分别告诉甲、乙、丙。甲、乙、丙三人都只知道自己的数而不知道其他人听到的数，三人依次展开了如下对话：

甲：“我能确定你俩听到的数至少有一个是 4 的倍数。”

乙：“我能确定你俩听到的数至少有一个是 27 的倍数。”

丙：“虽然我现在还不确定你俩听到的数分别是多少，但我知道甲听到的数是我们三个人中最小的。”

那么丙听到的三位数为________。

（陈景发　供题）

四、解答题（每小题 18 分，共 36 分）

12. 如图，已知 G 是正六边形 $ABCDEF$ 外一点，$GB\perp AB$，连接 GE 交 AB 于点 H。$\triangle GBH$ 的面积为 24 平方厘米，$\triangle GBC$ 的面积为 20 平方厘米。

(1)求 $AH:HB$ 的最简整数比。

(2)求正六边形 $ABCDEF$ 的面积。

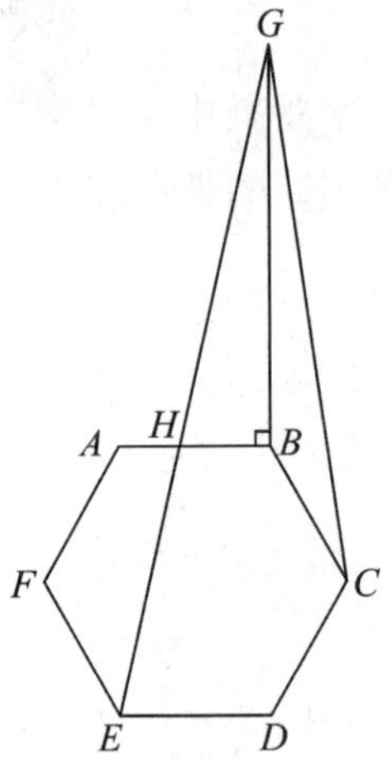

第 12 题图

(黄达鹏　供题)

13. 实验室有一台天平和足够多完全相同的小球。甲放了一些小球在天平左侧,放置球的个数不超过 m 个。乙看不到天平左侧的情况,但是他可以通过在天平右侧放球观察天平是否平衡。最初天平右侧是空的,乙每次可以选择以下中的一项进行操作:

①在天平右侧一次性放置一些球;②在天平右侧一次性取走一些球。

(1)如果 $m=3$,乙至少操作多少次就一定能知道天平左侧球的数量?

(2)如果 $m=100$,乙至少操作多少次就一定能知道天平左侧球的数量?

(3)如果乙最多只能执行 1 次操作②,当 $m=100$ 时,乙至少操作多少次就一定能知道天平左侧球的数量?

(周炬坤　供题)

海外赛

中年级组D卷

思考笔记

一、填空题Ⅰ(每小题 8 分,共 32 分)

1. 算式 $12\times3-4+56\div7$ 的计算结果是________。

(李万成　供题)

2. 图中共能数出________个三角形。

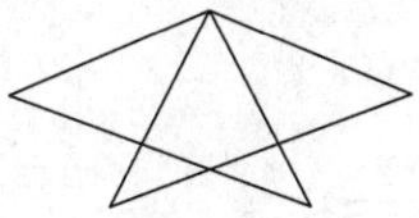

第 2 题图

(王梦博　供题)

3. 正着读和反着读都一样的数称为回文数,如 121、9889 都是回文数。如果一个四位回文数和一个三位回文数的和是 2024,那么这两个回文数的差是________。

(周炬坤　供题)

4. 东海龙王的水晶龙宫墙上嵌有若干颗宝石用于照明,其中红宝石的数量是绿宝石数量的 4 倍。有一天,龙太子对墙上的宝石进行施法,他让一半的红宝石变为绿宝石,再让 40 颗蓝宝石也变为绿宝石。此时绿宝石的数量是红宝石数量的 4 倍,那么龙太子施法后龙宫里总共有________颗绿宝石。

(陈景发　供题)

二、填空题Ⅱ(每小题 10 分,共 40 分)

5. 下面一列数字,从第三个数字开始,每个数字都等于它前面所有数字总和的个位数字。

2,0,2,4,8,6,…

那么这列数字中前 100 个数字的总和是________。

(陈曦　供题)

6. 两个完全一样的长方形如图摆放,如果整个图形的面积是 420 平方厘米,那么阴影部分的面积是________平方厘米。

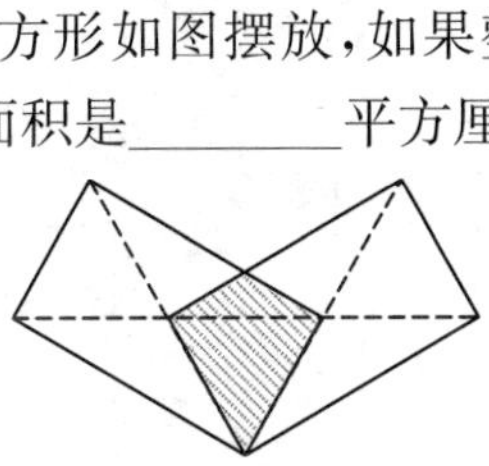

第 6 题图

(胡浩　供题)

7. 李老师将分别写有 1～9 的 9 张卡片平均分给甲、乙、丙三人,每人只能看到自己的 3 张卡片(6 翻转后可以看成 9,9 翻转后可以看成 6)。

甲说:“你们的数都无法组成形如‘$A\times B=C$(A,B,C 互不相同)’的乘法等式。”

乙说：“听了甲的话，我知道甲手中的三个数是多少了。”

如果他们都足够聪明且诚实，那么丙手中三个数的乘积是________。

（李兆伟　供题）

8. 如图，圆环上有 9 个小球，小球可在圆环上滑动，圆环可翻转。一次操作是指将其中一个小球取下并放置到圆环上的另外一个位置。现在小球的编号依次是 1，1，2，3，4，5，5，6，9，要使得小球的编号变成依次是 3，1，4，1，5，9，2，6，5，那么至少要操作________次。（下图给出了操作一次将“422210”变为“202412”的例子，滑动、翻转不计操作次数）

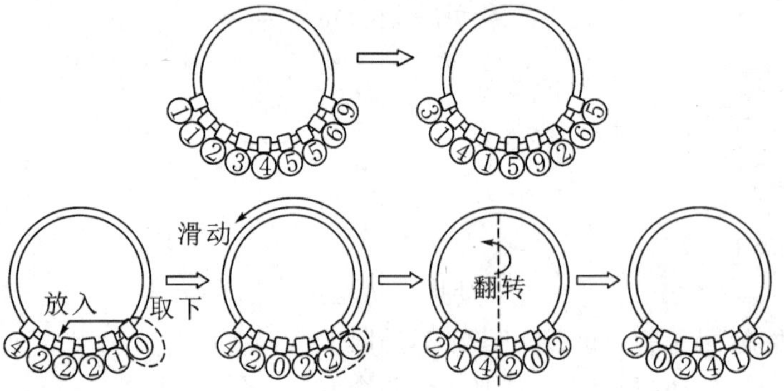

第 8 题图

（陈平　供题）

三、填空题Ⅲ（每小题 16 分，共 48 分）

9. 编号为 1～2024 的 2024 个礼物按顺时针方向围成一圈。胡老师和 24 位同学依次用如下方式取走礼物：

胡老师先取走一个礼物，以后每位同学从前一人取走礼物的下一个编号开始，取走顺时针数到的第 2024 个礼物。

（1）如果胡老师取走 2024 号礼物，那么第 3 位同学取走礼物的编号是________。（5 分）

（2）如果第 24 位同学取走 1 号礼物，那么胡老师取走礼物的编号是________。（11 分）

（胡浩　供题）

10. 如图，正方形 $ABCD$ 被分割成了两个三角形和两个梯形，这 4 个图形的面积都是整数且恰好构成一个等差数列。已知正方形的边长为 60 厘米，EF 长 9 厘米。

（1）两个三角形的面积和为________平方厘米。

（2）这 4 个图形中面积最大的图形的面积为________平方厘米。

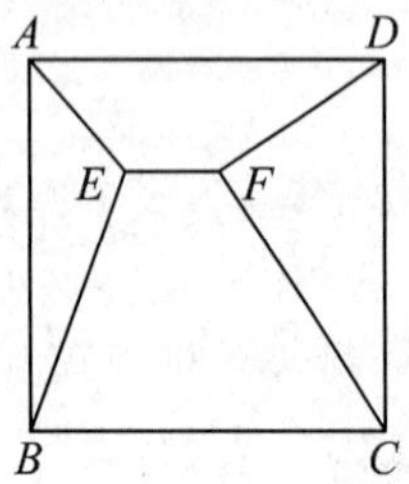

第 10 题图

（胡球　供题）

11. 如图，在正方体的一些顶点处各有一只蚂蚁，它们的爬行速度相同且只能沿着正方体的棱爬行，在棱上爬行到达下一个顶点前不能回头，且从未有任两只蚂蚁相遇。

(1)如果在 A、B 处各有一只蚂蚁，每只蚂蚁各爬行 1 条棱，一共有________种不同的爬行情况。

(2)如果在 A、C、F 处各有一只蚂蚁，每只蚂蚁各爬行 2 条棱，一共有________种不同的爬行情况。

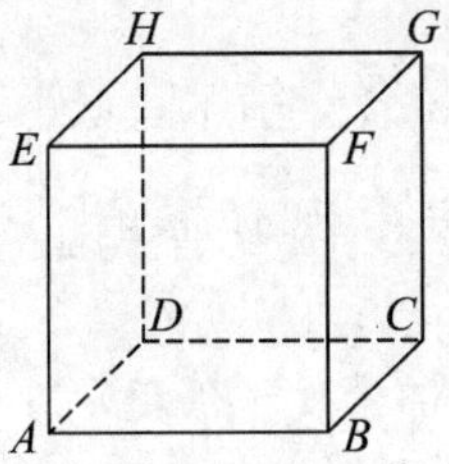

第 11 题图

（王拓斌　供题）

高年级组D卷

思考笔记

一、填空题Ⅰ（每小题8分，共32分）

1. 算式$1\frac{2}{3}\times45.6-78+90$的计算结果是________。

（李宸通　供题）

2. 蚕娘在蚕房养了若干条蚕。某一天，她发现有$\frac{1}{3}$的蚕结茧了，于是她取出$\frac{1}{3}$的蚕茧用来缫丝。第二天，她发现剩下的蚕中又有$\frac{1}{3}$结了茧。如果此时蚕房内没结茧的蚕还有400条，那么蚕房中现有蚕茧________颗。

（陈景发　供题）

3. 甲、乙在黑板上各写了一个自然数，结果发现这两个数的最小公倍数是甲写的数的3倍，是乙写的数的7倍，但只有这两个数乘积的$\frac{1}{21}$，那么这两个数的和为________。

（胡球　供题）

4. 如图，一个梯形的四条边长恰好构成等差数列，且它的周长是2024，那么这个梯形的两腰长之和是________。

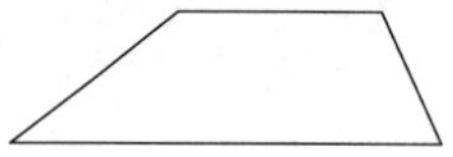

第4题图

（胡浩　供题）

二、填空题Ⅱ（每小题10分，共40分）

5. 大熊参加为期10天的体能训练营，每天都要做俯卧撑。已知第一天他做了11个俯卧撑，第2天比第1天多做1个或2个俯卧撑，第3天比第2天多做1个或3个俯卧撑……第10天比第9天多做到1个或10个俯卧撑。在这10天中他一共做了215个俯卧撑，那么他有________天比前一天仅多做1个俯卧撑。

（陈景发　供题）

6. 如果一个个位数字为5的三位数除以2，3，4，5，6，7，8，9的余数互不相等，那么这个数是________。

（陈平　供题）

7. 如图，在梯形$ABCD$中，E、F分别在对角线AC和腰AD上，$\triangle BEC$的面积为30，$\triangle DEC$的面积为75，则平行四边形$BEDF$的面积是________。

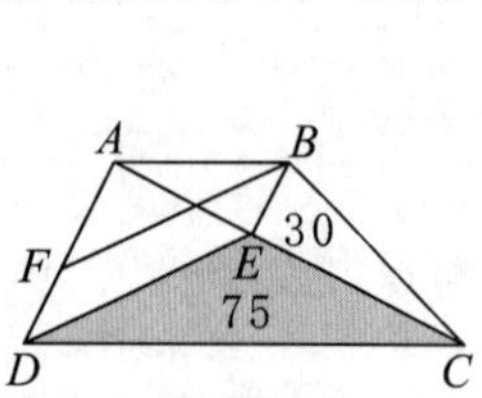

第7题图

（李兆伟　供题）

8. 如图,有编号为 1~9 的 9 个房间,有公共点的两个房间中的人可以相互看到,否则无法相互看到。老师安排甲、乙、丙、丁四人住在不同的房间,并且告诉他们,甲、乙、丙、丁的房间号依次从小到大。

四人住进房间后,甲说:“虽然乙并不能看到所有人,但从他的视角看,丙无法确定丁是否知道我在几号房间。”

那么甲、乙、丙、丁四人所在的房间号,按顺序组成的四位数是________。

7	8	9
4	5	6
1	2	3

第 8 题图

(周炬坤　供题)

三、填空题Ⅲ(每小题 14 分,共 42 分)

9. 小李每天准点开车从家出发去上班,总能按时到达公司。因为早高峰影响,8:00—8:30 会严重堵车,这个时间段内开车速度会减半。如果小李早 10 分钟出发,会早到 15 分钟;如果小李晚 20 分钟出发,会晚到 25 分钟。如果小李晚 10 分钟出发,会晚到________分钟。

(李兆伟　供题)

10. 如图,在等腰梯形 $ABCD$ 中,E 是底边 BC 上一点。将$\triangle DEC$ 关于 DE 对折,C 恰好落在 AB 上的点 F 处;然后将$\triangle BEF$ 关于 EF 对折,B 恰好落在 DF 上的点 G 处。已知$\triangle DEG$ 的面积为 36 平方厘米,$\triangle ADG$ 的面积为 24 平方厘米,那么梯形 $ABCD$ 的面积为________平方厘米。

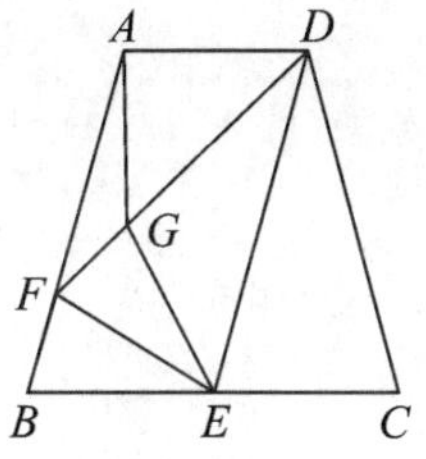

第 10 题图

(胡球　供题)

11. 如图,在一个 3×4 的方格表中将 12 个方格分别染上黑色或白色。要求每个方格的相邻位置(有公共边的两方格视为相邻)上的所有方格不全同色,那么共有________种不同的染色方法。(方格表不可旋转或翻转)

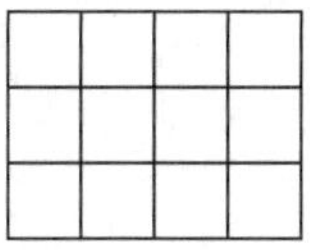

第 11 题图

(陈景发　供题)

四、解答题(每小题 18 分,共 36 分)

12. 一个三位数,考虑它的数字和 A 与它的 101 倍的数字和 B。

(1)如果 A 和 B 一样大,那么这个三位数是多少?(8 分)

(2)能否找到一个三位数使得 A 比 B 大？如果能，有多少个？如果不能，请说明理由。(10 分)

(付谦　供题)

13. (1)将 3 种颜色的棋子各 10 枚分给若干名同学，发现任意两人都有相同颜色的棋子，那么最多可以分给多少名同学？(6 分)

(2)将 4 种颜色的棋子各 10 枚分给若干名同学，发现任意两人都有相同颜色的棋子，那么最多可以分给多少名同学？(12 分)

(胡球　供题)

4年级

思考笔记

第一试

一、填空题(每小题 10 分,共 30 分)

1. 在等式 $A\times(B-C)=C\times(D+E)$ 中,A、B、C、D、E 代表各不相同的偶数数字,那么三位数 $\overline{ABC}$ 是________。

(陈景发　供题)

2. 巫师可以施展两种魔法:

①他可以顺时针转一圈魔法棒,将一只鸡变为一只鸭或将一只鹅变成一只鹤;

②他也可以逆时针转一圈魔法棒,将一只鸡变成一只鹅或将一只鸭变成一只鹤。

某天巫师将魔法棒顺时针转了 20 圈,逆时针转了 24 圈,最终鸭的数量增加了 5 只,那么鹅的数量变化了________只。

(胡浩　供题)

3. 如图所示的 3×3 表格已经固定,对每个 1×1 小格染色,红、黄、蓝三种颜色各 3 格。如果每个小格都至少与一个同色的小格相邻(相邻的小格有公共边),那么共有________种不同的染色方式。

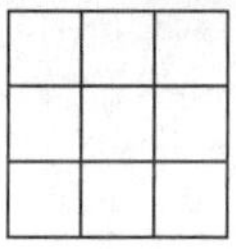

第 3 题图

(陈平　供题)

二、解答题(每题 15 分,共 30 分)

4. (1)将 0~9 这 10 个数字分别填入左图“正”的 10 个方框中,每个数字用一次,使得每条直线上所有方框中所填数字的和都相等。那么四位数 $\overline{ABCD}$ 的最大值是________。(直接写出答案,6 分)

(2)求证:不可能将 0~9 这 10 个数字分别填入右图“㊣”的 10 个方框中,每个数字用一次,使得每条直线上所有方框中所填数字的和都等于圆上所有方框中所填数字的和。(9 分)

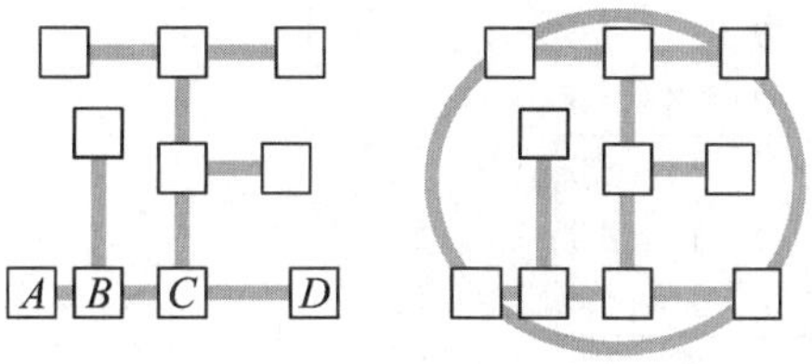

第 4 题图

(陈平　供题)

5. 如图，点 E、F 依次为长方形 $ABCD$ 的边 AB、BC 上的点，$AO/\!/EC$，$EF/\!/OC$，$\triangle AOE$、$\triangle COD$、$\triangle COF$ 的面积依次为 20、24、30。

(1)梯形 $AOCE$ 的面积是________。(4 分)

(2)求$\triangle AOD$ 的面积。(11 分)

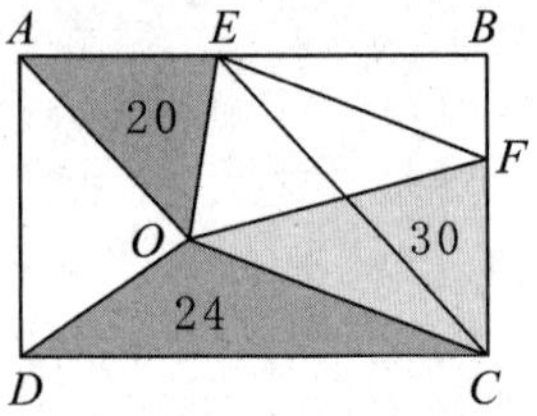

第 5 题图

（李兆伟　供题）

第二试

一、填空题(每小题 10 分，共 30 分)

1. 甲、乙、丙、丁四人都有一些卡片。开始时，甲的卡片数量是另一人卡片数量的 6 倍，便给了他若干张卡片；接着乙给了另一人 5 张卡片，其余三人卡片数量的和变成了乙的 5 倍；最后丙给了另一人 4 张卡片，则四人的卡片数量都相等。那么甲最开始有________张卡片。

（陈平　供题）

2. 3 个正方形如图摆放。如果 5 个阴影三角形面积满足：$S_1+S_2=20$，$S_3-S_4=24$，那么 $S_5=$________。

（胡浩　供题）

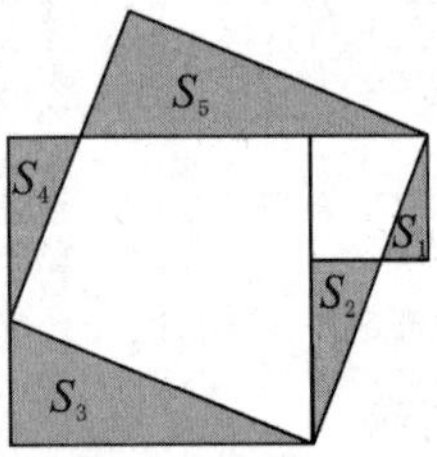

第 2 题图

2		0
2		4

第 3 题图

3. 在表中的每个空白格子中各填入一个自然数(2、0、2、4 已填入)，使得每一行、每一列的 3 个数之和都是完全平方数，并且这些完全平方数互不相同。那么新填入的 5 个数之和的最小值是________。

（周炬坤　供题）

二、解答题(每题 15 分，共 30 分)

4. 将从 1 开始的连续自然数按照某种规律排成数表。图中3×3 方框围住了以 24 为右下角数的 9 个数。

1	2	3	4	5	6	7
14	13	12	11	10	9	8
15	16	17	18	19	20	21
28	27	26	25	24	23	22
29	30	31	32	33	34	35

……

第 4 题图

(1)以 2024 为右下角数的 3×3 方框围住的 9 个数的总和是________。(4 分)

(2)是否有 3×3 方框围住的 9 个数的总和恰好是 2024？如果有，请直接写出其右下角数的所有可能取值；如果没有，请说明理由。(5 分)

(3)是否有 4×4 方框围住的 16 个数的总和恰好是 2024？如果有，请直接写出其右下角数的所有可能取值；如果没有，请说明理由。(6 分)

（组委会　供题）

5. 编号为 1～N 的 N 个小方块从左到右依次排成一排（N 摞，每摞有 1 个）。每次操作将某一摞小方块最上面的小方块恰好越过 3 个小方块，放到另一摞的最上面，每摞至多放 3 个小方块。下图给出了 $N=6$ 时的两次操作，可记作：(1)(2)(3)(4)(5)(6)→(2)(3)(4)(1,5)(6)→(2)(6,3)(4)(1,5)。

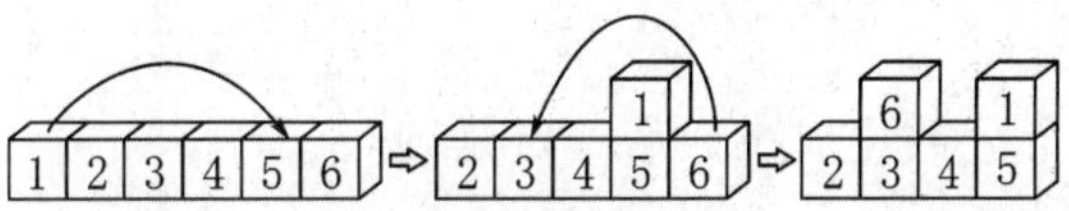

第 5 题图

(1)$N=9$ 时，能否经过若干次操作，使得这 9 个小方块变成 3 摞，每摞有 3 个？如果能，请给出次数最少的操作方式；如果不能，请说明理由。(6 分)

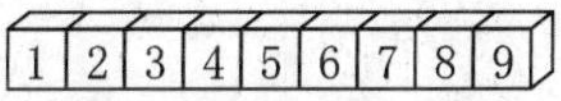

(2)$N=12$ 时，能否经过若干次操作，使得这 12 个小方块变成 4 摞，每摞有 3 个？如果能，请给出次数最少的操作方式；如果不能，请说明理由。(9 分)

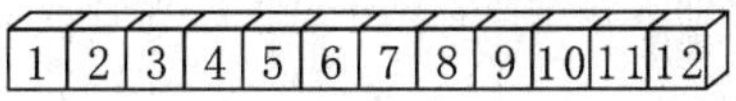

（陈平　供题）

5年级

第一试

一、填空题(每小题10分,共30分)

1. 在下面算式的方框中填入偶数数字,使等式成立。那么填入的所有数字之和是________。

□×□□×□□=2024

第1题图

(王拓斌　供题)

2. 如图,面积为24的长方形中有两个等边三角形,那么两个等边三角形的面积之和是________。

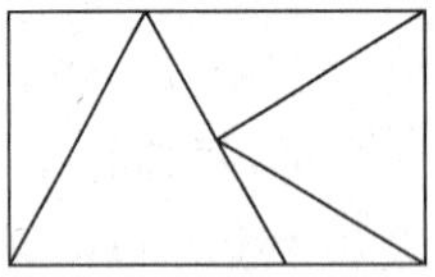

第2题图

(胡浩　供题)

3. 老师把一个最简真分数的分子和分母分别告诉了甲和乙。甲、乙两人发生如下对话:

甲:"我不知道分母是多少,但我知道这个分数化成小数后一定是纯循环小数。"

乙:"你说的没错,而且这个循环小数的循环节为3位。"

甲:"那我现在知道分母是多少了。"

乙:"我也知道分子是多少了。"

那么这个分数的分子、分母之和是________。

(李兆伟　供题)

二、解答题(每题15分,共30分)

4. 算式$\frac{1}{2}\times\frac{3}{4}\times\frac{5}{6}\times\cdots\times\frac{2023}{2024}$的计算结果是一个最简分数$\frac{M}{N}$。那么:

(1)分子M的个位数字是________。(3分)

(2)分母N的个位数字是多少?(5分)

(3)在分子M的所有因数中,完全立方数有几个?(7分)

(周炬坤　供题)

5. 有一个不能旋转和翻转的正方体，在每个顶点的圆圈中选择 0、2、4 中的一个数字填入，使得每条棱两端的数的差(大减小)都是 2。

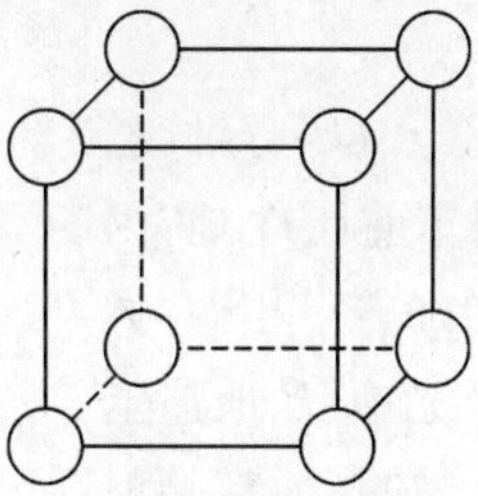

第 5 题图

(1)符合要求的填法有________种。(直接写出答案，3 分)

(2)如果一个面上的 4 个数字能从某个数字开始顺时针组成“2024”，称这个面为幸运面。幸运面最少有几个？最多有几个？(6 分)

(3)是否存在一种填法，使幸运面的个数为奇数？若存在，求出符合要求的填法有多少种；若不存在，请说明理由。(6 分)

(胡浩　供题)

第二试

一、填空题(每小题 10 分，共 30 分)

1. 曹操与刘备煮酒论英雄。酒壶里共有 99 钱酒，曹操和刘备各自盛了一杯。刘备发现如果把酒壶中剩下酒的一半盛给自己，自己杯中的酒的容量将会是曹操的 3 倍；曹操发现如果把自己杯里酒的一半倒给刘备，刘备杯中的酒的容量将会是自己的 4 倍。那么曹操的杯里盛了________钱酒。

(陈景发　供题)

2. 如图，在正方形 $ABCD$ 中，有 2 个等腰直角$\triangle DEG$ 和$\triangle CFG$。如果 3 个阴影三角形的面积从左到右依次为 53、59、89，那么正方形 $ABCD$ 的面积是________。

(李聪　供题)

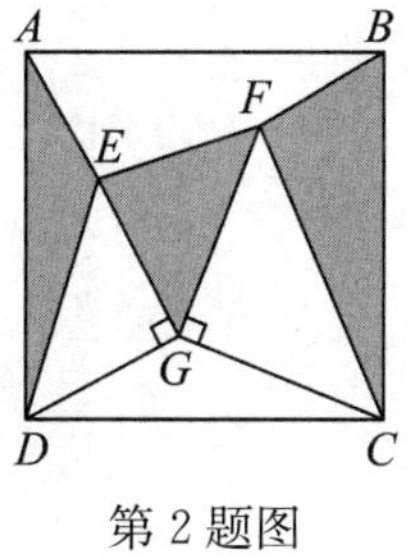

第 2 题图

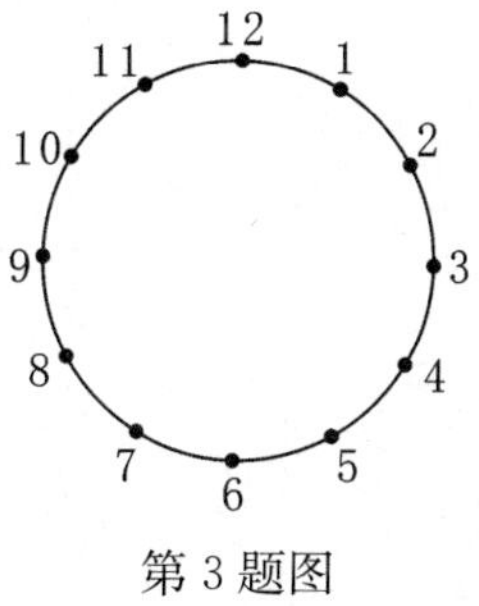

第 3 题图

3. 如图，圆周上均匀地分布着 12 个点。以这 12 个点为端点连接 6 条线段，要求这些线段的端点两两不同，且每条线段只和其他 5 条线段中的

1 条相交。那么符合条件的连接方式有________种。

（王拓斌　供题）

二、解答题(每题 15 分,共 30 分)

4. 某天 13:00,甲从 A 地出发匀速前往 B 地。过了 a($a<60$)分钟,乙也从 A 地出发匀速前往 B 地。丙在 13:05 从 B 地出发骑车前往 A 地,丙每骑 b 分钟就要休息 5 分钟。当丙正要第 12 次休息时刚好与甲相遇,休息完后继续骑行,在下一次正要休息时刚好与乙相遇。当乙在 B 地追上甲时,丙也刚好到达 A 地且恰好到了他该休息的时间。已知 a、b 都是整数,那么:

(1)在丙到达 A 地之前,途中共休息了________次。(3 分)

(2)求甲到达 B 地的时间。(6 分)

(3)如果丙的骑行速度比乙的速度每分钟快 15 米,求 AB 两地的距离。(6 分)

（胡球　供题）

5. 甲和乙玩一个游戏。甲选择 n 个自然数(可以相同)写在黑板上;接着乙可以选择其中一些数(不能全选),然后用这些数的平均数替换掉它们。例如,甲在黑板上写下的数为 1、2、3、4、5;那么在第一轮中乙可以选择 1、4 这两个数,然后用 2.5、2.5 替换它们,于是黑板上的数字就变成了 2.5、2、3、2.5、5。乙可以重复上述过程,选择一些数替换成平均数的操作。如果最终黑板上的所有数都相等,那么乙获得胜利。

(1)如果甲写了 2、3、5、7、11、13 这六个数,那么乙能否获胜?如果能,请给出操作步骤;如果不能,请说明理由。(5 分)

(2)如果 n 是一个两位数,那么 n 有多少种取值,使得甲能写出无论乙如何操作都无法获胜的 n 个数?(10 分)

（胡浩　供题）

6年级

思考笔记

第一试

一、填空题(每小题 10 分,共 30 分)

1. 在下图的等式中,相同的字母代表相同的数字,不同的字母代表不同的数字,且 A、B、C、D 均为奇数。那么这个等式的结果为________。

$$A\times(B+C)=\overline{BC}-D$$

第 1 题图

(陈景发　供题)

2. 甲、乙、丙、丁四位同学各拿到了一张相同的直角三角形纸板,甲、乙、丙分别按如图所示的方法裁出了一个最大的半圆,丁裁出了一个最大的圆。如果甲、乙、丙裁出的半圆的半径分别为 736、575 和 800,那么丁裁出的圆的半径为________。

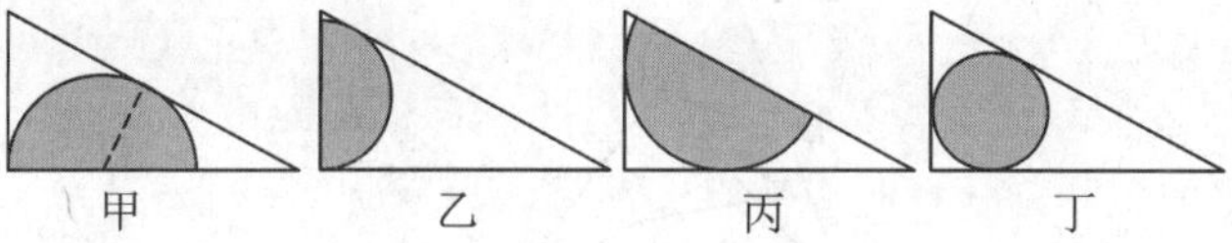

第 2 题图

(周炬坤　供题)

3. 国际象棋的马可以攻击“日”字对角线上格子的棋子,例如,如图(1)所示的 5×5 棋盘中的马可以攻击到所有标有数字 1 的格子,这些格子称为这枚马的“领域”(“领域”不包括马本身所在的格子)。那么,在如图(2)所示的 4×4 棋盘中放置最多的马,要求任一个格子都不能同时在两枚马的“领域”中。当放置马的数量最多时,有________种不同的放法。(棋盘不能旋转、翻转)

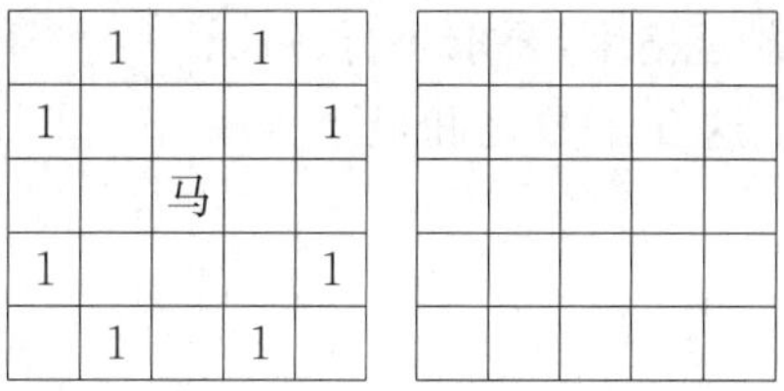

(1)　　(2)

第 3 题图

(王拓斌　供题)

二、解答题(每题 15 分,共 30 分)

4. (1)如图,边长为 5×6 的长方形被分成了 30 个 1×1 的小正方形。在这个长方形表格内,所有包含“☆”的长方形有________个;所有这些包含“☆”的长方形面积的平均数为________。(4 分)

(2)一个 $a\times b$(a、b 均为正整数)的大长方形表格内的某一个 1×1 的小正方形中有一个“☆”。在这个大长方形表格内,所有包含“☆”的长方形

形面积的平均值恰为 2024。求 $a\times b$ 的最大值。(11 分)

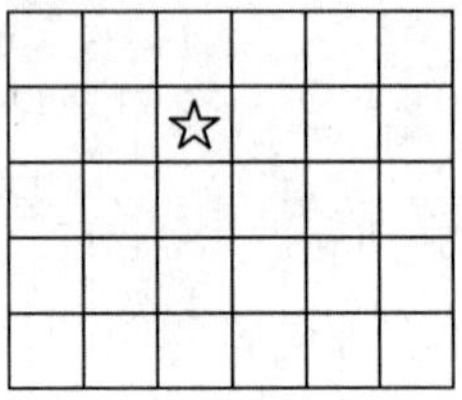

第 4 题图

(陈平　供题)

5. 如图,D、E 分别为△ABC 的边 AB、AC 上的点,O 为 BE 与 CD 的交点,M、N、P 分别为线段 BE、CD、BC 的中点。已知△ABC 的面积为 4046,△ADE 的面积为 578,△PMN 的面积为 369。

(1)根据已知数据,可以计算△ADE 与△ABC 面积的比值,由此请猜想△DOE 与△BOC 的面积比值,并写出详细过程。(6 分)

(2)求△MON 的面积。(9 分)

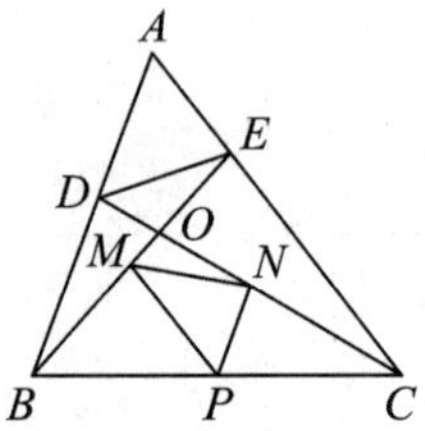

第 5 题图

(郭文静　供题)

第二试

一、填空题(每小题 10 分,共 30 分)

1. 把 9 个互不相同的正整数填入如图所示的九宫格中,要求每行、每列、每条对角线上的 3 个数都顺次构成等比数列。这 9 个数之和最小为________。

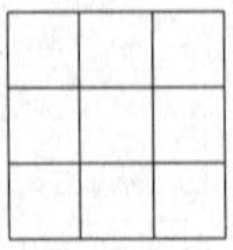

第 1 题图

(李兆伟　供题)

2. 阿甘有数量互不相同的 4 种口味的巧克力共 200 块,他先统计每种巧克力的数量,再吃掉数量最多的三种巧克力各 10 块。然后他继续统计每种巧克力的数量,再吃掉此时数量最多的三种巧克力各 5 块,并最终统计每种巧克力的剩余数量。阿甘发现,三次统计的巧克力数量中,每次最多的两种巧克力数量之和始终与另外两种巧克力数量之和的比是 3∶2,那么最开始数量最多的口味的巧克力有________块。

(陈景发　供题)

3. 森林里绿色变色龙和红色变色龙共有 2024 只。绿变色龙总说真话；红变色龙说假话，然后立刻变绿。

森林之王依次问每只变色龙："现在有多少只绿变色龙？"答案恰好是 1～2024 的某个排列，那么开始最多有______只绿变色龙。

（胡浩　供题）

二、解答题（每题 15 分，共 30 分）

4. 黑板上从左至右写有 3 个正整数。小帅将左边两数之和与最右边的数相乘，将计算结果写在这 3 个数的右边，并擦掉最左边的数，以上过程称为一次操作。

(1)如果小帅操作 1 次后，黑板上第一次出现了 2024，那么初始的 3 个数之和最小是______。(3 分)

(2)如果小帅操作 2 次后，黑板上第一次出现了 2024，那么初始的 3 个数之和最小是多少？(5 分)

(3)如果小帅操作若干次后，黑板上出现了 2024，那么初始的 3 个数之和最小是多少？(7 分)

（胡浩　供题）

5. 如图，甲、乙、丙三个微型机器人同时从点 A 出发，在圆形导轨上匀速运动，甲、乙、丙的速度比为 $a:b:c$（a、b、c 均为正整数且 $a>b\geqslant c$）。出发时，甲、丙的运动方向与乙相反。如果两个微型机器人迎面相遇，则视为一次迎面相遇且同时调头（三者同时在同一点出现只视为一次迎面相遇，且都调头）。

(1)如果甲、乙、丙的速度比为 $3:2:1$，那么三者再次同时出现在点 A 是出发后的第______次迎面相遇。(5 分)

(2)设三者再次同时出现在同一点是出发后的第 N 次迎面相遇，那么 N 最小是多少？并求出 N 取最小值且 $a+b+c=2024$ 时，a 的最小值。(10 分)

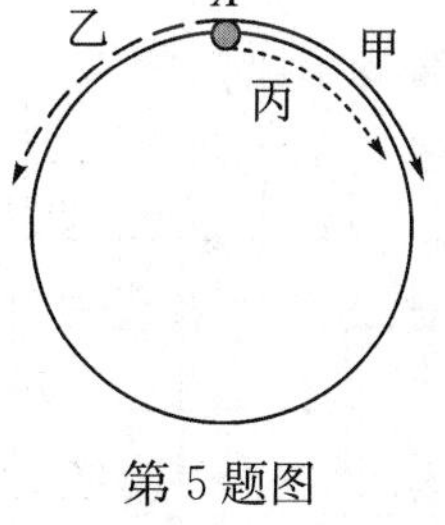

第 5 题图

（陈平　供题）

暑假大师赛

3 年级

思考笔记

第一试

一、填空题(每小题 10 分,共 30 分)

1. 5 个非零自然数构成等差数列,其中某 2 个数的和为 20,另外 3 个数的和也为 20,那么第二大的数是________。

(孙奕青　供题)

2. 如图,长方形 $ABCD$ 被分割成 4 个小长方形。图中每个小长方形区域内的数,要么代表它的周长,要么代表它的面积。已知这 4 个小长方形的边长都是整数,那么长方形 $ABCD$ 的面积是________。

(林牧　供题)

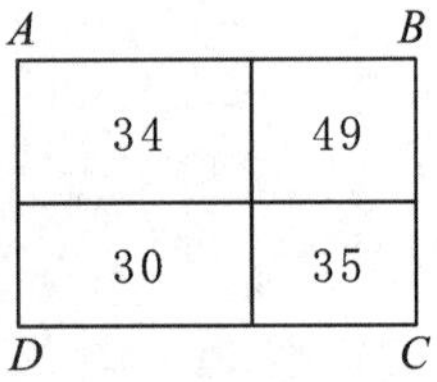

第 2 题图

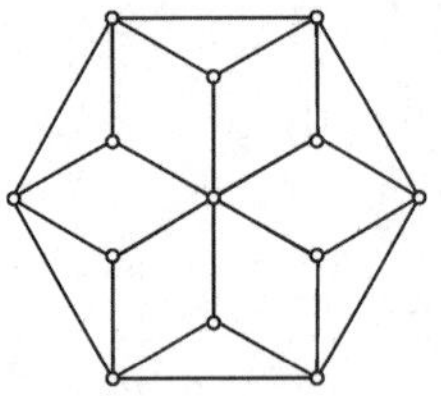
第 3 题图

3. 如图,13 个同学站在正六边形中的 13 个点上,每人手持一些卡片,卡片一共有 960 张。随着老师一声令下,每位同学将自己手中的所有卡片平均分给有线段连接的相邻同学。随后同学们发现,每个人手中的卡片数量都与开始时相同,则站在六边形中心点的同学手持________张卡片。

(石岭千　供题)

二、解答题(每题 15 分,共 30 分)

4. 如图,一个停车场被划分成了两行两列,共四个区域。其中停放着自行车、摩托车和小汽车三种车,有一种车独占了两个区域,其余两种车各独占一个区域。每辆自行车有 1 个座位和 2 个车轮,每辆摩托车有 2 个座位和 3 个车轮,每辆小汽车有 5 个座位和 4 个车轮。已知:

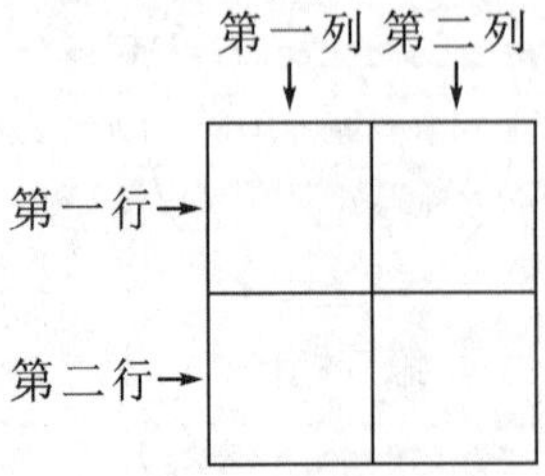

第 4 题图

①第一行所有车辆的总车轮数是总座位数的 2 倍;

②第二行所有车辆的总车轮数比总座位数多 6；

③第一列所有车辆的总车轮数等于总座位数；

④第二列所有车辆共有 130 个车轮；

⑤一共有 44 辆自行车。

(1)用 A 表示自行车、B 表示摩托车、C 表示小汽车，在图中填出每个区域停放的车辆的字母。(4 分)

(2)停车场中停放的三种车共多少辆？(11 分)

（张宇平　供题）

5. 将 3 个“大”、3 个“师”、3 个“赛”填入 3×3 的方格表中，每个方格分别填入 1 个汉字。若同行、同列或对角线上的 3 个汉字能够按正序或者反序组成“大师赛”，则称其为一条好线，如示例图中第一行与第三列都是好线，其余的行、列、对角线都不是好线。

示例：

好线（第三列）

好线（第一行）—

大	师	赛
赛	赛	师
师	大	大

第 5 题图

那么：

(1)方格表中最少有多少条好线？请在下图中给出一种相应的填法。(3 分)

(2)方格表中最多有多少条好线？证明你的结论。(6 分)

(3)当方格表中好线数量达到最多时，共有多少种填法？(6 分)

（陈景发　供题）

第二试

一、填空题(每小题 10 分,共 30 分)

1. 佳佳将红色、黄色和蓝色的球放在两个盒子里。如果佳佳从第一个盒子中取出 22 个球,那么其中必有蓝色的球。如果佳佳从第二个盒子中取出 23 个球,那么其中必有红色的球。如果佳佳从两个盒子中共取出 24 个球,那么其中必有黄色的球。那么两个盒子中最多有________个球。

(胡浩　供题)

2. 在如图所示的加法竖式中,相同的字母代表相同的数字,不同的字母代表不同的数字。当四位数$\overline{NINE}$取最小值时,$\overline{NEWTON}$表示的六位数是________。

$$\begin{array}{r} T\ W\ O \\ Z\ E\ R\ O \\ T\ W\ O \\ +\ F\ I\ V\ E \\ \hline N\ I\ N\ E \end{array}$$

第 2 题图

(周炬坤　供题)

3. 如果将一个自然数的各位数字反向排列,所得的自然数与原数相等,那么这个自然数被称为回文数,例如 121、1001。取一个自然数,将它的各位数字反向排列得到的数与原数相加,称为进行一次计算,例如把 980 进行一次计算,就得到 980+089=1069。如果一个数本身不是回文数,但是经过一次计算后得到的结果是回文数,我们称它为准回文数。那么有________个三位数是准回文数。

(程正　供题)

二、解答题(每题 15 分,共 30 分)

4. 一块巧克力被划分成 10×10 的正方形网格。从某一天起,小明每天都会沿格线切下一块矩形巧克力吃掉,且每天吃掉的巧克力面积都比前一天大,直到最后一天恰好把所有巧克力吃完。

(1)小明吃完所有巧克力最多用________天。(3 分)

(2)给出满足(1)中天数的构造,在右图中画出每天吃掉的巧克力形状并标明所占格数。(左图为参考示例:3×3 的巧克力用 3 天吃完的一种构造方式。)(6 分)

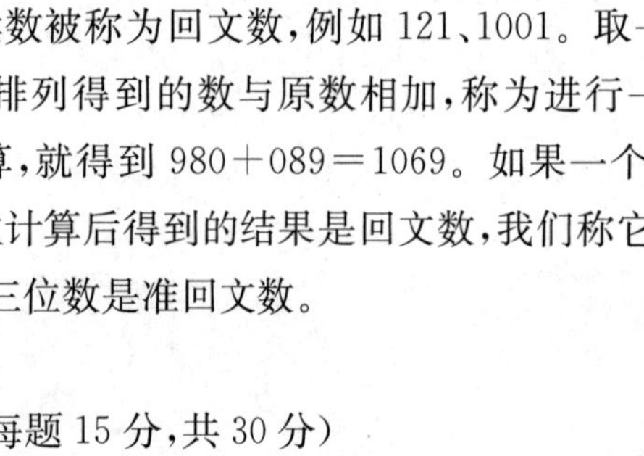

第 4 题图

(3)满足(1)中的天数时，小明最后一天吃掉的巧克力面积是第二天吃掉的巧克力面积的几倍？写出所有可能。(6 分)

(付谦　供题)

5. 将 n 个自然数排成一圈，任取其中若干个相邻数求和(一个数的和即它本身)，得到的和都互不相同，我们称这种排法为“优秀排法”。所有“优秀排法”中各数和最小的被称为“最佳排法”。下图是 $n=3$ 的一种“最佳排法”。(若两种排法旋转、翻转后完全相同，则视为同一种排法)

(1)$n=4$ 的“最佳排法”中，这 4 个自然数的和为________。(3 分)

(2)请给出 $n=4$ 的所有“最佳排法”。(4 分)

(3)请给出 $n=5$ 的所有“最佳排法”。(3 分)

(4)请给出 $n=6$ 的所有“最佳排法”。(5 分)

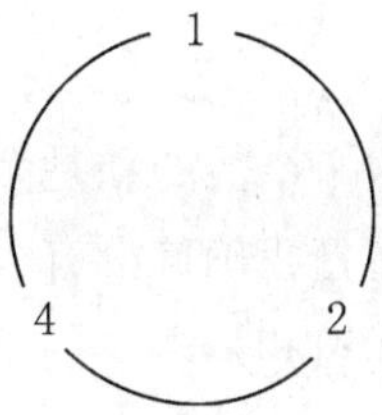

第 5 题图

(陈绍伦　供题)

4年级

思考笔记

第一试

一、填空题(每小题 10 分,共 30 分)

1. 下面的等式中,相同的字母代表相同的数字,不同的字母代表互不相同的奇数数字,那么$\overline{ABCDE}$表示的五位数是________。

$$(\overline{AB}-C)\times(\overline{CD}-E)=2024$$

第 1 题图

(胡浩　供题)

2. 如图,上下、左右都对称的八边形 $ABCDEFGH$ 的面积为 2024,W、X、Y、Z 分别是 HA、BC、DE、FG 的中点。已知 $AB=20$,$CD=24$,那么长方形 $WXYZ$ 的面积是________。

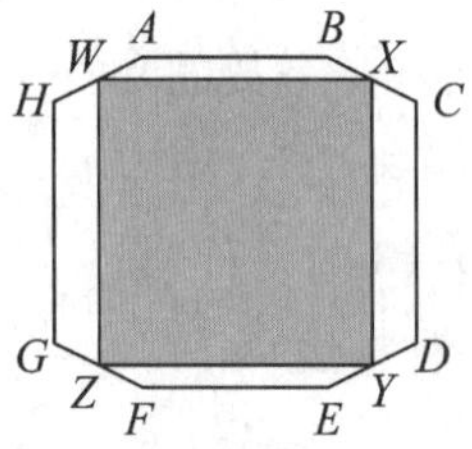

第 2 题图

(邱福星　供题)

3. 老师把 3 个两位质数分给了甲、乙、丙三个聪明且诚实的人,每人只知道自己的数。

老师:"这 3 个数中最大数与最小数之差不超过 30,并且这 3 个数恰好构成了等差数列,你们知道这 3 个数的和是多少吗?"

甲:"我不知道和是多少,而且我确信没有人会知道这个和是多少。"

乙:"听你说完后,我已经知道和是多少了。"

丙:"我也知道和是多少了,并且我还知道甲拿的数是我们手中最大的。"

那么这 3 个数的和是________。

(李兆伟　供题)

二、解答题(每题 15 分,共 30 分)

4. 一群同学聚在一起玩游戏,每场游戏有 4 人参加,要么是 1VS3 的游戏,要么是 2VS2 的游戏。玩了若干场游戏之后,发现两种模式都进行过,且每个人恰好都自己单独一队过一次,也与其他所有人同队过一次。

(1)最少进行了多少轮游戏?请给出构造。(9 分)

(2)如果进行 2VS2 的场次至少比 1VS3 的场次多 4 场,那么至少有多少人参与游戏?(6 分)

(林牧　供题)

5. (1)若 4 个不同的正整数满足其中任意 3 个数的和是质数，那么这 4 个数的和最小是多少？（5 分）

(2)若 6 个不同的正整数满足其中任意 5 个数的和是质数，那么这 6 个数的和最小是多少？（10 分）

（胡浩　供题）

第二试

一、填空题（每小题 10 分，共 30 分）

1. 桌上有 100 块巧克力，小米和小塞各从桌上抓了一把。小米发现，如果他把自己巧克力的$\frac{1}{2}$少 10 块给小塞，小塞的巧克力数量将会是自己的 3 倍；小塞发现，如果他取走桌上剩余巧克力的$\frac{1}{4}$，他的巧克力数量将会是小米的 3 倍。那么小米一开始抓了________块巧克力。

（陈景发　供题）

2. 如图，在平行四边形 $ABCD$ 中，BE 平行于 DF。已知$\triangle ABE$、$\triangle BCE$、$\triangle CDF$ 的面积分别为 20、24、25，那么四边形 $AEFD$ 的面积是________。

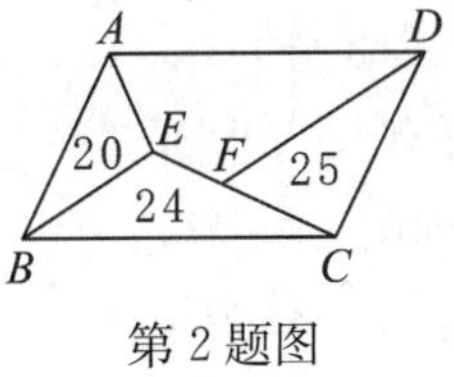

第 2 题图

（王学奇　供题）

3. 一块巧克力由 6 个正方形拼成，现在将它沿格线切分成至少 2 块，那么共有________种不同的切法。（巧克力不可旋转或翻转）

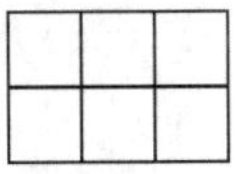

第 3 题图

（胡浩　供题）

二、解答题（每题 15 分，共 30 分）

4. 如图，正方形 $ABCD$ 是一个车道，由于路况不同，车在 AB 段、BC 段、CD 段、DA 段行驶时的速度互不相同。现有两辆同型号的赛车在车道上进行训练，两车在同一路段的速度相同。

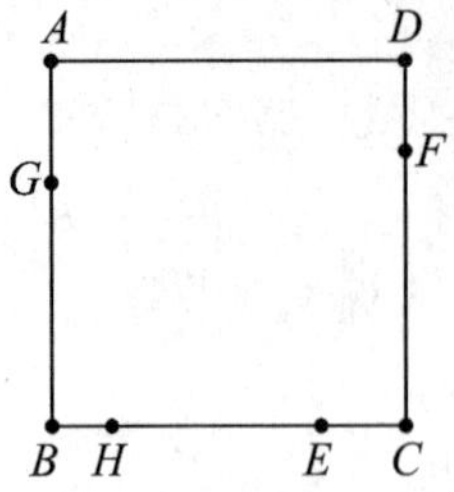

第 4 题图

若两车同时从 A 地出发反向而行，则两车在 E 地相遇，CE 相距 3 千米；若两车同时从 B 地出发反向而行，则两车在 F 地相遇，DF 相距 3 千米；若两车同时从 C 地出发反向而行，则两车在 G 地相遇，AG 相距 4 千米；若两车同时从 D 地出发反向而行，则两车在 H 地相遇，BH 相距 2 千米。

(1)如果赛车在 AB 段的速度为 72 千米/时，那么赛车在 CD 段行驶的速度是多少千米/时？(9 分)

(2)正方形 $ABCD$ 的周长是多少千米？(6 分)

（周炬坤　供题）

5. 将 4 个不同的正整数填入 2×2 的方格中，每个方格内填一个数。如果某个长方形(包括正方形)内的所有数之和为完全平方数，就称这个长方形是“好方”。

(1)如果填入 1、2、3、4，那么最多有________个“好方”。(3 分)

(2)是否存在 4 个不同的正整数的某种填法，使得所有长方形都是“好方”？如果存在，请给出一种构造；如果不存在，请说明理由。(5 分)

(3)将 1～8 不重复地填入 2×2×2 的立方体中，每个小立方体内填一个数。如果某个长方体(包括正方体)内的所有数之和为完全平方数，就称这个长方体是“好方块”。那么最多有几个“好方块”？(7 分)

（王拓斌　供题）

5年级

思考笔记

第一试

一、填空题(每小题10分,共30分)

1. 下面算式中“风”“调”“雨”“顺”“国”“泰”“民”“安”八个汉字分别代表1～8中的不同数字,其中“风”<“调”<“雨”<“顺”,“国”<“泰”<“民”<“安”,那么由“风”“调”“国”“泰”所代表的四个数字组成的最大四位数是________。

$$风^2+调^2+雨^2+顺^2=国^2+泰^2+民^2+安^2$$

第1题图

(胡球　供题)

2. 悦悦在纸上写出了一个草字头(图中阴影部分),其中B、C、D、E和J、K、L、M分别是AF和IN的五等分点,G、H和O、P分别是FI和AN的三等分点。已知第一笔(四边形$OPGH$)的面积为30,第二笔(四边形$BCLM$)的面积为16,则最后一笔(四边形$DEJK$)的面积是________。

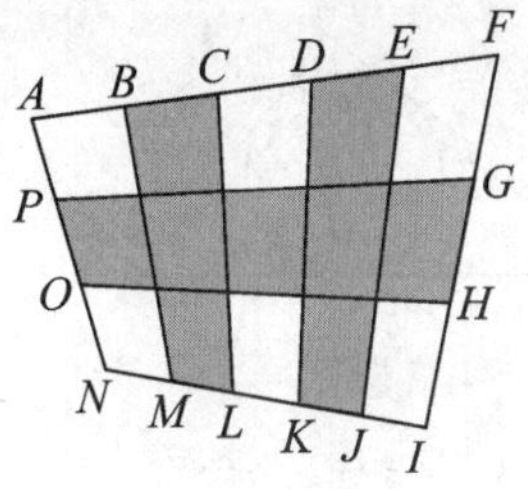

第2题图

(黄涛　供题)

3. 将0、1、2、3、4、5、6、7、8这九个数字填入方格表中,相邻的两个数字相加不进位(有公共边视为相邻),共有________种不同的填法。

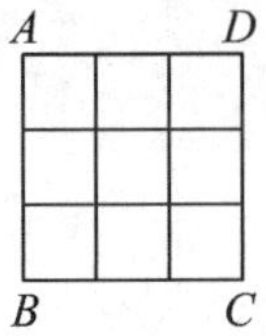

第3题图

(组委会　供题)

二、解答题(每小题15分,共30分)

4. 幼儿园采购了苹果和梨两种水果全部分给了大、小两个班的小朋友。甲、乙、丙、丁四位老师的对话依次如下:

甲:“幼儿园采购苹果和梨的数量之比为3∶2。”

乙:“若把大班分到水果总数的$\frac{1}{2}$多12个给小班,则小班的水果总数是大班的3倍。”

丙:“若小班将一半的苹果给大班,则大班的水果总数是小班的3倍。”

丁:“若按丙的方法,大班分到梨的数量将是苹果数量的50%。”

已知四位老师的说法均是正确的。那么:

(1)大班分到的梨占幼儿园采购水果总数的(　　)。(3 分)

(2)小班分到的苹果占幼儿园采购水果总数的(　　)。(3 分)

(3)大班分到了多少个苹果?(9 分)

(王威　供题)

5. 如图,在△ABC 中,D 和 E 分别是 AB 和 AC 上的点且 $DE\parallel BC$,点 F 在 DE 上,点 G 在 BC 上,以 FG 为直径作圆,此圆与 BC、CE、ED、DB 四条线段都恰好只有一个公共点。如果△ABF、△ACF、△DEG 的面积分别为 120、180、250,$CE:BD=3:4$,那么:

(1)$DE:BD:CE:BC$ 是多少?(6 分)

(2)圆的面积是多少?(π 取 3.14)(9 分)

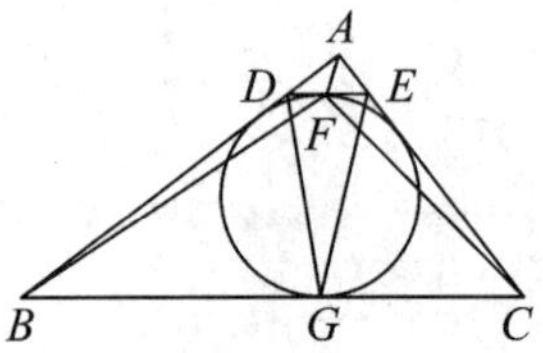

第 5 题图

(周矩坤　供题)

第二试

一、填空题(每小题 10 分,共 30 分)

1. 在下面的算式中,不同的汉字代表不同的数字,其中"懈"代表数字 7,那么$\overline{\text{坚持不懈}}$表示的四位数是________。

$$\overline{\text{坚持不懈}}=2024+\frac{\overline{\text{攀高峰}}}{\overline{\text{成功}}}$$

第 1 题图

(李巍　供题)

2. 下图为一个"不倒翁"的截面图:一个长方形中有大小两个圆,大圆与长方形三边各有一个交点,小圆紧贴着大圆左右滚动时恰好能从大圆与长方形缝隙中通过。已知长方形长、宽分别为 24 和 18 厘米,那么小圆在左右滚动过程中扫过的面积是________平方厘米。(π 取 3)

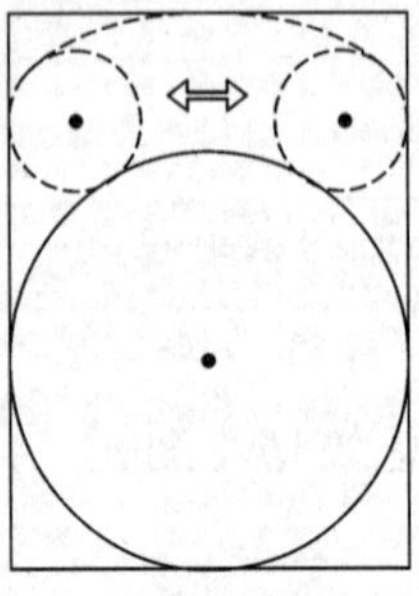

第 2 题图

(饶海波　供题)

3. 青蛙小店进了一批三叶草和四叶草，其中四叶草的数量占比在20.24%～20.25%，那么两种草一共至少进了________棵。

（李冰莹　供题）

二、解答题（每小题15分，共30分）

4. 甲、乙、丙三辆速度相同的玩具车，甲沿着正三角形轨道 ABC 运动，乙沿着正方形轨道 $ABDE$ 运动，丙沿着正六边形轨道 $ABFGHI$ 运动。三辆车同时从点 A 出发，甲车运动一圈需3分钟。

(1)如果三辆车都逆时针运动，当丙第20次出现在点 G 时，甲、乙两车分别在什么位置？(3分)

(2)如果三辆车都逆时针运动，求第一次出现没有任意两车共点但三辆车共线时，三辆车分别所在的边。(3分)

(3)如果甲、乙两车逆时针运动，丙车顺时针运动，那么在2025分钟之内，没有任意两车共点但三辆车共线的情况一共会出现多少次？(9分)

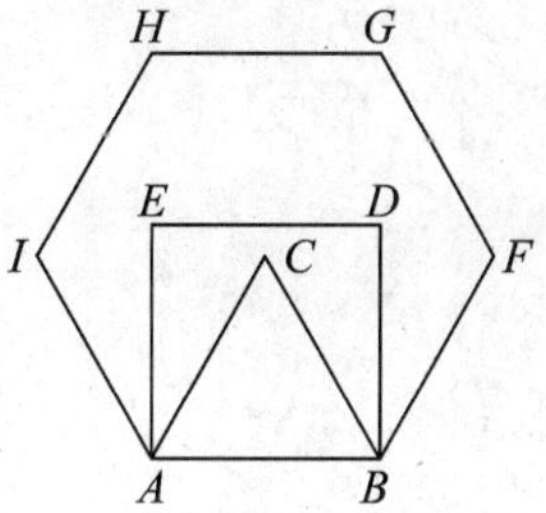

第4题图

（周炬坤　供题）

5. 桌面上有 n 颗石子，甲、乙两人按照甲先乙后的顺序轮流取石子。规定如下：每次至少取1颗，最多取当前次数颗。例如，第一次，甲只能取1颗；第二次，乙可以取1～2颗；第三次，甲可以取1～3颗；接着第四次，乙可以取1～4颗。以此类推，谁取到最后一颗谁就失败，对方获胜。那么：

(1)如果 $n=10$，谁有必胜策略？(2分)

(2)如果 $n=2024$，谁有必胜策略？策略是什么？(6分)

(3)在1～2024的自然数中，有多少种 n 的取值，使得甲有必胜策略。(7分)

（胡浩、饶海波　供题）

2024年 “希望杯”全国数学邀请赛

夏令营

1年级A卷

思考笔记

1. 下面的拼图中有________个三角形。

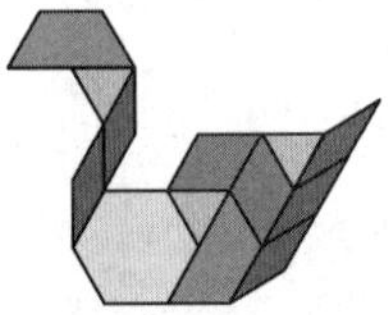

第 1 题图

第 2 题图

第 3 题图

2. 如图，数星星，五角星比四角星多________个。

3. 如图，鸡舍外有 5 只鸡，鸡舍里的鸡比鸡舍外的鸡多 10 只。一共有________只鸡。

4. 哪幅图的倒影是正确的？（　　）

A　　B　　C　　D　　E

5. 如图，绳子的一端是 A，它的另一端是（　　）。

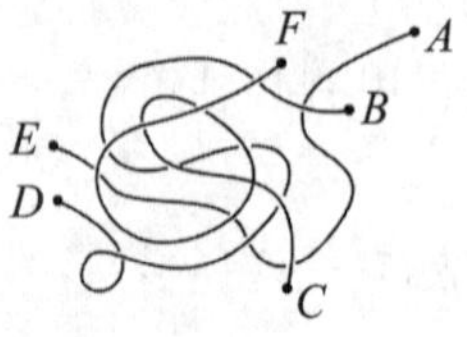

第 5 题图

6. 哪个袋中的金币价值最高？（　　）

A　　B　　C　　D　　E

7. 用七巧板的七块拼图可以拼出哪一个图形？（　　）

第 7 题图

A　　B　　C　　D　　E

8. 走迷宫，从点 M 出发，不能到达哪个点？（　　）

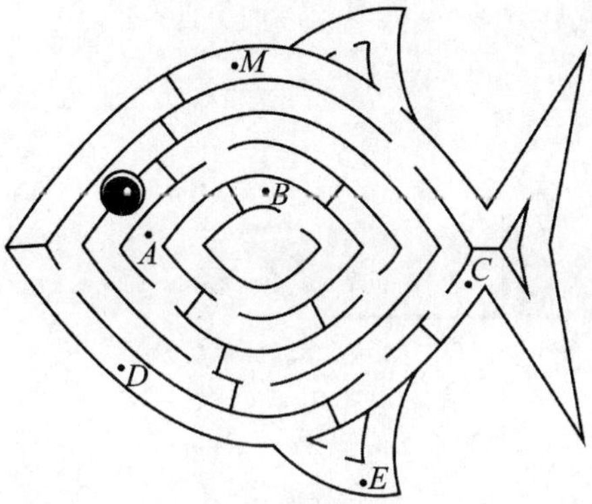

第 8 题图

9. 奇奇有很多的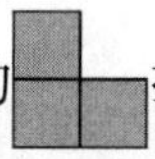拼图，用这些拼图不能拼成下列哪一个图形？（方格不能重叠）（　　）

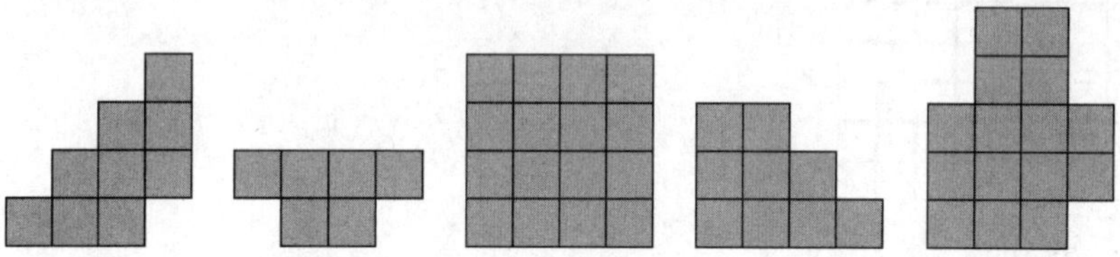

A　　B　　C　　D　　E

10. 小兔子沿路线找到了胡萝卜，它一路上右转了________次。

第 10 题图

11. 用 3 只兔子可以换 1 只羊，用 2 只羊可以换 1 头猪，那么用 3 头猪可以换________只兔子。

12. 游泳馆里原来有 8 人在水中游泳，其中 3 人游上岸后，岸上和水中的人就一样多了，那么原来岸上有________人。

13. 有 5 个小朋友玩扔沙包游戏，每人都给其他小朋友各扔了 1 次沙包。他们一共扔了________次沙包。

14. 如图，最少移动________根火柴能使算式成立。

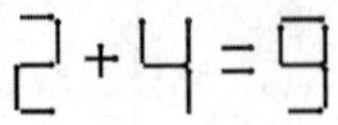

第 14 题图

15. 如图，希希在墙角用小正方体积木搭建了一个城堡模型，他一共用了________块小正方体积木。

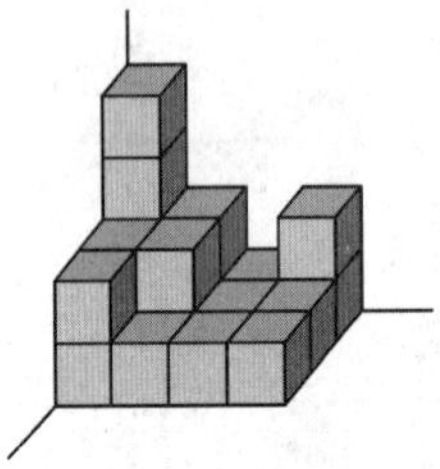

第 15 题图

16. “?”处放________个 C 能使天平平衡。

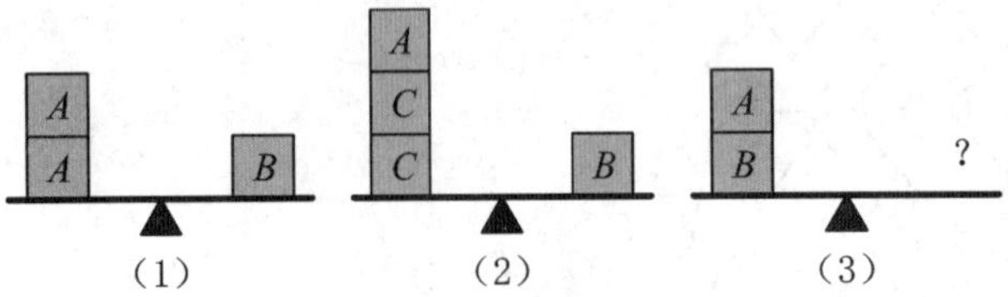

第 16 题图

17. 哪一条路线最短？（　　）

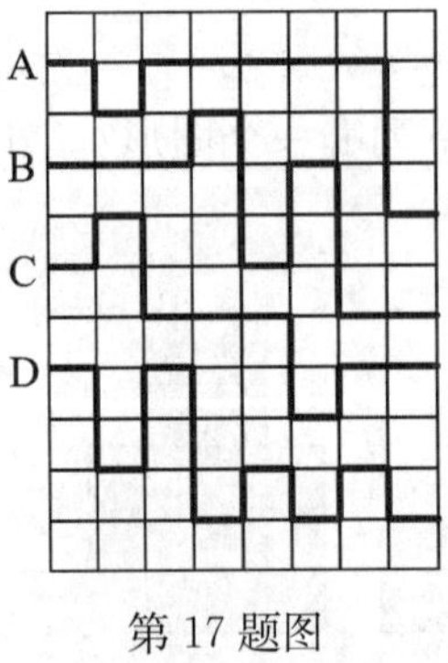

第 17 题图

18. 哥哥是 2009 年出生，弟弟是 2016 年出生，到了 2024 年哥哥比弟弟大________岁。

19. 小动物排队等车，排在小老虎前面的动物比排在小兔子前面的动物多 6 个，那么排在小老虎和小兔子之间的动物有________个。

20. 如图，要使每行每列都有 3 朵花，需在哪一个小格放 1 朵花？（　　）

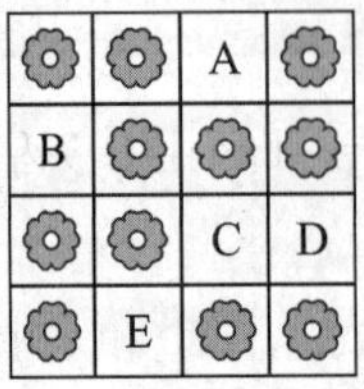

第 20 题图

21. 有一列数：1，6，5，1，4，…。从第 3 个数起，每一个数都是它前面两个数中大数减小数的差，那么这列数的第 20 个数是________。

22. 如图,每个格子中只能填 1～4 中的一个数字,要求每一行、每一列、每一个粗线框内均含 1～4,则"?"处应填的数字是________。

3		1	
			?
	2	4	
4			1

第 22 题图

23. 花店有三种花束,分别是每束 1 支花、每束 3 支花和每束 5 支花。莉莉共买了 5 束花,这些花的总数不可能是(　　)。

第 23 题图

A. 5 支　　B. 16 支　　C. 17 支　　D. 19 支　　E. 25 支

24. 希希周末去爬山,他上山和下山一共用了 140 分钟,上山比下山多用 50 分钟。希希下山用了________分钟。

25. 给 25 个小朋友发球,小朋友依次编号 1～25,每个小朋友分到小球的数量与他们各自的编号相同,编号是单数的小朋友分到蓝色小球,编号是双数的小朋友分到红色小球。希希发现除了她自己外,其余 24 人分到红色小球的总数和蓝色小球总数刚好相等。希希的编号是________。

2 年级A卷

思考笔记

1. 计算：13＋29＋7＋8＋11＋32＝________。

2. 一列火车的发车时间是上午 8 时 37 分，该火车经过 12 小时 13 分钟后到达终点。这列火车到达终点的时间是(　　)。

A. 当天晚上 10 时 50 分　　B. 当天晚上 8 时 50 分

C. 当天晚上 8 时 24 分　　D. 次日上午 8 时 50 分

E. 次日上午 10 时 50 分

3. 第 2 堆星星比第 1 堆星星多________颗。

第 3 题图

4. 一个两位数各个数位上的数字和是 9，这个两位数的数字积最大是________。

5. 希希站在操场上，面向东北方，他的右侧是(　　)。

A. 西南方　B. 东南方　C. 西北方　D. 东北方　E. 正南方

6. 满满一杯牛奶有 200 毫升，希希先喝掉 50 毫升，然后加满水，再喝掉半杯，再加满水，又喝掉 80 毫升，再加满水，最后整杯喝完。希希喝的水比牛奶多________毫升。

7. 哪杯糖水最甜？(　　)

8. 如图，沿顺时针或逆时针把 6 个数字串成一个六位数，这个六位数最大是________。

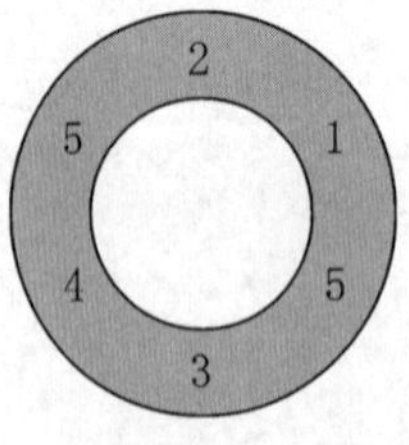

第 8 题图

9. 希希写了一个整数 A，按下面的顺序计算，最后的结果是一个两位数。希希写的整数 A 最大是________。

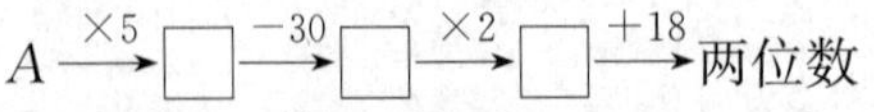

第 9 题图

10. 一捆草可以供 4 头牛和 5 匹马吃 1 天，或者供 6 头牛和 2 匹马吃 1 天。如果一捆草只供 1 匹马吃，它可以吃________天。

11. 将 2、4、6、7、8 分别填入下图的方格中，使得横向 3 个数的和与竖向 3

个数的和相等。“?”处的数字是________。

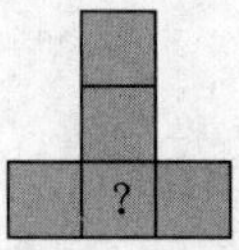

第 11 题图

12. 希希说：“爸爸，你可以用乘法口诀给手机设一个容易记的四位数开机密码，比如 2510(二五一十)，3721(三七二十一)等。”

爸爸说：“好主意！我还想让这四个数字的和尽量大。”

这个开机密码有________种选择。

13. 有 1 克、3 克、6 克的砝码各一个，在天平上只称一次，称出的质量有________种可能的情况。(砝码可以放在天平一侧，也可以放在天平两侧)

14. 数字 A、B、C 能使下列竖式成立，那么三位数 $\overline{ABC}$ 是________。

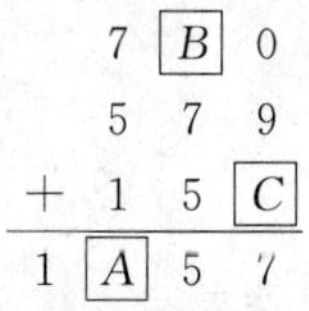

第 14 题图

15. 希希将一张写有 36 个数的方格纸按照如图所示的方式折叠了两次，然后他打穿正中间的方格(箭头指示的方格)，形成一个孔洞，这个孔洞穿过的所有数的和为________。

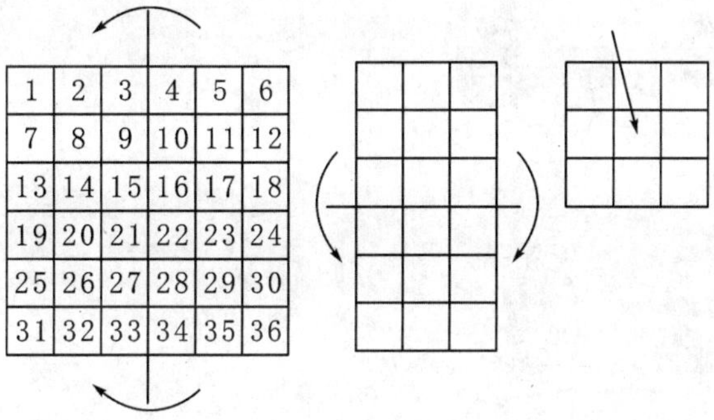

第 15 题图

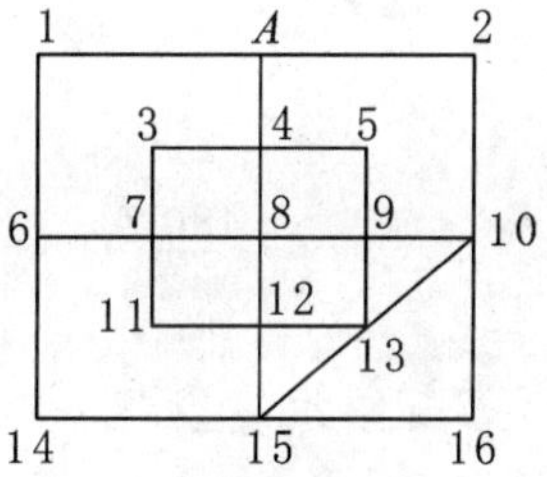

第 16 题图

16. 如图，从点 A 开始一笔画，且不重复画同一条线，最后在点________完成。(填这个点旁边的数)

17. 有 25 位小朋友的身高都是整数且各不相同，他们按身高依次站成一列。从身高最低的小朋友开始数，希希排在第 14 位，最后一位小朋友的身高为 133 厘米。希希的身高最多是________厘米。

18. 甲、乙、丙、丁在称体重。

甲说：“我的体重比丙重 2 千克，比乙轻 4 千克。”

乙说：“我的体重正好是 25 千克。”

丙说：“我的体重比丁轻 3 千克。”

丁的体重是________千克。

19. 从下列 5 张卡片中选出 4 张，拼成一个 4×4 的正方形，有________种选法。

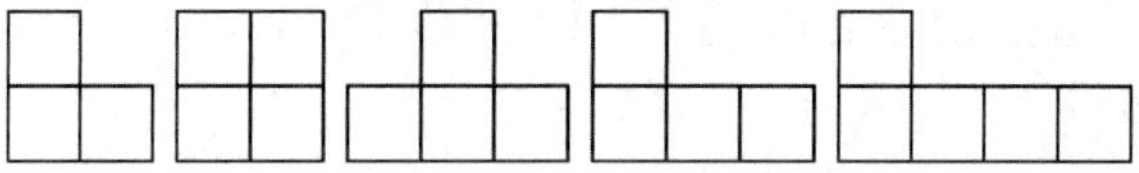
第 19 题图

20. 从入口进入迷宫，要使所经过的方格中所有数的和最小，应选择哪个出口？（　　）

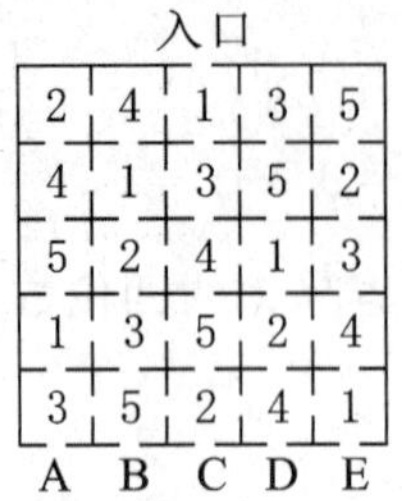

第 20 题图

21. 观察下列计算的规律：

1×1＝1。

11×11＝121。

111×111＝12321。

1111×1111＝1234321。

……

根据规律，111111111×111111111 乘积的各个数位的数字和是________。

22. 哪个图中用到的积木最多？（　　）

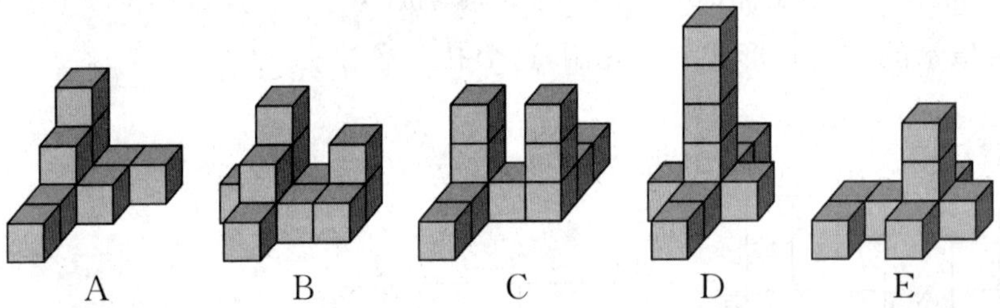

23. “?”＝________。

第 23 题图

24. “?”处的图形是（　　）。

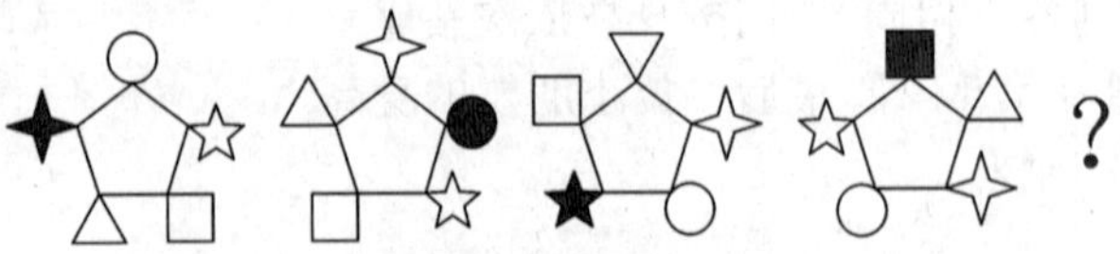

第 24 题图

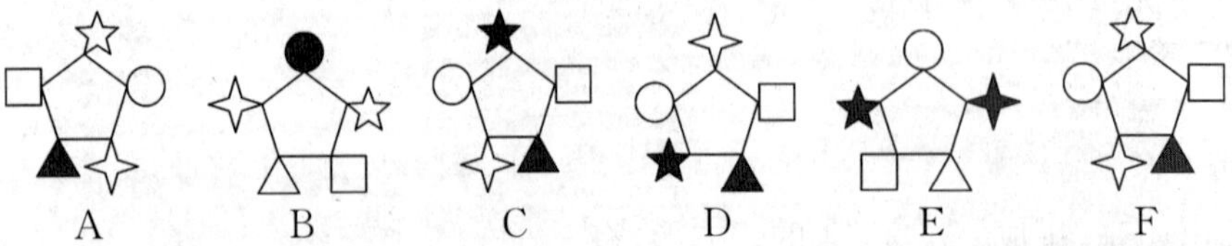

25. A、B、C、D、E 五位同学比赛象棋，每两人都要赛一场。规定每场比赛：胜者得 2 分，平局各得 1 分，输者不得分。目前 A 已经赛了 4 场，B 赛了 3 场，C 赛了 2 场，D 赛了 1 场。目前 E 最多得________分。

3年级A卷

思考笔记

1. 计算：9＋98＋997＋9996＝________。

2. 计算：123×23＋124×45－125×67＝________。

3. 将珠子按“一黑二白三灰”的顺序排列，则第 20 颗灰珠子是第________颗珠子。

第 3 题图

4. 一张大白纸，第一次将它剪成 3 片，第二次将其中最小的一片剪成 3 片，第三次再将其中最小的一片剪成 3 片……这样进行下去，第七次剪完后全部的纸片共有________片。

5. 将任意两个点之间用一条线段相连，如图所示。

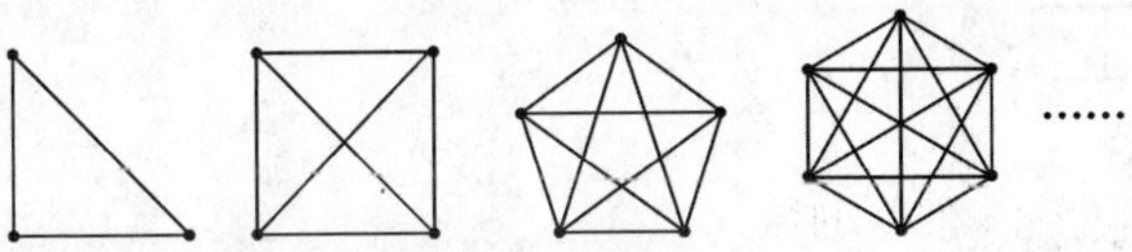

第 5 题图

有 3 个点时，可以连出 3 条线段；

有 4 个点时，可以连出 6 条线段；

有 5 个点时，可以连出 10 条线段；

有 6 个点时，可以连出 15 条线段。

那么有 8 个点时，可以连出________条线段。

6. 如图，每个容器的底面积和厚度都相同，其中最多有________个容器中装的水一样多。

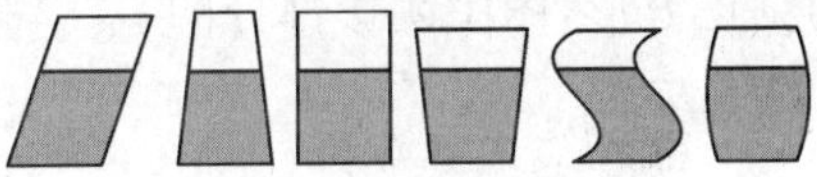

第 6 题图

7. 下图是时钟在水中的倒影，此时是（　　）。

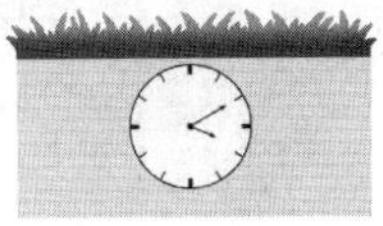

第 7 题图

A. 2:20　　B. 3:10　　C. 3:20　　D. 3:40　　E. 9:50

8. 如图，每个正方体小块的棱长都是 3 厘米。一只小蚂蚁从点 A 开始沿图中路线爬到点 B，它一共爬了________厘米。

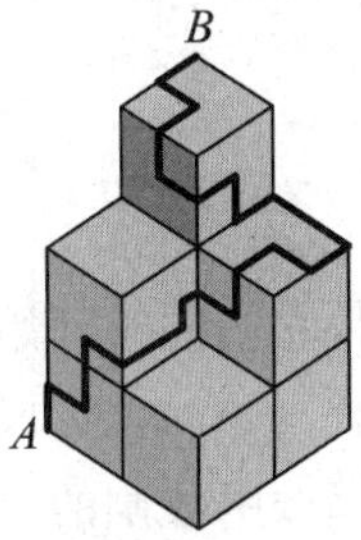

第 8 题图

9. 今年希希与妈妈的年龄和是 40 岁，妈妈比希希大 26 岁，希希今年________岁。

10. 物流仓库的 3 个机器人 2 小时可以分拣 500 件快递，按这样的工作效率，10 个机器人 9 小时可分拣________件快递。

11. 白兔和灰兔拔了一些萝卜。如果白兔给灰兔 2 个萝卜，它们的萝卜数量就一样多了；如果灰兔给白兔 3 个萝卜，白兔的萝卜数量就是灰兔的 6 倍。白兔和灰兔共拔了________个萝卜。

12. 某个月星期一的天数多于星期二的天数，星期六的天数少于星期日的天数，那么这个月共有________天。

13. 三个小朋友的年龄和是 9，他们年龄的乘积最大是________。

14. 青蛙从第 1 格出发，每次向前跳一样的距离，它想到达第 2025 格，应（　　）。

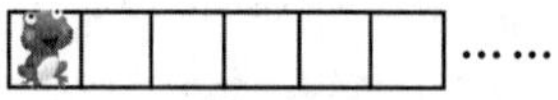

第 14 题图

A. 每次向前跳 5 格　　B. 每次向前跳 6 格

C. 每次向前跳 7 格　　D. 每次向前跳 8 格　　E. 每次向前跳 9 格

15. 给下图的积木各个面涂色（包括底面），如果涂正方形的一个面用 10 秒，那么涂好整块积木用________秒。

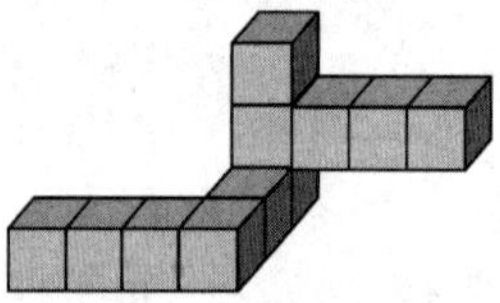

第 15 题图

16. 如图，一个大正方形中有 7 个边长为 1 的小正方形，图中阴影部分的周长是________。

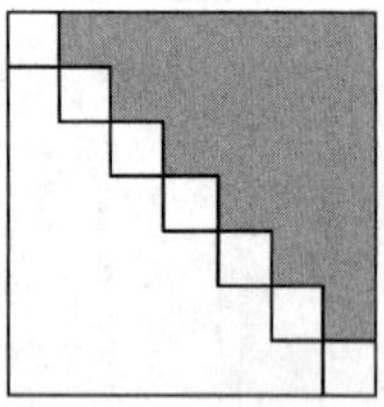

第 16 题图

17. 数一数，下图中有________个三角形。

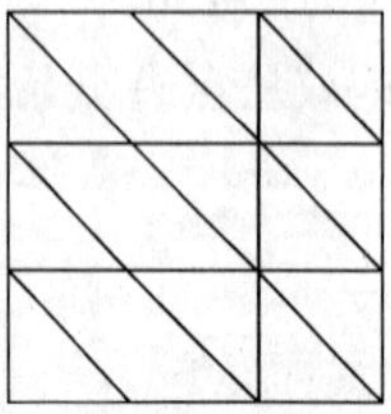

第 17 题图

18. 甲、乙、丙、丁四台相同的收割机共同收割一片麦田，它们同时开始工作，2 小时后甲因故障停止工作，乙、丙、丁因此比预计多工作 3 小时才完成任务。最后乙、丙、丁每台收割机比甲多收割了 270 吨小麦，那么甲收割的小麦是________吨。

19. 如图的每个小方格代表一个粮仓，方格中的数是粮仓中老鼠的数量。小花猫从标有“1”的粮仓出发，每次只能走到上、下、左或右的相邻粮仓中，且每个粮仓只能经过 1 次，小花猫最后到达标有“9”的粮仓。如果小花猫每到一个粮仓就能抓获这个粮仓中所有的老鼠，那么小花猫最多能抓获________只老鼠。

10	5	7	1
4	15	2	3
6	9	14	11
12	13	16	8

第 19 题图

20. 一个长方形的长和宽都增加 3 厘米后，它的面积增加了 63 平方厘米，则原长方形的周长是________厘米。

21. A、B 两地间有 6 块正方形草地，草地的四周都有小路。如果从 A 到 B 的最短路线长是 120 米，那么最长路线的长是________米。(注:相同的小路最多经过 1 次。)

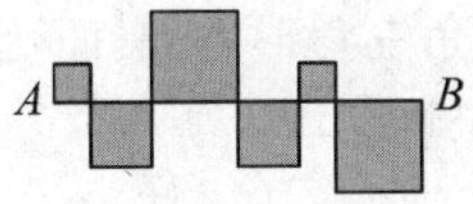

第 21 题图

22. 有红、黄、蓝、白四色的袜子各 3 只，混合放在柜子里。小兰随意从柜子里取出袜子，一次至少取出________只袜子才能保证有 2 只袜子的颜色相同。

23. 将一个数按如下规则操作：

①若该数是 2 的倍数，则将这个数除以 2；

②若该数是 3 的倍数，但不是 2 的倍数，则将这个数减 1 后除以 2；

③若该数既不是 2 的倍数，也不是 3 的倍数，则将这个数加 1 后除以 2。

对某一个数连续进行 5 次上述操作后得数为 1，则这个数有________种可能。

24. 如图，黑蚂蚁沿正六边形的边爬行，红蚂蚁沿正三角形的边爬行。两只蚂蚁同时从点 A 出发，以相同的速度沿逆时针方向爬行，当它们再次在 A 点相遇时，黑蚂蚁爬行了 120 米。正三角形的边长是________米。

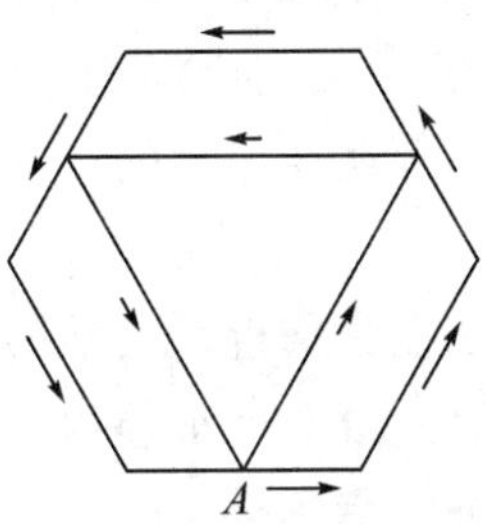

第 24 题图

25. 小希和小乐两人玩取火柴棒的游戏，两人交替进行，每人每次只能取 1 根、2 根、3 根或 4 根火柴，取走最后一根火柴的人获胜。小希先取，无论小希怎样取火柴棒，小乐都能找到必胜的方法，则这堆火柴棒的数量可能是(　　)。

A. 2022　　B. 2023　　C. 2024　　D. 2025　　E. 2026

3年级D卷

思考笔记

1. 算式 $1\times2\times4\times7\times11\times16\times22\times29\times37\times46$ 乘积的末位数字是________。

2. 动物们排队买蛋糕，小袋鼠排在第 1 位，大象排在第 10 位，那么桌子挡住了________只动物。

第 2 题图

3. 有研究报告指出，1880—2020 年全球平均气温上升趋势约为每十年上升 0.08℃。已知 2020 年全球平均气温为 14.88℃，假设未来的全球平均气温上升趋势与上述趋势相同，且每年上升的温度相同，则预估________（填年份）年的全球平均气温为 30℃。

4. 一个正方形桌面，沿桌角锯掉 4 个相同的等腰直角三角形后，桌面变成________边形。（下图是锯掉一个等腰直角三角形的示意图）

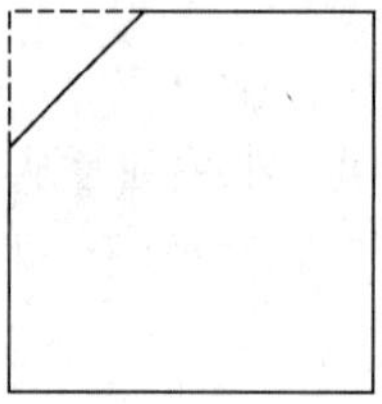

第 4 题图

5. 兄弟三人想各买一个竹筐，大哥带的钱缺 4 元，二哥带的钱缺 6 元，小弟带的钱缺 7 元。三人把钱合到一起，可以买两个竹筐还多 1 元。一个竹筐的价格是________元。

6. 兔妈妈摘了 50 个草莓分给小白兔和小灰兔。两只兔子分别吃了一些草莓后，小白兔剩余的草莓个数是小灰兔的 2 倍。于是小白兔给了小灰兔 8 个草莓，这时小灰兔比小白兔多 3 个草莓。那么两只兔子共吃掉了________个草莓。

7. 四条生产线 23 小时生产 20242024 部手机，十条生产线 100 小时生产________部手机。

8. 今年张老师的年龄比小王年龄的 4 倍小 3 岁，张老师在 3 年后的年龄等于小王 36 年后的年龄，小王今年________岁。

9. 用火柴棍拼成如下图案（每个小等边三角形需要 3 根火柴棍），其中第 1 个图案由 4 个小等边三角形围成 1 个小菱形，第 2 个图案由 6 个小等边三角形围成 2 个小菱形……若按此规律拼下去，则第 50 个图案需要________根火柴棍。

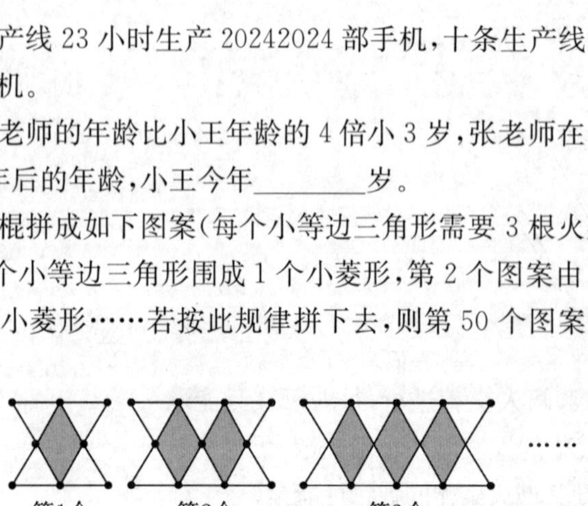

第 9 题图

10. 如图，从 A 出发，沿上、下、左或右的方向走，经过 1 个 B 和 1 个 C 后到达 D，这样的路线共有________条。

C	D	C	D
D	A	B	C
C	B	C	D
D	C	D	C

第 10 题图

11. 一列火车通过一座长 860 米的大桥用了 30 秒，它通过一条长 4360 米长的隧道时，速度提高了一倍，结果只用了 50 秒，这列火车长________米。

12. 图中共有 5 层小三角形，既包含白色小三角形又包含黑色小三角形的三角形有________个。

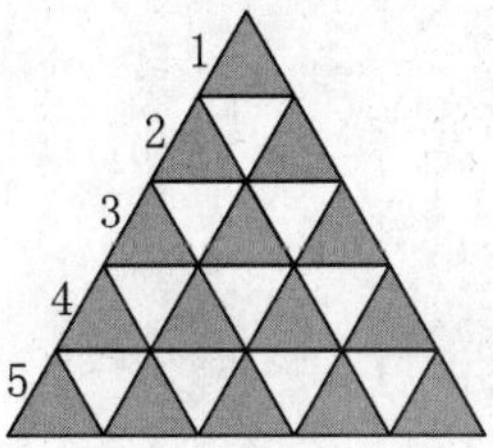

第 12 题图

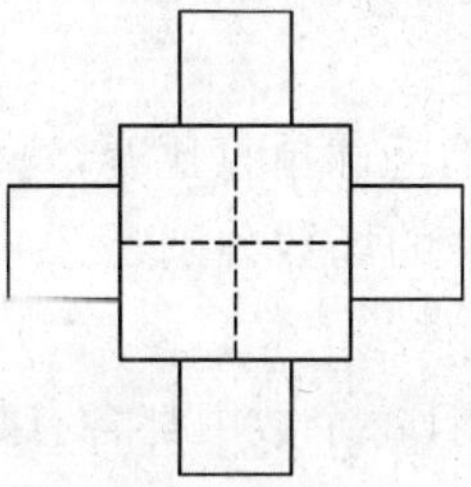
第 13 题图

13. 题图由 8 个边长为 2 的正方形拼成，这个图形的周长是________。

14. 如图所示的算式中，不同的汉字代表不同的数字，相同的汉字代表相同的数字。将算式中的汉字换成恰当的数字，使算式成立。那么这个算式有________填法。

$\overline{研学营}+\overline{开开}\times\overline{心心}=2024$

第 14 题图

15. 园艺工人要在马路一侧种甲、乙、丙三种不同的树苗共 5 棵，要求相邻的两棵树苗品种不同，那么第 1 棵和第 5 棵都是乙种树苗的种法共有________种。

16. 希希给一颗正八面体"钻石"涂色，要求：每个面只涂一种颜色，有公共边的两个面颜色不同。希希最少需要________种颜色。

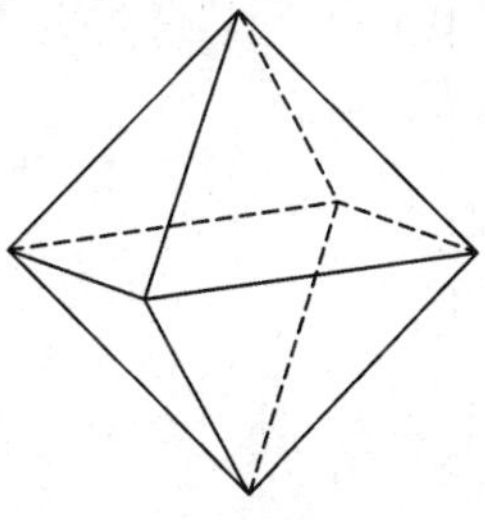
第 16 题图

17. 有一个电子钟，现在显示的时间是 22:15:24，其中有 3 个相同的数字。再过________秒，这个电子钟显示的时间第一次出现 5 个相同的数字。

18. 小希、小望两人对一根 6 米长的木棍涂色。首先，小希从木棍左端开始涂黑 5 厘米，间隔 5 厘米不涂色，接着再涂黑 5 厘米，这样交替涂到底。然后，小望从木棍另一端开始涂红 6 厘米，间隔 6 厘米不涂色，接着涂红 6 厘米，再间隔 6 厘米不涂色，交替涂到底。最后木棍上没有被涂色的部分的长度总和为________厘米。

19. 一次比赛前，甲、乙、丙三人猜测自己在三人中的名次。

甲说："我不是第一名。"

乙说："我是最后一名。"

丙说："我的名次在甲前面。"

结果只有甲猜对了，则三人在这次比赛中排在第一的是________。

20. 在森林动物运动会中，小白兔、金丝猴、大灰狼参加了长跑、攀岩、跳远三个项目，每个动物参加的比赛项目不同。已知：

①金丝猴没有参加长跑；

②若小白兔参加攀岩，则大灰狼参加跳远；

③若大灰狼没有参加攀岩，则小白兔参加攀岩。

那么大灰狼参加的比赛项目是________。

21. 巧虎和另外七位同学一起进行羽毛球单打比赛，每两人都要比赛一场。到现在为止，其他七位同学已经比赛的场数分别是 7、6、5、4、3、2、1 场，此时巧虎赛了________场。

22. 把 100 拆成若干个自然数的和，且每个数中都含有数字 6，最多可以拆成________个数的和。

23. 希希和乐乐玩游戏，约定每局游戏如果希希赢了，则乐乐给希希 8 颗珠子；如果希希输了，则希希给乐乐 6 颗珠子。开始时，两人各有 50 颗珠子，玩了 10 局游戏后，希希有 88 颗珠子。这 10 局游戏中希希赢了________局。

24. 某数在二进制中表示为$(1011)_2$，则将其改写为四进制，表示为$(\quad)_4$。

25. 一架飞机顺风航行 1200 千米和逆风航行 800 千米共用 16 小时；顺风航行 600 千米和逆风航行 1200 千米也共用 16 小时。风的速度是________千米/时。

4 年级A卷

思考笔记

1. 计算：$(100-36)\times81-36\times(100-81)=$________。

2. 数 A 按如图所示的顺时针方向经过 3 次运算后，计算结果仍是它本身，那么数 A 是________。

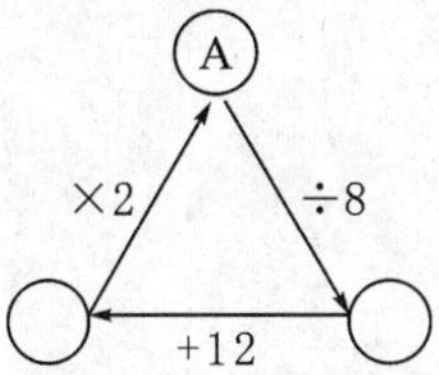

第 2 题图

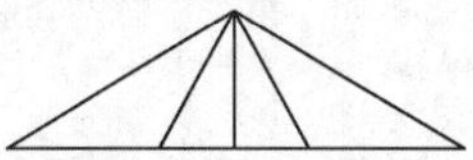
第 3 题图

3. 题图中有 4 个直角，有________个锐角。

4. 甲、乙两个机器人沿周长 200 米的环形货架分拣货物。甲每分钟走 9 米，乙每分钟走 7 米，它们从同一点同时出发，相背而行。它们从出发到第二次相遇用________分钟。

5. 如图，每个小正方形的边长都是 10，那么阴影部分的面积是________。

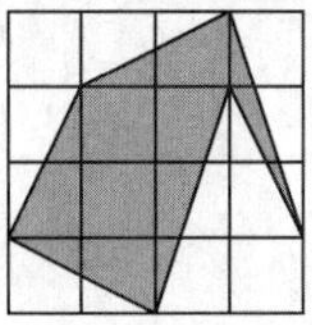
第 5 题图

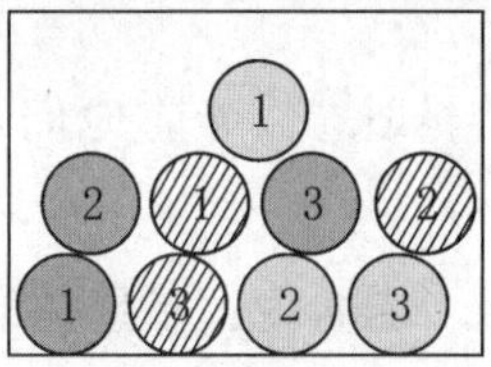

第 6 题图

6. 抽奖箱里有大小相同的红、蓝、绿球各 3 个，每种颜色的球分别标有 1、2、3 号。抽奖时一次摸出 3 个球，如果摸出的 3 个球颜色都相同或号码都相同，就获得一等奖；如果摸出的 3 个球中有 2 个颜色相同或号码相同就获得二等奖。那么获得二等奖的情况比一等奖多________种。

7. 如图，公园里一个菱形广场用面积为 1 平方分米的小菱形地砖铺设，从外向内每一圈地砖的颜色按橙、绿两色间隔出现。如果广场的总面积是 10000 平方分米，那么广场上的橙色地砖有________块。

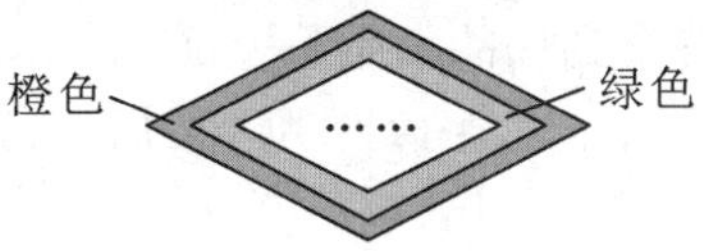

第 7 题图

8. 甲、乙两人分别同时从 A、B 两地出发，相向而行。甲每分钟走 64 米，乙每分钟走 76 米。两人相遇时距两地的中点 60 米，A，B 两地相距________米。

9. 如图，交换两个小方格中的数使得每行、每列及每条对角线上 3 个数的和都相等，交换的这两个数的乘积是________。

9	5	12
11	10	7
6	13	8

第 9 题图

10. 将下图折叠成一个正方体，M 与哪条边重合？（　　）

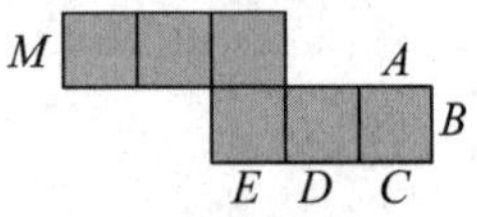

第 10 题图

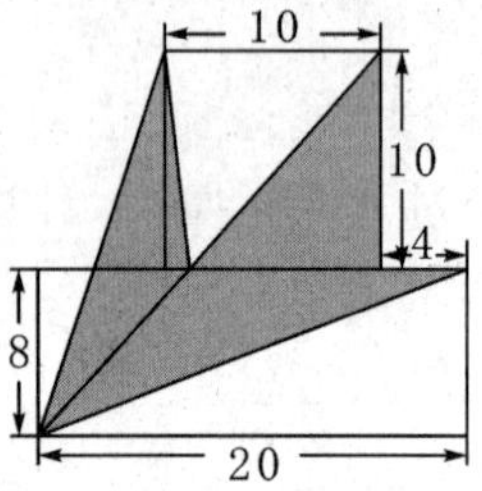

第 11 题图

11. 如图，阴影部分的面积是________。

12. 有 50 人参加跑步、铅球和跳远测试，只有两项达标的人数是三项全部达标的人数的 2 倍，也是只有一项达标的人数的 3 倍。如果只有一项达标的人数比三项均不达标的人数多 2 人，那么三项全部达标的人数为________人。

13. 这一天老鼠娶亲。迎亲队伍中，一只大老鼠用 1 根扁担挑 2 件彩礼，两只小老鼠共用 1 根扁担抬 1 件彩礼。如果一共用了 65 根扁担，共有 104 件彩礼，那么共有________只老鼠在运彩礼。

14. 希希、星星、乐乐、强强四人参加游泳比赛，赛前他们对名次进行预测。

星星说："乐乐是第一名。"　　　　希希说："星星是第一名。"

乐乐说："我不是第一名。"　　　　强强说："我不是第一名。"

比赛结束后发现有三人预测正确，那么（　　）。

A. 希希预测正确，星星是第一名

B. 星星预测正确，乐乐是第一名

C. 强强预测正确，乐乐是第一名

D. 强强预测正确，希希是第一名

E. 乐乐预测正确，强强是第一名

15. 有 2024 名学生参加毕业典礼，第一个到场的女生与全部男生握过手，第二个到场的女生只差 1 个男生没握过手，第三个到场的女生只差 2 个男生没握过手……以此类推，最后一个到场的女生与 9 个男生握过手。参加毕业典礼的学生中有________名男生。

16. 八戒摘了一些桃子，总数不超过 100 个。八戒把桃子平均分成 5 份，发现剩余 1 个桃子，就把这个桃子吃掉了；八戒把其中一份桃子又平均分成 5 份，最后还是剩余 1 个桃子，八戒又把这个桃子吃掉了。八戒最多摘了________个桃子。

17. 从 1 开始的自然数依次排成一列：123456789101112…。希希在这列数中找"2024"这个数字，他从左往右找，当他第三次找到"2024"时，紧接着排在后面的 3 个数字表示的三位数是________。

18. 如图，希希和乐乐设计了一个游戏。两人轮流移动"王后"，每次可以向右或向上或向右上方 45°走任意格，最后用"王后"吃掉"马"的人赢得比赛。

如果希希先移动“王后”，他要赢得比赛，第一步应该走到(　　)。

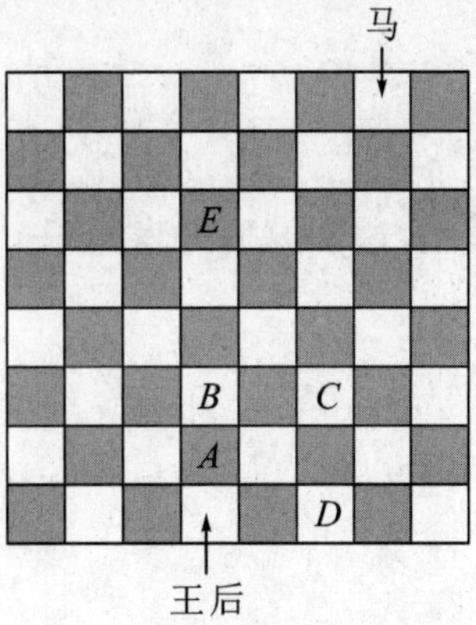

第 18 题图

A. A 格　　B. B 格　　C. C 格　　D. D 格　　E. E 格

19. 把自然数 1～20 分成若干组(每组可以有 1 个或多个数)，每组分别求和，再把每组数的和相乘，乘积末尾最多有________个 0。

20. 如图，六边形 $ABCDEF$ 的对角线 AD、BE、CF 不交于一点。以六个顶点 A、B、C、D、E、F 中的三个点为顶点的三角形有 20 个，至少要在六边形 $ABCDEF$ 内画________个点，才能使上述 20 个三角形的每一个三角形内都至少包含一个点。

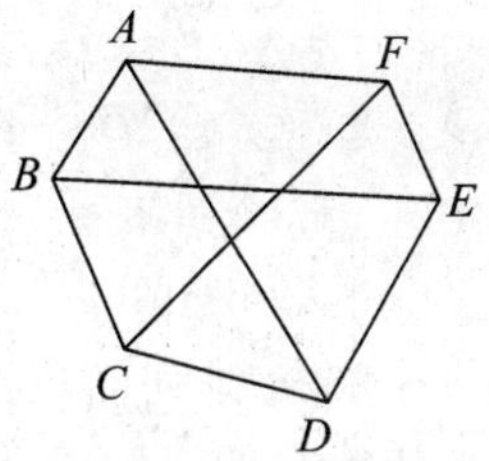

第 20 题图

21. 从 0、1、2、3、4 中选出一个或多个数字组成四位数(同一个数字可以多次使用)，其中有________个四位数能被 4 整除。

22. 8 个两位数的平均数是一个自然数，把其中一个数的个位数字和十位数字调换位置后，得到一个新的两位数。这时这八个数的平均数变小了，但仍然是一个自然数，则原来的八个数中被改变的数是________。

23. 已知 $\overline{14ABCD}+\overline{ABCD14}=\overline{4ABCD1}$，则 $\overline{ABCD}$ 代表的四位数是________。

24. 下图是四个平衡的天平，“?”代表了________个 A。

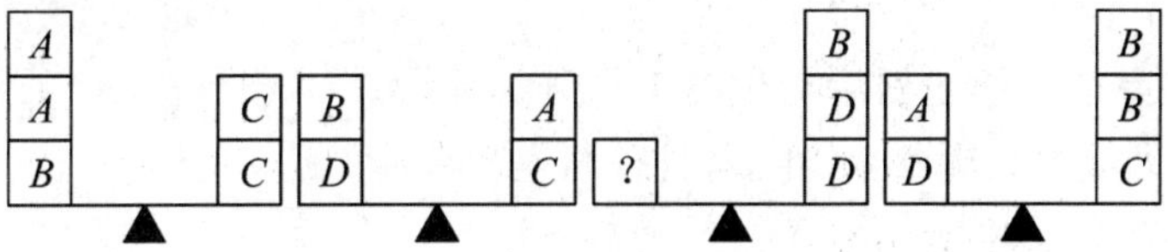

第 24 题图

25. 如图所示的算式中，每个字母表示一个非 0 数字，相同的字母表示相同的数字，不同的字母表示不同的数字，则 $\overline{FINE}$ 代表的四位数是________。

$$\begin{array}{r} ZERO \\ FOUR \\ +\ FIVE \\ \hline NINE \end{array}$$

第 25 题图

4 年级D卷

思考笔记

1. 计算：2024÷(366÷7)÷(12÷30)÷(35÷183)=________。

2. 小于 300 的所有末尾是 4 的三位数的和等于________。

3. 如图，用 7 个棱长为 2 的小立方体粘成一个模型，这个模型的表面积是________。(包含底面积)

第 3 题图

4. 题图第 20 个图案中“★”的个数与“◎”的个数之和是________。

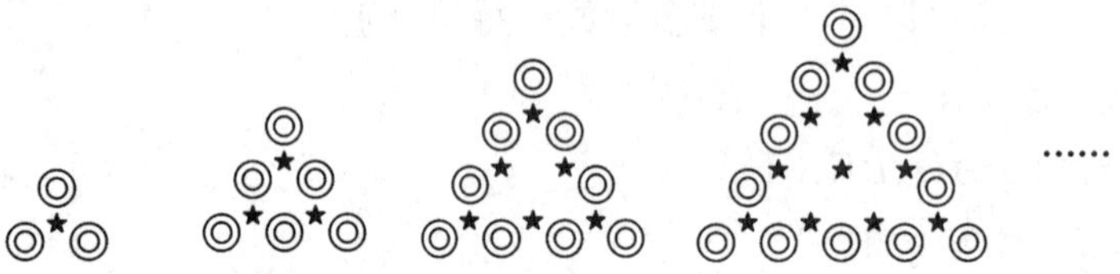

第 4 题图

5. 一个数，它由自然数 1～2025 排列而成：1234567891011…20242025，这个数从左到右第 2024 位上的数字是________。

6. 与 168 相加时会产生进位的三位数有________个。

7. 如图所示的乘法竖式，乘积最小是________。

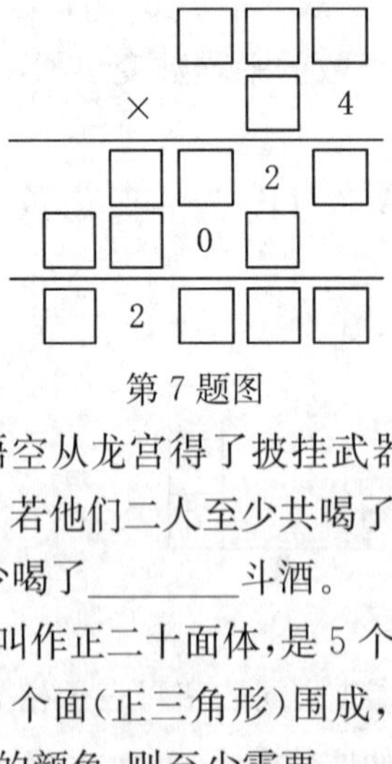

第 7 题图

8. 在《西游记》中，孙悟空从龙宫得了披挂武器后与牛魔王结拜为兄弟，彼此推杯换盏，把酒言欢。若他们二人至少共喝了 84 斗酒，且孙悟空比牛魔王多喝 4 斗酒，孙悟空最少喝了________斗酒。

9. 如图所示的多面体叫作正二十面体，是 5 个柏拉图立体(正多面体)中的一个。这个多面体由 20 个面(正三角形)围成，现将这 20 个面着色，要求有共同棱的两个面染不同的颜色，则至少需要________种颜色。

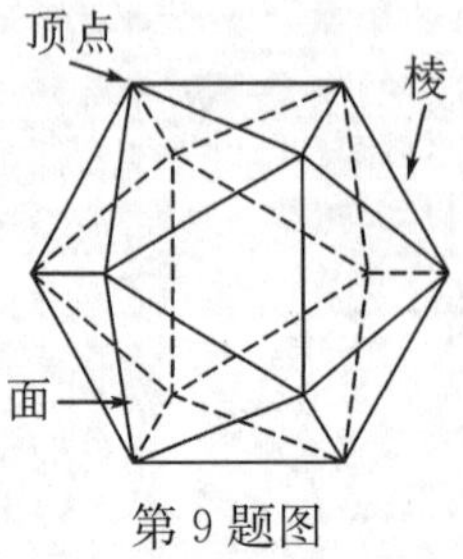

第 9 题图

10. 将 3 张大小相同、颜色不同的正方形纸片按题图方式覆盖在一个大正方形上，其中绿色纸片露出部分的面积为 80，黄色纸片露出部分的面积为 64，未被覆盖部分(空白部分)的面积和是 48，则每张纸片的面积是________。

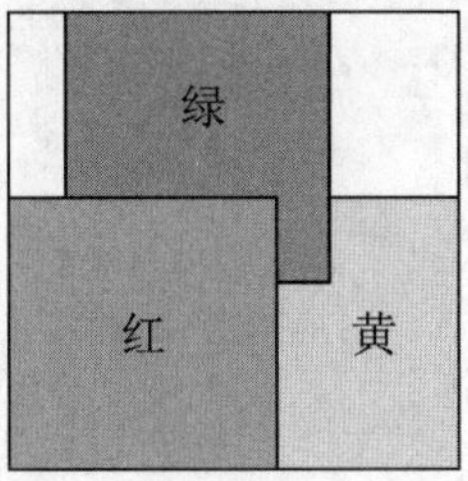

第 10 题图

11. 如果 n 是偶数，对 n 尽可能多次地除以 2 直到得出一个奇数；如果 n 是奇数，对 $3n+1$ 尽可能多次地除以 2 直到得出一个奇数。将通过以上方式得到的奇数记为 A_n，则 $A_{2024}=$________。

12. 算式 $1\times2\times3\times4+5\times6\times7\times8+\cdots+2021\times2022\times2023\times2024$ 得数的末位数字是________。

13. 青青果园有苹果树、梨树、桃树、杏树共 4 种果树，其中有 80 棵不是苹果数，有 90 棵不是梨树，有 60 棵不是桃树，且杏树有 10 棵，那么桃树有________棵。

14. 把一本书各页的页码累加起来时，少加了一个页码，结果得到的和为 2024，这个被少加的页码是________。

15. 甲和乙一起攀登一个有 1200 级台阶的大山，甲每步上 2 级台阶直到登顶；乙第 1 步上 3 级台阶，第 2 步上 2 级台阶，第 3 步上 3 级台阶，第 4 步上 2 级台阶，这样交替直到登顶。在全部的 1200 级台阶中，没被甲和乙踏过的台阶有________级。

16. 如图所示，甲、乙两只电子爬虫分别在圆 O 的直径两端 A 点和 B 点处，乙顺时针 24 分钟爬完一圈，甲逆时针 40 分钟爬完一圈，甲乙同时出发，出发后 12 小时内，有________次它们同时回到各自的初始位置。

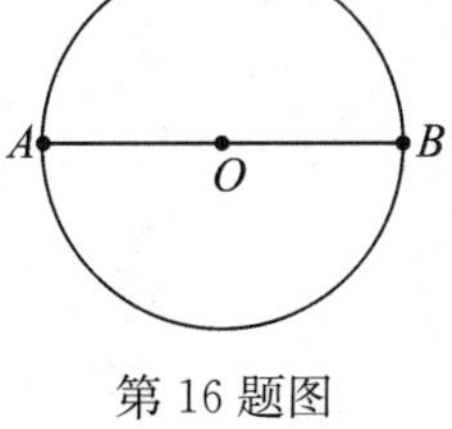

第 16 题图

17. 班级里的 36 名同学对 A，B，C 三款班服进行投票，每人至少投 1 票，至多投 2 票。最终 A，B，C 款班服分别获得 20 票，16 票，13 票，如果同时给 A 和 B 投票的有 6 人，同时给 B 和 C 投票的有 4 人，那么同时给 A 和 C 投票的有________人。

18. 有一列数，每一项都是自然数，第 1 项是 1，第 2 项也是 1，以后的每一项都大于前 2 项之和，则这列数第 6 项的最小值是________。

19. 爸爸对希希说："3 年前我的年龄是你和弟弟年龄和的 4 倍，也是你和弟弟年龄差的 12 倍。”

希希对爸爸说：“5 年后你的年龄是我和弟弟年龄和的 2 倍。”

此时希希的年龄是________岁。

20. 数一数，下图中有________个梯形。

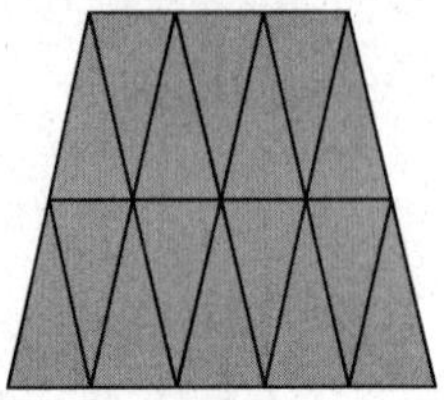

第 20 题图

21. 森林动物运动会火炬传递启动仪式上，小兔子、小猴子、大灰狼、金丝雀、小老虎 5 名火炬手分 5 棒完成。若第一棒火炬手只能从金丝雀、小老虎、大灰狼中产生，最后一棒火炬手只能从金丝雀、小老虎中产生，则不同的传递方案有________种。

22. 一个三角形的边长均为整数，其中两边的长分别为 3 和 5，则第三条边长的所有可能值之和为________。

23. 如图，梯形 $ABCD$，$2BC=5AD$，E 是腰 AB 上一点，三角形 AED 和三角形 EDC 的面积分别是 12 和 36。梯形 $ABCD$ 的面积是________。

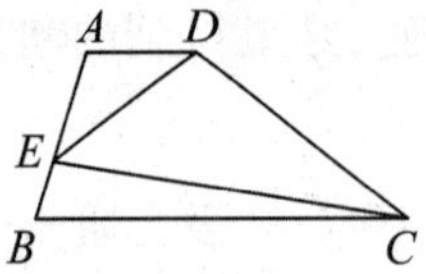

第 23 题图

24. 多位数$\underbrace{20232023\cdots2023}_{m个2023}20240101\underbrace{20252025\cdots2025}_{n个2025}$能被 11 整除，且 m 和 n 都不等于 0，则 $n+m$ 的最小值为________。

25. 猎人带着猎狗进山捕猎，猎狗与大灰狼同时发现了对方，它们之间的距离狼要跑 430 步。如果狼跑 11 步的时间狗跑 9 步，狼跑 7 步的距离等于狗跑 6 步的距离，那么从它们同时奔向对方到相遇，狗跑了________步。

5年级A卷

思考笔记

1. 把下面各式的计算结果从小到大排列，排在第三的是(　　)。

A. 0.1＋0.2　B. 0.2－0.1　C. 0.1×0.2　D. 0.1÷0.2　E. 0.2÷0.1

2. 计算：123123÷7÷11÷13＝________。

3. 农场里一半的公牛加上全部的母牛共 40 头，一半的母牛加上全部的公牛共 50 头。农场里共有________头牛。

4. 数一数，图(2)中有________个如图 1 所示的图形。

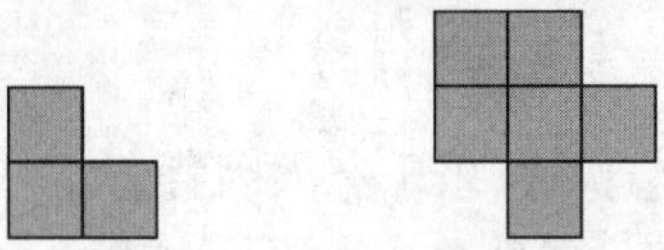

(1)　　　　(2)

第 4 题图

5. 只有相邻方格中的字母可以交换位置，那么由图(1)变到图(2)至少需要交换________次。

A	A	A	B	N	N

(1)

B	A	N	A	N	A

(2)

第 5 题图

6. 黑板上写有 2、0、2、4 四个数，每次操作如下：擦去一个数，并写上其他三个数的和。进行这样的 9 次操作后，黑板上的四个数之和最大是________。

7. 在题图的空格中填入合适的数字，使算式成立，则被除数是________。

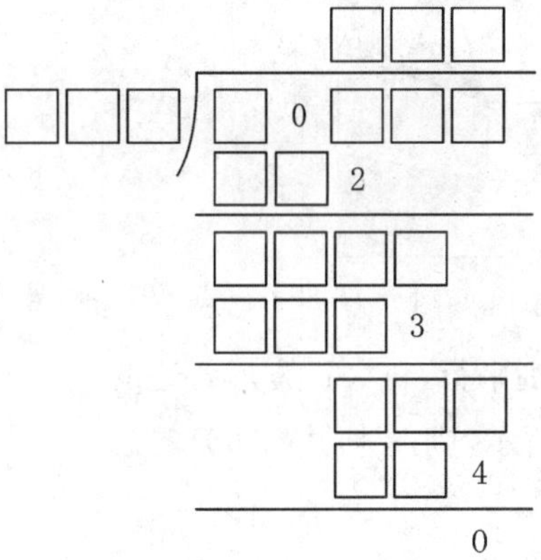

第 7 题图

8. 找规律，题图中“?”处的图形是(　　)。

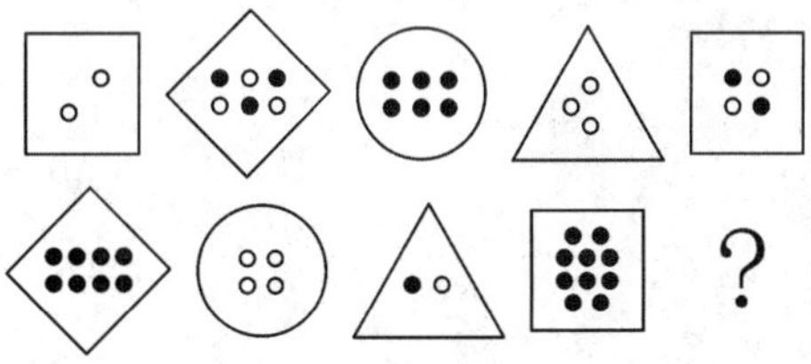

第 8 题图

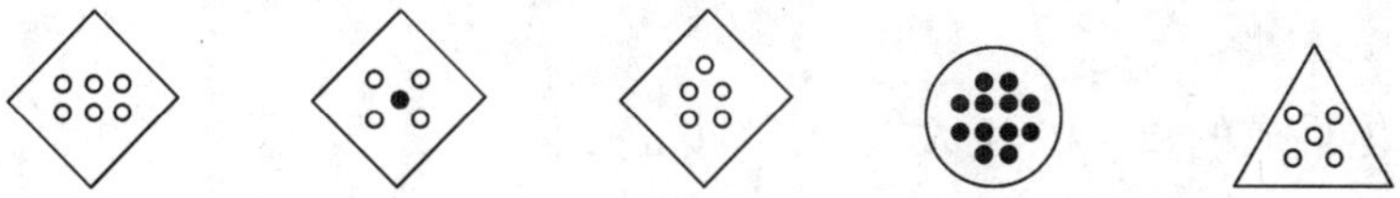

A　　B　　C　　D　　E

9. 如图所示是希希设计的一种条形码，这种条形码由多个长度相同、宽度不同的黑条和白条间隔排列而成，条形码总宽度为 10，两端都是黑条，每一条白条和黑条的宽度可以为 1、2 或 3。那么这种条形码最多有________种。(注：条形码不能旋转、翻转)

第 9 题图

10. 登山队有 8 人，他们排成一队登山，其中希希、欢欢、乐乐三人因背着急救包必须互不相邻。那么这支登山队有________种排队方法。

11. 有一类不含数字 0 的三位数，它们的数字和都是 15，这类数中所有数的平均数是________。

12. 希希要把《宋词》上、下册和《唐诗》上、中、下册共 5 本书摆到同一层书架上，且《宋词》上、下册相邻，《宋词》上册比《唐诗》下册靠左，共有________种不同的摆法。

13. 如图，在一块长 24 米、宽 20 米的大长方形空地上划分出 4 个相同的小长方形建造羽毛球场地，剩余 2 个长方形种植草皮(阴影部分)，这 2 个阴影长方形的周长之和是________米。

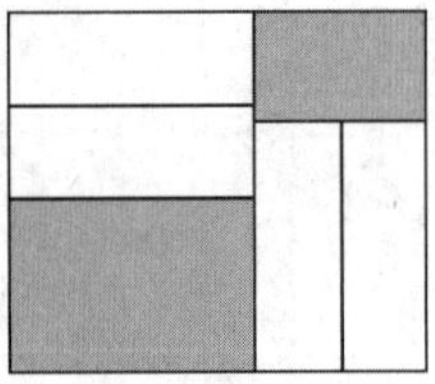

第 13 题图

第 14 题图

14. 面积为 16 和 1 的大小 2 个正方形各边分别平行，将大正方形各边的三等分点分别与小正方形的一个顶点相连，如图所示，则图中阴影部分的总面积是________。

15. 如图，小长方形 $FBGE$ 的顶点 E 在大长方形 $ABCD$ 的对角线 AC 上，已知 $AB=8$，$AD=10$，三角形 DFG 的面积为 30，则小长方形 $FBGE$ 的面积为________。

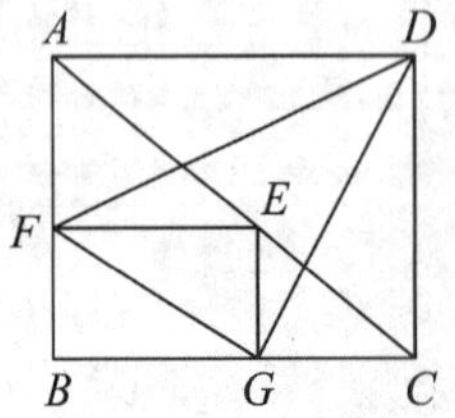

第 15 题图

16. 图(1)是一个由 64 个小正方体拼成的 $4\times4\times4$ 大立方体(小正方体之间不相连)，从中至少去掉________个小正方体可使得从左面、上面、前面看到的图形都是图(2)。

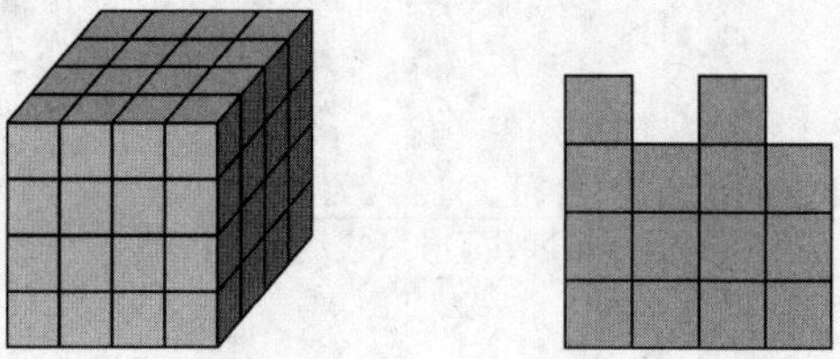

(1)　　　　(2)

第 16 题图

17. 无重复数字且能被 11 整除的最小五位数是________。

18. 2 个自然数的最小公倍数是 2024，则这 2 个数的和最小是________。

19. 孙悟空摘了一些桃子，如果 5 个 5 个地数，最后将剩余 3 个；如果 6 个 6 个地数，最后将剩余 1 个。孙悟空至少再摘________个桃子，就可以 5 个 5 个地数或者 6 个 6 个地数都没有剩余。

20. 对于一个无重复数字的三位数 n，《n》表示划去 n 中最小的数字后得到的两位数，例如，《123》=23，《705》=75。如果《n》是 n 的因数，那么满足条件的三位数 n 有________个。

21. 一个小于 2024 的自然数，分别除以 5，7，11，13，所得余数的和最大是________。

22. 5 个连续的自然数，它们的和是一个完全立方数，中间 3 个数的和是一个完全平方数。若这五个数中的最大数不超过 2024，则这 5 个数的平均数是________。

23. 两个机器人从 100 米长的环形轨道同一点同时出发，同向运动，甲每分钟行 16 米，乙每分钟行 12 米。出发后每次甲追上乙，甲的速度减小 4 米/分，乙的速度减小 1 米/分，直到乙第一次追上甲。整个过程中甲和乙共运动了________米。

24. 在某个星球上的钟表，时针每 60 小时走一圈，分针每小时(60 分钟)走一圈。如图所示，在 45:00 时针和分针的夹角是 90°，则至少再过________分钟，时针和分针的夹角是 90°。

第 24 题图

A. $\frac{3600}{59}$　　B. $\frac{2400}{59}$　　C. $\frac{1800}{59}$　　D. $\frac{1800}{61}$　　E. $\frac{2400}{61}$

25. 老张 15:00 要到公司开会。午休起床后老张发现家里钟表的电池没电了，显示的时间停留在 12:20。他给钟表换上新电池，但忘了把指针调到正确时间就匆匆离开家，并在开会前 10 分钟到达会场。22:50 散会，老张回到家里，家里的钟表显示的时间是 20:50。如果老张从家到公司与从公司到家所用的时间相同，那么钟表在换上新电池之前至少停了________分钟。

5年级D卷

思考笔记

1. 计算：

$$\frac{4\times6.072\times3.8-6\times2.024\times5.7+8\times4.048\times1.9+10\times1.012\times7.6}{8\times0.506\times9.5+8\times8.096\times0.95+6\times3.036\times4.75+2\times5.06\times2.85}=$$

________。

2. 中国有着悠久的金石文化，印信是金石文化的代表之一。如图所示的印信，可以看成将一个棱长为 2 厘米的正方体截去 8 个相同的四面体之后得到的，则该印信的顶点数为________。

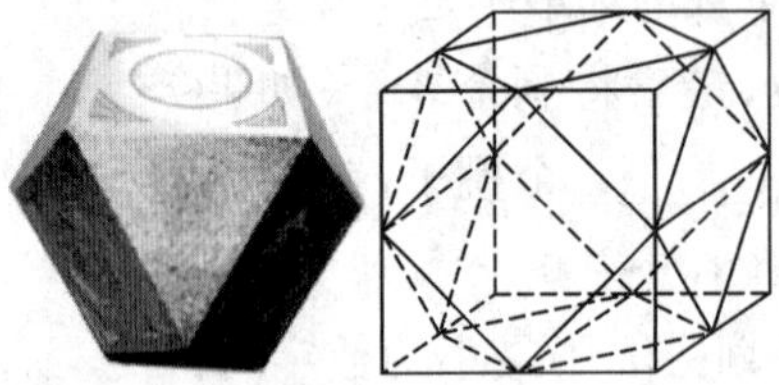

第 2 题图

3. 下列哪个数是平方数？（　　）

A. 99999999　B. 12333333　C. 239785225　D. 2024　E. 765432000

4. 数字和等于 12 的三位数共有________个。

5. 由某 4 个互不相同的数字组成的四位数中，最大数与最小数的和为 11359，则这个最小数是________。

6. 在下面的数列中，从第 4 个数起，每个数都是它前面 3 个数的和。这个数列的第 1 个数是________。

________，________，________，________，70，128，237，…

7. 一项工程，小希单独工作需 30 天完成，小望单独工作需 25 天完成。已知小希每周日休息，小望每周六、周日休息。如果两人合作，从 2024 年 10 月 8 日（星期二）开始工作，A 月 B 日可以完成这项工程，那么 $A+B=$ ________。

8. 所图所示，在一个 2×2×2 的金属框架上，一只蚂蚁沿着框架从 A 点爬到 B 点，它共有________条不同的最短路线。

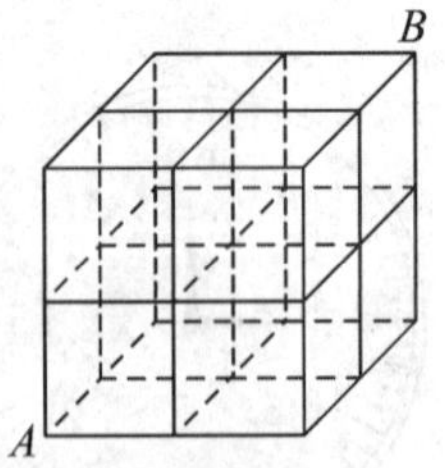

第 8 题图

9. 甲、乙两列火车同时从 A、B 两个车站出发，相向而行。两车相遇后，甲车再过 2 小时 40 分钟到达 B 站，乙车再过 1 小时 30 分钟到达 A 站。甲、乙两车速度的比值是________。

10. 题图第________个图案中“★”的个数与“◎”的个数之和是 2010。

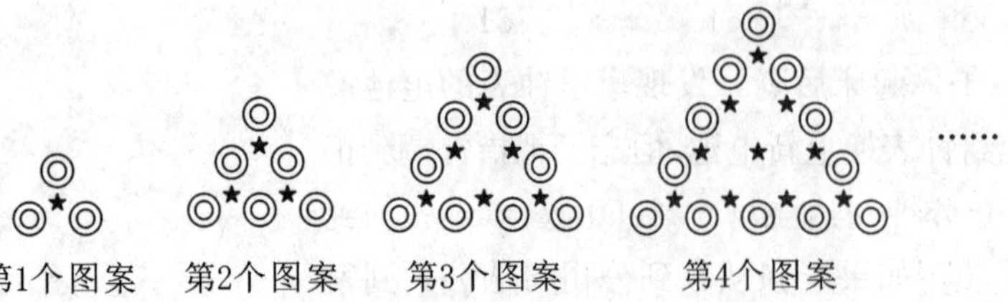

第 10 题图

11. 一张面积为 2024 平方厘米的正方形纸，先剪掉一个面积为 500 平方厘米的长方形，再剪掉三个三角形，剩余部分如图中阴影部分所示，其中 M、N 分别是两条边的中点，则阴影部分的面积是________平方厘米。

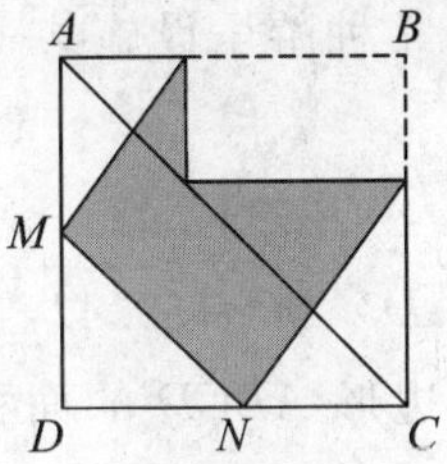

第 11 题图

12. 如果 n 是偶数，则对 n 尽可能多次地除以 2 直到得出一个奇数为止，这个奇数定义为 A_n；如果 n 是奇数，就对 $3n+1$ 尽可能多次地除以 2 直到得出一个奇数为止，这个奇数定义为 A_n。那么 $A_{2013}=$________。

13. $2023^{2024}+2024^{2023}$的个位数是________。

14. 若 n 条直线可将平面划分成 2024 个区域，则 n 的最小值是________。

15. 小郭、小吉、小树、小学、小赛五名学生分别上台演讲，若小郭须在小吉前面出场且两人都不能第三个上场，则不同的出场顺序有________种方案。

16. 如图，梯形 $ABCD$ 中，BC 的长是 AD 的 2.5 倍，E 是腰 AB 上一点，三角形 AED 和三角形 BEC 的面积分别是 12 和 15。则三角形 EDC 的面积是________。

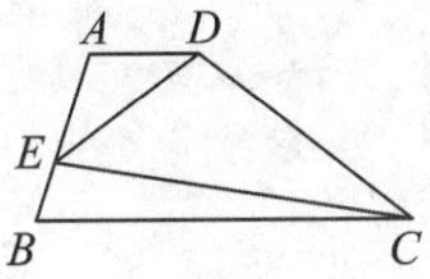

第 16 题图

17. 若干爱心人士要给山区的儿童购买 1 批图书。若每人出资 80 元，则总资金多出 30 元；若每人出资 70 元，则总资金缺 40 元。这批图书的总价是________元。

18. 2023^{2023}除以 23 的余数是________。

19. 小明、小亮两人从相距 80 千米的两地同时出发，相对而行，小明的速度大于小亮，他们出发 4 小时后相遇。如果小明、小亮每人每小时各多行 2.5 千米，那么相遇地点距前一次相遇地点 3 千米。小明原来的速度是每小时________千米。

20. 幸福小学要从学生中选出一名“运动之星”，现有小希、小望、小岩三名同学进入最后的比赛。规定：每名选手参加游泳、长跑、攀岩、跳绳、三级跳、跳高六场比赛，每场比赛前三名的得分由高到低分别为 a,b,c 三个互不相等的非零自然数；选手最后得分为各场得分之和。六场比赛后，小希的得分为 24 分，小望和小岩的得分分别是 13 分和 11 分，且小望在其中一场比赛中获得第一名。那么小望有________个项目获得第三名。

21. 一个无重复数字的五位数能被 33 整除，且它最高位上的数字是 5，这个五位数最小是________。

22. 小望在公园玩单价分别是 3 元、5 元、9 元、23 元的套圈、气球枪、旋转木马、森林小火车四种娱乐设施。小望有 100 元，玩这 4 种游乐设施共 11 次，小望剩余的钱数不可能是(　　)元。

A. 3　　B. 5　　C. 9　　D. 10　　E. 11

23. 如图，在四边形 $ABCD$ 中，$AB\times CD=28.48$，$AD\times BC=39.42$，且 $\angle ABD+\angle BDC=90°$，$\angle ADB+\angle DBC=90°$。则四边形 $ABCD$ 的面积是________。

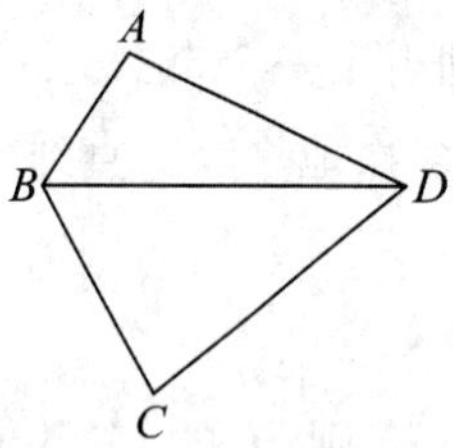

第 23 题图

24. 一群学生比赛拔河，要从中选出一名裁判。如果选出的裁判是女生，则参加比赛的男生和女生的人数比为 5∶4；若选出的裁判是男生，则参加比赛的男生和女生的人数比为 6∶5。则这群学生共有________人。

25. 如图所示，甲、乙两只电子爬虫分别在圆 O 的直径两端 A 点和 B 点处，乙顺时针 $\frac{17}{6}$ 分钟爬完一圈，甲逆时针 $\frac{23}{9}$ 分钟爬完一圈。那么 12 小时内甲、乙两只电子爬虫分别同时回到自己出发时的初始位置________次。

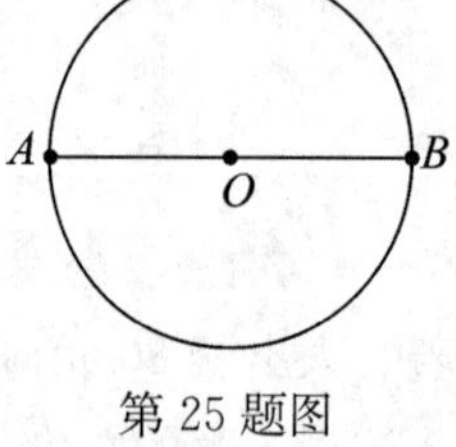

第 25 题图

6年级A卷

思考笔记

1. 工厂原来生产的雪糕是圆柱形，现在要改为圆锥形，且圆锥的底面半径是原来圆柱底面半径的$\frac{2}{3}$，圆锥的高是原来圆柱的高的$\frac{3}{4}$。则原来制作一个圆柱形雪糕的材料现在可制作(　　)个圆锥形雪糕。

A. 2　　B. 3　　C. 4　　D. 6　　E. 9

2. 乐乐有 23 本漫画书，其余图书有 60 本。他再买________本漫画书，就能使漫画书的数量占全部图书的 40%。

3. 体育课上，六(1)班分组进行足球比赛，每组 1 个足球。如果 3 人一组，则剩余 3 个足球；如果 4 人一组，则剩余 6 个足球。六(1)班共有________人。

4. 在题图的除法算式中，数字 a 和 b 分别是(　　)。

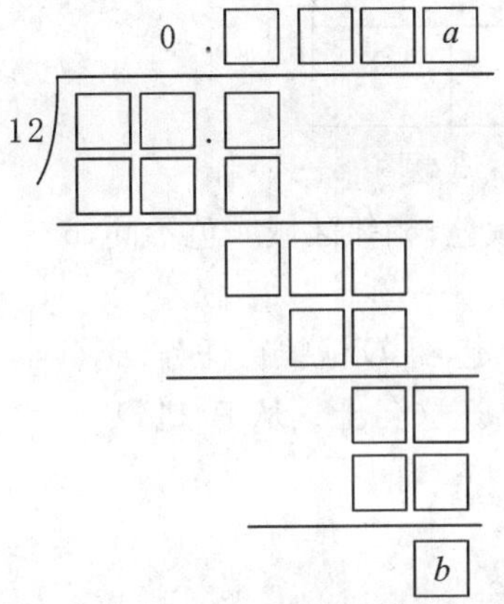

第 4 题图

A. 1,2　　B. 3,4　　C. 4,5　　D. 5,6　　E. 7,8

5. 幼儿园计划购买定价 6 元的皮球和定价 9 元的风筝共 52 个，由于店铺促销，皮球打八五折，风筝打八折，幼儿园实际支付的钱比原计划少了 17%。幼儿园买了________个皮球。

6. 甲容器中有 8%的盐水 300 克，乙容器中有 12.5%的盐水 120 克。现往甲、乙两个容器中分别倒入等量的水，使两个容器中盐水的浓度相同，每个容器中应分别倒入________克水。

7. 计算：$\frac{1}{2}+\frac{1}{3}+\frac{2}{3}+\frac{1}{4}+\frac{2}{4}+\frac{3}{4}+\frac{1}{5}+\cdots+\frac{2022}{2024}+\frac{2023}{2024}=$________。

8. 计算：$\left(\frac{1\times5}{2\times4}+\frac{3\times7}{4\times6}+\frac{5\times9}{6\times8}+\cdots+\frac{19\times23}{20\times22}\right)\times2024=$________。

9. 一次赛车越野比赛，赛道是边长 100 千米的等边三角形，赛车甲在各边的速度已在图中标注(单位：千米/时)，赛车乙的速度始终保持 60 千米/时。甲、乙分别从 A、B 两点同时出发，沿顺时针方向行驶，两车每次经过 A 地都要休整 10 分钟，则两车出发________分钟后甲第一次追上乙。

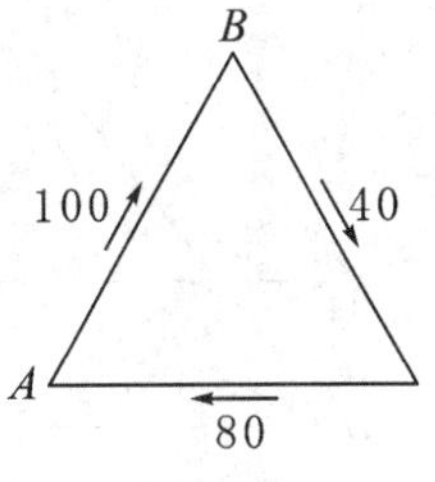

第 9 题图

10. A、B 两地相距 30 千米，甲和丙从 A 地出发前往 B 地，同时乙从 B 地出发前往 A 地，甲的速度是 3 千米/时，丙的速度是 15 千米/时。当丙遇到乙时立即返回 A 地，当丙第一次遇到甲时，甲乙相距 10 千米。乙的速度是________千米/时。

11. 希希忘了电脑开机密码的前两位，只记得第一位是 H，O，P，E 中的一个字母，第二位是 0，1，2，3 中的一个数字，则希希在第二次输入密码能顺利开机的概率是________。

A. 1　　B. $\frac{1}{2}$　　C. $\frac{1}{4}$　　D. $\frac{1}{8}$　　E. $\frac{1}{16}$

12. 如图所示，一只毛毛虫从点 A 出发，沿正方体的棱爬行，恰好经过其他顶点各一次，最后回到点 A，这样的路线有________条。

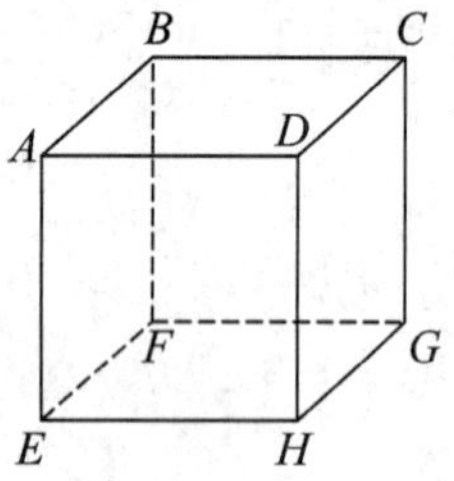

第 12 题图

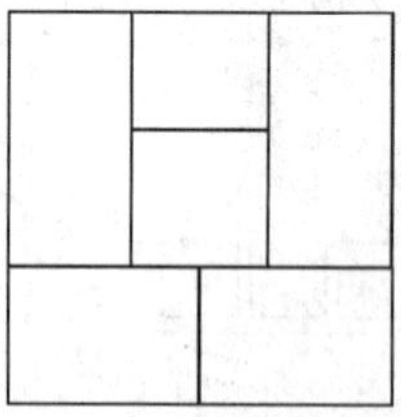
第 13 题图

13. 用 6 种颜色给题图涂色，每个区域涂一种颜色，相邻区域颜色不同，6 种颜色可以不全使用，有________种涂色方案。

14. 如图所示，一名士兵从 A 地出发，沿格线行走，到 D 地执行任务，B，C 两地是两处补给站，士兵途中至少经过一处补给站。这名士兵从 A 到 D 点的最短路线有________条。

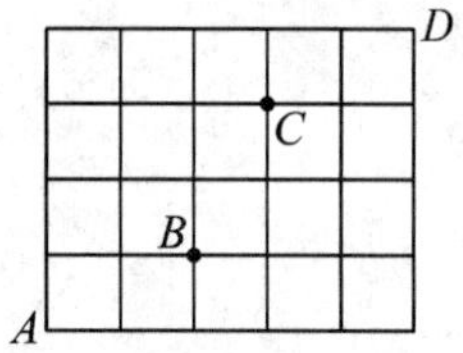

第 14 题图

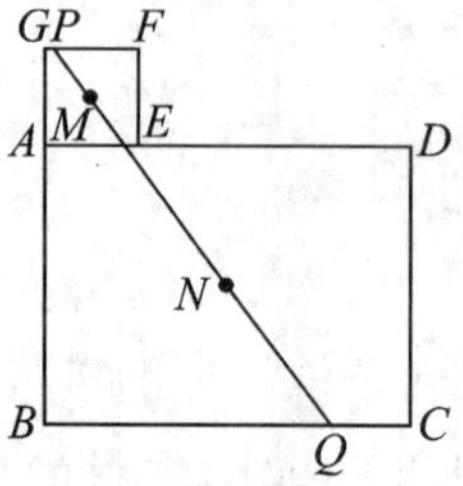

第 15 题图

15. 如图，点 M，N 分别是正方形 $AEFG$ 和长方形 $ABCD$ 的中心，直线 MN 交 FG 于点 P，交 BC 于点 Q。已知 $AE=2$，$AB=6$，$BC=8$，那么 $PQ=$________。

16. 如图，长方形 $ABCD$ 的长 $BC=15$ 厘米，宽 $AB=6$ 厘米，E 是 AD 边上的三等分点且 $DE=2AE$。长方形 $ABCD$ 的对角线交点为 O，连接 BE 并延长，交 CD 的延长线于点 F，OF 与 AD 相交于点 G，则阴影部分的面积为________平方厘米。

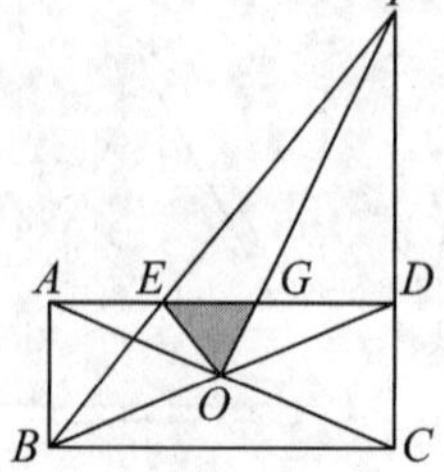

第 16 题图

17. 一个翅膀模型如图所示，正方形 $ABCD$ 的边长为 9 厘米，E，F 是 AB，CD 的中点，M 是 AF 的中点，N 是 PF 的中点，则阴影部分的面积是________平方厘米。

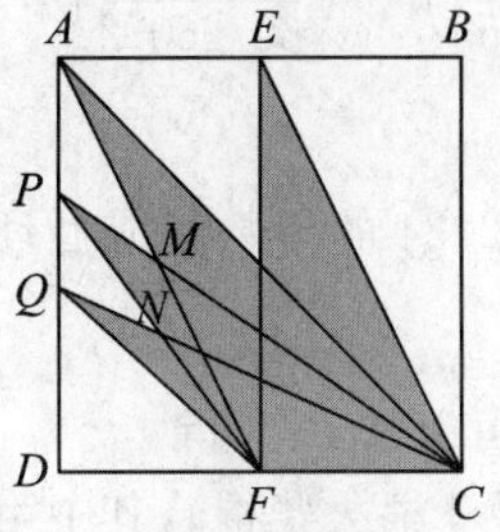

第 17 题图

18. 用 $1\times1\times1$ 的小正方体摆放成如图形状，若从上至下依次为第 1 层，第 2 层，第 3 层……则摆完第 10 层后整个图形的表面积（含底面积）是________。

第 18 题图

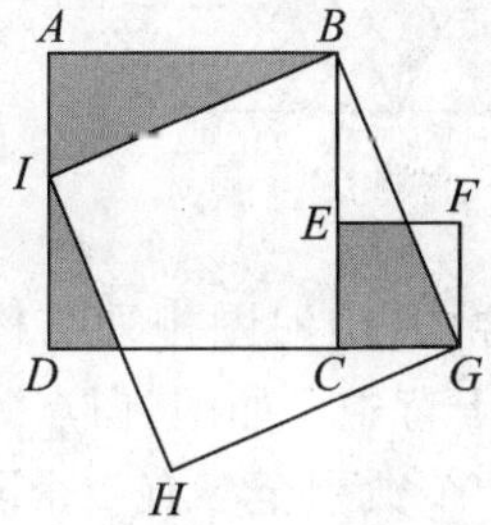

第 19 题图

19. 题图中有正方形 $ABCD$，$CEFG$，$BGHI$，若 $AB=12$，$BG=13$，则图中阴影部分的总面积为________。

20. 若最简分数 $\frac{a}{b}$ 满足 $20<\frac{a}{b}<24$，$a+b=2024$，则符合条件的 $\frac{a}{b}$ 有________个。

21. 两个自然数的乘积是 11112222，这两个自然数的差（较大数减较小数）最小是________。

22. 将 1～25 的自然数分别填入题表中（部分数已经填好），要求同一行中右边的数比左边的大，同一列中下面的数比上面的大，“?”处有________种填法。

1	2	4	6	8
3				
5			20	
7		?		24
9				

第 22 题图

23. 将十进制数 10245 用八进制表示，是________。

24. 将 2024 表示为两合数之积，共有________种表示方法。（注：两乘数交换，如 44×46 和 46×44，算作同一种表示方法）

25. 一副扑克牌共有 54 张，最上面一张是大王。如果每次把最上面的 13 张牌一起移到最下面，那么至少经过________次移动，大王会再次出现在最上面。

6年级D卷

思考笔记

1. 计算：$100-\left(\frac{7777777}{101010}\right)^2\times\left(\frac{20242024}{333033}\right)^2\times\left(\frac{555055}{5555555}\right)^2\times\left(\frac{909090}{60726072}\right)^2=$________。

2. 将算式$\left(1-\frac{1}{2}+\frac{1}{3}-\frac{1}{4}+\frac{1}{5}-\cdots-\frac{1}{12}+\frac{1}{13}\right)\times2024$的得数写成循环小数后，小数点后第 2024 位的数字是________。

3. 在小于 2024 的完全平方数中，有________个数可以被 11 整除。

4. 用火柴棍拼成如下图案(每个小等边三角形需要 3 根火柴棍)，其中第①个图案由 4 个小等边三角形围成 1 个小菱形，第②个图案由 6 个小等边三角形围成 2 个小菱形，……，若按此规律拼下去，则第________个图案需要火柴棍的根数是该图案中菱形个数的 7 倍。

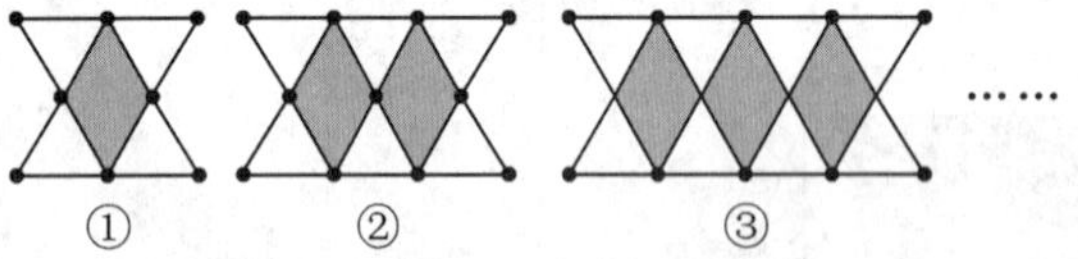

第 4 题图

5. 河图、洛书是中华文化阴阳术数之源，其中河图排列结构是一、六在后，二、七在前，三、八在左，四、九在右，五、十背中。如图，白点为阳数，黑点为阴数。若从这 10 个数中任取 3 个数，这 3 个数中至多有 1 个阴数，则取出的 3 个数之和是 5 的倍数的方式有________种。

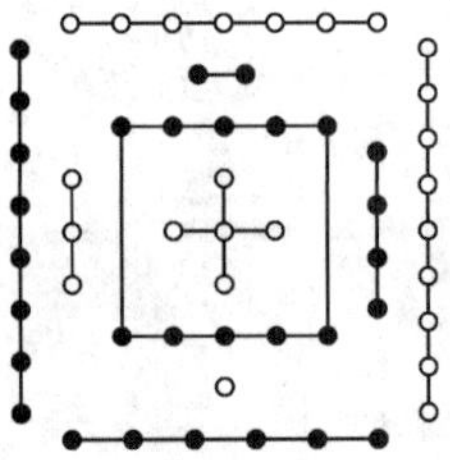

第 5 题图

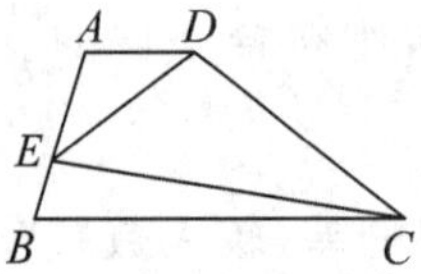

第 6 题图

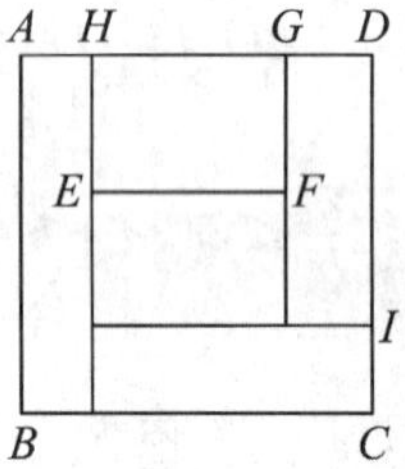

第 8 题图

6. 如图，梯形 $ABCD$ 中，BC 与 AD 的比值为 2.5，E 是腰 AB 上一点，三角形 AED 和三角形 EDC 的面积分别是 12 和 36，则梯形 $ABCD$ 的面积是________。

7. 定义运算“$\otimes$”为 $a\otimes b=b^2-ab$，例如，$2\otimes3=3^2-3\otimes2=3$。如果大于 0 的数 k 满足 $44\otimes k=1280$，那么 k 的值是________。

8. 如图，正方形 $ABCD$ 被分割成 5 个面积相等的长方形，$EF=32$，则正方形 $ABCD$ 的面积是________。

9. 从 1 开始的连续自然数排成一列，删掉其中的完全平方数，得到：

2，3，5，6，7，8，10，…

这列数中的第 2024 个数是________。

10. 学校食堂的自助餐有 5 种甜点、10 种荤菜、10 种素菜供选择。若每人选菜时最多选 4 种，且必须包含甜点、荤菜、素菜，则至少有________人时，一定有 2 人选择的是完全相同的。

11. 如图，面积为 2024 的矩形 $ABCD$ 内接于圆 O，分别以 AB、BC、CD、AD 为直径向外作半圆，则阴影部分的面积是________。

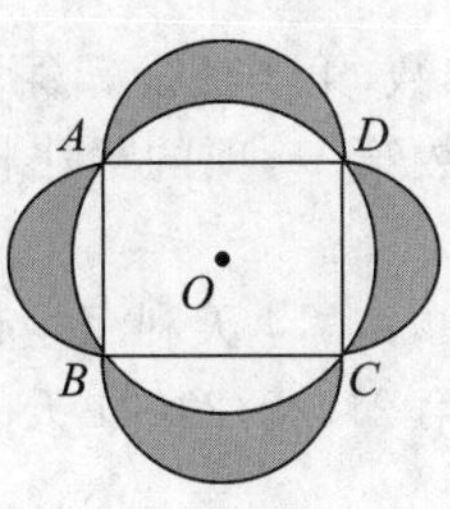

第 11 题图

12. 某直播间销售一款葡萄酒，由于进货价降低了 6.4%，使得利润率由 $a\%$提高到$(a+8)\%$，那么 $a=$________。

13. 大、小两个瓶中各装有一些牛奶，牛奶的体积比为 10∶9。希希从每个瓶中各倒出 100 毫升后，两瓶中的牛奶体积比变成 25∶22。大瓶中原有________毫升牛奶。

14. 孙悟空打怪，每个石怪被打败后会分裂成 2 个土怪，土怪被打败后会变成灰尘失去战斗力，但一段时间后灰尘又会聚合成石怪复活。悟空发起第一次攻击后，土怪数量比石怪多$\frac{1}{3}$；悟空发起第二次攻击，打败了 3 个石怪和 4 个土怪，但这期间有 4 个石怪复活了，现在石怪数量比土怪多$\frac{1}{4}$，那么现在有________个石怪。

15. 如图，图①～④均由 4 个棱长为 1 的小正方体构成，图⑤由 15 个棱长为 1 的小正方体构成。

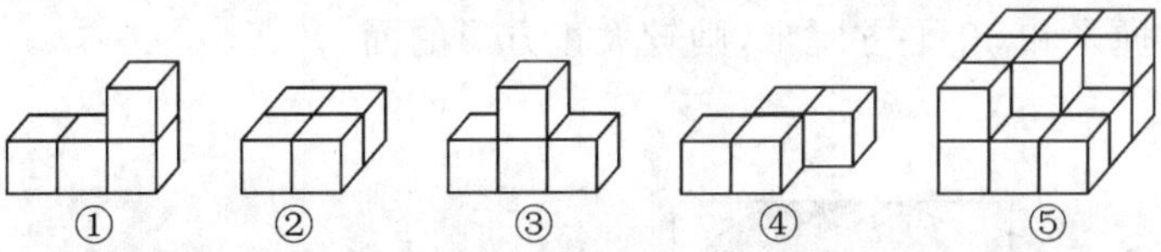

第 15 题图

从图①～④中选出 3 个放到图⑤上，使图⑤成为棱长为 3 的大正方体，则没被选出的图是________。

16. 一项工作，小希单独完成所用时间是小望、小岩两人合作完成所用时间的 2 倍，小望单独完成所用时间是小希、小岩两人合作完成所用时间的 3 倍，则小岩单独完成所用时间是小希、小望两人合作完成所用时间的________倍。

17. 一次知识竞答比赛，甲、乙、丙、丁、戊、己、庚 7 人闯入决赛，决赛共有 6 道题，均为是非判断题，认为正确的画“√”，认为错误的画“×”。记分方法：每道题答对得 2 分，不答得 1 分，答错的得 0 分。已知甲、乙、丙、丁、戊、己、庚 7 人的答题记录及前 6 人的得分如下表所示，则庚的得分是________分。

题号	甲	乙	丙	丁	戊	己	庚
1		√	√	√	×	×	×
2	√		×	×	√	×	√
3	√	×		√	×	×	×
4	√	√	×	√	×	√	
5	√	×	√	√		×	√
6	√	√	×	×	×		×
得分	7	5	5	6	9	7	?

18. 一列由自然数构成的数列，它的每一项都是自然数，第 1 项是 1，第 2 项也是 1，以后的每一项都大于前 2 项之和，则这列数第 10 项的最小值是________。

19. 便利店某月每天利润成等差数列，已知该月第 1，2，3，4 天利润之和为 100 元，第 13，14，15，16 天的利润之和为 700 元，则第 21，22，23，24 天的利润之和为________元。

20. 以下哪个选项的值不能被任何小于 12 的质数整除？（　　）

A. $2^{2024}-1$　B. $2^{2024}+1$　C. $2^{2025}-1$　D. $2^{2025}+1$　E. $2^{2025}+3^{2025}$

21. 如图，平行四边形 $ABCD$ 的面积是 2024，$DCFE$ 是平行四边形，对角线 BE 交 CD 于点 K，$GH:JI:BK=2:2:5$，则阴影部分的面积是________。

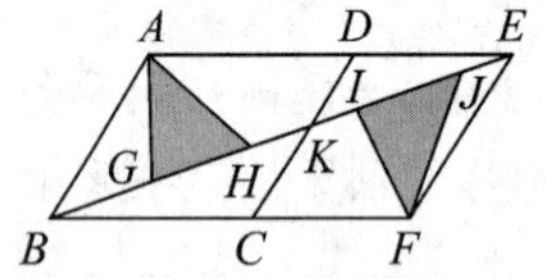

第 21 题图

22.（多选题）小望在公园玩单价分别是 3 元、5 元、9 元、23 元的套圈、气球枪、旋转木马、森林小火车四种娱乐设施。小望有 100 元，玩这 4 种游乐设施（每种至少玩 1 次）共 11 次，小望剩余的钱数不可能是（　　）元。

A. 3　　B. 5　　C. 9　　D. 10　　E. 41

23. 如图，两个正方形的中心重合且彼此相交的边的夹角均为 45°。若两个阴影三角形的面积分别为 36 平方厘米和 50 平方厘米，则较大正方形的面积为________平方厘米。

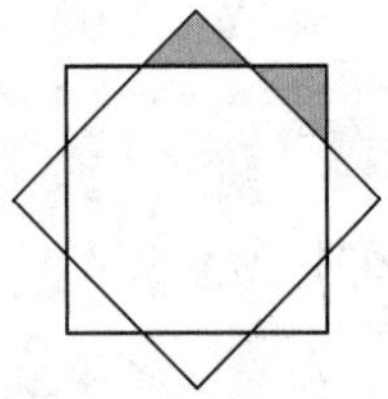

第 23 题图

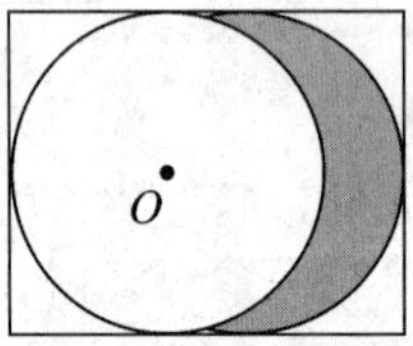

第 24 题图

24. 如图，圆 O 与长为 10、宽为 8 的长方形的三边相切，将圆 O 的右半圆周向右移动至与长方形的另一边相切，右半圆周扫过的阴影部分的面积是________。

25. 一个几何体的三视图如图所示（单位：米）。现将这个几何体的表面涂色，费用 50 元/平方米，则涂完此几何体需要________元。

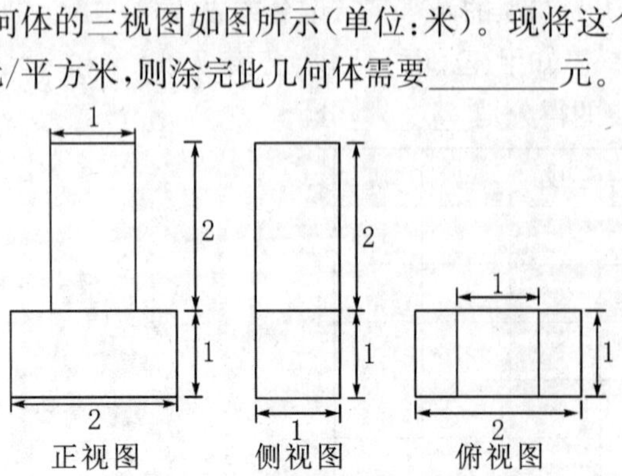

第 25 题图

冬令营

1年级A卷

思考笔记

1. 一群小朋友在玩游戏，他们穿的衣服有红色、绿色和黄色，其中只有三人的衣服不是红色的，只有三人的衣服不是绿色的，只有两人的衣服不是黄色的。这群小朋友有________人。

2. 哪个图形和其他几个不同？（　　）

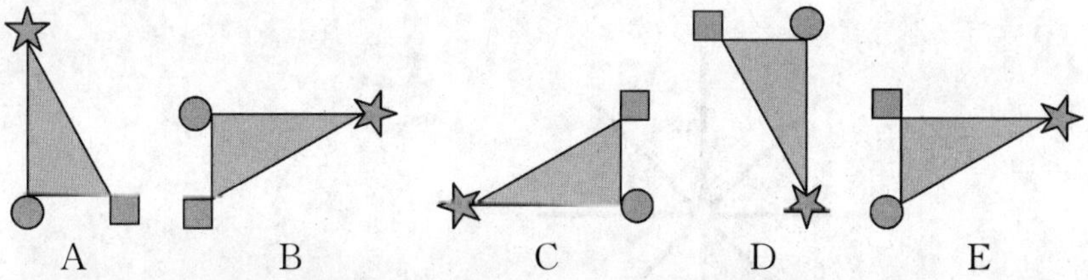

3. 找规律，“?”代表的图形是哪一个？（　　）

第 3 题图

4. 哪块草地最大？（　　）

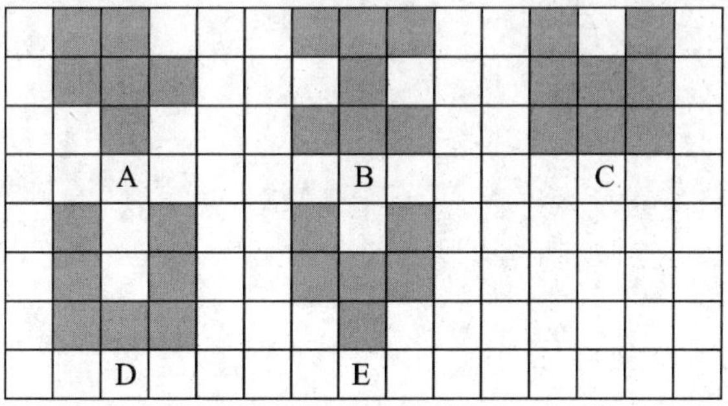

第 4 题图

5. 把六根木棒按从下到上的顺序依次摆放在桌面上，摆放的顺序是（　　）。

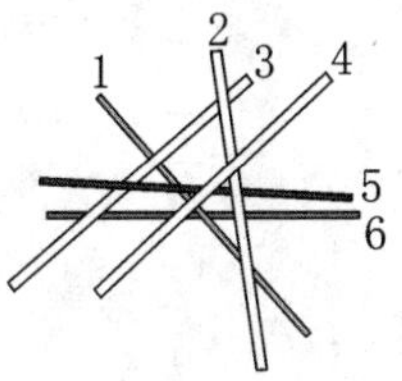

第 5 题图

A. 6、1、2、3、5、4　　B. 6、5、1、3、2、4　　C. 6、2、3、1、5、4

D. 6、1、3、2、5、4　　E. 6、1、3、5、2、4

6. 在空格中填入数字 1～4，要求每行、每列、每个粗线框中的四个数字互不相同，那么▲、★、■代表的数字是(　　)。

2	4		
		▲	4
■	3		
		★	1

第 6 题图

A. ▲＝1，★＝2，■＝3　　B. ▲＝2，★＝1，■＝3

C. ▲＝2，★＝3，■＝1　　D. ▲＝3，★＝2，■＝1

E. ▲＝3，★＝1，■＝2

7. 将 1～5 填到圆圈内，使得三条线上的各数相加的得数相等。如果“是”＝3，那么“快”＋“猜”＝________。

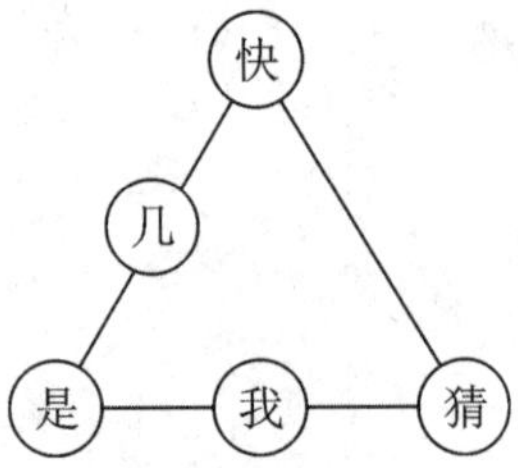

第 7 题图

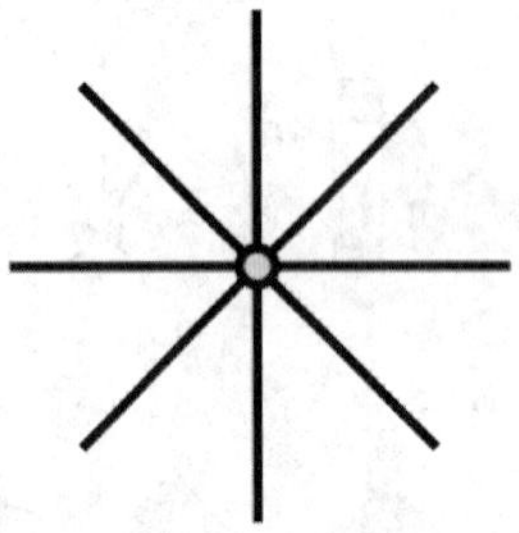

第 8 题图

8. 一群小朋友排成“米”字形队伍，小峰站在队伍的正中心。每一排从排头的小朋友开始往另一头数，小峰都是排在第 4 个。这群小朋友共有________人。

9. 如图，将一张圆形纸片对折 3 次后，用剪刀剪出一个“☆”形的洞，再将纸片展开，可以看到纸片上有________个☆。

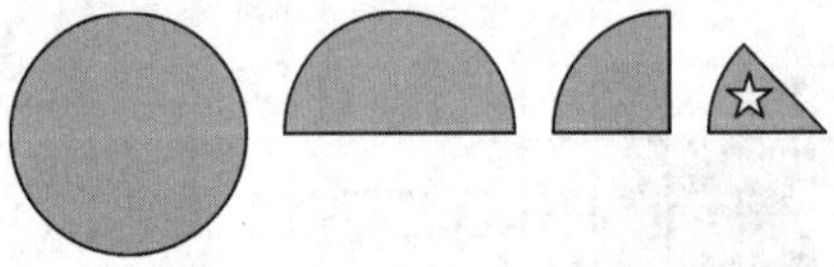

第 9 题图

10. 虾兵、蟹将、黄鱼的战斗力如下：

4 个蟹将＋1 条黄鱼＝16 个虾兵；

4 个虾兵＋2 个蟹将＝1 条黄鱼。

那么，1 个蟹将＝________个虾兵。

11. 王爷爷沿小路散步，他从 A 出发，遇到单数向左转弯，遇到双数向右转弯，最后到达的出口是________。

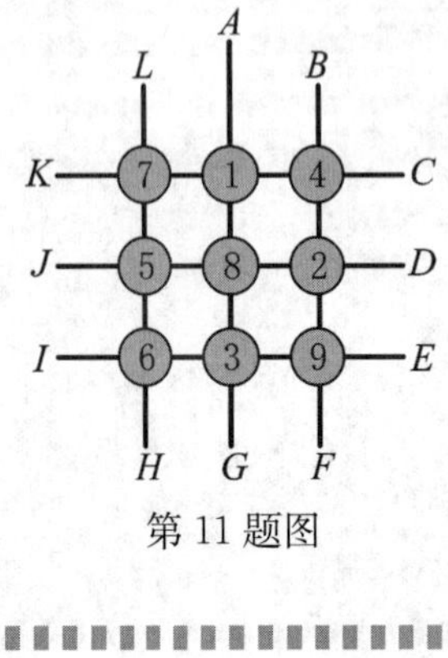

第 11 题图

12. 东海龙王有一个聚宝盆，往盆中放入 1 颗珍珠，摇一摇就会变成 2 颗；放入 1 块宝石，摇一摇就会变成 3 块；放入 1 个元宝，摇一摇就会变成 5 个。龙王把一些宝物一起放进聚宝盆摇了摇，发现得到的珍珠、宝石、元宝的数量一样多，他至少往盆中放入________颗宝石。

13. 小兔从最中间的方格出发，每跳一步能到达上、下、左、右相邻的方格中。它跳了 15 步后，最多能采到________朵蘑菇。（每个方格中的蘑菇只能采一次）

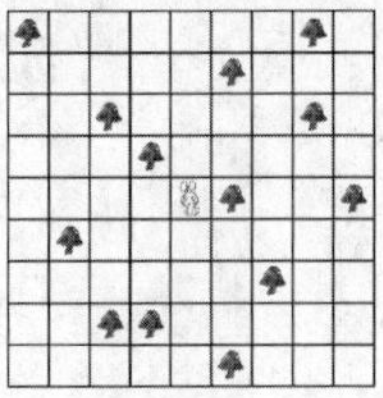

第 13 题图

14. 黑球和白球哪个较重？（　　）

第 14 题图

A. 黑球　　　　B. 白球

15. 12 个小朋友围成一圈，老师沿顺时针方向数数。如果从聪聪开始数，亮亮排在第 4 个。如果从亮亮开始数，聪聪排在第________个。

第 15 题图

16. 下面的大熊猫是用哪几个拼图拼成的？（　　）

第 16 题图

（1）　（2）　（3）　（4）　（5）

A. (1)(3)(4)　　B. (1)(3)(5)

C. (2)(3)(4)　　D. (2)(3)(5)

17. 爸爸开车从 A 到 B，每次遇到路口都向右转，他将会________次经过路口。

第 17 题图

18. 爸爸早上 8:40 上班，中午 12:00 到 1:00 休息，他每天工作 8 小时，那么下班时间是(　　)。

A. 下午 5:00　B. 下午 5:40　C. 下午 6:00　D. 下午 6:40　E. 下午 7:30

19. 按规律填数，“?”处填________。

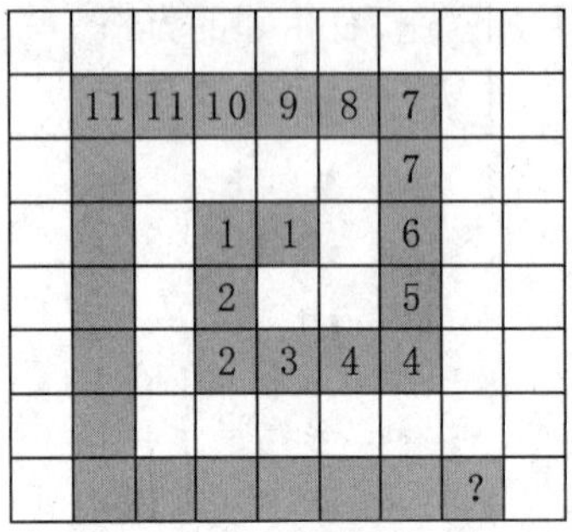

第 19 题图

20. 兔妈妈采了 40 个胡萝卜，要分给 9 只小兔子。兔妈妈最少拿走________个胡萝卜，才能使 9 只小兔子分到的胡萝卜一样多。

21. 5 杯盐水一样咸，哪一杯放的盐最多？(　　)

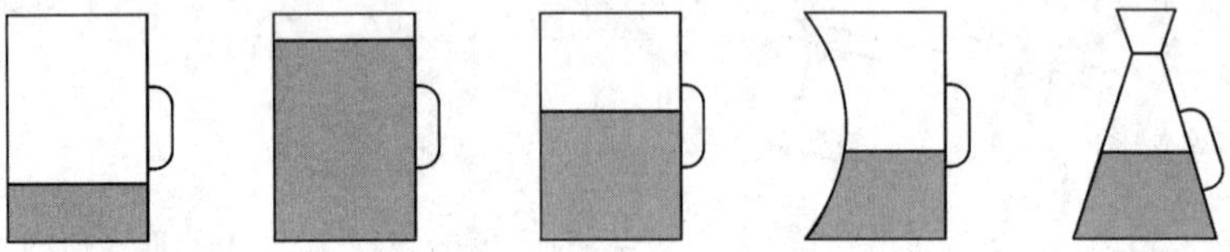

A　B　C　D　E

22. 妈妈用数字卡片给琪琪摆了一个减法算式，淘气的弟弟把减数的个位数 6 调转过来变成了 9，琪琪算出的结果是 96。那么原来的算式的正确得数应该是________。

23. 下图中，有________个小朋友左手里拿着气球。

第 23 题图

24. 如图，一条公交线路有 4 个站点。一辆公交车从始发站①开出，车上有 15 名乘客。经过站点②时有 8 名乘客上车，有 5 名乘客下车；经过站点③时下车的乘客比上车的乘客多 9 人。那么到达终点站④时公交车上还有________名乘客。

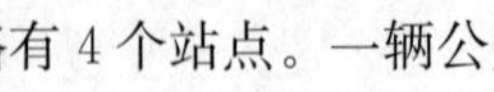

第 24 题图

25. 卡车和小汽车行驶一样快。小汽车行驶到 12 千米处时，卡车行驶到 25 千米处。那么当小汽车行驶到 6 千米处时，卡车行驶到________千米处。

第 25 题图

2 年级A卷

思考笔记

1. 一个神奇的聚宝盆，放进一枚金币，5 分钟后变为两枚，再过 5 分钟这两枚金币又分别变为两枚，共 4 枚金币。这样，一枚金币变为满满一盆需要半小时。如果一开始放入两枚金币，那么这两枚金币变为满满一盆需要________分钟。

2. 一次拔河比赛共 6 个城市参加，每个城市派出 2 支队，每队 30 名队员。那么，一共有________名队员参加这次拔河比赛。

3. 把下图中的 32 变为 56，需要改变________个小正方形的颜色。

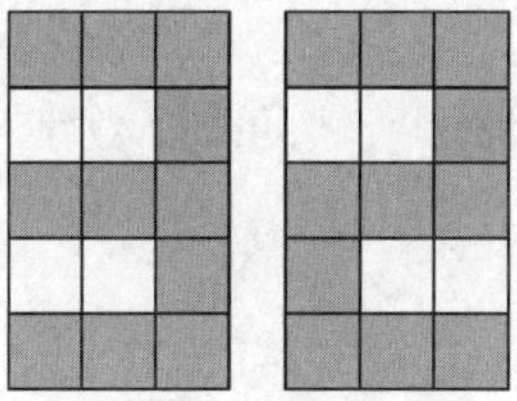

第 3 题图

4. 铺满这面墙还需要________块砖。

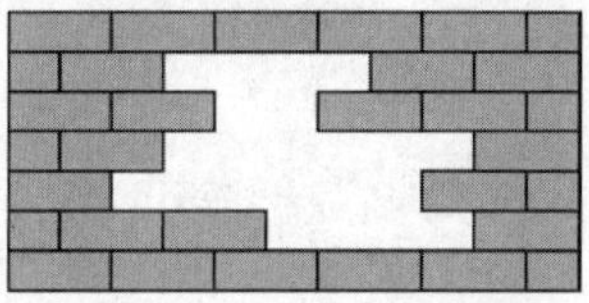

第 4 题图

5. 丁丁的篮球训练从 8:30 开始，到 9:10 休息 15 分钟，再继续训练到 10:05。丁丁一共训练了________分钟。

6. 在图中填入字母 A、B、C、D、E、F，要求每行、每列、每个用粗线标注的 2×3 宫格内的六个字母互不相同，那么“?”处应填的字母是(　　)。

	E			F	C
A					
				C	A
E	A				
				?	D
B	D			E	

第 6 题图

7. 有一个沙盘，沙盘上有 6 根橙色的火柴棍和 1 根黑色的火柴棍，它们在沙盘上呈圆形排列，如图所示：

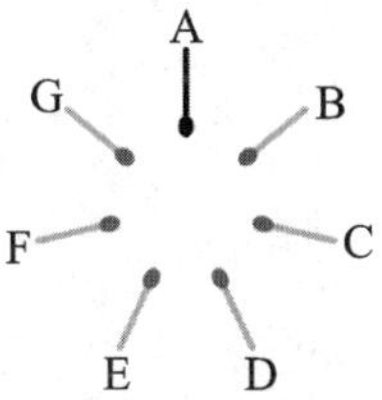

第 7 题图

现按照 1、2、3、4、5、6、7 的顺序顺时针数火柴棍，每当数到 7 的时候，就把对应 7 的那根火柴棍拿走，然后继续往下数 1、2、3、4、5、6、7，再把对应 7 的那根火柴棍拿走……按这样的方法一直继续，直到最后只剩下一根火柴棍。那么，要从(　　)开始数，才能保证最后剩下的是黑色的火柴棍。

A.　　B.　　C.　　D.　　E.　　F.　　G.

8. 如图，按照同样的规律，图(8)中有________个方块。

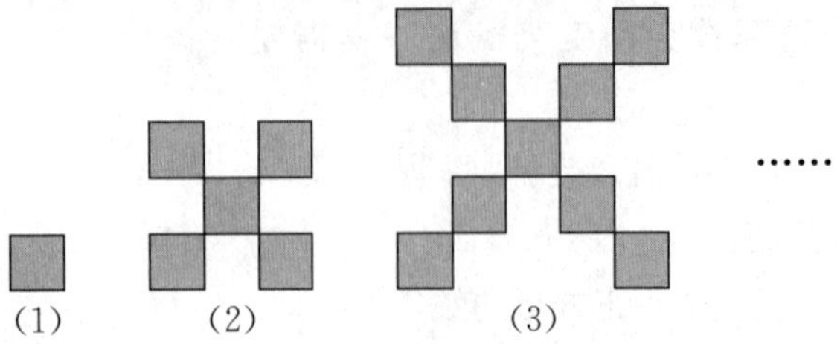

第 8 题图

9. 如图，在每个方框内填入奇数数字，使竖式成立，那么所填的 6 个数字之和是________。

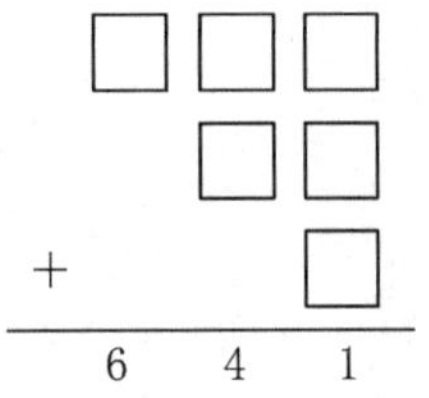

第 9 题图

10. 鸡兔同笼，鸡和兔共 31 只，且鸡比兔的一半多 4 只。笼里有________只鸡。

11. 大、小两支蜡烛各长 20 厘米，同时点燃两支蜡烛，大蜡烛每分钟缩短 2 厘米，小蜡烛每分钟缩短 3 厘米。________分钟后小蜡烛的长度正好是大蜡烛的一半。

12. 王老师要从 25 名学生中选出 10 人参加活动，无论怎么选，选出的 10 人中必有男生，那么 25 名学生中至少有________名男生。

13. 图中共有________个三角形。

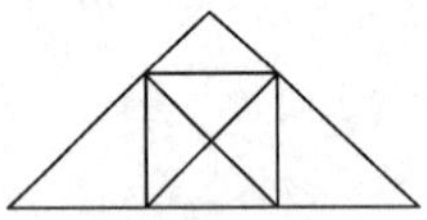

第 13 题图

14. 王奶奶买 2 斤苹果和 1 斤梨共花了 20 元，李阿婆买 1 斤苹果和 2 斤梨共花了 19 元。1 斤苹果卖________元。

15. 下图是一个计算迷宫，每个格子中都有一个算式，只有得数是 24 的格子可以进入。这个迷宫的出口是(　　)。

入口→

20+4	3×8	27−3	96÷4	73−49
29−5	4×7	12×2	31−7	28−4
15+8	20+4	82−58	24×1	52−26
6×4	13+9	48÷2	19+6	22+2
A	B	C	D	E

第 15 题图

16. 大毛、二毛、三毛都是故事迷，每天晚上他们都聚在一起讲一个新故事，由一人讲，另外两人听。在一周的 7 天内，大毛讲了 2 个故事，二毛听了 4 个故事，那么三毛听了________个故事。

17. 小牛、小羊、小马、小猫、小狗分别住在图中的 5 个不同房间，小牛在 5 号房间，小羊和小马的房间相邻，小猫的房间号比小马的小 2，小狗的房间号比小羊大。小猫的房间号是________。

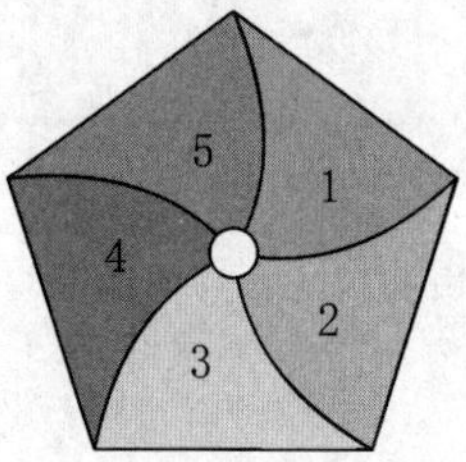

第 17 题图

18. 如图，方格纸上每个小方格的边长都是 1，图中有两个怪兽脸谱。这两个脸谱用到的线条总长度相差________。

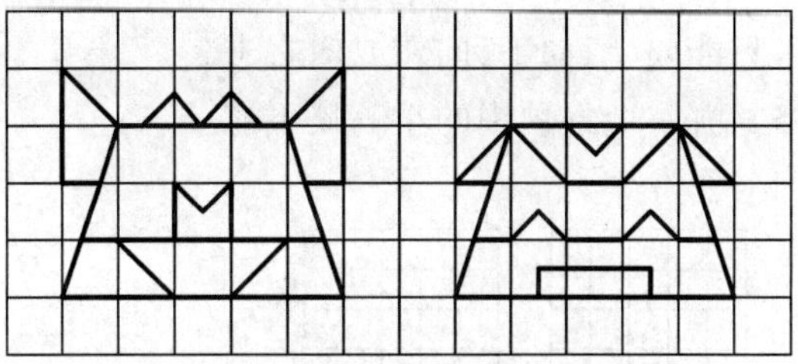

第 18 题图

19. 老虎家和小白兔家相距________米。

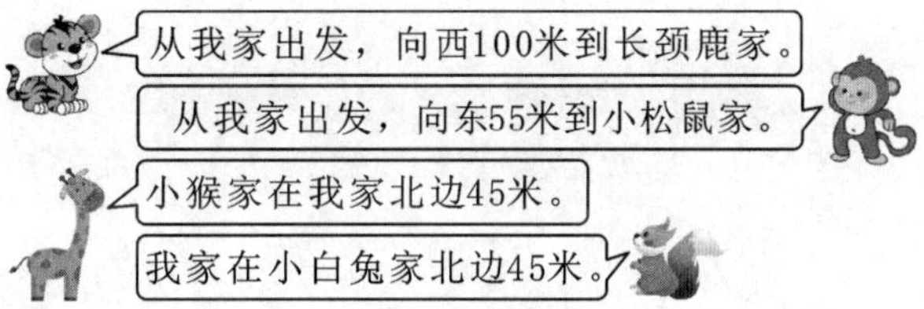

第 19 题图

20. 如图，山羊和五个朋友的家分别位于不同的路口，图中标注的数是相邻两个路口之间的距离。山羊从家出发给全部的朋友送南瓜，最后再回到自己家。山羊经过的最短路线长为________。

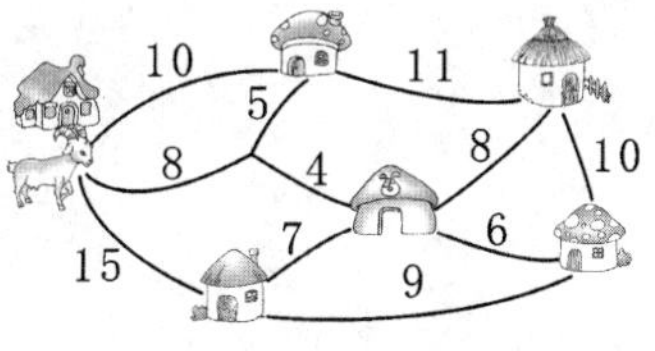

第 20 题图

21. “?”＝________。

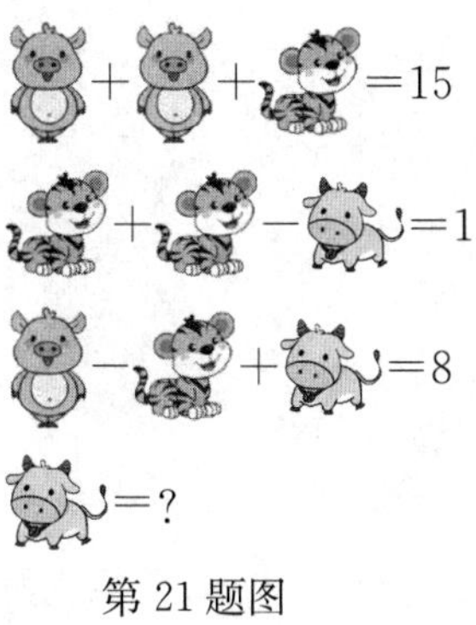

第 21 题图

22. 农场的棚舍里有牛和马各 20 只，棚舍的大门打开后一些牛和马跑了出来。农场主发现时棚舍外的牛和棚舍里的马数量一样多。跑出棚舍的牛和马共有________只。

23. 用火柴棒拼成的数字 0～9 如图所示：

第 23 题图

希希拼成 1，2，3，4，…，20 共 20 个数，一共用了________根火柴棒。

24. 百米赛跑的前三名被喜羊羊、沸羊羊和美羊羊获得。

喜羊羊说：“我不是第一名。”

沸羊羊说：“我不是第三名。”

美羊羊说：“我不是第三名。”

三人中只有一人说了真话，由此可判断，第一名是(　　)。

A. 喜羊羊　　B. 沸羊羊　　C. 美羊羊

25. 小蚂蚁从 5×5 网格的一个方格出发，只能向上、向下、向左或向右进入相邻的方格中，但不能重复进入同一个方格。哪一个选项中的小蚂蚁不能经过全部的方格？(　　)

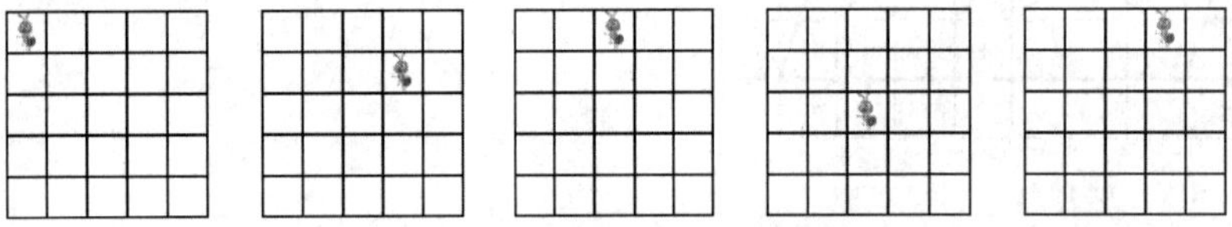

A　　B　　C　　D　　E

3年级A卷

思考笔记

1. 如图，面点师把面包切成片，每个面包被切成 10 片。如果面点师每分钟能切 45 刀，那么 10 分钟内能把________个面包都切成片。

第 1 题图

2. 六兄弟住旅店，他们各住一间房，并且房间排成一排。其中老大和老二的房间相邻，老三和老四的房间相邻，老五和老六的房间相邻，同时老五和老二的房间也相邻。六兄弟的房间有________种排列方法。

3. 把数字 1～9 分别填入方框中，每个数字只能填一次，其中 4 已填好。最后的得数是________。

□□×4−□□−□□=□□

第 3 题图

4. 一栋建筑如图所示，从上往下看这栋建筑，看到的图形是（　　）。

第 4 题图

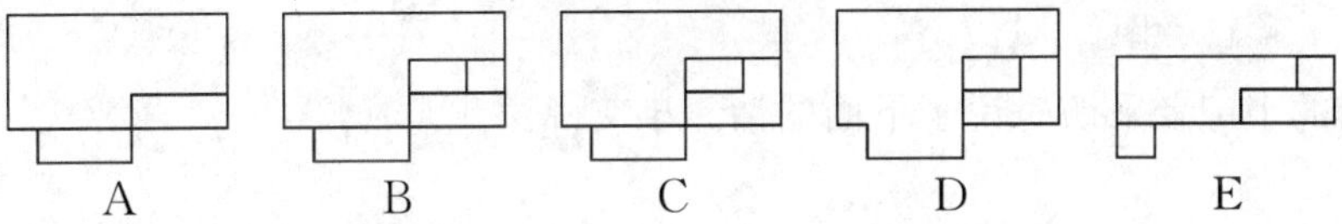

5. 如图，用 37 张边长为 2 厘米的正方形纸片拼成新图形，4 个方向的纸片数量相同，且上下重叠的两张纸片中，上面那张的一个顶点压在下面那张的正中心位置。这个新图形的周长是________厘米。

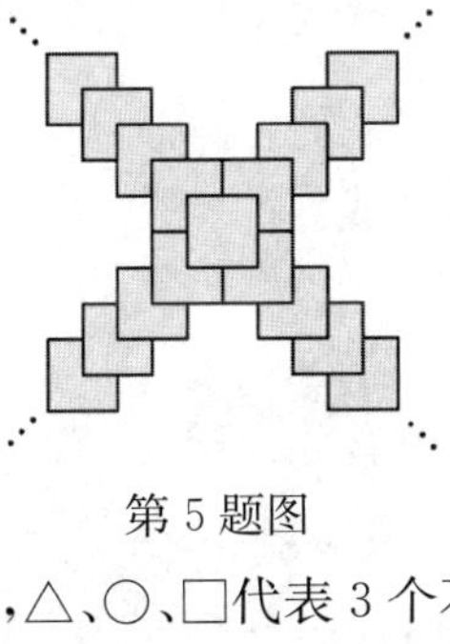

第 5 题图

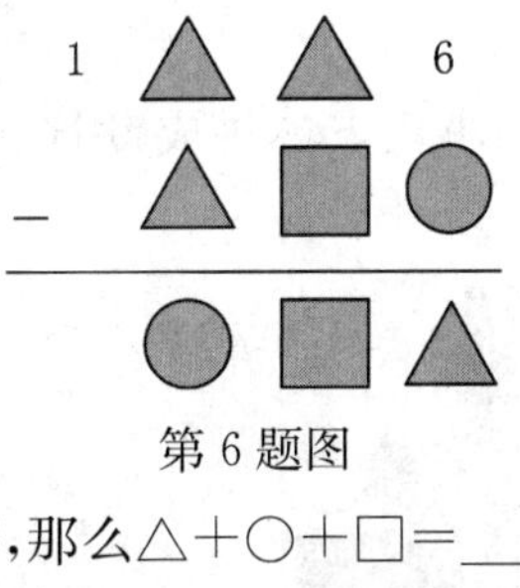

第 6 题图

6. 如图，△、○、□代表 3 个不同的数字，那么△+○+□=________。

7. 从甲地运输货物到乙地，物流公司收费标准是：质量 50 千克以下（含 50 千克）每千克收费 3 元；超出 50 千克的部分，每千克的收费略高。小陈和小李分别从甲地发了货物到乙地，小陈付了 310 元，小李付了 190 元，小陈的货物质量是小李的 1.5 倍。那么，超出 50 千克的部分，物流公司每千克收费是________元。

8. 神秘岛上有独眼怪、两眼怪、五眼怪共 30 只，其中独眼怪和五眼怪的数量相同，全部的 30 只怪兽共有 74 只眼睛。那么神秘岛上的两眼怪有________只。

9. 一次钓鱼比赛有 30 只小猫参加，结果全部的小猫共钓到 124 条鱼，按钓到鱼的数量(包括 0)从多到少排名次，每个名次的小猫都不超过 5 只，则最多有________只小猫钓到的鱼不少于 9 条。

10. 水果集市上，3 个苹果可以交换 2 个梨，1 个梨可以交换 2 个猕猴桃，1 个猕猴桃可以交换 6 个草莓。那么，1 个苹果可以交换________个草莓。

11. 如图，在一个标有 A、B、C、D、E 的棋盘上放一枚棋子，按如下规律移动：

如果棋子在 A 处，则把棋子顺时针跳过 1 格移动到 C 处；

如果棋子在 B 处，则把棋子顺时针跳过 2 格移动到 E 处；

如果棋子在 C 处，则把棋子顺时针跳过 3 格移动到 B 处；

如果棋子在 D 处，则把棋子顺时针跳过 4 格又移动回 D 处；

如果棋子在 E 处，则把棋子顺时针跳过 5 格移动到 A。

希希按此规律把棋子移动 2023 次后，棋子到达 A 处，则棋子最初放在________处。

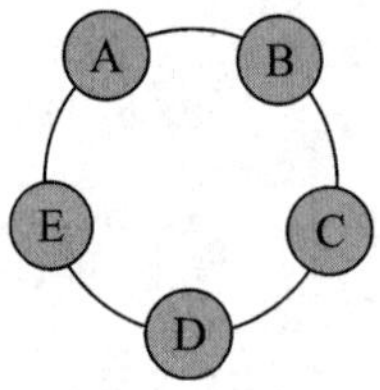

第 11 题图

12. 有 5 个学生在接受学校的小记者采访时说了下面的话。小艾说："我从来不抄作业。"

小美说："小艾撒谎了。"

小静说："我上学从来不迟到。"

小惠说："小静撒谎了。"

小丹说："小艾和小美都没有撒谎。"

他们中有________人撒谎了。

13. 如图的"高塔"由很多个相同的小正方体拼成，用这些小正方体拼成一个最大的正方体，则小正方体(　　)。

第 13 题图

A. 刚好用完　B. 剩下 3 个　C. 剩下 7 个　D. 剩下 9 个　E. 剩下 11 个

14. 在生日蛋糕上用蜡烛代表年龄，长蜡烛的数量代表年龄的十位数，短蜡烛的数量代表年龄的个位数。希希今年给爷爷过生日时发现，今年蜡烛的总数量刚好是去年的一半，今年爷爷________岁。

15. 下面 5 个图中，阴影面积最大的是(　　)。

A　　B　　C　　D　　E

16. 如图，希希画了 6 个蘑菇屋，其中 3 个是拱门，2 个是方形门，1 个是圆形门。

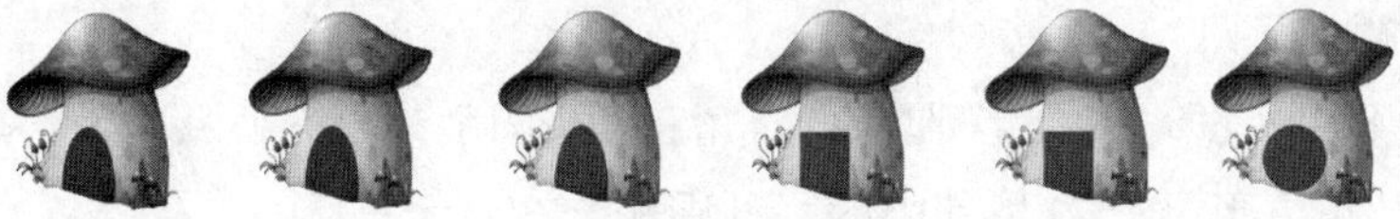

第 16 题图

希希想给蘑菇屋贴上以下的窗户贴画，分别是 3 个圆形窗、2 个星星窗、1 个月亮窗：

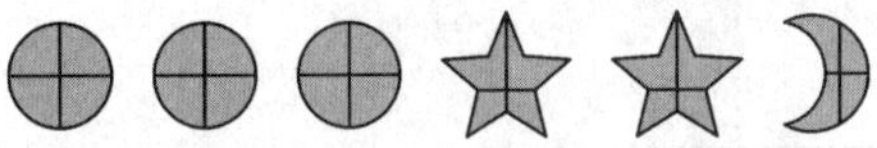

如果最终 6 个蘑菇屋各不相同，那么一定没有哪个选项中的蘑菇屋？(　　)

A　　B　　C　　D　　E

17. 如图是 2024 年 2 月的部分日历：

一	二	三	四	五	六	日
12	13	14	15	16	17	18
19	20	……				

第 17 题图

希希打算在 2 月 20 日后的一个月内找 4 天去探望奶奶，他在日历上圈出 4 天，他圈出的图案可能是(　　)。

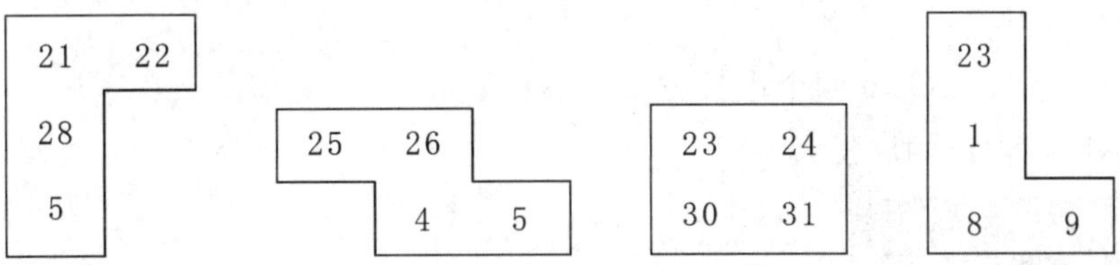

A　　B　　C　　D

18. 大熊和小熊各有一些蜂蜜，他们每天都喝一瓶蜂蜜。一天大熊喝过蜂蜜后发现自己还剩下 2 瓶蜂蜜，就去集市上买了一箱。10 天之后，小熊喝完自己的蜂蜜，也去买了一箱跟大熊一样的蜂蜜，这时两人共有 100 瓶蜂蜜没喝。那么他们从集市上买回的蜂蜜每箱中有________瓶。

19. 希希将盒子里的玩具珠宝按下图规律排列，其中有 8 个▲。

第 19 题图

盒子里最多有________个玩具珠宝。

20. 一个计算程序如图所示，当输出的数是 28 时，输入的数是________。

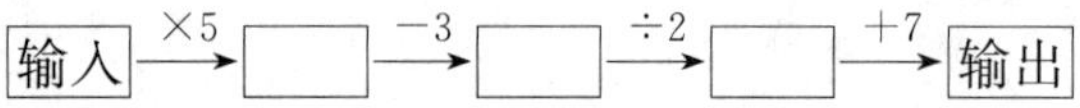

第 20 题图

21. 如图 1 所示是边长分别为 8 厘米、15 厘米、17 厘米的直角三角形，用这样的 4 个三角形围成一个“空白”正方形，图(2)是其中的一种围法。在不同的围法中，围成的“空白”正方形的面积最大是________平方厘米。

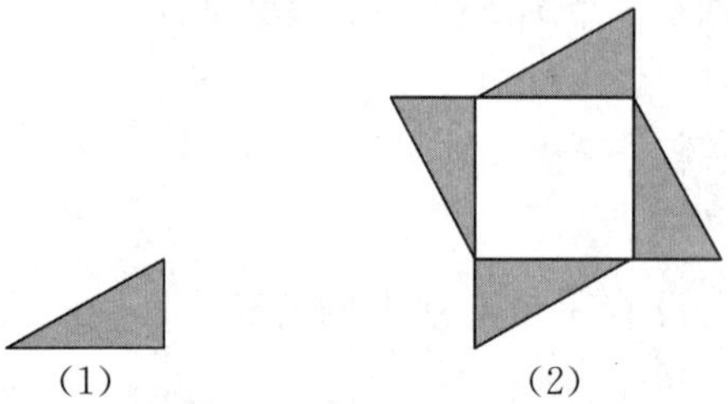

第 21 题图

22. 希希把 1000 个小球放到不同的筐子里，放完后发现每只筐子里的小球数量都是由数字 8 组成，则至少有________个筐子。

23. 下面 4 个算式的和、差、积、商(4 个□内的数)相加等于 36，★代表同一个数，那么★代表的数是________。

★＋★＝□

★－★＝□

★×★＝□

★÷★＝□

第 23 题图

24. 冰雪大世界有红灯和蓝灯共 2024 盏。每按一次转换开关，就会有一些红灯变成蓝灯，使得蓝灯的数量增加一倍。如果按 3 次转换开关后，红灯的数量是蓝灯的 10 倍，则最初红灯有________盏。

25. 如图，一个大长方形被分成 A、B、C、D 四个小长方形。小长方形 A、B、C 的周长分别为 2、6、8，则小长方形 D 的周长为________。

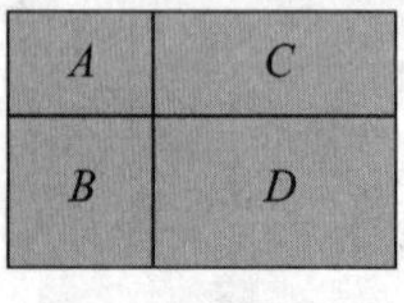

第 25 题图

3 年级D卷

思考笔记

1. 计算：2024－199－86－39＝________。

2. 如图所示，用火柴棍拼接一排由三角形组成的几何图形。如果图形中含有 2024 个三角形，则一共需要________根火柴棍。

第 2 题图

3. 三年级有甲、乙两个美术兴趣小组，两个小组 2023 年共绘制 514 幅作品，甲小组有 3 人，平均每人绘制 78 幅作品。乙小组有 4 人，平均每人绘制________幅作品。

4. 如图的形状出现在南宋数学家杨辉所著的《详解九章算法·商功》中，后人称为"三角垛"。"三角垛"最上层有 1 个球，第二层有 3 个球，第三层有 6 个球……第 10 层有________个球。

第 4 题图

5. 有 4 个小朋友过儿童节，他们每人做了一个小礼物，把这 4 个礼物放在一起，每人从中拿一个别人做的礼物，则 4 个礼物不同的分配方式有________种。

6. 同一平面内有 5 条直线，其中有 3 条互相平行，这 5 条直线最多可以将平面分为________部分。

7. 算式 $\underbrace{1\times1\times\cdots\times1}_{n个1}+\underbrace{3\times3\times\cdots\times3}_{n个3}+\underbrace{5\times5\times\cdots\times5}_{n个5}+\underbrace{7\times7\times\cdots\times7}_{n个7}$ 得数的个位数字是 8，则不超过 2024 的 n 有________个。

8. 小望从 2024 年 1 月 1 日开始练口算，第一天练了 12 题，以后每天比前一天多练 3 题，1 月小望共练口算________题。

9. 如图，已知线段 $AB=100$ 米，点 C、D 在线段 AB 上，$CD=53$ 米，点 E 在线段 CD 上，所有线段长度之和是________米。

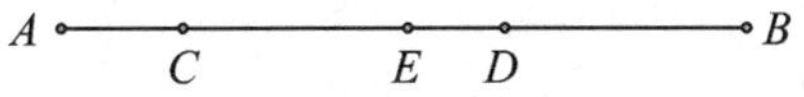

第 9 题图

10. 百位数不是 5 的三位数有________个。

11. 室内有 100 盏灯亮着，每盏灯由一个开关控制，第 1 个人进来按编号为 1 的开关，第 2 个人进来按编号为 2、3 的两个开关，第 3 个人接着按编号为 4、5、6 的三个开关……第 100 个人依次按一百个开关后，现在室内有________盏灯亮着。

12. 班级图书角有一个三层书架共放了 251 本书，第二层的书比第三层的书的 2 倍多 5 本，第二层的书比第一层的书的 3 倍少 7 本，第一层放了________本书。

13. 如图,含有 $ 的正方形一共有________个。

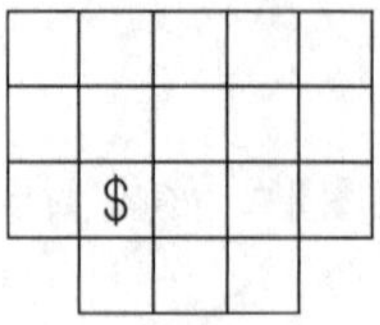

第 13 题图

14. 小希、小希的爸爸和小希的爷爷三人年龄之和是 140 岁,小希与爸爸的年龄和的 3 倍等于爷爷年龄的 2 倍。小希的爷爷是________岁。

15. 火车通过一根电线杆用了 25 秒,用同样的速度穿越 920 米的隧道用了 71 秒,火车车长________米。

16. 将 7 个连续自然数打乱顺序任意排成一行,然后依次求出相邻两个数的和。那么,在这些和里面,偶数最多有________个。

17. 232323÷323232+730730÷320320=________。

18. 如图,“2024”是由 43 个同样大小的正方形组成的。如果每个小正方形的周长是 12 厘米,那么这个图形的周长是________厘米。(“0”的周长包括内周长和外周长)

第 18 题图

19. 1～2024 的连续自然数按题图所示的规律排列,用一张等腰直角三角形纸片可以盖住其中的 3 个数。有 4 种盖法,如下图。如果纸片盖住的 3 个数的和是 2024,那么这 3 个数中的最大数是________。

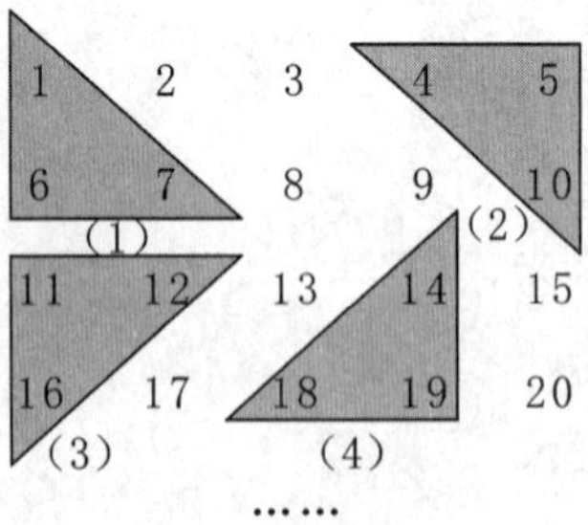

第 19 题图

第 22 题图

20. 小希和小望两人同在环形跑道上跑步。小希的速度是 5 米/秒,小望的速度是 3 米/秒。两人同时同地同向出发,350 秒后,小希第二次从小望背后超过。那么环形跑道的周长是________米。

21. 三年级同学去植物园春游。如果增加 1 辆电瓶车,正好每辆车坐 7 人;如果减少 1 辆电瓶车,正好每辆车坐 8 人。春游的同学共有________人。

22. 面积为 36 平方米的正方形,正方形每条边上取三等分点如图连接,阴影部分的面积是________平方米。

23. 一个减法算式，被减数是四位数，减数是三位数，差是两位数，这样的算式有________个。

□□□□-□□□=□□

第 23 题图

24. 文具店运进一批笔记本，运进的笔记本是原有笔记本的 2 倍，如果现有的签字笔减少一半，则恰好与现有的笔记本数量一样多。已知运进的笔记本是 204 本，则现有签字笔有________支。

25. 小王和小李两人分别从 A、B 两地同时出发相向而行，小王每分钟行 70 米，小李每分钟行 50 米，两人在 C 处相遇；如果小王出发后在途中某地停留 12 分钟后继续前行，两人将在 D 处相遇。如果 C、D 两处到 A、B 中点 O 的距离满足 $DO=2OC$，则 A、B 两地相距________米。

4年级A卷

思考笔记

1. 在算式$\overline{ABCD}\div 4=\overline{DCBA}$中，不同的字母代表不同的数字，那么四位数$\overline{ABCD}=$________。

2. 用如图所示的纸板围成的正方体盒子可能是选项中的哪一个？（　　）。

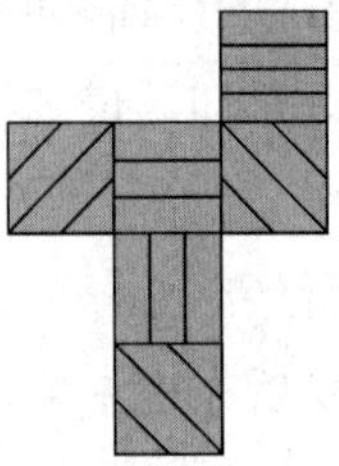

第 2 题图

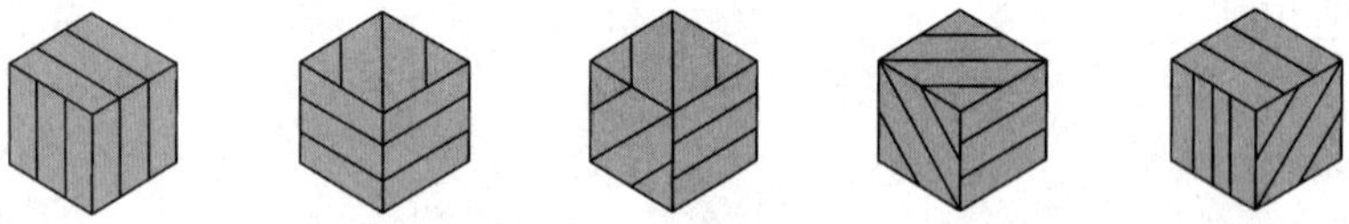

A　　B　　C　　D　　E

3. 如图，用 6 个正方形拼成一个大长方形。如果最小的正方形边长为 1，那么大长方形的面积是________。

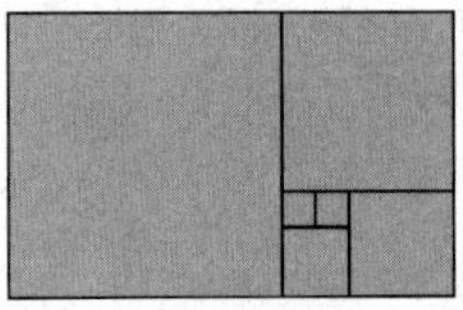

第 3 题图

4. 1 小袋苹果重 2 千克，1 大袋苹果重 5 千克。如果食堂采购的苹果正好是 88 千克，那么食堂最少买了________袋苹果。

5. 一个三位数的数字和是 18，且百位上的数字比个位上的数字大 6。如果把这个三位数的个位和百位上的数字对调，原数比新数的 3 倍多 18。原来的三位数是________。

6. 在长方形 $ABCD$ 中有两个相同的正方形——正方形 $EFGH$ 和正方形 $IJKL$。如果长方形 $ABCD$ 的周长为 48 厘米，$AH=7$ 厘米，$ID=9$ 厘米，$FK=13$ 厘米，则正方形 $EFGH$ 的周长是________厘米。

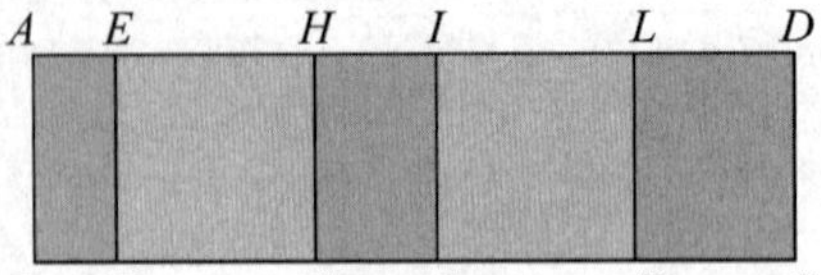

第 6 题图

7. 如图，相同的汉字代表相同的数字，不同的汉字代表不同的数字，那么“新年祝福”代表的四位数是________。

	祝	福	新	年
+	8	7	1	2
	新	年	祝	福

第 7 题图

8. 四年级男生和女生的人数都是 4 的倍数，老师组织四年级学生分组踢毽子。分组时男生、女生不能分在同一组，男生最后一组和女生最后一组的人数可不满额。

如果每 6 人一组，将分成 20 组；如果每 11 人一组，男生就比女生多一组。那么男生、女生一共有________人。

9. 把一些球放入 49 个箱子中(允许部分箱子空着)，无论怎样放，总有 5 个箱子中球的数量一样多，则球的总数量最多是________个。

10. 用 4 个互不相同的数字组成一个四位数，使得这个四位数能被组成它的每一个数字整除，这个四位数最大是________。

11. 能被 4 整除却不含数字 4 的数称为“亲 4 数”。在所有三位数中，“亲 4 数”有________个。

12. 如图，下面的乘法竖式中，得数的末位数字不是 0，这个得数是________。

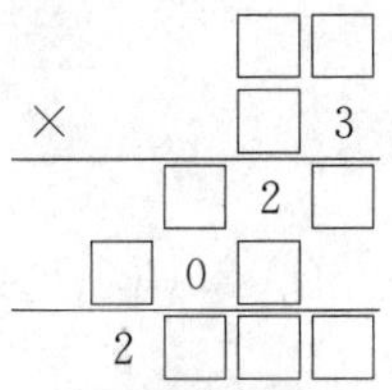

第 12 题图

13. 水族馆的驯养师给海豚分发食物，其中秋刀鱼的数量是鱿鱼的 2 倍。如果每只海豚分得 3 条秋刀鱼和 2 条鱿鱼，最后会多出 3 条秋刀鱼，但缺 2 条鱿鱼。那么水族馆有________只海豚。

14. 把数字 1～7 分别填入下图的 7 个区域中，使得每个圆中的数字和相等，这个和有________种可能。

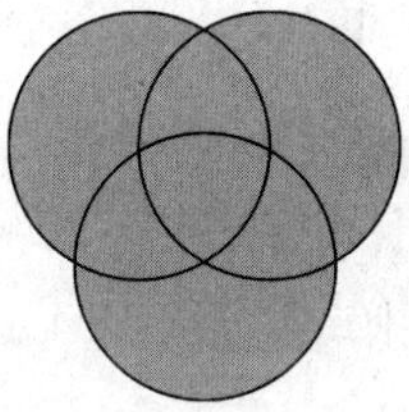

第 14 题图

15. 计算：$36\times88-104\times125\div(1000\div88)=$________。

16. 小李和小王同时从甲地出发前往乙地，两人的路线相同，最终两人同时到达乙地。

小李说：“我第一个小时乘坐时速 300 千米的高铁列车，然后换乘时速 80 千米的快速列车。”

小王说：“我前一半时间乘坐时速 150 千米的特快列车，后一半时间乘坐时速 50 千米的普快列车。”

甲地到乙地的铁路线长________千米。

17. 如图，从山顶到山脚有 4 条路，山脚周围也有一圈环形路。希希要从 A 地到达 C 地，不重复经过图中标注的地点，他有________条不同的路线。

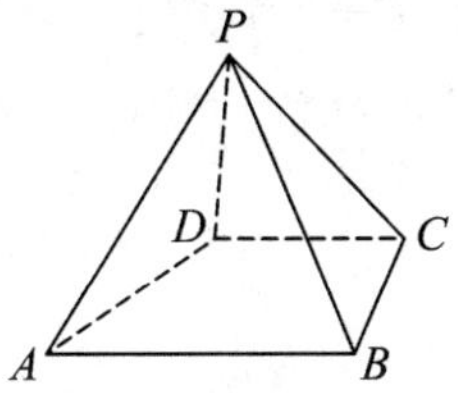

第 17 题图

18. 放寒假了，希希去表哥家玩。他乘坐高铁到火车站，上午 10:30 他从车站出发往表哥家走去，每分钟走 50 米，同时表哥骑车从家出发来接他，表哥骑车每分钟行 220 米。由于人多，表哥一路骑车到了火车站都没看到希希，又立即返回追希希。当他追上希希后，载着他一起回家，这时车速变慢了。已知火车站到表哥家距离是 3400 米，两人在 11:06 回到家，那么表哥骑车载希希时每分钟行________米。

19. 如图，长方形 $ABCD$ 的长为 12，宽为 9，线段 AE 长为 6，$P_1 \sim P_7$ 都是其所在的阴影三角形的边上的中点，则图中阴影部分的总面积是________。

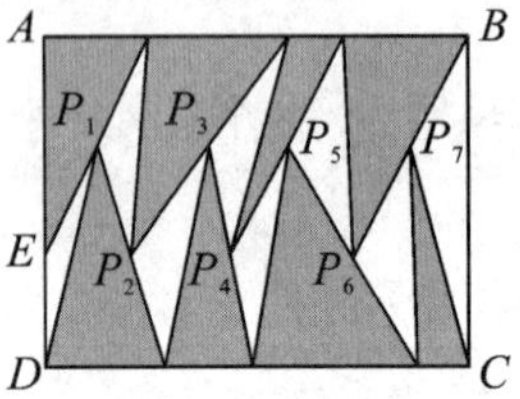

第 19 题图

20. 一个四位数是 9 的倍数，且千位数字与个位数字的和是 8，则满足条件的四位数中最大的数比最小的数大________。

21. 奶奶家的鸡和鸭共有 120 只，其中鸡的数量比鸭的数量的 3 倍少 12 只。奶奶家有________只鸡。

22. 将 100 表示成 5 个自然数的和，要求每个数都含有数字 6，有________种不同的方法。

23. 下图的 3 个图形由边长为 1 的正方形按规律排列而成。

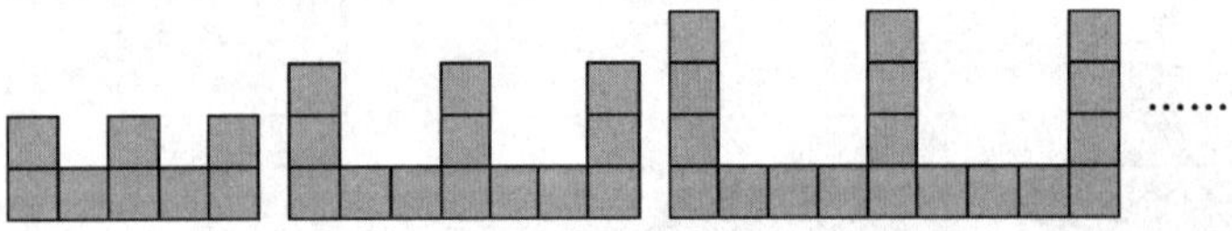

第 23 题图

按规律一直排列，当图形的周长为 198 时，这个图形中有________个边长为 1 的正方形。

24. 7 个葫芦娃排成一队过独木桥。

大娃："我和二娃不相邻。"

二娃："我和大娃间隔的人数，与三娃和五娃间隔的人数相等。"

三娃："我要尽可能离五娃远些。"

四娃："我排在靠前的位置，但不是排头。"

六娃："我挨着七娃。"

七娃："我排在正中间。"

那么 7 个葫芦娃有________种不同的排队方法。

25. 如图，一块锐角三角形余料 ABC，BC 边长为 120 厘米，高 AD 长为 80 厘米。现要把它加工成正方形零件，使正方形的一边在 BC 上，其余 2 个顶点分别在 AB，AC 上，那么这个正方形零件的边长是________厘米。

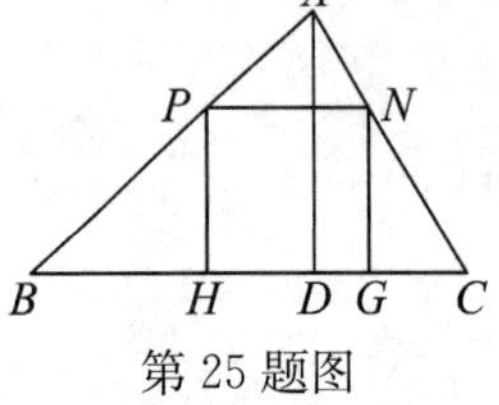

第 25 题图

4年级D卷

思考笔记

1. 366×20242023－365×20242024＝________。

2. 将三进制数$(11012)_3$转换成七进制数是(　　)$_7$。

3. 如图,平行四边形 $ABCD$ 的面积是 2023,E,F 是对角线 AC 上两点,$AC=7EF$,阴影部分面积是________。

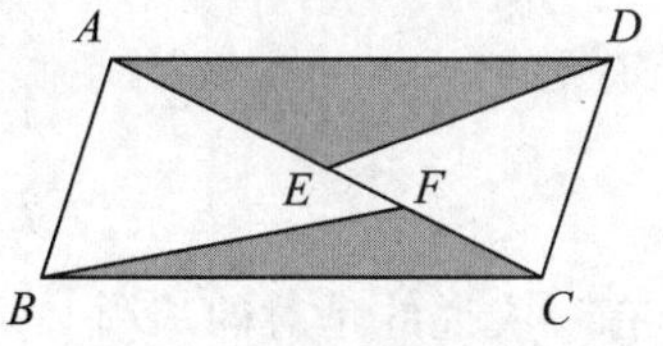

第 3 题图

4. 能被 33 整除的八位数$\overline{2024\square\square24}$有________个。

5. 百位数不是 4 的全部三位数之和为________。

6. 用数字 1,2,3,4 和 5 可以组成 120 个无重复数字的五位数,将这 120 个数从小到大排列,第 61 个数是________。

7. 算式$\underbrace{2021\times2021\times\cdots\times2021}_{n个2021}+\underbrace{2023\times2023\times\cdots\times2023}_{n个2023}+\underbrace{2025\times2025\times\cdots\times2025}_{n个2025}+\underbrace{2027\times2027\times\cdots\times2027}_{n个2027}$得数的个位数字是 8,则不超过 2024 的 n 有________个。

8. 小希家住在幸福小区 8 号楼第 28 层,由于电梯检修,小希与妈妈一起爬楼梯回家,每层都有同样级数楼梯。妈妈和小希同时从 8 号楼第 1 层开始爬楼梯,妈妈爬到第 7 层时,小希刚到达第 5 层,那么当妈妈回到家时,小希到了第________层。

9. 已知 $n!=1\times2\times3\times\cdots\times n$。那么 2021!＋2022!＋2023!＋2024!的末尾有________个连续的零。

10. 如图,已知一个凸六边形的 6 个内角都是 120°,其连续四边的长依次是 10,665,15,653,则这个六边形的周长是________。

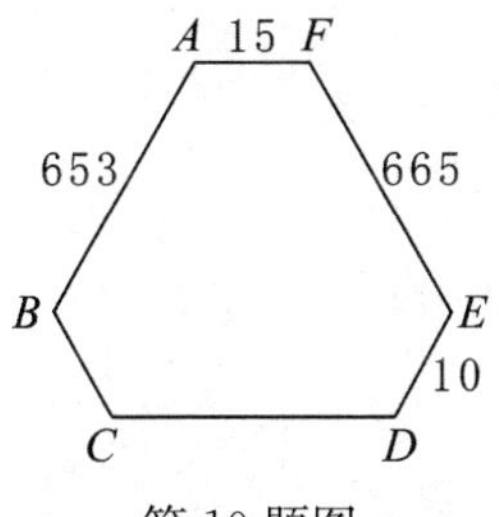

第 10 题图

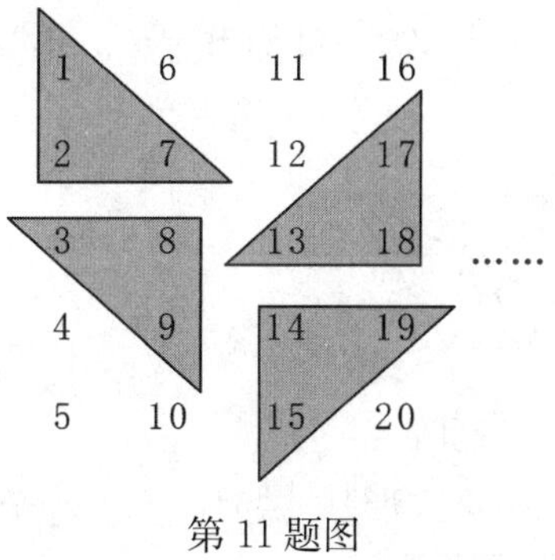

第 11 题图

11. 1～2024 的连续自然数按上图所示的规律排列,用一张等腰直角三角形纸片可以盖住其中的 3 个数,有 4 种盖法。如果纸片盖住的 3 个数的和是 2022,那么这 3 个数中的最大数是________。

12. 与铁路平行的一条公路上有 2 个人,跑步人甲和骑车人乙。他们同向行进，甲的速度为每小时 7.2 千米，乙的速度为每小时 10.8 千米，一列火车从这两人背后开来，它通过甲用了 24 秒，通过骑车人乙用了 26 秒，此火车的车身长度有________米。

13. 2024 年寒假，小张、小李、小王、小赵四人到画家周教授家做客，周教授给他们四人介绍了对自己的画作，四人对画作数量做了如下估计：

小张说："周教授家有不超过 79 幅画作。"

小王说："周教授家多于 80 幅画作。"

小李说："周教授家至多有 81 幅画作。"

小赵说："周教授家画作的幅数不少于 82。"

周教授听了他们四人的对话后说："你们四人恰有一人说的是对的。"周教授家有________幅画作。

14. 将自然数 1，2，3，…，8，9 分别填入一个 3×3 的表格里(每个方格"□"只能填入一个数，且任意两格中的数不同)，使得该表格中的 4 个 2×2 的子表格里各数之和，以及大表格 4 个角方格里的各数之和都相等。那么这个表格左上角与右下角所填数字之和是________。

15. 为响应植树节进行植树活动的倡议，幸福小学四年级同学自愿参加植树活动。已知参加活动的同学人数不大于 70。将同学们分组，若要均分成 3 组则多出一位同学；若均分成 5 组则多出两位同学，参加活动的同学最多有________人。

16. 如图，长方形 $ABCD$ 的长 $AB=10$，宽 $CB=6$。O 是三角形内一点，$OFBG$ 是正方形，且三角形 AOC 的面积是 14，则 CG 的长是________。

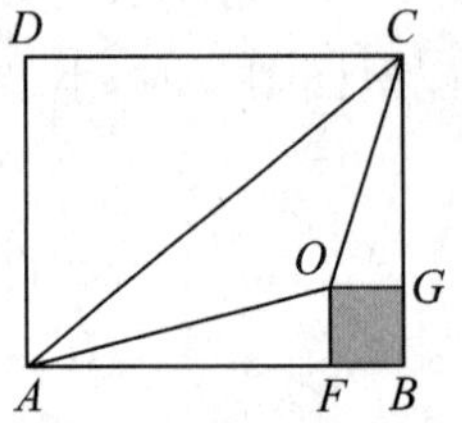

第 16 题图

17. 如图，平行四边形 $ABCD$ 的对角线交点为 O，以五个点 A,B,C,D,O 为顶点所构成的所有三角形中，取出 2 个面积相等三角形的方法有________种。

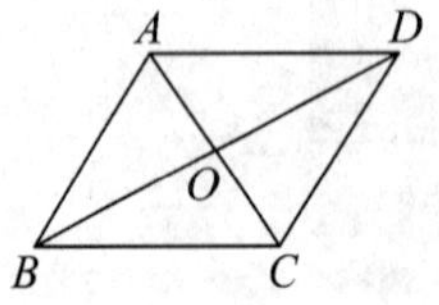

第 17 题图

18. 如图，含有"＄"的长方形(包括正方形)一共有________个。

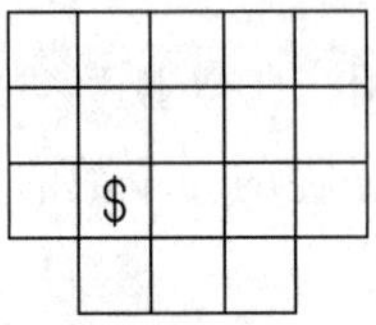

第 18 题图

19. 正方形 $ABCD$，$DEFG$，$BHIJ$ 如图放置，正方形 $ABCD$ 的面积是 15，阴影部分的面积是________。

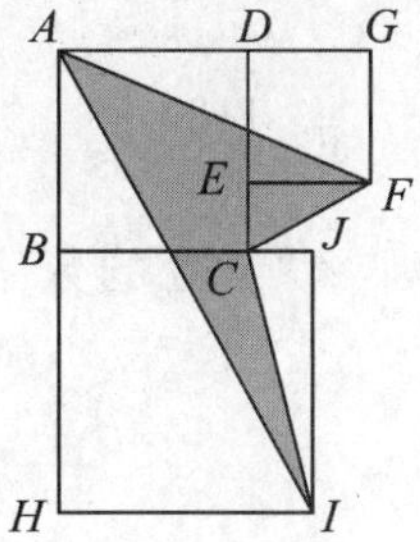

第 19 题图

20. 有若干筐桃子，每筐桃子一样多。现给一些小猴分桃子，如果只分一筐桃子，每只小猴至少可分到 10 个桃子，要使每只小猴都分到 11 个桃子则还缺少 4 个桃子；如果把全部桃子都分给小猴，每只小猴可分到 72 个桃子，而且还多出 2 个桃子。这些小猴共有________只。

21. 黑板上写有 1～54 这 54 个自然数，至少擦除________个数，才能使剩下的数中任意两个的差都能被 5 整除。

22. 小明写出 6 个自然数，每次去掉 1 个自然数，剩下的 5 个数之和分别是 81，84，101，103，72，74。小明写出的 6 个自然数中最大者是________。

23. 如图，“2024”是由 43 个同样大小的正方形组成的。如果每个小正方形的周长是 13 厘米，那么这个图形的周长是________厘米。（“0”的周长包括内周长和外周长）

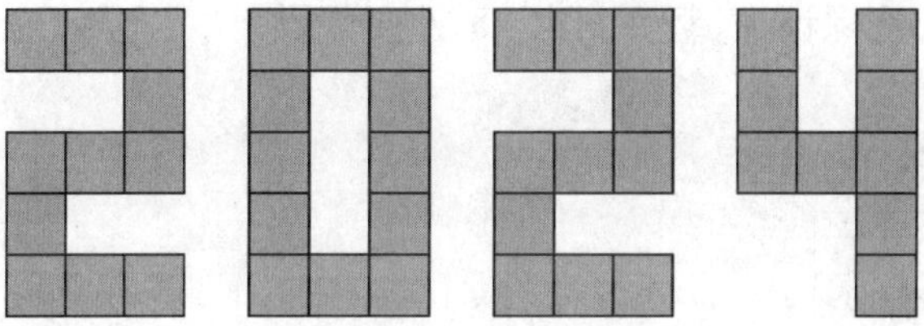
第 23 题图

24. 小王和小李两人分别从 A、B 两地同时出发相向而行，小王每分钟行 70 米，小李每分钟行 50 米。出发一段时间后，两人在距 AB 中点 O 一段路的 C 处相遇；如果小王出发后在途中某地停留了 12 分钟，两人将在距离中点一段路的 D 处相遇，且 $CO=2OD$。A、B 两点相距________米。

25. 如图，一个正方形中套着一个长方形，已知长方形的面积是 34 平方分米，且其长与宽的分米数是自然数。正方形面积的最大值是________平方分米。

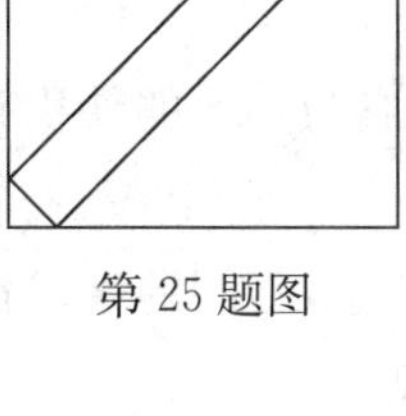
第 25 题图

5年级A卷

思考笔记

1. 下面的分数中，最大的是(　　)。

A. $\frac{11}{111}$　　B. $\frac{111}{1111}$　　C. $\frac{1}{11}$　　D. $\frac{13}{113}$　　E. $\frac{113}{1113}$

2. 如图，每行、每列都有 1～4 四个不重复的数字，那么“?”处的数字是________。

?			1
	2	1	
	1		3
1		4	

第 2 题图

3. 定义 $n! = 1\times2\times3\times\cdots\times n$，那么 20! 除以 100000 的余数是________。

4. 快递员小李在打包一些“冰墩墩”，如果用大包装盒，每盒装 5 个“冰墩墩”，最后会多出 4 个；如果用小包装盒，每盒装 4 个“冰墩墩”，最后会多出 3 个。小李打包的“冰墩墩”至少有________个。

5. 在一次满分是 1000 分的考试中，甲、乙、丙 3 个班的平均成绩依次为 840 分、900 分、870 分。如果甲、丙 2 个班合起来一起算，平均成绩是 850 分；如果乙、丙 2 个班合起来一起算，平均成绩是 892.5 分，那么甲、乙 2 个班合起来一起算，平均成绩是________分。

6. 如图，至少去掉________颗星星，才能保证横、竖和斜向 45°方向都没有 4 颗相连的星星。

★	★	★		★	★
★	★	★		★	★
		★	★	★	★
★	★		★		
★	★		★	★	★
★	★	★	★	★	★

第 6 题图

7. 在下图的竖式中，相同的字母代表相同的数字，不同的字母代表不同的数字，那么竖式的得数是________。

$$\begin{array}{rrrr} & & A & B \\ \times & & C & B \\ \hline & E & D & B \\ B & F & E & \\ \hline A & G & C & B \end{array}$$

第 7 题图

8. 一个数有 24 个因数，它与 16 的乘积有 56 个因数，它与 108 的乘积有 70 个因数，那么它与 12 的乘积有________个因数。

9. 在算式 $\overline{AB}\times\overline{CD}=\overline{E00}$ 中，相同的字母代表相同的数字，不同的字母代表不同的数字，那么五位数 $\overline{ABCDE}$ 有________种可能情况。

10. 如图所示，平行四边形 $ABCD$ 的面积是 450，且 BC 长为 30，三角形 ADE 的面积是 180，则正方形 $CDEF$ 的面积是________。

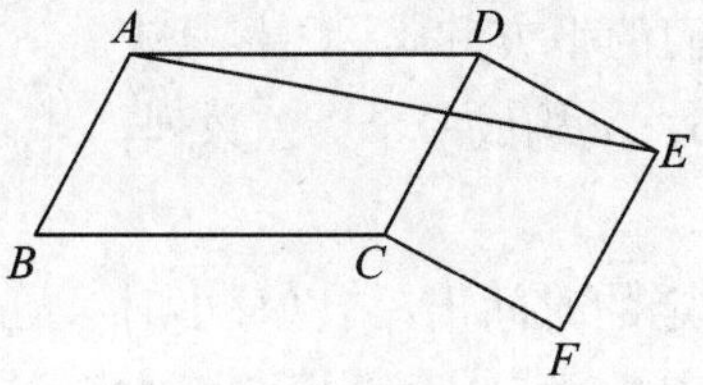

第 10 题图

11. 芭蕾舞团有 23 名男演员。在一次表演中，芭蕾舞团有 28 名演员参加了演出，那么不参加演出的男演员比参加演出的女演员少________人。

12. 2024 是一个有趣的数，它同时满足以下条件：

①是四位数；②能被 4 整除；③它的数字和能被 4 整除；④含有数字 4。

除了 2024 以外，同时满足这些条件的数还有________个。

13. 甲乙丙三人在如图所示的环形跑道上跑步，跑道周长为 210 米，三人同时从 A 出发沿顺时针方向跑，甲每分钟跑 120 米，乙每分钟跑 110 米，丙每分钟跑 106 米。三人出发________分钟后，第一次出现任意两人之间的距离都相等。

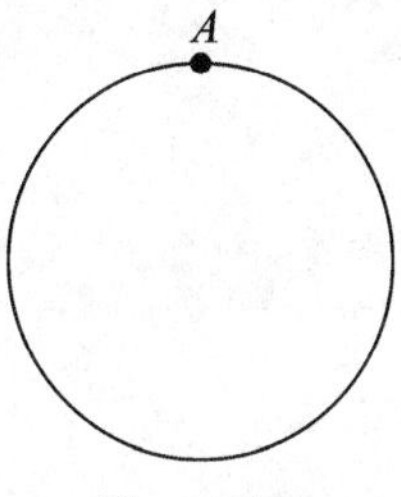

第 13 题图

第 14 题图

14. 用一些大小相同的白色长方形瓷砖拼成一个大长方形，现把大长方形的 4 条边涂成阴影色，如图所示。此时全部的小长方形瓷砖中，4 条边都不是阴影色的小长方形瓷砖和其余小长方形瓷砖的数量刚好相等。这个大长方形至少由________块小长方形瓷砖拼成。

15. 希希家有一面拼图墙是用边长为 5 的等边三角形拼成的，如图所示。现在有 2 块拼图损坏了，家里只有一些边长为 1，2，3，4 的等边三角形小拼图(数量足够)。要修复墙上的拼图，希希至少要用________块小拼图。

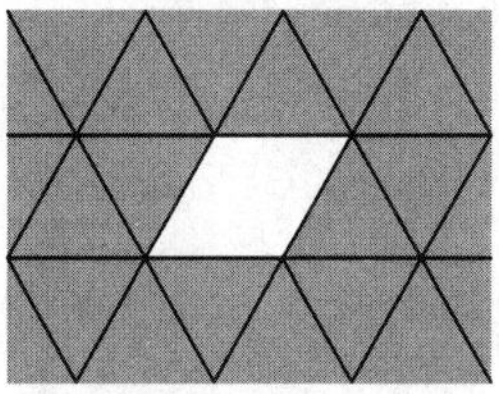

第 15 题图

16. 新年到了，圣诞老人把 2024 颗糖装入编号 1～86 的 86 个礼盒里，每个礼盒都装糖，且所有奇数编号礼盒里的糖不少于 3 颗，所有偶数编号礼盒里的糖不少于礼盒编号。圣诞老人有________种装糖果的方法。

17. 一次露天音乐会根据观众人数提前摆放座位，每一排座位比前一排多 1 个。如果第一排摆放 12 个座位，共摆放 n 排，则会多出 6 个座位；如果

第一排摆放 n 个座位,共摆放 12 排,则会少 19 个位置。这次音乐会的观众有________人。

18. 5 个大于 0 的整数 a,b,c,d,e 依次增大,它们的平方和是 2024,其中只有 a 是偶数,只有 d 是质数,只有 e 是立方数,且 b,c,e 构成一个等差数列,那么这 5 个数的和是________。

19. 希希家距离学校 6000 米,他每天早晨在固定的时间出门,以每小时 12 千米的速度骑车上学,恰好准时到校。有一天,因为逆风,希希出门后在开始的 1000 米只能以每小时 10 千米的速度行进,剩下的路程他以每小时________千米的速度行进才能准时到校。

20. 今年明明、亮亮、爸爸的年龄和是 60。当爸爸的年龄是明明的 3 倍时,亮亮 10 岁;当爸爸的年龄是亮亮的 3 倍时,明明 20 岁。今年爸爸________岁。

21. 过年了,奶奶玩抢福袋的手机游戏。游戏初始分为 100 分,抢到一个金福袋得 5 分,抢到一个银福袋扣 1 分,抢到一个铜福袋扣 2 分。奶奶抢了 20 个福袋,最终得分是 166 分,那么奶奶抢到________个铜福袋。

22. 如图,正方形 $ABCD$ 的面积为 120,四边形 $EFGH$ 的顶点分别在正方形的边上,分别过 E,F 作所在边的垂线,与对边的交点分别是 M,N。若 $GM=2$,$NH=4$,则四边形 $EFGH$ 的面积是________。

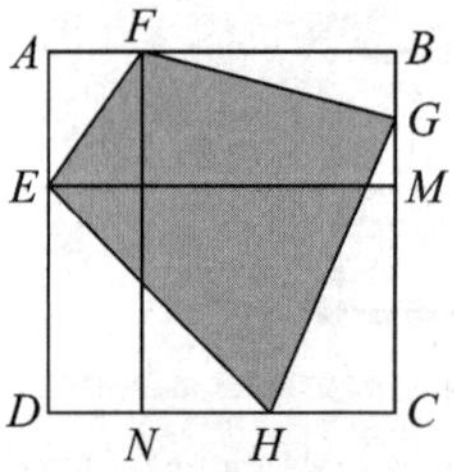

第 22 题图

23. 有 8 个因数的最小自然数是________。

24. 如图,在梯形 $ABCD$ 中,$AB\parallel CD$,M 是 AC 和 BD 的交点。若 $\triangle ABM$ 的面积是 64,$\triangle CDM$ 的面积是 100,则梯形 $ABCD$ 的面积是________。

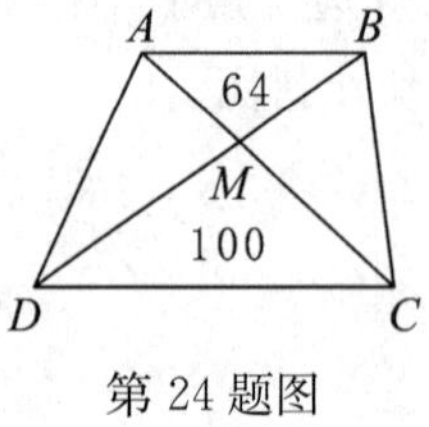

第 24 题图

25. 用 18 颗相同的红珠子和 2 颗相同的白珠子串成 1 个手串,有________种不同的排列方法。(手串旋转或翻转后相同的看作 1 种)

5年级D卷

思考笔记

1. 计算：$2.0+2.02+2.024+2.0294+2.02994+\cdots+2.02\underbrace{999\cdots9}_{97个9}4=$ ________。

2. 已知 $\underbrace{2024\cdots2024}_{n个2024}$ 是 72 的倍数，那么非零自然数 n 的最小值是________。

3. 已知 $n!=1\times2\times3\times\cdots\times n$。那么 $2023!+2024!$ 的末尾有________个连续的零。

4. 4 个互不相同的自然数的乘积为 2024，则这 4 个数的和最大是________。

5. 已知 2 个自然数之差为 140，这 2 个数的最小公倍数是其最大公约数的 120 倍，那么这 2 个自然数的和是________。

6. 为了调查学生的身体状况，学校对幸福小学毕业生进行了体检，毕业生总人数满足除以 8 余 5。率先体检的 45 名学生中有 44 名是合格的。后面该校体检毕业生每 8 名中有 7 名是合格的，且该校毕业生体检合格率在 90% 以上，则该校毕业生的人数最多有________名。

7. 南宋数学家杨辉所著的《详解九章算法·商功》中出现了如图所示的形状，后人称为"三角垛"（下图所示的是一个 9 层的三角垛）。"三角垛"最上层有 1 个球，第二层有 3 个球，第三层有 6 个球，……，设第 n 层有 a_n 个球，则 $\frac{1}{a_1}+\frac{1}{a_2}+\cdots+\frac{1}{a_{2023}}+\frac{1}{a_{2024}}$ 的值是________。

第 7 题图

8. 若 $1\times2\times3\times\cdots\times2022\times2023=2024^k\times m$，其中 k，m 为整数，则整数 k 最大可取________。

9. 黑板上写有 1～100 这 100 个自然数，现擦去其中一些数，黑板上至多保留________个数，才能使剩下的数中任意两个的和都不能被 10 整除。

10. 已知一个凸六边形 $ABCDEF$ 的六个内角都是 $120°$，AF，AB，BC，CD 的长依次是 3，6，2，5，则阴影部分的面积与中间三角形 BDF 的面积之比是________。

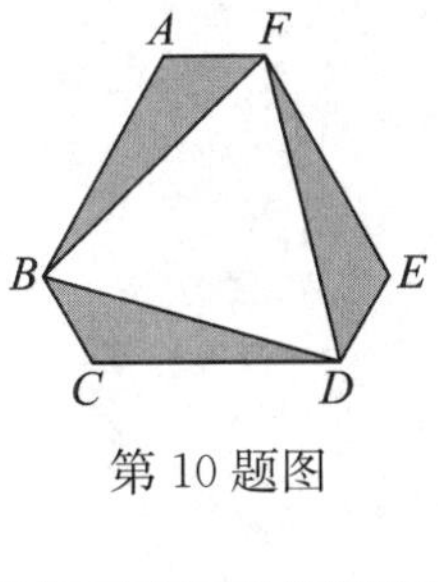

第 10 题图

11. 如图，一个 8×8 格点阵相邻两个格点间的距离均为 1，连接最外层的格点得到正方形 $ABCD$。点 E 是正方形内部的一个格点，如果 E 与正方形顶点构成的三角形的面积满足 $S_{\triangle EDA}\times S_{\triangle EBC}=S_{\triangle EAB}\times S_{\triangle ECD}$，就称格点 E 为"和谐点"。正方形 $ABCD$ 内部共有________个"和谐点"。

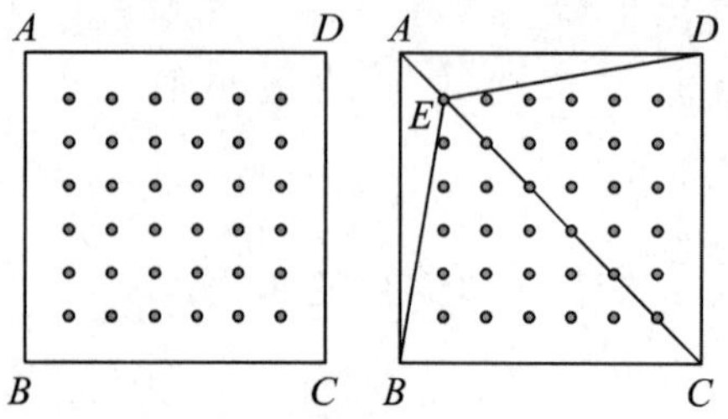

第 11 题图

12. 3 个连续自然数的和的末四位数恰好是 2024，这 3 个数中最大的数至少是________。

13. 设 a_n 是 $1^2+2^2+3^2+4^2+\cdots+(n-1)^2+n^2$ 的个位数字，其中 $n=1$，2，…，令 $a=0.a_1a_2a_3a_4a_5\cdots a_{n-1}a_n\cdots$，那么 a 的小数点后第 1 位到第 2024 位数字之和等于________。

14. 设 n 是自然数，且 $n+2$ 和 $n-87$ 都是完全平方数，则 n 的值是________。

15. 1～2024 的 2024 个自然数，按从小到大的顺序排列成如下的一个多位自然数：

12345678910111213…202220232024

从左往右数，依次删去这个整数中所有位于奇数位上的数字组成一个新的整数；再删去这个新数中所有位于奇数位上的数字组成又一个新数……按上述规律一直删除下去直到剩下一个数字为止。那么，最后剩下的这个数字是________。

16. 自然数 a、b 满足 $\frac{7}{11}<\frac{b}{a}<\frac{2}{3}$，求适合条件的两个分数 $\frac{b}{a}$，要求分母 a 尽可能小且这两个分数的分母相同，则这两个分数的分子之和是________。

17. 请在如图所示的算式的圆圈中填入加号或减号，使得运算的结果是一个非零自然数，那么结果最小是________。

$1^2\bigcirc 2^2\bigcirc 3^2\bigcirc 4^2\bigcirc\cdots\bigcirc 2023^2\bigcirc 2024^2$

第 17 题图

18. 有一片均匀生长的草地，可供 100 头牛吃 100 天；也可供 120 头牛吃 80 天。如果有 180 头牛吃草，这片草地可供它们吃________天。

19. 如图，平行四边形 $ABCD$ 的对角线上取两个点 O 和 F，使得 $BO:OF:FD=1:2:3$，连接 AO 并延长交 BC 于 G，连接 GF 并延长交 AD 于 H。则 $\triangle AOB$，$\triangle FOG$，$\triangle FDH$ 面积之比是________。

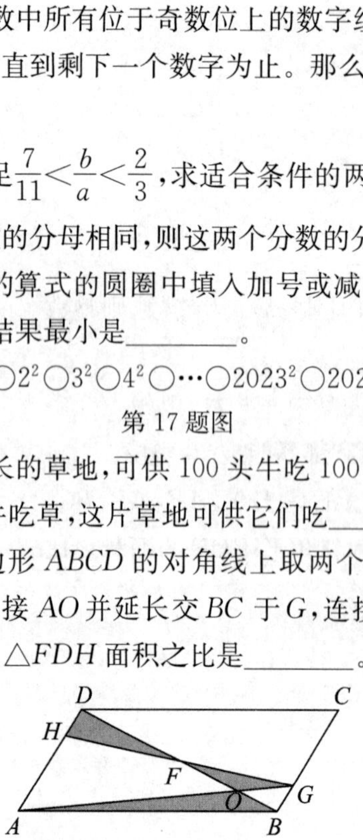

第 19 题图

20. 在等式$\left[\frac{n}{2}\right]+\left[\frac{n}{4}\right]+\left[\frac{n}{6}\right]+\left[\frac{n}{12}\right]=n$中，符号$[x]$表示不超过$x$的最大整数，则满足等式且小于2024的非零自然数$n$有________个。

21. 教授写出一个自然数M，小华计算出M与5！的最小公倍数，小红计算出M与10！的最大公因数，结果发现小华和小红计算结果之比为7∶1，那么教授写出的自然数M有________种可能。（注：$n!=1\times2\times3\times\cdots\times n$）

22. 如图，P,Q,R依次为AB,BC,AC上更靠近A,B,C的三等分点，连接QA,RB,PC，则阴影部分与空白部分面积之比是________。

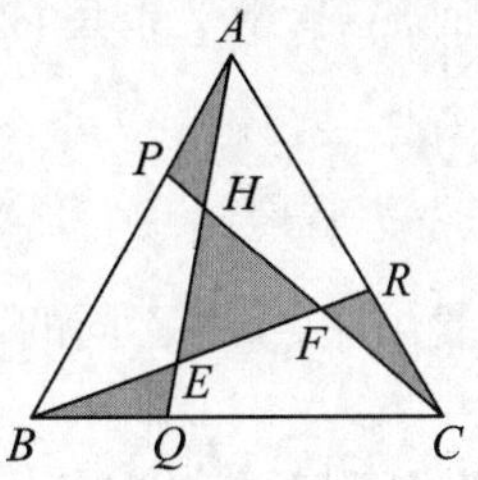

第22题图

23. 动物王国组织环森林旅行，动物们排成二路纵队匀速前进。排在队尾的小兔子要把突发信息传递给队首的组织者老虎大王，又马上以同样的速度跑回队尾。从小兔子出发到追上老虎大王的这段时间里，旅行队伍前进了450米。从小兔子和老虎大王分开到小兔子回到队尾的这段时间里，小兔子跑了1500米。在小兔子从队尾出发到回到队尾的这段时间里，小兔子跑了________米。

24. 幸福小学体育馆修缮工程，如果由甲、乙两队承包，$3\frac{1}{2}$天完成，需付21000元；如果由乙、丙两队承包，$5\frac{1}{4}$天完成，需付15750元；如果由甲、丙两队承包，$4\frac{1}{5}$天完成，需付18900元。现在该工程由一个队单独承包，要保证10天内完成的前提下，________队承包费用最少。

25. 在每个方格中填入1～5中的一个数，使得每行、每列的5个数各不相同，并且每个圆圈中的数都等于与它相邻的4个数的乘积。故“?”代表的数字是________。

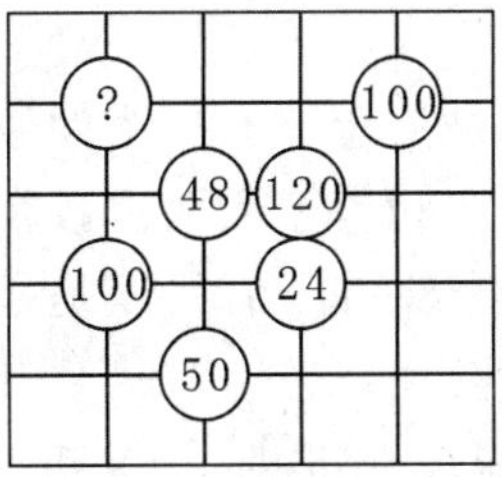

第25题图

6年级A卷

思考笔记

1. 下列 20 个数：1!，2!，3!，…，20!，去掉其中一个数后，剩下的 19 个数的乘积为完全平方数，则去掉的数是(　　)。(注：$n!=1\times2\times3\times\cdots\times n$)

A. 9!　　B. 10!　　C. 11!　　D. 12!　　E. 20!

2. 学校举行消防演习，教学楼有前、后两个门，如果只开前门，全部学生跑出来用 6 分钟；同时开前、后两个门，全部学生跑出来用 4 分钟。那么，只开后门，全部学生跑出来用________分钟。

3. 鱼缸里有 100 条小鱼，其中有 10 条孔雀鱼。希希随意捞上 2 条鱼，这 2 条鱼都不是孔雀鱼的概率是(　　)。

A. $\frac{9}{11}$　　B. $\frac{9}{10}$　　C. $\frac{89}{100}$　　D. $\frac{89}{110}$　　E. $\frac{4}{5}$

4. 甲、乙、丙、丁 4 人分别在 8 月不同的 4 天入住避暑山庄，又在不同的 4 天分别离开。已知：

(1)住宿时间最短的是乙，最长的是丁，甲和丙住宿时间相同(比如 7 日入住，8 日离开，住宿时间为 2 天)。

(2)丁不是 1 日入住的。

(3)丙离开的那天，丁已经离开了。

(4)四人入住的日期是：1 日、2 日、3 日、4 日。

(5)四人离开的日期是：5 日、6 日、7 日、8 日。

根据以上条件，乙是________日离开的。

5. 如图，长方形 $ABCD$ 中，E，F，H 分别是 BC，CD，AB 的中点，$AG:GD=2:1$，HE，EF 分别与 BG，CG 交于 M，N 两点。若三角形 EMN 的面积是 9，则长方形 $ABCD$ 的面积是________。

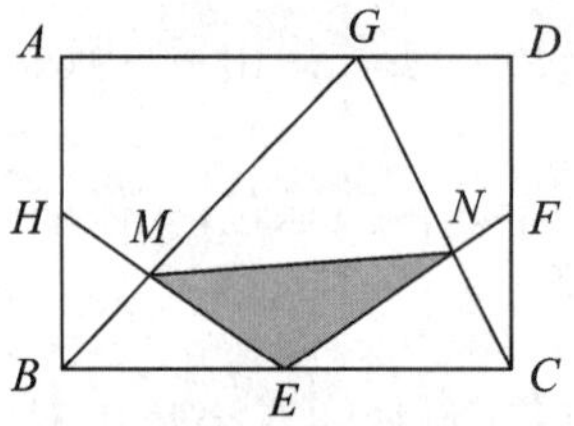

第 5 题图

6. 不同的汉字代表不同的非零数字，$\frac{\overline{汉寿侯}}{过\times五+关斩+六\times将}=15$，三位数$\overline{汉寿侯}$最大为________。

7. 迎新年，商场向顾客发出 9999 张购物券，每张购物券上印有一个四位数的号码，从 0001 到 9999 号，如果号码的前两位数字之和等于后两位数字之和，则称这张购物券为幸运券。例如号码 0826，因 $0+8=2+6$，所以是幸运券。那么，共有________张幸运券。

8. 一个自然数 N 是 n 位数，各位数字都是 7，n 被 9 除余 3，那么 N 被 9 除余________。

9. 定义一种新的进制：从右向左数，第一位逢 2 进 1，第二位逢 3 进 1，第三位逢 4 进 1……第七位逢 8 进 1。在这种进制下，最大的七位数对应的十进制数是________。

10. 如图，AB 是一条长 180 米的跑道，C、D 是三等分点。甲在 AC 段往返跑步，每分钟跑 180 米；乙在 BD 段往返跑步，每分钟跑 120 米。甲从 A 出

发的同时乙从 B 出发，则一小时内两人相遇________次。（注：相遇指两人在相同时刻到达同一位置）

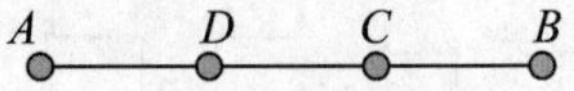

第 10 题图

11. 计算：$\left(\frac{17}{20}-\frac{15}{28}+\frac{25}{33}-\frac{11}{35}-\frac{49}{69}\right)\times 2024=$________。

12. 在下列的方框中填入非零数字，使竖式成立。要求组成两位数、三位数以及四位数的 9 个数字互不相同，有________种填法。

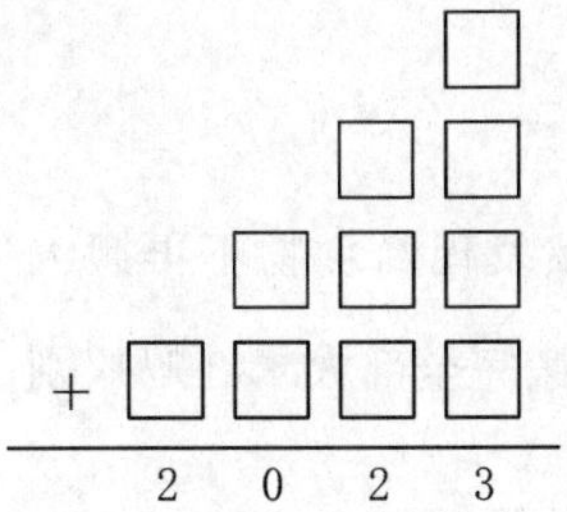

第 12 题图

13. 在下面的每个方框内填入一个 1～8 的数字，要求填入的数字不重复。当等号右边循环小数最大时，等号左边分数的分子是________。

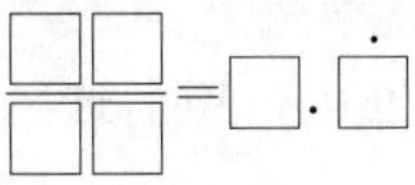
第 13 题图

14. 如图是一张铠甲设计图，图中共 6 个正方形，则阴影部分的面积是________。

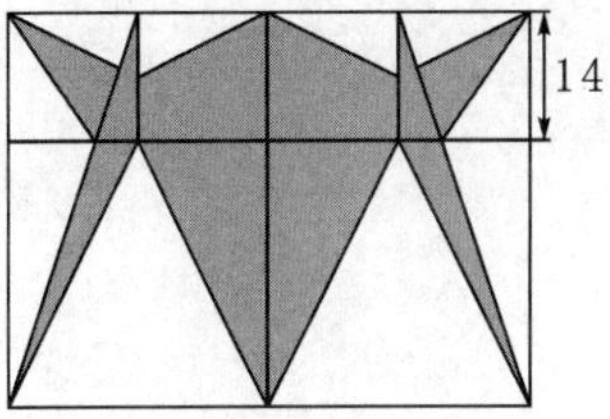

第 14 题图

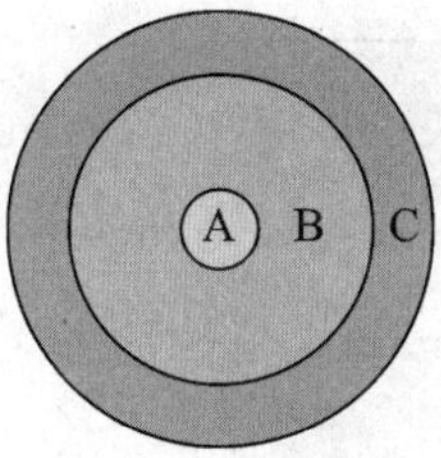

第 15 题图

15. 马超和张飞比赛射箭。马超有 3 支箭射在 A 区域，2 支箭射在 B 区域，1 支箭射在 C 区域，共得 41 分；张飞有 2 支箭射在 A 区域，1 支箭射在 B 区域，3 支箭射在 C 区域，共得 30 分。若 A、B、C 三个区域的分数都是自然数且从内到外递减，则 B 区域的分数是________分。

16. 定义运算 $S_n=1+2+3+\cdots+n$，希希在计算 S_{20}、S_{21}、S_{22}、S_{23}、S_{24}、S_{25}、S_{26}、S_{27} 这 8 个数的和时，漏掉了其中一个数，得到的结果是 2024，那么希希漏掉的数应该是（　　）。

A. S_{20}　B. S_{21}　C. S_{22}　D. S_{23}　E. S_{24}　F. S_{25}　G. S_{26}　H. S_{27}

17. 猴山有金丝猴和猕猴共 1000 只，其中金丝猴的数量是 5 的倍数，猕猴的数量是 11 的倍数。则这两种猴的数量有________种可能情况。

18. 在边长为 2024 厘米的正方形铁皮的四角各剪去一个大小相同的小正方形，然后焊制成无盖的铁盒。下列选项中剪去的小正方形边长依次是 64 厘米、256 厘米、379 厘米、500 厘米、674 厘米，将它们分别制成铁盒后容积最大的是（　　）。

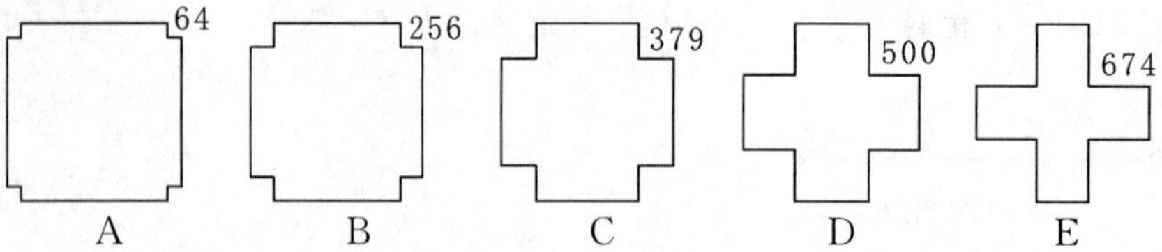

19. 熊大和熊二进行乒乓球比赛，规定先得到 11 分的一方为胜方，但如果比分出现 10∶10，则接下来先多得 2 分的一方为胜方。熊大和熊二水平相当，现在熊大和熊二的比分是 10∶8，则熊大获胜的概率是________。

20. 红蚂蚁和黑蚂蚁同时发现一堆大米。

红蚂蚁说："我单独搬需要 55 天能搬完。"

黑蚂蚁说："我单独搬需要 66 天能搬完。"

它们最后商量好一起搬。合作若干天后，黑蚂蚁发现新食物不再搬大米，红蚂蚁则因为劳累工作效率降为原来的$\frac{11}{12}$。最终搬完全部大米红蚂蚁刚好搬了 33 天，那么红蚂蚁和黑蚂蚁合作搬大米用了________天。

21. 魔法学院本学期开设飞行课、魔药学、占卜术三门课，期末考试三门课满分为 300 分，且考试成绩都是整数。哈利总分的$\frac{4}{7}$和罗恩总分的$\frac{3}{5}$相等，则两人的总分最多相差________分。

22. 有 5 个互不相同的两位数，其中任意两个数的和也互不相同，这 5 个数中最大的数的最小可能值是________。

23. 如图，一大一小两个正方形组成了一枚"铜钱"的形状。若小正方形的面积为 8，且大正方形的边长为小正方形边长的 3 倍，则阴影部分的面积为(　　)。(π 取 3.14)

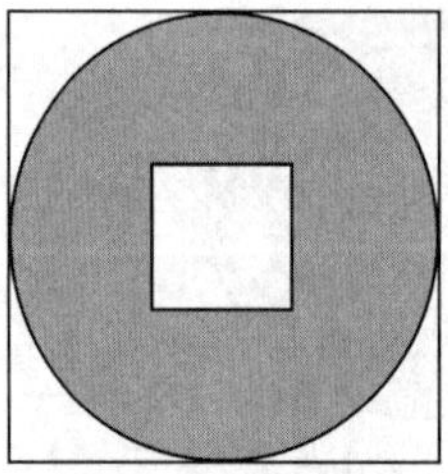

第 23 题图

A. 42.24　　B. 43.96　　C. 48.52　　D. 50.24　　E. 53.38

24. 若三位数$\overline{abc}$，$\overline{abd}$，$\overline{acd}$，$\overline{bcd}$(不同的字母表示不同的数字)依次能被 3，5，7，13 整除，则满足条件的四位数$\overline{abcd}$有________个。

25. 给一个正八面体表面的 8 个三角形涂上颜色，其中 2 个面涂绿色，其余 6 个面涂蓝色，一共有________种不同的涂色方法。(经过旋转、翻转后相同的算作同一种涂色方法)

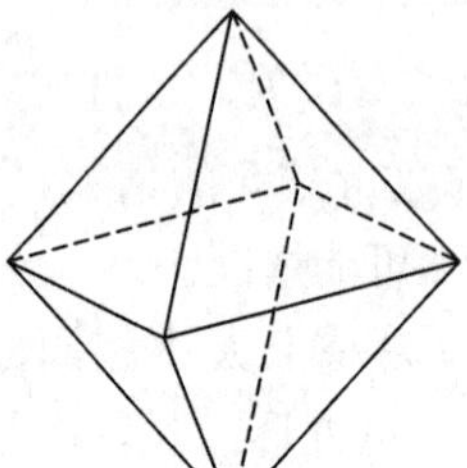

第 25 题图

6年级D卷

思考笔记

1. 将$\frac{1843}{4559}$化为最简分数，$\frac{1843}{4559}=$________。

2. 若正整数$k\geqslant 2024$，那么$2^{2k}-1-3-5-\cdots-2019-2021$被3除所得的余数是________。

3. 黑板上写有1到101这101个自然数，现擦去其中一些数，黑板上至多保留________个数，才能使黑板上任意两数之和都不能被5整除。

4. $\dfrac{1}{\frac{1}{2004}+\frac{1}{2005}+\frac{1}{2006}+\cdots+\frac{1}{2024}}$的整数部分是________。

5. 有甲、乙两个杯子，甲杯装有纯酒精，乙杯装有纯水，两杯液体质量都是12千克。现从甲杯中取出一定量的纯酒精，倒入乙杯并搅拌均匀，再从乙杯中取出一定量的混合液倒入甲杯，此时两杯液体质量仍然都是12千克。若此时甲杯中纯酒精和纯水的质量比为5∶1，那么第一次从甲杯中取出的纯酒精是________千克。

6. 在数$\frac{2}{10}$，$\frac{3}{10}$，$\frac{4}{10}$，$\frac{5}{10}$，$\frac{6}{10}$，$\frac{7}{10}$，$\frac{8}{10}$，$\frac{9}{10}$的前面分别添加"+"或"−"号，使得它们的和等于1。有________种不同的添加方法。

7. 如图，F和G是$\triangle ABC$边BC上两点，满足$BF:FG:GC=2:2:1$，连接AF，AG，在AF上取点D，CD与AG相交于点E，$\triangle DAB$与$\triangle ACE$的面积分别是324和243。则$\triangle ABC$的面积是________。

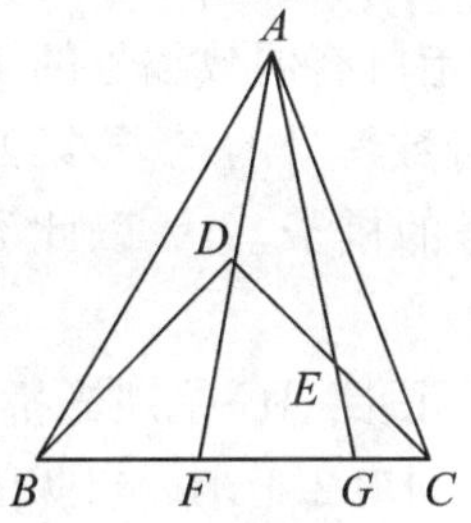

第7题图

8. 幸福小学通过微信小程序对"小天才科普大使"进行票选，每人限投一票。小华查看了投票结果，发现投票总人数是400，其中小华所在班级代表的投票占48%。第二天她再次登录该网站时，发现小华所在班级代表的投票率上升到62%，则此时投票总人数至少为________人。

9. 如果某一天是周四且日期尾数是4，则称这一天为"巧合日"，如2023年12月14日是周四，这一天是"巧合日"。故2023年一共有________个"巧合日"。

10. 如图，$\triangle ABC$的三条边满足$AC:BC:AB=3:4:5$，E和D是AC和BC上的点，$AE:EC=BD:DC=2:3$，F和G是AB上的点，$FG:AB=3:5$，连接DF、EG相交于点O，则阴影部分与$\triangle ABC$的面积比是________。

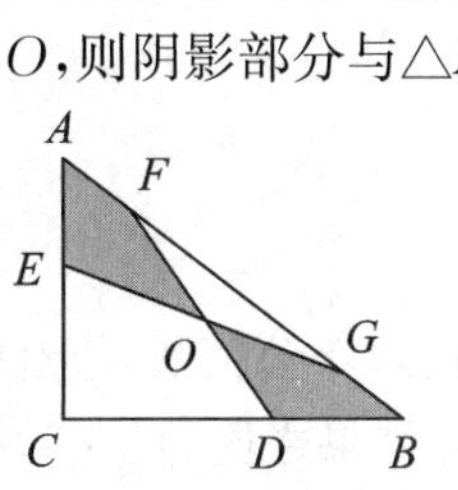

第10题图

11. 有一自然数，它的个位数字是 7，它共有 16 个约数，这个数最小是________。

12. 如图，把一个上底 $AD=10$ 厘米，下底 $BC=5$ 厘米的直角梯形 $ABCD$ 绕 AB 旋转一周，形成一个圆台，然后做成一个纸杯。现有一个底面半径为 30 厘米，高 28 厘米的圆柱形容器，倒满该圆柱形容器需要 36 纸杯水。$CD=$________厘米。

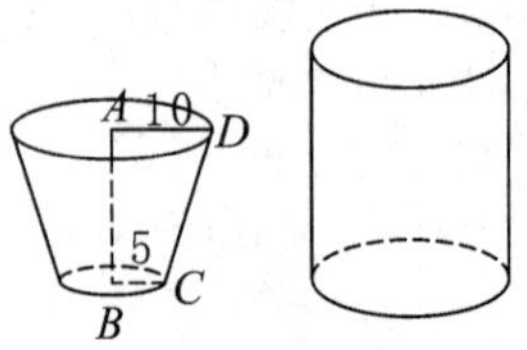

第 12 题图

13. 如图，下面左图中相邻两个格点间长度为 1，下面右图是对角线 AB 长度为 20 的正方形纸板。在格点足够多的情况下，该纸板最多覆盖________个格点。

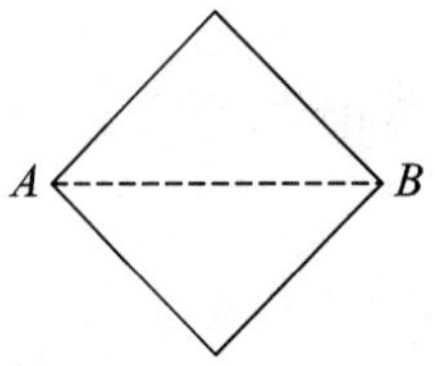

第 13 题图

14. 100 枚棋子整齐地排成一列，依次编号为 1，2，3，4，…，99，100。每次拿走一些棋子，剩余棋子重新从 1 开始编号。第一次拿走所有偶数编号的棋子，第二次拿走所有偶数编号的棋子，第三次拿走所有奇数编号的棋子，第四次拿走所有奇数编号的棋子，第五次拿走所有偶数编号的棋子，……以此类推，最后剩下的一枚棋子最初的编号是________。

15. 如图，解放军队伍在平路 DE 上前进，DE 上有一段路 AC 是观光桥，三角形 ABC 是等腰直角三角形，直角边 AB 和 BC 的长均为 2 千米。当队伍排头到达 A 点时，通讯员因任务需要从排尾追赶排头，恰好在 C 点追上排头，并立即返回；当他回到排尾时，队伍从 A 点开始前进的总路程恰好是队伍长。若通讯员和队伍的行进速度都保持不变，则队伍长是________千米。

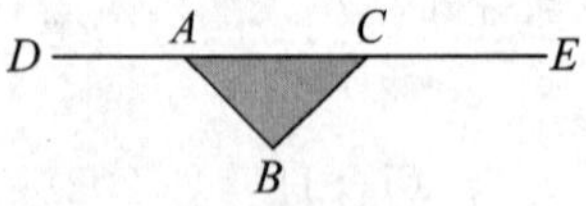

第 15 题图

16. 如图所示，已知平行四边形周长是 2024 厘米，一个半径为 1 厘米的圆沿着平行四边形四边外侧滚动一周。那么圆滚动扫过的面积是________平方厘米。（π 取 3）

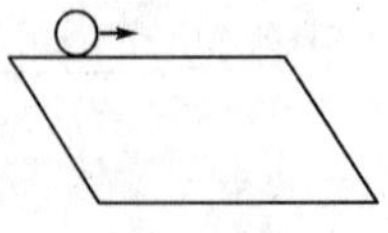

第 16 题图

17. 教授写出一个自然数 M，小华计算出 M 与 $5!$ 的最小公倍数，小红计算出 M 与 $10!$ 的最大公因数，结果发现小华和小红计算结果之比为 $3:1$，那么教授写出的自然数 M 有________种可能。

18. 如图,15 个面积为 1 的正方形组成下图,将其分割为 n 个小长方形,要求:①n 个小长方形之间无重叠;②n 个小长方形面积互不相同。

$n=$________。

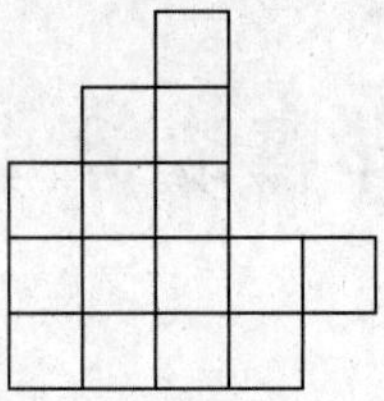

第 18 题图

19. 魔法学院有一种运算法则:$\begin{array}{|c|c|}\hline a & b \\ \hline c & d \\ \hline\end{array}=(\overline{db}+\overline{dc})-(\overline{ab}+\overline{ac})$,其中 a,b,c,d 均为 1~9 的数字。例如:当数组(a,b,c,d)为(2,2,3,4)时,

$$\begin{array}{|c|c|}\hline 2 & 2 \\ \hline 3 & 4 \\ \hline\end{array}=(42+43)-(22+23)=40。$$

按照这个法则,能使运算结果为 20 的数组(a,b,c,d)有________种可能。

20. 下列哪一项的值不能被任何小于 10 的质数整除(　　)。

A. $2^{2024}+2^{2023}$　　B. $2^{2023}+1$　　C. $2^{2024}-1$　　D. $2^{2023}-1$

21. 方程 $x_1+x_2+4x_3=15$ 的自然数解的个数是________。

22. 圆周上有 10 个点,任两点之间连一条线段,任三条线段在圆内不交于同一点,这些线段在圆内可交出________个三角形。(三角形的顶点都在圆内)

23. 从中午 12 点开始,当时针和分针第五次形成 180°角时,这时是________点________分。(注:按 24 小时制填写)

24. 记$[x]$表示不超过 x 的最大整数,则

$\left[\dfrac{2023\times1}{2024}\right]+\left[\dfrac{2023\times2}{2024}\right]+\cdots+\left[\dfrac{2023\times2023}{2024}\right]=$________。

25. 如图,五边形 $ABCDE$ 的三条边 AE、CB、CD 的长均为 10 厘米,AB 与 DE 的长度之和也是 10。如果$\angle ABC=\angle CDE=90°$,则五边形 $ABCDE$ 的面积是________平方厘米。

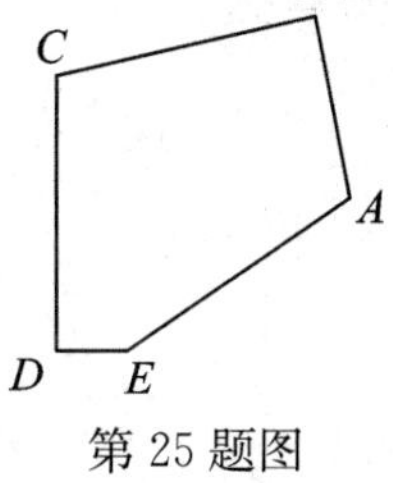

第 25 题图

2024年 “优才杯”暑秋数学学情诊断

1 年级

思考笔记

一、**填空题Ⅰ**(本题共 5 小题,每题 12 分,共 60 分)

1. 观察下图,贝塔的奖牌数量比舒克的多________个。

第 1 题图

2. 根据下图中数的规律,“?”处填的是________。

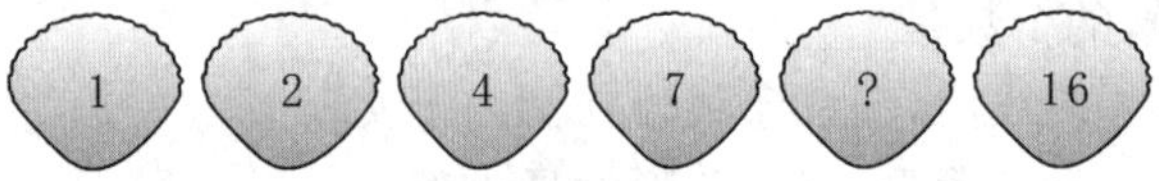

第 2 题图

3. 桌面上有三种不同形状的纸片:

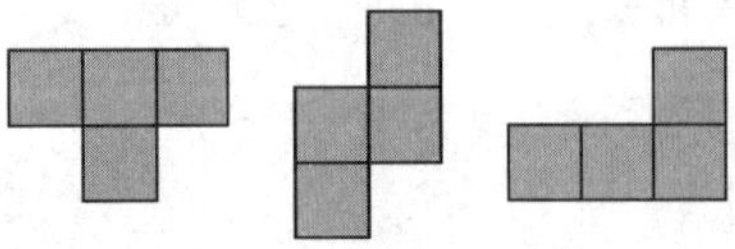

第 3 题图

在桌面上旋转这三种形状的纸片,不能得到以下选项中的________。

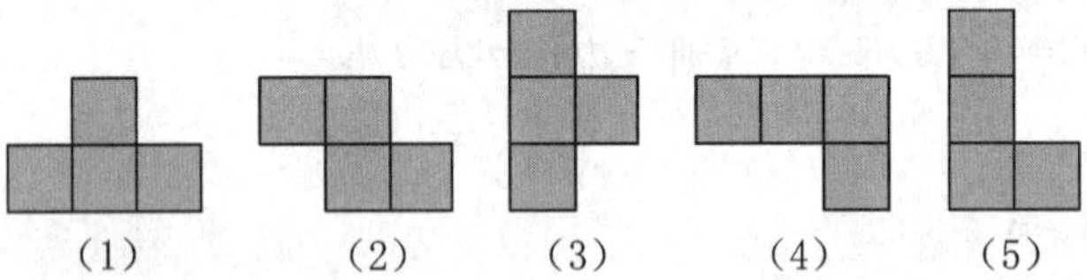

4. 一群小动物排队,小兔的左边有 5 个小动物,右边有 6 个小动物,那么这一排共有________个小动物。

第 4 题图

5. 观察下图,1 个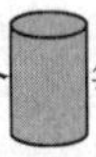等于________个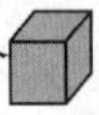。

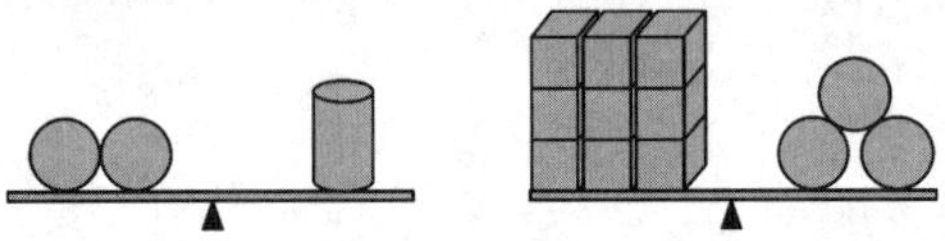

第 5 题图

二、填空题Ⅱ（本题共 4 小题，每题 12 分，共 48 分）

6. 毛毛要从如图中的 3 支彩笔中任选 2 支来用，共有________种不同的选择。

第 6 题图

第 7 题图

7. 题图中共有________个三角形。

8. 观察图中的规律，空缺处应该填________图形。

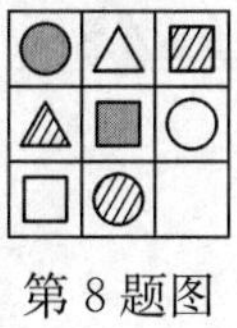

第 8 题图

A　　B　　C　　D

9. 把一根绳子折三折后（如图），按如图的方式剪了 2 刀，那么这根绳子被剪成了________段。

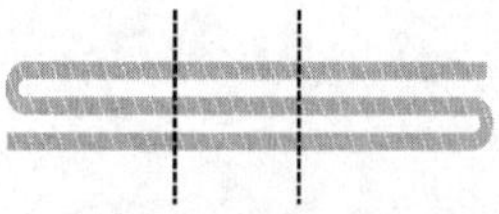

第 9 题图

三、填空题Ⅲ（本题共 3 小题，每题 14 分，共 42 分）

10. 6 只小动物的房间首尾相连呈一个圆形，已知羊在 3 号；马与羊相隔一个，并且马的房间号大于羊的房间号；牛与羊、马都不相邻；狗的对面住着牛；鸡的房间号码比兔的房间号码小。那么鸡住在________号房间。

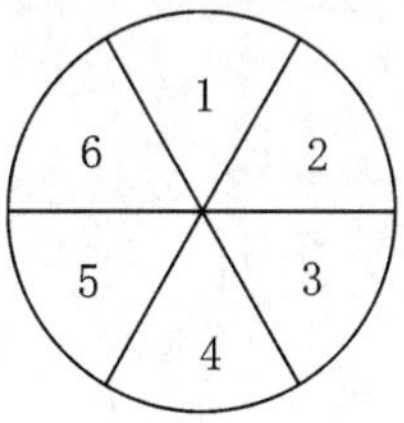

第 10 题图

11. 恰好用 10 根火柴棒能摆出的最小两位数是________。（数字 0～9 的摆放方式如图所示）

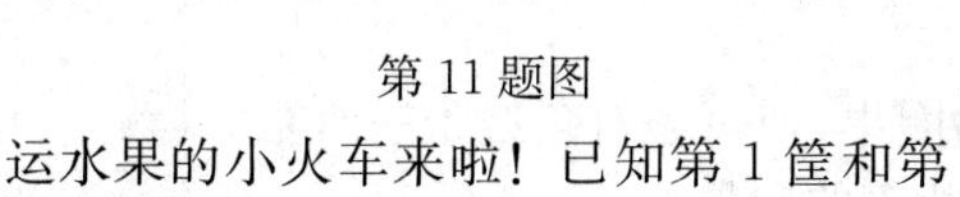

第 11 题图

12. 森林王国运水果的小火车来啦！已知第 1 筐和第 2 筐共有 29 个水果，第 2 筐和第 3 筐共有 26 个水果，第 1 筐和第 4 筐共有 28 个水果，那么第 3 筐和第 4 筐共有________个水果。

第 12 题图

2年级

思考笔记

一、填空题Ⅰ（本题有 5 道小题，每题 12 分，共 60 分）

1. 计算：

(1)13＋8＋87＝________。

(2)12＋11－10－9＋8＋7－6－5＋4＋3－2－1＝________。

2. 找规律填数。

(1)10、13、16、19、(　　)、25、28

(2)1、16、3、13、5、10、7、7、(　　)、4、11、1

3. 观察天平，括号内应该填________。

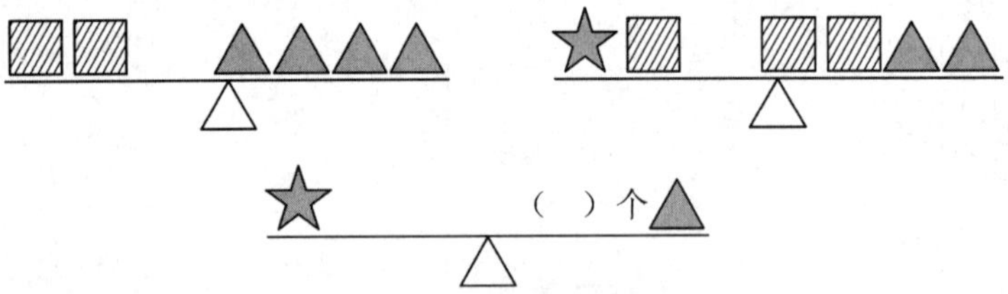

第 3 题图

4. 康康周日上午 10:40 上音乐课，一节课是 45 分钟，那么他下课时间是________时________分。

5. 已知张爷爷锯一次木头需要 2 分钟，现在要将下面两根木头各锯成 4 段，共需要________分钟。

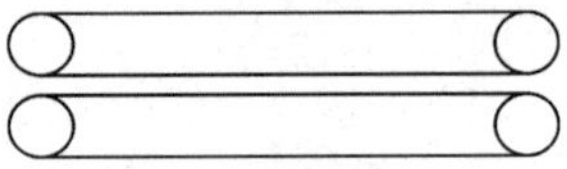

第 5 题图

二、填空题Ⅱ（本题有 4 道小题，每题 12 分，共 48 分）

6. 用分别写有 0、4、2、1 的四张数字卡片，可以组成________个不同的三位数。

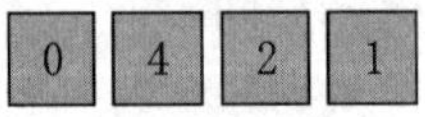

第 6 题图

7. 有一个正方体，六个面上分别写着 1、2、3、4、5、6 六个数字，现从不同角度观察的结果如图所示，那么这个正方体的 1 对________、2 对________、3 对________。

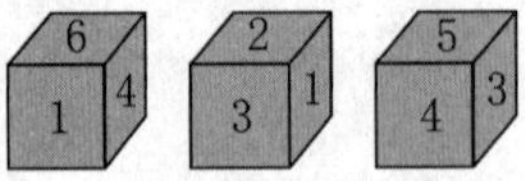

第 7 题图

8. 豆豆和康康各有一些奥特曼卡片，他们数了数，两人共有 24 张奥特曼卡片，如果康康给豆豆 2 张，他们的奥特曼卡片就一样多，那么康康有________张奥特曼卡片。

9. 将 2、4、6、8、10 这五个数填在下面的圆圈中，使每条对角线上三个数的和与正方形四个角上四个数的和相等，这个相等的和是________。

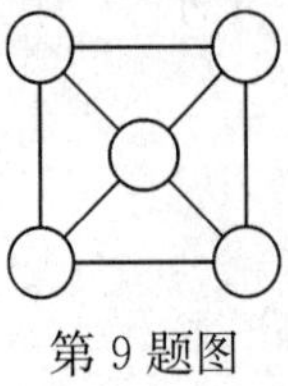

第 9 题图

三、填空题Ⅲ(本题有 3 道小题,每题 14 分,共 42 分)

10. 在一次战斗中,5 位聪明勇敢的英雄一起打败了 37 只怪兽。请根据他们的对话信息判断,此次战斗中,5 号英雄打败了________只怪兽。

1 号英雄说:“我打败的怪兽数量是最大的一位数。”

2 号英雄说:“我打败的怪兽数量比 1 号英雄打的怪兽数量少 1 个。”

3 号英雄说:“我打败的怪兽数量是最小的两位数。”

4 号英雄说:“我打败的怪兽数量是 2 号英雄打的怪兽数量的一半。”

5 号英雄说:“我打了多少只怪兽呢?”

11. 数一数,图中一共可以数出________个三角形。

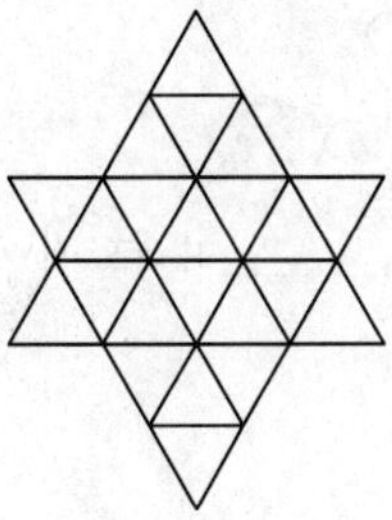

第 11 题图

12. 图中给出了用火柴棍摆数字 0~9 的摆法,康康用 9 根火柴棍(9 根全部使用)摆出了 3 个不同的数字,组成了一个三位数,那么这个三位数最小是________。

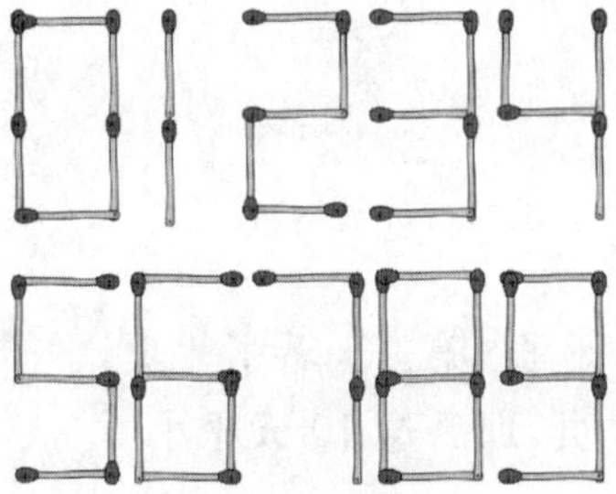

第 12 题图

3年级

一、填空题Ⅰ(本题共 6 小题,每题 8 分,共 48 分)

1. 算式 2+6+10+14+18+22+26+30+34 的计算结果是________。

2. 小绿、小粉两个小朋友分 11 块饼干,每个小朋友至少分到 2 块,一共有________种不同的分法。

3. 找规律:

那么从左往右的第 34 个是________(选出正确的选项)。

A. 　　B. 　　C. 　　D. 

4. 小小、爸爸、妈妈今年的年龄分别为 1、30、34 岁,________年后,小小的年龄是爸爸妈妈年龄差的 4 倍。

5. 图中,含有“”的长方形有________个(包括正方形)。

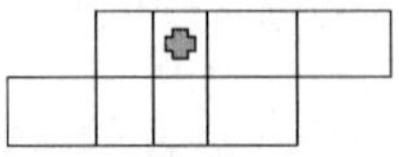

第 5 题图

6. 题图是一个三阶幻方,那么☆=________。

	5	
	☆	
14		3

第 6 题图

二、填空题Ⅱ(本题有 5 道小题,每题 10 分,共 50 分)

7. 一本畅销长篇科幻儿童小说,小小第一天看了 2 页,第二天看了 4 页,随着小说情节跌宕起伏,小小每天都比前一天多看 2 页,那么这 10 天小小一共能看________页。

8. 图中将六个边长为 5 厘米的正方形拼成一个完整图形,该图形的周长是________厘米。

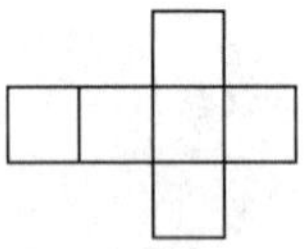

第 8 题图

9. 小胖、大胖两人同时从 1 楼开始爬楼梯,小胖爬到 6 楼时,大胖恰好爬到 3 楼。照这样计算,小胖从 1 楼出发,若大胖想要跟小胖同时到达 16 楼,大胖需要从________楼出发。

10. 一只小狗 2024 年 4 月份吃掉了 3000 克狗粮,照这样的食量,那么 2024 年一整年这只小狗要吃掉________克狗粮。

11. 二年级三班购买了一些跳绳、沙包和毽子,购买的跳绳比沙包多 14 个,毽子比沙包少 2 个,已知购买跳绳的数量是毽子的 5 倍还少 4 个,那么二年级三班购买了________个沙包。

三、填空题Ⅲ(本题有 4 道小题,每题 13 分,共 52 分)

12. 图中为一个火柴棍搭建的算式,移动 1~3 根火柴使它变成正确的算式,那么算式能得到的最大结果是________。(注意:只能移动,不能添加或

去掉）

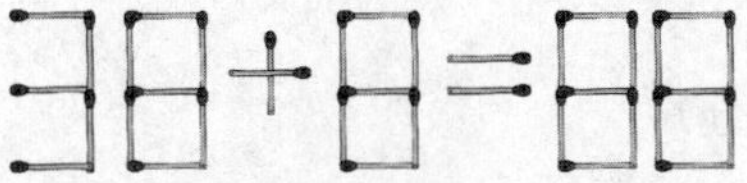

第 12 题图

13. 李老师将写有 2、5、4、7 的卡片各一张，发给甲、乙、丙、丁，每人一张。然后发生了如下对话：

甲对乙说："你卡片上的数是 7。"

乙对丙说："你卡片上的数是 7。"

丙对丁说："你卡片上的数是 5。"

丁对甲说："你卡片上的数是 2。"

李老师发现：持有卡片数字奇偶性相同的人之间说的都是正确的，持有卡片数字奇偶性不同的人之间说的都是错误的，并且丁是奇数。

那么甲、乙、丙、丁卡片上数字依次连接组成的四位数是________。

14. 挖矿寻宝游戏中，探险者们随机选择位置采掘，但不知道等待他们的是各种彩色宝石还是白色炸弹碎片，其中白色炸弹碎片有 3 块 1 级碎片、2 块 2 级碎片、1 块 3 级碎片。挖到彩色宝石则多多益善，但挖到炸弹碎片的级数累计相加超过 5 则爆炸，游戏结束。一场游戏中，爆炸导致游戏结束，其中挖到白色炸弹碎片顺序有________种。（只考虑白色炸弹碎片顺序、不考虑彩色宝石）

15. 如图，黑白游戏棋盘是一个 6×6 的方形网格。有一些格子一开始就有黑色或白色的棋子，而其他格子是空的，需要玩家填补。胜利的条件是按照如下规则用黑白棋子填满棋盘：

(1)每行每列必须要有相同数量的黑棋子与白棋子。

(2)不能有超过两个相同颜色的棋子连在一起。

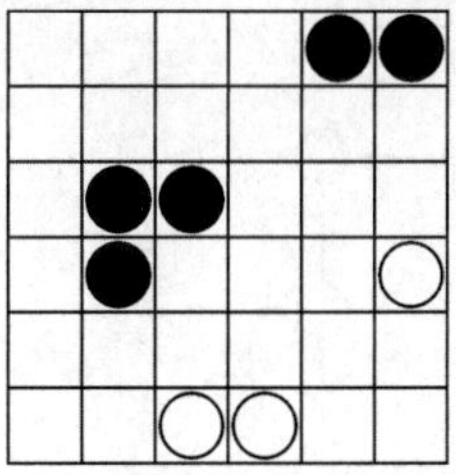

第 15 题图

如果用 2 表示白色棋子，用 1 表示黑色棋子，例如"黑黑白白黑白"可表示为"112212"，那么从上往下数第五行可以依次表示为________（用六个数字表示）。

4年级

一、填空题Ⅰ(本题共 6 小题,每题 8 分,共 48 分)

1. 算式:45×45−1 的计算结果是________。

2. 1 个工人 1 天可以制造 18 个 A 零件,照这样的速度,3 个工人 4 天可以制造________个 A 零件。

3. 如图,$AB=5$ 厘米,$CD=3$ 厘米,$EF=7$ 厘米,$BC=2$ 厘米,$HI=3$ 厘米,$AL=4$ 厘米,那么这个图形的周长是________厘米。

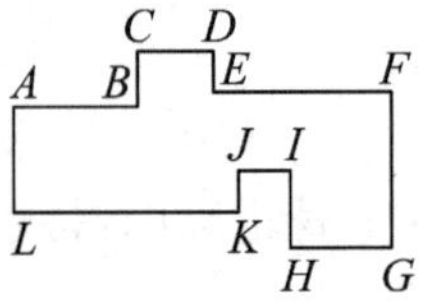

第 3 题图

4. 轩轩家到学校距离 600 米,在家与学校正中间的位置有一个便利店,今天早上轩轩先以每分钟 50 米的速度出发走到便利店,在便利店用 1 分钟的时间买了一根冰棍后,以每分钟 60 米的速度赶到学校,轩轩从出发到到达学校一共用________分钟。

5. 郭老师给一班的同学们分糖,如果每人分 2 块会剩下 5 块糖没分掉,如果每人分 3 块则恰好分完。那么一共有________块糖。

6. 某次英语考试共 50 道题,对 1 题得 2 分,错 1 题扣 1 分,不答视为错,轩轩得了 88 分,轩轩一共对了________道题。

二、填空题Ⅱ(本题共 5 小题,每题 10 分,共 50 分)

7. 如图,E 是长方形 $ABCD$ 中 AB 边上的一点,以 DE 为轴恰好可以把点 A 折到边 BC 上的点 F,已知 $\angle ADE=36°$,那么 $\angle CDF$ 等于________度。

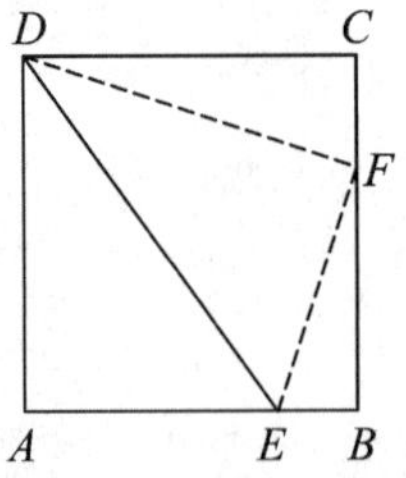

第 7 题图

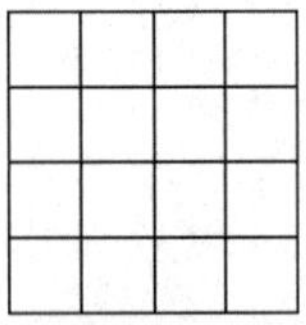

第 10 题图

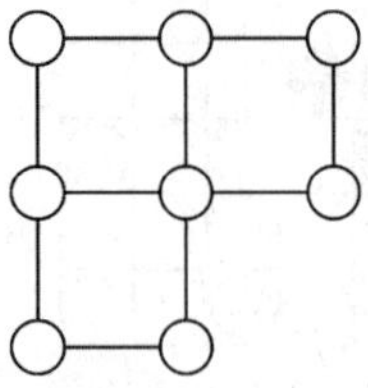

第 11 题图

8. 鹏鹏手上有 1 元人民币 3 张、5 元 2 张、20 元 1 张,鹏鹏可以直接支付出________种不同的金额(0 元不算)。

9. 叔叔:“5 年前我的年龄是你的 3 倍。”

小赵:“5 年后您的年龄是我的 2 倍。”

根据以上对话,推导出小赵今年________岁。

10. 在 4×4 的棋盘格子中放入 1 黑 1 白两枚棋子,要求 2 枚棋子必须放在相邻格中(有公共边的两格为相邻格),有________种不同的放法。(棋盘不考虑旋转、翻转)

11. 在图中的圆圈内填入数字 1~8 各 1 次,要求把图中的线段一笔不重复全部画完,并把所有经过的圆圈中所填的数(包含起终点)相加(每经过一次加一次),那么求得的和最小是________。

三、填空题Ⅲ(本题共 4 小题,每题 13 分,共 52 分)

12. 如图的乘法竖式中,方框内所填数字均为奇数,那么这个算式的乘积是________。

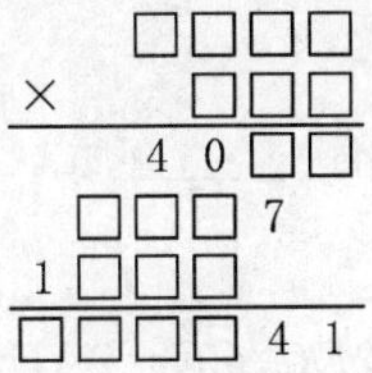

第 12 题图

13. 把奇数数列按如下规律分组:

(1),(3,5),(7,9,11),(13,15,17,19),(21,23,25,27,29)…

第 20 组中所有数的和是________。

14. 鹏鹏看小说时,发现刚看到的这页页码中出现的数字 5,恰好是所有页码中出现的第 120 个 5,那么鹏鹏看到了第________页。

15. 某次数学考试,一班平均分比二班平均分高 2 分。如果把鹏鹏的成绩从二班拿到一班统计,两班的平均分相等,且这个分数比一班原来的平均分低 1.2 分。已知二班比一班多 10 个人,那么鹏鹏的得分比两个班总平均分低________分。

5年级

思考笔记

一、填空题Ⅰ（本题共 6 小题，每题 8 分，共 48 分）

1. 算式 1.2＋2.3×3.4＋5.98 的计算结果为________。

2. 甲、乙两人共有 150 元，甲的钱数是乙的$\frac{2}{3}$，那么甲有________元。

3. 若四位数$\overline{12a3}$是 11 的倍数，那么数字 a 为________。

4. 已知三角形 ABC 的面积为 90 平方厘米，且 $BD=2DC$，$CE=2AE$，那么阴影三角形 ADE 的面积为________平方厘米。

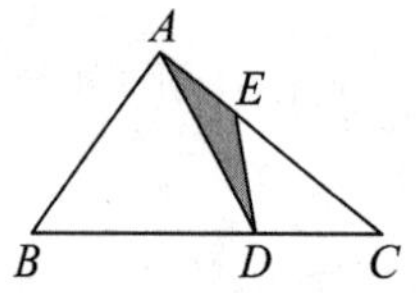

第 4 题图

5. 五人排成一行，其中甲不站在正中间，有________种不同的排队方式。

6. 甲、乙两名运动员在某个环形道上练习长跑。甲每分钟跑 200 米，乙每分钟跑 150 米。如果两人同时同地同向出发，经过 70 分钟甲追上乙；如果两人同时同地反向出发，经过________分钟两人相遇。

二、填空题Ⅱ（本题共 5 小题，每题 10 分，共 50 分）

7. 若三位数$\overline{ABC}$和一位数 D 使得等式 $9\times\overline{ABC}+D=2024$ 成立，那么 $A+B+C+D$ 的结果为________。

8. 5 个不同的自然数中，任意 3 个的和都大于 30，那么这 5 个数的和最小为________。

9. 校运会上有 60 多名同学站成一行，若从左到右按照 1、2、3、4 循环报数，则最后一位同学报 3；若从左到右按照 1、2、3、4、5 循环报数，则最后一位同学报 2。那么，一共有________位同学。

10. 一项工程，甲单独做需要 27 天完成，现在甲、乙合作，中途乙有事离开了 1 天，最后一共花了 9 天完成。那么乙单独完成这项工程需要________天。

11. 有些四位数的个位、百位的数字之和与千位、十位的数字之和相等（如 2024 中，0＋4＝2＋2）。那么有________个这样的四位数。

三、填空题Ⅲ（本题共 4 小题，每题 13 分，共 52 分）

12. 将两个三位数并排写组成一个六位数，如果这个六位数中存在连续的四位恰好是 2024，那么我们称这样的两个三位数为“好数组”。（如：403 和 202，320 和 245 都是“好数组”），那么一共有________个不同的“好数组”。

13. 如图所示，等边三角形 ABC 的面积为 72 平方厘米，O 为等边三角形 ABC 的中心，E 为 BO 中点。三角形 DOE 的面积为 8 平方厘米，三角形 EOF 的面积为 9 平方厘米，那么三角形 DOF 的面积为________平方厘米。

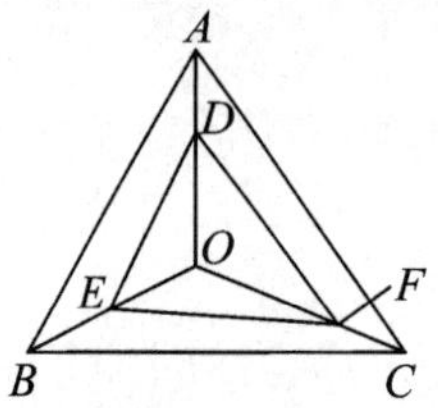

第 13 题图

14. 如图所示，将 1～7 这 7 个数各一次填入如图的圆圈内，使得每条直线上的圆圈中填的所有数的和都相等，其中 4 已经填好，那么，最下面 3 个圆圈内所填的数 A、B、C 组成的三位数 $\overline{ABC}$ 是________。

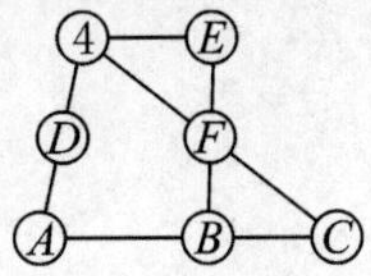

第 14 题图

15. 7 位同学的编号分别为 1～7，他们围着一张圆桌坐好。其中三人进行了如下对话：

A 说："我们任意相邻两人的编号之差(大减小)都为 1 或 2，我的编号和与我相邻两人的编号之间都不互质。"

B 说："我左边 3 人和右边 3 人的编号组成的三位数都是 3 的倍数。"

C 说："我和我相邻两人的编号组成的三位数是 9 的倍数，其余 4 人的编号组成的四位数是 11 的倍数。"

如果他们说的都是真的。那么，没有说话的四人编号之和为________。(注：题中任意连续若干人编号组成的多位数，都是根据他们的座位按顺时针方向组成的)

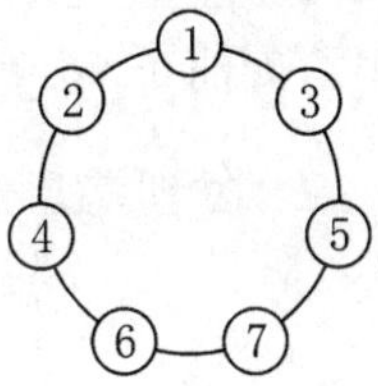

第 15 题图

6年级

一、填空题Ⅰ(本题有6道小题,每题8分,共48分)

1. 算式$18\times\frac{13}{33}+81\div2\frac{7}{13}$的计算结果是________。

2. 图中一共有________个三角形。

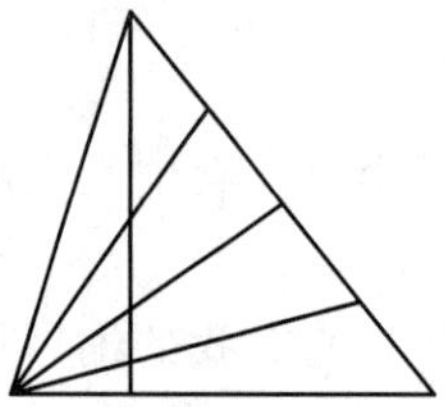

第2题图

3. 一个三位数除以7余3,除以11余3,那么满足条件的最小的三位数是________。

4. 将100块巧克力分给8位小朋友,那么分得巧克力数量最多的同学最少有________块。

5. 乐乐喝一杯浓度为40%的饮料,当饮料喝到还剩60克时,觉得太浓了,便加了一些水,将饮料的浓度兑成了30%,那么,乐乐加了________克水。

6. 甲、乙两人从A地同时出发向B地行驶,结果甲比乙提前了18分钟到达,已知乙的速度是甲的$\frac{2}{5}$,那么甲行完全程共用了________分钟。

二、填空题Ⅱ(本题有5道小题,每题10分,共50分)

7. 已知$\frac{1}{29+n}$是循环节长度为6位的纯循环小数,那么自然数n的最小值为________。

8. 一次数学竞赛均是填空题,小明答错的恰是题目总数的$\frac{1}{4}$,小亮答错5道题,两人都答错的题目占总题数的$\frac{1}{6}$。已知小明、小亮都答对的题目数超过了试题总数的一半,则他们都答对的题有________道。

9. 从1,2,3,…,19中选出3个不同的数构成等差数列,共有________种不同的选法。

10. 算式1!×2!×3!×4!×…×49!×50!的计算结果的末尾有________个连续的0。

11. 如图,正方形$ABCD$和正方形$EFGH$,它们的四对边分别平行。连接CG并延长交BD于点I。已知$BD=40$,三角形BFC面积为48,三角形CHD面积为80,则BI的长度为________。

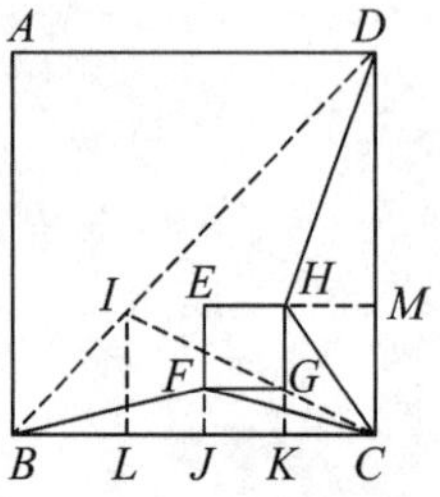

第11题图

三、填空题Ⅲ(本题有 4 道小题,每题 13 分,共 52 分)

12. 佳佳和易易比赛射箭,规则如下:

①依据环值的高低决定单局胜负,环值高者得 2 分,低者不得分,环值相同各得 1 分;②先得到不少于 6 分者获得胜利,特别的,当两人的比分为 5∶5 时,则需要"决箭",即每人各射一支箭,箭的落点到靶心距离(专业仪器测量,距离不会相同)更近者最终获胜。

(1)下列选项中,哪种不可能是分出最终胜负的比分:________(填选项)。

A. 6∶0　　B. 6∶1　　C. 6∶2　　D. 6∶4

(2)从开始到最终分出胜负,比赛的总局数共有________种可能("决箭"也算一局)。

(3)如果佳佳最终通过"决箭"战胜了易易,那么共有________种不同的比赛进程。

13. 甲、乙两人从 A 地出发去 B 地,乙出发 40 千米后甲才出发,当甲到达 B 地时,乙距 B 地还差 60 千米。第二天两人还按原速从 A 地出发去 B 地,乙出发 20 千米后甲才出发,当甲到达 B 地后 80 分钟乙才到达,如果两次甲追上乙的地点相差 140 千米。

(1)乙的速度为________千米/时。

(2)A、B 两地相距________千米。

14. 在 b 进制中,存在一个可以表示为 $(\overline{xyxy})_b$ 的完全立方数,则 b 的最小值为________。

15. 如图,正方形 $ABCD$ 面积为 1890 平方厘米,E、F 为 CD 边的三等分点,H 为 AC 上靠近 A 的三等分点。那么,阴影部分面积为________平方厘米。

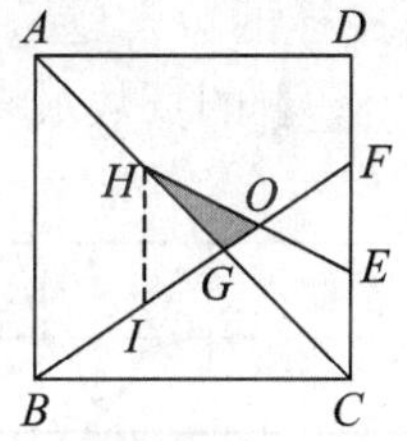

第 15 题图

2024年 南京市第十八届“时代杯”数学文化节活动

第一轮

3年级

1. 2023 年 9 月 23 日到 2023 年 10 月 8 日，第 19 届亚运会在杭州举办(本届亚运会推迟了一年)。已知亚运会是每 4 年举办一次，那么 1990 年在中国北京举办的是第________届亚运会。

2. 如图，一张长方形纸，先沿着宽的方向(竖着)剪一刀，周长增加了 40 厘米；再沿着长的方向(横着)剪一刀，周长又增加了 60 厘米。原来长方形的周长是________厘米。

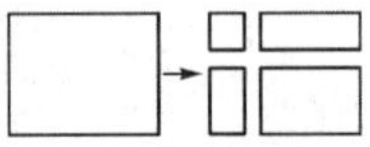

第 2 题图

3. 在“数学文化节”活动中，小璐从星期二开始看《不一样的数学题》，并且每天记录自己读到了哪一页(如下表)。小璐星期________看的页数最多，星期六和星期日一共看了________页。

项目	星期二	星期三	星期四	星期五	星期六	星期日
看到的页数	15	32	48	68	96	120

4. 超市工作人员由于工作疏忽，把 6 袋蒜头中 1 袋的质量错看成 25 千克，因而算得每袋的平均质量为 45 千克。实际每袋的平均质量为 50 千克，看错的这袋蒜头实际重________千克。

5. 小智按照图示的规律将从 1～40 的数填满表格，他从表格中剪下了一块，可能是________。

1	2	3	4	5	6	7	8
9	10	11	12				

第 5 题图

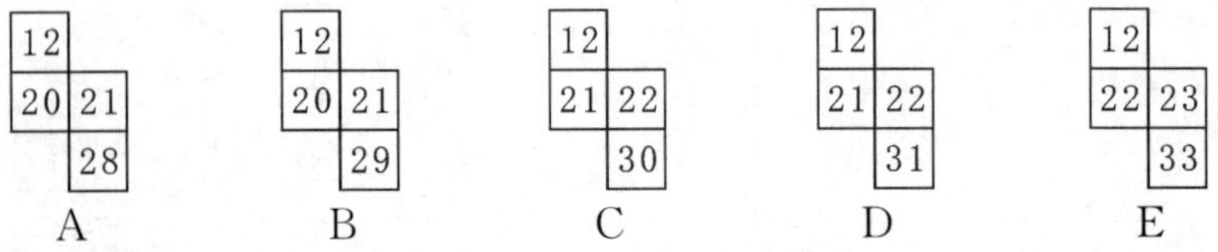

6. 学校航模队用无人机进行表演。无人机共排成 10 行，每行 12 架。最外圈的无人机亮红灯，其余的无人机亮黄灯。亮黄灯无人机的有________架。

7. 一天早上，王老师来到办公室，从镜子里看到的时间如图所示。王老师这天在办公室待了 10 小时，那么王老师当天离开办公室的时间为________。（用 24 时计时法表示）

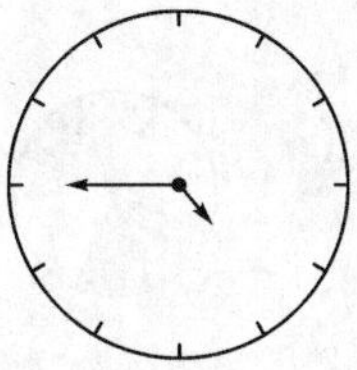

第 7 题图

8. 以题图中的点为顶点，可以画出________种不同大小的正方形。

第 8 题图

9. 如图(1)所示，6 个外观相同的盒子放成一排，其中一个里面装有宝石。由图(2)可知，宝石在从左至右的第________个盒子中。

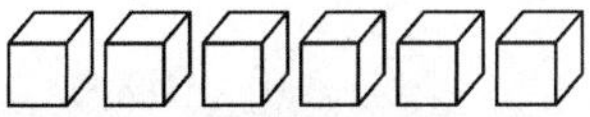

(1)

A 在 B 的左边，B 是 C 右边的第 3 个，C 在 D 的右边，D 紧挨着 E，E 和 A 中间有 1 个盒子。宝石就放在上面没有提到的盒子中。

(2)

第 9 题图

10. 将 1～9 填到题图 3×3 的正方形方格中，每格一个数字，求出每一行的和、每一列的和以及两条对角线的和。再求出 8 个和的总和。总和的最大值是________，总和的最小值是________。

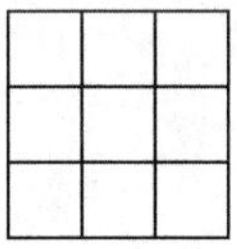

第 10 题图

11. 如图所示，请你将一个边长 12 厘米的正方形分成若干个小正方形（要求分的每一个图形都是边长为整厘米数的正方形，正方形的大小可以不同）。

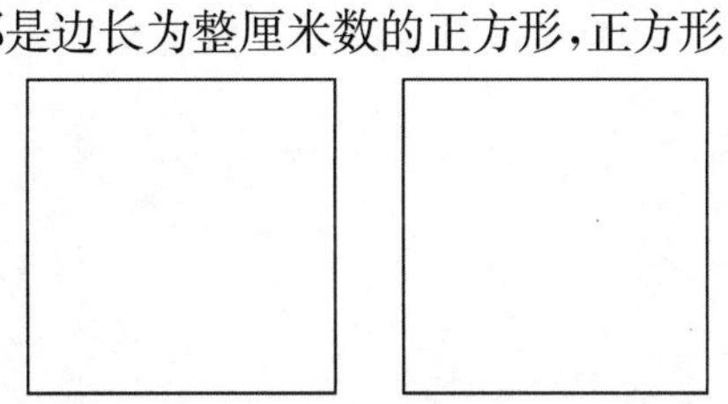

分成7个正方形　　分成6个正方形

第 11 题图

12. 松鼠妈妈采摘了 30 个松果，把它们分给 4 只小松鼠（每只小松鼠都分到至少一个）。

假设松鼠甜甜分到的松果比其他小松鼠都多，那么松鼠甜甜至少分到了

________个松果。

至少分给松鼠甜甜________个松果，就能保证松鼠甜甜分到的松果比其他小松鼠都多。

13. 彬彬把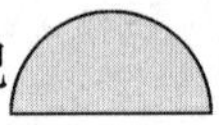，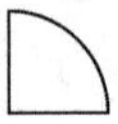，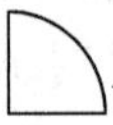贴在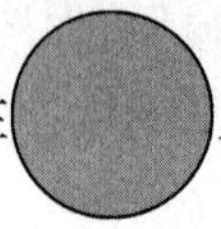上，图案________是他不可能得到的。

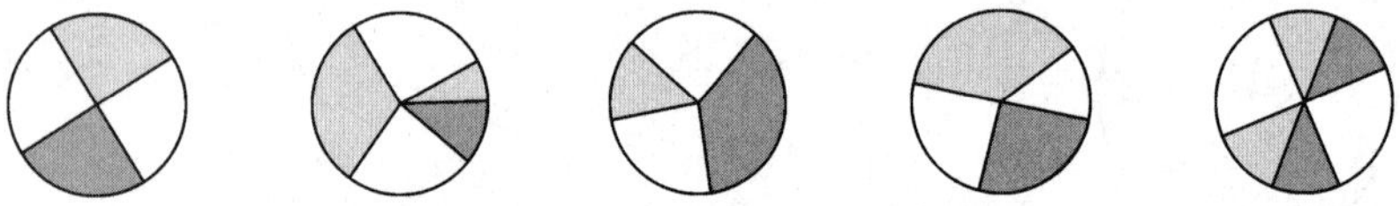

A　　B　　C　　D　　E

14. 甲、乙分别从 A，B 两点同时出发，第一次相遇在距离点 A800 米的点 C，各自继续前进。甲到达点 B 后，立即返回，速度降为原来的一半。乙到达点 A 后，也立即返回，速度降为原来的一半。两人第二次在点 D 相遇，点 D 距点 B700 米。A，B 间的距离是________米。

15. 你在一个山洞中发现了上百枚一样的古币（一面是金色，一面是银色）。守护这些古币的是一位古怪的巫师，他同意你带走这些古币，但是要你把这些古币分成两堆，需保证每一堆中金色面朝上的古币数目一样多。

山洞中没有灯光，已知有 20 枚古币是金色面朝上的。你该如何分呢？

4年级

1. 广场上音乐喷泉的播放时间进行了调整。喷泉 19:00 准时开始，每次连续喷水 4 分钟后会停 4 分钟。那么在 19:00 到 20:00 之间，喷泉共喷水________分钟。

2. 阿福沿着虚线折叠题图的透明纸之后，他看到的数字是________。

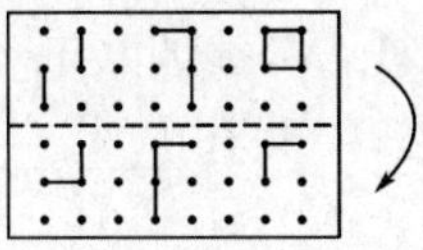

第 2 题图

3. 题图中，大圆球所占的容量是________毫升。

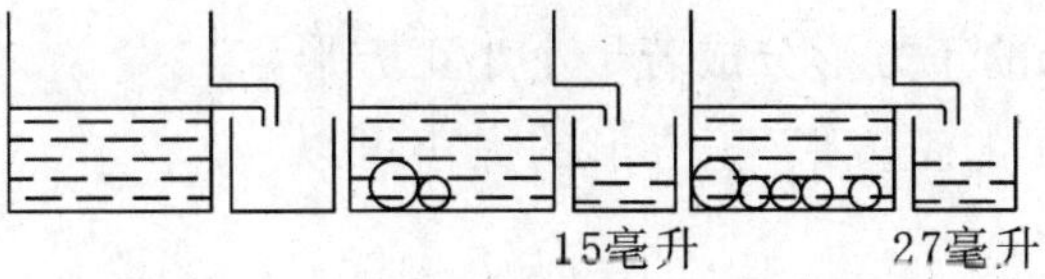

第 3 题图

4. 莉莉用一些相同的正方体积木拼图形。从前、后、左、右看到都是 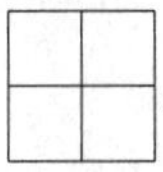，这堆正方体积木最少有________个；从前、后、左、右、上看到都是 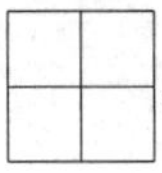，这堆正方体积木最少有________个。

5. 如图是一个由兔子组成的算式谜，不同的兔子表示不同的数字。已知白兔子表示 2，黑色圆点兔子表示 0，条形阴影兔子表示 3。那么，5 种不同颜色的兔子所表示的数字之和是________。

第 5 题图

6. 请你在题图空格内填入 1，2，3，4。使每一行、每一列及每一个区域内都有 1～5。

	3		5	
	5			
2		5		
5	1			
				5

第 6 题图

7. 题图中有 20 个点，以这些点为顶点的正方形有________个。

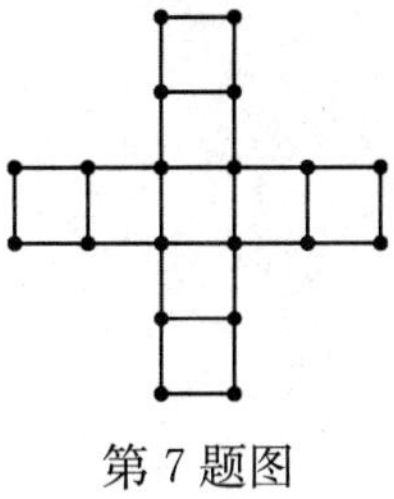

第 7 题图

8. 小飞全家 4 口人，爸爸比妈妈大 3 岁，姐姐比弟弟大 2 岁。4 年前他们全家的年龄之和是 58 岁，而现在是 73 岁。小飞妈妈现在的年龄是________岁。

9. 盼盼在操场上做游戏，上午 8:00 他沿直线步行出发，速度保持不变，每走 5 分钟就向右转 90°。上午 8:40 他________（填“能”或“不能”）恰好回到原地；上午 9:10 他________（填“能”或“不能”）恰好回到原地。

10. 有 188 名同学参加“2 人 3 足”和“3 人 4 足”项目，每人都参加其中一个项目。所有队伍同时进行比赛，一共有 266 只“足”，那么，一共有________人参加“3 人 4 足”项目。

11. 用 1，2，3，4 四个数字组成四位数，数字可重复，可以组成________个连续两位是 4 的数。（连续三位是 4 的数、连续四位是 4 的数也算）

12. 如图所示，请你将一个边长 12 厘米的正方形分成若干个小正方形（要求分的每一个图形都是边长为整厘米数的正方形，正方形的大小可以不同）。

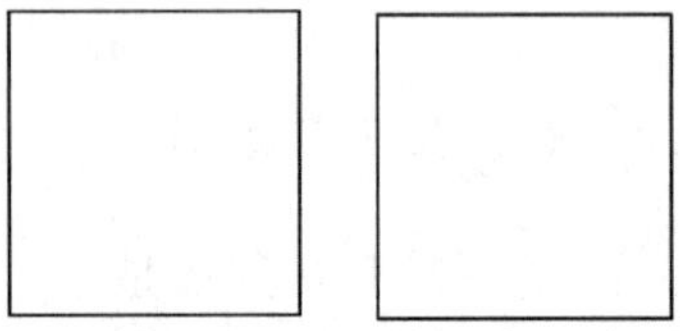

第 12 题图

13. 某公司招聘一个职位，通过笔试、面试的入围人数在40～100 之间。经理让他们排成一圈，1，2，1，2…报数。报 2 的出局，报 1 的留下；再按 1，2，1，2…报数，如此继续下去，结果第一个报数的人成了幸运者留了下来。一共有________人入围竞争这个职位。

14. 一只小船从甲地到乙地往返一次共用 2 小时，回来时顺水，比去时的速度每小时多行驶 8 千米，因此第 2 小时比第 1 小时多行驶 6 千米。那么甲、乙两地之间的距离是________千米。

15. 为了在地球上确定位置和方向，人们在地球仪上画出了经线和纬线。经线和纬线相互垂直。纬线是一条条长度不等的圆圈。最长的纬线，就是赤道。经线是一条条长度相等的弧线，连接南北两极。

如图所示是一个简单的地球模型，这个模型有一定的规律，各个部分交替为白色和灰色。这个模型一共分成________块，其中有________块是灰色的。

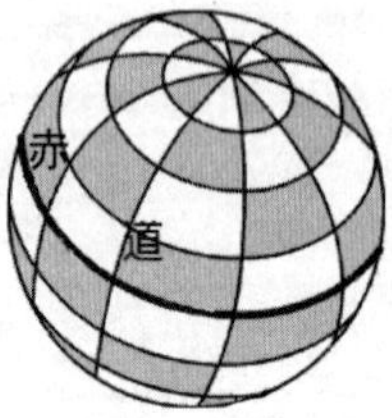

第 15 题图

5年级

思考笔记

1. 计算下面各题。

(1)0.11×4.4+0.88×0.7=________。

(2)7.54÷32÷0.25÷1.25=________。

(3)(2024-202.4-20.24)÷2.024=________。

(4)1+1.3+1.6+1.9+…+16=________。

2. 小明在计算一道除法竖式时，不小心把纸弄脏了，请你仔细观察图中竖式，商应该是________，保留两位小数约是________。

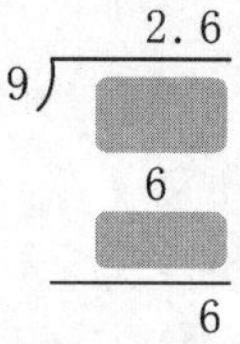

第 2 题图

3. 东汉末年发生了黄巾起义。起义队伍排成 36 个方阵(方阵简称“方”，行数和列数相等)，“大方万余人，小方六七千”。

如果每个“大方”万余人，每个“小方”六千余人，则每个“大方”至少有________人，每个“小方”至少有________人。

4. 如图是一件硬币艺术品，所有结构都是由硬币构成的，显得十分均衡、对称、圆满。仔细看一看、设法数一数，其中一共有________枚硬币。(提醒：答案是双数哦!)

第 4 题图

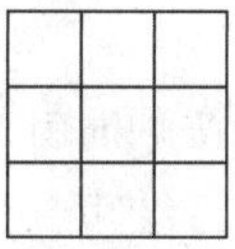
第 5 题图

5. 将-4，-3，-2，-1，0，1，2，3，4 分别填入题图幻方的 9 个空格中，使得横、竖、斜对角三个数相加的和都为 0。

6. 甲、乙、丙三人去郊游，他们一共买了 5 袋相同的小面包。其中 2 袋是甲出的钱，另外 3 袋是乙出的钱。他们三人平均分吃这 5 袋小面包，回来后丙经过计算拿出 8.5 元给甲和乙。甲应收回________元，乙应收回________元。

7. 在一个袋子里放有足够多的红球和蓝球，小时和小代轮流摸球。摸出一个红球，小时得 3 分，小代得 6 分；摸出一个蓝球，小时得 10 分，小代得 5 分。摸球若干次后，两人各得 90 分，那么一共摸出红球________个。

8. 篮球比赛中每队上场 5 个队员。某队上场的 5 个队员的号码的平均数是 18。如果将这 5 个号码数从小到大排列，前 3 个数的平均数是 10，后 3 个数的平均数是 25，那么中间的那个号码是________。

9. 某段路限速 60 千米/时，李先生根据两张监控照片和车身长度得知，在两张照片显示的时间段内，车行驶的路程不超过 2.4 米，如图所示。你能帮助李先生证明他的车没有超速吗?

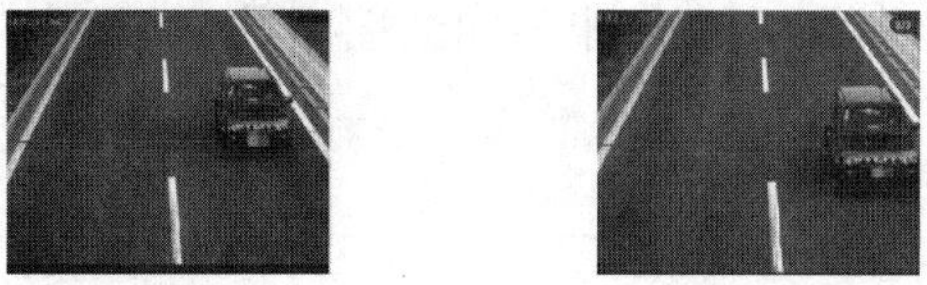
时刻：18：32：11.047　时刻：18：32：11.207

第 9 题图

10. 如图所示，将一个正方形切 1 刀，最多可分成 2 个多边形，分成的多边形的内角总和最多是 720°。

(1)将一个正方形切 2 刀，最多可分成________个多边形，分成的多边形的内角总和最多是________°。

(2)将一个正方形切 3 刀，最多可分成________个多边形，分成的多边形的内角总和最多是________°。

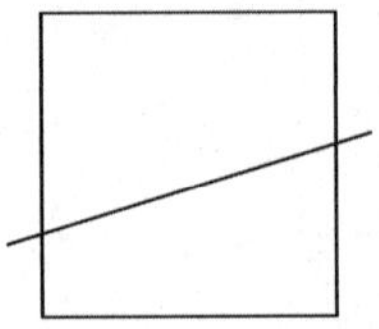

第 10 题图

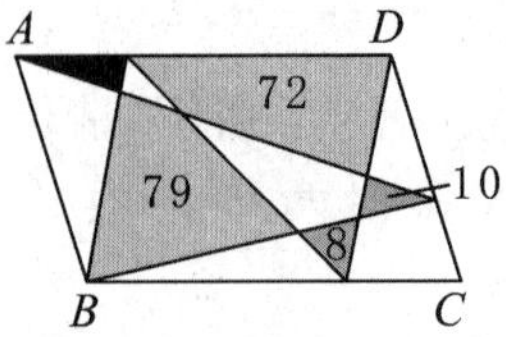

第 13 题图

11. $0.25\times4+0.24\times4.01+0.23\times4.02+0.22\times4.03+0.21\times4.04$ 的整数部分是________。

12. 李老师在纸上写了 3 个数字，又将这 3 个数字两两相乘，写出了 3 个不同的乘法算式。若这 3 个乘法算式包含了 1～9 中所有的数字，那么李老师写出的 3 个数字的和是________。

13. 将平行四边形 $ABCD$ 分割，如图所示。根据已知灰色区域的面积，可得黑三角形的面积是________。

14. 甲、乙、丙在长安酒肆赛诗，每局都只有一个赢家。酒肆掌柜提供了以下的 6 个事实。

(1)他们 3 人围着桌子坐在固定的位置上，按顺时针方向轮流出题赛诗。

(2)谁首先累计赢了 3 局就是最终赢家，赛诗结束。

(3)没有人连续赢 2 局。

(4)甲是第一局的出题者，但不是最后一局的出题者。

(5)乙是第二局的出题者。

(6)无论谁出题，他出题的那一局都没赢。

请你根据以上信息判断，最终获胜的是________。

15. 如图(1)所示，第 64 届国际数学奥林匹克竞赛的标识来源于一种名叫“源氏香”的游戏。

该游戏取 5 种不同的香料，每种香料各 5 包共 25 包，然后随机抽出其中的 5 包，按次序来闻气味。如果气味相同就用一条线连起来。

图(2)所示的图案表示中间三次香料气味相同，其余两次气味不同。

(1)

(2)

第 15 题图

请问，源氏香图中表示 3 次香料气味相同，其余 2 次气味不同的图案共有________种。

6年级

思考笔记

1. 计算下面各题。

(1)$\frac{3}{4}\times\frac{2}{7}+0.6\div\frac{4}{5}+0.75\times\frac{4}{7}+25\%\times\frac{3}{7}=$________。

(2)$2022\times\frac{2021}{2023}=$________。

(3)$100\div1.4\times\frac{1}{3}\times\frac{7}{5}+\frac{200}{3}=$________。

(4)$\frac{3}{5}+\frac{6}{7}+\frac{5}{6}+\frac{7}{12}+\frac{9}{20}+\frac{11}{30}+\frac{13}{42}=$________。

2. 2023年6月15日，我国航天发射“一箭多星”技术再创新纪录。长征二号丁运载火箭“一箭”发射的卫星数比6月7日“一箭26星”的$\frac{8}{5}$倍少，但又比2015年9月20日“一箭20星”的200%还多，新纪录是“一箭________星”。

3.《九章算术》是我国古代最重要的数学著作。著名数学家刘徽在给《九章算术》所作的注释中，融入了自己博大精深的研究。例如，对题图这样的立体图形，通过揭示它与长方体的关系，可以求出它的体积是________立方厘米。

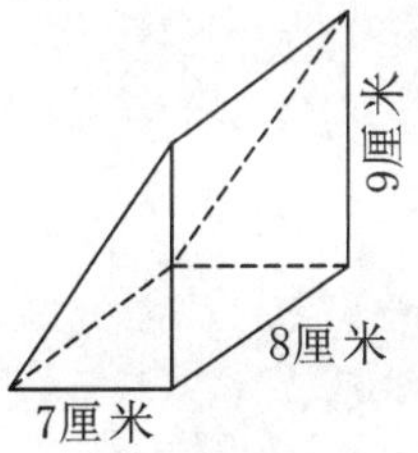

第3题图

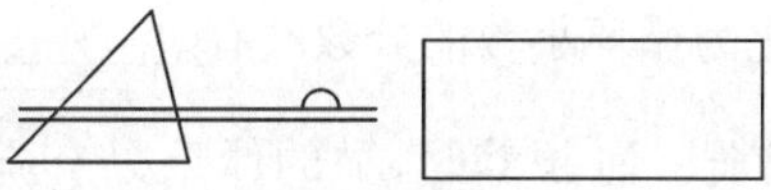
第4题图

4. 图形是符号，字词也是符号。如图，用三角形、平行线和半圆作为构件，可以组成一幅优美的作品。

请你也用一些简单的几何图形，构思一幅作品，并写出一两句贴切的解说词。

5. 把0～9这10个数填入题图圆圈中，使每个正方形顶点圆圈内的4个数之和都相等，而且和最大。

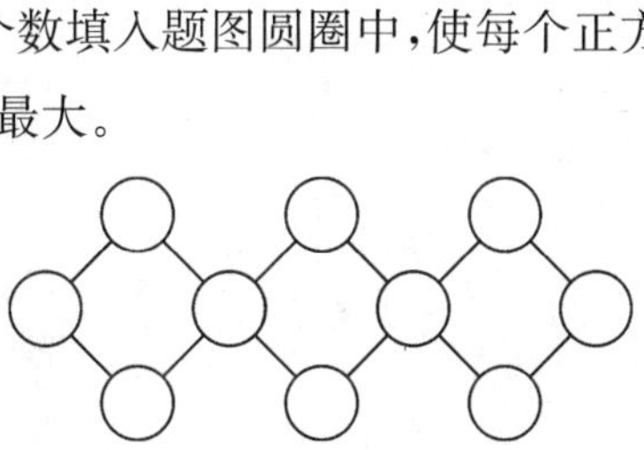
第5题图

6. 实验小学四～六年级共有学生770人，已知四年级人数的$\frac{1}{3}$等于五年级人数的$\frac{3}{5}$，四年级人数的$\frac{1}{4}$等于六年级人数的$\frac{3}{7}$。四年级有________人，五年级有________人，六年级有________人。

7. 在一次大甩卖活动中，丽丽以每套 1200 元的价格卖出了两套沙发。第一套获利 25%，第二套则损失了 20%。她一共________（填“赚”或“亏”）了________元。

8. 一个杯中装满牛奶，小明喝去一半后，又用水将杯子装满；接着又喝去一半，然后再将水杯用水装满；第三次还喝去一半后，将水杯用水装满……第十次将整杯一起喝完。小明喝下的牛奶和水的比为________。

9. 小明一家开车前往某地观看比赛，为欣赏沿途风景，他们早上 8:00 出发，以 40 千米/时的速度行驶，计划中午 12:00 时抵达。行至途中，爸爸想起门票落在家中，于是调头回家去取。为了赶时间，调头后，爸爸将车速改为 60 千米/时，最终，提前 40 分钟到达目的地。他们出发________千米时调头的。（调头和进门找门票等共用了 20 分钟）

10. 甲烷、乙烷等化合物是构成石油的主要成分。这类仅由碳原子（C）和氢原子（H）组成的化合物有着非常规律的结构式。

（1）请根据题图给出的甲烷、乙烷、丙烷的结构式，画出丁烷的结构式。

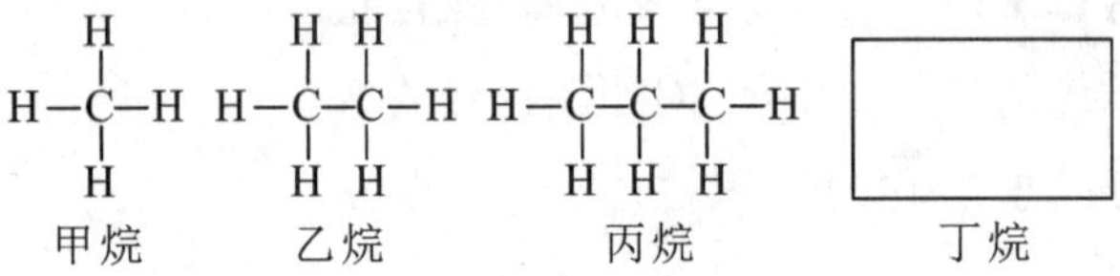

第 10 题图

（2）请你推算，含有 12 个碳原子的十二烷中，有________个氢原子。

11. 我们知道，任意分数都可以化成有限小数或循环小数。29 个分数 $\frac{1}{2},\frac{1}{3},\frac{1}{4},\frac{1}{5},\frac{1}{6},\frac{1}{7},\cdots,\frac{1}{30}$中，可化为循环小数的分数共有________个。

12. 小明领养了一只猫和一条狗。刚领养时，猫的体重只有狗的一半。如果猫和狗的体重各增加 3 千克，那么猫的体重将达到狗的$\frac{2}{3}$。若领养后，猫和狗的体重各增加 6 千克，猫、狗的体重比将会是________。

13. 把“时代学习报数学”写成题图的样子，只能从左往右读，每次上下最多只能相差一个字。如图中所示就是一种读法。总共有________种不同路径的读法。

第 13 题图

14. 有一个俱乐部，里面的成员扮演两种角色：第一类是君子，永远说真话；第二类是小人，永远说假话。一天，俱乐部 8 个人围着一张圆桌坐下，他们每人都说：“在我旁边坐着的一个是君子，另一个是小人。”

那么，有________人是小人。

15. 在战争中，交战双方为防止电文被敌方截获，会对发出的电文按某种特定的加密方式进行重重加密。这样，就算电文被截获，不知道加密方式，敌方也无法获知电文的信息。但如若加密方式被破译，后果则不堪设想。

某次演习中，甲方一举破译出乙方的电文加密方式，如下：

(1)电文中数 x 对应序号 $y=(x+3)\div 2$。如电文中 23 对应序号为 13。

(2)序号 1～26 分别表示密文 A～Z，如 1 表示 A，14 表示 N，24 表示 X 等。

(3)密文 A，B，C，D，…分别表示它后面三位的字母，如 A 表示 D，B 表示 E……Y 表示 B，Z 表示 C。

某日，红军截获蓝军一组电文 27，1，31，27，1，45，31。请问，这组电文表示的内容是________。

第二轮A卷

3年级

思考笔记

1. 计算下面各题。

(1)2016＋2017＋2018＋2019＋2020＋2021＋2022＋2023＋2024＝________。

(2)19999＋1999＋199＋19＝________。

(3)1000－99－98－97－96－95－5－4－3－2－1＝________。

2. 西西在玩一个拼图，如图，她已经拼了 2 块。要完成这个拼图还需要哪几块？她可以选方案________。

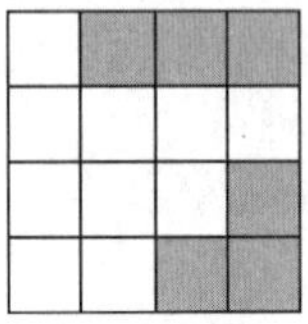

第 2 题图

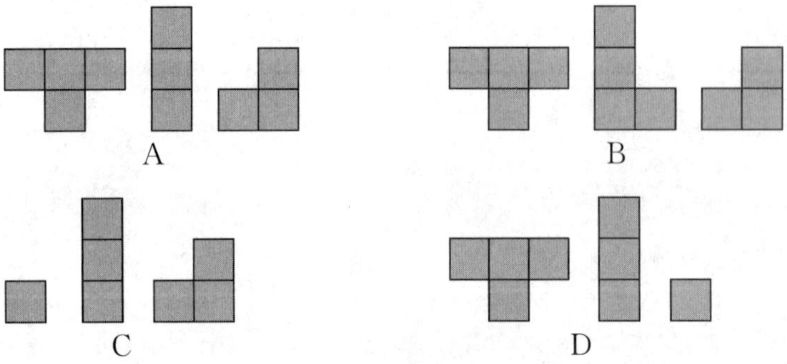

3. 达·芬奇是文艺复兴时期有名的画家、科学家。你知道他出生于哪一年吗？将题图中得数在 400 至 500 之间的算式涂上颜色，就会知道答案了。达·芬奇出生于________年。

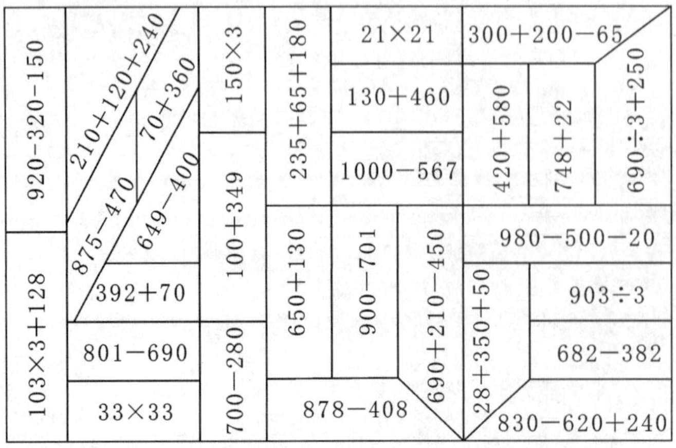

第 3 题图

4. 慧慧参加演讲比赛，几位评委的打分如下表。

评委	A	B	C	D	E	F	平均分
打分	90	96	97	9	9	100	95

第 4 题图

评委 D 和评委 E 的打分被挡住了一部分。请你想一想，评委 D 的打分是________分，评委 E 的打分是________分。

5. 竹子是世界上生长最快的植物，但是在前 4 年，它的主干只长了 3 厘米，从第 5 年开始它疯狂生长，6 周的时间就能长到大约 6 层楼房的高度。这是因为最初的 4 年里它将根茎在土壤里延伸了数百平方米，吸收了足够丰富的养分，为后续的快速生长奠定了厚实的基础。我们的学习就像竹子的生长，也需要每天踏踏实实地去努力、去扎根，厚积而薄发。据统计，竹子在生长高峰时期，6 小时可以长高大约 30 厘米，照这样计算，它 2 天能长高________厘米。

6. 小美和小丽从去年开始做短视频。去年，小美做了 30 个短视频，小丽做的短视频是小美的 5 倍。今年小丽做的短视频比小美多 66 个，这样小丽这两年做的短视频总量是小美的 4 倍。小丽今年做了________个短视频。

7. 小文、小华、小杰三人商量去滑冰。

小文说："如果小华去，我一定去。如果小华不去，我再考虑考虑。"

小华说："如果我不去，小杰也不会去。"

小杰说："如果小文不去，那么我就去。"

结果只有一个人去了滑冰场，去滑冰的人是________。

8. 在两张同样大小的透明正方形卡片上画不同的图案，然后将其中一张平移后与另一张重合，会得到新的图案。这个过程可以用加法算式表示，如图所示。

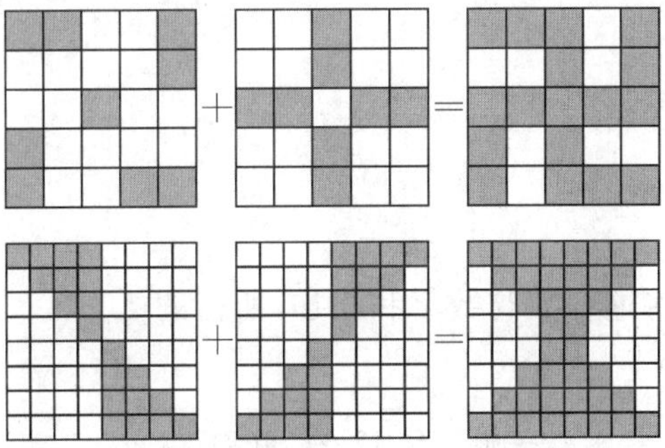

第 8 题图

请你用上面的方法将下面等号右边的图案补充完整。

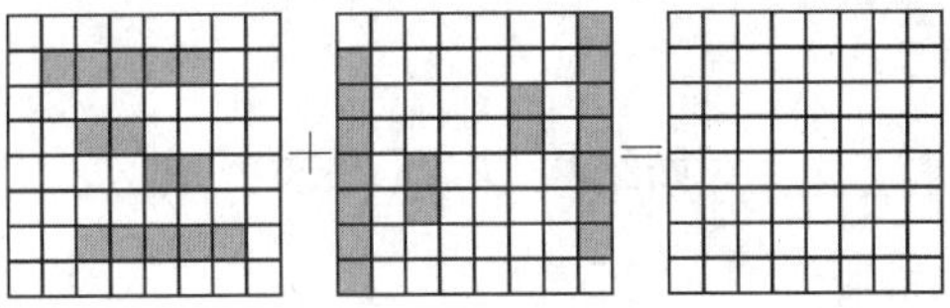

9. 请你观察题图,图中有________个三角形。

第 9 题图

10. 有一座 2 层楼的迷宫(如图所示),入口和出口都在 1 层,迷宫的墙上有 3 个符号。龙龙从入口走到出口,请你按顺序画出龙龙看到的符号:________。

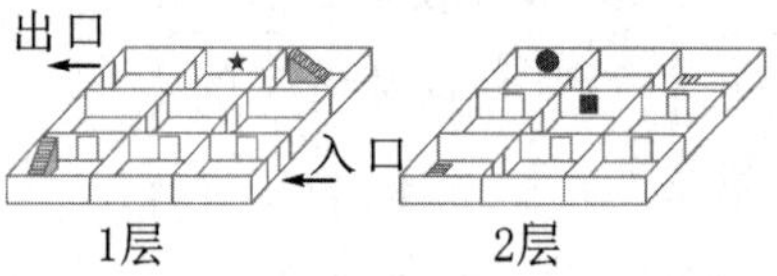

第 10 题图

11. 观察题图的规律并填空。

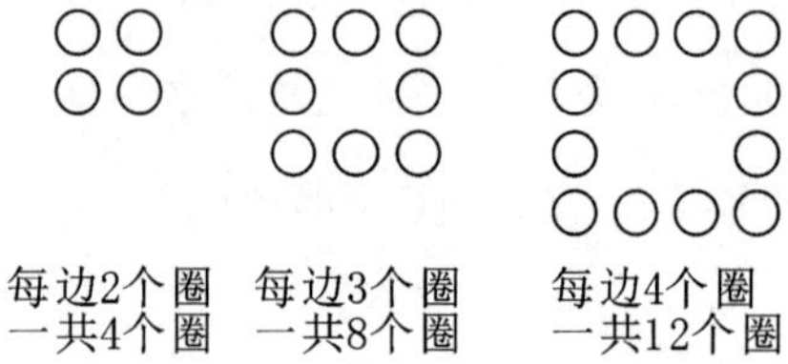

第 11 题图

那么,每边 5 个圆时,一共________个圆;每边 10 个圆时,一共________个圆;每边________个圆时,一共 100 个圆。

12. 有 13 个各不相同的自然数(没有 0),它们的总和为 2024。这些数中最大的数最大是________。

13. 如图所示的九宫格中,每行、每列及每条对角线上的 3 个数的和都相等。则第一行中间格子中的数是________。

	?	
		4
10	2	

第 13 题图

14. 任取一个整数,算出它的数字和,再将这个数与数字和相加,所得的和称为它的“重和”。

例如,所取的数是 42,它的数字和是 4+2=6,42+6=48,42 的“重和”就是 48。

(1)能否取一个数,它的“重和”是 24:________。(如果可以,写出这个数;如果不可以,写“不能”)

(2)能否取一个数,它的“重和”是 71:________。(如果可以,写出这个数;如果不可以,写“不能”)

(3)能否取一个数，它的“重和”是 20：________。(如果可以，写出这个数；如果不可以，写“不能”)

15. 我们在日常生活中应用最广泛的计数方法是十进制，它源于古代人们用双手十指计数。这种计数方法使用 0～9 十个符号表示数，满“十”向前一位进一，例如，个位上有几表示几个“1”，十位上有几表示几个“10”，百位上有几表示几个“100”。

其实在科学技术中，还采用了其他进制的计数方庄，如十六进制。十六进制一般采用数字 0～9 和字母 A～F 共 16 个记数符号，满“16”时向前一位进一。下表是十六进制的 16 个记数符号与十进制数的对应关系。

十六进制	0	1	2	3	4	5	6	7	8	9	A	B	C	D	E	F	10	…
十进制	0	1	2	3	4	5	6	7	8	9	10	11	12	13	14	15	16	…

在十六进制中，用________表示十进制中的“10”；D+E 的和用十六进制表示是________；十六进制的 ABC 用十进制表示是________；十进制的 2024 用十六进制表示是________。

4 年级

思考笔记

1. 已知 $M\div N=28\cdots\cdots3$，那么把 M 和 N 都乘 10，那么 $M\div N=$________。

A. 28……3　　　　B. 280……30　　　　C. 28……30

2. 每组有 4 个数，将这 4 个数通过加、减、乘、除，得到 24。（每个数只使用一次，可使用括号）

(1)2，3，4，11：____。

(2)9，7，1，2：____。

(3)9，6，5，6：____。

3. 方方将正方形纸对折两次，打开后再折出一条对角线，得到∠1。方方又在题图上标出了∠1 的度数所在的大致位置，正确的是点________。

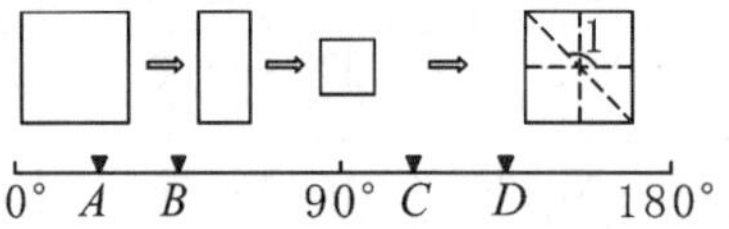

第 3 题图

4. 有 5 个自然数，它们的平均数是 9，将这 5 个自然数从小到大排成一行，前面 3 个自然数的平均数是 7，后面 3 个自然数的平均数是 11，中间一个自然数是________。

5. 北京时间 13：00 是巴黎时间当天 6：00，巴黎时间 13：00 是纽约时间当天 7：00。北京时间 3 月 10 日 8：00 是纽约时间 3 月________日________点。

6. 某船往返于相距 180 千米的两港之间，顺水而下需用 10 小时，逆水而上需用 15 小时。暴雨后，水速增加，此时该船顺水而下需用 9 小时，那么此时该船逆水而上需用________小时。

7. 中子星是由大质量恒星坍缩而成的。天文学家发现了一颗高速旋转的中子星，它每秒可旋转 1122 圈。按照转一圈为 1 天、转 365 圈为一年计算，地球上的一秒相当于这个星球上的________年多。这颗中子星的直径约 10 千米，大约相当于一个中等城市的大小，其质量却与太阳相近，平均每立方厘米质量高达 1 亿吨，是地球上同样体积水的质量的________亿倍！（两处答案都填整数，已知每立方厘米水的质量是 1 克）

8. 小月将 3×3 的方格中的 4 个方格涂色。她让 4 个朋友猜她涂色了哪些方格。朋友们的猜测如下面的选项。小月看了之后说：“你们中有一个人完全对了，其他人都错了一个位置。“那么，正确答案是________。

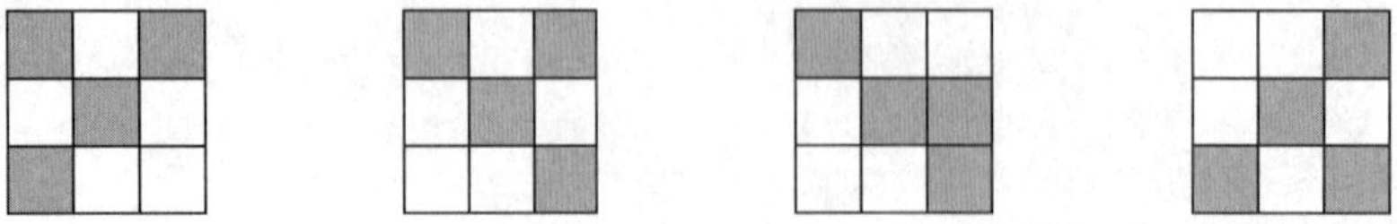

A　　　　B　　　　C　　　　D

9. 有下面这样一个算式，计算发现并不成立。

$$(1+2+3+4+5-6)\times(7+8+9)\times11=2024$$

请你交换其中 2 个数字的位置使等式成立，写出改写后的算式：________________________________。

10. (1)如图(1)所示，在一个圆上均匀分布了 2 个点，这 2 个点相连可以得到________条线段。

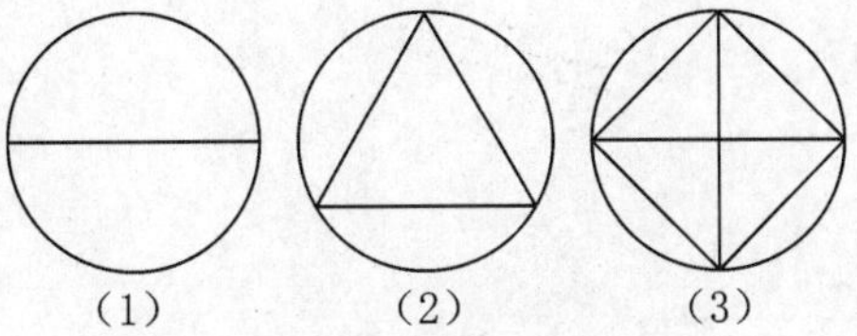

第 10 题图

(2)如图(2)所示，在一个圆上均匀分布了 3 个点，这 3 个点互相连接可以得到________条线段，比 2 个点的情况多________条线段。

(3)如图(3)所示，在一个圆上均匀分布了 4 个点，这 4 个点互相连接可以得到________条线段(以圆上的点为端点)，比 3 个点的情况多________条线段。

(4)如果继续这样画下去，一个圆上均匀分布了 25 个点，25 个点互相连接可以得到________条线段(以圆上的点为端点)。这些线段组成一个对称、有序的美丽图形。

11. 小灵心里想好一个数，并用“灵”字代表这个数。她对小娜说，我把心里想的这个数“灵”和它自己相乘，把结果加上“灵”，再把所得结果除以“灵”，最后得到一个数 24。那么，“灵”代表的数是________。

12. 我国明代数学家程大位写有《新编直指算法统宗》一书。里面有这样一题：

我问开店李三公，众客都来到店中，

一房七客多七客，一房九客一房空。

在这个客房安排房客的问题中，1 间客房住 7 个房客则多 7 个房客，1 间客房住 9 个房客则多 1 间客房，那么，一共有________个房客，有________间客房。

13. 心理学家有时也会借助空间图形开展实验研究。下列三组物体中，________组中两个物体不相同。

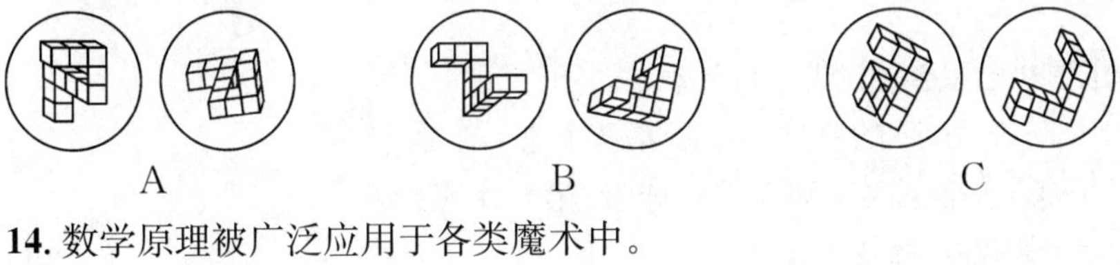

14. 数学原理被广泛应用于各类魔术中。

有两副扑克牌，每副牌均按头两张是大王、小王，然后是黑桃、红桃、方片、梅花四种花色排列，每种花色的牌又按 A，2，3，…，J，Q，K 顺序排列。如果把按上述排列的两副扑克牌上下叠放在一起，然后把第一张丢掉，把第二张放在最底层，再把第三张丢掉，把第四张放在最底层……如此进行下去，直至最后只剩下一张牌。最后所剩的一张牌是________。

15. 任取一个整数，算出它的数字和，再将这个数与数字和相加，所得的和称为它的“重和”。例如，所取的数是 314，它的数字和是 $3+1+4=8$。$314+8=322$。314 的“重和”就是 322。

(1)2024 的“重和”是________。

(2)________的重和是 2024。

(3)有一个两位数，它无法表示成某一个数的“重和”，这个两位数可能是________________。(请任意写出 2 个)

5年级

思考笔记

1. 计算下面各题。

(1)18.7+3.14+8.1−8.7+6.86+1.9=________。

(2)10.6÷0.005−768×0.125=________。

(3)0.24+2×0.24+0.4×2.4+80×0.024+1.6×2.4=________。

(4)0.9+0.98+0.987+0.9876+…+0.987654321=________。

2. 乐乐学习了编程之后，自己设计了一个计算程序，如图所示。乐乐输入的数是________。

输入 → 除以0.5 → 加4 → 乘0.2 → 输出8

第2题图

3. 两千多年前的数学名著《九章算术》中记载“圭田术曰，半广以乘正从”，这是求三角形面积的计算方法。其中“广”指三角形的底，“从”指三角形的________。

题图中的平行四边形被分成两个三角形，面积均为60平方厘米，则平行四边形的周长为________厘米。

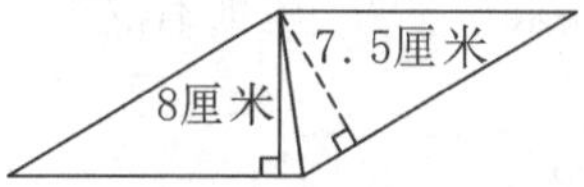

第3题图

4. 题图这颗钻石图案中共有________个三角形。

第4题图

第5题图

5. 小时和小代在家玩如题图的“七星棋”游戏。首先登上宇宙飞船，从地球(0号基地)起飞，按照1,2,3,4,5,6,0,…的顺序，在地球和其他6个星球间循环遨游。第一次飞到1号星球上；第二次飞到3号星球上；第三次飞到6号星球上……每次飞过的间隔数都比前一次多1。

小时发现，有几个星球存在黑洞，飞船永远也到不了。存在黑洞的星球的编号是________。

小代发现，可以很容易算出第n次飞到哪号星球上。第2024次飞到________号星球上。

6. 2023年十月，杭州第19届亚运会完美收官，中国体育代表团取得亚运会参赛历史最好成绩。题图是中、日、韩三国获奖情况的统计图。

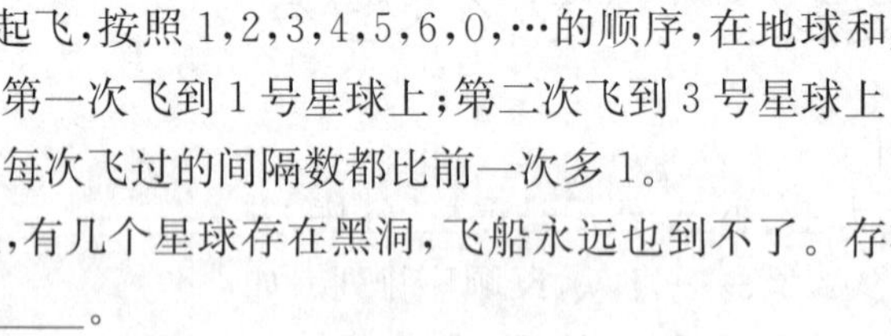

第6题图

(1)获得奖牌数量最多的国家是________，共获得奖牌________枚。

(2)中国和日本获得奖牌相差最大的是________牌，相差________枚。

(3)如果韩国队再增加 5 枚铜牌，那么韩国队金、银、铜牌的平均数就是一个末尾是 5 的整数。韩国队获得的铜牌有________枚。

7. 乐乐家在大山里，新衣村的房顶上都安装了光伏板。他从网上查阅知道：一块光伏板的日发电量（单位：千瓦时）＝光伏板功率（单位：千瓦）×最佳日照时间×0.75。如果按照每天最佳日照时间 4 小时计算，每户人家屋顶有 30 块功率是 0.5 千瓦的光伏板，每户人家一天的发电量大约是________千瓦时。

8. 工人冒雪对一段路面进行除雪作业（除雪过程中雪一直在匀速地下）。已知 15 名工人 2 小时可以除雪完毕，12 名工人 3 小时可以除雪完毕。那么 18 名工人________小时可以除雪完毕。

9. 题图是机器人小州负责的智慧小区的快递配送区域（阴影部分所示），每小格边长是 10 米，A,B,C,D,E,F 都在格点上，那么机器人小州配送快递的多边形 $ABCDEF$ 的面积是________平方米。

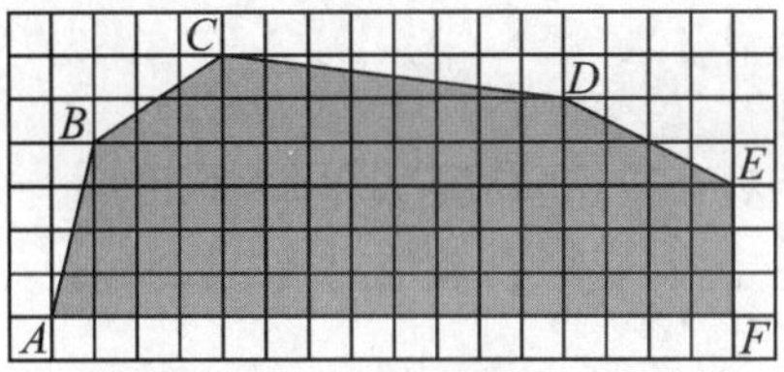

第 9 题图

10. 如图所示，变化的起始是一条线段，先以该线段为斜边画出一个等腰直角三角形，再去掉原来的线段。接下去再分别对所画的两腰作和前面同样的变化，如此不断进行，就形成了“龙形曲线”。

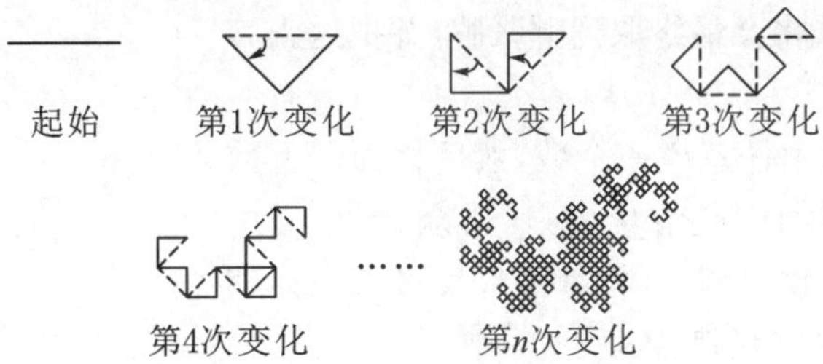

第 10 题图

(1)观察变化过程，填写下表。

图形	起始	第 1 次变化	第 2 次变化	第 3 次变化	第 4 次变化	…	第 n 次变化
所画线段数量	1	2	4			…	

(2)如果初始线段长度是 1，那么第________次变化后“龙形曲线”的总长度达到 2048。

11. 小明寒假期间计划用若干天阅读一本图书。如果他每天读 5 页，那么最后两天每天要读 10 页才能读完；如果他每天读 6 页，恰好可以提前一天读完。这本图书一共有________页。

12. 精灵王声称以后每天比前一天多睡 15 分钟，睡满 24 小时的那天，就是他生命的终点。

精灵王当年 9 月 24 日的睡眠时间为 8 小时，他去世于________月

________日。

13. 在中央大街上有一对马车从两端同时出发相对而行，到达对面端点后立即返回，如此匀速来回运行，每辆马车从一端到达另一端的时间都是15分钟。

一位游客从中央大街的一端出发开始步行，此时恰好有一辆马车也从这个端点出发。游客在12.5分钟后遇到了来自另一个方向的马车，此人再经过________分钟后会被刚刚迎面遇上的马车追上。

14. 2023年，中国警方重拳出击，捣毁多个电信诈骗团伙，守护人民生命财产安全。

在一次抓捕行动中，共抓获6名犯罪嫌疑人，其中2人是诈骗团伙头目。

A说："我认为D和E是头目。"

B说："C和F把我骗进来的，他俩是头目。"

C说："头目是E和F。"

D说："A和E经常发号施令。"

E说："头目只可能是B和C。"

至于F，仓皇逃窜之时摔下楼，至今昏迷不醒。

在上面这几个人的回答中，有4个人的话半对半错(也就是说他们都正确地指出了其中的一个人是头目，而另一个人是妄指)，不过，也有一个人的回答完全不对，是彻头彻尾的撒谎。

请你判断，这个诈骗团伙的头目是________和________。

15. 现在给大家介绍一个简单易学的扑克魔术。

第一步：拿出一副普通的扑克牌，请观众进行洗牌。

第二步：接过扑克牌从背面第一张开始快速翻看一遍(其实只需记住其中的一张牌)，并宣称自己已经感应到观众将会最终取到哪张牌，并把这张牌写在一张白纸上。

第三步：请观众在10～19这10个数中任意说一个数，然后背面向上数出与这个数相同张数的牌(注意不要打乱次序)交给________观众。

第四步：请观众将自己所说数的2个数字相加，将牌全部反过来正面朝上，数到与刚所求数字和相同的张数，取出这张牌。

第五步：验证你写在白纸上的牌与观众取出的牌是否相同。

看到这里，请问你第二步要记住的牌是背面朝上的第________张。

6 年级

1. 计算下面各题。

(1)$\frac{3}{8}\times2.6+1\div\frac{8}{3}+0.75=$________。

(2)$\frac{9}{32}\div\left[\frac{3}{4}-\left(\frac{1}{4}+\frac{7}{16}\right)\right]=$________。

(3)$\dfrac{\left(\frac{1}{23}-\frac{1}{24}\right)\times\left(\frac{1}{24}-\frac{1}{25}\right)}{\frac{1}{23}\times\frac{1}{24}\times\frac{1}{25}}=$________。

(4)$1-\frac{5}{6}+\frac{7}{12}-\frac{9}{20}+\frac{11}{30}-\frac{13}{42}+\frac{15}{56}-\frac{17}{72}=$________。

2. 瑞士数学家________是 18 世纪最杰出的数学家之一。他一生留下了 886 篇论文和著作，是世界上最多产的数学家。

他曾证明了简单多面体中顶点数(V)、面数(F)、棱数(E)之间存在以下重要公式：$F+V-E=2$。

根据这个公式，请你解答问题。一个多面体有 12 条棱，并且面数与顶点数相等，这个多面体是________面体。

3. 自 1970 年长征一号运载火箭发射东方红一号卫星至今，中国航天完成了“从 0 到 500”的突破。其中，长征火箭第 1 个百次发射用了 37 年 2 个月，第 2 个百次用了 7 年半，第 3 个百次用了 4 年 3 个月，第 4 个百次用了 2 年 9 个月，第 5 个百次仅用了 2 年，不断刷新中国航天新纪录。

长征火箭累计发射次数统计图

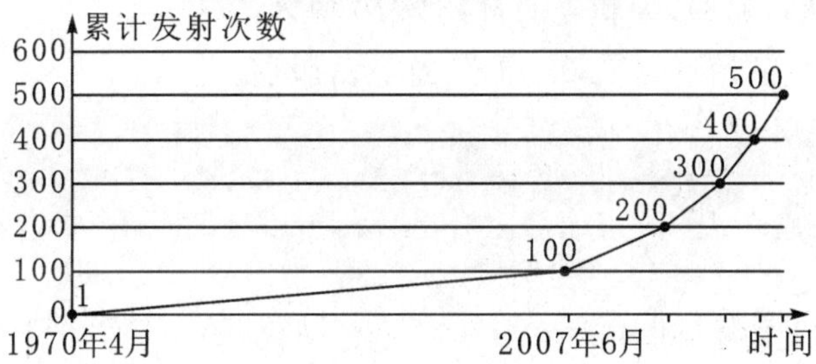

第 3 题图

(1)根据资料中的数据，长征火箭第 200 次发射在________年________月，第 400 次发射在________年________月。

(2)我国完成第 1 个百次的时间是第 5 个百次的时间的________倍(得数保留一位小数)，完成第 5 个百次的速度比第 2 个百次的速度快________%。

4. 请将 1，2，3，4，5，6，7 分别填入题图中的圈内，使 3 个小立方体每个面上的 4 个数之和、每条竖线上的 4 个数之和都等于同一个数。

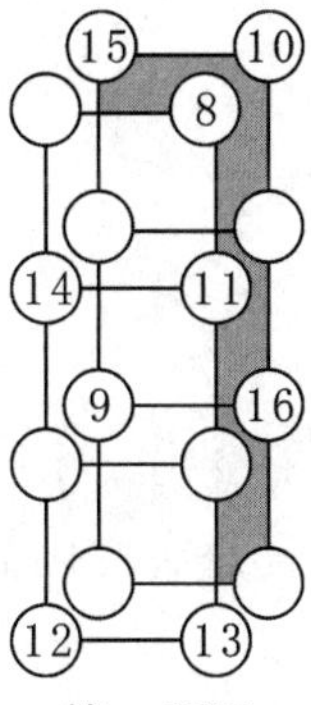

第 4 题图

5. 在 5×5 的正方形内，要使任何一个 3×3 的正方形里都有且只有一个黑格，至多能涂黑几个方格。请在题图中涂一涂。

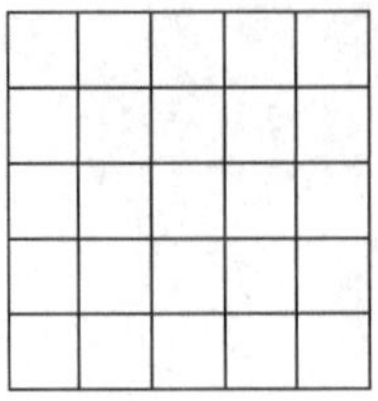

第 5 题图

6. 如图，有若干个长 20 厘米、宽 20 厘米、高 10 厘米的长方体物品需要装箱，快递员叔叔想把这些物品装在一个从里面量长、宽、高都是 30 厘米的盒子里并盖上，则他最多能放入________个这样的物品而不至于露出来。

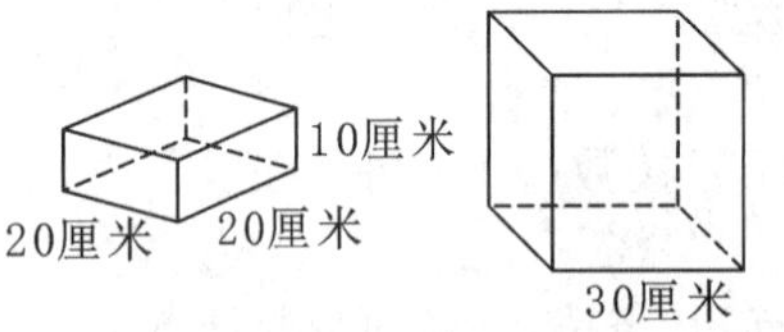

第 6 题图

7. 某班级统计同学们的兴趣爱好，喜欢画画的人数占全班人数的 60%，喜欢看课外书的人数比喜欢画画的人数多 10 人，不喜欢看课外书也不喜欢画画的人数占全班的 14%。已知全班人数不超过 70 人，喜欢看课外书的人中也喜欢画画的有________人。

8. 如图，有一卷紧紧缠绕在一起的塑料薄膜，薄膜卷的直径为 20 厘米，中间有一直径为 8 厘米的卷轴。已知薄膜的厚度是 0.02 厘米，这卷薄膜展开后的面积是________平方米。（π 取 3.14）

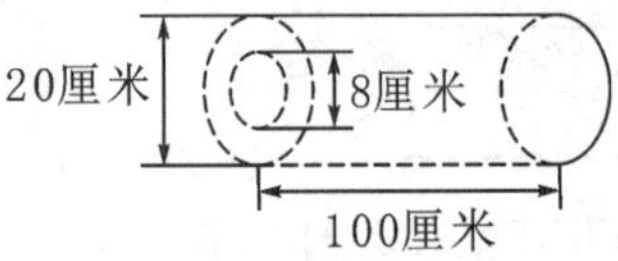

第 8 题图

9. 随着科技的发展，我国正在进入万物互联的时代。

如图所示，小圆点表示物联网的基站，基站之间的连线表示它们之间的网络连接，连线标注的数字表示该网络单位时间内可以通过的最大信息量。现在从 A 基站向 B 基站传递信息，信息可以分开沿不同的路线传递，单位时间内传递的最大信息量为________。

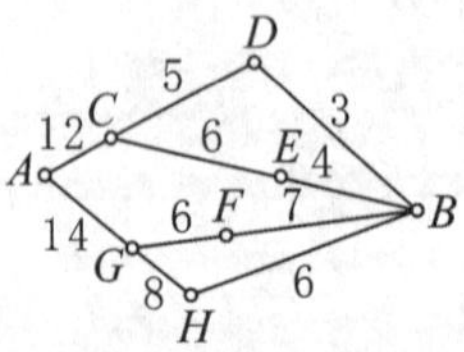

第 9 题图

10. 孙悟空有拔毫毛变分身的本领，每次拔 1 根毫毛就能变出 1 个孙悟空，变出的孙悟空也能每次拔 1 根毫毛变出 1 个孙悟空，并且每次变化的时间都是 1 秒钟。

(1)填写下表，看看你能发现什么规律。

项目	1 秒钟后	2 秒钟后	3 秒钟后	4 秒钟后	5 秒钟后	…
新变出的孙悟空	1	2	4			…
一共变出的孙悟空	1	3	7			…

(2)要变出 500 个孙悟空，至少要经过________秒。

(3)n 秒后，一共可以变出________个孙悟空。(用含有字母的式子表示)

11. 如果自然数 p 和 $2p+1$ 都是素数，那么 $2p+1$ 就叫"安全素数"，例如，2 和 $2\times2+1$(即 5)都是素数，所以 5 是一个"安全素数"。"安全素数"之所以冠名"安全"，是因为在设计某种密码的算法中要用到它。算一算，找一找，50 以内的所有"安全素数"有____________________。

12. 一项工程，甲队单独做 12 天可以完成。如果甲队先做了 3 天，再由乙队做 2 天，则能完成这项工程的 $\frac{1}{2}$。现在这项工程由甲、乙两队合作完成，两队合作若干天后，再由乙队单独做同样的天数，正好完成这项工程。现在完成这项工程需用________天。

13. 如图所示，从 A 地到 B 地分成 3 段路，其中 AC 段是普通公路，车在上面的限速为每小时 60 千米；CD 段是快速公路，车在上面的限速为每小时 80 千米；DB 段是毛坯路，车在上面的限速为每小时 40 千米。AC 段的长度是 BD 段长度的 3 倍。有甲、乙两辆车分别从 A，B 两地同时出发相向而行，两车都按不同路段的最高限速行驶，经过 1 小时，两车在途中的 E 点相遇。已知 $CE:ED=2:5$，则 AB 两地之间相距________千米。

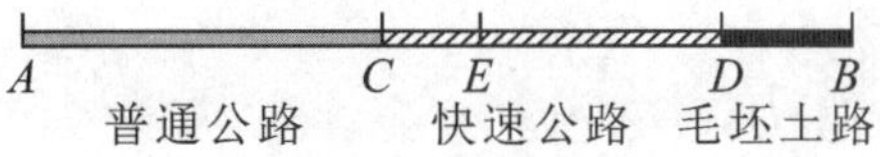

第 13 题图

14. 甲、乙、丙、丁 4 人参加一项射击比赛。甲和丙的得分和等于乙和丁的得分和。丁的得分超过乙和丙的得分和。如果乙和丙的得分交换一下，那么甲和丙的得分之和要超过其余 2 人得分之和。请将 4 人按得分的高低进行排序：________>________>________>________。

15. 每年 3 月 14 日是"圆周率日"(π Day)。很多人通过不同的方式来庆祝这个数学节日：做或吃馅饼(pie)慢跑 3.14 千米、做数学游戏或趣题、举办数学文化节、设计绘画作品，甚至将圆周率 3.1415926…编成乐谱演奏。

国际数学日这天，小慧要买一个 10 寸(指直径，下同)的圆馅饼，但服务员不小心把它掉在地上弄脏了。这种尺寸的圆馅饼已经卖完，于是服务员换给她以下尺寸的两个圆馅饼(厚度与 10 寸的圆馅饼一样)，你觉得对双方最合理的一组是________。

A. 4 寸，6 寸　　B. 6 寸，8 寸　　C. 7 寸，7 寸　　D. 8 寸，8 寸

第二轮B卷

3年级

思考笔记

1. 有 4 个大小一样的玻璃杯，里面都倒入了水（如图）。小敏加糖之后 4 杯水一样甜，________杯子里放的糖最多。

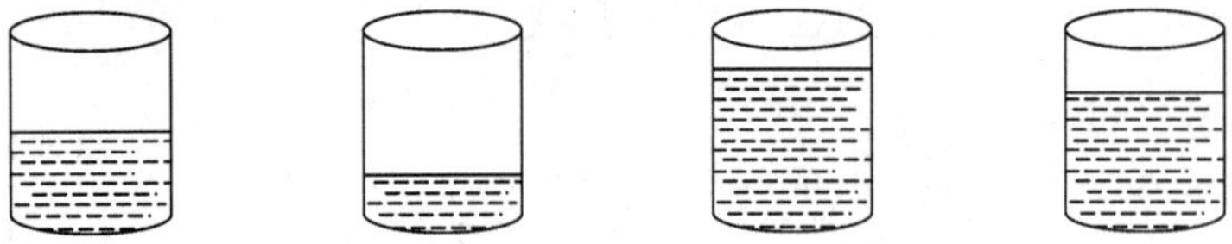

A　B　C　D

2. 小琳将 2 张不同的小正方形纸放在一张大正方形纸上，如图所示。其中甲正方形纸的周长是 48 厘米，乙正方形纸的周长是 24 厘米。那么大正方形纸的周长是________厘米。

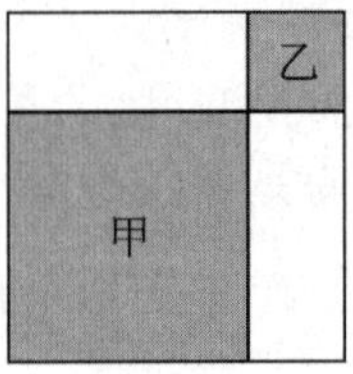

第 2 题图

3. 慧慧参加演讲比赛，演讲后，几位评委的打分如下表。

评委	A	B	C	D	E	平均分
打分	92	93	94	7	8	89

评委 D 和评委 E 的打分被挡住了一部分。请你想一想，评委 D 的打分是________分，评委 E 的打分是________分。

4. 8888 与 $8\times8\times8\times8$ 两个数中，大的是________。

8888 与 $9\times9\times9\times9$ 两个数中，大的是________。

5. 小新、小兰、小爱三人去看电影，他们要买 3 张票。如果只用小新带的钱去买，还差 40 元；只用小兰带的钱去买，还差 60 元；而 3 人钱凑在一起，刚好够买 3 张票。已知小爱带了 10 元，那么一张票的价格是________元。

6.《中国居民膳食指南（2022）》中指出，成年人每天要喝 1500 毫升至 1700 毫升水。一杯水连杯子重 550 克，王叔叔喝了一半后，连杯子共重 425 克，这个杯子重________克。按 1 毫升水重 1 克计算，为了达到每日最低标准，王叔叔每天用这个杯子至少要喝________杯水。

7. 袋子中有若干个球，每次拿出其中的一半少 4 个，这样共操作了 5 次，袋中还有 71 个球。袋中原有球________个。

8. 请在题图空格内填入 1～7，使每行、每列及每个区域内都出现 1～7。

第 8 题图

9. 有一块龙年拼图，共有 9 格 8 个小块。拼好后的图形如图(1)所示。

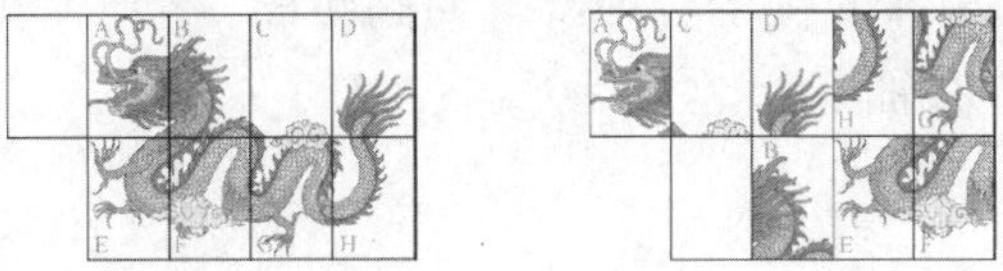

(1)　　　　　(2)

第 9 题图

现在拼图的状态如图(2)所示，每步可将一个小块上下左右移动一格到空格位置。把这个拼图复原至少要移动________步。

10. 如图所示，不同的汉字表示不同的数字。那么“快”＋“乐”最小等于________，“快”＋“乐”最大等于________。

　　时
　　代
　　学
　　习
＋　报
快　乐

第 10 题图

11. 有一张 5×5 的正方形方格纸，切掉正中间一格(用阴影表示)还有 24 格。要求把这 24 格平均分成 2 块，不但格数相等，而且形状完全一样。请你分一分，并把其中一部分用阴影涂色。(画出两种方法)

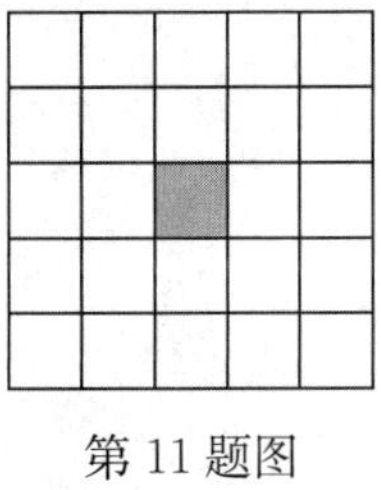

第 11 题图

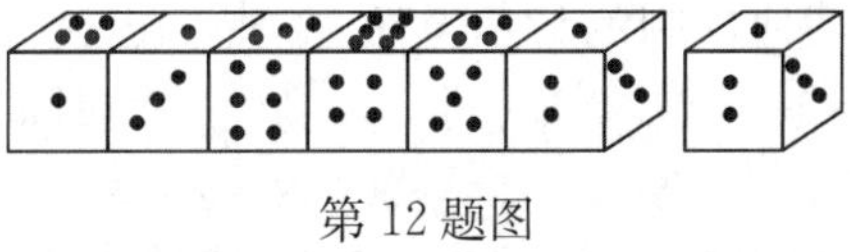

第 12 题图

12. 骰子是立方体，刻有 1～6 点，1 点对面是 6，2 点对面是 5，3 点对面是 4。

如图，正面的点数和是________，背面的点数和是________。上面的点数和是________，底面的点数和是________。

如果有 10 个这样的骰子排列在一起，上面的点数和是 31，那么底面的点数和是________。

13. 从甲城往乙城运 58 吨货物。载重 5 吨的卡车运一趟，运费 150 元；载重 2 吨的卡车运一趟，运费 80 元；载重 1 吨的卡车运一趟，运费50 元。要用这些卡车一次运完货物，要使费用最省，需要载重 5 吨的卡车运________趟，载重 2 吨的卡车运________趟，载重 1 吨的卡车运________趟。

14. 如图(1)，有一种 3×3 的黑白棋游戏，棋子一面是白色一面是黑色。开始时 9 颗子都是白色面朝上。

白	白	白
白	白	白
白	白	白

(1)

翻转其中的一颗棋子，会导致所有和它相邻的棋子也翻转。如翻转图(2)中 E 处的棋子，此时 B,D,F,H 处的棋子也翻转。

A	B	C
D	E	F
G	H	I

(2)

(1)从初始状态至少翻________次棋子，可以得到图(3)的双线图。

黑	黑	黑
白	白	白
黑	黑	黑

(3)

(2)从初始状态至少翻________次棋子，可以得到图(4)的三星图。

黑	白	白
白	黑	白
白	白	黑

(4)

(3)从初始状态至少翻________次棋子，可以得到图(5)的四星图。

白	黑	白
黑	白	黑
白	黑	白

(5)

15. 我们在日常生活中应用最广泛的计数方法是十进制，它源于古代人们用双手十指计数。这种计数方法使用 0～9 十个符号表示数，满“十”向前一位进一，例如，用“10”表示“十”，用“100”表示“百”。

其实在科学技术中，还采用了其他进制的计数方法，如十六进制。十六进制一般采用数字 0～9 和字母 A～F 共 16 个记数符号，满“十六”时向前一位进一。下表是十六进制的十六个记数符号与十进制数的对应关系。

十六进制	0	1	2	3	4	5	6	7	8	9	A	B	C	D	E	F	10	…
十进制	0	1	2	3	4	5	6	7	8	9	10	11	12	13	14	15	16	…

在十六进制中，用________表示十进制中的“12”；E+F 的和用十六进制表示是________；十六进制的 ABC 用十进制表示是________；十进制的 2024 用十六进制表示是________。

4年级

思考笔记

1. 2024÷□0，如果商是两位数，□里最小能填________；如果商是三位数，□里最大能填________。

2. 如图所示，两条直线相交，现在绕着它们的交点转动，使得∠1变大，那么下面说法正确的是________。

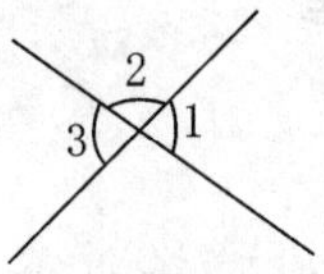

第2题图

A. ∠2变大　　　B. ∠3变大　　　C. ∠2和∠3都变大

3. 7777777777与9×9×9×9×9×9×9×9×9×9相比，________更大。(10个7组成的十位数与10个9连乘相比)

4. 有5个自然数，它们的平均数是2024，将这5个自然数排成一行，前面3个自然数的平均数是1949，后面3个自然数的平均数是2050，中间一个自然数是________。

5. 下面是一种药片包装中的部分说明。

每瓶0.2克×108片	口服：1次4～6片，一日3次
生产日期：20230928	有效期：20260928

这样的一瓶药片最多能服用________天。

6. 有一个挂钟的报时规律是：每逢整点，几点就敲几下(下午1点敲1下)；每逢半点，就敲一下。早上8点到第二天早上8点，这个挂钟一共敲了________下。

7. A，B两码头之间相距168千米。甲、乙两船分别从A，B码头同时出发。如果它们相向而行，则4小时后相遇；如果它们同向而行，则甲船42小时后追上乙船。那么甲船在静水中每小时行________千米，乙船在静水中每小时行________千米。

8. 飞镖比赛是一项国际性的运动项目，飞镖盘如题图。飞镖比赛计分规则如下。

第8题图

规则一：外围的数表示射中这一区域的得分，如果射中外圈的小环，可以得该区域双倍积分；如果射中内圈的小环，可以得该区域三倍积分。

规则二：射中中间的红心得50分，射中红心外围的绿色圆环(浅灰色阴影)得25分。

规则三：每场比赛有一个目标分，全场比赛的最后一镖必须投在双倍积分区(包括50分区)，使总分正好等于目标分。(如果超过就算失败)

(1)一名选手比赛中间要投 3 支飞镖,这 3 支飞镖他能得到的最高分是________分。

(2)一场比赛的目标分是 501 分,一名选手最少投________支飞镖可以达到 501 分。

(3)一场比赛中,莫莫上场时还要得到 167 分,她能否用 3 支飞镖完成?
____。
(如果能,按顺序写出她的 3 支飞裸得分,如果不能,写“不能”)

9. 在下面◯中填上合适的运算符号,使等式成立。

(9◯8◯7)◯(6◯5)◯(4◯3◯2◯1)=2024

10. 如题图,面积逐渐变大的六边形中的圆按照一定的规律排列,使得后一个六边形中的圆比前一个图形中多一层。第一个图中有________个圆,第二个图中有个圆,第三个图中有________个圆,下一个六边形中有________个圆,第十个六边形中有________个圆。

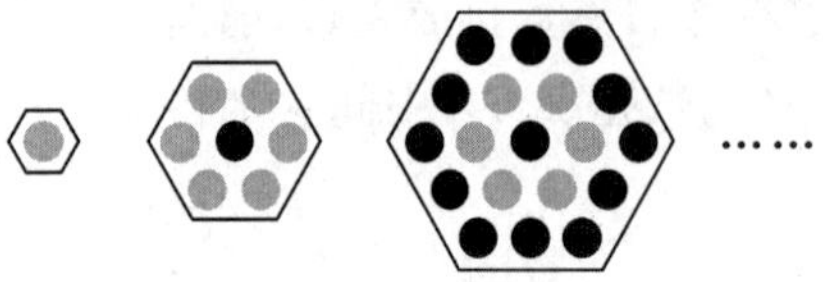

第 10 题图

11. 如题图,不同的汉字表示不同的数字。那么“学”+“习”最小等于________,“学”+“习”最大等于________。

时
代
学
习
+ 报
学 习

第 11 题图

12. 松鼠妈妈采果实,它晴天每天可以采 20 个,雨天每天只能采 12 个。它一连几天采了 112 个果实,平均每天采 14 个。这几天中有________天是雨天。

13. 如题图,长方形 $ABCD$ 长 38 厘米,宽 22 厘米。E,F,G 分别是 AB,AD,CD 的中点,P 为 BC 上的一点。阴影部分的总面积是________平方厘米。

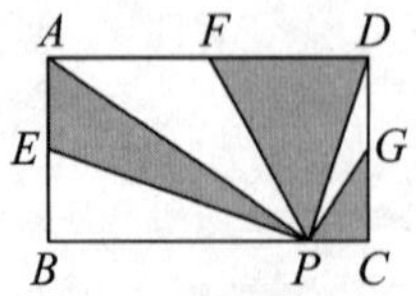

第 13 题图

14. 如图(1)所示,有一种 3×3 的黑白棋游戏,棋子一面是白色,另一面是黑色。开始时 9 颗子都是白色面朝上。

白	白	白
白	白	白
白	白	白

(1)

翻转其中的一颗棋子，会导致所有和它相邻的棋子也翻转。如翻转图(2)中 E 处的棋子，此时 B,D,F,H 处的棋子也翻转。

A	B	C
D	E	F
G	H	I

(2)

(1)从初始状态至少翻________次棋子，可以得到图(3)的边上一子图。

白	白	白
黑	白	白
白	白	白

(3)

(2)从初始状态至少翻________次棋子，可以得到图(4)的中心一子图。

白	白	白
白	黑	白
白	白	白

(4)

(3)从初始状态至少翻________次棋子，可以得到图(5)的角上一子图。

黑	白	白
白	白	白
白	白	白

(5)

15. 历史上，人们发明了不同的数的记号，如埃及数字、罗马数字等。经过后来的发展、演变，到今天我们使用的是阿拉伯数字。

(1)阿拉伯数字是由古代________发明的。

A. 阿拉伯人　　B. 印度人　　C. 埃及人　　D. 中国人

(2)假如有一个原始部落，他们使用同样的数字，但每个数字表示的数和我们不同，“+”“−”“×”“÷”和我们一样，也采用十进制进位法。已知原始部落使用的算式如下。

$$8\times8=8$$
$$9\times9\times9=5$$
$$9\times3=3$$
$$(93+8)\times7=837$$

请你按原始部落的数字规则，完成算式：$89\times57=$________________。

5年级

思考笔记

1. 计算下面各题。

(1)2025×202.4−2024×202.3=________。

(2)3.14+256.27−3.59×2−22.82+20.58÷3−6.18×1.5=________。

(3)0.1+0.2+0.4+0.8+…+51.2=________。

(4)定义新运算：$\begin{vmatrix} a & b \\ c & d \end{vmatrix}=ad-bc$，则$\begin{vmatrix} 4050 & \frac{1}{5} \\ 5 & 0.5 \end{vmatrix}=$________。

2. 选择正确的选项填在括号里。

(1)《九章算术》是我国现在有传本的、最古老也是最著名的中国数学经典。全书共分为 9 章，以下选项不是该书的章节名的是(　　)。

A. 方程　　B. 勾股　　C. 筹算

(2)德国著名数学家(　　)享有“数学王子”的美誉。相传，他用一个晚上就解决了正十七边形的尺规作图问题。

A. 欧拉　　B. 高斯　　C. 阿基米德

(3)14 世纪初，我国数学家(　　)创立了“四元术”(“四元”指天、地、人、物，相当于 4 个未知数)，这是我国古代数学的一次飞跃。

A. 朱世杰　　B. 李冶　　C. 刘徽

3. 天文学家利用射电望远镜发现了一颗神秘的脉冲天体，该天体以有规律的节奏变亮又消失。其亮度变化如下图折线所示。

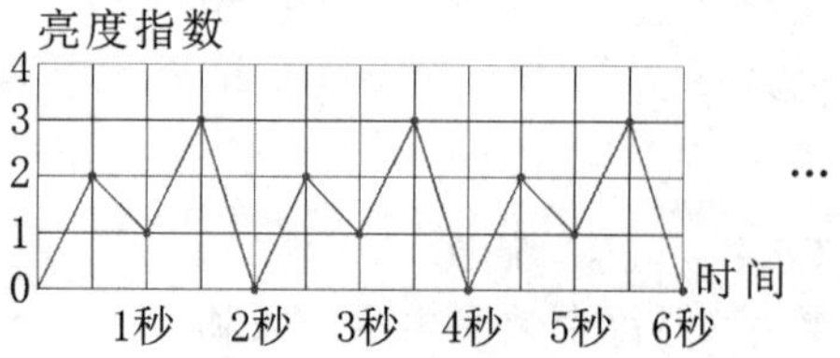

第 3 题图

(1)天文学家每隔________秒测量一次脉冲天体的亮度。

(2)该脉冲天体的最大亮度指数是________，一次完整的明暗变化周期是________秒。

(3)第 25 秒时，该脉冲天体的亮度指数是________；到 50 秒时，共观测到该脉冲天体达到最亮状态________次。

4. 如图所示，中间 5 号所示的立体图形中每个小立方体的 6 个面都是同一种颜色，这个图形从 A，B，C 三个方向看，分别看到的是什么形状，请将序号填在对应的□中。

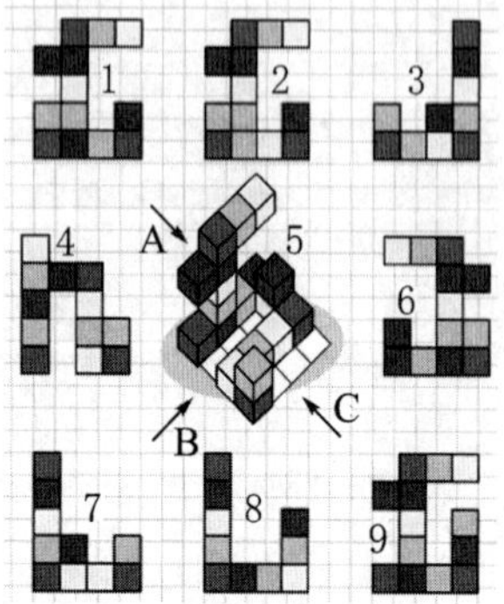

A→□，

B→□，

C→□。

第 4 题图

5. 题图是一个八面体，在 6 个顶点分别填上 1～6 各数(1 和 2 已填)，使 8 个面每个面上的数之和，分别是 7～14 这 8 个连续的自然数。

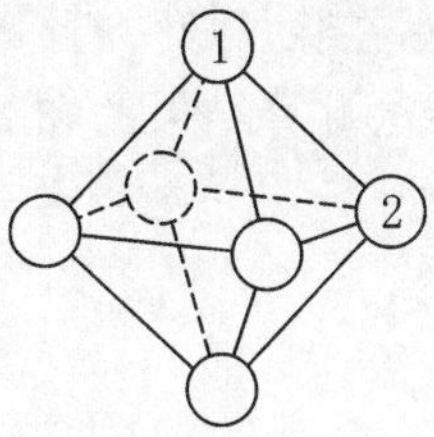

第 5 题图

6. 乐乐跟爸妈第一次坐飞机，在飞机起飞时，乐乐感觉耳朵很难受，问爸妈是怎么回事。爸爸说："飞机起飞或降落时，飞机高度在变化，气压也在变化，有的人会有耳鸣或耳部不适的感觉。"妈妈说："在 3000 米高度以内，每升高 9 米，大气压降低大约 100 帕(帕是气压单位)。"

已知地面气压约为 102 千帕，现在飞机的高度是 382.5 米，请你帮乐乐算一算，这时飞机内的气压降低到________千帕。

7. 2023 年 10 月，杭州第 19 届亚运会完美收官，中国体育代表团取得亚运会参赛历史最好成绩，共获得 383 枚奖牌。其中金牌的数量比银牌和铜牌的总数还多 19 枚。如果将 20 枚银牌换成铜牌，那么银牌和铜牌的数量就一样多。中国体育代表团共获得金牌________枚，银牌________枚。

8. 杭州亚运会上的志愿者被称为"小青荷"，他们用心用情为远道而来的人们提供了高质量的服务。一日，亚运组委会要从小张、小赵、小李、小罗、小王 5 名"小青荷"中选派 4 人分别从事翻译、导游、礼仪、安保 4 项不同的服务工作。若其中小张和小赵只能从事前 2 项工作，其余 3 人均能从事这 4 项工作，则不同的选派方案共有________种。

9. 学校规定，如果甲的器乐成绩或声乐成绩至少有一项比乙的成绩高，则称甲不亚于乙。在一个有 35 人的班级中，如果某同学不亚于其余 34 名同学，就可被评为"小小音乐家"。那么，这 35 人中的"小小音乐家"最多可能有________名。

10. 小明同学用一根质地均匀的长为 6 厘米的直尺和一些质地相同的棋子，做了如下的平衡实验。

在直尺的左端放上 1 枚棋子，在直尺的右端分别放 1 枚棋子、2 枚棋子、3 枚棋子……通过移动支点的位置，使直尺平衡。记录支点到直尺左、右两端的距离分别为 a，b。

小明将前 4 次实验中的 a，b 值记录在下表中。

左端棋子数	右端棋子数	a	b
1	1	3 厘米	3 厘米
1	2	4 厘米	2 厘米
1	3	4.5 厘米	1.5 厘米
1	4	4.8 厘米	1.2 厘米
1	5		
…	…	…	…

(1)仔细观察上表，请你在表中填写第 5 次实验中当直尺平衡时的 a，b 值。

(2)若在直尺左端放 1 枚棋子,右端放 n 枚棋子,支点应在距离直尺左端________厘米处。(用含有 n 的式子表示)

11. 如图表示一种九九乘法表的各式计算结果,依次写在除了第一行、第一列(阴影部分)以外的其他九行九列里。所有这 81 个乘法计算结果的和等于________。

×	1	2	3	4	5	6	7	8	9
1	1	2	3	4	5	6	7	8	9
2	2	4	6	8	10	12	14	16	18
3	3	6	9	12	15	18	21	24	27
4	4	8	12	16	20	24	28	32	36
5	5	10	15	20	25	30	35	40	45
6	6	12	18	24	30	36	42	48	54
7	7	14	21	28	35	42	49	56	63
8	8	16	24	32	40	48	56	64	72
9	9	18	27	36	45	54	63	72	81

第 11 题图

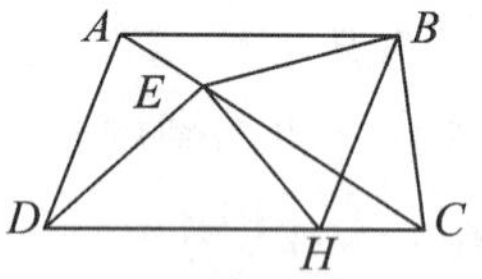

第 12 题图

12. 如图,E 为梯形 $ABCD$ 对角线 AC 上一点,H 为下底 DC 上一点,$AD /\!/ BH$,如果$\triangle DEH$,$\triangle BEH$,$\triangle BCH$ 的面积依次为 50,40,30,那么梯形 $ABCD$ 的面积是________。

13. 猎狗前面 26 步远有一只野兔,猎狗追之。野兔跑 8 步的时间猎狗跑 5 步,野兔跑 9 步的距离等于猎狗跑 4 步的距离。野兔跑________步后被猎狗抓获,此时猎狗跑了________步。

14. 小代的奶奶养了一些鸡,用 $1\sim n$ 这 n 个连续自然数来对这些鸡编号。奶奶发现,所有编号之和为完全平方数的 2 只鸡恰好都是死对头(例如,1 号和 3 号,4 号和 5 号)。如果把结怨的 2 只鸡养在同一个鸡舍里,整个鸡舍都会被搅得一团糟。于是奶奶尝试把养的鸡分到 2 个鸡舍里,把这些有矛盾的鸡完全分开。

小代经过分析发现,这是不可能完成的任务。但如果把编号为 n 的那只鸡吃掉,问题就迎刃而解了。

你知道小代的奶奶开始养了________只鸡。吃掉编号为 n 的那只鸡后,分到 2 个鸡舍里的鸡的编号之和相差________。

15. 现在给大家介绍一个简单易学的扑克魔术。

第一步:拿出一副去掉大、小王后共 52 张的扑克牌,请观众洗牌。

第二步:接过扑克牌从背面第一张开始快速翻看一遍(其实只需记住其中的一张牌),并宣称自己已经感应到观众将会最终取到哪张牌,并把这张牌写在一张白纸上。

第三步:将扑克牌背面朝上交给观众,请第一位观众扔掉最上面一张牌,再将这时最上面 1 张牌移到最下面;请第二位观众扔掉最上面 2 张牌,再将这时最上面一张牌移到最下面;请第三位观众扔掉最上面 3 张牌,再将这时最上面一张牌移到最下面……按照这个规律进行下去,直到最后一个观众发现要扔掉的数量不够时,就扔到只剩最后一张。

第五步:验证你写在白纸上的牌与观众最后剩下的牌是否相同。

看到这里,请问你第二步要记住的牌是背面朝上的第________张。

6年级

思考笔记

1. 计算下面各题。

(1)$\left(\frac{5}{12}+\frac{1}{9}-\frac{3}{8}\right)\times72=$________。

(2)$10.75\div4\frac{2}{3}+18\frac{5}{6}\times\frac{3}{14}-\frac{3}{14}\div\frac{12}{19}=$________。

(3)$\frac{1}{2\times4}+\frac{1}{4\times6}+\frac{1}{6\times8}+\cdots+\frac{1}{22\times24}=$________。

(4)$1+\cfrac{1}{1+\cfrac{1}{1+\cfrac{1}{1+\cfrac{1}{1}}}}=$________。

2. 2023 年 9 月 23 日，杭州亚运会开幕，同时迎来了二十四节气中的秋分，气候不冷不热。“气候”“节气”“时节”等词均源于我国古代历法。根据我国古代历法中的规定：1 日为$\frac{1}{5}$候，1 候为$\frac{1}{3}$气，1 气为$\frac{1}{3}$节，1 节为$\frac{1}{2}$时，1 时为$\frac{1}{4}$岁，则 1 气＝________日，1 候＝________岁。

3. 古希腊数学家________被人们称为“数学之神”。他的墓碑很特殊，墓碑上刻着一个球嵌在一个圆柱内，以纪念这位伟大的数学家发现的一个定理：圆柱容球时，球的直径与圆柱的高和底面直径都相等，圆柱的体积是球体积的$\frac{3}{2}$，圆柱的表面积也是球表面积$\frac{3}{2}$。

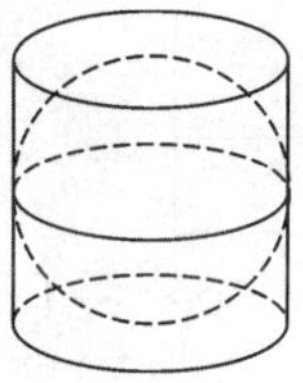

第 3 题图

如果球半径为 r，那么球的体积公式 $V_{球}=$________，球的表面积公式 $S_{球}=$________。

4. 在下面◯中填上合适的运算符号，使等式成立。

(9◯8◯7)◯(6◯5)◯(4◯3◯2◯1)＝2024

5. 在 5×5 的正方形内，至少要涂黑几个方格，能使正方形内的任何一个 3×3 的正方形里面正好都出现 4 个黑格？请在题图中涂一涂。

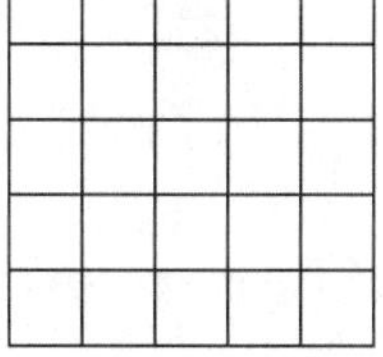

第 5 题图

6. 窗棂，是窗户中极具灵气的地方。窗棂之美，在于既能取舍日光月影、朝晖斜阳，又可透过窗棂一赏庭院迷人景色。题图 2 幅窗棂图，若图(1)和图

(2)中 2 个圆的半径都是 1 米。那么，图(1)和图(2)中最大的正方形的面积比是________。

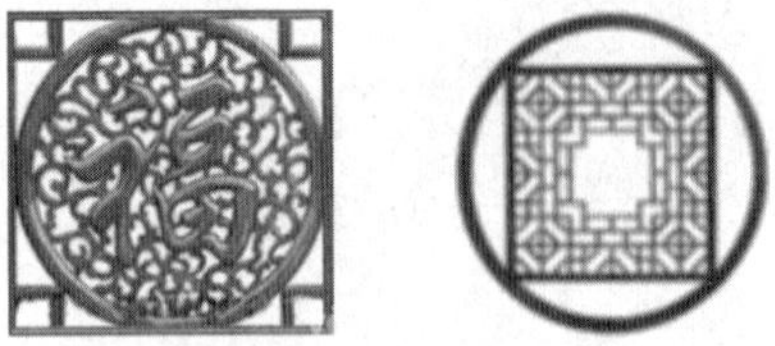

(1)　　(2)

第 6 题图

7. 把 130 件玩具分给幼儿园小朋友，如果不管怎么分，都至少有一个小朋友分得 4 件或 4 件以上的玩具，则这个幼儿园最多有小朋友________位。

8. 古时寺庙常以线香长度作为时间计量的单位。两支粗细相同、材料相同的线香，长度比为 29∶26，燃烧 50 分钟后，长线香与短线香的长度比为 11∶9，那么较长的那根线香还能燃烧________分钟。

9. 小明用了 5 天时间背完 1 本单词书。第一天他先背了 8 个单词，又背了剩下单词数的$\frac{1}{4}$；第二天也是先背 8 个单词，再背了剩下单词数的$\frac{1}{4}$；以此类推，第四天也是先背了 8 个单词，再背了剩下单词数的$\frac{1}{4}$。第五天小明将剩下的单词全部背完。已知这本单词书的单词数不到 300 个，这本单词书共有________个单词。

10. 每一个合数都能分解成质因数乘积的形式。利用分解质因数，我们能很快求出一个合数因数的个数。

(1)先分解质因数，再写出因数个数，填入下表，想一想有什么规律。

合数	8	72	2024	4500
分解质因数	$8=2^3$			
因数个数	$3+1=4$			

(2)把合数 N 分解质因数：$N=A_1^{a_1}\times A_2^{a_2}\times A_3^{a_3}\times\cdots\times A_n^{a_n}$，其因数个数有________________个。

(3)2024 所有因数的和是________。

11. 一串数：3，4，$\frac{5}{3}$，$\frac{2}{3}$，…从第二个数开始，每个数加上 1 等于这个数前后相邻 2 个数的乘积，如 $4+1=3\times\frac{5}{3}$。则这串数中前 30 个数的和等于________。

12. 题图表示甲、乙两名选手在一次自行车越野赛中，路程随时间变化的全程图象。根据图象回答问题。

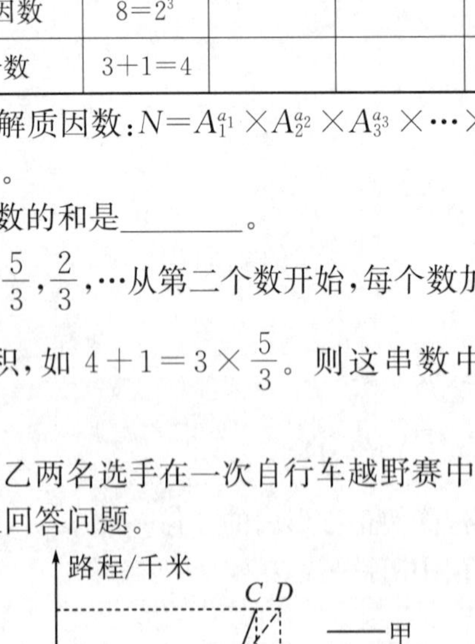

第 12 题图

(1)________赢得了比赛的胜利。

(2)比赛开始________分钟后，乙第一次追上甲。

(3)这次比赛的全程是________千米。

13. 航航在解答“a,b均为质数，且$7a+9b=109$，则$a+b=?$”这道题时，是这样想的：因为偶数+奇数=奇数，所以$7a$和$9b$中一定有一个数是偶数。根据航航的思考，可以算出$a+b=$________。

14. 有A，B两项工程，若气温一直在0摄氏度以上，由甲队做A项工程，要18天完成；由乙队做B项工程，则要24天完成。乙队有丰富的低温施工经验，在0摄氏度以下施工，工作效率仍能达到原来的60%，而甲队则只能达到原来的$\frac{2}{5}$。现在甲队和乙队分别同时开始A项工程和B项工程，在施工期间突然遇到寒流，有若干天气温降到0摄氏度以下，结果两队同时完工，那么有________天气温在0摄氏度以下。

15. 每年3月14日是“圆周率日”（π Day），也是“国际数学日”。说来也巧，这一天恰好是举世闻名的物理学家爱因斯坦的诞辰。

1879年3月14日，爱因斯坦出生在德国的乌尔姆市。数学，为爱因斯坦提供了强大的理论工具，成就了其伟大的一生。

爱因斯坦对数学趣题怀有浓厚的兴趣。他曾给朋友出了下面的一道趣题，你也来试一试吧。

一个长楼梯，若每次跨2阶梯，最后剩1阶；每次跨3阶，最后剩2阶；每次跨4阶，最后剩3阶；每次跨5阶，最后剩4阶；每次跨6阶，最后剩5阶；每次跨7阶，恰好到楼顶。楼梯最少有________阶。

总决赛

3 年级

思考笔记

1. 一批货物共 51 箱，如图所示，有 2 种货车。

(1)如果都用大货车运，那么至少要运________次。

(2)如果都用小货车运，那么至少要运________次。

(3)如果想把 51 箱货物一次全部运走，且每辆车都装满，那么应安排________辆大货车和________辆小货车。(写出一种符合要求的情况即可)

大货车 每次运9箱　　小货车 每次运6箱

第 1 题图

2. 青青把 78 个口罩平均分给 9 位环卫工人，题图是青青列的除法竖武。下面说法正确的有________个。

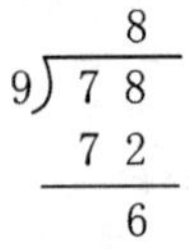

第 2 题图

A 每个工人至少能分到 8 个口罩。

B 平均分后还剩 6 个口罩。

C 再添 3 个口罩就能正好多分给 1 位环卫工人。

3. (1)已知 a，b 都是非零的自然数，并且 $a+2b=4$。那么 $a+b=$________。

(2)已知 a，b 都是非零的自然数，并且 $2a+3b=12$。那么 $a+b=$________。

4. 请将题图的纸片分成形状相同、大小相等的 10 块，每块上都有数字 1，2，3。

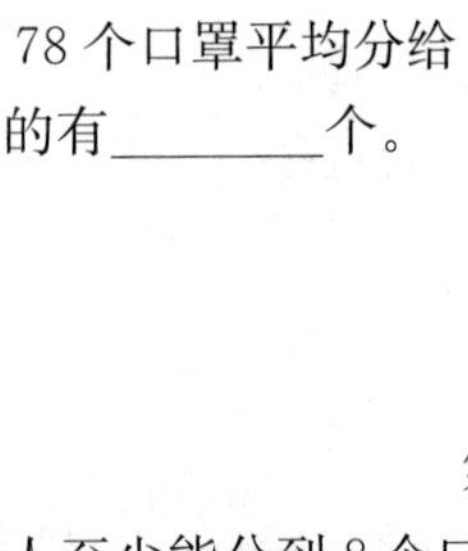

第 4 题图

第 5 题图

5. 如图所示，一个大长方形被分成了 5 块，已知其中 4 块的面积分别为 25，40，35，88，而且左上角恰好是一个正方形。左下角标有“?”的长方形面积是________。

6. 如图所示，3 个小朋友把同一个蛋糕分成 8 块，摆成了不同的样子。仔细观察前 2 幅图，然后把最后 1 幅图中蛋糕缺的部分补上，请你画一画。

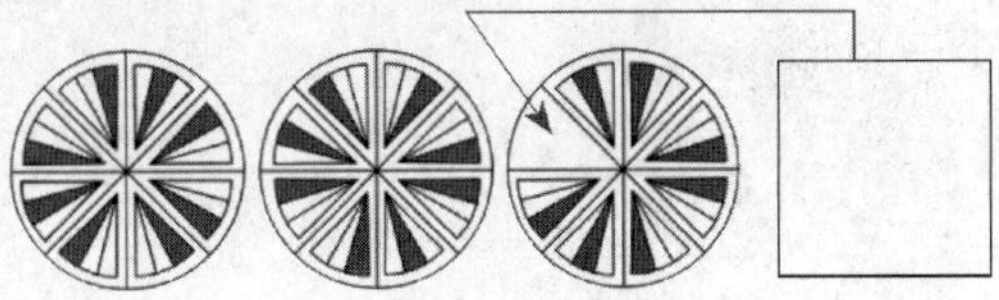

第 6 题图

7. 读下面的绕口令并回答问题。

柴换菜

小赖上街买回了柴，
小戴上街买回了菜。
小赖分一半柴给小戴，
小戴还两斤柴给小赖；
小戴分一半菜给小赖，
小赖还一斤菜给小戴。
小赖又分一半柴给小戴，
小戴又还两斤柴给小赖；
小戴又分一半菜给小赖，
小赖又还一斤菜给小戴。
小赖小戴称了称自己剩的柴和菜，
小赖剩四斤柴，小戴剩两斤菜，
请你仔细算一算，
小赖上街买回来________斤柴。
小戴上街买回来________斤菜。

8. 2024 年暑假的一天，小花记录了日出时间是早上 05:14:58，日落时间是晚上 7:07:27，那么，这一天的白天时间有________时________分________秒。

9. 2024 年欧洲杯决赛圈共有 24 支球队，它们被分成了 6 个小组，每组 4 支球队，进行单循环比赛（组内每 2 个队要比赛一场）后产生 16 强。16 强开始进行淘汰赛，直至决出冠军（没有三、四名之间的比赛）。本届欧洲杯决赛圈共有比赛________场。

10. 小叶家在数学城的数学大街上。除了小叶家外，其余各家的门牌号加起来正好等于 10000。门牌号从 1 开始，都是整数，没有跳号，也没有重号。小叶家的门牌号是________号，数学大街一共有________户人家。

11. 一个五位数，甲猜是 24580，乙猜是 36971，丙猜是 67503。如果每人都猜中了 2 个不相邻的数字（不仅数字正确，而且数位也正确）。正确的五位数是____。（写出所有可能）

12. 问题，无疑是数学的灵魂所在。深入数学的殿堂，我们无不与解题紧密相连。我们已经学习了很多解决问题的策略，如画图、列举、转化、假设等。这些精妙绝伦的解题策略，如同璀璨的星辰，照亮了我们前行的道路。

请你结合试卷上或平时印象深刻的题目，写一篇不少于 200 字的小作文，分享你是如何巧妙运用这些策略攻克数学难题的。

4年级

1. 用下面的________组小棒不能围成一个三角形。

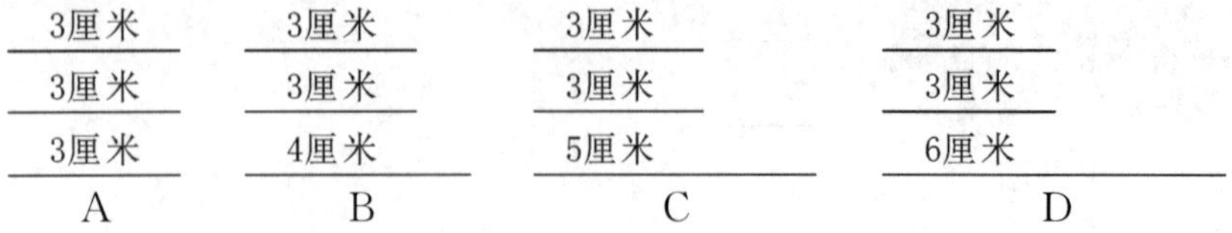

2. 题图两个图形都是用4个同样的小正方形拼成的，请你在每个图中添加1个小正方形，使得添加后的图形都是轴对称图形。

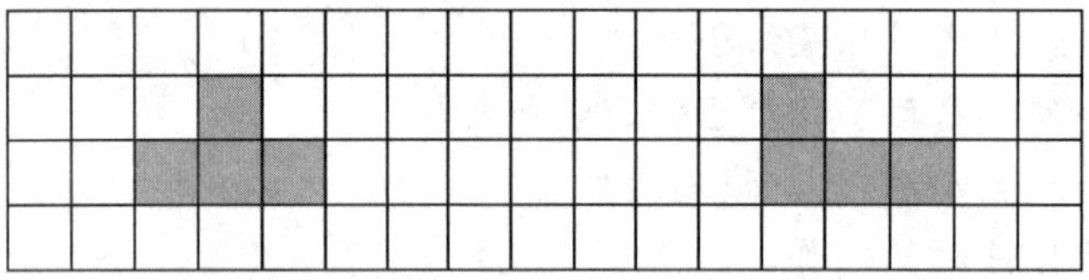

第2题图

3. 王爷爷养了鸡、鸭、鹅共73只，鸡比鸭的3倍多5只，鸭比鹅的2倍少1只。王爷爷养鸡________只，养鸭________只，养鹅________只。

4. 工人叔叔要在公园围墙上做一块长方形展板，展板的要求如题图。这块长方形展板的面积最大是________平方厘米。

展板的长和宽是由6,7,8,9这4个数字组成的2个两位数。 (数字不可重复使用,单位:厘米)

第4题图

5. 国际象棋中"马"的走法如图(1)所示，位于○位置的"马"只能走到标有×的格中。

在5×5个方格的棋盘上[如图(2)]放入4枚"白马"(用○表示)和4枚"黑马"(用●表示)。要求将4枚白马移至4枚黑马的位置，将4枚黑马移至4枚白马的位置，而且必须按照国际象棋的规则，棋子只能移动到空格中，每个方格最多放一枚棋子。那么最少需要________步。

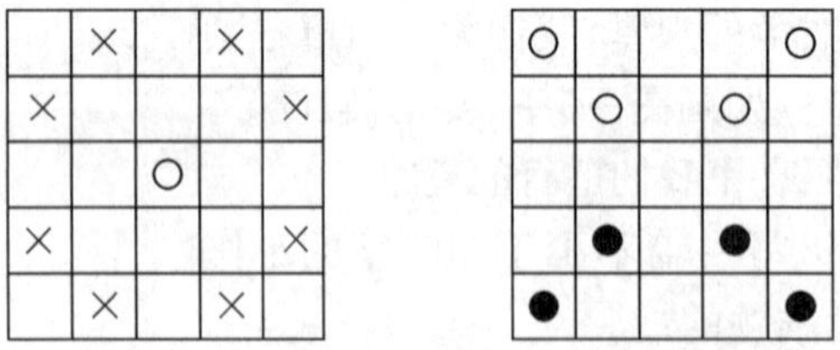

(1)　　(2)

第5题图

6. 有一种暗号，用符号表示数如下：○○○★表示1；○○★○表示2；○○★★表示3；○★○○表示4；○★○★表示5。

(1)★○★○表示________。

(2)像这样用4位符号表示的最大的数是________。

(3)请画出表示13的符号________。

7. 题目是一个数字谜，不同的汉字代表不同的数字，相同的汉字代表相同的数字。这个数字谜中，“红军不怕远征难”所代表的 7 个数字的和最大是________。

		红	军
		不	怕
+	远	征	难
长	征	长	征

第 7 题图

8. 有 30 支球队，分为东、西两部，各 15 支球队。每部分别又各分为 3 个区，每区 5 支球队。常规赛中，每支球队与同区其他的 4 支球队各赛 4 场；与同部不同区的 10 支球队中的 4 支各赛 3 场，与另 6 支各赛 4 场；与不同部的 15 支球队各赛 2 场。

每支球队常规赛要打________场。常规赛共有________场比赛。以每场比赛有观众 10000 人，每张门票票价 200 元计算，常规赛的门票收入一共有________________元。

9. 有 9 粒糖，每天至少吃 1 粒，吃完为止，共有________种不同的吃法。

10. A，B 两地相距 180 千米。甲、乙两车往返行驶于 A，B 两地之间，都是到达一地之后立即返回，乙车比甲车快。如果两辆车同时从 A 地出发后第一次和第二次相遇都在途中 C 点。那么两车第三次相遇时，乙车共行驶了________千米。

11. 2224 年，为了方便星际旅行，计划在金星、火星、木星、土星之间建 3 条航线，每一条航线连接其中 2 颗行星，使得从这 4 颗行星中的任一颗出发都可以到达其他的行星，一共有________种不同的设计方案。(10 分)

12. 问题，无疑是数学的灵魂所在。深入数学的殿堂，我们无不与解题紧密相连。我们已经学习了很多解决问题的策略，如画图、列举、转化、假设等。这些精妙绝伦的解题策略，如同璀璨的星辰，照亮了我们前行的道路。

请你结合试卷上或平时印象深刻的题目，写一篇不少于 200 字的小作文，分享你是如何巧妙运用这些策略攻克数学难题的。

5年级

思考笔记

1. 计算题。

(1)$0.375\times42+3.75\times5.7+75\times0.005=$________。

(2)$\frac{1}{3}+\frac{1}{6}+\frac{1}{12}+\frac{1}{24}+\frac{1}{48}+\frac{1}{96}=$________。

(3)$2024+202.\dot{4}+20.\dot{2}\dot{4}+2.0\dot{2}\dot{4}=$________。

(4)$\frac{1}{1+2}+\frac{1}{1+2+3}+\frac{1}{1+2+3+4}+\cdots+\frac{1}{1+2+3+4\cdots+(n-1)+n}=$________。

2. 古埃及人对猫特别崇拜，在古埃及兰德纸草书上就有一道与猫有关的趣题。

有一份财产包括7间房子，每间房子有7只猫，每只猫捉了7只老鼠，每只老鼠会吃掉7棵麦穗，每棵麦穗可以长出7赫克特粮食。7间房子中的猫共可守护________赫克特粮食。（注：赫克特是古埃及计量粮食的单位）

3. 乐乐在暑假期间制作了一个避障机器人。乐乐让避障机器人贴合着一块地毯边缘行进一周（如图）。如果避障机器人的圆形底面的直径是10厘米，那么它扫过的面积是________平方厘米。（π取3.14）

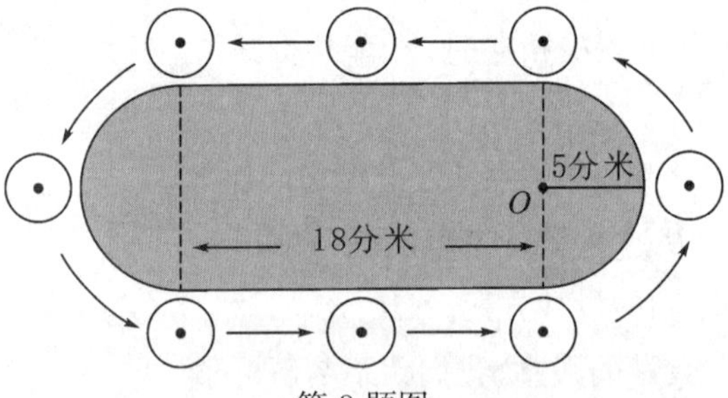

第3题图

4. 在长征途中，一支红军部队原计划用8天穿越一片草地。行军1天后，收到上级指示，需提前2天穿越这片草地。这样，后面的行程必须每天比原计划多走8.8千米，才能准时到达目的地。这支红军部队穿越这片草地的总行程是________千米。

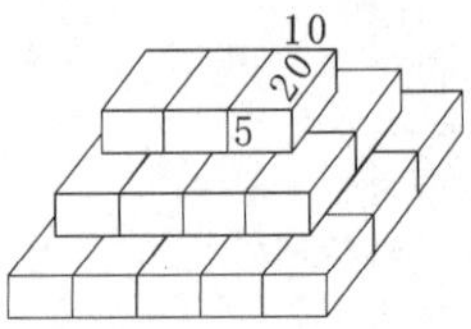

第5题图

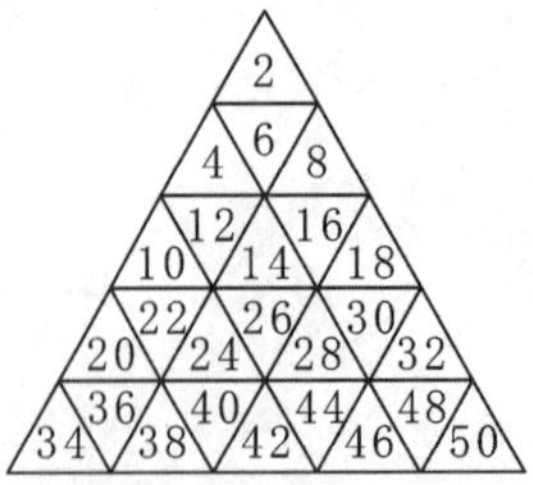

第6题图

5. 有一堆砖块砌成如图的几何体，第一层有3块，第二层有8块，第三层有15块。每块砖长20厘米，宽10厘米，高5厘米。将这个几何体的表面刷上白漆（下底面不刷），那么刷白漆部分的总面积是________平方厘米。

6. 如图，将从2开始的偶数顺序排列成如图所示的三角形数阵。如果从上到下称为行，数12为第3行、从左向右数第2个数，那么，数2024为第________行，从左住右数第________个数。

7. (1)2024有________个质因数，共有________个因数。

(2)已知三角形的三条边长都是 2024 的质因数，那么符合要求的三角形共有________个。

8. 如图是一个锁链数独。在图中圆圈内填入数字 1～6，使得每行、每列和每条锁链上的数字都不重复。

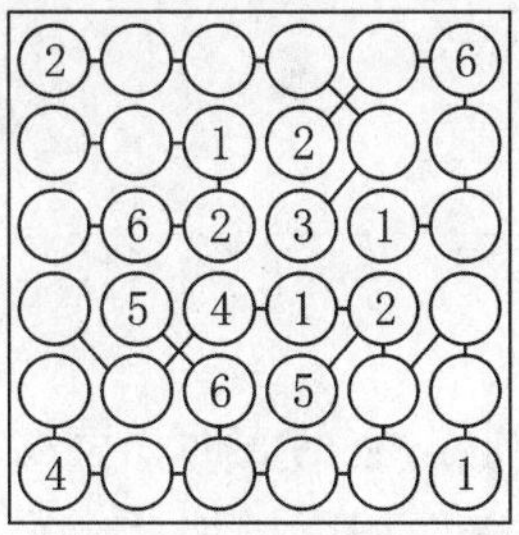

第 8 题图

9. a,b 均为正整数，当 $a=$________，$b=$________时，$\frac{1}{a}-\frac{1}{b}=\frac{14}{57}$。

10. 同学们知道，任何一张地图，只用 4 种颜色就能使具有共同边界的国家染上不同的颜色。这就是著名的四色问题。除了四色问题，数学中还有一个类似的问题。

现在有一行无限排列的方格，每相邻 2 个方格之间的距离都是 1。至少需要使用________个不同的正整数来填满这行无限长的方格，才能使得最近的 2 个相同数字之间的距离都大于该数字本身。（每个正整数可以填无限多次）

□□□□□□□□□……

第 10 题图

11. 一日，哪吒、杨戬、雷震子、土行孙对姜太公今日能钓到多少条鱼做了预测。

哪吒："姜太公今日能钓到 6 条鱼。"

杨戬："姜太公今日钓到的鱼至少 7 条。"

雷震子："姜太公今日钓到的鱼不会超过 8 条。"

土行孙："姜太公今日最少能钓到 1 条鱼。"

夕阳西下，姜太公拿着鱼篓回来。众人一看，只有一人的预测是对的，则姜太公钓到________条鱼。

12. 问题，无疑是数学的灵魂所在。深入数学的殿堂，我们无不与解题紧密相连。我们已经学习了很多解决问题的策略，如画图、列举、转化、假设等。这些精妙绝伦的解题策略，如同璀璨的星辰，照亮了我们前行的道路。

请你结合试卷上或平时印象深刻的题目，写一篇不少于 200 字的小作文，分享你是如何巧妙运用这些策略攻克数学难题的。

6年级

思考笔记

1. 计算题。

(1)2024－202.4－20.24－2.024＝________。

(2)$975\times0.25+9\frac{3}{4}\times76-9.75=$________。

(3)$\frac{1}{1\times2}+\frac{1}{2\times3}+\frac{1}{3\times4}+\frac{1}{4\times5}+\frac{1}{5\times6}+\frac{1}{6\times7}+\frac{1}{7\times8}+\frac{1}{8\times9}+\frac{1}{9\times10}=$

________。

2. 家具厂加工一段圆柱形木料。如果截成 2 个小圆柱，它的表面积就增加 628 平方厘米；如果沿着直径截成 2 个半圆柱，它的表面积就增加 240 平方厘米。原来这段圆柱形木料的表面积是________平方厘米。(π 取 3.14)

3. 同学们参加一次数学活动，每位同学都获得了金、银、铜奖中的一种。获得金奖的同学占活动总人数的$\frac{1}{5}$，获得银奖与铜奖的人数比是 3∶4。获得金奖的同学比获得铜奖的同学少 207 人。获得银奖的比获得铜奖的人数少________%，参加这次数学活动的同学共有________人。

4. 有一个正方体木块，木块六个面上分别写着数字 1,2,3,4,5,6。其中，1 与 4,2 与 5,3 与 6 相对。现在把这个木块放在题图第一格内，其中上面、前面、右面分别写有数字 1,3,5。如果将木块沿着图中的方格滚动(每次滚动一小格)，当木块滚到第 22 格时，木块朝上的面上写着的数字是________。

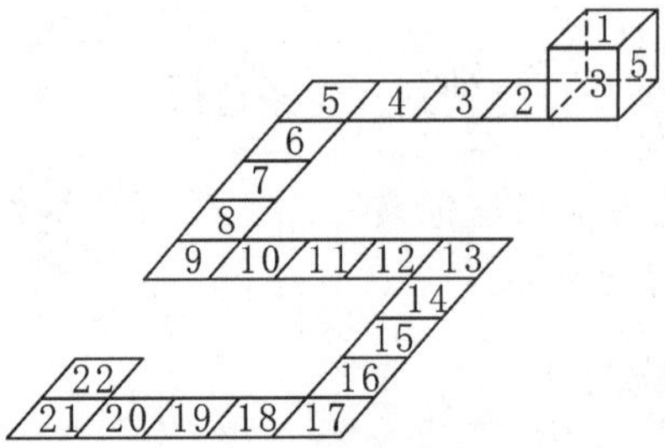

第 4 题图

5. 小孙来到质数国游玩。质数国的钞票面额都是质数(2 元、3 元、5 元、7 元……)。小孙买了 80 元的蟠桃，一共付出 6 张钞票。要使面额最大的钞票尽可能小，那么付出的最大面额钞票是________元，请写出一种符合要求的搭配方式：

80 ＝ ________ ＋ ________ ＋ ________ ＋ ________ ＋ ________ ＋ ________。

6. 一所国际学校有一个巨大的钟塔，不过最近这个钟塔上的钟比标准时间每小时慢 2 分钟。小明晚上 7 时整发现这个钟显示的时间和标准时间相同，第二天早上小明看到这个钟显示 9 时 30 分，这时的实际时间是________。

7. 叫花鸡是一道传统名菜。制作叫花鸡时，王师傅将用调味料等处理后的鸡包裹上黄泥土，丢进柴火堆中煨熟。煨制前，鸡和黄泥土整体称重是 2200 克，其中鸡的含水率是 60%，黄泥土的含水率是 50%。煨制后，鸡和黄泥土整体称重是 1360 克，其中鸡的含水率是 45%，黄泥土的含水率是 1%。

煨制前，鸡的质量是________克，黄泥土的质量是________克。

8. 几位同学假期去某市旅游。该市有 6 座塔，它们的位置分别为 A,B,C,D,E,F，如图所示。同学们游玩时发现，有几个位置只能看到位于 A,B,C,D 处的 4 座塔，而看不到位于 E 和 F 的塔。看不到的唯一原因是视线被其他的塔阻挡。

那么，这样的位置有________个，请在图上标一标。

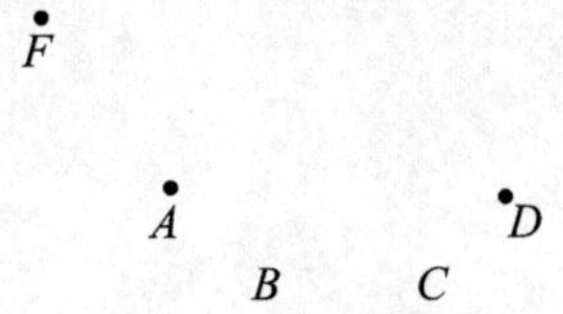

第 8 题图

9. 甲、乙、丙、丁四名同学练习传球，每人都可以把球传给另外 3 人中的任一个。先由甲发球，经过 5 次传球后仍然回到甲的手中。整个传球过程中共有________种不同的传球方法。

10. 把 16 枚质量各不相同的砝码(它们的质量分别是 1 克、2 克、3 克……16 克)分别放在天平的 2 个托盘上，使得天平的一端要比另一端重。老师让 15 名学生顺次每人都从托盘中拿走 1 枚砝码，同时使天平上原来重的一端变得比另一端轻。那么，最后剩下的一枚砝码的质量是________克。

11. 已知 a,b 均为正数，且 $\frac{a}{b}=a+2$，$\frac{b}{a}=a-2$，那么 $\frac{b^2}{(a-2)^2}=$________。

12. 问题，无疑是数学的灵魂所在。深入数学的殿堂，我们无不与解题紧密相连。我们已经学习了很多解决问题的策略，如画图、列举、转化、假设等。这些精妙绝伦的解题策略，如同璀璨的星辰，照亮了我们前行的道路。

请你结合试卷上或平时印象深刻的题目，写一篇不少于 200 字的小作文，分享你是如何巧妙运用这些策略攻克数学难题的。

2024年 春·广州悦教育高端班选拔考试

1年级

思考笔记

一、填空题Ⅰ

1. 计算:(1)22－15＋8＋15＝________。 (2)95＋99＋6＝________。

(3)17＋18＋19＋20＋21＋22＋23＝________。

2. 小明参与转盘抽奖,转到区域1是一等奖,区域2是二等奖,区域3是三等奖,他抽到________等奖的概率最大,________等奖的概率最小。

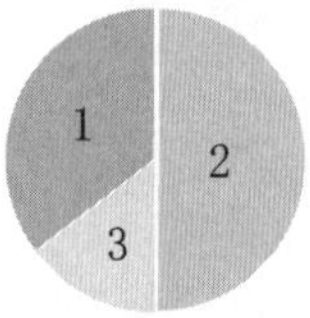

第2题图

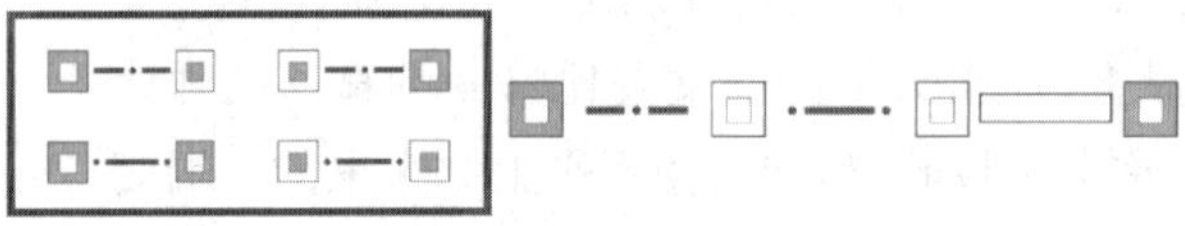

第3题图

3. 请你仔细观察左边方框里的图形变化规律,然后把右边的图补充完整。

二、填空题Ⅱ

4. 每个盒子里有2块圆形巧克力、3块方形巧克力、4块心形巧克力,现在3个盒子里共有________块圆形巧克力和________块心形巧克力。

第4题图

5. 老师发现教室里的玻璃坏了,去问了A、B、C 3个小朋友。已知这3个小朋友中只有一个人说了真话,那么________说了真话,________打破了玻璃。

A:是C打碎的。

B:不是我打碎的。

C:也不是我打碎的。

6. 按照规律在下面各组的横线上填上合适的数。

(1)1,3,6,10,15,________。

(2)1,2,6,6,11,10,16,14,21,18,________,________。

(3)2,3,5,8,13,21,________。

7. 请你在空格内填入1～4,使每行、每列、每个粗线框出区域内的4个数字不重复。

	2	3	1
	3	2	4
2			3

第7题图

三、填空题Ⅲ

8. 请把下面的 10 个桃子，分装在 3 个一样的篮子里，要求每个篮子的数量不少于 2 个，一共有________种不同的分法。

第 8 题图

9. 请数一数，下图中包含爱心的正方形一共有________个。

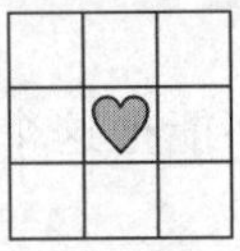

第 9 题图

10. 下面竖式谜中，相同的字母代表相同的数字，不同的字母代表不同的数字，*ABC* 所代表的的三位数是________。

$$\begin{array}{r} A\ B\ 0 \\ +\quad 5\ 1\ C \\ \hline 1\ 0\ 0\ 0 \end{array}$$

第 10 题图

11. 请观察下面钟表的规律，并把最后一个钟表上的指针补充完整。

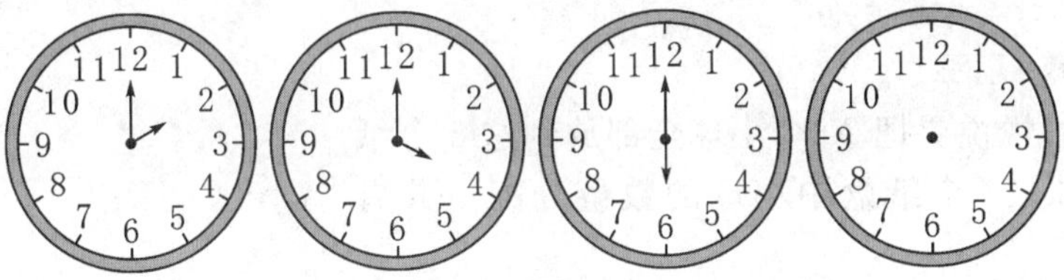

第 11 题图

四、解答题

12. 斑马今天跑了 6 千米，恐龙跑的路程比斑马多 5 千米，小鹿跑的路程比恐龙少 3 千米，骆驼跑的路程比小鹿多 2 千米，斑马、恐龙、小鹿和骆驼 4 只动物今天一共跑了________千米。

第 12 题图

13. 妞妞和甜甜共有 21 块巧克力，妞妞比甜甜多 3 块巧克力，请你算一算妞妞有________块巧克力，甜甜有________块巧克力。

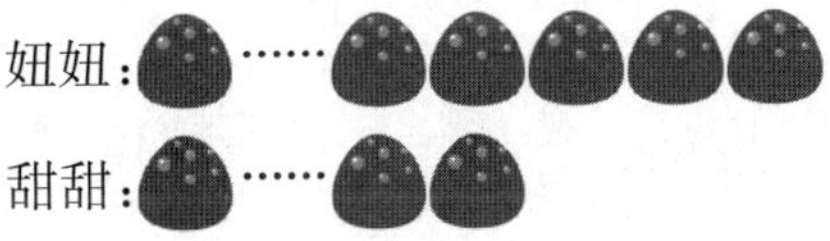

2年级

一、填空题Ⅰ

1. 计算。

(1)257+98=________。　　　　(2)366－189=________。

2. 计算。

(1)550×6=________。　　　　(2)2000÷40=________。

3. 计算：127－(27－45)+55=________。

二、填空题Ⅱ

4. 在一个圆形比萨的正上方切7刀，比萨不能对折，最多能把这个比萨切成________块。

5. 等差数列4，7，10，13，16…的第12项是________。

6. 周期数列1，3，5，7，1，3，5，7…前17个数的和是________。

7. 将3个相同的小正方形拼成一个大长方形，这个大长方形的周长是16厘米，那么一个小正方形的周长是________厘米。

三、填空题Ⅲ

8. 如图所示，在线段AB上有C，D，E三点，已知线段$AD=BC$，E点是线段BD的中点，线段$AB=16$，$BC=12$，那么线段$DE=$________。

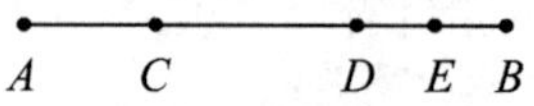

第8题图

9. 桌上有3个完全相同的纸盒，悦悦要把20个小球全部放到这3个纸盒中，每个纸盒至少要有3个小球。3个纸盒中小球的数量分配一共有________种不同的可能。

10. 陈老师将一堆奖品平均分成了3份，悦悦拿走了1份多2个后；陈老师又将剩下的奖品平均分成了4份，开开拿走了2份多3个；陈老师再次将剩下的奖品平均分成了5份，心心拿走了3份多4个。最后发现奖品还剩下6个，原来的奖品一共有________个。

11. 4只小兔子比赛吃胡萝卜，小白兔比小灰兔吃得多，小黑兔比小棕兔吃得少，小棕兔比小白兔吃得少，小灰兔比小棕兔吃得多。________吃得最多，________吃得最少。

四、解答题

12. 在一条长5000米的马路两侧种树，从头到尾每隔20米种一棵树(树的宽度忽略不计)。这条马路两侧一共种了多少棵树？

13. 我们把数字和为8的自然数称为“幸运数”，例如：107的数字和为1+0+7=8，那么不超过2024的“幸运数”一共有多少个？

3年级

思考笔记

一、填空题Ⅰ

1. 请计算：$13\times12+13\times11+23\times17=$________。

2. 解方程：$3x-17=2(x+3)$，解得 $x=$________。

3. 等差数列：25，28，31，34，…，52，这个数列共有________个数，这些数的总和是________。

4. 对任意整数 a、b，规定：$a*b=3\times a-b$，那么 $(2*4)*3=$________。

二、填空题Ⅱ

5. 工厂的 2 台机器 2 小时能做出 400 个零件，那么________台机器 6 小时做出 2400 个零件。

6. 已知 2028 年 2 月 3 日是星期四，那么 2028 年的 4 月 3 日是星期________。

7. 某农场有一些鸡和兔，一共有 120 条腿，且鸡的数量是兔的 4 倍，农场里有________只鸡。

8. 老师买了一些笔准备发给全班同学，如果每个人给 3 支笔，那么还会剩余 5 支笔，如果给每个人给 4 支笔，那么还需要 11 支笔，老师共买了________支笔。

9. 如下图所示，悦悦在边长为 10 厘米的正方形纸张中，剪去边长分别为 4 厘米、3 厘米的小正方形，那么剩余图形的周长是________厘米，面积是________平方厘米。

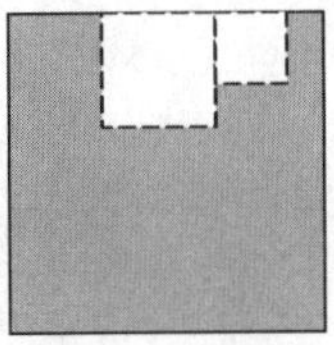

第 9 题图

三、填空题Ⅲ

10. 二(3)班组织了一次跳高和跳远比赛活动，全班共有 47 人，已知参加跳高比赛的有 32 人，参加跳远比赛的有 25 人，两项都不参加的有 5 人，那么两项都参加的有________人。

11. 小悦每天早上 7:00 从家出发去学校，每分钟走 60 米，走 12 分钟正好到达学校。如果明天早上小悦想在 7:08 到达学校，那么她每分钟要比原来多走________米。

12. 在某场考试中，五位同学的平均成绩是 90 分，他们的成绩是互不相同的整数，最高的 99 分，最低的 71 分。那么，按分数从高到低居第三位的同学的分数至少是________分。

13. 开开和心心都有一些糖果，每操作一次是由糖多的人给糖少的人一些糖，使得糖少的人的糖数增加一倍。经过 50 次这样的操作后，开开有 20 块糖，心心有 5 块糖。那么原来开开有________块糖，心心有________块糖。

14. 悦悦躺在田野上数星星，数完后他把星星的数量写在一张纸上，已知这个数字在 100～400 之间，小朋友们分别作出如下猜测。

甲说：这个数是 10 的倍数；这个数是 5 的倍数。

乙说：这个数加上 1 后是 2 的倍数；这个数的个位数字比十位数字大 2。

丙说:这个数字的个位数字是 7;这个数的百位、十位、个位数字恰好组成一个从小到大排列的等差数列。

悦悦听完他们的猜测后,笑着说:你们每人都恰好猜对一半,猜错一半。那么星星的数量是________。

四、解答题

15. 悦悦、开开、心心 3 人共有 170 张积分卡。已知悦悦的积分卡数量是心心的 3 倍;如果开开拿 10 张给心心,则两人卡片数量就一样多了。那么悦悦、开开、心心原来各有多少张积分卡?

16. 各个数位上的数字之和称为这个数的数字和,例如,“8”的数字和为 8,“23”的数字和为 5。数字和小于 12 的三位数,我们称其为完美三位数,例如 128,208 等。现有 5 张卡片如下图,分别写有数字 0,2,3,4,6,从中任选三张卡片排成一排组成一个三位数(其中“6”也可以当做“9”用),那么一共可以组成多少个不同的完美三位数?

0	2	3	4	6

第 16 题图

4年级

思考笔记

一、填空题Ⅰ

1. 计算：$0.25\times700-30\times2.5=$________。

2. 在数学王国里，我们定义了一种新的运算“$\oplus$”，规定：$a\oplus b=a\times b+a+b$。请计算：$(5\oplus4)\oplus3=$________。

3. 解方程组：$\begin{cases}2x+y=11,\\5x-2y=14,\end{cases}$ 则 $x=$________，$y=$________。

4. 如下图，填入恰当的数字使得竖式成立。那么竖式的结果等于________。

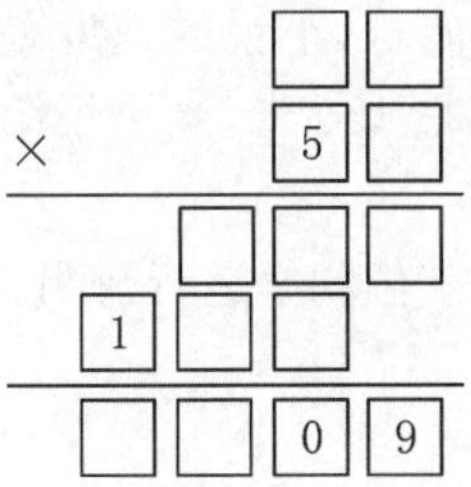

第 4 题图

二、填空题Ⅱ

5. 某水果店老板在卖一堆苹果，他第一天卖出了这堆苹果的一半多 1 个，第二天又卖出了剩下的一半多 2 个，第三天再卖出了剩下的一半多 3 个，最后还剩下 4 个苹果。那么这堆苹果最初有________个。

6. 悦悦小学举办了踢毽子比赛，最终评出前 5 名获奖者。已知排在前 5 名的 5 位学生，平均每人踢 63 个；排在前 3 名的 3 位学生，平均每人踢 70 个；排在后 3 名的 3 位学生，平均每人踢 54 个，那么第 3 名踢________个。

7. 如下图为某城市道路网格图，悦悦想从公园（点 A），去到图书馆（点 B），规定他只能往右走、往上走或往右上走，那么一共有________条不同的路线。

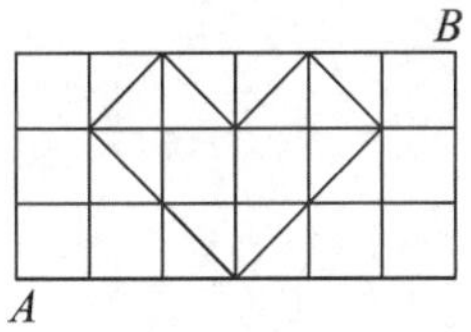

第 7 题图

8. 将 3 个相同的正方体拼成一个长方体，发现表面积减少了 36 平方厘米，那么拼成的长方体的体积是________立方厘米。

9. 将 1～7 这 7 个自然数分别填入下图的圆圈内，使每条直线上 3 个数的和都相等，那么正中间的数＝________。

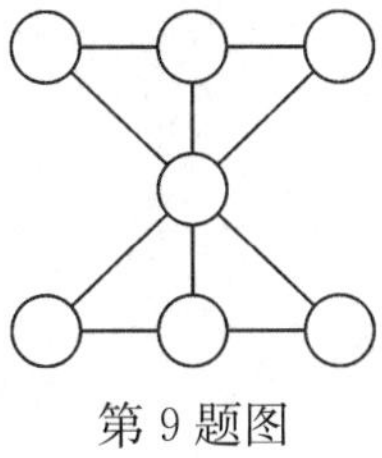

第 9 题图

三、填空题Ⅲ

10. 一个牧场上的青草每天都匀速生长。这片草地上的青草可供 27 头牛吃 6 天，或者可供 23 头牛吃 9 天。现在有一群牛，吃了 6 天后，卖掉了 4 头牛,余下的牛又吃了 2 天将草吃完。那么这群牛原来有________头。

11. 在所有大于 100 的自然数中,符合除以 23 的商与余数相同的数共有________个。

12. 如下图,平行四边形 $ABCD$ 的面积是 30,平行四边形 $DCEF$ 的面积是 25,则阴影三角形的面积是________。

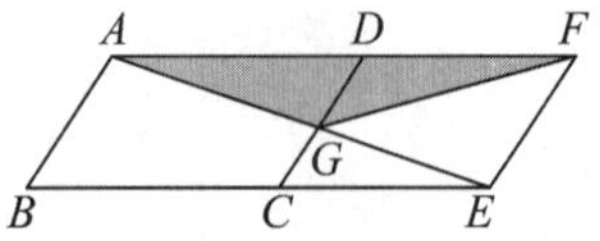

第 12 题图

13. 小悦和小飞同时从环形跑道的同一点出发同向而行,小悦的速度是 11 米/分,小飞的速度是 8 米/分。环形跑道一圈的长度是 150 米,当小悦第 2 次追上小飞时,距离出发点________米(较短的那段)。

14. 老师在书本上写了一个三位数然后盖住,班上有三位同学进行猜测。

小飞:"这个数是个奇数,比 300 大。"

小喜:"这个数是个偶数,是个平方数。"

小乐:"这个数是 3 的倍数,是 6 的倍数。"

老师发现,三位同学的猜测恰好一半对,一半错,那么这个三位数是________。

四、解答题

15. 甲乙两辆火车相向而行,小悦在甲车上,小绚在乙车上。甲车的车长是 450 米,乙车的车长是 300 米,甲车的速度是 5 米/秒,已知小悦从乙车头经过窗口开始计时,到乙车尾离开窗口共用时 20 秒,请问:

(1)乙车的速度是多少?

(2)若小绚从甲车头经过窗口开始计时,到甲车尾离开窗口共用时多少?

16. 一个四位数密码锁的密码选自 1,2,3,4 这 4 个数字中的几个来组成,若要求密码至少用到其中 3 个数字,例如:密码可以是 1123,1234 等,但不能是 1111,2223,3344 等,那么满足条件的四位数密码共有多少个?

5年级

思考笔记

一、填空题Ⅰ

1. $\frac{25}{36}\times\frac{7}{2}+\frac{47}{36}\times\frac{7}{2}=$________。

2. $\frac{1}{1\times2}+\frac{2}{2\times4}+\frac{3}{4\times7}+\frac{4}{7\times11}+\frac{5}{11\times16}=$________。

3. 已知甲∶乙=3∶2,乙∶丙=4∶7,若甲=12,那么丙=________。

4. 相同的字母代表相同的数字,不同的字母代表不同的数字。若$\overline{ABC}+A+B+C=666$,那么$\overline{ABC}=$________。

二、填空题Ⅱ

5. 质数 N 是一个两位数,并且 N 的个位数字和十位数字都是质数,那么满足条件的 N 有________个。

6. 一项工程,甲乙的合作效率是$\frac{1}{9}$。甲先做 3 天完成了$\frac{1}{10}$,后来乙加入,两人合作了 6 天,剩下的由乙单独继续做,乙还需要做________天。

7. 一只轮船在 240 千米长的水路中往返航行,原来顺水用 8 小时,逆水用 10 小时,当水速变成原来 2 倍时,那么此船顺水航行 264 千米需要用________小时。

8. 小悦看一本书,第 1 天看了全书的$\frac{2}{5}$,第 2 天看了余下的$\frac{3}{4}$,第 3 天看了 12 页就看完了。那么这本书共有________页。

9. 如图为 4×5 的小正方形网格,只包含一个"*"的长方形有________个。

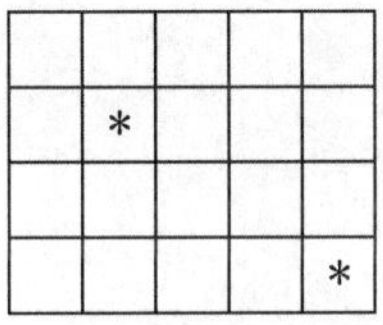

第 9 题图

三、填空题Ⅲ

10. 有 A、B、C、D、E、F 共 6 个人排成一排拍照。要求 C 要站在 A 和 B 之间,DE 要挨着站在一起,那么共有________种排法。

11. 圆形跑道的 40%是平路,60%则设置了跨栏。悦悦在平路和跨栏的速度分别为 5 米/秒和 6 米/秒,总共用时 3 分钟。那么跑道总长为________米。

12. 如图,已知 AB∶DC=2∶5,E 是 DC 中点。已知阴影部分的面积是 25,那么梯形 $ABCD$ 的面积是________。

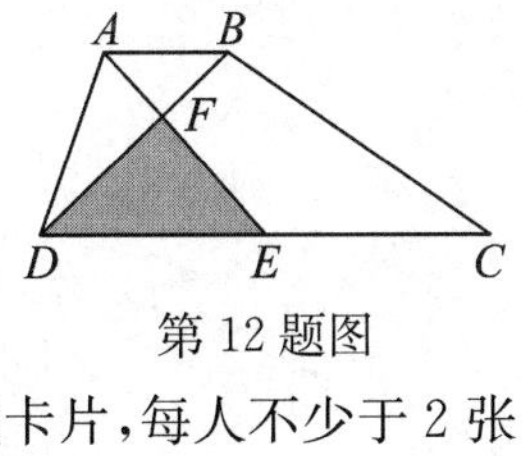

第 12 题图

13. 甲乙丙丁各有一些卡片,每人不少于 2 张,所有卡片上的数是各不相同的正整数,已知这些数的和是 60,将每个人自己卡片上的数进行相乘,这 4 组乘积的总和最大可能值是________。

14. 悦悦家的密码锁是一个五位数的密码。现在有 10 组数据:18391,68477,49700,52025,73160,87063,03962,24751,31825,96034。已知每一组数据与密码锁的密码都只有一个数位上的数字相同,那么这个密码是________。

四、解答题

15. 商场有一架从一楼到二楼的自动扶梯,若悦悦在乘扶梯的同时向上走,那么走 15 级会到达二楼,若悦悦在乘扶梯的同时向下走,那么走 20 级会到达二楼,已知悦悦两次自己行走的速度比为 2∶1,那么这个扶梯共有多少级?

16. 1～999 这 999 个自然数中,有多少个数的数字和能被 5 整除?

6年级

思考笔记

一、填空题Ⅰ

1. 计算：$\frac{1}{19}\div\frac{17}{5}+\frac{2}{19}\times25+\frac{5}{19}\times27\frac{16}{17}=$________。

2. 已知 $a_n=\frac{1}{(2n-1)\times(2n+1)}$，$S_n$ 表示 a_n 前 n 项和，那么 $22\times S_5=$________。

3. $A=\frac{18}{666}+\frac{18}{667}+\frac{18}{668}+\frac{18}{669}+\cdots+\frac{18}{776}$，那么 A 的整数部分是________。

4. 已知下列横式谜中，相同汉字代表相同数字，不同汉字代表不同数字，数学很难＋数学太难＝很难太数难，那么数＋学＋太＋很＋难＝________。

二、填空题Ⅱ

5. 六年级一共有 300 人，男生比女生的 25%多 5 人，那么男生占了女生的________。(填分数)

6. 有一项工程，甲乙合做 1 天后，乙再单独做，恰好如期完成。若甲单独做，则提前 11 天完成，若乙单独做，则超时 4 天才能完成。若甲乙合作，那么________天完成。

7. 已知 M 是 $5!$ 的倍数，是 $12!$ 的因数，这样的 M 有________个。

8. 嘎子有 3 种颜色不同的旗子若干面，旗杆上有上下两个位置可以挂旗，每次可以往旗杆上挂 1 面或 2 面旗子向胖墩传递信息，在传递了 2025 次信息后，至少有________次信息是一样的。

9. 在正方形 $ABCD$ 中，AE 垂直 BE，DF 垂直 CF，$BE=40$，$CF=38$，三角形 BEF 的面积为________。

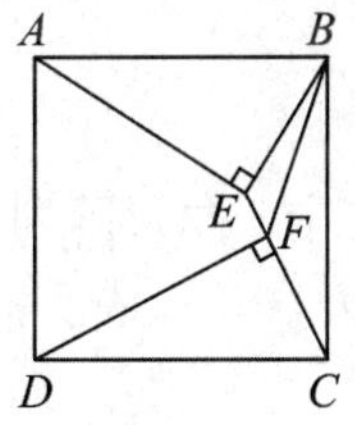

第 9 题图

三、填空题Ⅲ

10. 从 1～23 之间选出 5 个互不相同的正整数，其中任意两个数的差不小于 4，共有________种选法。

11. 记 $S(n)$为自然数 n 的各个位数字之和，例如 $S(123)=1+2+3=6$，计算 $S(1)+S(2)+S(3)+\cdots+S(2024)=$________。

12. 四边形 $ABCD$ 为平行四边形，面积为 660，$AE=ED$ 且 $AF:FB=1:3$，连接 CF、EB 交于点 G，那么三角形 EGC 的面积为________。

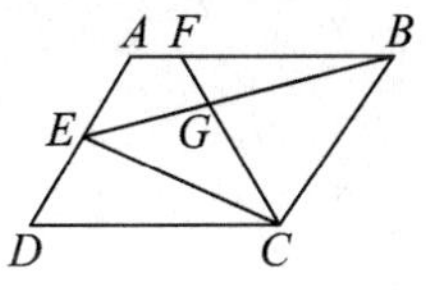

第 12 题图

13. 我们用 24 小时制来表示一天的某个时刻，例如下午 3 点为 15:00，若某个时刻表示为 $x:x$（x 时 x 分，$x>0$），分针和时针的夹角恰好为 $2x$ 度，那么 $x=$________。

14. 李老师从所有的两位质数里选了 3 个分给甲、乙、丙三个人，依次发生以下对话。

甲：我的数个位和十位相加的和肯定和你们的个位和十位相加的和不同。

乙：我的数加上甲的数有可能是完全平方数。

丙：我的数肯定比你们俩的都大，并且我的数加甲的数也有可能是完全平方数。

乙：现在我确定我的数加甲的数不是完全平方数了。

已知 3 人都是聪明且诚实的好孩子，那么乙＝________，丙＝________。

四、解答题

15. 小龙每天从家开车到公司上班都要经过小卖部，某一天小龙照常去上班，但是车坏了，小龙只好骑共享单车按照往常路线去公司，结果比平时晚了 18 分钟。因为车在维修中，第二天小龙依旧骑共享单车去公司，在路过小卖部时进去买了瓶饮料，2 分钟后出来发现共享单车被骑走了，只好按照往常路线跑步去公司，比第一天骑车来公司又晚了 12 分钟，已知小龙开车速度为 25 米/秒，骑车速度为 15 米/秒，小卖部到小龙家的距离是到公司距离的 2 倍，求小龙跑步的速度。

16. 悦悦所在的学校军训成果大汇演，若干人排成了一个三角形阵列，这个阵列的第一排有 3 个人，第二排有 14 人，第三排有 25 人，……，依次构成一个以 11 为等差数列的阵列。一共有 100 排。

(1)这个阵列共有多少人？

(2)悦悦站在第 n 排，且 n 为大于 3 的质数，悦悦发现这排的人数恰好是一个完全平方数，则悦悦在第几排？这排共有多少人？

2024年 秋·广州悦教育高端班选拔考试

1年级

思考笔记

一、填空题Ⅰ

1. 计算。

(1)29＋18=________。　　　　(2)52－35=________。

2. 计算：19＋28－37－28＋37＋11=________。

3. 在下图竖式谜的方框内填上合适的数字，使竖式成立。

```
     □  3
+    4  □
---------
  □  1  7
```

第3题图

二、填空题Ⅱ

4. 根据前三个图的规律，将最后一个图补充完整。

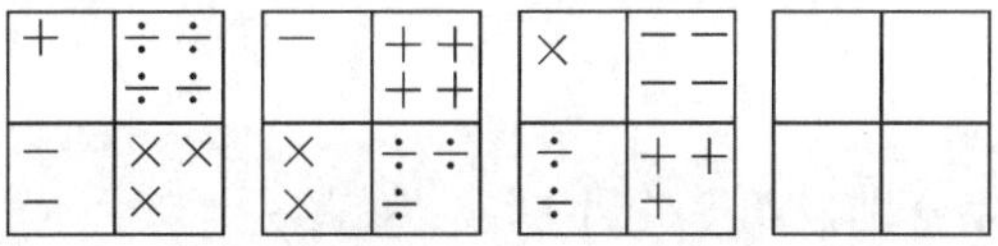

(1)　　(2)　　(3)　　(4)

第4题图

5. 悦悦用11根火柴棒能组成了两位数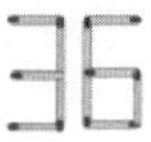，再移动一根火柴棒，能得到的最大的两位数是________。

6. 喜喜去超市买了2根棒棒糖和1包薯片。已知每根棒棒糖1.50元，每包薯片5.80元。喜喜一共花了________元。

7. 数一数，下图中共有________个长方形。

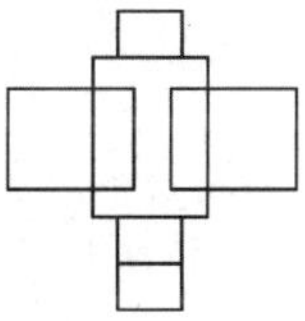

第7题图

三、填空题Ⅲ

8. 下图是由3个一样的骰子拼成的长方体，六个面上分别写有数字1～6(不考虑数字方向)。这3个骰子底面的数字之和是________。

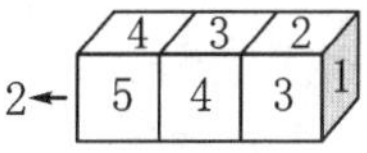

第8题图

9. 23 只小羊排成一排,小羊笑笑是从左往右数的第 12 只,小羊乐乐是从右往左数的第 15 只。笑笑和乐乐之间有________只小羊。

10. 陈老师要把 11 朵小红花奖励给喜喜、悦悦和乐乐 3 个小朋友,要求每人至少分到 1 朵,且分到的小红花数量不同。他们 3 人获得的小红花数量有________种不同的可能。

11. 甲、乙、丙、丁 4 人参加了 100 米赛跑并得了前四名(没有并列同一名次的),关于各人的名次大家作出了下面的猜测。

甲:“我第四,丙第一。”

乙:“我第四,丙第二。”

丙:“我第三,丁第二。”

丁:“我第二,甲第一。”

成绩出来之后,发现每个人只猜对了一半。那么甲是第________名。

四、解答题

12. 妈妈带着佩佩、奇奇和乔乔一起学习做面包。佩佩做了 18 个,奇奇做的比佩佩的一半多 2 个,乔乔做的比奇奇的两倍少 3 个,妈妈做的刚好是奇奇和乔乔的数量之和。妈妈做了多少个面包?

13. 陈老师将写有数字 1～5 的 5 张卡片分别发给 5 个小朋友,每人一张。其中玲玲拿到的卡片上的数字不是奇数,娜娜拿到的卡片上的数字不是偶数。这 5 张卡片的分法一共有多少种不同的可能?

2年级

思考笔记

一、填空题Ⅰ

1. 计算：(1)$16\times40=$________。　　(2)$276\div6=$________。

2. 计算：$34\times78-34\times58=$________。

3. 在右面的加法竖式中，相同文字代表相同数字，不同文字代表不同数字，那么$\overline{\text{平安喜乐}}$所代表的四位数是________。

```
      喜 乐
+ 平 安 喜 乐
―――――――――――
  2  0  2  4
```

第3题图

二、填空题Ⅱ

4. 悦悦在搭一个十层的积木城堡，每一层都比上一层多2块积木，已知第一层有1块积木，那么最下面一层有________块积木。

5. 一个箱了里有8个红球，黄球个数比红球的4倍多2个，黑球的个数比红球和黄球个数之和的一半少2个，箱子里有________个黑球。

6. 如下图所示（单位：厘米），右图的周长是________厘米。

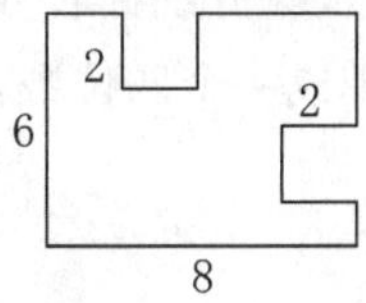

第6题图

7. 悦悦有1元、5元、10元的纸币，且每种纸币的数量都足够多。她想买一个20元的布娃娃，不找钱，一共有________种不同的支付方法。

三、填空题Ⅲ

8. 悦悦和黄老师在玩猜年龄游戏，黄老师对悦悦说："当我像你这么大，你才2岁；当你比我现在还多3岁时，我已经47岁了。"今年黄老师________岁。

9. 如图所示，图中所标数字为该线段的长度（单位：厘米），下图的面积是________平方厘米。

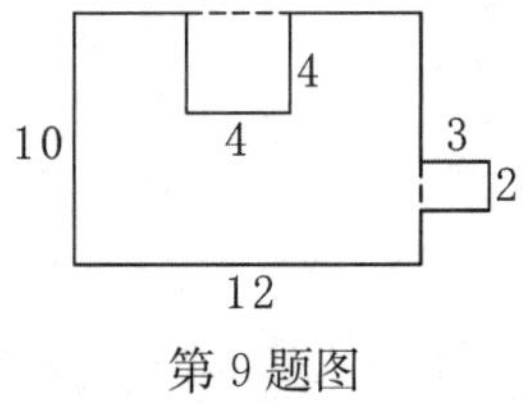

第9题图

10. 把12个棱长为1厘米的正方体重叠在一起，按下图中的方式拼成一个立体图形，并粘在桌子上，将该立体图形表面喷上阴影色后再拆开，共有________个面没有被喷上阴影色。

第10题图

11. 甲、乙、丙、丁 4 人住在同一栋楼的 1～4 层，他们的职业是音乐家、画家、教师和医生，请你根据以下信息，推断出乙的职业是________。

(1)甲不住 1 楼，丙住在甲楼上。

(2)教师住在 3 楼，画家不住 2 楼。

(3)丁住 4 楼，丁不是画家。

四、解答题。(写出解答过程，每题 15 分，共 30 分)

12. 悦悦买了 3 种型号的乌龟玩具各一只，共花了 141 元。已知中号乌龟价格是小号乌龟的 2 倍多 1 元，大号乌龟的价格是中号乌龟价格的 2 倍少 2 元，那么中号乌龟的价格是多少?

13. 小悦有 6 个球，3 个红球分别标着数字 0、1、2；3 个蓝球分别标着数字 2、3、3。现在任意取出 2 个红球，2 个蓝球，按照任意顺序排成一个四位数，一共可以组成多少个小于 2300 的四位数?

3年级

思考笔记

一、填空题Ⅰ

1. 计算：25×52×77÷(5×11×13)＝________。

2. 在下列□中填入相同的数字，使得算式成立，那么□＝________。

$\overline{□□}+\overline{□□}+\overline{□□}-□-□=155$

第 2 题图

3. 有一群小朋友排成一排玩报数游戏，第 1 个小朋友报 6，第 2 个小朋友报 8，第 3 个小朋友报 10，…，按照这样的规律报下去，最后一个小朋友报了 66，那么一共有________个小朋友在玩游戏。

4. 把下列竖式补充完整，其中相同汉字代表相同数字，不同汉字代表不同数字，那么$\overline{好开心}$＝________。

		好	开	心
×			好	4
		4	9	开
	好	开	心	
	好	7	开	开

第 4 题图

二、填空题Ⅱ

5. 有一筐苹果，最开始甲取走一半又一个，接着乙取走余下的一半又一个，然后丙再取走余下的一半又一个，最后丁把剩下的 3 个苹果全取走，卖了 12 元，那么原本这筐苹果值________元。

6. 小悦，小熙，小喜三人在讨论年龄问题。小熙说："当我像小悦这么大时，小喜才 4 岁。"小喜说："那当我像小悦这么大时，小熙已经是 28 岁了。"已知小悦的年龄比小喜的年龄大，比小熙的年龄小，那么小喜和小熙相差了________岁。

7. 如下图，一只蜗牛想要从 A 走到 B，且不能通过 C 点，如果规定只能向右或向上走，一共有________种不同的路线。

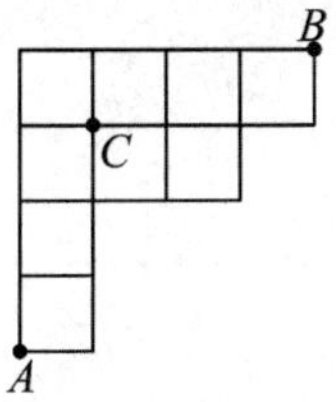

第 7 题图

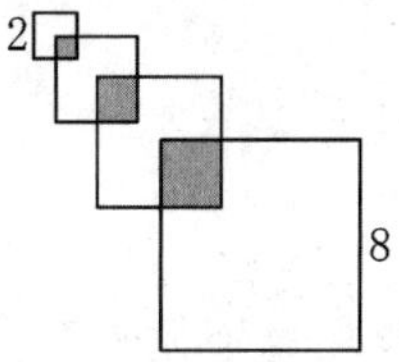

第 8 题图

8. 如题图，由边长分别为 2，4，6，8 的正方形叠放形成的新图形，已知每个右下角的正方形的顶点均位于它左上方正方形的中心位置，那么该图形的周长为________。

9. 下图中所有的四边形都是正方形，那么一共有________个正方形。

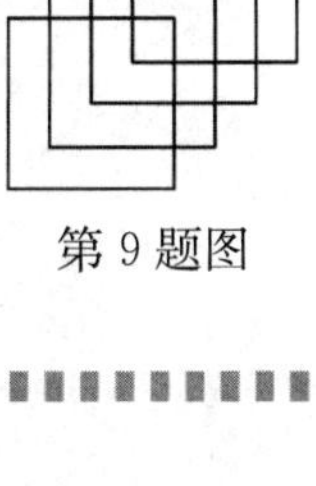

第 9 题图

三、填空题Ⅲ

10. 如图,是用 5 个相同大小的小长方形拼成的一个大长方形,如果大长方形的周长是 64,那么大长方的面积是________。

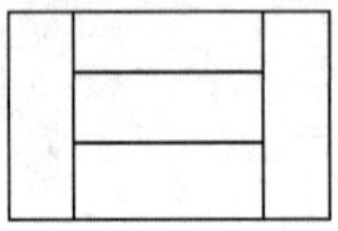

第 10 题图

11. 从 6 开始的一串连续自然数 6,7,8,9,…,19,拿走其中 2 个连续自然数,余下的数的平均数是 11、5,那么拿走的 2 个数的乘积是________。

12. 龟兔 100 米赛跑过程中,骄傲的兔子跑到中点的时候就掉头往回跑,与乌龟相遇之后又再掉头向终点跑去,最后当兔子跑到终点的时候,总共用时 10 分钟,此时乌龟刚好到达中点,那么兔子的速度是________米/分。

13. 任取 10 个互不相同的非零自然数,使得它们的和为 100,然后将它们两两相乘得到对应的乘积,其中乘积的可能值中最大的是________。

14. 如图,四边形 $ABCD$ 与四边形 $BEFG$ 都是正方形,$AI // EH$,$\angle GBC=30^\circ$,那么$\angle DAI=$________°

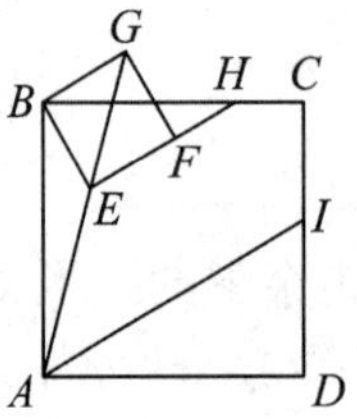

第 14 题图

四、解答题

15. 甲、乙、丙三人期末分别获得了一些零花钱,甲的零花钱是乙的 3 倍少 9 元,丙的零花钱是甲和乙的零花钱的差的 2 倍,他们一共获得了 53 元,那么丙的零花钱是多少元?

16. 五位数仅由 2,0,3,4 四种数码组成,要求每个数码至少出现 1 次,且组成的这个五位数满足是 3 的倍数,那么一共能组成多少个不同的五位数?

4年级

思考笔记

一、填空题Ⅰ

1. 计算：$8.6\times20+\frac{12}{5}+\frac{6}{10}=$________。

2. 解方程组：$\begin{cases}2x+3y=47,\\3x+2y=53,\end{cases}$解得 $x=$________，$y=$________。

3. 下图为某年1月日历，已知 $A+B+C=48$，那么某年1月1日是周________。

1月						
周日	周一	周二	周三	周四	周五	周六
		A				
			B			
				C		

第3题图

4. 下图是一个除法竖式迷，相同的字代表相同的汉字，不同的字代表不同的汉字，那么四位数沁园春雪的最大值是________。

```
         香 沁
    ┌────────
 雪 │ 沁 园 春
     初 雪
    ────────
         初 春
         初 春
    ────────
            春
```

第4题图

二、填空题Ⅱ

5. 如下图，在梯形的四边取中点连接成一个四边形，上底是下底的一半，已知有一个三角形的面积是13，那么梯形的面积是________。

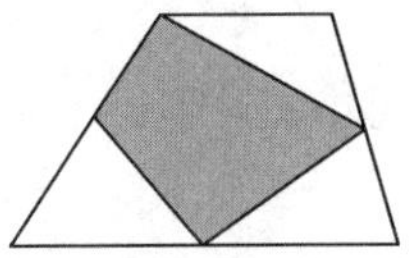

第5题图

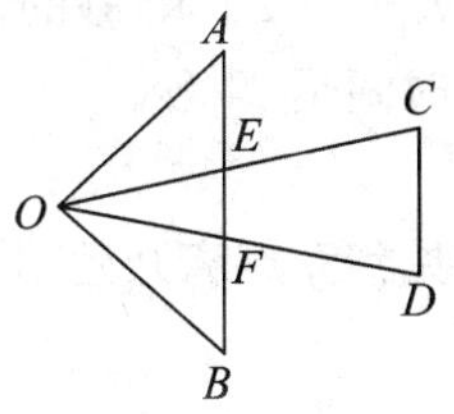

第6题图

6. 如图，是一个上下对称的图形。已知 $AB\parallel CD$，$\angle C=78^\circ$，$\angle AOE=\angle EOF=\angle FOB$，那么 $\angle A=$________度。

7. 有一个各位数字互不相同的五位数，任意相邻的两个数字组成的两位数(首位不为0)都是合数，那么这个五位数最小是________。

8. 在一个班级中，有50名学生。学校提供了两门选修课，分别为"艺术"和"编程"。每名学生可选可不选也可同时选两门。我们有以下信息：选择"艺术"课程的学生有35名。选择"编程"课程的学生有40名。同时选择"艺术"和"编程"两门课程的学生有 x 名。那么 x 的最小值与最大值的和是________。

9. 在一个编程大赛的现场，有两种类型的参赛者：一种是擅长算法编程的“算法大师”（我们称之为 A 类选手），另一种是擅长网页设计的“网页设计师”（我们称之为 B 类选手）。比赛规则规定，每位 A 类选手在比赛期间会占用一台电脑，并且会喝掉 2 瓶矿泉水；而每位 B 类选手同样会占用一台电脑，但只会喝掉 1 瓶矿泉水。比赛结束后，主办方统计发现，总共使用了 50 台电脑，并且消耗了 80 瓶矿泉水。现在主办方想请你帮忙，根据这些统计信息计算出在这次编程大赛中，到底有________位 A 类选手参加了比赛。

三、填空题Ⅲ

10. $\overline{ABCABC}$被 7！整除，那么$\overline{ABCABC}$=________。

11. 校长让全校学生每个人在纸上写下一个五位数，发现无论学生怎么写，总能找到 10 位同学，他们写的数的数字和相等。那么这个学校至少有________位学生。

12. 如下图，长方形的长 64 米，宽 48 米，甲、乙同时从 A、B 两地出发，如图行走，已知甲、乙的速度分别是 3 米/秒和 2 米/秒，当甲看到乙时立刻掉头，从出发开始________秒后甲第一次追上乙。

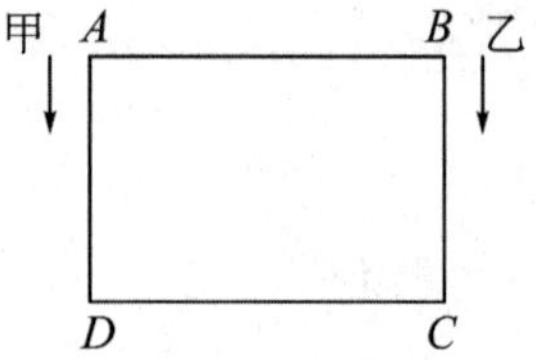

第 12 题图

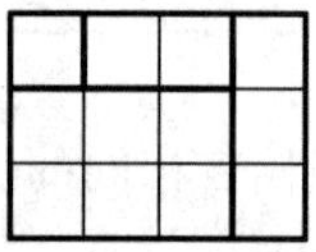

第 14 题图

13. 有一块匀速生长的草地，可供 15 头牛 10 天吃完，可供 30 头牛 4 天吃完。若第一天开始时有 20 头牛，每天结束都会丢一头牛，当这片草地上的草被吃完时还剩________头牛。

14. 如图，将一个 3×4 的表格分割成如图所示的 4 块区域。在其中填入 12 个互不相同的正整数，使得每一块的和都相等。那么这 12 个数的总和最小是________。

四、解答题

15. 武汉长江大桥是中华人民共和国成立后修建的第一座公铁两用的大桥，素有“万里长江第一桥”的美誉。一列火车以 20 米/秒的速度行驶，从开始上桥到完全下桥花了 93 秒，完全在桥的时间是 74 秒。

(1)求这列火车车长和桥长。

(2)若小悦与火车迎面相遇，从车头遇见到车尾离开她用了 5 秒，请问小悦的速度是多少？

16. 10 个人相约去古堡探险(其中有 4 个是光头但腿没断的，另外 6 个是断腿但不是光头的)，最后发现至少有 5 个人来参与探险，且参与探险的人中每个断腿的人至少有一个光头的搀扶。参与探险的人有多少种不同的情况？(每个光头和断腿的人都算不同的人)

5年级

思考笔记

一、填空题Ⅰ

1. 计算：$\frac{7}{6}\times\frac{5}{8}+\frac{5}{6}\times\frac{5}{12}-\frac{5}{6}\times\frac{1}{24}=$________。

2. 计算：$\frac{6}{1\times3}+\frac{6}{3\times5}+\frac{6}{5\times7}+\cdots+\frac{6}{13\times15}=$________。

3. 将著名的“杨辉三角”摆成如下三角形数阵，数 2 位于第 3 行第 2 列，那么第 10 行第 3 列的数是________。

1
1 1
1 2 1
1 3 3 1
1 4 6 4 1
1 5 10 10 5 1
…

第 3 题图

4. 算式中，相同的汉字表示相同的数字，不同的汉字表示不同的数字，已知这些数字不包含 0、8、9，“易”代表数字 6，且“军”与“求”所代表的数字相差 1，$\overline{千军易得将难求}$所代表的七位数是________。

$\overline{千军}\times\overline{将难求}=\overline{求易得千}$

第 4 题图

二、填空题Ⅱ

5. 悦悦商店以出厂价 80% 的价格进了一串项链，然后以高于出厂价五分之一的价格定为标价，但很久都没有人买，所以又在标价的基础上打九折，成功卖掉后，悦悦发现自己赚了 154 元. 那么这串项链的出厂价是________元。

6. 将飞镖随意地投向如图所示的木板上且不脱靶，每个小格都是正方形，那么飞镖落在木板上心形内部的概率是________。（填分数）

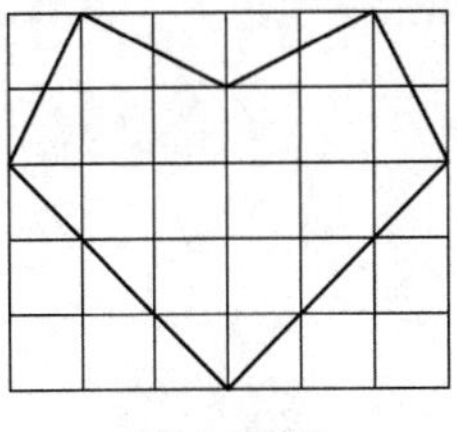

第 6 题图

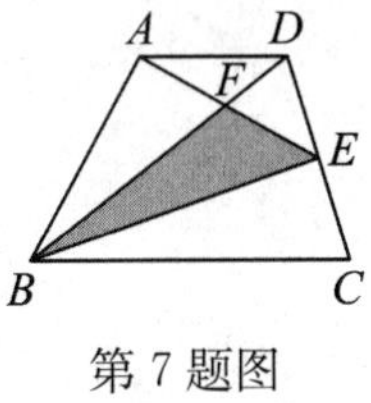

第 7 题图

7. 梯形 $ABCD$ 中，梯形 $ABCD$ 的面积是 180，$AD:BC=2:5$，E 是 CD 的中点，那么阴影部分的面积是________。

8. 将连续的奇数组成一个多位数，1357911131719…20232025，从中截取 7 个连续的数码，他们依原来的顺序组成一个七位数，且能被 11 整除，那么这个七位数最大是________。

9. 悦悦农场的 204 只兔子面向悦悦排成一排，并依次标上 1，2，3…204 号。首先序号是 2 倍数的兔子向右转，然后序号是 3 倍数的兔子向右转，接着序号是 4 倍数的兔子向右转，最后序号是 6 倍数的兔子向右转。那么最后有________只兔子面向悦悦。

三、填空题Ⅲ

10. 悦悦去商店里买饮料。商店里的饮料 10 元 1 瓶，买 3～5 瓶打 8 折，买 5 瓶以上打 7 折(折扣不重复计算)。悦悦用所有的钱(整数)买尽可能多的饮料。如果他带的钱是现有的 3 倍，那么可以买现有 4 倍数量的饮料。那么悦悦最多带了________元。

11. 2024 年万圣节是星期五，那么再过2025^{2025}天是星期________。

12. 1～9 这 9 个自然数从左到右排成一排，最多有 2 个奇数和偶数相邻，一共有________种不同的排法。

13. 如图，平行四边形 $ABCD$ 中，E、F、G 是各边的中点，H 是边 CD 的三等分点，连接 GF、HE 交于点 M，三角形 MEF 的面积是 60，那么平行四边形 $ABCD$ 的面积是________。

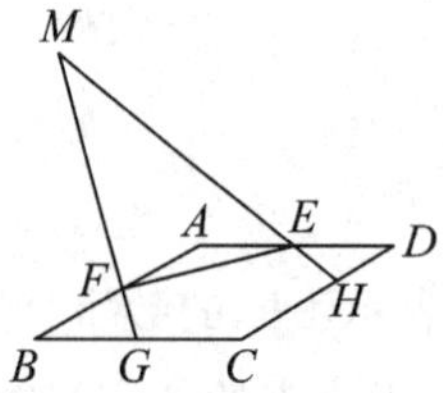

第 13 题图

14. 不大于 2024 的正整数 n 中，满足 $3n^2-12n$ 能被 60 整除的 n 有________个。

四、解答题

15. 甲和乙住在一条河的上下游，每天早上他们会同时出发，甲从上游 A 划船去下游 B，乙从下游 B 划船去上游 A，他们会在 AB 中点相遇。有一天，甲出发一段时间后，水壶掉在河里，过了 3 小时才发现，甲立即调头返回寻找，在离遗失点 12 千米的地方找到了水壶。同时他遇见了乙。如果甲不去找水壶，再过 1 小时，甲乙会相遇。已知水壶在水中会随着水漂流。求水速和甲乙的船速。

16. 将 1～5 这 5 个数，放入一个 4×4 的方格中，每个格子只能放一个数字，摆放时要求存在相邻两个数之和是平方数，以及相邻两个数之和是立方数。那么有多少种不同的放法。(方格固定)

6年级

思考笔记

一、填空题Ⅰ

1. 计算：$\frac{4}{9}\times51-17\times\frac{6}{5}+14\div\frac{15}{2}=$________。

2. 计算：$\frac{22}{1\times3}+\frac{22}{3\times5}+\frac{22}{5\times7}+\frac{22}{7\times9}+\frac{22}{9\times11}=$________。

3. ①$\frac{223}{666666}$，②$\frac{447}{1333333}$，③$\frac{1}{333}$，④$\frac{224}{666667}$。请将①至④填入横线使得式子成立：________<________<________<________。

4. 在算式$\overline{A0AA}=A\times B\times\overline{BBA}$中，$A$、$B$分别代表不同的数字，那么$\overline{A0AB}=$________

二、填空题Ⅱ

5. 已知一个四位数是7,8,9的倍数，那么这个四位数最大是________。

6. 悦悦和龙龙原有口罩数量之比为10∶7，一个月后，两人消耗口罩数量之比为10∶3，此时悦悦还剩口罩80个，龙龙还剩口罩88个，那么最开始两人共有口罩________个

7. A、B两种商品，A商品成本占定价的60%，B商品按20%的利润定价，且B的定价为240元。悦悦去商店去买了1件A商品和1件B商品，商店给他打了9折，最后还获利52元，那么A商品的定价为________元。

8. 已知n是一个正整数，$11n$的后四位是2025，那么n最小是________。

9. 如图，甲乙两人从正方形$ABCD$的顶点A同时出发沿着各自箭头方向运动。已知正方形的边长是100米，甲乙的速度比为3∶2，两人第一次在E点相遇后继续行驶，若两人第三次在F点相遇(图中未画出)，那么三角形EAB和三角形FAB的面积之差(大减小)为________平方米。

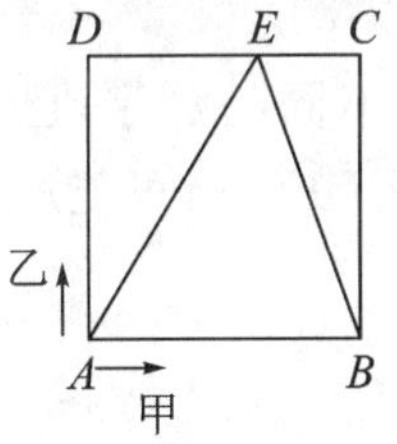

第9题图

三、填空题Ⅲ

10. 已知正方形$ABCD$，直角三角形ABE，$AE\perp BE$，$AB=10$，$BE=4$，那么三角形ADE的面积为________。

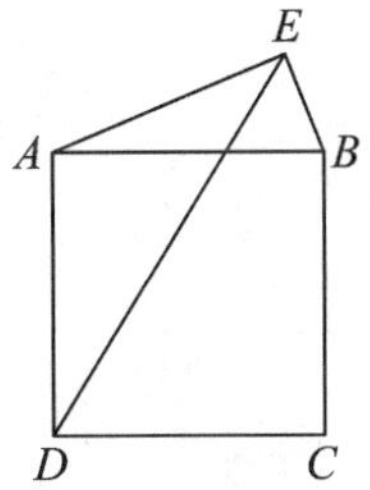

第10题图

11. 设n为正整数，$k=2235^n$，k被7除余数为2，k被11除余数为3，那么n的最小值是________。

12. 把 20 张相同的卡片分给 5 个小朋友(可以不分完),每人至少 3 张,共有________种分配方法。

13. 已知有两个盒子 A,B 中各放着 5 个相同的小球,悦悦每次抛一枚质地均匀的硬币(正面和反面朝上的概率为$\frac{1}{2}$),若正面朝上则从 A 盒中拿出 1 个小球,若反面朝上则从 B 盒中拿出 1 个小球。那么悦悦恰好在第 7 次拿完后 A 盒中就没有小球的概率为________。

14. 如图,已知三角形 ADF,EFG,CBG 的面积分别为 9、25、27,那么平行四边形 $ABCD$ 的面积为________。

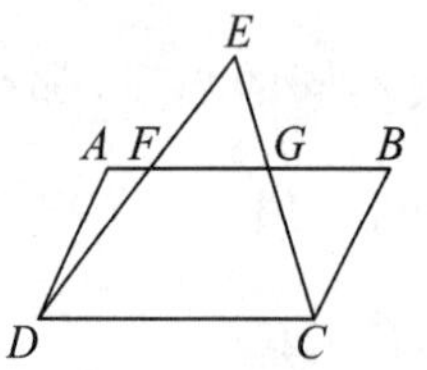

第 14 题图

四、解答题

15. 已知 AB 两地的距离为 3600 米,甲乙两人从 A 地出发前往 B 地,与此同时丙从 B 地出发前往 A 地。已知甲乙丙三人的速度分别为 4 米/秒,8 米/秒,6 米/秒。那么从出发开始,经过多长时间,丙到乙的距离是丙到甲距离的一半?

16. 相同的字母代表相同的数字,不同的字母代表不同的数字,已知 $\overline{ABC}^2\times(\overline{DE}\div F\div G+H)=\overline{IJ}^2\times12321$,其中 $B=0$,那么$\overline{DE}$所有可能取值的和是多少?

2024年 郑州平行线百子菁英计划数学选拔赛

3 年级

思考笔记

一、填空题

1. 计算：142857＋285714＋571428＝________。

2. 计算：(1＋3＋5＋…＋2025)－(2＋4＋6＋…＋2024)＝________。

3. 计算：33×35×37×39＝________。

4. 1÷2＋3÷4＋5÷6＋2÷3＋5÷4＋6÷1＝________。

5. 圣诞节要到了，小智老师准备了一些小礼物：3 个同样的苹果，4 块同样的巧克力，5 双同样的红袜子。将它们打包为 3 个外观相同的盲盒，小智老师希望每个盲盒里面每种礼物都要有，那么她有________种不同的打包方法。

6. 小智老师在教室签到，点名 1 秒，学生起立答到 2 秒，如果学生没有到，老师会连续点名 2 次，耗时 2 秒，那么一个 30 人班，签到时间是 87 秒，这个班有________人没有到。

7. 一个加法竖式如下图，1 和 8 已经填出，相同字母表示相同数字，不同字母表示不同数字，若字母表达的均为偶数，那么得数最小是________。

$$\begin{array}{r} T\ Z\ T\ F \\ 1\ T \\ +\qquad\quad 8 \\ \hline T\ Z\ F\ F \end{array}$$

第 7 题图

$$\begin{array}{r} F\ I\ V\ E \\ -\ F\ O\ U\ R \\ \hline O\ N\ E \end{array}$$

第 8 题图

8. 一个减法竖式如图，相同的字母表示相同的数字，不同的字母表示不同的数字。若$\overline{FIVE}$中有 5，$\overline{FOUR}$中有 4，$\overline{ONE}$中有 1，那么四位数$\overline{FOUR}$最大是________。

9. 小智老师有 10 块巧克力，她每天至少吃 1 块，至多吃 3 块。那么她一共有________种不同的方法吃完所有的巧克力。

10. 交卷时，4 位小朋友的数学卷子没有写名字，小智老师让 4 位小朋友上来认领，每位小朋友随便地拿走一份卷子来辨认，“巧合”的是：他们发现自己拿的都不是自己的卷子，那么有________种这样的“巧合”。

二、解答题

11. 如图，阴影部分表示河流，MN 表示独木桥，小智老师不会游泳，仅能通过独木桥穿过河流。现规定小智老师每次只能往上或者往右走一步，小智老师有多少种从左下角到右上角的不同走法？

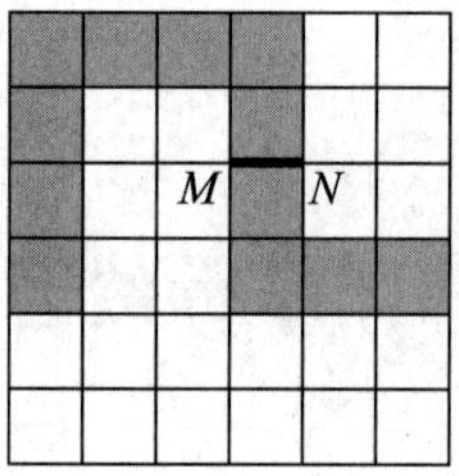

第 11 题图

12. 如图所示，小智老师已经帮小朋友们填入了 1 和 2，将 3，5，6，7，9，10，11 填入下面的空格内，使得虚线连接的 3 个数或实线连接的 3 个数之和均相等。

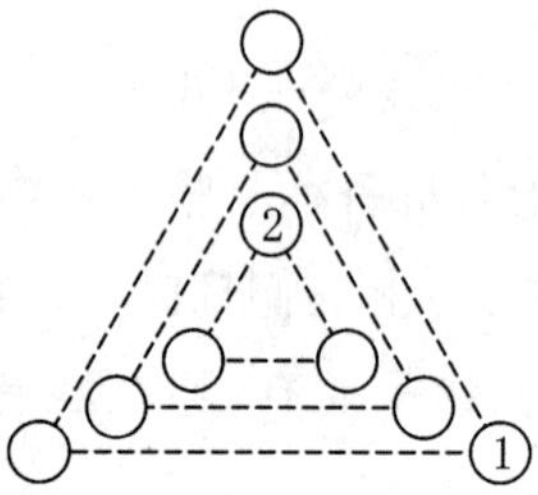

第 12 题图

13. 如图所示，从左到右分别称为“1 阶三角阵”，“2 阶三角阵”，“3 阶三角阵”，“4 阶三角阵”，…根据观察回答以下问题：

(1)“9 阶三角阵”比“10 阶三角阵”少多少个点？

(2)“20 阶三角阵”一共有多少个点？

(3)“4 阶三角阵”中去掉中心的“1 阶三角阵”后恰好还有 1 层，称“4 阶三角阵”是 2 层的(也就是“1 阶三角阵”也视为是 1 层的)，那么“7 阶三角阵”是多少层的？

(4)“4 阶三角阵”中去掉中心的“1 阶三角阵”会成为一个“中空三角阵“，那么请问“10 阶三角阵”变为“中空三角阵”时，可能去掉的是“几阶三角阵”？

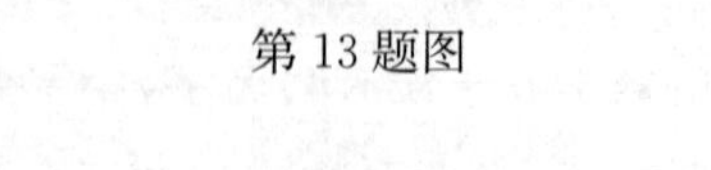

第 13 题图

4年级

思考笔记

一、填空题

1. 已知 2345＋4376＋1897＋5224＋7964－3344－9827－1007－5213 的计算结果是 2415。请问：2346＋4378＋1900＋5228＋7969－3340－9824－1005－5212 的计算结果是________。

2. 正八边形的每个内角是________度。

3. 一串数共有 13 个，中间数最大。从中间数往前数，一个比一个小 2；从中间数往后数，一个比一个小 3。已知这 13 个数的总和是 194，那么中间数是________。

4. 用数字 1，2，3，4，6，8，9 组成一个四位数，不允许重复。其中有________个数是 4 的倍数。

5. 如图，用 16 个周长为 25 厘米的小正方形拼成了一个大正方形。大正方形的周长是________厘米。

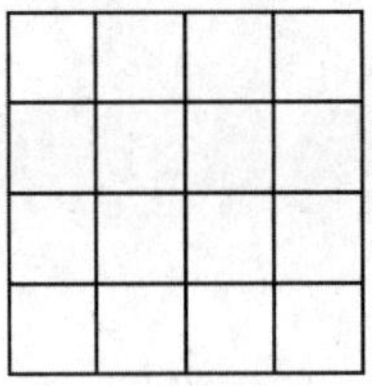

第 5 题图

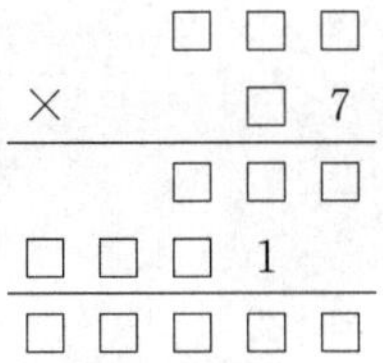

第 6 题图

6. 如图，算式的乘积是________。

7. 如图，长方形的各线段长如图所示，则阴影部分的面积是________。

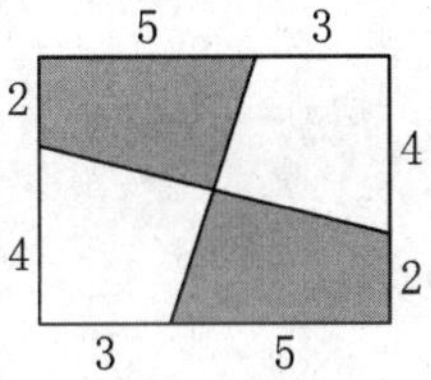

第 7 题图

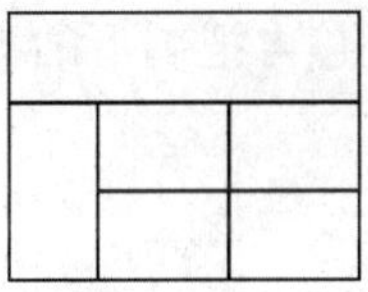

第 8 题图

8. 如图，用 5 种不同的颜色给这 6 个部分染色，且相邻的部分颜色不同，共有________种染色方法。

二、解答题

9. 77＋76－75－74＋73＋72－71－70＋69＋68－67－66＋…＋36

10. $15^2\times14^2\times13-15\times14^2\times13^2-14\times13^2\times12-14\times13\times12\times2-16\times15\times14\times13$

11. 如图,阴影部分表示河流,MN 表示独木桥,一只兔子沿着格线从左下角到右上角,兔子仅能通过独木桥穿过河流。规定只能往上或者往右走,但必须经过一座独木桥,这只兔子有多少种不同的走法?

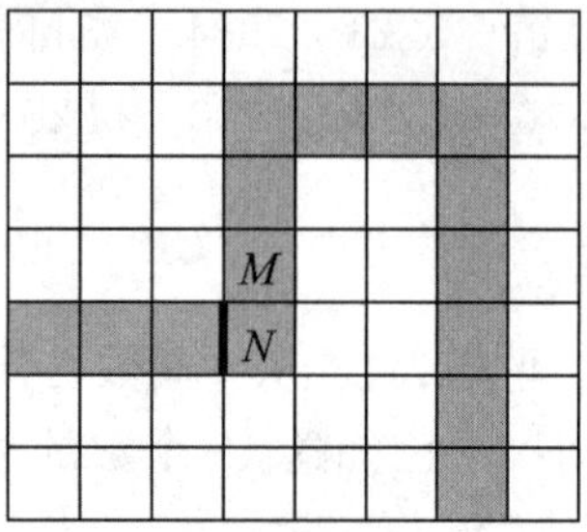

第 11 题图

12. 现在给班里面的 50 个学生分橘子和桃子,每人分到的水果共有 5 个。其中分到 5 个橘子和 5 个桃子的学生数量相等,分到 1 个橘子的学生比分到 1 个桃子的学生多 3 人,分到 2 个橘子的学生比分到 2 个桃子的学生少 5 人。问:这批桃子的总数是多少?

13. 100 个连续自然数(按照从小到大的顺序排列)组成的数列的的和是 7650。

(1)这个数列的首项是多少?

(2)取出这个数列的第 1,4,7,…,100 项,再把剩下的 66 个数相加,得数是多少?

14. 现有一个角度模板,能否设计一种办法只用这个模板和铅笔在纸上完成下面要求。

(1)3 个角分别为 3°,7°,170°的三角形角度模板,能否画出 1°的角,并说明理由。

(2)如果是 3 个角分别为 36°,24°,120°的三角形角度模板,能否画出 1°的角,请说明理由。

5年级

思考笔记

一、填空题

1. 下列行为符合 S5 学员风范的有________。

A. 气有浩然，学无止境　　　　B. 求实创新，立德树人

C. 精韧不怠，日进有功　　　　D. 诚朴雄伟，励学敦行

2. 对于整数 x 和 y，有 $27x+62y=2$，则 $x+y$ 的最小非负整数解为________。

3. 从刘培强所在的航天员大队中选取 3 人前往空间站执行任务，已知大队共有 20 名航天员，那么他被选中的概率为________。(结果可以书写分数)

4. 只使用数字 2，3，4 各一次，构建循环小数，则所有循环小数之和为________。

5. 550W 在数字生命模拟中创造了 100000 个初始状态相同的数字生命图丫丫，将 1 到 100000 个数字蛋挞分配给它们后，这些数字生命同时开展如下操作：

(1)每个数字生命吃掉 1 个数字蛋挞。

(2)每个数字生命吃掉剩余蛋挞数量一半的蛋挞。

(3)每个数字生命吃掉剩余蛋挞数量$\frac{2}{3}$的蛋挞。

(4)每个数字生命吃掉剩余蛋挞数量$\frac{4}{5}$的蛋挞。

(5)每个数字生命吃掉剩余蛋挞数量$\frac{6}{7}$的蛋挞。

(6)每个数字生命吃掉剩余蛋挞数量$\frac{10}{11}$的蛋挞。

(7)每个数字生命吃掉剩余蛋挞数量$\frac{12}{13}$的蛋挞。

已知操作完成后蛋挞数量不为 0，求最终能够完成这 7 步操作的数字生命有________个。

6. 现在 3 个学徒和 1 个老师傅同台竞技，比赛哪组能做出正确的判断(共有"是"和"否"两种选项)。一个学徒选对的概率为 70%，老师傅选对的概率为 75%。学徒采用投票的方式做出选择，每人一票，票数多的选项作为他们的答案。请问在学徒们和老师傅之间哪一方的正确概率最大？请作答：________。

7. 已知 $f(a,b)=\frac{a+4}{ab^2+16}$，$f(f(f(\cdots(f(f(2023,2022),2021),2020)\cdots,3),2),1)$的数值为________。

8. 使 $2k+3\mid 6k^2+8k+15$ 成立的所有正整数 k 的和为________。

二、解答题

9. 现有 5 个正六边形由短线段连接对应顶点，并在各顶点上标记了数字，如图(1)。规定每次操作依照如下步骤：

(1)在 1，2，3，4，5 中任取一数。

(2)在图(1)中任选一条短线段，将两端点数字同时加上或者减去刚刚所选取的数字。

请问多少次操作后,可以将各点数字变为图(2)?

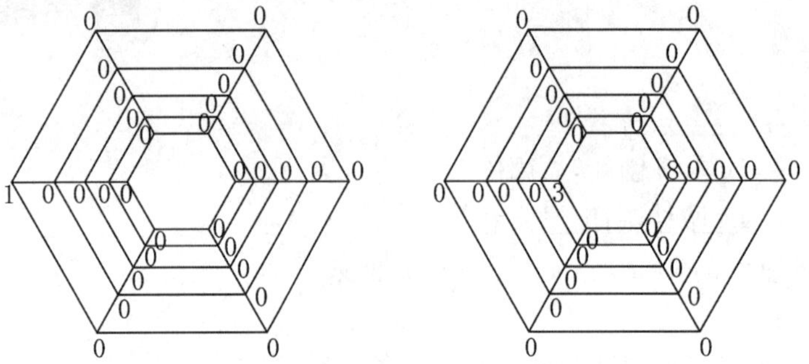

(1)　　　　　　　　(2)

第 9 题图

10. 有 3 个正六边形如图摆放,G,H,I,J,K,L 为外层正六边形边上的四等分点,M,N,O,P,Q,R 为中层正六边形边上的三等分点,正六边形 $ABCDEF$ 的面积为 S,求正六边形 $MNOPQR$ 的面积。

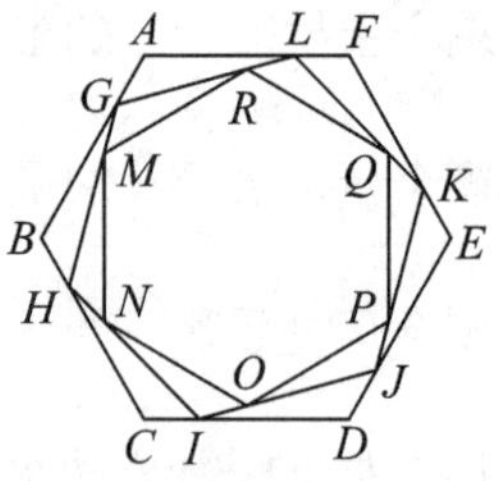

第 10 题图

11. 小张和小王进行羽毛球比赛,已知比赛的最终结果为小张获胜。请分别计算不同赛制下所有比赛可能的个数。

(1)比赛为 bo11 形式(先胜过半者胜出)。

(2)比赛共进行了 11 场,净胜 3 场的人获胜,其中小张获胜 7 局,小王获胜 4 局。

12. 为应对太阳氦闪危机,联合国 193 个成员国各派出 4 名代表,讨论移山计划、方舟计划、逐月计划、数字生命计划的可行性。为凝聚各国共识,代表们聚集在一起参加圆桌会议。证明:在圆桌会议时可将所有代表分为 4 组,每组中任意两人来自不同的国家,且使得任意相邻落座的两人属于不同的组别。

6年级

思考笔记

一、填空题

1. 计算：$\frac{28^2-26^2}{13\times14\times15}-\frac{4}{13\times15}-\frac{3}{14\times15}=$________。

2. 老师在黑板上写了一个非零一位数，根据情况进行操作：①如果黑板上是奇数，将它加3，并且擦去原来的数，写上新得数；②如果黑板上是偶数，直接将它除以2，并且擦去原来的数，写上新得数。如此进行了2024次操作后恰好得到一开始写的数，那么这个数可能是________。

3. 如图，$ABCD$ 是边长为10的正方形，$BK=5$，L，M 分别为 AB，CD 边上任意一点，N 为 LM 中点，那么阴影部分的面积是________。

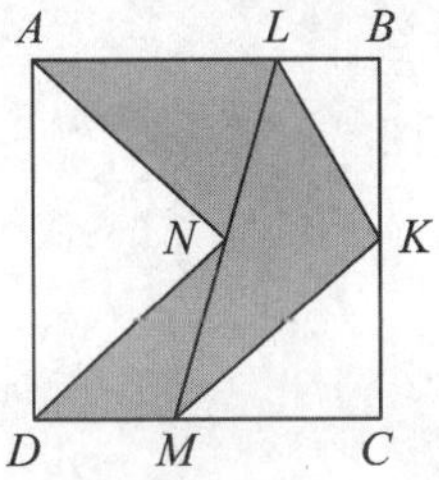

第3题图

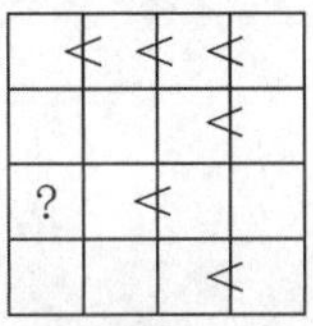

第4题图

4. 将1，2，3，4分别填入图中的格子内，使每行，每列的四个数均不相同。图中的"<"">"表示两格内所填数的大小关系。那么"?"处应该填________。

5. $(1234)_5$ 表示五进制数，转化为十进制数为 $(1234)_5=1\times5^3+2\times5^2+3\times5^1+4\times5^2=194$；那么类似的，十进制的2024转化为五进制的数为：________。

6. 一杯盐水，向其中加入10克盐后，浓度升高；再向其中加入40克水，浓度又变回原来浓度，那么盐水原本浓度是________。

7. 几个正整数的平均数是2024，其中有一个数是2032，如果去掉这个数，其余数的平均数是2023，那么这些正整数中最大的数最大是________。

8. 在1，2，…，2024这2024个数中取出两个不同的数，要使取出的两数相加的结果是101的倍数，则有________种不同的取法。

9. 如图，一个4×5方形点阵，每个点与其相邻的上，下，左，右点的距离都相等。以这些点为端点的，不同长度的线段共有________条。

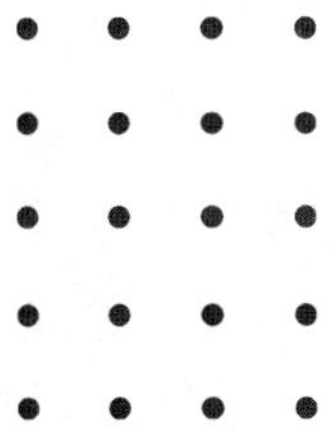
第9题图

第10题图

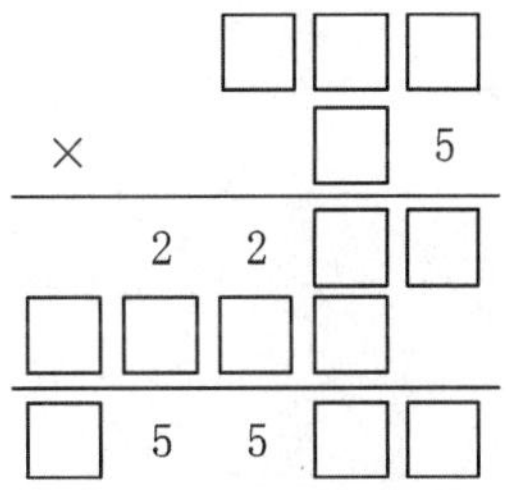

第11题图

10. 如图，大正方形内有甲，乙，丙，丁四个小正方形，甲乙面积之和________丙丁面积之和。（填"小于""大于"或"等于"）

11. 如图，在方框里各填入一个不超过5的自然数，使等式成立，那么两个乘数的和为________。

12. 已知一个数$\overline{abc}$与它的反序数$\overline{cba}$之积为 1001 的倍数，那么它们的积是 1001 的________倍。

二、解答题

13. 如图，六边形 A,B,C,D,E,F 是面积为 2025 的正六边形，其中 M 为 DE 中点，N 为 AM,BE 交点，连接 CN,DN。回答下列问题。

(1)求三角形 CDN 的面积。

(2)求三角形 ABN 的面积。

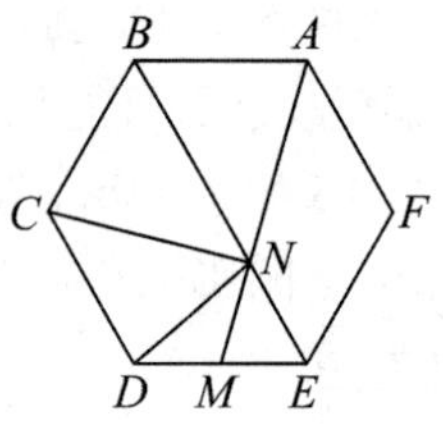

第 13 题图

14. 甲，乙，丙，丁，戊五个人排成一排。

(1)若甲，乙，丙要站一起；那么有多少种排队方式？

(2)若甲，乙不相邻，丙，丁不相邻；那么有多少种排队方式？

(3)若甲不在左起第 1 个位置，乙不在左起第 2 个位置，丙不在左起第 3 个位置，丁不在左起第 4 个位置，戊不在左起第 5 个位置；那么有多少种排队方式？

15. 一个四位数是 24 的倍数，而且它的因数个数与它的数字之积均为 24。回答下列问题。

(1)这个四位数能否含有数字 8？若能，请写出这样的四位数；若不能，请说明理由。

(2)这个四位数能否含有数字 6？若能，请写出这样的四位数；若不能，请说明理由。

(3)求满足要求的四位数。

2024年 方田教育升班定级考试

五一

3年级

思考笔记

1. 计算：234.03÷10=________。

2. 一个平面内有 9 条直线，最多产生了________个交点。

3. 题图是一个加法竖式，不同的字母表示不同的数字，且均不为 0。若要竖式成立，请问：$A+B+C+D+E+F=$________。

$$\begin{array}{r} A\ B\ C \\ +\quad D\ E\ F \\ \hline 1\ 1\ 3\ 0 \end{array}$$

第 3 题图

4. 如果自然数 a、b、c 除以 17 都余 6，则 $a+b+c$ 的结果除以 17，得到的余数是________。

5. 两辆车都从合肥出发到某地，货车每小时行 60 千米，15 小时可到达。客车每小时行 50 千米，如果客车想与货车同时到达某地，它要比货车提前________小时出发。

6. 图中一共有________个正方形。

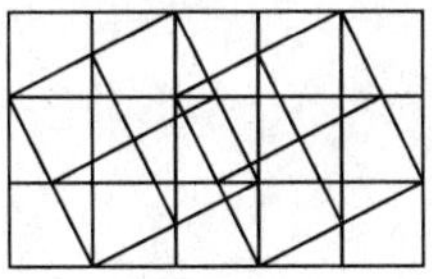

第 6 题图

7. 小华今年 8 岁，他和爸爸、妈妈三人年龄之和为 81 岁。若干年后，三人平均年龄是 34 岁。到那时，小华的年龄是________岁。

8. 一开始，阿桂的积分卡数量是阿永的 5 倍少 10 张，后来陈老师给阿永 30 张，而阿桂不写《天天练》被陈老师扣了 10 张，阿桂的积分卡变成了阿永的 3 倍少 10 张，则最开始阿桂和阿永积分卡数量之和是________张。

9. 用简便方法计算下题：

(1)746−(154−238)+(862−246)+254。

(2)35÷(70÷20)。

10. 如图所示，点 O 是直线 AE 上一点，$\angle BOC$ 是直角，OD 将 $\angle COE$ 平均分为两个相等的角。$\angle AOB=40^\circ$，求 $\angle COD$ 的度数。

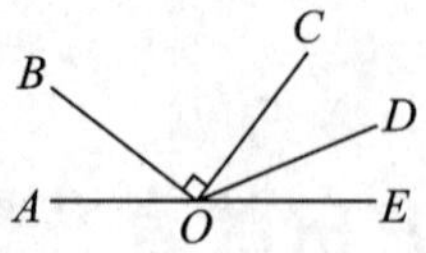

第 10 题图

11. 三年级一班小朋友五一要去研学游，准备排成一个三层的空心方阵，已知这个方阵的最外层每边是 10 人，这时候三年级二班一部分同学过来也要排进这个方阵，刚好使方阵最里面增加一层，请问三年级二班来了几名学生？

12. 一本书的页码从第 1 页到第 237 页用了多少个数字？

13. 五一当天，大白从家去学校参加趣味答题活动，路上要经过一个公园和一个商场。大白从家到公园以每分钟 80 米的速度要走 8 分钟；从公园到商场的距离是 500 米，用了 7 分钟；从商场到学校的距离是 300 米，每分钟走 60 米。那么大白从家到学校的平均速度是多少？

14. 一本数学课本的页码中数字“0”出现了 63 次，这本数学课本最多有多少页？

15. 甲对乙说:“我在你这么大岁数的时候,你的岁数是我今年岁数的一半。”乙对甲说:“我到你这么大岁数的时候,你的岁数是我今年岁数的 2 倍减 7。”问:甲、乙二人现在各多少岁?

16. 陈老师把 264 张积分卡分成了 4 份,其中 3 份分别给诗诗、糖糖、童童,第 4 份留给自己。如果陈老师把自己那份给诗诗,则诗诗拿到的积分卡数量等于糖糖和童童拿到的积分卡数量之和;如果陈老师把自己那份给糖糖,则糖糖拿到的积分卡数量是诗诗和童童拿到的积分卡数量之和的 2 倍;如果陈老师把自己那份给童童,则童童拿到的积分卡数量是诗诗和糖糖拿到的积分卡数量之和的 3 倍。请问陈老师留给自己的那份积分卡是多少张?

4年级

思考笔记

1. 8^2 的结果是________。

2. 如图，这个图形有________条对称轴。

第 2 题图

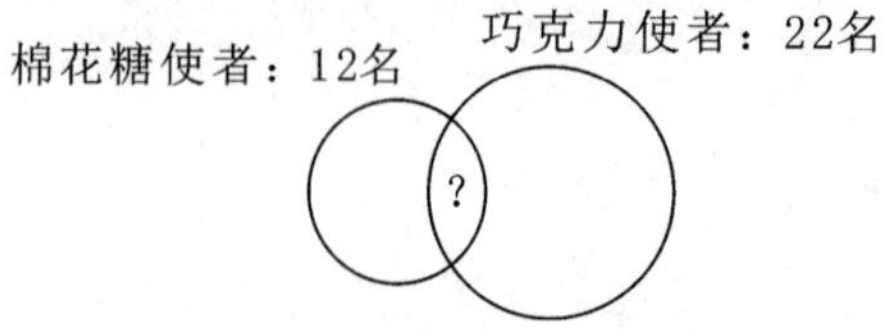

第 3 题图

3. 有 31 名冒险家来到了甜品星球，他们当中有 12 名冒险家通过了棉花糖使者的考验，有 22 名通过了巧克力使者的考验。如果每人至少通过一个考验，那么这 31 名冒险家中同时通过两个使者考验的有________名。

4. 在太平洋上有 7 个神秘的岛屿，它们刚好在一条直线上。有一群海盗占据了这些岛屿，分别编号为 $A \sim G$，每个点上的数表示每座岛上的海盗数量。现在想在其中一座岛屿上建立总指挥部，为使所有的海盗到总指挥部的路程之和最短，这个总指挥部应设在________岛。

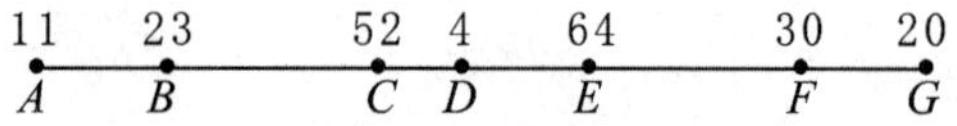

第 4 题图

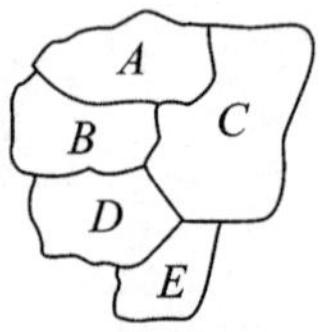

第 5 题图

5. 一张藏宝图上有 5 个藏宝秘地，现在要用 4 种颜色对这 5 个秘地进行染色，使相邻的秘地所染的颜色不同，不相邻秘地的颜色可以相同。那么一共可以有________种不同的染色方法。

6. 一段水路长 120 千米，甲船顺水航行需要 2 小时，返回原地需要 4 小时。乙船顺水航行同一段水路，用了 3 小时。那么乙船返回原地比去时多用________小时。

7. 已知 m、n、p、q 都是质数，且 m、n、p、q 的乘积是连续 35 个正整数的和，如果这 4 个数可以相同，则 $m+n+p+q$ 的最小值是________。

8. 十二星座分为火象、土象、风象、水象四类象性，每一类象性都有 3 个星座。魔法学院有 15 名学员，他们的星座如下表：

象性	火象			土象			风象			水象		
星座	白羊座	狮子座	射手座	魔羯座	金牛座	处女座	天秤座	水瓶座	双子座	巨蟹座	天蝎座	双鱼座
人数	2	0	1	2	2	0	1	1	0	2	3	1

现要选出 8 名学员举行魔法比赛，要求从每一类象性中选出 2 个星座，一共有________种不同的选法。

9. 计算：(1)14.79＋6.6＋5.21－5.6。

(2)202.4×7＋202.4×3。

10. 解方程：(1)$5x-12=13$。

(2)$13-5(2-x)=2(3x+1)$。

11. 把 7 枚完全一样的金币分给 3 个海盗，每个海盗至少分到一枚，一共可以有多少种不同的分法？

12. 直角梯形 $ABCD$ 的下底为 18，高为 9。将直角梯形 $ABCD$ 向下平移后得到直角梯形 $EFGH$。已知 $DH=5$，$IC=14$，则图中阴影部分的面积是多少？

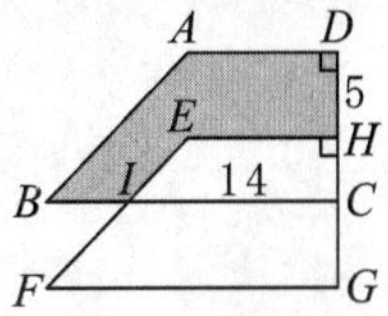

第 12 题图

13. 列方程解应用题：在太阳系外有一颗神秘的星球——普兰星，这颗星球上普兰星人的人数是外星人的 3 倍。随着星际移民的开通，普兰星人减少了 8500 人，外星人减少了 500 人，此时这颗星球上普兰星人的数量比外星人的 2 倍多 600 人。那么原本普兰星人和外星人各有多少人？

14. 如图，将从 1 开始的自然数按某种规律填入方格中，请问：

(1)第 4 行第 100 列的数是多少？

(2)75 在第几行第几列？

1	10	11	20	…
2	9	12	19	…
3	8	13	18	…
4	7	14	17	…
5	6	15	16	…

第 14 题图

15. 在一条河上有 A、B 两个码头，相距 300 米，甲、乙两人同时从 A 出发，逆水而上前往 B 地，甲到达 B 地后立即回头。已知甲在静水中每分钟行驶 3 米，乙在静水中每分钟行驶 2 米，水速为 1 米/分。若甲行驶 30 分钟要熄火休息 10 分钟，让船漂一会，乙行驶 20 分钟也要熄火休息 5 分钟，让船漂一会，那么两人什么时候第一次相遇？

16. 有两种卡片各 10 张，其中一种卡片两面分别写着 1 和 3，另外一种卡片两面分别写着 2 和 5。甲、乙每人随机拿走了 10 张卡片，并让它们随机摆放，并各自计算了自己 10 张卡片向上的数字之和，发现甲比乙的和大 1；两人又将各自所有卡片翻转，再次计算各自 10 张卡片向上的数字之和，发现甲的和变小了 10，而乙的和变小了 14。那么，翻转之后，乙有多少张卡片是数字 2 向上的？

5年级

思考笔记

1. 比较大小：$\frac{4}{13}$________$\frac{5}{14}$。

2. 盐有 15 克，水有 35 克，混合之后的盐水溶液浓度为________（填百分数）。

3. 小蚂蚁有一个长为 13 厘米，宽为 10 厘米，高为 4 厘米的长方体盒子的“小屋”，它想在小屋的四周和天花板上铺上装饰纸片，则至少要铺________平方厘米。

4. 下面这个正方体展开之后，展开图不正确的是________（多选）。

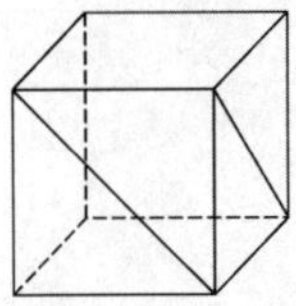

第 4 题图

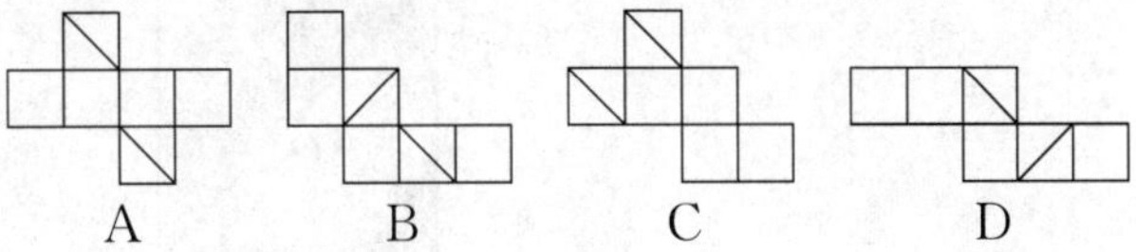

5. 8:30 时，时针与分针的夹角为________度。

6. 如图，A 为半径为 3 的圆外一点，线段 BC 与 AO 平行且 $BC=3$。连接 AC、AB，阴影部分面积为________（π 取 3.14）。

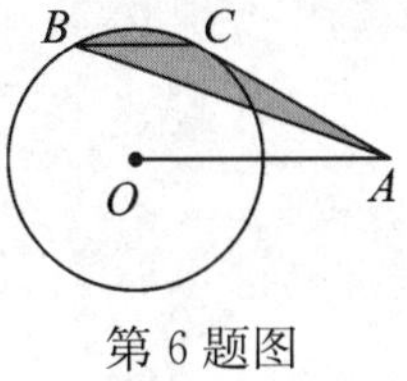

第 6 题图

7. 有两堆棋子，甲堆有 350 枚黑子和 500 枚白子，乙堆有 400 枚黑子和 100 枚白子，现从乙堆中拿出若干棋子放入甲堆，使甲堆中黑子占 50%，乙堆中黑子占 75%，要从乙堆拿到甲堆的黑子是________枚。

8. 把英语单词 banana 中的字母顺序写错了，则可能出现的错误共有________种。

9. 计算：

(1)$\frac{1}{2}\times 80\%+25\%\times\frac{4}{5}$。

(2)$64\%\times 37.5\%-\frac{1}{4}\times\frac{16}{25}+12.5\%\times 36\%$。

10. 解方程：

(1)$5(x-13)=10$。　　(2)$4.7x+0.47\times99=94$。

11. 如图，在一个正方形之中有一个最大的圆，圆的半径为 4，阴影部分的面积是多少？（π 取 3.14）

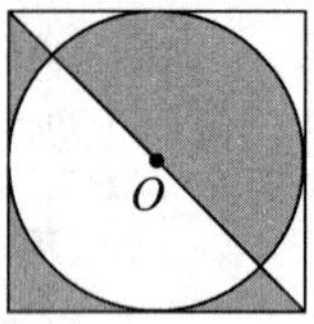

第 11 题图

12. 小榕水果店有一批水果，第一天卖出了全部的$\frac{1}{4}$，第二天卖出了全部的$\frac{5}{12}$，还剩下 19 千克水果，则水果店原有多少千克水果？

13. 如图，是一个长方体的展开图，则该长方体的体积是多少？（数据单位为厘米）

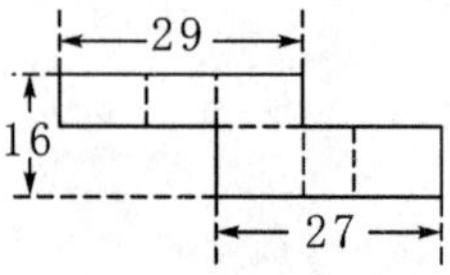

第 13 题图

14. 欢欢、宁宁、阳阳和轩轩四人在比较自己获得的积分卡数量，欢欢的积分卡是另外三个人积分卡数量之和的$\frac{2}{7}$，宁宁的积分卡是另外三个人积分卡数量之和的$\frac{5}{13}$，阳阳的积分卡是另外三个人积分卡数量之和的$\frac{1}{11}$，轩轩有 75 张积分卡，则欢欢、宁宁和阳阳各有几张积分卡？

15. 在大于$\frac{1}{7}$且小于$\frac{3}{11}$的最简真分数中，分子不超过 3 的共有多少个？

16. 如图所示，将 1～2024 这 2024 个自然数填入如图所示的小三角形中，每个小三角形内均填有一个数，“1”所处的位置为第 1 行，“2、3、4”所处的位置为第 2 行……请问：

(1)第 20 行正中间的数是多少？

(2)前 15 行中阴影三角形的各个数之和与白三角形内的各个数之和相差多少？

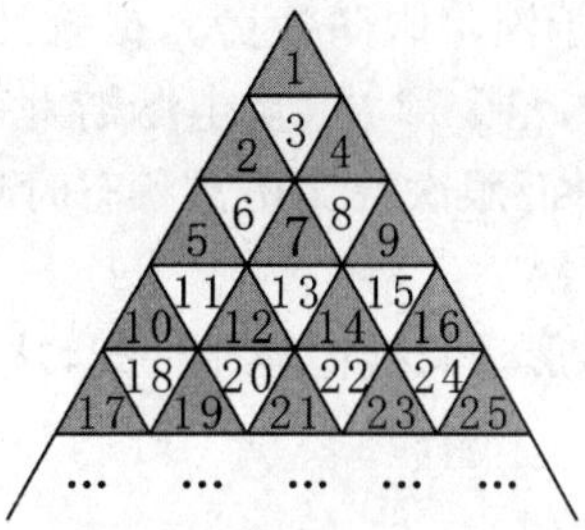

第 16 题图

6年级

思考笔记

1. 一节课的时间是 40 分钟，相当于________小时；小明买了 3 瓶 330 毫升的矿泉水，相当于________升；如果每瓶矿泉水售价 1 元 5 角，3 瓶共________元；合肥植物园占地面积约 70 公顷，相当于________平方千米。

2. 小星用小棒搭房子，如图，像这样搭下去，搭 4 间房子要用________根小棒；用 36 根小棒能搭出________间房子。

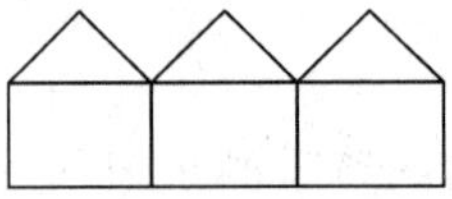

第 2 题图

3.《庄子·天下篇》中有一句话："一尺之棰，日取其半，万世不竭。"意思就是一根一尺(尺，中国古代长度单位)长的木棒，第一天取它的一半，第二天取剩下的一半，第三天再取剩下的一半……第四天取的长度是这根木棒的________。

4. 研究表明，眨眼有利于消除眼睛疲劳。据统计，人在正常状态下每分钟眨眼 20 次，看书时每分钟眨眼 12 次，玩电脑游戏时眨眼次数比正常状态时减少 60%。看书时每分钟眨眼次数比正常状态时减少________%，玩电脑游戏时每分钟眨眼________次。

5. 仓库里有一些正方体形状的纸箱堆在一起，从两个不同方位看到的形状如图，这堆纸箱最多有________个。

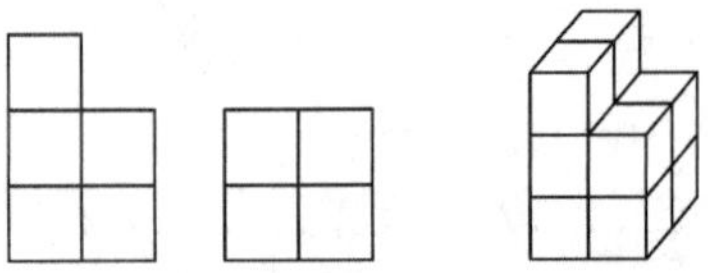

第 5 题图

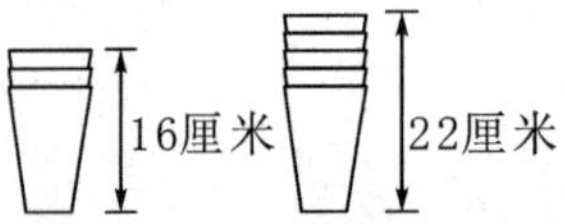

第 6 题图

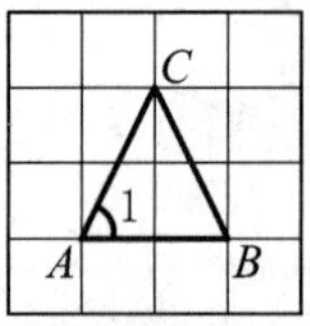

第 7 题图

6. 如图，把若干个同样纸杯叠加在一起. 若 3 个杯子叠起来高 16 厘米，5 个杯子叠起来高 22 厘米。那么，________个杯子叠起来高 34 厘米，20 个杯子叠起来的高度是________厘米。

7. 如图，把三角形 ABC 按 2∶1 的比放大，三角形 ABC 放大前、后相对应的以下 3 个要素中，不变化的有________(填序号，可多选)。

①三角形的面积　②∠1 的度数　③AB 与 BC 的比值

8. 如果将四面颜色不同的小旗子挂在一根绳子上，组成一个信号，那么这四面小旗子可组成________种不同的信号。

9. 如图所示的图案是由若干个相同的正方形组成的，每个涂色部分的面积是 4 平方分米，占每个正方形面积的 $\frac{1}{9}$。由 20 个正方形组成的图案的面积是________平方分米。

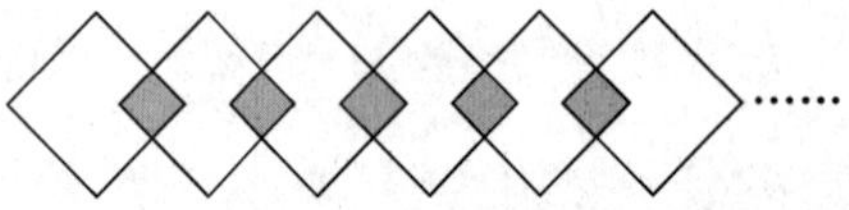

第 9 题图

10. 老师写了一个三位数，每次盖住其中一位后给甲、乙、丙三人中的一人看，已知老师三次盖住的数位互不相同，接下来三人依次说了如下三句话：

甲说："这个数一定是 4 的倍数。"

乙说："这个数的各位数字之和最大是 17，最小是 13。"

丙说："我知道这个数是多少了，它是 11 的倍数。"

甲、乙、丙三人聪明且诚实，那么，老师写的三位数是________。

11. 计算下面各题（能简便的要简便运算）：

(1)$12.5\times0.8\times2.5\times44$。 (2)$(\frac{5}{12}+\frac{1}{19})\times12+\frac{7}{19}$。

(3)$\frac{1}{24}+\frac{303}{2424}+\frac{80808}{242424}+\frac{12121212}{24242424}+\frac{1717171717}{2424242424}$。

(4)$\frac{2^2+4^2+6^2+8^2+\cdots+26^2+28^2+30^2}{(2^2+4^2+6^2+\cdots+28^2+30^2)-(1^2+3^2+5^2+\cdots+27^2+29^2)}$。

12. 解方程：

(1)$x-20\%x=0.48$。 (2)$x:26=\frac{6}{7}:\frac{13}{14}$。 (3)$\frac{x+2}{6}-3=\frac{8-x}{12}$。

13. (1)一台拖拉机$\frac{2}{5}$小时耕地$\frac{1}{4}$公顷，这台拖拉机耕完 5 公顷的地需要几小时？

(2)明明把自己的压岁钱 10000 元钱存入银行，定期两年，年利率是 2.45%，到期后应从银行取回多少元？

14. 两位师傅给一间房贴地砖。张师傅单独做 5 天可以贴完，李师傅单独做 4 天可以贴完，他们合做 2 天后，还剩下 8 平方米没有贴。这间房有多少平方米？

15. A、B 两车从两地相向而行，两地距离是 240 千米，1.5 时相遇，A 车速是 B 车速的五分之三，B 车每小时行多少千米？

16. 如图，每个小正方形的边长为 2，求图中阴影部分的面积。（π 取 3.14）

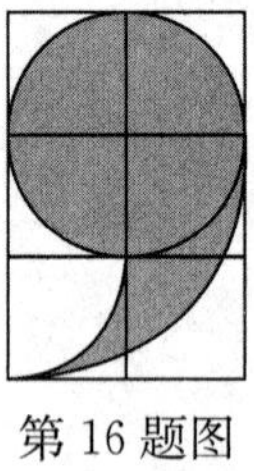

第 16 题图

17. 如图是根据某商场 2023 年的销售额情况绘制的两种统计图。

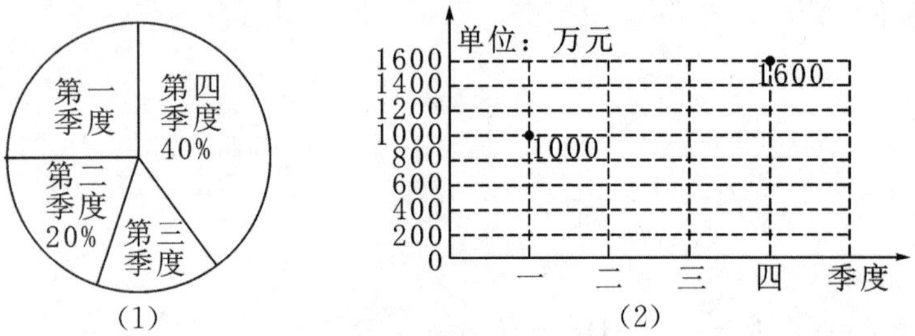

第 17 题图

根据图中的相关信息，回答下面问题。

(1)这个商场第一季度的销售额占 2023 年全年销售额的百分之几？

(2)先算出第二季度和第三季度的销售额，再描点连线把图(2)补充完整。

18. 萍萍帮助向老师布置绘画展览区，萍萍将每幅图用两个夹子挂起，如图(1)，当她发现没有足够的夹子时，她开始用图(2)的方式挂。萍萍一共有 100 个夹子，需要挂 65 幅图，按照图(2)的方式挂了几幅图？

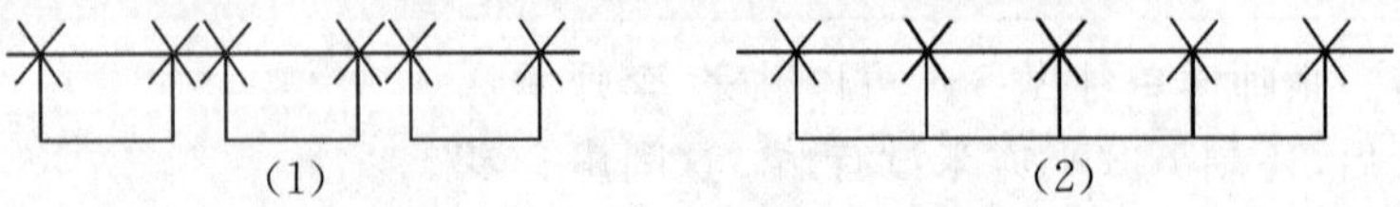

第 18 题图

19. 一个用塑料薄膜覆盖的草莓大棚，长 30 米，横截面是一个直径 4 米的半圆形。

(1)搭建这个大棚大约要用多少平方米的塑料薄膜？

(2)大棚内的空间大约有多少立方米？

(3)草莓产业带动了旅游观光农业的发展，一个旅游观光团购买了 12 盒草莓，一共消费 480 元，这个旅游观光团分别购买大盒草莓和小盒草莓各多少盒？

第 19 题图

20. 水池中立着长短两根木桩，长木桩露出水面的部分比短木桩露出部分长$\frac{2}{5}$，当水面升高 11 厘米后，短木桩露出水面的部分比长木桩露出部分短$\frac{3}{5}$。水面再升高多少厘米，短木桩露出水面的长度是长木桩露出水面长度的$\frac{1}{12}$？

21. 材料认知题：

定义	示例剖析	示意图
同位角：两条直线被第三条直线所截，位置相同的一对角（两个角分别在两条直线的同一侧，并且在第三条直线的同旁）叫作同位角	如图，∠1 与∠5，∠2 与∠6，∠3 与∠7，∠4 与∠8 都是同位角	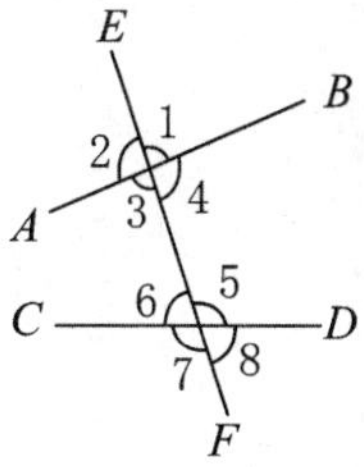
内错角：两条直线被第三条直线所截，两个角都在两条直线之间，并且位置交错（即分别在第三条直线的两旁），这样的一对角叫作内错角	如图，∠3 与∠5，∠4 与∠6 都是内错角	
同旁内角：两条直线被第三条直线所截，两个角都在两条直线之间，并且在第三条直线的同旁，这样的一对角叫作同旁内角	如图，∠3 与∠6，∠4 与∠5 都是同旁内角	

平行线的性质：

(1)内容：①两直线平行，同位角相等；②两直线平行，内错角相等；③两直线平行，同旁内角互补。

(2)示例：①若 $a/\!/b$，则∠1＝∠2；②若 $a/\!/b$，则∠2＝∠3；③若 $a/\!/b$，则∠3＋∠4＝180°。

请根据以上材料回答下列问题：

(1)观察图(2)，直线 l_1、直线 l_2、直线 l_3 两两相交，回答下列问题：

①∠1 与∠2 是两条直线________与________被第三条直线________所截构成的________角；

②∠2 与∠4 是两条直线________与________被第三条直线________所截构成的________角。

(2)如图(3)，$a /\!/ b$，$c \perp d$，$\angle 1=28°$，则$\angle 2=$________。

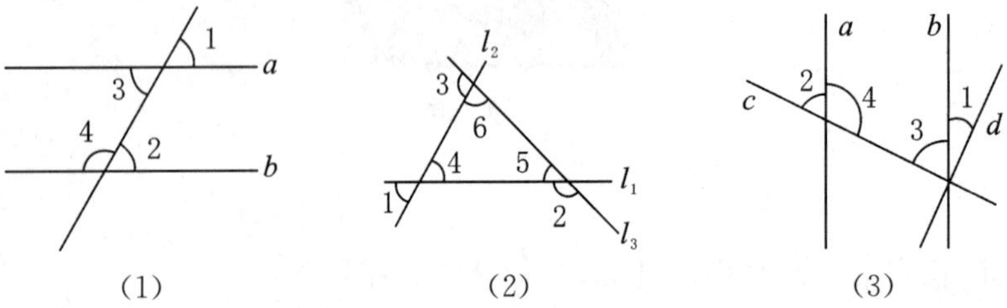

第 21 题图

22. 问题情境：如图(1)，$AB /\!/ CD$，$\angle PAB=130°$，$\angle PCD=120°$，求$\angle APC$度数。

小明的思路是：过点 P 作 $PE /\!/ AB$，通过平行线性质来求$\angle APC$。

(1)按小明的思路，易求得$\angle APC$的度数为________(直接写出答案)。

(2)问题迁移：如图(2)，$AB /\!/ CD$，点 P 在射线 OM 上运动，记$\angle PAB=\alpha$，$\angle PCD=\beta$，当点 P 在 B、D 两点之间运动时，问$\angle APC$与α、β之间有何数量关系？请说明理由。

(3)在(2)的条件下，如果点 P 在 B、D 两点外侧运动时(点 P 与点 O、B、D 三点不重合)，请直接写出$\angle APC$与α、β之间的数量关系。

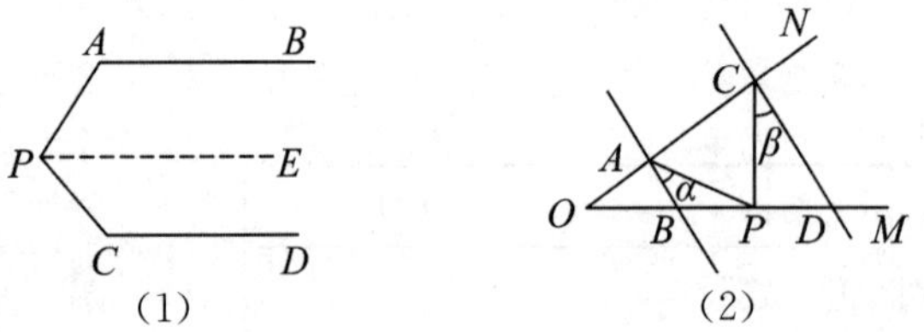

第 22 题图

逻辑思维探秘初赛

3年级

思考笔记

1. 计算 $2024\times35+2024\times65=$________。

2. 李老师和陈老师清明节外出踏青，中午买了 21 个青团作为午饭，陈老师吃掉的青团数量比李老师的 3 倍少 3 个，则李老师吃了________个青团。

3. $202404\div11$ 的余数是 4，$199909\div11$ 的余数是 6，$(202404-199909)\div11$ 的余数是________。

4. 三年级 2 班同学全班平均身高 160 厘米，接下来把这些同学分为了两组，第一组有 10 人，第二组 20 人。第一组的平均身高是 156 厘米，请问第二组的平均身高是________厘米。

5. 一本辞典有 234 页，请问这本书的页码中，含有数字“8”的有________页。

6. 三年级老师一起骑行游玩，车队一直以每小时 15 千米的速度行进，陈老师以 25 千米/时的速度脱离队伍向前行进，向前行驶 40 千米后立即折返与车队会合。请问陈老师从脱离车队到与车队会合，共用________小时。

7. 如图是花园小学操场的平面图，一天，李老师按顺时针方向从 A 跑到 D 一共跑了 800 米，陈老师同样按顺时针方向从 D 跑到 C 一共跑了 700 米。请问如果陈老师绕着操场跑一圈，应该跑________米。

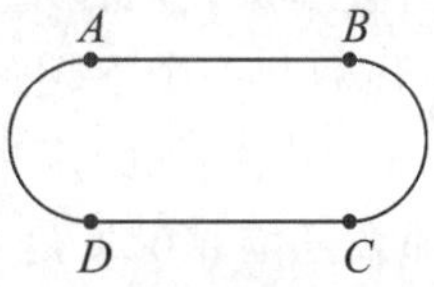

第 7 题图

8. 陈老师最近减肥，每天都坚持跑步，晴天跑 12 千米，雨天跑 7 千米，一连几天一共跑了 100 千米，平均每天跑 10 千米，请问在陈老师跑步的这几天下了________天雨。

9. 骆岗中央公园里用树苗排成了一个空心方阵，后来管理员想要得到多一层的空心方阵，他数了数发现：如果在里面增加一层，需要 8 棵树苗；如果里面增加一行一列，外面增加一行一列，形成多一层的空心方阵，需要 24 棵树苗。原方阵最外层每边有________棵树苗。

10. 老师的手机锁屏密码是一个四位数，方方要猜一猜这个密码，他们对话如下：

方方：“是 4321 吗？”　　老师：“猜对了 1 个数字，而且位置也是对的。”
方方：“是 6789 吗？”　　老师：“猜对了 3 个数字，而且位置都不对。”
方方：“是 8971 吗？”　　老师：“猜对了 2 个数字，而且位置也是对的。”
方方：“是 7923 吗？”　　老师：“猜对了 2 个数字，而且位置也是对的。”

请问老师的手机锁屏密码是________。

11. 三年级学生参加植树活动，若一名女生和 2 名男生分成一组，则多出 15 名男生；若一名女生和 3 名男生分成一组，则多出 6 名女生，那么参加植树活动的学生一共有________名。

4年级

思考笔记

1. 计算：10.5+2.56−4.3+7.44=________。

2. 四年级(1)班里的每个人至少喜欢吃包子或馒头中的一种，喜欢吃包子的同学有24人，喜欢吃馒头的同学有37人，既喜欢吃包子又喜欢吃馒头的同学有15人。问：四年级(1)班总共有________人。

3. 44名小朋友乘船过河，渡口处只有一条能载4人的小船(无船工)，至少需要渡河________次，所有人才能全部过河(从河的一岸到另一岸算渡河一次)。

4. 规定形如12321、23432、13531这类中间数字大，左右两边为等差数列(公差相同且至少为1)排布的五位数为“山顶数”。问：这样的山顶数一共有________个。

5. 如图，每个小方格面积为3平方厘米，题图是电脑生成的“福”字，每一个小方格使用0.01克喷墨，打印出阴影部分需要喷墨________克。

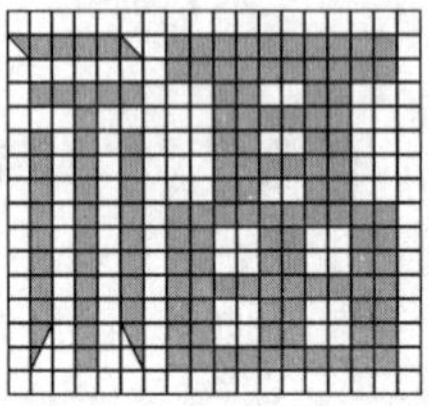

第5题图

6. 陈景润是我国著名的数学家，他证明了陈氏定理——任何一个充分大的偶数都可以表示成一个质数与一个不超过两个质数的乘积之和。比如：100=5+5×19，64=2+2×31。按照陈氏定理可以将104表示成如下形式：104=$\overline{BC}$+?? A??? ×C，那么三位数$\overline{ABC}$是________。

7. 已知斐波那契数列：1，1，2，3，5，8，…，从第三项开始，后一项等于前两项之和。将数列中的每一项按照一定规律排列在下表中，问：该数列中第2025个数在第________行。

1	1		3	5	
		2			8
13	21		55	89	
		34			144
	…			…	

第7题图

8. 在框中填入合适的数字，使得竖式成立，则被除数为________。

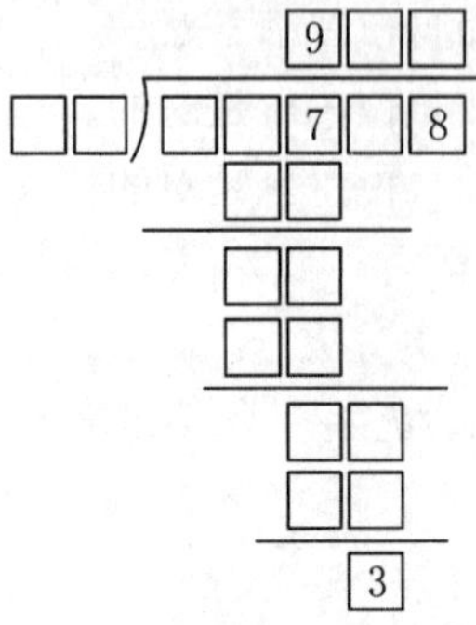

第8题图

9. 如图，在正六边形 $ABCDEF$ 中，连接 BD，M 是 BD 的中点，连接 AM，N 是 AM 的中点，连接 ND。已知阴影部分面积为 4.5，正六边形 $ABCDEF$ 的面积是________。

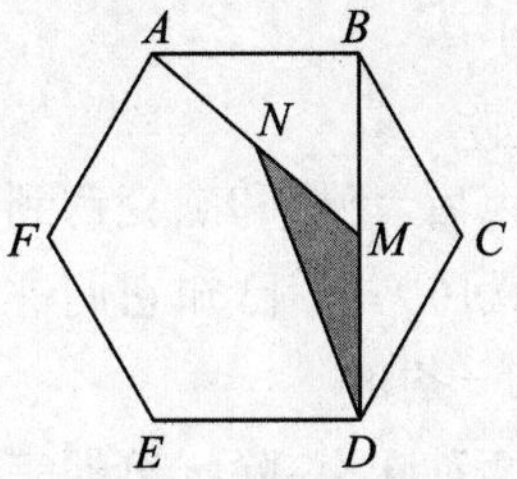

第 9 题图

10. 如图，环形跑道长 1680 米，A、B 两地相距 280 米（较短线），甲、乙两人分别从 A、B 两地同时沿顺时针方向出发，甲速度始终为 16 米/秒，乙初始速度为 2 米/秒。甲每追上一次乙，乙速度都立刻变为原来的 2 倍。问：两人速度相同时，乙一共走了________米。

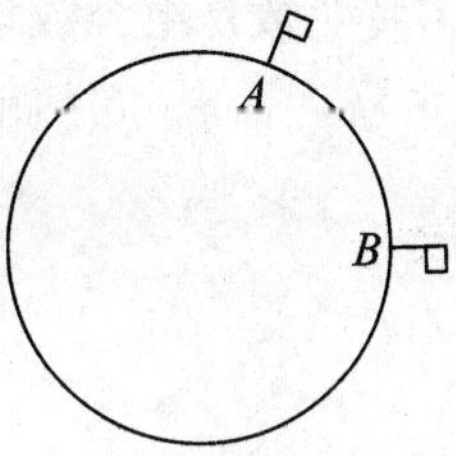

第 10 题图

11. 用 1～9 这九个数字组成无重复数字的四位数，满足如下条件：①个位与十位都是奇数；②十位与百位相差为 3；③千位与百位相差为 1。请问：满足条件的四位数有________个。

5年级

思考笔记

1. 算式$\frac{2}{5}\times\frac{1}{4}+\frac{2}{3}$的计算结果是________。

2. 450 有________个因数。

3. 汤姆、杰克和约翰三只小猫在比赛钓鱼，比赛结束后，汤姆和杰克钓到的鱼数量之比为 8∶5，杰克和约翰钓到的鱼数量之比为 6∶5。已知它们一共钓了 309 条鱼，那么这次比赛的冠军一共钓到________条鱼。

4. 盒子中有若干颗怪味豆，这些怪味豆只有甜、咸两种味道，除味道外完全相同。50 个小朋友轮流拿 4 次，已知第一次有 31 个小朋友吃到甜豆，第二次有 46 个小朋友吃到甜豆，第三次有 43 个小朋友吃到甜豆，第四次有 39 个小朋友吃到甜豆，则 4 次都吃到甜豆的小朋友至少有________个。

5. 题图是一个杨辉三角，将其最中间一列的数依次除以从 1 开始的自然数，可以得到一列数，叫作卡特兰数(CatalanNumber)。卡特兰数是组合数学中一个常用于各种计数问题的数列，由比利时的数学家卡特兰命名，它的前几项是 1，1，2，5，…。卡特兰数的第 5 项是________。

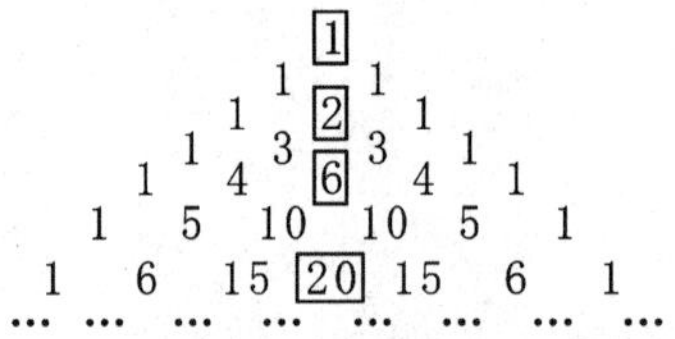

第 5 题图

6. 波波是个小贪吃鬼，在家里研究烤蛋糕。教程中写道："为了保证蛋糕顺利脱模，会在烤盘的四周及底面刷一层油。"波波家的烤盘如图所示，那么需要刷油的部分面积为________平方厘米。

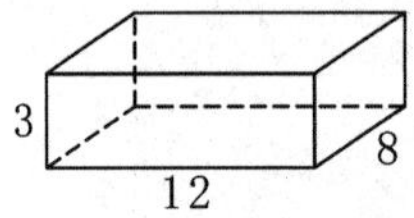

第 6 题图

7. 如果一个自然数可以写成两个质数乘积的形式，这个自然数就叫作半质数。例如：6＝2×3，49＝7×7，因此 6 和 49 都是半质数。在 1～2024 的所有自然数中，有且仅有 3 个因数的半质数有________个。

8. 如图，将四边形 $ABCD$ 的边 AB、CD 分别延长 1 倍至 E、G 点。边 CB、AD 分别延长 2 倍至 F、H 点，形成新的四边形 $EFGH$，如果阴影部分的面积为 40 平方厘米，那么四边形 $ABCD$ 的面积为________平方厘米。

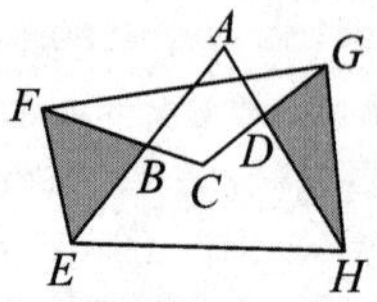

第 8 题图

9. 猫小白非常喜欢睡觉，今天开始午睡时，刚好是 12 点整，等它睡醒时，时针和分针恰好第三次重合(12 点整算作第一次)，则猫小白一共午睡了________分钟。

10. 如图，洋洋操作机器切割一个圆形零件，切割 4 次后得到了中间的一块长方形，经过测量得知，圆心刚好是长方形的中心，而且圆心到长方形长、宽的距离分别为 2 和 4，那么阴影部分的面积是________。（π 取 3.14）

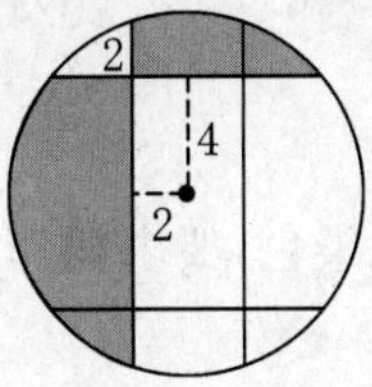

第 10 题图

11. 如图，减法竖式中的汉字都表示 0～9 中的一个数字，并且相同汉字表示相同数字，不同汉字表示不同数字，若“时”＝2，且村比花大 2，则符合竖式的填法中，“清明时节雨纷纷”这个七位数最大是________。

	清	明	时	节
−		雨	纷	纷
		杏	花	村

第 11 题图

6年级

思考笔记

1. $\frac{1}{2024}\times\frac{1}{1\times3}+\frac{1}{2024}\times\frac{1}{3\times5}+\frac{1}{2024}\times\frac{1}{5\times7}+\frac{1}{2024}\times\frac{1}{7\times9}+\cdots+\frac{1}{2024}\times\frac{1}{2023\times2025}=$________。

2. 如果用 4 种颜色对题图中的 A、B、C、D、E 5 个区域染色，要求相邻的区域染不同的颜色，则共有________种不同的染法。

A	B	C	D	E

第 2 题图

3. 有一个温泉游泳池，池底有泉水不断涌出，想要抽干满池的水，10 台抽水机需抽 9 小时，8 台抽水机需抽 12 小时，为了保证游泳池水位不变(池水既不减少，也不增多)，则向外抽水的抽水机需________台。

4. 范老师周一去爬泰山，上山时每走 30 分钟休息 10 分钟，下山时每走 30 分钟休息 5 分钟。已知范老师下山时走路的速度是上山时走路速度的 2 倍，如果上山用了 3 时 50 分，那么下山用了________分钟。

5. 田田想了一个数，并且求出了它分别除以 3、6、9 的余数，现知这 3 个余数的和是 15。那么这个数除以 18 的余数是________。

6. 多位数 $2023\underbrace{202620262026\cdots2026}_{n\text{个}2026}$ 能被 33 整除，n 的最小值是________。

7. 如图，3 个圆的半径分别是 4 厘米、4 厘米、6 厘米。B 部分是两个小圆重叠部分，则阴影部分的面积比 B 部分面积大________平方厘米。(π 取 3.14)

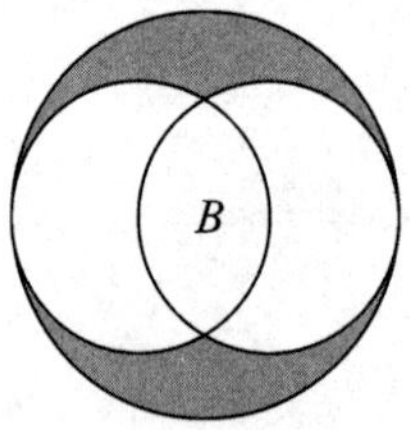

第 7 题图

8. 如图，甲、乙分别从 A、C 两地同时出发，匀速相向而行，他们的速度之比为 5∶4，相遇于 B 地后，甲继续以原来的速度向 C 地前进，而乙则立即调头返回，并且乙的速度比相遇前降低$\frac{1}{5}$，这样当乙回到 C 地时，甲恰好到达离 C 地 18 千米的 D 处，那么 A、C 两地之间的距离是________千米。

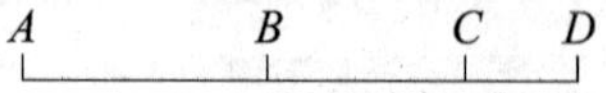

第 8 题图

9. 向老师非常喜欢做甜点，尤其是巧克力蛋糕。有一天，她想制作一款别具风味的巧克力蛋糕，于是她先调配特制的巧克力溶液。首先她向普通的巧克力溶液中加了一定量的牛奶，使巧克力浓度变为 10%(巧克力的浓度指的是巧克力粉末占整个溶液的百分比)，再加入等量的巧克力粉，此时巧克力溶液浓度变为 30%，那么普通的巧克力溶液中巧克力的浓度是________。

10. 鑫鑫老师给甲、乙、丙 3 位同学各发了一张写着不同整数的卡片，老师说：“甲的卡片上写着一个两位数，乙的卡片上写着一个一位数，丙的卡片上写着一个小于 60 的两位数，且甲数×乙数=丙数。每个人可以看到自己的数，但是不能看其他人的数。”

甲说：“我猜不出乙和丙的数。”

丙说：“我也猜不出甲和乙的数。”

甲接着问乙：“你能猜出我和丙的数吗？”

乙回答说：“我现在知道了。”

所以甲数是________。

11. 材料认知题：

定义	示例剖析
锐角三角函数定义： 在 Rt$\triangle ABC$ 中，$\angle C=90°$，$\angle A$、$\angle B$、$\angle C$ 所对三角形的边分别为 a、b、c。 正弦：$\sin A=\frac{a}{c}$； 余弦：$\cos A=\frac{b}{c}$； 正切：$\tan A=\frac{a}{b}$ 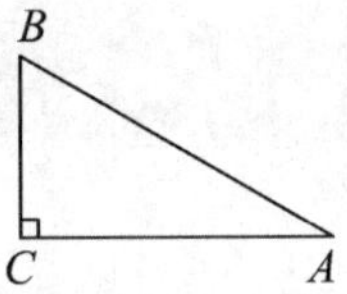	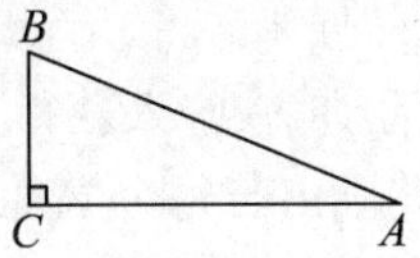 若 $AC=12$，$BC=5$，$AB=13$， 则 $\sin A=\frac{BC}{AB}=\frac{5}{13}$， $\cos A=\frac{AC}{AB}=\frac{12}{13}$， $\tan A=\frac{BC}{AC}=\frac{5}{12}$

请根据上述定义回答下列问题：

(1)如图(1)，在 Rt$\triangle ABC$ 中，$\angle C=90°$，$\angle A$、$\angle B$、$\angle C$ 所对三角形的边分别为 a、b、c。若 $a=6$，$b=8$，则 $c=$________，$\sin A=$________，$\tan A=$________，$\cos B=$________。

(2)如图(2)，请证明：$\sin^2 A+\cos^2 A=1$。

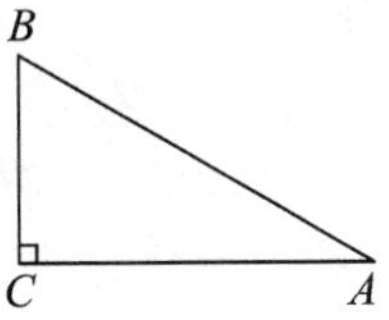

(1)

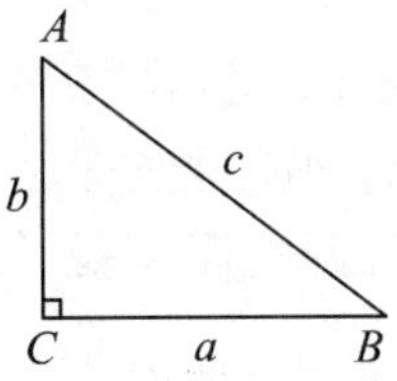

(2)

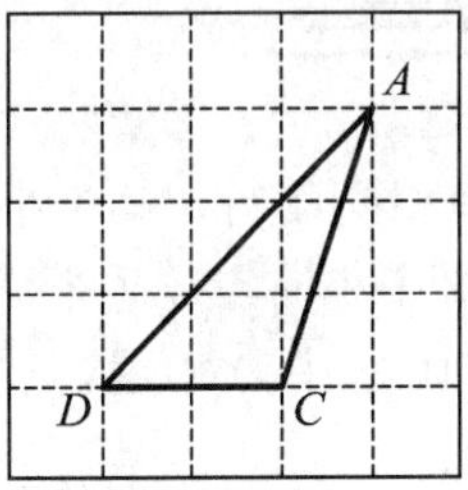

(3)

(3)如图(3)所示，$\triangle ABC$ 的顶点是正方形网格的格点，则 $\tan A=$________。

(4)如图(4)所示，在 Rt$\triangle BAD$ 中，延长斜边 BD 到点 C，使 $DC=\frac{1}{2}BD$，连接 AC，若 $\tan B=\frac{5}{3}$，则 $\tan\angle CAD=$________。

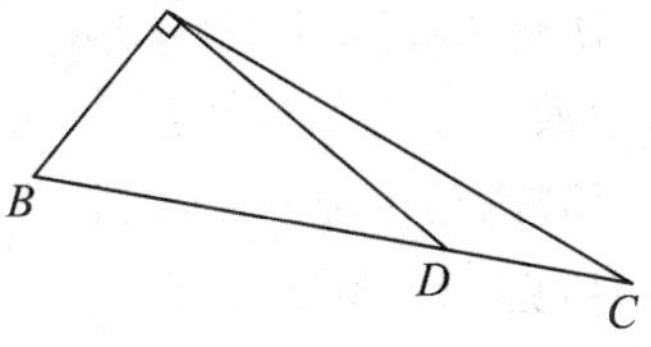

(4)

逻辑思维探秘复赛

3年级

思考笔记

1. 计算：2024×34＋2024×45－1899×80＋2024＝________。

2. 有一串数：1，2，3，5，8，…，从第三个数起，每个数都是前两个数之和，请问在这串数的前 2024 个数中，有________个是 4 的倍数。

3. 把 6 个长为 5 厘米、宽为 3 厘米的长方形不重叠地拼成一个新的长方形，新长方形的周长最少是________厘米。

4. 三年级学生参加花园探秘活动，一些人获得了一等奖，老师拿出若干张积分卡给这些小朋友作为额外奖励。若每个学生发 8 张，则老师手里剩 10 张；若每个学生发 9 张，则最后一名学生分不到 9 张，但至少分到 1 张。请问积分卡最多有________张。

5.《思维宝典》这本书的页码从第 1 页开始一共用了 24 个 0，这本书至少有________页。

6. 有一种空心的三角阵如图所示，同一层每条边上点数相等，相邻两层外层每条边上都比里层多 2 个点，呈呈用棋子刚好摆出了一个 5 层的这种空心三角阵，且最外层的棋子数刚好是最里层的 2 倍，呈呈共用了________枚棋子。

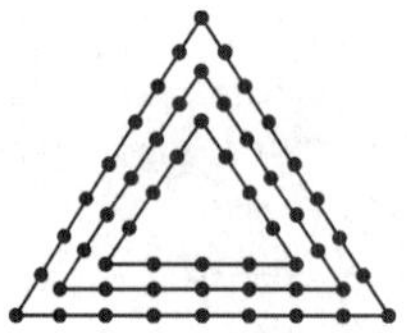

第 6 题图

7. 陈老师和小凡分别从甲、乙两地相向而行。其中小凡每小时走 10 千米，而陈老师第 1 个小时走 1 千米，第 2 个小时走 3 千米，第 3 个小时走 5 千米……（连续奇数）两人恰好在甲、乙两地中点相遇，则甲、乙两地距离是________千米。

8. 劳动节郊游，小红、小蓝和小黄在郊外采了一些野花，小红对小蓝说："我采的花朵数比你的 2 倍少 1 朵。"小黄对小红说："我采的花朵数比你的 2 倍少 1 朵。"小蓝对小黄说："我采的花朵数比你的 2 倍少 15 朵。"他们共采了________朵花。

9. 大、小猴子共 35 只，它们一起去采摘水蜜桃。猴王不在时，一只大猴子一个小时可采摘 15 千克，一只小猴子一小时可摘 11 千克；猴王在场监督的时候，每只猴子不论大小每小时都可以多采摘 12 千克。一天，采摘了 8 小时，其中第一小时和最后一小时猴王在监督，结果共采摘了 4400 千克水蜜桃。在这个猴群中，共有小猴子________只。

10. 麻将是一项起源中国的世界智力运动项目，一般麻将主要有三种牌式：筒、条、万，每种牌式都有 1～9 共 9 种点数。现在有以下 14 张牌：

万：1、3、4、5、6。

筒:2、3、7、8、9。

条:1、4、5、6。

陈老师从中选择了一张,之后把这张牌的点数告诉了甲,把牌式告诉了乙。

甲、乙发生了如下对话:

甲说:"我不知道这张牌是什么。"

乙说:"我一开始就知道你不知道。"

甲说:"我现在知道了。"

乙说:"我也知道了。"

请问这张牌是________。(注:答案要写点数+牌式,比如:1万、1条、1筒)

11. 三年级同学按身高从高到低分两组,第一组身高都比第二组高,原来第一组有15人,第二组20人。现在将第一组的身高最低的5名同学调整到第二组,那么第二组的平均身高就提高了2厘米,第一组的平均身高就提高了4厘米。请问原来第二组的平均身高比第一组的平均身高低________厘米。

4年级

思考笔记

1. 计算:2.024×640+202.4×2.5+20.24×11=________。

2. 用1、2、3、4、5这5个数字组成六位偶数,要求相邻数位上的数字不同,数字可以不全用,比如543432,满足条件的六位数有________个。

3. 题图中,每个小平行四边形面积为3,则阴影三角形面积为________。

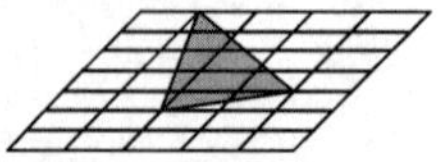

第3题图

4. 动画片《阿拉丁》中有一条神奇的魔毯,如图,它是由一些形状相同的平行四边形布片缝合而成的,有3块阴影部分。沿缝合线剪成小飞毯,恰好包含两块阴影部分的平行四边形有________种。

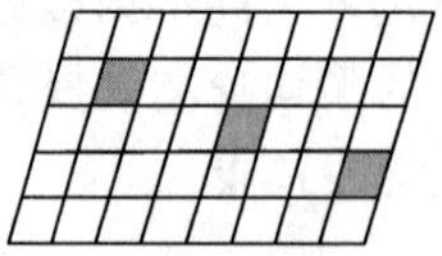

第4题图

5. 已知p和p^2+69是质数,求$p^6+345=$________。

6. 一辆长为20米的卡车匀速行驶,经过路边一根电线杆用时2秒。在一条笔直的马路上,A、B两个路口相距4500米,两个路口均设置红绿灯,红绿灯信号切换规律为:红灯30秒—绿灯27秒—黄灯3秒。该车通过A路口驶向B路口时,B路口绿灯剩余7秒,问:卡车到达B路口时,红绿灯显示________色(填"红"或"绿"或"黄")。

7. 如图,长方形的面积为100,已知A区域的面积之和为30,B区域面积之和为8,阴影部分面积差为6,则C区域与左边阴影面积之和为________。

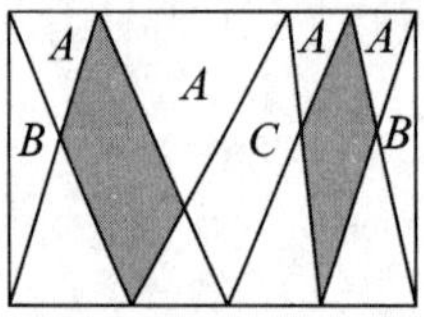

第7题图

8. 在框中填入合适的数字,使得竖式成立,则算式的乘积为________。

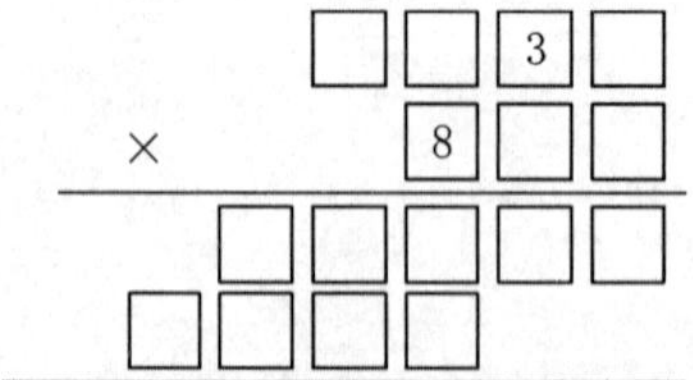

第8题图

9. 有一座世纪高塔,总共有123层,每层有160个房间,每个房间门牌号都由6个数字组成:比如第1层第34号房间门牌号为001034,第100层第2号房间门牌号为100002。小明同学去这座大厦应聘工作,但是他只记得门牌号前两位为10,6个数字中至多只有2个数字相同,其中只含有1个6,6个数字之和为17。问:小明一个一个试,最少尝试________次可以保证找到正确的房间号。

10. 下表是 1～2024 按顺序排列而成的，第 186 行第 3 列的数字是________。

1	2	3	4	5	6	7	8	9
1	0	1	1	1	2	1	3	1
4	1	5	1	6	1	7	1	8
1	9	2	0	2	1	2	2	2
…	…	…	…	…	…	…	…	…

第 10 题图

11. 编号为 1～2024 的 2024 个礼物按顺时针方向围成一圈。胡老师和 24 位同学依次用如下方式取走礼物：胡老师先取走一个礼物，以后每位同学从前一人取走礼物的下一个编号开始，取走顺时针数到的第 2024 个礼物。

(1)如果胡老师取走 2024 号礼物，那么第 3 位同学取走礼物的编号是________。

(2)如果第 24 位同学取走 1 号礼物，那么胡老师取走礼物的编号是________。

5年级

思考笔记

1. 算式 $0.625\times\frac{3}{7}+62.5\%\times\frac{5}{7}+\frac{5}{8}\times\frac{6}{7}$ 的结果是________。

2. 在一个神秘的糖果宝藏中，藏着两种甜品：梦幻奶糖与魔法巧克力糖。若我们施加一个神奇的“奶糖增强咒”，往宝藏中增添 10 颗梦幻奶糖，梦幻奶糖与魔法巧克力糖的数量之比会变成 2∶3。紧接着，如果再对魔法巧克力糖施展“巧克力增殖术”，召唤出 30 颗额外的魔法巧克力糖，梦幻奶糖与魔法巧克力糖的数量之比会变成 3∶5。在所有施法前，这个奇妙的糖果宝藏中，梦幻奶糖与魔法巧克力糖共有________颗。

3. 在 1～2024 的这 2024 个数中，共有________个数与四位数 8765 相加时至少发生一次进位。

4. 超市里买进了 500 千克“水灵果”，果内水分占比高达 94%，一天过后，这些“水灵果”虽依旧饱满，但水分已悄然缩减至占总量的 85%，在这期间一共蒸发了________千克珍贵的水分。

5. 因数个数为 15 的最小自然数是________。

6. 小明家的钟表在修理时，不小心把一个齿轮装反了，分针的转向变成了逆时针方向，除此之外其余地方都是正常的。他在中午 12:00 时校正了时间，钟表的时针和分针重合在“12”处，那么在下午 2 点到 3 点之间，时针与分针重合时，时钟显示的时刻是 2 时________分。

7. 如图，正方形的边长是 8，则阴影部分的面积是________。（π 取 3.14）

第 7 题图

8. 3 个质数的平方和是 3750，那么这 3 个质数的和是________。

9. 将自然数按照如下顺序排列，如果第 2 行的第 5 个数用(2,5)=17 来表示，则(1,29)与(22,12)的最大公因数是________。

1	2	6	7	15	16	…
3	5	8	14	17	…	
4	9	13	…	…		
10	12	…				
11	…					
…						

第 9 题图

10. 国王对他的臣子说：“给我求出一个非零自然数来，它的一半是一个平方数。”臣子回答：“这太容易了。”国王接着说：“但是它的三分之一是一个立方数。”臣子的脸色沉重了。“最后，此数的五分之一是一个五次方数。”臣子一听，简直要昏倒了。国王最后斩钉截铁地说：“明天早上你一定要找出这个数，否则你就得被砍头。”臣子很崩溃，好在臣子总算在第二天早上求出了

正确答案，从而摆脱了死亡的命运。这个数最小是________。（写成分解质因数的标准形式）

11. 如图，长方形 $ABCD$ 的长和宽分别为 12 和 8，AE 是 AB 边与 AD 边折成重叠时的折痕，DF 是 DC 边与 AD 边折成重叠时的折痕。

(1)$\triangle EFI$ 的面积是多少？

(2)$\triangle AHG$ 的面积是多少？

(3)四边形 $GHIJ$ 的面积是多少？

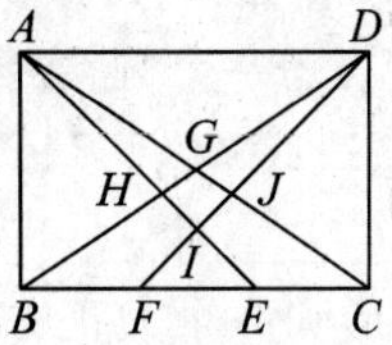

第 11 题图

6年级

思考笔记

1. 计算：$\dfrac{1+\dfrac{2023\times2025}{2024}}{2025-\dfrac{1}{2024}}=$________。

2. 若一串数是由 0、1 组成的，并且任意一个数的相邻数中都存在 1，这样的数串就被称为"迎春数串"，比如：0、1、1、0、0、1、1、1 是一个"迎春数串"，而 0、0、1 不是一个"迎春数串"。若一个"迎春数串"中含有 n 个数，则称这个"迎春数串"的长度为 n，比如 0、1、1、0、0、1、1、1 是一个长度为 8 的"迎春数串"。长度为 4 的"迎春数串"有________个。

3. 如图，有两个小正方形和一个大正方形，大正方形的边长是小正方形的 2 倍，阴影三角形面积为 240，3 个正方形的面积和是________。

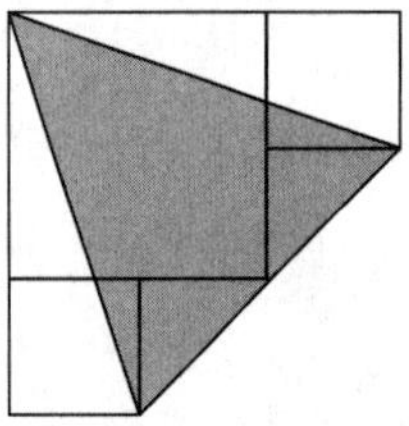

第 3 题图

4. 一辆三轮车 3 个轮子，一辆汽车 4 个轮子，一辆货车 6 个轮子，若一辆三轮车坐 2 人，一辆汽车坐 4 人，一辆货车坐 4 人，此时一共 60 个人，一共 74 个轮子，求有________辆汽车。

5. 六名小学生分别带着 11 元、15 元、17 元、22 元、31 元、43 元钱，一起到新华书店购买《思维宝典》。一看定价才发现有 5 个人带的钱不够，但是其中甲、乙、丙 3 人的钱凑在一起恰好可买 2 本，丁、戊 2 人的钱凑在一起可买 1 本还多 2 元。这种《思维宝典》的定价是________元。

6. 有 A、B、C 三种盐水，按 A 与 B 数量之比为 2∶1 混合，得到浓度为 13％的盐水；按 A 与 B 数量之比为 1∶2 混合，得到浓度为 14％的盐水。如果 A、B、C 数量之比为 1∶1∶3，混合成的盐水浓度为 10.2％，则盐水 C 的浓度是________(填百分数)。

7. 如图，直角△ABC 的边 $AC=BC=10$ 厘米，点 D 和点 E 分别从 A、B 两点同时出发向点 C 运动，点 D 和点 E 的速度分别为 1 厘米/秒和 2 厘米/秒，运动过程中，AE 与 BD 交于点 P，当点 E 运动到点 C 时，点 D 和点 E 同时停止运动。若 t 秒时，△ADP 的面积比△BEP 的面积少 15 平方厘米，则 t 为________秒。

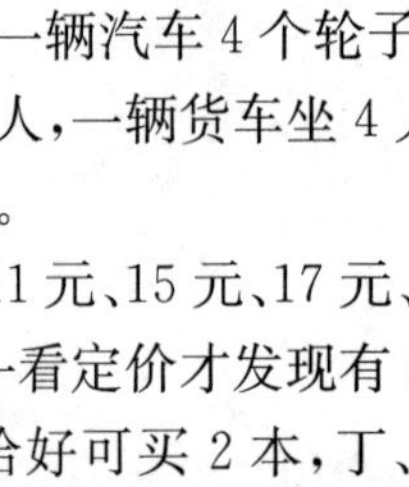

第 7 题图

8. 甲每分钟走 80 千米，乙每分钟走 60 千米。两人在 A、B 两地同时出发相向而行，在 E 地相遇，如果甲在途中休息 7 分钟，则两人在 F 地相遇，已知为 C 为 AB 中点，而 $EC=FC$，那么 AB 两地相距________千米。

9. 田田要用 4 种不同的颜色给 TIANFANG 这个单词涂色，如果每个字母涂一种颜色，且相同字母涂相同颜色，相邻字母涂不同颜色。则涂法一共有_______种。

10. 甲、乙两人相约去爬山，已知两人上山的速度比是 4∶3，且两人下山的速度均比各自上山的速度快$\frac{1}{3}$。两人同时从山脚下开始运动，到山顶后立即返回，不断往返运动，直到两人第一次同时间到山脚时结束。则两人同向运动的时间占总时间的_______。(填分数)

11. 鑫鑫老师从写有 1～13 的 13 张卡片中抽出 9 张，分别贴在 9 位同学的额头上。大家都能看到其他 8 人的数，但看不到自己的数。9 位同学都诚实而且聪明，且卡片 6、9 不能颠倒。老师问："现在知道自己的数的因数个数的同学请举手。"有两人举手，手放下之后，有 3 个人有如下的对话：

甲："我知道我是多少了。"

乙："虽然我不知道我的数是多少，但我已经知道自己是奇数还是偶数了。"

丙："我的数比乙的小 4，比甲的大 1。"

那么，没有被抽出的 4 张牌上数的和是_______。

12. 如图，已知四边形 $ABCD$ 的面积为 90，对角线 AC 和 BD 相交于点 P，在四边形的两边 AB 和 CD 上分别取两点 M 和 N，且 $MB=\frac{1}{3}AB$，$BP=\frac{3}{5}BD$，$NC=\frac{2}{3}DC$，$PC=\frac{2}{3}AC$。

(1)求△CPD 的面积。

(2)连接 CM、DM，求△CMD 的面积。

(3)求四边形 $MBCN$ 的面积。

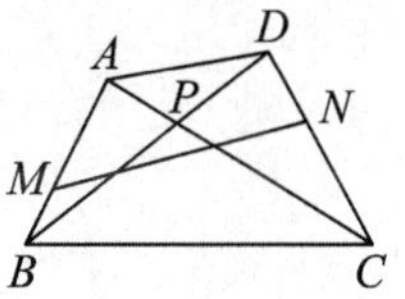

第 12 题图

13. 材料一：德国数学家高斯是近代数学奠基者之一，有"数学王子"之称，在历史上有很大的影响。他幼年时就表现出超人的数学天赋，10 岁时，他在进行等差数列(每一项与前一项的差为定值)1＋2＋3＋…＋100 的求和运算时，就提出了倒序相加法的原理，该原理基于所给数据前后对应项的和呈现一定的规律生成。

因为 1＋100＝2＋99＝3＋98＝…＝50＋51，

故令S＝1＋2＋3＋…＋100，①

S＝100＋99＋98＋…＋1。②

再①＋②得 2S＝(1＋100)＋(2＋99)＋(3＋98)＋…＋(100＋1)＝100×101，所以 S＝5050。

材料二：我们利用"错位相减"的方法可求等比数列（每一项与前一项的比为定值）的前 n 项和，其操作步骤如下：

记等比数列前 n 项和为 $S=3^1+3^2+\cdots+3^n$，①

将①两边同时乘以 3，得 $3S=3^2+3^3+\cdots+3^{n+1}$，②

从而②－①，$2S=3^{n+1}-3$，所以 $S=\frac{3^{n+1}-3}{2}$。

类比上述方法求和：

(1)$1+4+7+\cdots+100$。

(2)$\frac{1}{(\frac{1}{4})^2+1}+\frac{1}{(\frac{1}{3})^2+1}+\frac{1}{(\frac{1}{2})^2+1}+\frac{1}{1^2+1}+\frac{1}{2^2+1}+\frac{1}{3^2+1}+\frac{1}{4^2+1}+\frac{1}{5^2+1}$。

(3)$S=1\times3^1+2\times3^2+3\times3^3+\cdots+n\times3^n$。

2024年 春·武汉明心资优生水平测试

4年级

思考笔记

一、计算题

1. $12-23-34+45+56-67-78+89=$________。

2. $92\times44-88\times23=$________。

3. $4202\div11-2024\div11-11\times11=$________。

4. $69\div92\times36\div27=$________。

二、A组填空题

5. 丹麦国旗是现今仍在使用的国旗中最为古老的一面。旗面为红色长方形上有一个白色十字形图案。题图给出了丹麦国旗的尺寸(单位:厘米),那么图中的白色十字形图案的面积为________平方厘米。

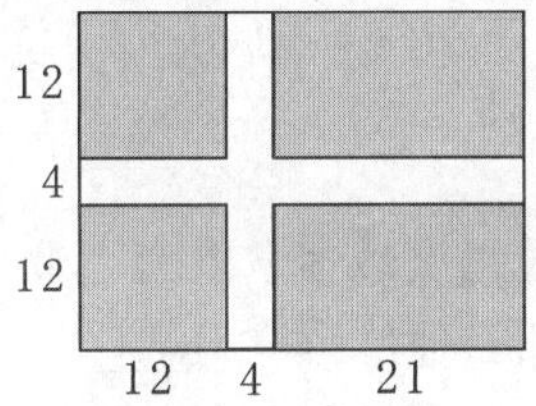

第5题图

6. 将1～1000依次无间隔的写成一个多位数:123…9991000,这个多位数的数字和是________。

7. 将1～9填入下面的算式中,得到的计算结果最大是________。

□□×□□÷□□+□□−□。

第7题图

8. 如图,一个大长方形被分成了4个小长方形,已知其中较小的3个面积分别为144、256、585,那么大长方形的面积为________。

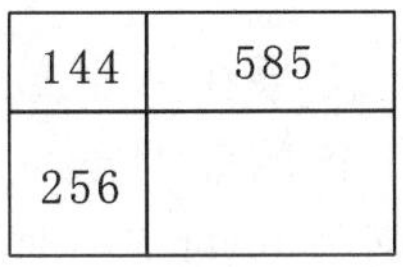

第8题图

9. 甲、乙两人从相距1千米的A、B两地同时出发相向而行,同时丙骑车从A地出发,在A、B两地间来回骑行。当甲、乙第一次相遇时,丙恰好达到B地;当丙回头遇到甲时,乙恰好到达A地,那么当甲到达B地时,丙已经骑行了________千米。

10. 既不是2的倍数,又不是3的倍数,还不是4的倍数的两位数共有________个。

11. 从一副扑克牌中抽取两张,点数之和大于10的取法有________种。(J、Q、K及大小王都算0点)

12. 甲、乙、丙三人在黑板上各写下了一个多位数。

甲说："如果我写的数减少 1024，那么 3 个数中有一个数是其他数的平均数。"

乙说："如果我写的数减少 4201，那么 3 个数中有一个数是其他数的平均数。"

丙说："如果我写的数减少一个和你们不同的自然数，也可以让 3 个数中有一个数是其他数的平均数。"

那么丙说的减少的数是________。

三、B 组填空题

13. 将题图折成一个正方体，它相交于一个顶点的 3 个面上的数之积被称为该顶点的"特征值"。那么正方体所有顶点的特征值之和为________。

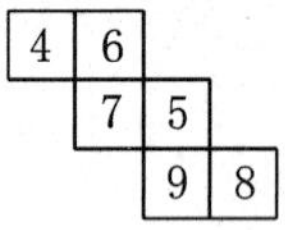

第 13 题图

14. 题图中每条小线段的长度均为 1，那么从 A 到 B 的最短路线共有________条。

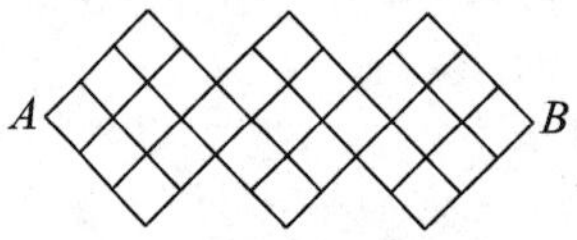

第 14 题图

15. 桌子上有 2025 颗糖，甲、乙两人轮流拿取，每人每次最多拿取桌上剩余糖的一半，不能不拿，谁没法做到就算输。甲先拿，那么他应该拿________颗糖才能保证获胜。

16. 将 1～9 填入如图所示的方格表中，要求 4 个中心能构成正方形的方格里的数之和都相等。那么共有________种不同的填法。（旋转、翻转后一样的算同一种填法）

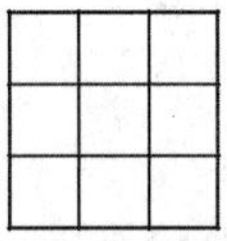

第 16 题图

四、解答题

17. 同一片匀速生长的草场被分成了 A、B 两块区域。如果在 A 区放养 10 头牛，在 B 区放养 10 只羊，则 A 区的草 4 天会被吃完，B 区的草 24 天才会被吃完；如果在 A 区放养 10 只羊，在 B 区放养 10 头牛，则 A 区的草和 B 区的草都恰好够吃 9 天。已知 B 区的面积是 A 区面积的 2 倍，那么在这片草场上放养 10 只羊，草场上的草够它们吃多少天？

18. 将一副扑克牌中除大、小王外的 52 张牌平均分给 26 个人，是否一定有两个人的牌点数之和相等？请说明理由。（其中 J、Q、K、A 分别记作 11、12、13、1 点）

5年级

思考笔记

一、计算题

1. 12.78－5.36＋7.12－4.64＝________。

2. 13.2×46÷0.3＝________。

3. 7.8×0.125＋0.1÷4＝________。

4. (1.2＋3.4＋4.6＋7.8)÷(8.1－7.2＋6.3－5.4)＝________。

二、A组填空题

5. 黑板上有连续26个自然数，其中末位为5或者0的数之和是105，那么这26个数的和为________。

6. 题图由3个正方形构成，如果 AB 长为10厘米，那么 CD 长为________厘米。

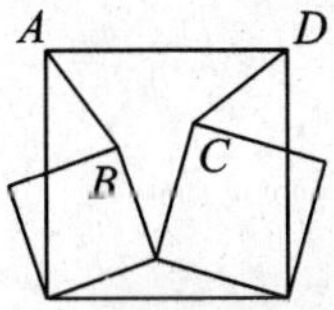

第6题图

7. 在2、0、2、4后面顺次写上一串数字，使得每个数字等于它前面两个数字之和的个位数字，即得到2,0,2,4,6,0,6,6……那么，这个数列的第2024个数字是________。

8. 将1～7排成一个七位数，要求每个奇数数字要大于它前面的所有奇数数字，每个偶数数字要小于它前面的所有偶数数字，那么符合条件的七位数有________个。

9. 如图，M 是边长为2024的正方形 $ABCD$ 边 AB 的中点，正方形 $CEMF$ 的对角线 FE 延长交 AD 于点 N，则 ND 长为________。

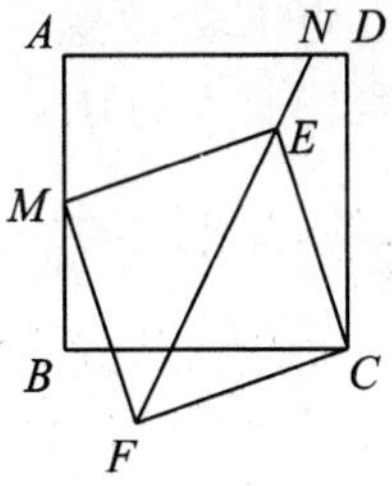

第9题图

10. 7位乒乓球运动员进行单打循环赛，打完后发现每人恰好各胜3场负3场。如果找到3位运动员，他们互有胜负(即 A 胜 B，B 胜 C，C 胜 A)，则称这三人是一个“平衡三人组”。那么共可以找到________个“平衡三人组”。

11. 一个棱长为10的立方体，将其中4个面染成红色后，切成1000个棱长为1的小立方体，如果其中有2个小立方体的三面是红色，那么没有染红色的小立方体有________个。

12. 一个农妇带了若干个鸡蛋去集市上售卖，每天恰好卖掉了剩余鸡蛋数量的一半(如果剩奇数个，就卖掉了剩下的一半多半个)，第一天鸡蛋每个1元，第二天每个2元，第三天每个3元……以此类推，若鸡蛋卖完时总共售得4041元，则她一共带了________个鸡蛋。

三、B 组填空题

13. 将数字 1～2025 排成一个圆环，使得相邻两个数的差不超过 2，共有________种不同排法。（旋转后相同的算同一种）

14. 如图，E 是面积为 2024 的长方形 $ABCD$ 的边 AD 上一点，CE 与 BD 垂直，已知 $AB+AC=2AD$，那么阴影部分三角形的面积为________。

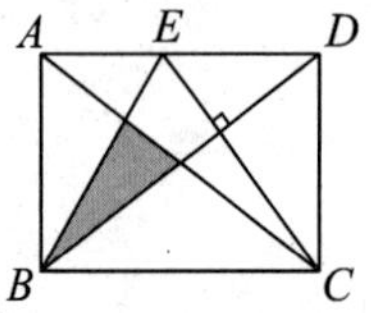

第 14 题图

15. 老师将 3 个自然数分别交给甲、乙、丙 3 个人。

甲：“我手上的数和它的因数个数是一样的。”

乙：“我手上的数是它自己的因数个数的 2 倍。”

丙：“我手上的数是它自己的因数个数的 3 倍。”

老师：“你们手上的数可以组成一个乘法算式。”

如果大家都是诚实的，那么这 3 个数的和为________。

16. 如图是某种儿童玩具的示意图，该玩具上有 6 个不同颜色的小球，厂家准备了充足的红、黄、蓝、绿、黑、白色小球，则共可生产________种不同配色的玩具。（旋转之后相同的算同一种）

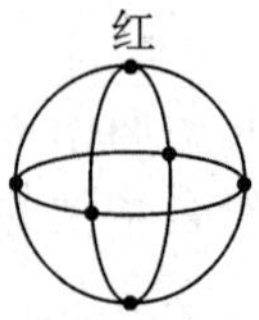

第 16 题图

四、解答题

17. 如图，用镜子围成边长 60 厘米的正方形 $ABCD$，在点 E 处放置一个激光发射器，激光在点 F、G 处反射后抵达 H 处，已知 $AE=12$ 厘米，$DH=24$ 厘米，那么四边形 $EFGH$ 面积为多少平方厘米？

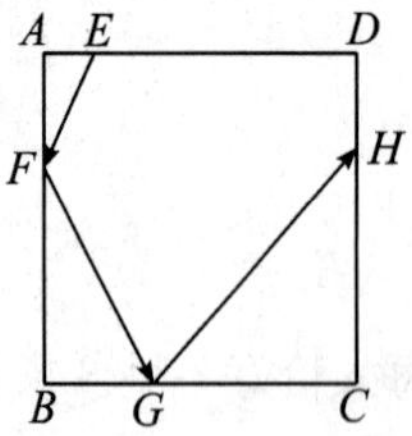

第 17 题图

18. 能否用 1 个“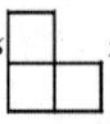”和 11 个“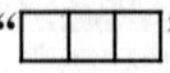”拼成一个 6×6 的正方形？如果可以，给出一种拼法；如果不行，请说明理由。

6年级

一、计算题

1. $\frac{2}{9}+\frac{3}{16}+\frac{13}{144}=$________。

2. $(3\frac{1}{2}-2\frac{1}{3})\div(\frac{1}{2}+\frac{1}{3})=$________。

3. $\dfrac{(\frac{1}{21}+\frac{1}{23})(\frac{1}{22}+\frac{1}{24})}{\frac{1}{21}\times\frac{1}{22}\times\frac{1}{23}\times\frac{1}{24}}=$________。

4. $1\frac{1}{2}+2\frac{1}{6}+3\frac{1}{12}+4\frac{1}{20}+5\frac{1}{30}+6\frac{1}{42}+7\frac{1}{56}+8\frac{1}{72}+9\frac{1}{90}=$________。

二、A组填空题

5. 某人去爬山，上山速度是下山速度的一半，结果下山比上山少用2小时。那么他上、下山共用了________小时。

6. 从1～2024中最多能取出________个数，使得其中任意两个数之间没有倍数关系。

7. 某班共有学生48人，其中男女生人数之比为7∶5。某次考试后发现女生平均分比男生平均分高5%，男生总分比女生总分高560分，那么女生平均分为________分。

8. 题图中的正六边形被分成了6个三角形，已知$S_4=3S_1$，$S_2=2S_5$，那么$S_3:S_6=$________。

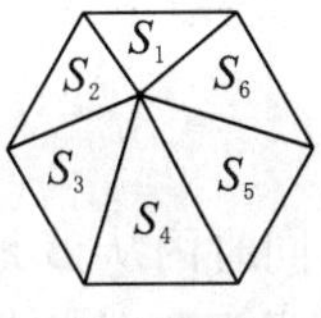

第8题图

9. 如图，长方形$ABCD$中，$3AB=4BC$，三角形BCD中有一个最大的圆，与CD共点E，AE与圆交于F，已知长方形$ABCD$面积为2024，那么三角形BDF的面积为________。

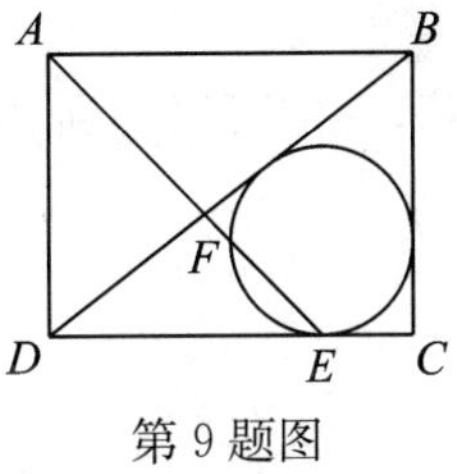

第9题图

10. 如图，M、N是平行四边形$ABCD$边上的点，$AM=MD$，图中两个三角形的面积已经给出，那么$\frac{AN}{NB}=$________。

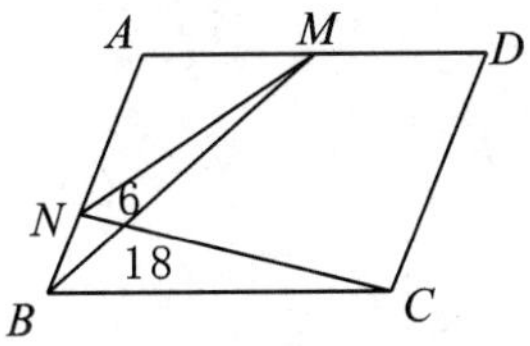

第10题图

11. 从 1～2024 中任选两个数，则这两个数的乘积是 4 的倍数的概率是________。

12. 桌上有 A、B、C 3 瓶浓度相同的酒精溶液，分别装有 100、200、300 毫升溶液。现将 100 毫升纯酒精倒入 A 瓶，充分混合后倒 100 毫升给 B 瓶，B 瓶充分混合后倒 100 毫升给 C 瓶，此时 C 瓶中的溶液浓度为 54%，那么 3 个瓶子中原有的酒精溶液浓度为________。

三、B 组填空题

13. 1～6999 中，数字和能被 7 整除的自然数有________个。

14. 6 条棱都相同的三棱锥叫作正四面体。一个正四面体容器里装有一大四小共 5 个球，每个球都和相邻的球相切（即恰有一个公共点），已知大球的体积是 2024，那么小球的体积和是________。

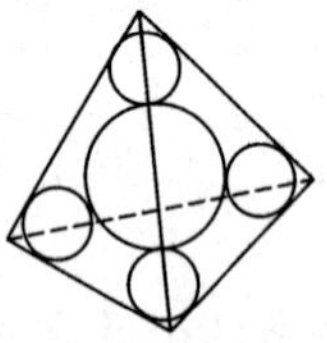

第 14 题图

15. 一个质数，它的每个数字都是互不相同的合数，我们称它为“伪合数”。那么“伪合数”共有________。

16. 下面的算式中，相同的汉字表示相同的数字，不同的汉字表示不同的数字，且“$\overline{\text{十次}}$”是 10 的倍数，“$\overline{\text{八次}}$”是 8 的倍数，那么“$\overline{\text{排除困难}}$”代表的四位数是________。

$$\overline{\text{尝试}}\times\overline{\text{十次}}\times\overline{\text{八次}}=\overline{\text{9尝试8}}-\overline{\text{排除}}+\overline{\text{1切困难}}$$

第 16 题图

四、解答题

17. 早上 8 点，甲滑滑板、乙步行从 A 地出发前往 B 地，同时丙从 B 地出发前往 A 地。已知甲、乙步行速度都是每小时 5 千米，三人滑滑板的速度都是每小时 20 千米。AB 两地相距 14 千米。三人途中均未回头或停留，结果甲、乙以最快方式到达 B 地时，丙也到达了 A 地。请问：

(1)丙的速度是多少？

(2)三人达到目的地的时刻是多少？

18. 请证明：任意 4 个不同自然数，利用加减乘除运算，一定可以得到 24 的倍数。（每个数恰好用一次）

2024年 秋·武汉明心资优生水平测试

4年级

思考笔记

一、计算题

1. 1350＋79－86－42＝________。

2. 2024－20×24＝________。

3. (64－46)×(38＋83)÷9＝________。

4. 2＋4＋6＋…＋98＋100＋98＋96＋…＋4＋2＝________。

二、A 组填空题

5. 算式 119＋118＋117＋…＋85－84－83－82－…－1 的结果是________。

6. 题图中的小方格边长都是 1，那么“爱心”“船”“坦克”图形占的总面积为________。

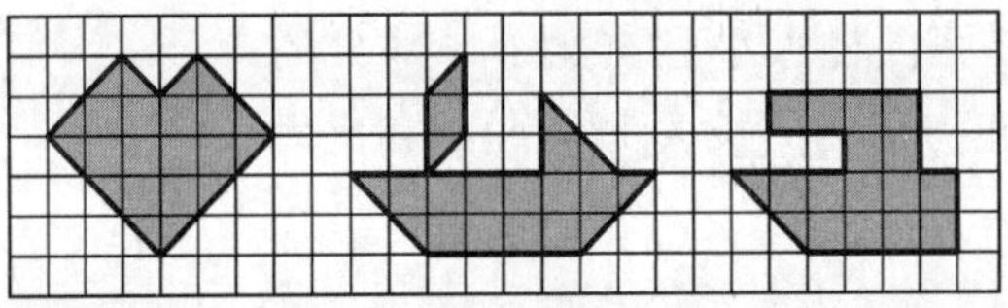

第 6 题图

7. 有 A、B、C、D 四个互不相同的自然数，其中 2 个数的差等于另 2 个数的和，其中 2 个数的积等于另 2 个数的商，那么这 4 个数的和是________。

8. 将 5 个相同大小的正方形拼成一个长方形，周长减少了 40，那么拼成的长方形面积是________。

9. 题图的减法竖式中每个方格中的数字都不相同，且三行中有一行全是奇数数字，有一行全是偶数数字。数字 4 已填入，那么 0～9 中没有填入的数字是________。

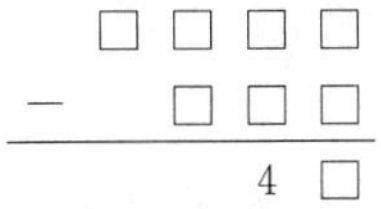

第 9 题图

10. 将数字 1～6 排成一排，已知：

1 只和奇数数字相邻；

2 只和偶数数字相邻；

3 不和奇数数字相邻；

4 不和偶数数字相邻；

5 不排在从左往右数第 5 位。

那么这 6 个数字从左到右组成的六位数是________。

11. 甲、乙两人各带了一些玻璃珠玩。如果甲给乙 5 颗，则甲还比乙多 5 颗；如果乙给甲 5 颗，那么甲将比乙多 5 倍。那么甲、乙共有玻璃珠________颗。

12. 将 1、2、3、4、5、6 填入题图中的 6 个虚线圆圈中，使得一笔画出题图中的所有实线时，经过的圆圈中的数字和(经过几次就要计算几次)最小，这个最小的和是________。

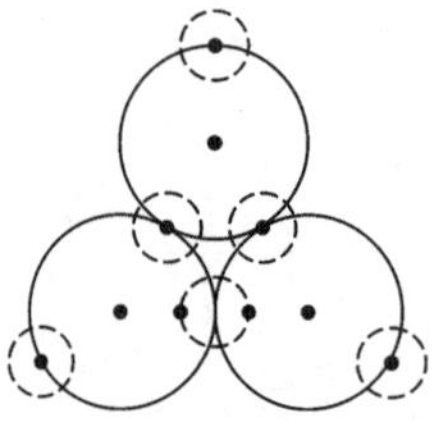

第 12 题图

13. 某学校共有 3 个班，一班、二班人数之和恰好是三班人数的 2 倍，二班、三班人数之和比一班人数的 2 倍少 12 人，那么一班、三班人数的和与二班人数的 2 倍相差________人。

14. 去年妈妈和哥哥的年龄差是弟弟年龄的 6 倍，且妈妈和弟弟的年龄差是哥哥年龄的 5 倍。今年妈妈的年龄是哥哥与弟弟年龄的乘积。那么________年后，妈妈的年龄是哥哥与弟弟的年龄和。

三、B 组填空题

15. 如图，在一个大正方形方格中放有 2 张同样大小且重叠了一部分的正方形纸片，已知正方形纸片的周长和比大正方形的周长大 128，面积和比大正方形的面积小 128，那么大正方形的边长是________。

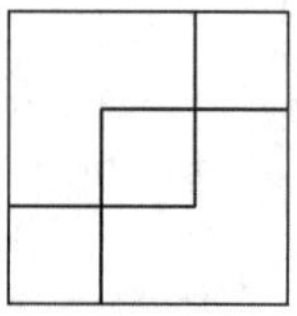

第 15 题图

16. 小明在纸上写下连续自然数：1，2，3，⋯，1000，其中写得最少的数字是________，共写了________个。

17. 将 1～9 各一个填入题图的方框中，使得等式成立，那么乘积的三位数数字和为________。

□×□□=□×□□=□□□

第 17 题图

18. 将黑、白棋子各 2 枚放置在如图的米字格棋盘的格点处，使得任意 2 枚颜色不同的棋子不相邻(即没有线段相连接)，共有________种不同放法。(棋盘不可旋转)

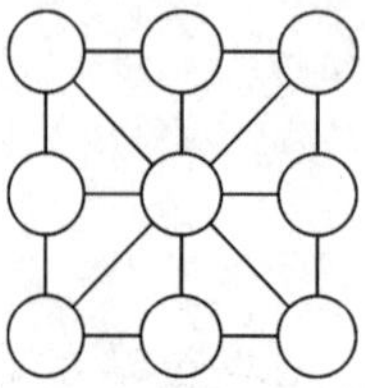

第 18 题图

四、解答题

19. 幼儿园买了一批苹果和梨分给大班和小班的小朋友。如果给大班的小朋友每人 3 个苹果,还多出 4 个,如果给小班的小朋友每人 4 个苹果,还多出 3 个。如果给大班的小朋友每人 4 个梨,还少 5 个,如果给小班的小朋友每人 5 个梨,还少 4 个。请问共有多少个小朋友,多少个水果?

20. 河流上依次有 A、B、C、D 四座港口,其中 B、C、D 港分别在 A 港下游 72、152、240 海里处(1 海里 = 1.852 千米),客船早上 8:00 从 B 港出发前往 D 港,到达后立刻返回,于 18:00 停泊在 C 港。第二天 8:00 继续向上游航行,到达 A 港后立刻返回,18:00 时恰好到达 B 港。求船在静水中的速度和水流速度。

5年级

思考笔记

一、计算题

1. $5.3\times9.2+6.1\times8.4=$________。

2. $(1+2+4+8+\cdots+1024)-(1+3+5+7+\cdots+89)=$________。

3. $(123+234+345+456+567)\div(1+2+3+4+5)=$________。

4. $1\div9\times2+2\div9\times3+3\div9\times4+\cdots+25\div9\times26=$________。

二、A 组填空题

5. 一个角的余角和补角的和是 130°，那么这个角的大小是________°。

6. 如图，$\angle A+\angle B+\angle C+\angle D+\angle E+\angle F+\angle G=$________°。

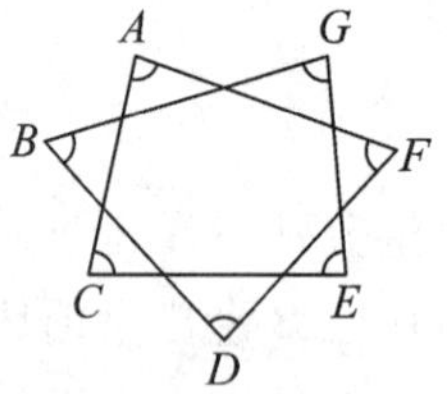

第 6 题图

7. 不超过 20 的合数之和比质数之和大________。

8. 已知$n!$表示 $1\times2\times3\times\cdots\times n$，如果$6!\times7!=m!$，那么 $m=$________。

9. 一个自然数最小的 4 个约数之和比它本身小 8，这个自然数是________。

10. 题图的凹五边形的各边边长如图所示，图形的面积为________。

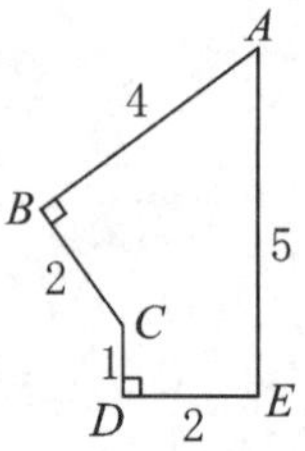

第 10 题图

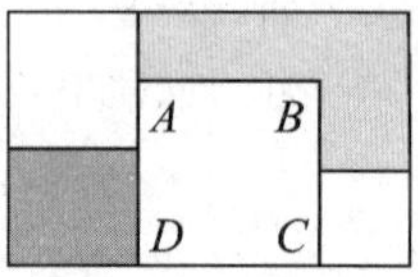

第 11 题图

11. 如图，大长方形被分成了 3 个正方形和 2 个阴影部分，已知 2 个阴影部分的周长差是 40，那么正方形 $ABCD$ 的面积为________。

12. 观察下面这列数：2，3，6，18，108…

从第 3 个数起，每个数是前面 2 个数的乘积，那么第 10 个数有________个约数。

13. 桌上有黑白两色棋子，分别组成一个正方形实心方阵。黑色棋子恰好可以围着白色棋子一圈，组成一个大实心方阵，且无剩余；白色棋子恰好可以围着黑色棋子两圈，组成一个大实心方阵，且无剩余。那么桌上的黑白棋子共有________枚。

14. 从 2024 开始的若干连续自然数排成一列：2024，2025，2026，2027，…。其中，奇数的数字总和与偶数的数字总和一样大，那么这个数列共有________项。

三、B 组填空题

15. 如果十位数$\overline{1023\square897\square5}$是 271 的倍数，那么方框中的两个数字之和是________。

16. 如图，将一个直角边长为 12 的等腰直角三角形沿直线向右平移，且保持与边长为 8 的正方形的边 AB 相交，那么两个图形的最大重合面积是________。

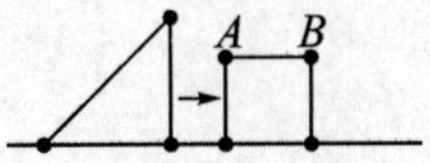

第 16 题图

17. 一个各位数字互不相同且不含 0 的五位数，如果千位数字和十位数字比它相邻的数字都小，我们称这样的五位数是“W 数”。一个 W 数，从右往左读得到的新五位数是它本身的倍数，这个 W 数是________。

18. 已知题图除法算式的商的各位数字之和为 20，那么它的除数的各位数字之和是________。

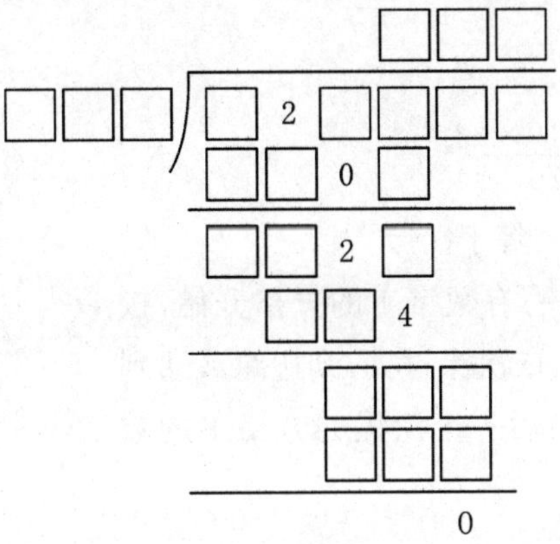

第 18 题图

四、解答题

19. 如图，O 是正方形 $ABCD$ 的中心，E、F 分别是线段 BC、OD 上的点，AF 与 EF 垂直。已知三角形 CDF 的面积为 120，求三角形 OCE 面积。

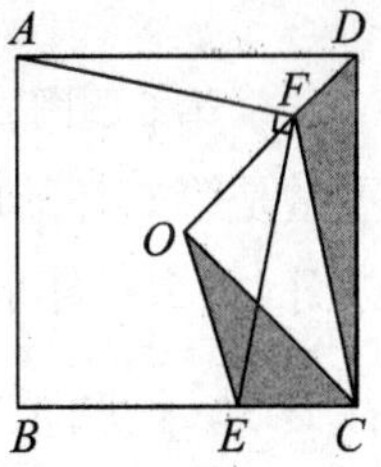

第 19 题图

20. 将标有 1、2、3、4、5、6 的圆珠套成如图的珠串，使得一笔画出珠串的绳索时，经过的圆珠的数字和最小（经过几次就要算几次），那么不同的串法有多少种？（旋转、翻转后相同的算同一种）

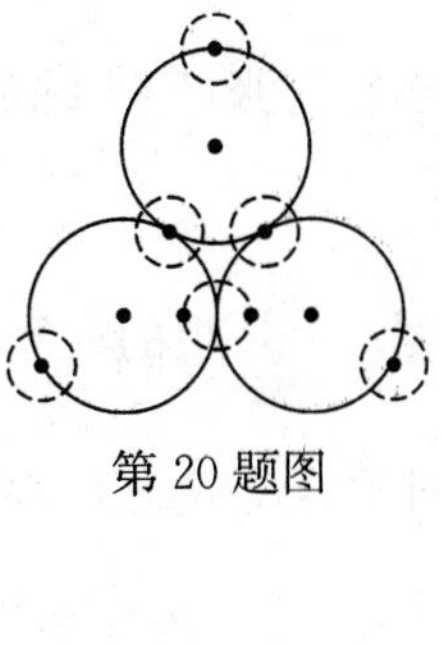
第 20 题图

6年级

一、计算题

1. $\left(\frac{2}{5}+0.6\right)\div\left(\frac{4}{7}\div\frac{6}{7}+0.\dot{3}\right)=$________。

2. $(3456+4563+5634+6345)\div(123.4+234.1+341.2+412.3)=$________。

3. $1\times\left(1+\frac{1}{2}+\frac{1}{3}+\cdots+\frac{1}{10}\right)+2\times\left(\frac{1}{2}+\frac{1}{3}+\cdots+\frac{1}{10}\right)+\cdots+10\times\frac{1}{10}=$________。

4. 分数$\frac{1}{82}$化为小数时，小数点后第100位数字是________。

二、A组填空题

5. 试比较下面两个分数的大小：$\frac{1923}{2024}$(　　)$\frac{19\times23}{20\times24}$

A. 大于(＞)　　B. 小于(＜)　　C. 等于(＝)

6. 题图(1)是一个20×50的方格表，小刚从写有数字1的方格开始，按照图(2)的顺序依次涂黑表中的方格(先从左往右依次涂过去，到边缘或遇到已经涂过的方格，就向右转90°继续涂)。那么最后一个涂黑的方格中的数是________。

1	2	3	…	50
51	52	53	…	100
⋮	⋮	⋮		⋮
951	952	953	…	1000

(1)

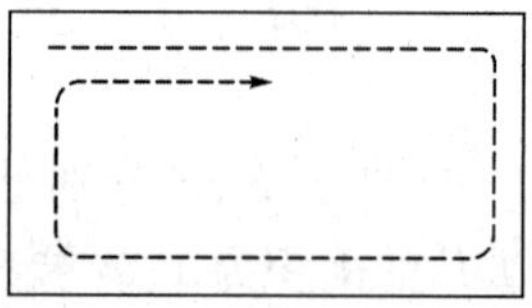

(2)

第6题图

7. 有三杯水，第一杯的重量是第二杯的两倍，也是第三杯的一半，而且比第二、三杯的平均数少100毫升，那么三杯水一共________毫升。

8. 某人坐车从A地驶往B地，行驶了全程的$\frac{3}{7}$还多32千米时车坏掉了，只好下车步行，结果发现步行的距离比坐车路程的$\frac{1}{5}$还少1千米。那么AB两地相距________千米。

9. 小红和小绿各有一些文化卡。如果小红给小绿5张，则小红的卡数是小绿卡数的$\frac{1}{3}$；如果小绿给小红5张，则小绿的卡数是两人总卡数的$\frac{1}{3}$。那么小红比小绿少________张卡。

10. 对某样产品进行检测。第一批的检测的合格率为$\frac{1}{4}$，第二批检测的合格率为$\frac{1}{3}$，小刚发现第二批检查总数比第一批少20件，但第二批合格数量比第一批恰好多20件。那么，两批一共检查了________件产品。

11. 如图所示，5个相同的小长方体拼成了一个体积为1620的大长方体，那么一个小长方体的棱长之和是________。

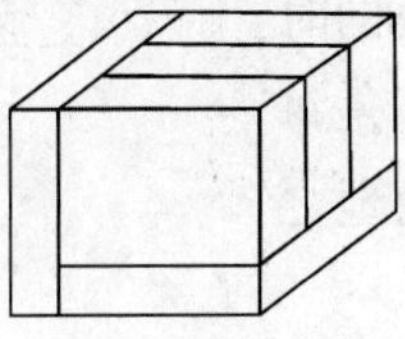

第 11 题图

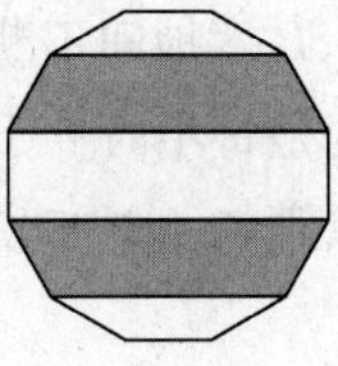

第 12 题图

12. 题图的正十二边形中阴影部分面积为 2024，那么空白部分的面积为________。

13. 算式$(1+2+3+\cdots+24)\times\left(\frac{1}{2^3-2}+\frac{2}{3^3-3}+\frac{3}{4^3-4}+\cdots+\frac{23}{24^3-24}\right)$的计算结果是________。

14. 下面的算式中，不同的字母表示不同的数字，那么$\overline{ABCD}$表示的四位数共有________个。

$$A\div[B\div(C\div D)]=8$$

三、B 组填空题

15. 一项工程，如果让甲单独做，将比预计时间晚 12 天完成，如果让乙单独做，则比预计时间提前 8 天完成。如果甲、乙一人一天轮流做，则无论是甲先做还是乙先做，都恰好按预计时间完成任务。那么这项工程原先预计________天完成。

16. 袋子里有若干红球和白球，如果取出 20 个红球，则剩下的红球比白球的一半多 11 个，如果取出 20 个白球，则剩下的白球比红球的一半少 1 个，那么袋子中共有红、白球________个。

17. 已知面积为 2024 的三角形 ABC 的边 BC 长为 200，P、Q 是 BC 上距离为 50 的两点，过点 P、Q 分别作 AB、AC 的平行线，与 AC 交于 P_1、Q_1，与 AB 交于 P_2、Q_2，那么梯形 PQQ_1P_1 与 PQQ_2P_2 的面积和是________。

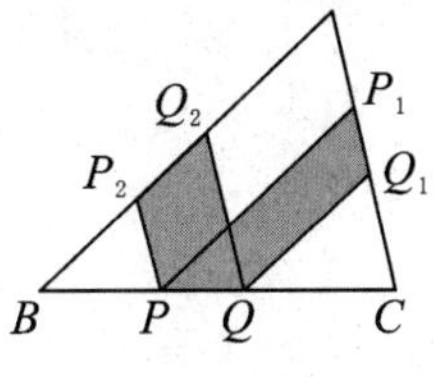

第 17 题图

18. 将题图中正八面体的各个顶点分别染成红、黄、蓝、绿四种颜色中的一种，使得有棱相连的顶点颜色不同，共有________种不同的染色方法。（翻转、旋转后相同的视为同一种染法）

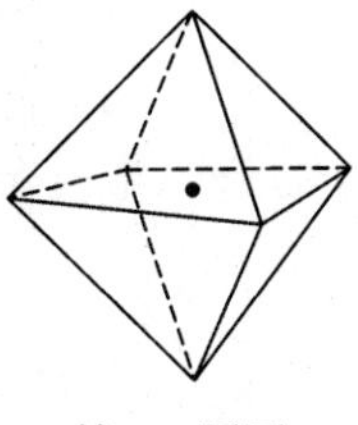

第 18 题图

四、解答题

19. 甲某日早晨骑车从 A 地出发，在 A、B 两地间不断往返，乙与他同时同地出发并一直朝着甲前进，已知甲的速度是每小时 6 千米，乙的速度是每小时 2 千米，已知乙第 4 次与甲相遇的地点距离 A 地 500 米，求 AB 两地之间的距离。

20. 如图，已知 H、I、J、K、L、M、O、N 是正方形 $ABCD$ 和 $AEFG$ 各边的中点，四边形 $HKLO$ 的面积为 100，那么四边形 $IJMN$ 的面积是多少？

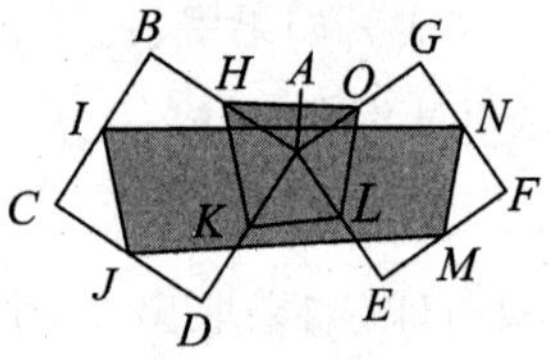

第 20 题图

二、历事炼心·2024年模拟题精选

模拟试卷一(中年级组)★★★　命题人：谢堉绚・福州

模拟试卷二(高年级组)★★★　命题人：李巍・广州

模拟试卷三(高年级组)★★★　命题人：李冰莹・广州

模拟试卷四(高年级组)★★★　命题人：曹晓勇・武汉

模拟试卷五(高年级组)★★★　命题人：王天喜・广州

模拟试卷六(高年级组)★★★　命题人：马维・沈阳

模拟试卷一（中年级组）★★★

思考笔记

一、A 组填空题

1. 计算：12345679×405 的数字和是________。

2. 定义符号“@”表示一种新运算，已知 2@3＝18，3@4＝48，3@5＝300，2@5＝600，则 4@6＝________。

3. 观察下列数表，2024 排在这个数表的第________行第________列。

	10		20		38		64 …
12		22		40		66	
	24		42		68		
26		44		70			
	46		72				
48		74					
	76						
78							
…							

第 3 题图

4. 如图的数字谜中，相同的汉字代表相同的数字，不同的汉字代表不同的数字，已知“日”“赞”“盛”是从大到小的 3 个连续自然数，且均不等于 4，那么竖式的结果为________。

```
    欢 乐 国 庆 日
×             赞
————————————————
    祖 国 日 昌 盛
```

第 4 题图

5. 圣诞节当天，悦悦老师准备给全班同学发糖果，如果每人发 5 颗，则分完所有同学后还剩余 30 颗；如果先奖励班上表现优秀的 3 位同学每人平均分一些，剩余的糖果再按全班人数分配，此时每人分 6 颗，则正好分完全部糖果。那么这个班的人数最多是________人。

6. 一个各位数字互不相同的三位数加上它的数字和之后，得到的结果是 11 的倍数。那么这个三位数最大是________。

7. 如图是蚂蚁王国的某区域道路图，一只蚂蚁想从 A 城市出发去往 B 城市，若规定它只能往右，往上走或者往右上走，当走到图中的“M”形河流和“◇”形湖泊时，由于蚂蚁没办法游泳，所以只能沿着边缘走，无法直接穿行，那么蚂蚁此行一共有________条不同的路线。

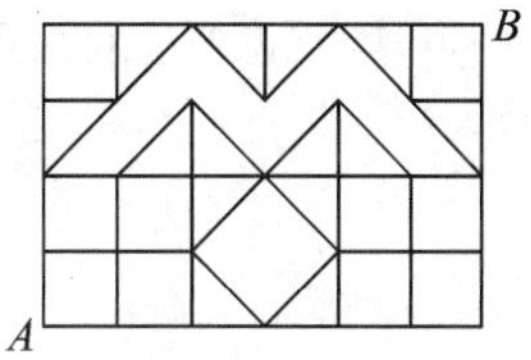

第 7 题图

8. 老师在书本上写了一个两位数，然后盖住让同学们来猜，有以下四位同学作了猜测。

小喜说：“这个数是个合数。”

小悦说:“这个数的数字和是个两位质数。”

小欢说:“这个数的因数个数是奇数个。”

小乐说:“这个数含有 5 以内的所有质因数。”

老师说他们中只有一位同学说错了,那么老师写的两位数是________。

二、B 组填空题

9. 计算:$\left(\frac{1}{21}-\frac{1}{22}\right)\times 24024\times\frac{a}{13}=100$,$a=$________。

10. 一个九位数需含有数码 0,1,2,4,且每个数码只出现两次,符合的九位数有________个。

11. 如图,按照左侧的高度比例用一些图形拼出一只小马,然后用一根绳子框出小马的外轮廓长为 280 厘米,已知水平方向用掉 126 厘米,倾斜方向用掉 90 厘米,所占份额均已标在图中。若小马的眼睛镂空了 30 平方厘米,则小马的整体面积为________平方厘米。

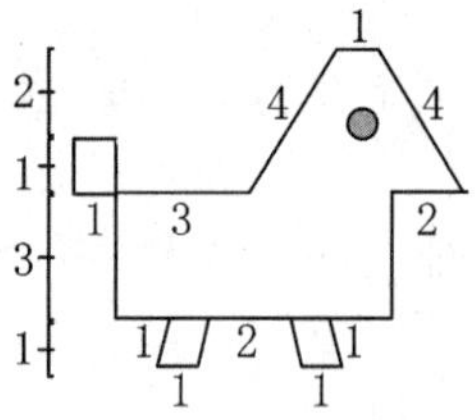

第 11 题图

12. 龟兔预备进行赛跑,骄傲的兔子觉得自己稳操胜券,便故意比乌龟晚出发,当它超越乌龟先跑到中点的时候就又掉头往回跑,与乌龟相遇之后继续跑回出发点后再掉头向终点跑去,最后当兔子跑到终点的时候,总共用时 40 分钟,此时乌龟刚好到达终点,已知兔子是乌龟速度的 2.5 倍且整个过程龟兔均保持匀速,那么一开始兔子比乌龟晚出发________分钟。

13. 小悦一家有小悦和他爸妈共三口人,小喜一家有小喜、他哥哥和他爸妈共四口人,2 年前小喜一家的年龄总和是小悦一家年龄总和的 2 倍多 12 岁,今年他们两家为了响应国家鼓励生育的政策,均打算添加一名新成员,明年小喜家的新成员就出生了,后年小悦家的新成员也出生了,那么当新成员都出生后,再过________年,小喜一家的年龄总和比小悦一家的年龄总和的 2 倍少 19 岁。

三、解答题

14. 一个八位数,若要求任意相邻的两个数位上的数字奇偶性不相同,则所有符合要求的八位数中奇数与偶数相差多少个?

15. 如图,平行四边形 $ABCD$ 的面积为 99,点 E,F 分别为 AB,AD 的三等分点,点 N 为 CE 的四等分点,则△MNF 的面积为多少?

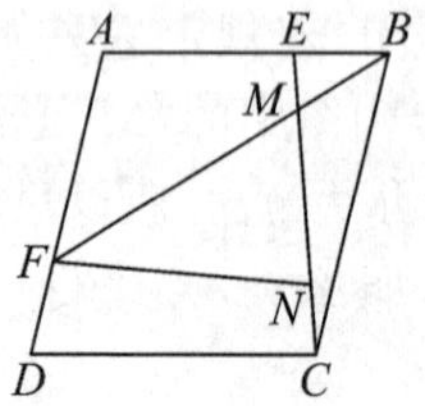

第 15 题图

(命题人:谢堉绚·福州)

模拟试卷二（高年级组）★★★

思考笔记

一、A 组填空题

1. 算式 $\frac{3^2}{1\times5}+\frac{4^2}{2\times6}+\cdots+\frac{23^2}{21\times25}+\frac{1}{22}+\frac{1}{23}+\frac{1}{25}$ 的计算结果是________。

2. 高老师计划周末到 7 名同学(包含小沃和小伦)家里家访。因为小沃和小伦的家离得很近,所以高老师给这两位同学的家安排了相邻的次序。高老师的家访排序方式共有________种。

3. 已知一列数的每一项都是自然数,第 1 项是 1,第 2 项也是 1,以后的每一项都大于前两项之和,那么这列数的第 8 项的最小值是________。

4. 如图,每个小正方形的边长均为 1,点 A,B 是网格图形中已知的两个格点,点 C 是另外一格点,且$\triangle ABC$ 的面积不小于 1,那么图中符合条件的点 C 有________个。

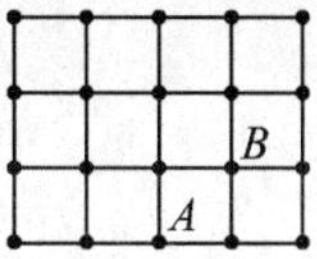

第 4 题图

5. 某学校食堂大厅已站满等候买饭的学生,为保证食堂大厅的秩序,大厅入口处学生排队以等速度进入大厅等待买饭。若开放 4 个售饭窗口,30 分钟可以使大厅内所有学生买到饭;若开放 5 个窗口,20 分钟即可以使大厅内所有学生买到饭;假设每个窗口的售票速度一样,若开放 7 个窗口,那么________分钟使大厅内所有学生买到饭。

6. 当甲 12 岁时,小沃的年龄是乙的 $\frac{2}{3}$,乙的年龄是丙的 $\frac{3}{4}$,丙的年龄是丁的 4 倍。2015 年时,甲、乙、丙、丁四人的年龄和比小沃多 36 岁,那么 2025 年时小沃________岁。

7. 差为 2 的两个质数,其平方差是 8112,则小于这两个质数的最大质数是________。

8. 一辆汽车从甲地到乙地,前一半时间的速度是 a 千米/时,后一半时间的速度是 b 千米/时,已知 $a:b=5:4$,那么这辆汽车行驶前一半路程所用时间与后一半路程所用时间的比是________。

二、B 组填空题

9. 小于 100 的质数共有 25 个,其中最小的是偶质数 2,最大的则是 97。我们将这 25 个质数的乘积记为:$S=2\times3\times5\times\cdots\times97$。那么,1 至 100 这 100 个连续自然数的最小公倍数是 S 的________倍。

10. 题图是,由正三角形 ABC 与正十二边形组成一个图形。已知正十二边形的边长为 12,那么正三角形 ABC 与正十二边形面积之差是________。

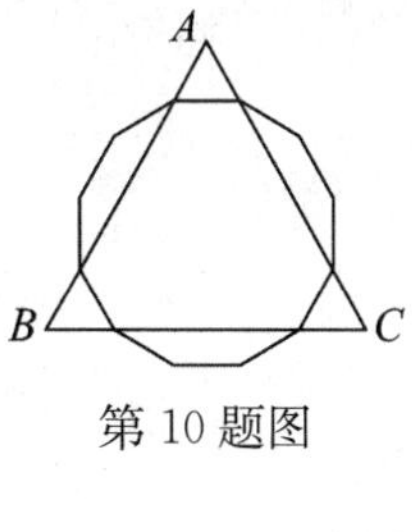

第 10 题图

11. 将若干个体积为 1 的正方体拼成一个大长方体(实心的),将这个大长方体的六个面全部涂上红色,然后把这些正方体分开，发现三个面被涂红色的小正方体恰好有 88 个，那么，拼成的大长方体的体积最多是________。

12. 一次知识竞答比赛，甲、乙、丙、丁、戊、己、庚 7 人闯入决赛，决赛共有六道题，均为是非判断题，认为正确的画“√”，认为错误的画“×”。记分方法：每道题答对得 2 分，不答得 1 分，答错的得 0 分。已知甲、乙、丙、丁、戊、己、庚 7 人的答题记录及前六人的得分如下表所示，则庚的得分是________分。

题号	甲	乙	丙	丁	戊	己	庚
1		√	√	√	×	×	×
2	√		×	×	√	×	√
3	√	×		√	×	×	×
4	√	√	×	√	×	√	
5	√	×	√	√		×	√
6	√	√	×	×	×		×
得分	7	5	5	6	9	7	?

13. 将正整数按下表的规律进行排列，那么 2025 在第________行第________列。

1	6	11	20	29	…
2	4	9	18	27	…
3	5	7	16	25	…
8	10	12	14	23	…
13	15	17	19	21	…
…	…	…	…	…	…

第 13 题图

三、解答题

14. 如图，在面积为 36 的等腰三角形 ABC 中，$AB=AC$，D 是 AC 上一点，且 $CD:AD=2:1$。已知 $\angle DBC=45^\circ$，那么 BD 的长度是多少？

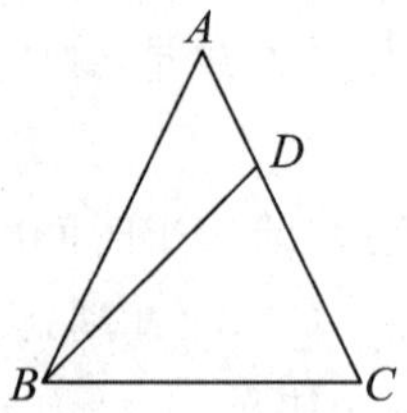

第 14 题图

15. 一群人进行比赛，两两之间都要比赛一局，每局胜利方获得 5 分，失败方不得分，平局则双方各得 2 分。比赛结束后，总分最多（没有并列）的那个人居然胜利的局数最少（没有并列），求参与比赛人数的最小可能值。

（命题人：李巍 · 广州）

模拟试卷三（高年级组）★★★

一、A 组填空题

思考笔记

1. 算式 $16\times\left(\frac{1\times5}{2\times4}+\frac{3\times7}{4\times6}+\frac{5\times7}{6\times8}+\cdots+\frac{21\times25}{22\times24}\right)$的结果是________。

2. 某电商平台销售玩具汽车，每辆玩具汽车的进价为 160 元，最初按盈利 25%定价销售。营销商发现供不应求，加价 $n\%$出售，结果效果不佳；再降价 $n\%$，这时每辆玩具汽车的价格为 192 元。那么 n 的值是________。

3. 题图由 7 个相同小圆与 1 个大圆组成。已知大圆的面积是 2024，那么阴影部分的面积之和是________。（π 取 3.14）

第 3 题图

4. 小沃写了 4 封信给不同的 4 人，并在 4 只信封上分别写好各人的地址，但在装信时他却不看信封上的地址，随意地往每只信封里各放了一封信，那么至少有一封信放对了信封的情况有________种。

5. 设正整数 n 的各位数字之和为 $S(n)$，已知 $S(n)$与 $S(n+1)$的最大公因数为 4，那么 n 的最小值为________。

6. 如图，第________个图案"★"的个数是"◎"的个数的 8 倍。

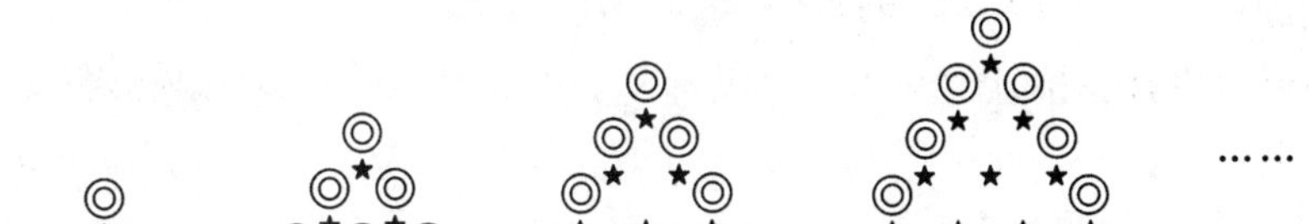

第 6 题图

7. 用一些单位正方体拼成一个大正方体，将大正方体的 6 个面都涂上颜色后发现，在所有单位正方体中，没被涂色的面的数量比被涂色的面多 450 个，则 6 个面都没被涂色的单位正方体有________个。

8. 5 个小朋友排队到老师这里取苹果，每个小朋友都拿到了整数个苹果，且苹果刚好分完。第一个小朋友拿了全部的$\frac{1}{5}$，第二个小朋友拿了剩下的$\frac{2}{5}$，第三个小朋友拿了剩下的$\frac{3}{5}$，第四个小朋友拿了剩下的$\frac{4}{5}$，最后一个小朋友拿了剩下的全部苹果。如果老师带来的苹果数量是满足条件的最小值，那么最后一个小朋友拿到了________个苹果。

二、B 组填空题

9. 如图，在$\triangle ABC$中，D是AB的中点，E在AC上。已知$S_{\triangle OEC}-S_{\triangle ODB}=5$，$S_{\triangle OBC}-S_{\triangle ODE}=10$，那么$\triangle ABC$的面积是________。

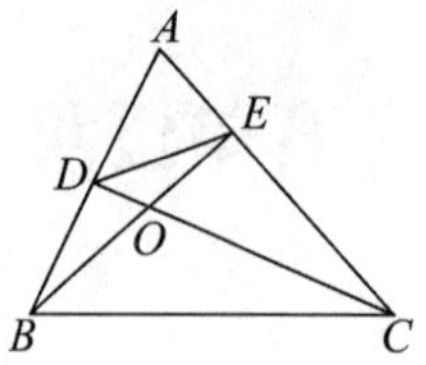

第 9 题图

10. 某车间用同样的原料生产A、B两种电子元器件。1 个A种电子元器件和 2 个B种电子元器件需用原料 5 立方米；3 个A种电子元器件和 1 个B种电子元器件需用原料 7 立方米。某订单需要A，B两种电子元器件共 100 个，所用原料不超过 168 立方米，那么该车间最少要生产________个B种电子元器件。

11. $[x]$表示不超过实数x的最大整数。已知$0<a<1$，且有$\left[a+\frac{1}{2025}\right]+\left[a+\frac{2}{2025}\right]+\cdots+\left[a+\frac{2024}{2025}\right]=25$，那么$a$的最小值是________。

12. 甲、乙两人同时从A地出发去B地，已知两人步行速度相同，且有一辆智能单人车（只能一人乘坐）。在有人驾驶时，单人车时速为 30 千米/时，两人步行的速度为 5 千米/时，甲先驾驶单人车，走完全程的 75%后下车往前走，同时单人车返回接上正在步行的乙，最后两人恰好同时到B。当无人驾驶时，单人车的时速为________千米/时。

13. 有七道判断题，每道题的答案只能是“正确”或者“错误”，题目描述与答案有关：

(1)不存在连续两道题答案都是错误。

(2)不存在连续三道题的答案都是正确。

(3)第(1)题的答案是正确。

(4)本题与第(3)题的答案相同。

(5)所有题目中，共有偶数道题答案是正确。

(6)第(4)题的答案是正确。

(7)答案是正确的题目比答案是错误的题目多 1 道。

将所有答案是“正确”的题目的题号，按从小到大排列，形成的多位数是________。

三、解答题

14. 如图，在面积为 1 的正方形$ABCD$中，E，F分别是AD，BC的中点，M是AF的中点，N是GF的中点，那么阴影部分的面积是多少？

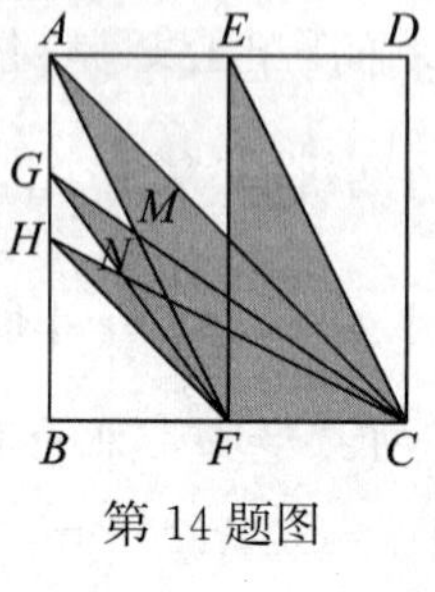

第 14 题图

15. 学校安排甲、乙、丙、丁、戊 5 人在周一至周五值班，每天 1 人值班，每人值班 1 天。甲不能在周一、周二，乙不能在周二、周三，丙不能在周三、周四，丁不能在周四、周五，戊不能在周五、周一。那么不同的安排方案有多少种？

（命题人：李冰莹 · 广州）

模拟试卷四（高年级组）★★★

思考笔记

一、A 组填空题

1. 计算：$\frac{3^2+2025}{3^2-1}+\frac{5^2+2025}{5^2-1}+\frac{7^2+2025}{7^2-1}+\cdots+\frac{2025^2+2025}{2025^2-1}=$________。

2. 某游戏中，每个角色都有一定的基础攻击力和防御力。假设悟空的基础攻击力为 45，即他会对防御力为 0 的角色造成 45 点实际伤害，而有防御力的角色则会对攻击伤害减免，每 2 点防御力将减少 1%的实际伤害。若悟空对防御力为 40 的角色攻击，由于 $40\div2=20$，故减少 20%的伤害，而 $45\times(1-20\%)=36$，因此最终造成 36 点实际伤害。而当悟空带上“装备”则会增加攻击力和防御力，获得如意金箍棒的悟空增加 135 点攻击力。如果悟空用如意金箍棒对黑熊精一击造成 117 点实际伤害，那么黑熊精的防御力为________。

3. 小星老师设计了一个对称的箭头图案，其边长如图所示，该图案由若干个相同的等边三角形不重叠地拼接而成，那么至少需要________个等边三角形。

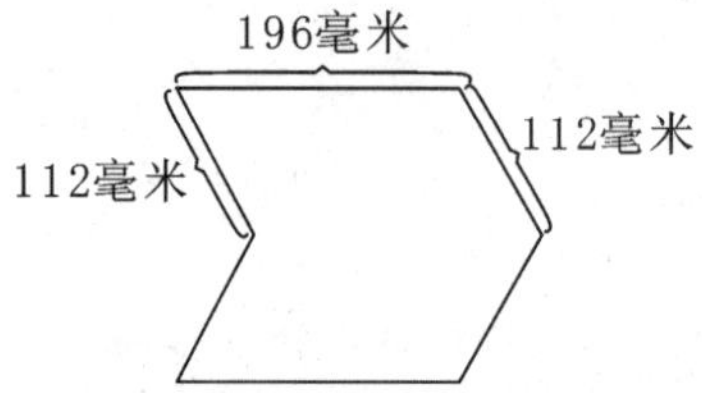

第 3 题图

4. 有甲、乙、丙三个瓶子，甲瓶中装有 100 克水，乙瓶中装有 170 克纯酒精，丙瓶装有浓度为 40%的酒精溶液，先从甲瓶中取 30 克的水倒入乙瓶中，再从乙瓶中取 30 克溶液倒入丙瓶中，最后从丙瓶中取 30 克溶液倒入甲瓶中，最终甲瓶中的混合溶液浓度为 15%，那么最初丙瓶中的质量为________克。

5. 如果一个四位自然数$\overline{abcd}$的各位数字互不相同，且满足$\overline{ab}+\overline{cd}=8(a+b+c+d)$，那么称这个四位数为“幸福数”。例如，因为 $83+61=8\times(8+3+6+1)$，所以 8361 是“幸福数”；又如 2024，由于 $20+24\neq8\times(2+0+2+4)$，所以 2024 不是“幸福数”，则所有的“幸福数”中，最大数与最小数的差为________。

6. 一款以中国神话为背景的动作角色扮演游戏，因题材、美术、音乐对中国传统文化的应用转化，展示精致宏大的中式美学与传统情怀，备受瞩目。如图所示，在算术等式“$\overline{西游记}+\overline{孙悟空}+\overline{天命人}=2024$”中，悟$=5$，且相同的汉字代表相同的数字，不同的汉字代表不同的数字，则符合题意的等式共有________个。

西 游 记
孙 悟 空
＋ 天 命 人
2 0 2 4

第 6 题图

7. 喻经理每天开车上班，题图中的格线表示的是道路，喻经理从家到公司只能沿着道路走，并且永远走最近的路线，喻经理的行车路线会把整个区域分割成将两个部分，将两个部分的格子数量分别记作 x, y，那么分数 $\frac{y}{x}$ 是最简真分数的概率是________。

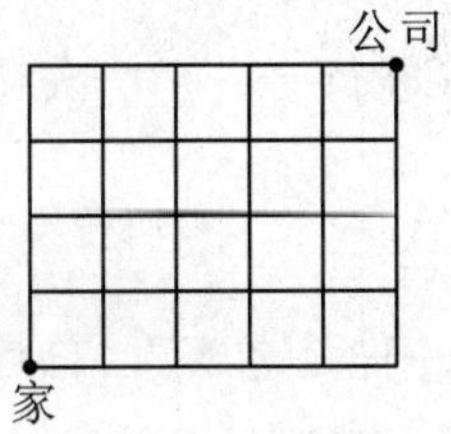

第 7 题图

8. 甲、乙、丙三人同时开车从 A 地出发前往 B 地，甲到达 B 地后速度提高 50%，并原路折返，和乙在途中的 C 地相遇，此时丙距离 A 地 450 千米，甲、丙两人恰好在 A、B 两地中点相遇，当甲返回 A 地时，乙恰好到达 B 地，A、B 两地之间的距离为________千米。

二、B 组填空题

9. 如图，图(1)和图(2)最外围是两个面积相同的正八边形，在两个八边形内部分别连线，构造两个不同的阴影八边形，若图(1)中的阴影八边形面积为 2024 平方厘米，则图(2)中的阴影八边形面积为________平方厘米。

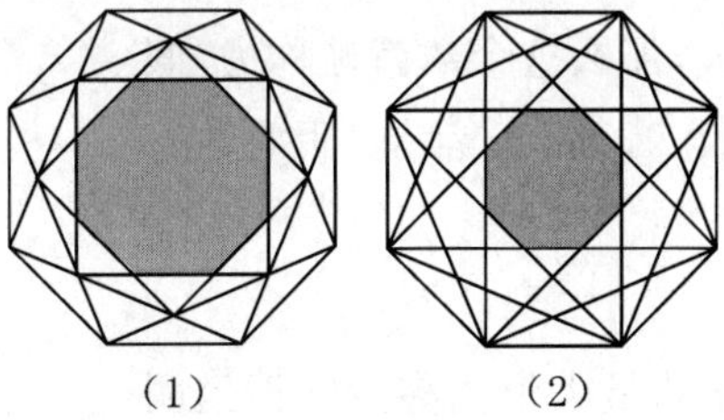

第 9 题图

10. 如图，从左往右并排放置 3 个大小不一的正方形，面积依次为 324 平方厘米、196 平方厘米、256 平方厘米，另有一个圆 O 与中间的正方形相切，切点为点 C，那么此圆的面积为________平方厘米（π 取 3.14）。

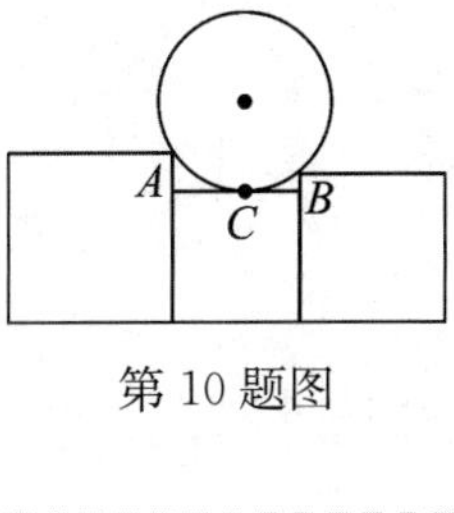

第 10 题图

11. 已知 a,b 是两个互不相同的自然数,且有 $a<b$,满足 $\frac{1}{a}+\frac{1}{b}=\frac{1}{n}$,其中 n 是不大于 2024 的自然数,如果满足条件的 a 有 5 个,那么请问满足条件的 n 有________个。

12. 冒泡排序是最简单、通用的排序方法,其基本过程为:在待排序的一组数中,从左向右依次将相邻的两个数进行比较,若左边的数比右边的数大就交换两数,否则不交换;如此下去,直至最终完成从小到大排序。

例如,给定 5 个自然数:3、5、1、4、2。

经过第一轮交换,变为:3、1、4、2、5,此轮交换 3 次;

经过第二轮交换,变为:1、3、2、4、5,此轮交换 2 次;

经过第三轮交换,变为:1、2、3、4、5,此轮交换 1 次。

该过程一共交换 $1+2+3=6$(次),最终将 5 个数按从小到大排列。

如果给定 15 个数,按照下面顺序排列,请问一共将进行________次交换,即可按从小到大排列。

15、13、11、9、7、5、3、1、2、4、6、8、10、12、14

13. 小勇到一个奇怪的小岛旅行,岛上住着两种人,一种是老实人,总是说真话;另一种是骗子,总是说谎话。小勇看到 2024 个居民在广场上跳舞。

第 1 个人说:"我们这些人都是骗子。"

第 2 个人说:"我们中骗子不少于 1 个。"

第 3 个人说:"我们中骗子不少于 2 个。"

……

第 n 个人说:"我们中骗子不少于 $n-1$ 个。"

……

第 2024 个人说:"我们中骗子不少于 2023 个。"

那么这些人中有________个骗子。

三、解答题

14. 如果一个数能分解成两个质数相乘的形式,那么这个数就被称为"假质数",例如,$9=3\times3$,$15=3\times5$,$26=2\times13$,因此 9,15,26 都是"假质数"。而 $8=2^3$,$18=2\times3^2$,故 8 和 18 都不是"假质数"。

(1)100 以内有多少个"假质数"?

(2)若连续 n 个自然数都是"假质数",那么 n 的最大值为多少?请说明理由。

15. 如图所示，正六边形 $ABCDEF$ 的面积为 210 平方厘米，M,N,P,Q,S,R 为各边的中点，连接 $ME,MD,NE,NF,PA,PF,QA,QB,RB,RC,SC,SD$，解答以下问题。

(1)图(1)的阴影部分面积为多少？

(2)图(2)的阴影部分面积为多少？

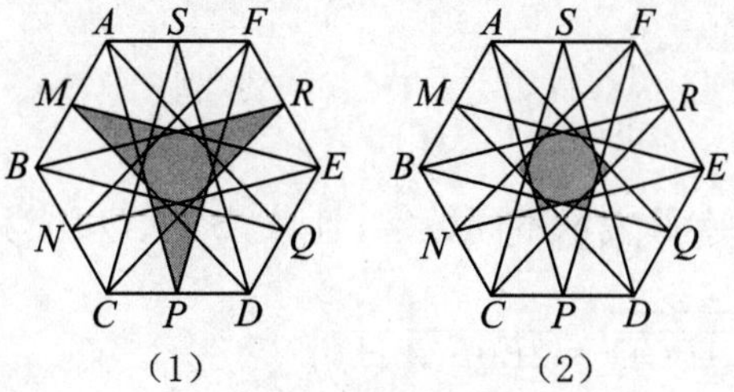

第 15 题图

（命题人：曹晓勇 · 武汉）

模拟试卷五（高年级组）★★★

思考笔记

一、A 组填空题

1. 如图横式谜中，不同字母表示不同数字，且 A、B、C、D 均为合数。那么$\overline{ABCD}$表示的四位数是________。

$$\overline{ABCD}^2=\overline{2E0FG2H4}$$

第 1 题图

2. 计算：$\frac{2\times3}{4^2\times2!}+\frac{3\times7}{4^3\times3!}+\frac{4\times11}{4^4\times4!}+\cdots+\frac{2024\times8091}{4^{2024}\times2024!}=$________。（结果用幂与阶乘的形式表示）

3. 如图所示，将一个固定的 4×4 棋盘的 16 个格子中的某些格子染黑，使得每个2×2 的四个格子中都有奇数个格子染了黑色。有________种不同的染法。

4. 将 1 至 420 按照如图规律排成一个 20×21 的数表，24 所在行的最小值与所在列的最大值之和是________。

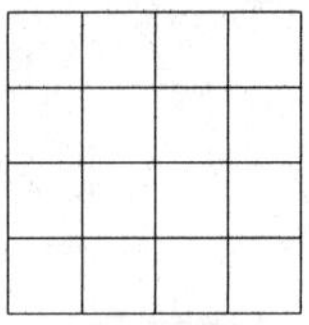

第 3 题图

⋮	9	10	11	12	13
⋮	8	1	2	3	14
⋮	7	6	5	4	15
21	20	19	18	17	16

第 4 题图

5. 10 个互不相同的合数之和为 2025，那么最小的 4 个合数之和最大是________。

6. 一项工程，若不休息，甲需要 20 天完成，乙需要 25 天完成。真实情况是甲、乙合作，同时开工，甲每做 5 天休息 3 天，乙每做 m 天休息 n 天（m，n 均为非零自然数，且 $n\leqslant20$），用了 25 天完成工作。那么 $m\times n$ 的所有可能值之和是________。

7. 将写有 1～6 的六张卡片（6 不能旋转为 9）组成三个两位数，分别给甲、乙、丙各一张并依次发生如下对话：

甲：“将组成我和你俩其中一人的两个两位数对应的四个数字的平方相加，可能等于我手里的两位数。”

乙：“甲说的话有可能实现，也有可能不实现，若实现，我能知道甲的数是多少。”

丙：“甲说的话没有实现，我的数不是最大也不是最小的。”

若他们都是聪明且诚实的好孩子，那么甲、丙的两位数之和是________。

8. 如图，$\triangle ABC$ 中 $\angle B=\angle DEF=90^\circ$，$AE:EB:BF:FC=2:8:2:3$。已知 $S_{\triangle ADE}=24$，那么$\triangle BEF$ 的面积是________。

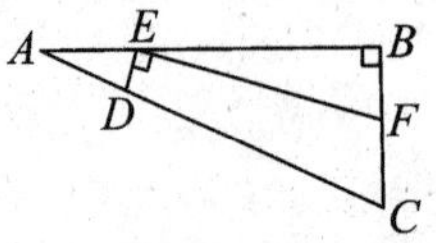

第 8 题图

二、B组填空题

9. 有甲、乙两种溶液，甲溶液的浓度为 $m^2\%$，乙溶液的浓度为 $n^2\%$，将甲、乙溶液按照 9∶7 混合得到的溶液浓度为 $mn\%$，按照 7∶9 混合得到的溶液浓度为 $(mn+4)\%$。已知 m、n 为自然数，那么将 15 克甲溶液与 25 克乙溶液混合得到的溶液浓度为________%。

10. 在 1 至 2024 中，至少取出________个数，才能保证一定存在 n 个数的和为 $234n$（n 为非零自然数）。

11. 如图，连接正五边形的对角线，共有 10 个交点，用 4 种不同的颜色对 10 个顶点进行染色，每个点染一种颜色且相邻顶点不同色，若旋转后相同算同一种，有________种不同的染色方法。

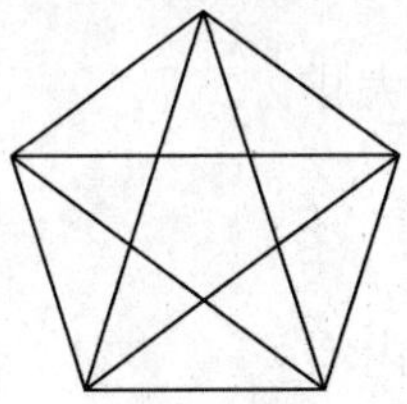

第 11 题图

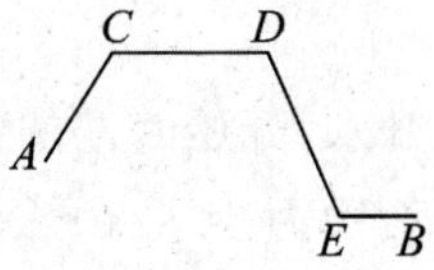

第 12 题图

12. 如图，小喜从 A 地出发分别走了上坡、平路、下坡、平路到达位于 B 地的小丽家，一共用了 4 个小时，走上坡、平路、下坡的速度分别为 4 千米/时、9 千米/时、15 千米/时，其中第 2，3，4 个小时所走的路程比第 1 个小时分别多 2 千米、6 千米、9 千米。那么，小喜从 A 地至 B 地所走的路程是________千米。

13. 如图的横式谜中，不同字母表示 1 至 9 中不同的数字。若 4 个两位数中有 3 个质数，且 $\overline{EF}=H\times I$，那么四位数 $\overline{EFGH}$ 为________。

$$(\overline{AB}+\overline{CD}+\overline{EF})\times(\overline{GH}-I)=2024$$

第 13 题图

三、解答题

14. 将 1 至 9 各一个数填入一个 3×3 的棋盘中，对相邻 2 个格子（有公共边）中的数求和可以得到 12 个和。

（1）这 12 个和中的平方数最多有多少个？

（2）这 12 个和中的平方数个数最多时，有多少种不同的填法？（旋转重合算同一种）

15. 3 个百位相同的三位数从小到大成等差数列，它们的数字和从小到大也为等差数列，它们的因数个数从小到大是连续自然数且 3 个三位数的个位、十位、百位分别对应本身的因数个数。若每个三位数都是由 3 个不同非零数字组成的，这 3 个三位数中最大的那个数是多少？

（命题人：王天喜·广州）

模拟试卷六（高年级组）★★★

思考笔记

一、A 组填空题

1. 计算：$\frac{1}{3}\times\left[\frac{9}{26}\div\left(1\frac{8}{19}-\frac{35}{38}\right)\div\frac{9}{13}+5\right]=$________。

2. 用 3 个 0，2 个 2，1 个 5 可以组成许多不同的六位整数，按从小到大排序后，第 9 个数是________。

3. 有甲、乙、丙 3 个容器共装了 900 毫升水，开始时乙的水量是甲的 1.5 倍。如果从甲向乙倒入 60 毫升水，那么乙比丙少了 10%，则丙容器内有________毫升水。

4. 已知 A、B、C、D 是 0～9 中不同的一位数字，能使乘法竖式成立的 $\overline{ABCD}$ 的最小值为________。

$$
\begin{array}{rrrrrrrr}
 & & & & A & B & C & D \\
\times & & & & A & B & C & D \\
\hline
 & & & \square & \square & \square & \square & D \\
 & & \square & \square & \square & \square & C & \\
 & \square & \square & \square & \square & B & & \\
\square & \square & \square & \square & A & & & \\
\hline
\square & \square & \square & \square & \square & \square & \square & D
\end{array}
$$

第 4 题图

5. 两辆玩具小车在内环路和外环路上以相反方向行驶，当内环上的小车行驶了 5 圈时，外环上的小车行驶了 3 圈。已知内环与外环车道的长度之比为 2∶3，两辆小车每分钟差 1 米，跑单圈时间相差 6 分钟，则外环路共有________米。

第 5 题图

6. 有 5 个不同质量的砝码，每个都重整数克，已知它们的平均质量为 23.4 克。从这些砝码中挑选两个砝码测量它们的质量和，然后按照从小到大的顺序排列如下：32 克、35 克、39 克、A 克、B 克、C 克、D 克、E 克、F 克、64 克，则 $A+B+C+D+E+F=$________。

7. 如图，有 6 个相同的圆紧密相连，它们的半径均为 25 厘米。现用一根绳子捆住 2 整圈并确保不松弛，则这根绳子长为________厘米。（π 取 3.14）

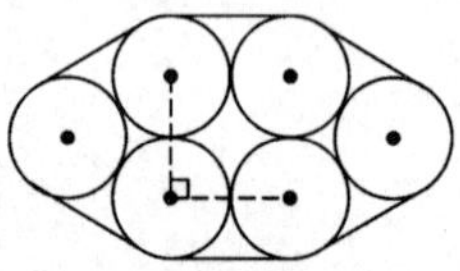

第 7 题图

8. 牛老师、马老师和王老师三人一起玩游戏，每轮游戏都根据名次登记积分(第一名加 3 分，第二名加 2 分，第三名加 1 分)。多轮游戏后，牛老师得了 23 分，马老师得了 21 分，王老师得了 22 分，并且王老师得第一名的次数最多，马老师得第二名的次数最多。如果牛老师得第一名有 A 次，第二名有 B 次，第三次有 C 次，则三位数$\overline{ABC}$=________。

二、B 组填空题

9. 计算：$\frac{1+2\times1}{1\times4}+\frac{1+2\times2}{4\times9}+\frac{1+2\times3}{9\times16}+\cdots+\frac{1+2\times44}{1936\times2025}=$________。

10. 已知 4 个整数甲、乙、丙、丁，且$\begin{cases}甲+1=乙,\\乙+1=丙,\\丙+1=丁,\\甲\times乙+乙\times丙+丙\times丁+丁\times甲=2024,\end{cases}$

则丁=________。

11. 已知，直角梯形 $ABCD$ 各边分段长度如图所示，则阴影部分的面积为________。

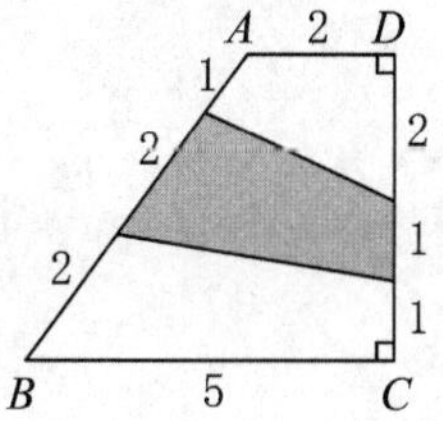

第 11 题图

12. 从 1～8 中选取 4 个不同数字，从大到小排列组成一个四位数，将它与其反序数作差的结果恰好是由未被选取的 4 个数字组成的，则符合条件的四位数是________。

13. 在一个正方形方格内，按照一定规则填入整数：① 1 出现 1 次，2 出现 2 次，3 出现 3 次……以此类推；②需要选取连续 3 种或以上的整数，并按从小到大的顺序填入，例如：3×3 的方格填入 2、3、4；6×6 的方格填入 11～13 或 1～8，共两种填法。那么，30×30 的方格共有________种不同的填法。

2	2	3
3	3	4
4	4	4

11	11	11	11	11	11
11	11	11	11	11	12
12	12	12	12	12	12
12	12	12	12	12	13
13	13	13	13	13	13
13	13	13	13	13	13

1	2	2	3	3	3
4	4	4	4	5	5
5	5	5	6	6	6
6	6	6	7	7	7
7	7	7	7	8	8
8	8	8	8	8	8

第 13 题图

三、解答题

14. 如图，将 5 个正方形拼成一个组合图形(单位：厘米)，将 A、B、C、D 四点顺次连接，求所形成四边形的面积。

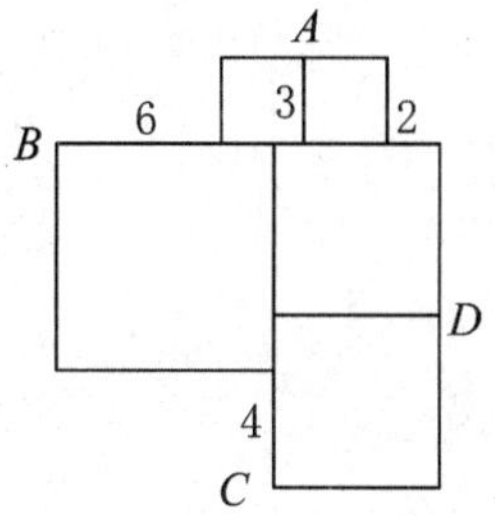

第 14 题图

15. 已知直线 l 为正五边形的一条对称轴，点 A 按照操作 1、操作 2 或操作 3 中的要求在正五边形的 5 个顶点①、②、③、④、⑤间移动。

操作 1：顺时针移动 2 步；

操作 2：逆时针移动 1 步；

操作 3：移动到关于直线 l 的对称顶点。

例如，从②开始，通过操作 1、操作 2、操作 3、操作 3、操作 15 次后会到达④，另外，操作 3、操作 2、操作 3、操作 3、操作 1 会达到相同的效果，2 种操作搭配方式所对应的表示方法相同，即

②	⑤	①	①	①	④

那么点 A 从②出发，经过五次操作后到达④，一共有多少种不同的操作搭配方式？

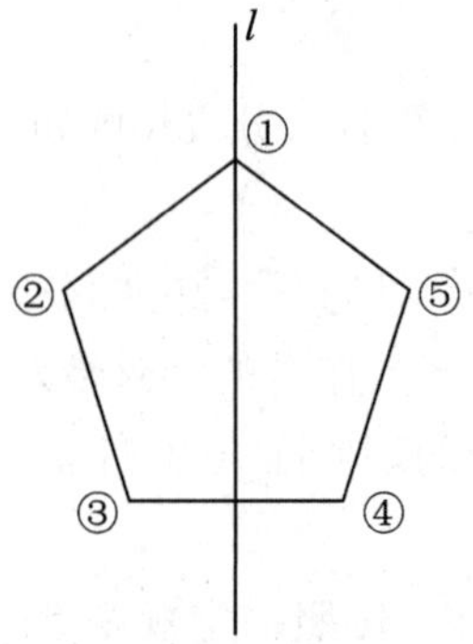

第 15 题图

（命题人：马维 · 沈阳）

三、钩沉索隐·热门专题名师讲堂

宏观控制　统揽全局（一）
——寻找复杂问题的直观呈现　　——北京·班昌

思考笔记

【作者简介：投身高思教育数学竞赛培优的班昌老师，毕业于北京大学数学科学学院，学生阶段曾获得初中数学联赛满分、高中数学联赛河北省第一名、冬令营金牌等数学竞赛荣誉，有15年教龄，对数学竞赛尖端学生的学习经历和培养过程了如指掌，希望带领学生感受不一样的数学之美。】

在数学的学习过程中，我们经常会碰到这么一类题，问“能否”“是否可能”“是否存在”等，这类题往往有个共同特点，条件特别复杂而且情况繁多，如果一点一点去分析，往往感觉“非人力所能为”，即使最后能够得出正确结论，也感觉十分无趣，无法把思路书写下来作为解题过程。

本篇文章，我们就针对这类问题做一个梳理，引导大家掌握通过“宏观控制”代替“微观分析”的方法，来简单、直观、具体地解决这类问题。由于篇幅所限，本篇我们抛砖引玉，先讲解一些本类题中的基础问题，较难的在下一篇中再进行讲解。

例 1　如图将24个小球排成边长为4的正方形点阵形状，现在想用一条绳子把所有小球串在一起，要求每串完一个小球，下一个只能串与之相邻的小球中的一个（只有距离为1的两个小球才算相邻）。问：能否达到要求？

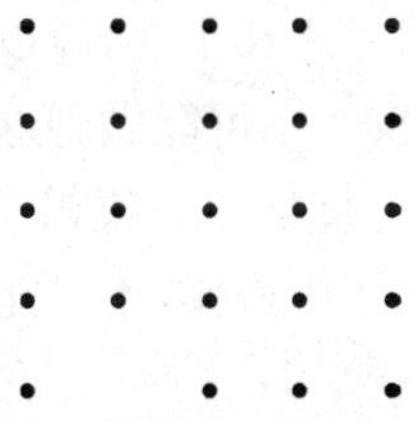

例1题图

【分析】试着串一串，发现至少会剩下一个，但是怎么去论证不可能呢？

如果将缺的那个小球改成左下角那个，就能轻松做到，这说明小球和小球似乎是不太一样的，那么哪些小球能做到，哪些不太能做到呢？

【解析】间隔染色并使左上角为黑，相邻的两个小球一定异色，图中有13黑11白，所以不可能颜色交替地串起来。

【总结】染色后，“相邻”这一模糊约束，变成了直观、具体的“黑白交替”，再由黑白数量差2直观呈现结论，从而避免了一种一种去尝试的尴尬。

例 2　国际象棋盘的左下角方格，在它的右邻格及上邻格中各放一枚棋子“车”。允许正常走子（每步可走到同行或同列的空格，但不能越过别的棋子），要求任何时候每枚棋子均受到别的棋子威胁。能否经过若干步后，使每枚棋子到达其初始位置关于“左上—右下”对角线对称的方格？（当且仅当两枚棋子“车”在同一行或同一列，之间又没有别的棋子阻挡时，它们互相威胁）

【分析】试着走一走，发现从左下角3个格子走到右上角3个格子并不难，但是位置总是不对，其中一个如果走到对称位置，另外2个似乎总是反着的，这是什么原因导致的呢？

【解析】将左下角3枚棋子标记为A，B，C（左下角A、上B、右C），与之对称的右上角三个格子分别标记为A'，B'，C'，无论怎么走，A，B，C三枚棋子均保持顺时针方向（请自己尝试下所有走法证明一下），但右上角的A'，B'，C'是逆时针方向，所以永远无法实现。

【总结】通过几次尝试应该能感觉到是顺时针、逆时针方向出了问题，所以通过方向进行宏观控制，将初始位置与目标位置划入两个对立阵营，从而直观地看出不可能做到这一结论。

例 3 如图，在 8×8 棋盘的方格沿45°线依次填入序号 1～64(如图 2)。甲放了 8 枚棋子在棋盘上，每行每列各一子。

然后将每枚棋子分别走到序号较大的方格。全部走后是否可能仍是每行每列各一子？

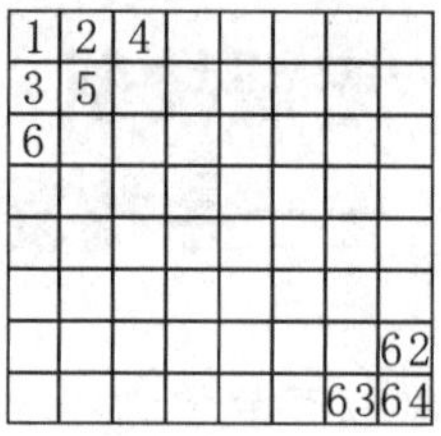

例 3 题图

【分析】情况太多，根本没有办法进行尝试、分析，所以必须要想一个能够直观呈现结论的办法，也就是想清楚每行每列各有一枚棋子究竟意味着什么。如果能有一个性质，是每行每列各一枚棋子必须满足的，而所有棋子走完后又不满足，就可以了。

【解析】每行每列各一枚，则所有棋子的行号、列号之和必为 2(1＋2＋…＋8)＝72，所以假设移动后仍然是每行每列各一枚，则所有棋子的行号、列号之和必仍为 72。

考虑“右上－左下”的 15 条对角线，即 1，23，456，…，62，63，64，由于每枚棋子都要走到序号较大的方格，所以每枚棋子要么在原对角线上向左下走，要么向右移动到其他对角线，不可能向左移动到其他对角线，即每枚棋子的行号与列号之和要么不变、要么变大。

又因为总体行号、列号之和不变，所以每枚棋子的行号、列号之和都不能变，但原本在第一列的那枚棋子不可能做到这一点，所以矛盾。

【总结】找到一个每行每列各一枚棋子的特征，即行号、列号总和为 72 这一直观特征；然后再说明按题中操作，不可能保持原来的行号、列号总和不变，就可以解决本题了。

例 4 将初始排法 00，01，02，03，…，99 重排成序列，使得第二项起每项由前一项的一个数码＋1 或－1 得到。

例如，29 可以是 19，39 或 28 的后一项，但不能是 30 的后一项。问：是否存在一种新的排法，与初始排法有不少于 60 个数的位置完全相同？

【分析】我们希望尽量让更多的数不动，但不得不动 09，10 其中一个，这俩一动，就感觉后面直接乱套，非常不好分析。那是什么原因导致不得不动呢？题中给的限制条件，某个数码＋1 或－1，又会导致什么呢？能否找到某些数不得不离开所在位置的根本原因？

【解析】将第 1，3，5，…，99 个位置标记为黑色；第 2，4，…，100 个位置标记为白色。

重新排序后，考虑所有两位数码数字和的奇偶性，则 100 个两位数码数字和一定是奇偶交替的，不妨设黑色位置的数码数字和为偶、白色位置的数码数字和为奇(否则可以改变黑白颜色)。由于初始排法中 10～19，30～39，50～59，70～79，90～99 数字和的奇偶性与所在位置颜色不符，例如，10 数字和为奇，但初始排在了黑色位置中，11 数字和为偶，但初始排在了白色位置中，所以这 50 个数必然都要移动位置，因此不可能做到有 60 个数位置不变。

【总结】数字和奇偶性与黑白位置的直观对应，直接从宏观角度表明至少有 50 个数需要移动位置，而且在本题中，50 个数不动是可以做到的，只需将 10～19 变为 19～10 即可直接插入 09，20 之间，30～39，50～59，70～79，90～99 也都可以进行同样的操作，本题原题其实就是问“最多能有多少个数位置不变”。

例 5 如图，在一个有限大的长方形棋盘的左下角有一个 6 个格子的监牢，里面关押着 3 只变形虫。现在 3 只变形虫想“越狱”，但是变形虫无法移动，只能通过变形来改变自身的位置。变形方式为：如果一只变形虫的右边和上边的格子都是空的，则原虫子消失、右边和上边各出现一只新的变形虫。如果监牢的 6 个格子中没有任何虫子才算“越狱”成功，问：这 3 只虫子能否“越狱”成功？

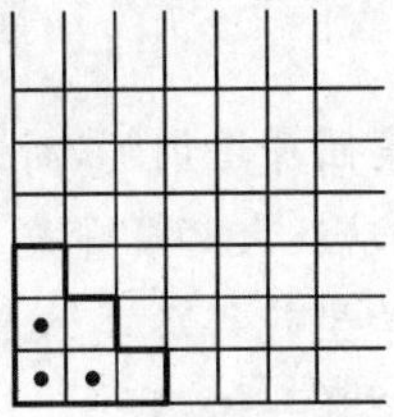

例 5 题图

【分析】读完题感觉很容易，但稍微进行尝试后发现虫子越来越多，密密麻麻互相挤着，就跟华容道游戏中的曹操被小兵挡着一样，怎么都出不去，特别难受。尝试几次后发现总是出不去，但是怎么证明出不去呢？又不可能枚举所有变形方法。如何寻找一种统一的方式来描述所有变形过程呢？能否找到一条性质，使得无论怎么变形，都必须满足这条性质，但是如果监牢中没有虫子则必然满足不了呢？

【解析】按“左上－右下”的 45°斜线标数，左下角标 1，左下角的上右两个格子标$\frac{1}{2}$，下一条斜线标$\frac{1}{4}$，……，以次类推。

无论如何变形，所有虫子所在方格的数之和永远为 2；

但是监牢之外的所有数之和为 $4\left(\frac{1}{8}+\frac{1}{16}+\frac{1}{32}+\cdots\right)+\left(\frac{1}{16}+\frac{1}{32}+\cdots\right)+\left(\frac{1}{32}+\frac{1}{64}+\cdots\right)+\cdots<1+\frac{1}{8}+\frac{1}{16}+\cdots<1+\frac{1}{4}=\frac{5}{4}$。

所以不可能“越狱”成功。

【总结】利用赋值，使得无论如何变形，所有虫子所在方格数之和不变，这一宏观性质直接封死了后面的所有可能性；而且按这个方法重新计算一下，我们能发现一个非常恐怖的事情，那就是即使把监牢改成左下角 3 个格子，这 3 只变形虫也没有办法越狱成功，因为即使这样，监牢外的所有数之和也小于$\frac{5}{4}+3\times\frac{1}{4}=2$，有没有感觉非常离谱？

本篇我们暂且讲到这里，希望通过这几个例子，能让同学们掌握这种用宏观控制代替微观分析的解题方法，从而避免微观分析带来的复杂解题过程。当然，由于这 5 道题的难度有限，所以解题方法看起来更像是“不变量法”，除例 2 外甚至可以是“染色赋值法”，但无论染色赋值法还是不变量法，都只是宏观控制的一种表现形式罢了，有关宏观控制的更多内容我们以后再分析。

直角三角形内接正方形

——北京·李兆伟

【作者简介：新东方集团原培训师，新东方全国数学教材原负责人，纳约数学学科负责人，各类竞赛活动及大师赛命题人，各大杯赛金牌教练，北京新浪五星级金牌教师。每年多名学生获得各类入营资格及杯赛金奖。教学风格深入浅出，趣味性强，讲题方法独具一格。】

思考笔记

【知识背景】

我们思考这样一个问题：在一个直角三角形内内接一个正方形，有几种内接方式？图应该怎么画？

内接正方形是指正方形的 4 个顶点在直角三角形的 3 条边上。不难想到有以下 2 种画法(图 1)：

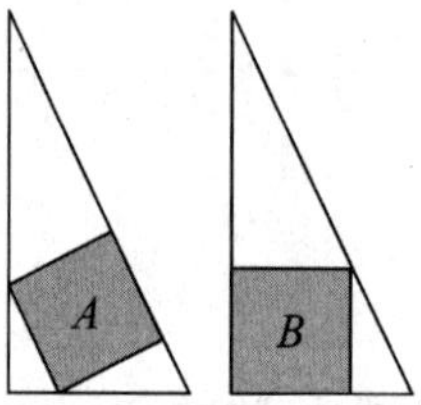

图 1

既然直角三角形内接正方形有 2 种内接方式，我们不禁想到这样一个问题：如果 2 个直角三角形的面积一样，那么这 2 个正方形的面积谁更大一些呢？即图，中如果 2 个直角三角形的面积一样，正方形 A 和正方形 B 谁的面积更大呢？

想要解决这个问题其实咱们可以采用“特殊值法”。如果 2 个直角三角形都是等腰直角三角形，那么就可以轻松比较：

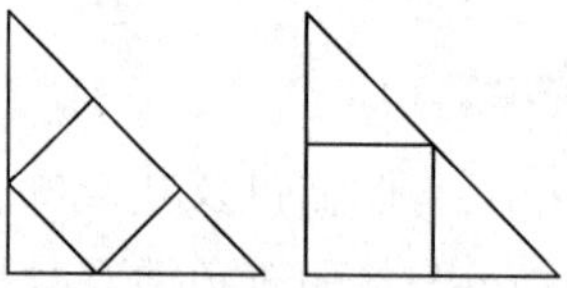

图 2

做一个简单的分割，就会发现，图 2 中左边第一种的正方形占总面积的 $\frac{4}{9}$，右边的正方形占总面积的 $\frac{1}{2}$，所以第二种内接正方形的面积更大。

如果不采用特殊值法，怎么说明对于 2 个任意一样大的直角三角形，第二种内接正方形面积更大呢？

如图 3，我们可以把第一种内接图中的②进行旋转，转到和 A 正方形相接的地方，这样的话图形就和第二种内接完全一样了。

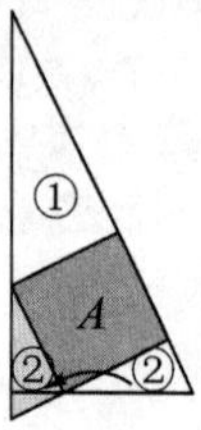

图 3

所以如果2个正方形是一样大的，那么第一种内接中的大三角形面积比第二种内接中的大三角形面积要大，面积差刚好是一个小三角形面积，即图4中的③面积。

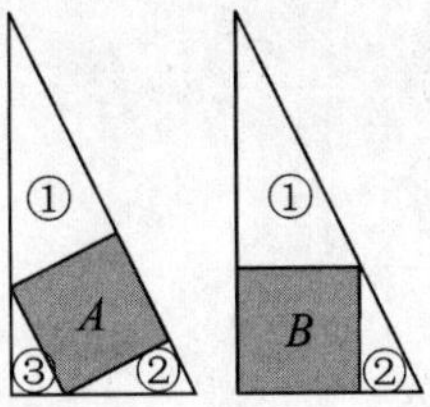

图4

回到我们开始提到的问题，如果2个直角三角形的面积一样，那么这2个正方形的面积谁更大呢？那一定是第二种内接方式的面积更大。

【结论总结】

直角三角形中内接正方形，有如图5所示2种内接方式：

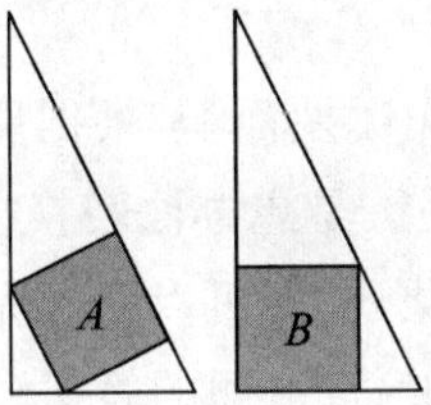

图5

(1)如果2个直角三角形的面积相同，则 $S_A < S_B$。

(2)如果 $S_A = S_B$，则图5中左边直角三角形的面积大于右边直角三角形的面积。

(3)当2个正方形的面积一样时，图6中左边直角三角形比右边直角三角形多③号区域的面积。

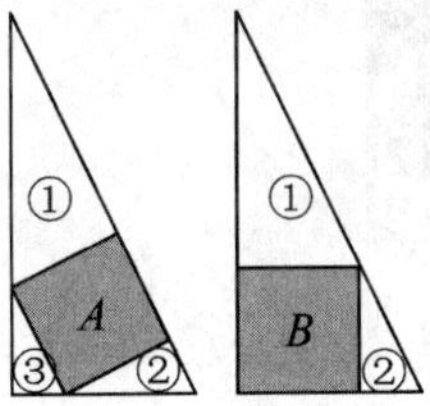

图6

(4)将②按如图7所示方式旋转，图6中的左图可变成右图。这种转换方式常被用来解决2种内接的几何问题。

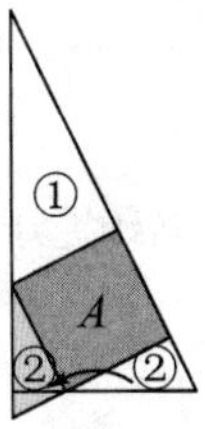

图7

【题目模型】

利用2种内接图形的转换，咱们可以解决很多看起来非常复杂的几何问题。

本篇文章中我们就研究一下如何计算直角三角形中的内接正方形面积。当给的已知条件不同，内接图形不同，对应的题目也不同。按照所给的已知条件不同，可以把题目划分为图 8 所示的 6 道题。根据图中标识的数据，去分别计算正方形的面积。

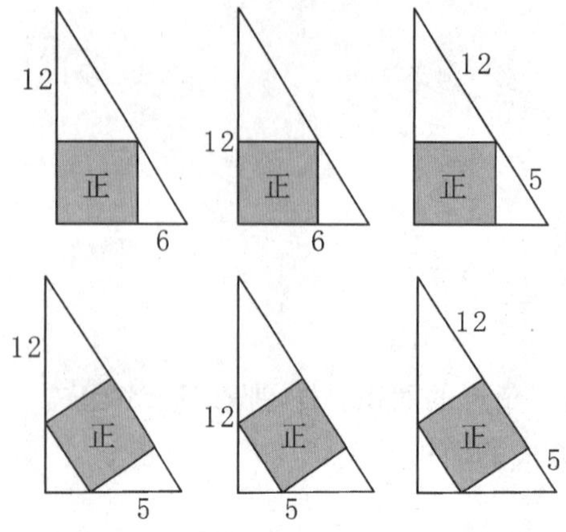

图 8

【思路分析】

前 3 道题目，解题时要思考：根据题中的信息能求出哪块面积，根据能求出的面积找到与正方形的关系。而后 3 道题目，解题的关键是想办法转换成前 3 道题目的内接方式。下面给大家分享前 3 道题目的解法，我们可以自己完成后 3 道题目，看解析前先自己做一遍，看看能否独立做出来，六道题的答案分别是 72；16；$\frac{3600}{169}$；$\frac{3600}{169}$；$\frac{608400}{52441}$；60。接下来分享前 3 道题的解题方法。

例 1 如图 9 所示，已知直角三角形中，两段粗线的长度分别为 12 和 6，求正方形的面积。

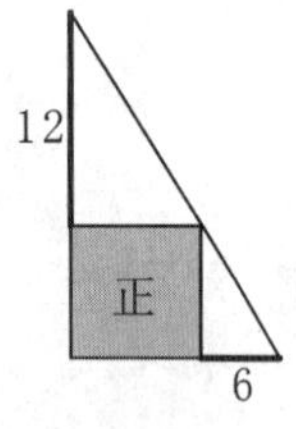

图 9

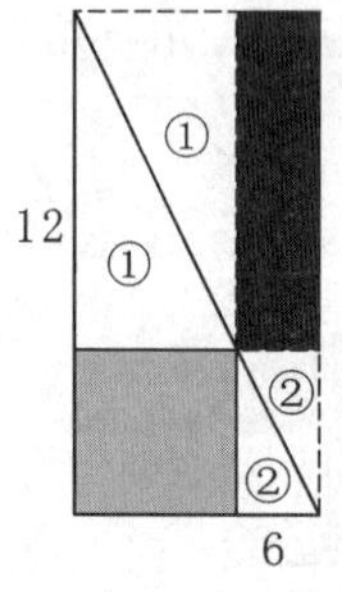

图 10

【解法 1】利用一半模型，把图补成一个长方形，不难发现图 10 中浅灰色区域和黑色区域面积相等，所以 12×6=72。

【解法 2】利用相似三角形，设正方形的边长为 x，可知 $12:x=x:6$，可以解出正方形的面积为 12×6=72。

例 2 如图 11 所示，已知在直角三角形中，2 条直角边的长度分别为 12 和 6，求正方形的面积。

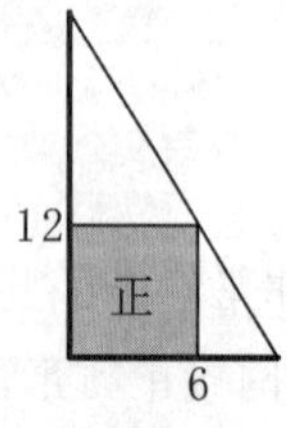

图 11

【解法 1】利用三角形的面积不变解题。

如图 12 所示，设正方形的边长为 x，可知 $12x\div2+6x\div2=12\times6\div2$。可以解出 $x=4$，故正方形的面积是 $4\times4=16$。

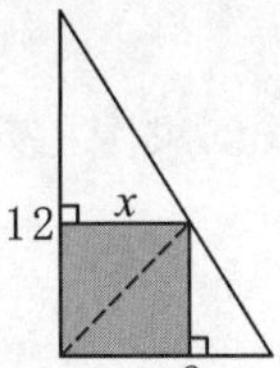

图 12

【解法 2】可以利用相似三角形解题，设正方形的边长为 x，可知 $(12-x):x=x:(6-x)$，也可解出 $x=4$。

【解法 3】如图 13 所示，可以把图形进行旋转，将区域①转到区域②，三角形变成了一个梯形，梯形的面积就是 $12\times6\div2=36$。并且梯形的上下底之和是 $12+6=18$，高是正方形的边长，可得出边长为 4，面积为 16。

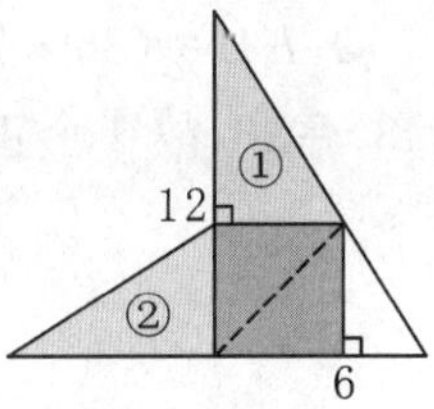

图 13

例 3　如图 14 所示，已知在直角三角形中，斜边上粗线和虚线长度分别为 12 和 5，求正方形的面积。

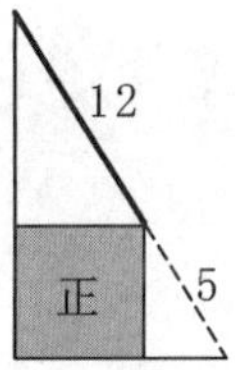

图 14

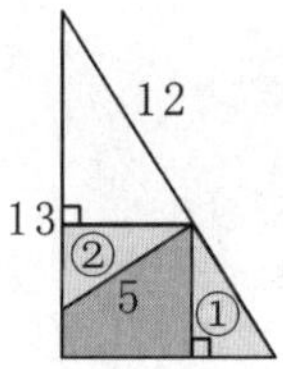

图 15

【解析】思考根据 12 和 5 能求出哪个区域的面积，把图 15 中区域①顺时针转 90°至区域②，这样可以得到一个以 12 为底边、5 为高的直角三角形，根据勾股定理可知，斜边长为 13，那么正方形边长是 $12\times5\div13=\frac{60}{13}$，从而求出正方形的面积。

【后续思考】

根据前面 3 道例题的解答，如果能够学会其中运用的方法，可以试着完成下面笔者原创的题目。

原创题 1 如图 16 所示，在直角三角形 ABC 中，$AE=3$，$CD=12$。已知图中区域①和区域②均为正方形，求这两个正方形面积之和。

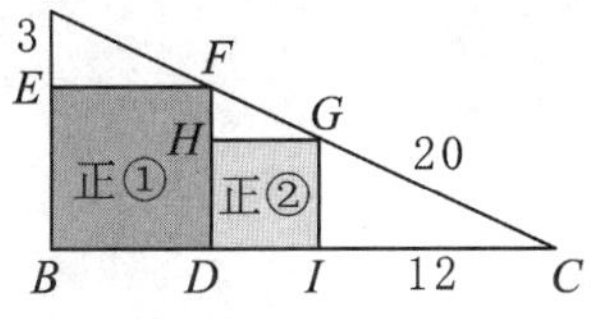

图 16

【答案】52。

【分析】正方形①的面积为 $3\times12=36=6\times6$，所以 $DF=6$。

$\triangle CDF$ 的面积是 $6\times12\div2=36$，$HD=36\times2\div(6+12)=4$，面积和为 $6^2+4^2=52$。

原创题 2 在直角三角形 ABC 中，已知 $AE=27$，$CD=108$，求图 17 中 4 个正方形的面积之和。

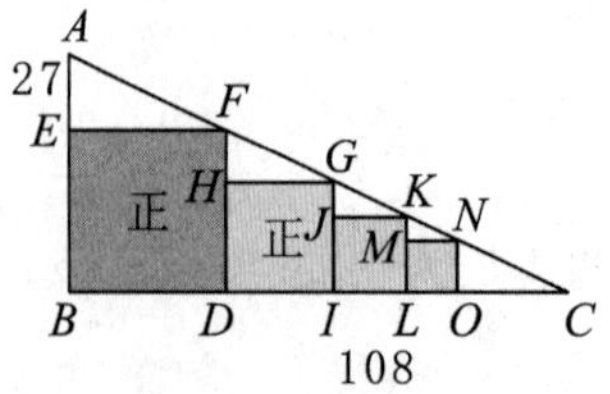

图 17

【答案】5044。

【分析】$27\times108=2916=54\times54$，那么 $DF=54$。

$GI=(54\times108)\div(54+108)=36$，$IC=108-36=72$，$KL=(36\times72)\div(36+72)=24$，$LC=72-24=48$，$ON=24\times48\div(24+48)=16$，故 4 个正方形的面积之和为 $16^2+24^2+36^2+54^2=5044$。

几何与几何学习——小学课外培训视角下的几点思考与建议 ——北京·饶海波

【作者简介：饶海波，北京大学中文系毕业；优才教育教材研发部校长；杯赛资深命题专员，迎春杯命题组长；希望杯、华杯赛全国金牌教练；网评京城十大名师之一。】

思考笔记

几何是数学的重要组成部分，它不仅仅是关于图形的绘制和测量，更是关于空间想象力、逻辑推理能力和抽象思维能力的培养。几何学习的过程，往往充满了挑战和困惑，尤其是在小学课外培训和数学竞赛中，学生需要面对复杂的几何图形和问题。几何的特点决定了它不仅仅是记忆公式和解题技巧，更需要通过系统地训练和实践，逐步构建起自己的几何认知体系。

一、几何模块的几大特点

几何作为一门古老的学科，具有独特的特点，这些特点在课外培训和数学竞赛中尤为突出。以下是几何模块的几大特点：

1. 已知条件和真实想表达的不直接

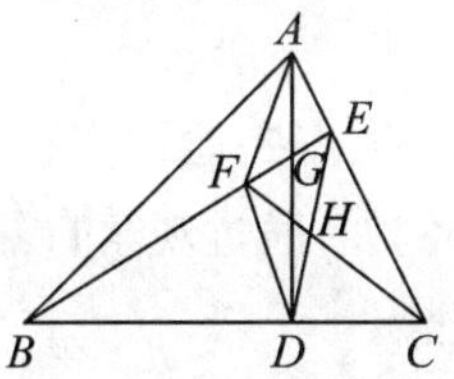

例如上面的图形，题目叙述中如果有“$BD:DC=2:1$”这样的条件。

(1)首先题目要表达的大概不只是这两条线段的长度比，可能是想表达面积比。

(2)图中能直接和这两条长度对应的面积比就很多，例如：①$S_{\triangle FBD}:S_{\triangle FDC}$；②$S_{\triangle EBD}:S_{\triangle EDC}$；③$S_{\triangle ABD}:S_{\triangle ADC}$。能间接和这两段对应的面积比也有，例如$S_{\triangle EFC}:S_{\triangle EFD}$。

(3)如果连辅助线，那能对应的就更多了，再加上其他的和差倍关系，那最后就会变成一棵庞大的树，各个条件盘根错节，难以取舍。

进一步溯源，几何题目文字和一个已经画好的，最终的几何图形如何对应，也是一大难点。另外，更需要通过分析和推理，找到条件表达的真正信息。要求学生具备很强的逻辑推理能力、辨析关联能力、空间想象能力。

2. 问题和解决问题需要的条件不直接

例如已知总面积，求三角形 AFD 的面积，很多时候并不知道需要什么条件才能求解。

3. 条件之间的关联性不直接

几何题目中的条件往往不是孤立的，而是相互关联的，这种关联性要求学生具备较强的逻辑思维能力和系统性思维能力。例如上题，如果有“$BD:DC=2:$

1”“三角形 AFC 的面积为 15，四边形 $AFDE$ 的面积为 11”，那这两个条件之间如何建立联系，中间其实要经过很多步骤，很多学生甚至都不知道要把它们关联起来。

4. 条件和问题的关联性不直接

已知条件和需要求解的问题并没有直接的关联性。

5. 思维链很长

几何题目通常涉及多个步骤的推理，学生需要通过多个环节，逐步找到问题的答案。这种“思维链很长”的特点要求学生具备较多的耐心和较强的逻辑思维能力，对思维的稳定性要求很高。

6. 从命题角度看，题目表达缺乏逻辑

小学图形题和中学几何题在表达上形成鲜明的对比。相比中学几何题的严谨作图顺序，小学图形题更偏向描述图形，缺乏图形呈现出来的先后逻辑，偏向直觉思维，导致的结果就是学生只会做简单题，套公式运用。

7. 从答题者角度，几何底层逻辑认知意识不够

例如最基本的长度和面积的认知，并不清楚，导致一些几何公式只是公式，更不可能熟练地、灵活地来关联多方面的条件运用公式了。

二、如何针对以上所说的特点来更好地学习和解决问题

面对几何模块的这些特点，如何有效地帮助学生学习和提高几何能力？以下是一些解决方法：

1. 加强底层认知

几何学习的核心在于理解几何背后的逻辑关系。学生需要通过实物参照、图形分析和逻辑推理，逐步构建自己的几何认知体系。例如，通过观察自然界中的几何图形，帮助学生理解平行、垂直、三角形的高等概念。

2. 理解并熟练运用各种公式技巧

基本知识、公式、各种特殊图形的规律等都不可或缺，几何中有许多公式和定理可以帮助学生快速解题。没有这些基本知识而谈更高层次的理解和认知都是空中楼阁。

3. 确定性与不确定性

举几个学生熟知的例子：

(1)(如下左图)有正方形 $EFGH$，$AH=24$ 厘米，$FC=21$ 厘米，求长方形 $ABCD$ 的周长。

(2)(如下中图)图中有大小两个正方形，正方形 $ABCD$ 的边长为 6，正方形 $CEFG$ 的边长未知，求阴影部分的面积。

(3)(如下右图)等腰梯形 $ABCD$，上底 AD 长为 3 厘米，下底 BC 长为 7 厘米，$CDEF$ 为正方形，求三角形 ADE 的面积。

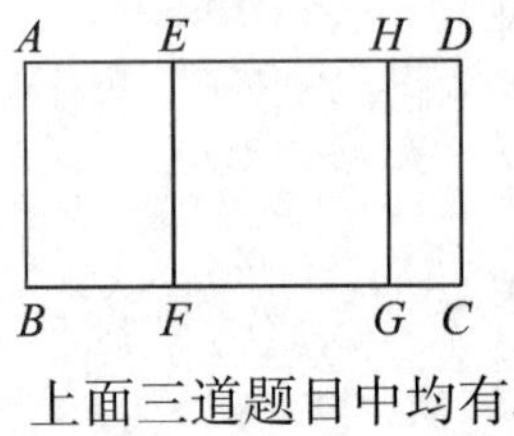

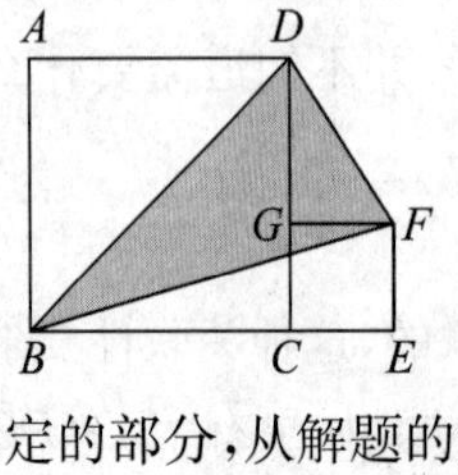

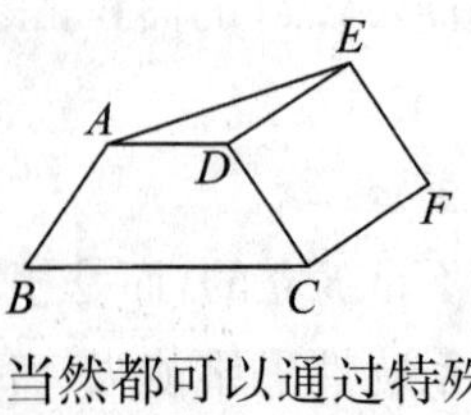

上面三道题目中均有不确定的部分，从解题的角度，当然都可以通过特殊值

法来解决。有了这样的意识，在此基础上多尝试，然后进一步思考和理解问题背后的逻辑，豁然开朗，既解决了眼前的问题，又培养了解决问题的方法，更重要的是慢慢的养成思考底层逻辑的习惯，一举三得。

4. 整体思维与公式计算

有的题目一看条件就是整体的代数关系，而有的题目一看就是运用基本公式，例如，已知长方形的长和宽求周长与面积，或者逆向运用公式。

5. 作图（确定与否、先后顺序、位置关系、数值范围等）

作图是几何学习的重要环节。上面的叙述已经提到，这一部分在小学几何（图形）题中往往缺失。通过作图，学生可以更直观地理解几何图形的性质，确定图形的位置关系、边长和角度等；另外还有很重要一点，慢下来，思考如何作图，以及作图过程中的纠错与调整，能更好地理解题目条件的逻辑顺序和关联性，也能更好地帮助学生发现问题中的关键点，直觉思维和理性逻辑都得到锻炼和提高。

6. 几何学的源头，实际应用，实物参照，精确图形，抽象示意图

几何学的源头可以追溯到古代的数学文化。通过了解几何学的历史发展，学生可以更好地理解几何学的内涵。同时，几何学有许多实际应用，如建筑、工程、计算机图形学等。通过学习这些实际应用，学生可以感受到几何学的重要性。实物参照是几何学习的重要方法之一，通过观察自然界中的几何图形，帮助学生理解几何概念。没有实物对应，可以借助几何工具精确画图，甚至3D打印，最后到不需要精确图形，只需要示意图即可，完成从实物到精确图形最后到抽象示意图，甚至直接在头脑中想象和模拟的过程。

三、总结

几何的学习，不仅仅是解题，更是空间想象力、逻辑推理能力和抽象思维能力的培养。几何学习的过程，往往充满了挑战和困惑。然而，通过加强底层认知、理解并熟练运用各种公式技巧、确定性与不确定性、整体思维与公式计算、作图以及几何学的源头、实际应用、实物参照、精确图形和抽象示意图，学生可以逐步克服几何学习中的困难，提高几何能力。

几何学习不仅仅是为了掌握一些公式和解题技巧，更是为了培养学生的逻辑思维能力和空间想象力。通过几何学习，学生可以学会如何在复杂的问题中找到解决方法，如何通过分析和推理，找到问题的答案。几何学习的过程，是一条从具体到抽象，从直观到逻辑的思考之路。希望通过系统的几何学习，学生可以在未来的学习和生活中，具备更强的几何认知能力和解决问题的能力。

附录：

如图，三角形ABC中，G为EF中点，$BD:DC=2:1$；如果三角形AED面积为12，三角形ACF面积为30。求三角形ABC的面积。

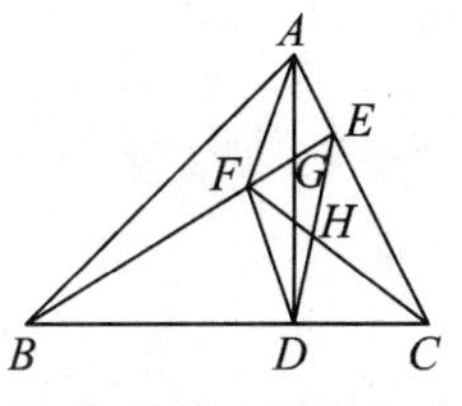

题目是小学直线形比例模块中的常见题目，叙述方式也出现了我们前面提

到过的问题，请你将题目按作图的逻辑顺序重新表达，并完成解答。（此处暂停，自行修改叙述与画图，完成后继续往下看）

如图，三角形 ABC 中，D 在 BC 上，且 $BD:DC=2:1$，连接 AD；E 为 AC 上一点，连接 BE 与 AD 交于点 G，在 BG 上取点 F，使得 $GF=GE$，连接 FA、FD、FC；FC 与 DE 交于点 H。如果三角形 AED 与 ACF 面积分别为 12 和 30，求三角形 ABC 的面积。

题目并不难，但我们故意画了很多线，很杂乱，条件之间关联性不直接，有确定的点也有不确定的点，感兴趣的同学可以自行完成。（此处暂停，做完后再对答案，答案数值与本文最上面一道长方形周长的数值相同）

构造论证中的趣味巧思

——北京·史子贤

思考笔记

【作者简介：史子贤，保送中国科学技术大学少年班学院，北京集训队原教练，曾多次带队取得全国冠军。世界谜题大赛中国赛区裁判员，研究并参与图形推理体系搭建，主编出版相关图书《数图推理方法与实战技巧》。】

1. 图中各点的座位各有一个人，其间大家都起身走到相邻的一个位置坐下，且每个位置都只坐了一个人。那么共有多少种换座位的可能？

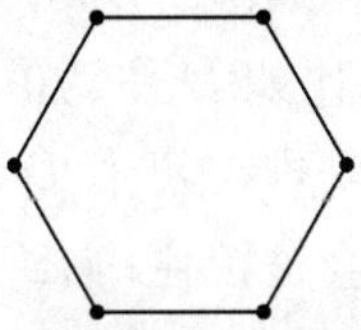

【解析】为方便表述，如图所示给各点标上序号。根据题干，A 可能坐到 B 或者 F，二者情况等同。如果 A 坐到 B 位置：①B 可以坐 C，接下来 $C\to D$，$D\to E$，$E\to F$，$F\to A$，即 6 个人按顺时针方向各移一位，一种方案；②当然 B 也可以再坐回 A 的位置，即 A、B 互换，观察位置关系可以确定，后续也只能让 C 和 D 互换位置、E 和 F 互换位置，又一种方案。总而言之，A 坐到 B 或 F，分别对应了两种方案，一共 4 种可能。

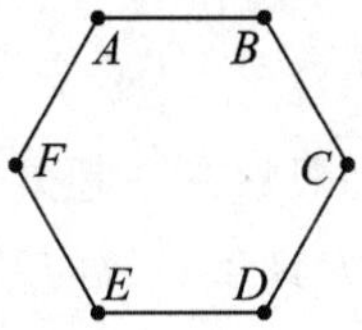

2. 图中各点的座位坐有一个人，共坐有 3 对夫妻，已知夫妻就坐时都相邻，其间大家都起身走到相邻的一个位置坐下，此时每对夫妻依然相邻，且每个位置都只坐了一个人。那么共有________种换座位的可能。

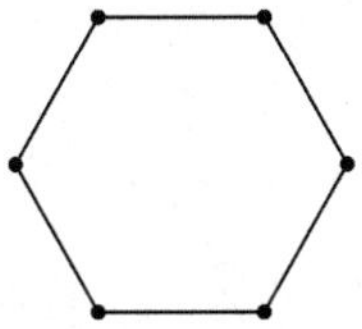

【解析】考虑到限制因素，调整前后夫妻一人相邻。经试验，只有全顺时针、全逆时针、每对夫妻互相对换位置共 3 种情况。

3. 一个圆桌上坐着 12 个人，其间大家同时离开桌子去唱歌，然后回来时随机坐下，每个人都恰好离自己原来的位置距离两个间隔(即到距离自己第二近的位置处)，那么符合要求的方式一共有________种。

【解析】这道题的思路需要通过操作观察，随之跳出格局，思考和之前题目的联系。可以将 12 个人间隔染色分为两组，每组 6 个人。此时可视为每组 6 个人之间的相邻变换。故参考第一题的结果，留人变换时共有 4 种方案，又因为两组情况相对独立，所以共 $4\times4=16$（种）方案。

4. 图中各点的房间各住有一只小蚂蚁，有一天几只小蚂蚁在一起聚会，回家时都晕晕乎乎随便走进一个房间休息了。第二天醒来后发现每只蚂蚁都没住在自己家，但是都住在与自己家相邻的邻居家，且每个房间都只住了一只蚂蚁。那么小蚂蚁当晚休息的情况共有多少种可能？

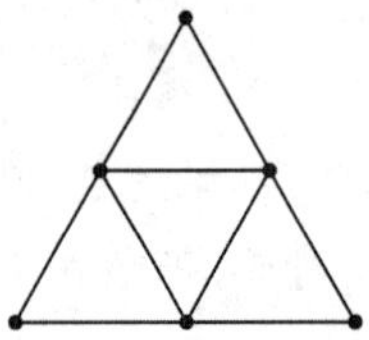

【解析】标记各点，在相同规则下，上一题的所有点位置关系等同，本题中的点则呈两类，外围 A、B、C 和内侧的 D、E、F。不难发现，如果去掉内部的 3 条小线段，那 6 个点的状态就和上题一样，可以按照顺、逆时针和两两分组产生 4 种可行方案。接下来可以考虑让内部的小线段发挥作用，比如 D 住到了 E 的位置：①E 住 A，A 只能到 D，此时剩下单线的 BFC 就无法安排；②E 住 D，D、E 互换位置，A 被锁在顶点房间动不了了；③E 住 F，此时 C 会被锁住；④E 住 C，然后 C 只能住 F，但此时无论 $F\to D$ 还是 $F\to B$、$B\to D$，A 都会被锁住。由此可知内部的三条线段无法使用，一共只有 4 种方案。另，此规则下，各点间的关系有很强的递推性，非常适用树状图分析。

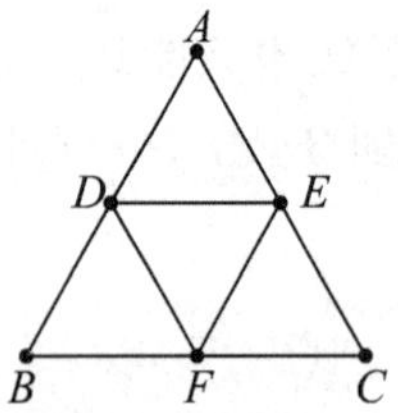

5. 图中各点的房间各住有一只小蚂蚁，有一天几只小蚂蚁在一起聚会，回家时都晕晕乎乎随便走进一个房间休息了。第二天醒来后发现每只蚂蚁都没住在自己家，但是都住在与自己的家相邻的邻居家，每个房间都只住了一只蚂蚁。那么小蚂蚁当晚休息的情况共有多少种可能？

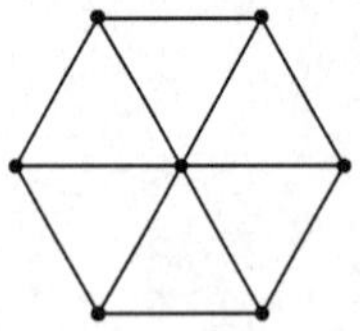

【解析】如图标记各点。对比第一题，这里增加了 O 点及其与其余各点的连线，显然此时 O 点的位置尤其特殊，可以从它入手分析。O 点的蚂蚁一定要住进相邻房间，这里的 6 个相邻房间位置是等同的，不妨假设 $O\to C$。此时如果 C 也住进 O，即 C、O 房间互换，此时剩余的 $BAFED$ 恰好是奇数个单线点，无法在现有规则下安排好房间。所以 C 只能住进 B 或者 D，根据对称性，两种情况关系等同。接下来如果 B 住进 O 房间，$B\to O$，剩下 $AFED$ 4 个单线点只能两两分组、互换房间，$A\leftrightarrow F$、$E\leftrightarrow D$，一种情况；如果 B 住进 A 房间，那么 A 可以住 O 或 F，但注意到 $A\to O$ 同样会使其余的 3 个单线点无法安排，所以 A 只能住进 F。此时 F 可以住进 O，剩下 2 个点互换房间即可，$E\leftrightarrow D$，一种情况；同样 F 也能住

进 E 房间，进而 $E\to D$、$D\to O$，一种情况。结合以上分析，$O\to C$、$C\to B$ 之后共有 3 种可行方案，从而 O 住进 C 房间有 $3\times2=6$(种)情况，全部的情况共有 $6\times6=36$(种)。

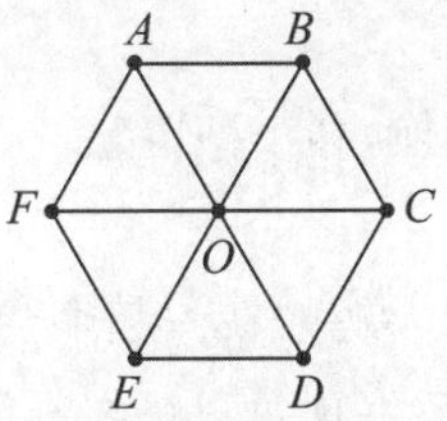

6. 图中各点的房间各住有一只小蚂蚁，有一天几只小蚂蚁在一起聚会，回家时都晕晕乎乎随便走进一个房间休息了。第二天醒来后发现除了一只蚂蚁以外每只蚂蚁都没住在自己家，但是都住在与自己的家相邻的邻居家，每个房间都只住了一只蚂蚁。那么小蚂蚁当晚休息的情况共有多少种可能？

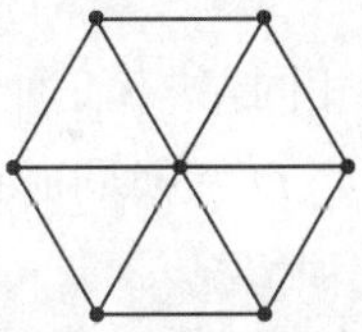

【解析】如图标记各点，此题增加了“特殊蚂蚁”的条件，可以先按“特殊蚂蚁”分类讨论。如果“特殊蚂蚁”是 O 蚂蚁，那么此情况与第一题等同，有 4 种情况。如果“特殊蚂蚁”在其他位置，注意到此时其余 6 点位置是等同的，假设 A 蚂蚁特殊，如图所示，接下来考虑到对称性可以按照 O 蚂蚁住进 B、C、D 房间进行讨论：①$O\to B$，如果 $B\to O$，剩余的 4 个单线点只能两两互换 $C\leftrightarrow D$、$E\leftrightarrow F$，一种情况；如果 $B\to C$，接下来 $C\to O$ 会导致 D、E、F 三点不成型，只能 $C\to D$ 后延伸出 2 种情况，$D\to O$ + $E\leftrightarrow F$ 或者 $D\to E$、$E\to F$、$F\to O$，一共 3 种情况。同理，②$O\to C$ 也对应 3 种情况，$O\to C$，此时 C 不能住进 B，否则 B 只能住进 O，剩下 D、E、F 三点不成型；同样 C 不能住进 O，否则 B 蚂蚁会被关起来；而 C 如果住进 D，那么 B 只能住进 O，此时 B 处房间空余。综上 $O\to C$ 没有合适的方案。③$O\to D$，此时 D 可以住进 O，其余 4 点两两互换：$B\leftrightarrow C$、$E\leftrightarrow F$，一种；D 也可以住进 C 或者 E，情况等同；比如 $D\to C$，剩下的只能让 $C\to B$、$B\to O$，然后 E、F 互换房间，一种；一共 3 种情况。

综上所述，全部方案共有 $(3+3+3)\times6+4=58$(种)。

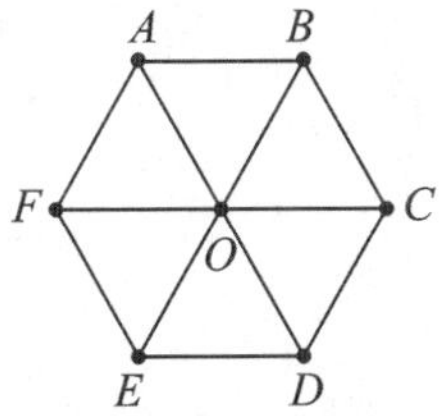

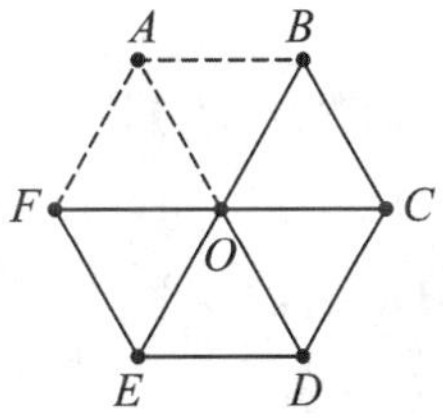

7. 图中各点的房间各住有一只小蚂蚁，有一天几只小蚂蚁在一起聚会，回家时都晕晕乎乎随便走进一个房间休息了。第二天醒来后发现每只蚂蚁都没住在自己家，但是都住在与自己的家相邻的邻居家，每个房间都只住了一只蚂蚁。那么小蚂蚁当晚休息的情况共有多少种可能？

A	B	C
D	E	F

【解析】若 B、E 之间不通行，则参考前面例题结论，共有 4 种情况。

若 B、E 间通行，则 $B\to E$ 而 E 不去 B，则此时相当于左边循环右边互换或者左边互换右边循环的替换关系，共 2 种情况。同理 $E\to B$ 而 B 不去 E 也是 2 种情况。

若 B、E 间通行，B、E 互换，则 A、D 互换且 C、F 互换，共 1 种情况。

共计 $4+2+2+1=9$(种)情况。

8. 图中各点的房间各住有一只小蚂蚁，有一天几只小蚂蚁在一起聚会，回家时都晕晕乎乎随便走进一个房间休息了。第二天醒来后发现每只蚂蚁都没住在自己家，但是都住在与自己的家相邻的邻居家，每个房间都只住了一只蚂蚁。那么小蚂蚁当晚休息的情况共有多少种可能？

A	B	C	D
E	F	G	H

【解析】若 A 去 E，E 去 A，则此时情况与上一个题目相同，共有 9 种情况。

若 A 去 B，E 去 F，则 B 一定去 A，且 F 一定去 E。C、D 互换同时 G、H 互换，C、G 互换同时 D、H 互换，全顺时针，全逆时针。共 4 种情况。

若 A 去 B，E 去 A，则 F 一定去 E。若 B 去 F，则 C、D、G、H 共 4 种情况。若 B 去 C，则 G 一定去 F，此时有 C 去 G 和 C 去 D 两种不同的结果。即共 $4+2=6$(种)。

若 A 去 E，E 去 F，则与上一种情况一致，共 6 种可能。

经统计共 $9+4+6+6=25$(种)情况。

9. 如图，A、B、C 每个点都有一只蚂蚁，连接 A、B、C 这三地共 9 条路。如果每只蚂蚁都走了其中的 3 条路，且每条路恰好被 1 只蚂蚁走过 1 次，走完之后 A、B、C 处仍各有一只蚂蚁，那么这 3 只蚂蚁行走的路线共有多少种可能？

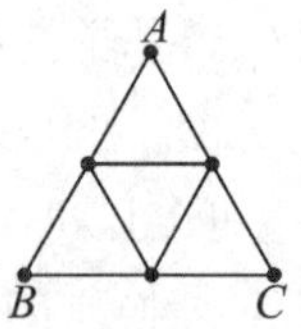

【解析】(1)3 只蚂蚁都回到出发点，每只各有两个方向，共 $2\times2\times2=8$(种)。

(2)1 只回出发点，另外两只互换，参考 A 回出发点(2 种)，B 到 C，C 到 B(2 种)。共 $3\times2\times2=12$(种)。

(3)3 只全部互换，$A\to B$，$B\to C$，$C\to A$，对图中的点进行标记 D、E、F。

$A\to E\to F\to B$，$B\to D\to F\to C$，$C\to E\to D\to A$；

$A\to E\to F\to B$，$B\to D\to E\to C$，$C\to F\to D\to A$；

$A\to D\to F\to B$，$B\to D\to E\to C$，$C\to F\to E\to A$；

$A\to E\to D\to B$，$B\to F\to E\to C$，$C\to F\to D\to A$；

若 $A\to C$，$C\to B$，$B\to A$，则同理也有 4 种。

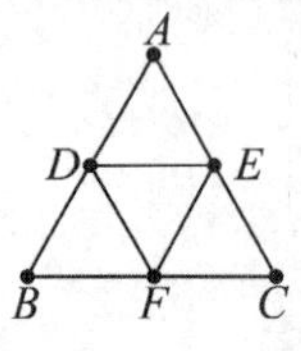

综上所述，总情况数为 $8+12+8=28$(种)。

10. 图中各点的房间各住有一只小蚂蚁，有一天几只小蚂蚁在一起聚会，回家时都晕晕乎乎随便走进一个房间休息了。第二天醒来后发现除了一只蚂蚁以外每只蚂蚁都没住在与自己家，但是都住在与自己的家相邻的邻居家，每个房间都只住了一只蚂蚁。那么小蚂蚁当晚休息的情况共有多少种可能？

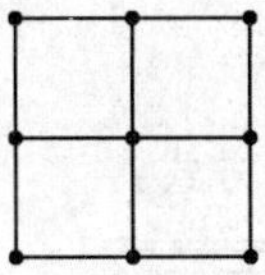

【解析】

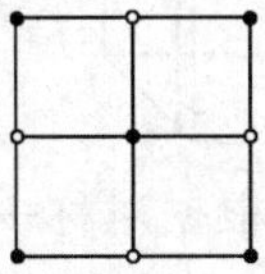

将图形进行黑白染色，染色后发现黑点处蚂蚁需要移动到白点处，白点处蚂蚁需要移动到黑点处。因为黑点有 5 个，白点有 4 个，所以没有动的蚂蚁一定为黑点。

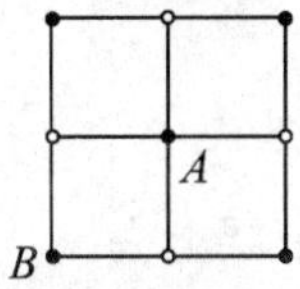

若为 A 点处蚂蚁没动，总情况数为 4。

若为 B 点处蚂蚁没动：

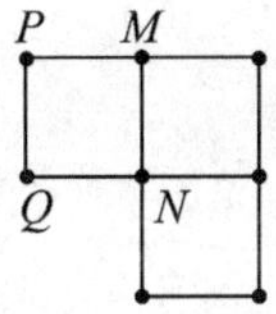

PQ 互换，共 9 种，参考第 7 题过程。

P 去 M，Q 去 N。此时只有 1 种情况。

P 去 Q，Q 去 N。那么 M 必须去 P。N 去 M，1 种。N 向右，1 种。N 向下，1 种。

P 去 M，Q 去 P。此时 N 必须去 Q。M 去 N，1 种。M 向右，2 种。共 $9+1+6=16$(种)

$16\times4+4=68$(种)。

【拓展】图中 A、B、C、D、E、F、G、H 点的房间各住有一只小蚂蚁，有一天几只小蚂蚁在一起聚会，回家时都晕晕乎乎随便走进一个房间休息了。第二天醒来后发现每只蚂蚁都没住在自己家，但是都住在与自己的家相邻的邻居家，每个房间都只住了一只蚂蚁。那么小蚂蚁当晚休息的情况共有________种可能。

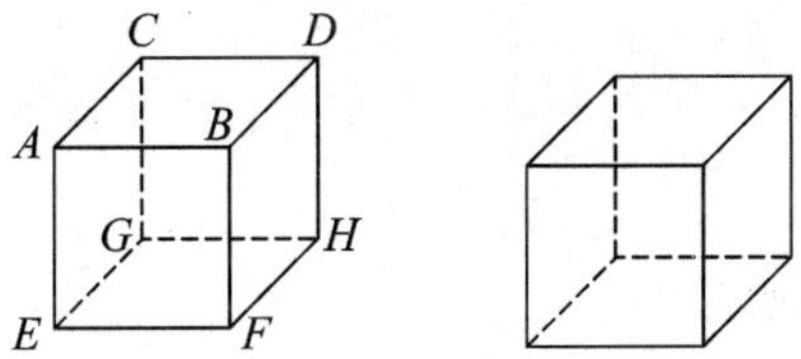

情况 1:没有蚂蚁从上层下来,也没有蚂蚁从下层上去。总情况数 $4\times4=16$(种)。

情况 2:有 1 只蚂蚁从上层下来,同时有 1 只蚂蚁从下层上去。

(1)此时无解。

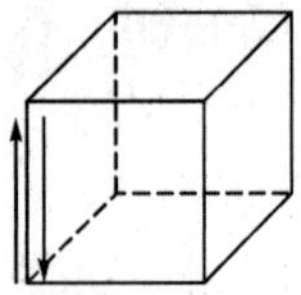

(2)以下第一张图方式变换为基础,共有后续两种调整方式:

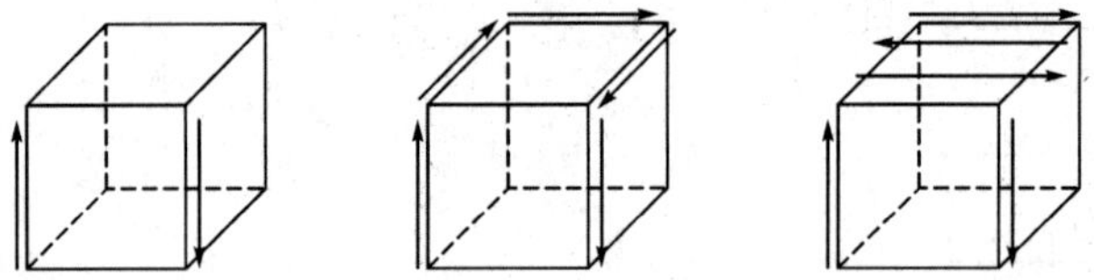

同一侧有两种变换方式,上下共 $2\times2=4$(种)方式。根据对称一共有 $2\times4\times4=32$(种)方式。

(3)以下的基本变换类型,经尝试没有任何符合要求的方案,故此时无解。

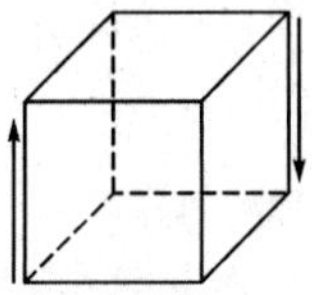

情况 3:有 2 只蚂蚁从上层下来,同时有 2 只蚂蚁从下层上去。

(1)两上相邻。

此时同侧对换基础情况 1,综合情况有 $1\times4=4$(种)。

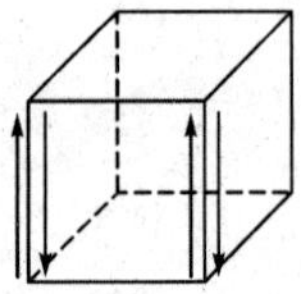

此时同侧对换基础情况 1,综合情况有 $1\times4\times2=8$(种)。

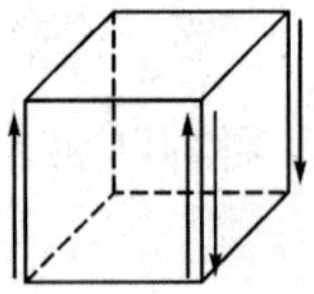

下面情况无解。

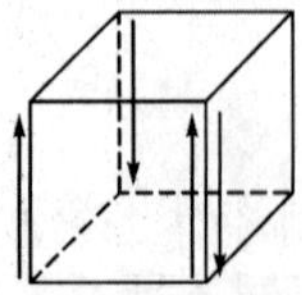

此时同侧对换基础情况 1,综合情况有 $1\times4=4$(种)。

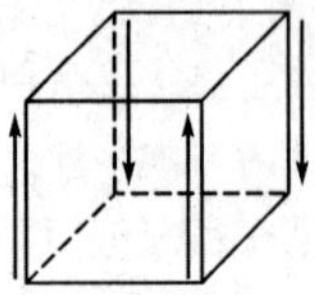

(2)两上不相邻。

下面两种情况无解。

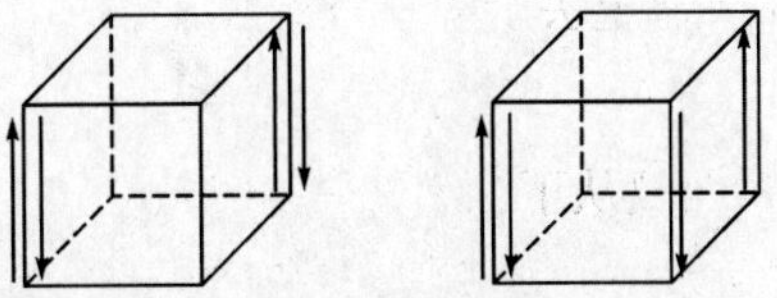

基础情况为 2,综合情况有 2×2=4(种)。

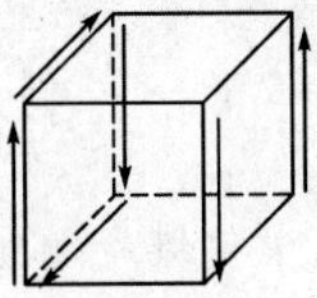

情况 4:有 3 只蚂蚁从上层下来,同时有 3 只蚂蚁从下层上去。此时无解。

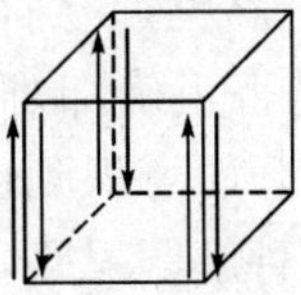

情况 5:有 4 只蚂蚁从上层下来,同时有 4 只蚂蚁从下层上去。此时共有一种可能。

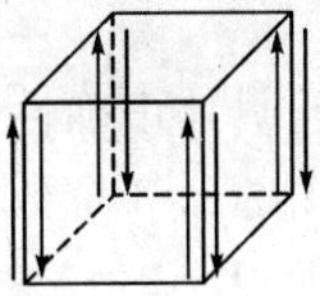

综上所述,共计:16+32+20+0+1=69(种)情况。

从整体出发，再从个体到整体——如何入手思考构造论证问题
——北京·孙佳俊

【作者简介：孙佳俊，毕业于北京大学，“数学花园探秘”中年级命题组组长。】

思考笔记

构造论证一直是小学数学中的超级难点，但与行程、计数这类问题不同，它并不会让学生望而生畏，反而因其简洁的题目和易于尝试的特性，受到很多学生的喜爱。学生们往往能轻松凑出一个答案，但这个答案是否正确却难以确定。因此，构造论证问题属于“易上手，难做对”的类型，当学生开始意识到这类问题的难度时，才真正入门了。构造论证并非一类题型，而是一种解题思路，接下来，我们先了解一下什么是构造论证，以及为什么需要这种思路。

(一)知识引入——什么是构造论证？

构造论证可以分为两个部分：构造和论证。

如果某些问题只需要找到一种符合条件的情况即可证明其正确性，那么我们只需要举一个例子，这就是构造。例如，从 1，2，3，4，5 中选出 3 个数字，能否填出一个正确的加法算式□＋□＝□？答案显然是可以的，1＋2＝3 就是一个正确的例子。生活中也有类似的例子：比如你想证明自己一顿饭能吃 3 碗米饭，只需吃一次给大家看，这就是构造。

然而，论证则不同。有些问题需要说明所有情况都符合要求才算正确，这时就不能仅仅举例，还需要通过严密的逻辑来说明。例如，我们想证明“三角形内角和等于 180°”。如果把一个三角形纸片的三个角剪开并拼在一起，发现它们刚好组成一条直线，然而这并不能算作证明，它只能说明这个特定三角形的内角和是 180°，但不能证明所有三角形都满足这一条件。真正的证明是不依赖于三角形的形状和大小的，下面是一种常见的正确证法：

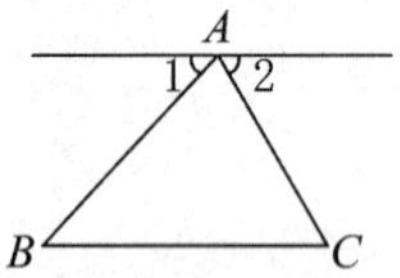

如左图，过顶点 A 作 BC 的平行线。根据内错角相等，可得$\angle B=\angle 1$，$\angle C=\angle 2$。因此，三角形的三个内角拼成了$\angle 1$、$\angle BAC$、$\angle 2$，它们刚好组成一条直线，即三角形内角和为 180°。这就是论证。

在学习的初期，学生很容易犯一个错误。许多同学会这样对老师说：“老师，我试了很多组数据，结果都是这个答案，肯定就是它了。”甚至面对简单题目时，这个答案可能确实是正确的，让学生误以为自己已经掌握了论证方法，但实际上，他们并没有学会正确的论证思路。因此，当遇到更难的问题时，他们只能继续尝试，但此时很难通过尝试找到正确答案。

而接下来要讨论的就是这一篇的重点——最值问题。

这类问题需要同时运用构造和论证两种方法。例如，如果你想说明一道题的最小值是 12，这意味着你认为 12 是正确的答案，而 12 以下没有其他正确答案。那么，如何证明 12 是正确答案呢？你只需要找到一个符合要求的例子即可，这就是构造。而如何证明 12 以下没有正确答案呢？你需要说明所有小于 12 的情况都不符合要求，这就需要通过论证来完成。构造和论证两个部分缺一不可。

(二)整体思想——从整体出发

例1:弹笔大赛问题 有7人参加弹笔大赛,每场比赛有3人参加。如果这7人中的任意两人都要在一起比赛过,那么这次比赛至少要举办多少场?

这是一道非常经典的题,改编自2016年大师赛。学生看到弹笔大赛会很感兴趣,但真正做起来却并不轻松。如果没有任何分析,直接靠尝试,是很难试出来的,即便试出来一个答案,也很难保证这个答案是最小的。学生经常凑出一个答案后问老师,老师说不够小,于是继续凑。按这种做法,即便在课堂上凑对了,在考场上也很难做对。

我们不妨换个思路,从论证的角度入手。如何保证最小呢?要说明任何情况下都不可能比这个答案更小,就需要找到所有情况的共性,也就是"不变量"。对于本题,题目最重要的条件是这7人中的任意两人都要一起比赛过。也就是说,无论如何凑,所有的"任意两人"都必须出现。具体来说,有以下21个"两人对":1、2,1、3,1、4,1、5,1、6,1、7,2、3,2、4,2、5,2、6,2、7,3、4,3、5,3、6,3、7,4、5,4、6,4、7,5、6,5、7,6、7。

那么,一场比赛可以解决多少对呢?例如,1、2、3比赛一场,可以解决1、2,1、3,2、3这3对。如果我们想尽量少比赛,就需要避免重复。因此,最少需要21÷3=7(场)比赛才能全部解决。通过计算,我们得出了理论最小值。

通过论证明确了7场比赛是刚好够用的,我们在构造时就有了明确的目标。例如,先解决1号选手,可以安排以下比赛:1、2、3 ,1、4、5 ,1、6、7。

接下来解决2号选手,由于2、3已经比过,2号还需要和4,5,6,7比赛。而4、5,6、7也已经比赛过,因此可以搭配:2、4、6 ,2、5、7。

最后,再枚举剩余的3、4,3、5,3、6,3、7,4、7,5、6,可以搭配出:3、4、7 ,3、5、6。

因此,一个正确的7场比赛构造为:1、2、3,1、4、5,1、6、7,2、4、6,2、5、7,3、4、7,3、5、6。

回顾本题,我们先通过计算说明了,要完成21对"两人对",不可能比7场比赛更少。同时,通过构造证明了7场比赛是可以完成的。因此,7就是逻辑严密的最小值。本题中,利用整体"两人对"来思考问题并完成论证的思想,我们称之为"整体思想"。如果大家学会了这种思想,接下来我们不妨来试试第二题。

例2:旅游拍照问题 有8个人一起出门旅游,他们喜欢相互拍照留念。如果每次照片上都是4人,并且任意2人都在同一张照片上出现过,那么,他们最少需要照多少张照片?

读完本题后,转化能力强的同学会发现,其实这和前面的题目是同一个模型,只是把之前的7人和3人组合换成了8人和4人组合。很容易可以得到本题的论证:8个人,共有以下28个"两人对"(这里利用 $C_8^2=28$ 计算也是完全可以的,例1同理,文中为了让大家更好理解,选择了更基础的枚举法):1、2,1、3,1、4,1、5,1、6,1、7,1、8,2、3,2、4,2、5,2、6,2、7,2、8,3、4,3、5,3、6,3、7,3、8,4、5,4、6,4、7,4、8,5、6,5、7,5、8,6、7,6、8,7、8。

而一张照片(例如1、2、3、4照相),可以解决1、2,1、3,1、4,2、3,2、4,3、4这6个"两人对"。又28÷6=4……4,所以至少需要5张照片。做到这里,你一定认为问题圆满解决了吧,但真的如此吗?

问题的深入分析 此题做到这里,其实并没有完成。接下来我们需要验证5张照片是否可行。通过论证计算,5张照片一共可以解决5×6=30(个)"两人对”，而实际上我们只有 28 个“两人对”，所以其实可以有 2 组重复的空间。但实际构造起来，发现这 2 组重复的空间极其紧张。

我们先尝试构造：1、2、3、4 ，1、5、6、7 ，1、8、2、3。

发现了吗，1、8 后面不论跟谁，都会出现 2 组重复，已经把重复名额用光了。而此时，如果大家利用对称性就会发现，如果 1 一定会出现重复，不妨设 1 与 2，3 重复，那么，4 也一定会出现重复，这样重复空间就不够用了。

论证的局限性 为什么我们非常严密的逻辑论证会出现问题呢？其实它并没有错误，只是不够完美。在数学上，这种不够完美的论证被称为“错误”。为了解释这个问题，我们来举个更为简单的例子：各位数字互不相同的数中，满足除以 9 余 1 的数最多有几位？

对于这道题目，有些同学会这样论证，数字只有 0～9 共 10 种，所以这个数最多有 10 位。大家分析一下，这个论证怎么样呢？其实它严格意义上是合理的，确实不可能超过 10 位。但它没有考虑到除以 9 余 1 这个条件，而除以 9 的余数需要看数字和：$0+1+2+\cdots+9=45$，所以所有由 0～9 组成的数都一定是 9 的倍数，都不可能除以 9 余 1。因此，它不可能是 10 位数，最多只能是 9 位数。这道题相对容易，但它告诉了我们一个道理：一个看似正确的论证，由于可能有你没有考虑到的情况或条件，导致这个论证不够完美。那么，从数学上来讲，它就是一个错误的论证。

确保论证的完美性 那这时，我们又会陷入一个难题：如何保证自己的论证是最完美，考虑所有情况的论证呢？

答案是，我们靠“构造”来确认论证的完美。上面我们证明出，10 位数是不可能正确的，最多有 9 位数。那有没有可能 9 位数也不正确，最多 8 位数呢？不会，因为 976543210 这个数就是除以 9 余 1 的，所以存在除以 9 余 1 的 9 位数，答案一定是 9 位。

讲到这里，大家应该明白了，“构造”和“论证”是互为唇齿的关系，它们互相证明对方的正确性。我们靠论证来说明，不可能超过这个界限；靠构造来说明，这个界限是正确的。那么，答案就一定是这个界限。

(三)进一步思考——回到例 2

回到例 2，我们通过证明得到了 5，这只能说明答案$\geqslant 5$，5 以下的 4，3，2，1 一定不可能。但由于没有构造来说明 5 一定正确，那 5 就不是一个完美的论证，有可能需要考虑其他条件，来继续论证 5 也是不可能的。而这个过程，就是构造论证的难点部分，需要反复分析，来确定自己是构造部分出了问题(可以构造但没构造出来)，还是论证部分出了问题(有更多的分析情况没有分析到)。这个过程，就需要大家慢慢探索了。

那针对例 2，我们如何进一步论证 5 不可行呢？其实构造时失败的分析已经给我们提供了思路，我们通过 1 必然会出现重复，进而推出 1～8 都一定会出现重复，2 组重复空间不够用。利用这个分析，我们来继续进行论证。

(四)新的思想——从个体到整体

我们仍然利用“两人对”的思想，但只分析 1 号。1 号需要搭配 1、2，1、3，1、4，1、5，1、6，1、7，1、8 共 7 对。但一张照片中(例如 1、2、3、4)，它可以解决 1、2，1、3，1、4 这 3 对关于 1 的“两人对”。又根据 $7\div 3=2\cdots\cdots 1$，我们可以得出，1 号至少需要在 3 张照片中出现，并且会出现至少 2 组重复。

接下来，我们由个体推及整体。既然 1 号满足这个情况，那么，1～8 号的分析方法是相同的，每个人都需要至少在3张照片上出现。也就是这8个人需要至少出现 $3\times8=24$(次)。而每张照片上只有4个位置，那么，最少需要 $24\div4=6$(张)照片。而这个论证，比刚才5的论证更加完美，它证明了5的确不可能，理论最小值是6。

好了，接下来该轮到读者回答：我们如何说明6是完美的论证呢？答案是靠构造！把28对全部列出来枚举构造是可以的，这里给出一个通过数感的精彩构造。我们发现6刚好是 C_4^2，所以把1～8号分为1、2，3、4，5、6，7、8这4组，任意两组都拍一张照片，得到1、2、3、4，1、2、5、6，1、2、7、8，3、4、5、6，3、4、7、8，5、6、7、8。大家不难验证，任意两人一定在同一张照片中出现过。做到这里，本题的答案6，就靠构造论证完美完成了。

大家不妨试试，其实例1，利用这个"从个体到整体"的方法，也是可以得到正确答案7的。大家不妨试试，同时，这里留下一个思考题，思路和例2一模一样，看大家能不能用这个方法自行完成构造与论证。(例1的"从个体到整体"思路论证和思考题的过程，会放在本文最后附录1、2中)

思考题1　一个星球上有100个国家，它们会组成若干个联盟。如果每个联盟都包含50个国家，并且任意两个国家都一定在某一个联盟同时出现，那么，这个星球上至少有多少个联盟？

(五)换个角度——学会灵活变式

例3:旅店房间与钥匙问题　旅店有9个单人间，10名旅客可能入住。每次有且仅有9人入住，管理员需要分配钥匙，使得无论哪9人入住，都能正好安排到9个房间，而无需借钥匙。问最少需要多少把钥匙？

本题与前2个例题不同，没有"两人对"这种固定组合。我们需要找到新的"不变量"作为切入点。对于个人而言，我们无法确定其是否入住，但每个房间一定会有人入住。因此，我们不妨从房间入手。

以1号房间为例，如果只发出1把钥匙，那么如果持有这把钥匙的人恰好没有入住，剩余9人就无法打开1号房间。因此，1号房间至少需要发出2把钥匙。同理，每个房间都需要至少发出2把钥匙。这样，总共至少需要 $2\times9=18$(把)钥匙。

我们可以让9个人分别持有1～9号房间的钥匙，而第10个人持有所有9个房间的钥匙。这样，任意9人入住时，前9人可以分别入住自己的房间，而第10个人则入住没有人入住的房间。这样，总共需要18把钥匙，满足条件。

例4:钥匙串与保险箱问题　有8串钥匙串，每串钥匙串上有若干把钥匙，每把钥匙可以打开某个保险箱。如果任意4串钥匙串都可以打开所有保险箱，但任意3串钥匙串都无法打开所有保险箱。问最少需要多少个保险箱？

本题的关键在于理解为什么3串钥匙串无法打开所有保险箱，而4串钥匙串却可以。我们不妨分析1、2、3号钥匙串，这3串一定存在一个它们都打不开的保险箱，设为1号保险箱。由于任意4串钥匙串可以打开所有保险箱，那么4、5、6、7、8号钥匙串都必须包含1号保险箱的钥匙。同理，分析1、2、4号钥匙串，它们一定存在一个打不开的保险箱(不能是1号保险箱)，设为2号保险箱。那么3、5、6、7、8号钥匙串都必须包含2号保险箱的钥匙。

通过类比，我们可以发现，每个"3钥匙串组"都对应一个它无法打开的保险箱，而其他5串钥匙串必须包含这个保险箱的钥匙。因此，任意两个"3钥匙串组"所对应打不开的保险箱不能相同(这里是难点，需要大家仔细体会理解，例如

1、2、3 串不包含 1 号保险箱的钥匙，那说明 4、5、6、7、8 必须都包含 1 号保险箱的钥匙，那也就说明其他“3 钥匙串组”不可能同时不包含 1 号保险箱的钥匙）。由于总共有 $C_8^3=56$(个)“3 钥匙串组”，因此至少需要 56 个不同的保险箱。

根据论证，我们可以这样构造：

1 号保险箱的钥匙在 1、2、3 号钥匙串上没有，而在 4、5、6、7、8 号钥匙串上有；

2 号保险箱的钥匙在 1、2、4 号钥匙串上没有，而在 3、5、6、7、8 号钥匙串上有；

……

56 号保险箱的钥匙在 6、7、8 号钥匙串上没有，而在 1、2、3、4、5 号钥匙串上有。

这样，每个保险箱的钥匙都恰好满足条件。

例 5：音乐家与音乐会问题　6 位音乐家在一个音乐节上相聚，每场音乐会上，部分音乐家演奏，其余音乐家作为观众。要使每位音乐家都能作为观众观看其他每位音乐家的表演，最少需要安排几场音乐会？

如果从个体出发，让 1 号音乐家听 2、3、4、5、6 号音乐家的演奏，1 号音乐家只需要听 1 场音乐会即可满足条件。这样，总共需要 6 场音乐会。构造也很简单：

1 号听 2、3、4、5、6 号演奏；

2 号听 1、3、4、5、6 号演奏；

……

6 号听 1、2、3、4、5 号演奏。

但从个体出发的思路会让人觉得不太对劲，不难发现，对个体最优的方案反而对于整体不优，因为如果只安排 1 个人听，除了这个人之外，完全没有办法对于其他音乐家有任何帮助。那如何分析才能更优呢？我们来看接下来的分析：

从整体出发，每位音乐家需要观看其他 5 位音乐家的表演，总共需要 $6\times5=30$(次)观看机会。

每场安排 1 人观看、5 人演奏：每场音乐会提供 $1\times5=5$(次)观看机会。

每场安排 2 人观看、4 人演奏：每场音乐会提供 $2\times4=8$(次)观看机会，虽然无法让每个人只听 1 场就满足条件，但整体上更优。

每场安排 3 人观看、3 人演奏：每场音乐会提供 $3\times3=9$(次)观看机会，这是整体最优的分配方式。

需要 $30\div9=3$(场)且余 3 次观看机会，仍需再安排 1 场，总共 4 场。

通过上述分析，我们发现最优解是每场安排 3 人观看、3 人演奏，总共需要 4 场音乐会。

论证完成后，我们再来尝试构造。

构造方案　首先满足 1 号，可以 1,2,3 听 4,5,6，1,4,5 听 2,3,6；而 6 号前 2 次都演，所以后 2 次都听，同时需要把 2,3,4,5 都拆开，不难构造出 6,2,4 听 1,3,5；6,3,5 听 1,2,4；这样，可以满足所有人都听过其他所有人演出。

通过这道题，其实是纠正大家一个思考习惯，当一类问题有两种思路的时候，不要人为的给两种思路定义“好坏”，即我认为某某思路更简单，我认为某某思路更好用，我认为大部分问题都是从个体到整体的思路，今天的 5 题，例 1 其实两种思路都可以，而例 2、例 3、例 4 只能使用从个体到整体的思想，但例 5 只能使用整体思想，不同的问题需要具体问题具体分析，而不能仅凭个人喜好来决定使用哪种方法。

（六）结语

本文详细讲解了构造论证的基本逻辑，希望大家在理解基本逻辑的基础上研究例题，体会构造与论证的必要性和互补性。同时，也希望大家能通过构造论证的学习，养成正确的最值问题思考习惯，不要有"我先努力凑，老师说它不是最大的，那我再重新凑吧"这样的想法，而是要从基本逻辑出发，思考"我怎么保证最值？我可能凑不出来，但只要我能凑，就一定能保证它是最大或最小。"

最后，给大家留一个看似简单的小问题，希望大家用正确的最值逻辑给出标准解法，答案将在附录3中给出。

思考题2 用0～9这10个数字各1个，组成5个两位合数，这5个两位合数之和的最小值是多少？

（七）附录

1. 附1：例1的"从个体到整体"思路证明

1号有1、2，1、3，1、4，1、5，1、6，1、7这6个"两人对"，而每场比赛（例如1、2、3）可以解决1、2，1、3共2个关于1号的"两人对"，所以1号至少要参加$6\div2=3$（场）比赛，那么，每位选手都要至少参加3场比赛，这7位选手至少要出场$3\times7=21$（次），而一场比赛只有3个位置，所以至少需要$21\div3=7$（场）。

2. 附2：思考题1的构造论证

分析国家1，它共有1、2，1、3，1、4，…，1、99，1、100共99个"两国对"，而1号在某个联盟（例如1～50）共可以解决1、2，1、3，1、4，…，1、49，1、50共49个"两国对"，$99\div49=2$（个）……1，所以1号至少在3个联盟中出现。那么，所有国家均至少在3个联盟中出现，它们至少出现$3\times100=300$（次），而一个联盟中有50个位置，所以至少有$300\div50=6$（个）联盟，构造思路与例2类似，把100个国家分为四组，A：1～25；B：26～50；C：51～75；D：76～100；然后6个联盟一次为AB，AC，AD，BC，BD，CD，不难验证满足条件。

3. 附3：思考题2的构造论证

比起质数，合数多很多，所以如何保证最小才是关键，既然位数已经确定，让高位小则总和才会小，所以，我们让1，2，3，4，5作为十位，让0，6，7，8，9作为个位，这样只要可以凑出，这组答案就一定是最小的，总和是$(1+2+3+4+5)\times10+(0+6+7+8+9)\times1=180$，尝试后不难凑出：2、7，3、9，1、0，4、6，5、8即为一组。

三个几何图形的溯源与演变

——北京 · 周炬坤

思考笔记

【作者简介：各大杯赛命题人。每年参与各类杯赛命题工作，并多次为知名书刊供稿。长期致力于小学数学一线教学教研工作，具有丰富的教育经验，充分了解“授业”与“受业”双方的需求。命题风格灵活多变、不守陈规，旨在培养学生的思辨能力，同时又能体会到数学的有趣与精彩。】

在小学数学中，几何是最直观的部分，有着漂亮的图形与直接的结论，但是，直观也是限制小学几何题目发展的枷锁。近些日子与人讨论时提到了一点：大多数已知的能用小学方法解释的几何图形都已经被编成题目，被学生所熟知了。小学几何陈题多而新题少，方法巧妙且难度适当的新题更少，这也直接导致了学生非常缺少几何方面的训练素材，对图形的认识也不深入，陈题怎么做怎么对，但遇到新题怎么看怎么不会。

本文将选择三个几何图形，寻找这三个图形的源头，解释这三个图形是如何诞生的，探索这三个图形的发展，感受这三个图形的演变。希望这些内容能对读者有所启发。

(一)扭曲的四边形

第一个图形选自 2021 年全国“数学花园探秘”大师赛 6 年级第二试第 3 题。

问题 1-1 如图 1，E、P、Q 分别为$\triangle ABC$ 的 AB、AC 边上的点，且 $EB=2EA$，$QC=2QA$，$QF=2QD$，$\triangle AEP$ 的面积为 87，$\triangle BFC$ 的面积为 282。那么$\triangle DPQ$ 的面积为________。

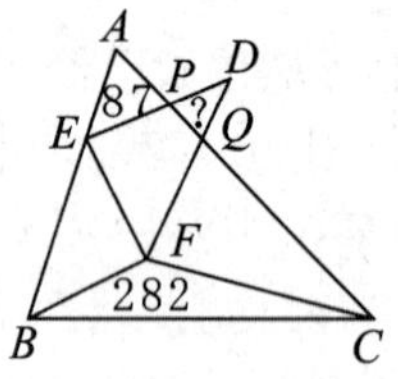

图 1

1. 问题的原型

在解答题目之前，我们先来看看此题的原型。

问题 1-2 如图 2，四边形 $ABCD$ 的面积是 1，点 E、F、G、H 分别在 CB、AB、AD、CD 的延长线上，且 $BF=2AB$，$BE=2BC$，$DH=2CD$，$DG=2AD$，求四边形 $EFGH$ 的面积。

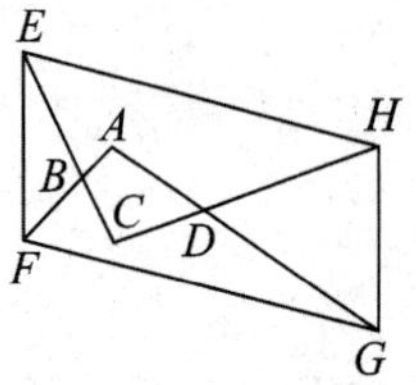

图 2

【问题 1-2 的解析】如图 3 连接 AC，由 $BF=2AB$，$BE=2BC$，可知 $S_{\triangle BEF}=4S_{\triangle ABC}$。由 $DH=2CD$，$DG=2AD$，可知 $S_{\triangle DGH}=4S_{\triangle ADC}$，故 $S_{\triangle BEF}+S_{\triangle DGH}=4S_{四边形ABCD}$。

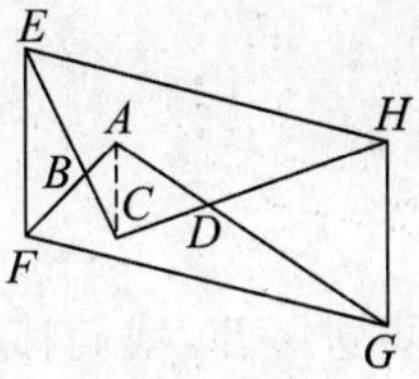

图 3

如图 4，连接 BD，由 $BE=2BC$，$DH=2CD$，可知 $S_{\triangle CEH}=9S_{\triangle BCD}$。由 $BF=2AB$，$DG=2AD$，可知 $S_{\triangle AFG}=9S_{\triangle BAD}$，故 $S_{\triangle AFG}+S_{\triangle CEH}=9S_{四边形ABCD}$。

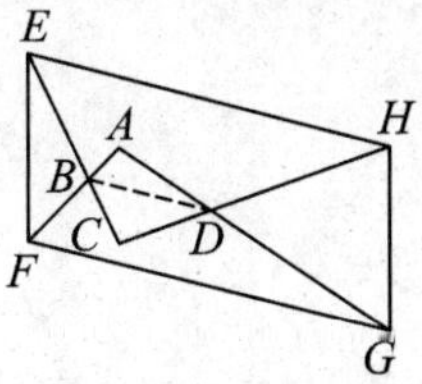

图 4

所以 $S_{EFGH}=S_{\triangle BEF}+S_{\triangle DGH}+S_{\triangle AFG}+S_{\triangle CEH}-S_{ABCD}=12S_{四边形ABCD}=12$。

除了计算出答案，我们还有其他收获：

连接 AC 后，由 $BF=2AB$，$BE=2BC$，可以得到 $EF=2AC$，$EF\parallel AC$。由 $DH=2CD$，$DG=2AD$，可以得到，$GH=2AC$，$GH\parallel AC$，也就是 $EF=GH$，且 $EF\parallel GH$。

连接 BD 后，由 $BE=2BC$，$DH=2CD$，可以得到 $EH=3BD$，$EH\parallel BD$。由 $BF=2AB$，$DG=2AD$，可以得到，$FG=3BD$，$FG\parallel BD$，也就是 $EH=FG$，且 $EH\parallel FG$。

也即是说，$EFGH$ 是平行四边形。

如图 5，连接 FH，容易知道 $S_{\triangle FGH}=\frac{1}{2}S_{EFGH}=6S_{ABCD}$。

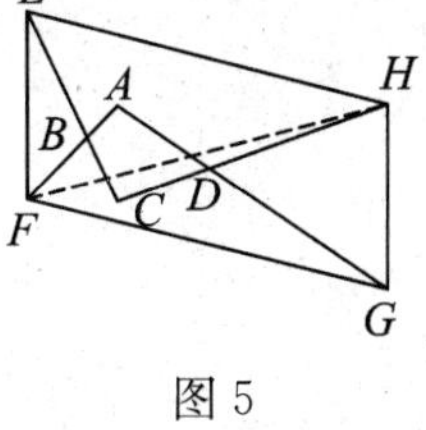

图 5

此时我们可以隐藏掉点 E 及与之相关的线段，也就演变成了问题 1-3。

问题 1-3　如图 6，四边形 $ABCD$ 的面积是 1，点 F、G、H 分别在 AB、AD、CD 的延长上，且 $BF=2AB$，$DH=2CD$，$DG=2DA$，求$\triangle FGH$ 的面积。

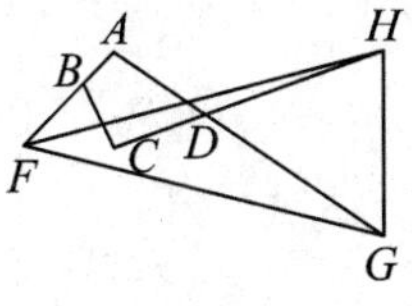

图 6

【问题 1-3 的解析 1】如图 7 延长 CB 到点 E，使 $BE=2BC$，连接 EF、EH。

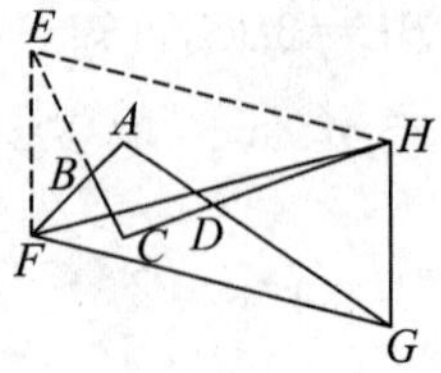

图 7

即可变成问题 1-2，得出 $S_{\triangle FGH}=6S_{四边形ABCD}=6$。

显然，上述结论是与四边形 $ABCD$ 的形状无关的，更进一步，我们移动点 C 的位置，让四边形“扭曲”，得到图 8：

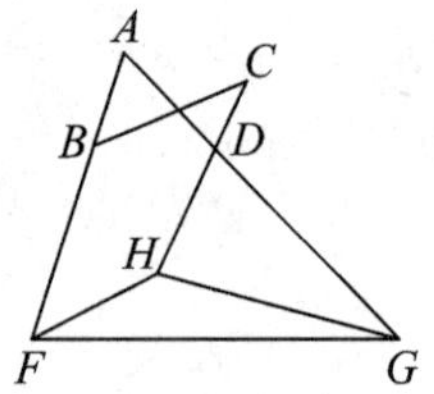

图 8

这一图形与问题 1-1 的图形已经极为相似了。

我们猜测，$\triangle FGH$ 的面积应当是“扭曲四边形”$ABCD$ 面积的 6 倍，但麻烦的地方在于“扭曲四边形”$ABCD$ 面积是什么？是两个小三角形面积之和吗？

2.“扭曲四边形”的面积

仿照刚刚的正常四边形进行尝试，如图 9 延长 CB 到点 E，连接 EF、EH，使 $BE=2BC$。

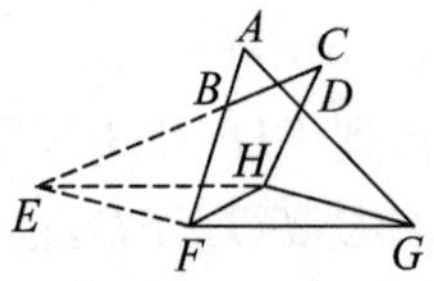

图 9

如图 10，再连接 AC，由 $BF=2AB$，$BE=2BC$，可以知道 $S_{\triangle BEF}=4S_{\triangle ABC}$，$EF/\!/AC$。由 $DH=2CD$，$DG=2DA$，可以知道 $S_{\triangle DGH}=4S_{\triangle ADC}$，$GH/\!/AC$，故 $S_{\triangle BEF}+S_{\triangle DGH}=4(S_{\triangle ABC}+S_{\triangle ADC})$，$EF/\!/GH$。

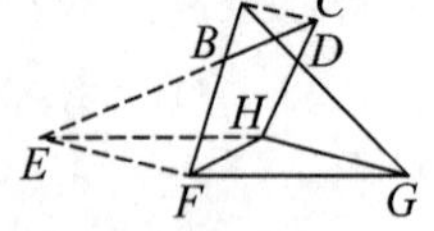

图 10

如图(1)连接 BD，由 $BF=2AB$，$DG=2DA$，可以知道 $S_{\triangle AFG}=9S_{\triangle BAD}$，$FG/\!/BD$。由 $BE=2BC$，$DH=2CD$，可以知道 $S_{\triangle CEH}=9S_{\triangle BCD}$，$EH/\!/BD$，故 $S_{\triangle AFG}+S_{\triangle CEH}=9(S_{\triangle ABD}+S_{\triangle CBD})$，$EH/\!/FG$。

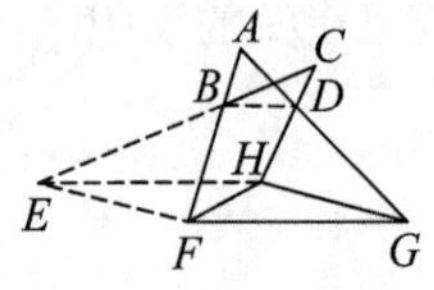

图 11

在问题 1-2 中，$S_{\triangle BEF}+S_{\triangle DGH}$ 是四边形 $ABCD$ 面积的 4 倍，$S_{\triangle AFG}+S_{\triangle CEH}$ 是四边形 $ABCD$ 面积的 9 倍。而在图 10、图 11 中，$S_{\triangle BEF}+S_{\triangle DGH}$ 是 $S_{\triangle ABC}+$

$S_{\triangle ADC}$的 4 倍，$S_{\triangle AFG}+S_{\triangle CEH}$ 是 $S_{\triangle ABD}+S_{\triangle CBD}$ 的 9 倍，然而 $S_{\triangle ABC}+S_{\triangle ADC}$ 和 $S_{\triangle ABD}+S_{\triangle CBD}$ 并不相等，它们不能都是"扭曲四边形"$ABCD$ 的面积。

我们重新审视最初的解析过程：问题 1-2 中，我们利用$\triangle BEF$、$\triangle DGH$、$\triangle AFG$、$\triangle CEH$ 以及四边形 $ABCD$，割割补补凑出了平行四边形 $EFGH$，在这里我们再试试能否凑出平行四边形 $EFGH$ 的面积。

如图 12，设 AD 与 BC 交于点 P，用整体图形面积减去四边形 $EFGH$ 之外的面积。

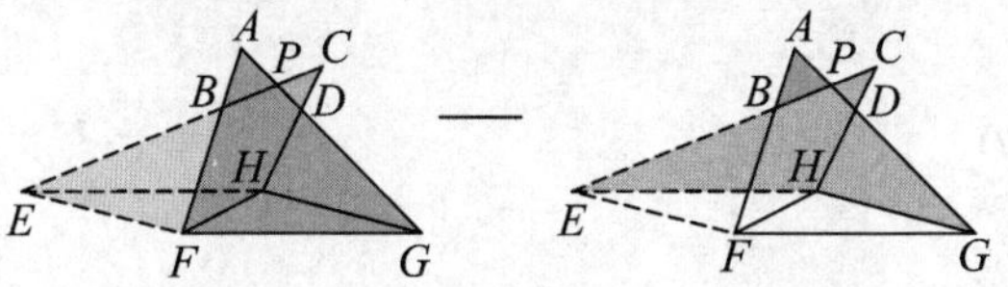

图 12

显然有：

$$
\begin{aligned}
S_{\text{四边形}EFGH}&=(S_{\triangle BEF}+S_{\triangle AFG}+S_{\triangle CDP})-(S_{\triangle DGH}+S_{\triangle CEH}+S_{\triangle ABP})\\
&=(S_{\triangle BEF}-S_{\triangle DGH})+(S_{\triangle AFG}-S_{\triangle CEH})-(S_{\triangle ABP}-S_{\triangle CDP})\\
&=4(S_{\triangle ABC}-S_{\triangle ADC})+9(S_{\triangle ABD}-S_{\triangle CBD})-(S_{\triangle ABP}-S_{\triangle CDP})
\end{aligned}
$$

容易发现，$(S_{\triangle ABC}-S_{\triangle ADC})$与$(S_{\triangle ABD}-S_{\triangle CBD})$都等于$(S_{\triangle ABP}-S_{\triangle CDP})$，故 $S_{EFGH}=12(S_{\triangle ABP}-S_{\triangle CDP})$，由 $EF\parallel GH$ 和 $EH\parallel FG$ 知 $EFGH$ 是平行四边形，所以 $S_{\triangle HFG}=6(S_{\triangle ABP}-S_{\triangle CDP})$。

到此，我们可以推测，"扭曲四边形"$ABCD$ 的面积是$(S_{\triangle ABP}-S_{\triangle CDP})$。

另一方面，稍微改一改字母，我们就得到了问题 1-1 的第一个解法：

【问题 1-1 的解法 1】如图 1，由 $S_{\triangle BCF}=6(S_{\triangle AEP}-S_{\triangle QDP})$，可得 $S_{\triangle QDP}=S_{\triangle AEP}-\frac{1}{6}S_{\triangle BCF}=40$。

3. 问题 1-1，问题 1-3 的其他解法

问题 1-1 的解法是比较多样的，利用"高差法"或一半模型也是很好的办法。

【问题 1-1 的解法 2】如图 13，连接 EQ，由 $EB=2EA$，$QC=2QA$，可以得到 $BC\parallel EQ$，且 $BC=3EQ$。

连接 QB，由 $EB=2EA$，$QF=2QD$，可以得到 $S_{\triangle BEQ}=2S_{\triangle AEQ}$，$S_{\triangle FEQ}=2S_{\triangle DEQ}$。

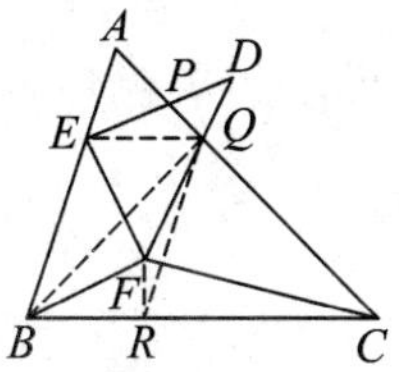

图 13

过点 Q 作 AB 的平行线，与 BC 交于点 R，显然四边形 $BEQR$ 是平行四边形。于是 $S_{\triangle BEQ}=\frac{1}{2}S_{BEQR}=S_{\triangle FEQ}+S_{\triangle FBR}$，即 $S_{\triangle FBR}=S_{\triangle BEQ}-S_{\triangle FEQ}=2(S_{\triangle AEQ}-S_{\triangle DEQ})=2(S_{\triangle AEP}-S_{\triangle DPQ})$。

又根据 $BC=3EQ$，$EQ=BR$，可知 $S_{\triangle BCF}=3S_{\triangle FBR}=6(S_{\triangle AEP}-S_{\triangle DPQ})$，所以 $S_{\triangle DPQ}=S_{\triangle AEP}-\frac{1}{6}S_{\triangle BCF}=40$。

经历这样的解答后，我们会有两个疑问：刚刚我们构造了以 EQ 为边的平行四边形，如果我们作以 AD 为边的平行四边形能否用相似的过程得出结果？问题 1-1 可以用此法解答，那与它同结构的问题 1-3 能否也用此法解答？

针对第一个疑问，我们尝试构造以 AD 为边的平行四边形，于是得到了与解法 2 基本一致的解法 3。

【问题 1-1 的解法 3】如图 14，连接 AD、DB、DC。由 $QF=2QD$，$QC=2QA$，可以得到 $CF/\!/AD$ 且 $CF=2AD$。由 $EB=2EA$，$QC=2QA$，可以得到 $S_{\triangle BAD}=3S_{\triangle EAD}$，$S_{\triangle CAD}=3S_{\triangle QAD}$。

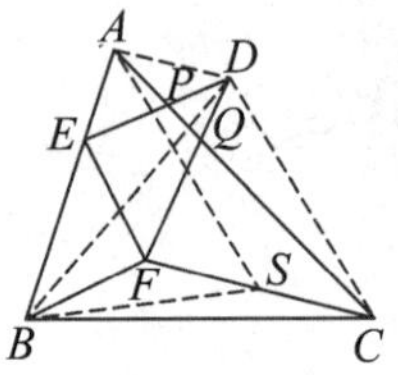

图 14

过点 A 作 CD 的平行线与 CF 交于点 S，连接 BS，显然四边形 $ASCD$ 是平行四边形，

于是 $S_{\triangle CAD}=\frac{1}{2}S_{ASCD}=S_{\triangle BAD}-S_{\triangle BSC}$，即 $S_{\triangle BSC}=S_{\triangle BAD}-S_{\triangle CAD}=3(S_{\triangle EAD}-S_{\triangle QAD})=3(S_{\triangle AEP}-S_{\triangle DPQ})$。

又根据 $CF=2AD$，$SC=AD$，可知 $S_{\triangle BCF}=2S_{\triangle BSC}=6(S_{\triangle AEP}-S_{\triangle DPQ})$，所以 $S_{\triangle DPQ}=S_{\triangle AEP}-\frac{1}{6}S_{\triangle BCF}=40$。

针对第二个疑问，我们用相同的办法重新解问题 1-3。

【问题 1-3 的解法 2】如图 15，连接 BD，由 $BF=2BA$，$DG=2DA$，可以得到 $FG/\!/BD$，且 $FG=3BD$。

连接 DF，BH，由 $BF=2BA$，$DH=2DC$，可以得到 $S_{\triangle FBD}=2S_{\triangle ABD}$，$S_{\triangle HBD}=2S_{\triangle CBD}$。

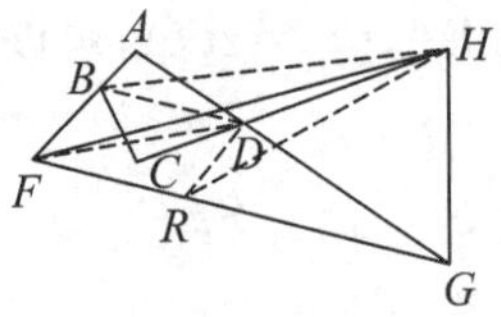

图 15

过点 D 作 AB 的平行线，与 FG 交于点 R，显然四边形 $BFRD$ 是平行四边形，于是 $S_{\triangle BDF}=\frac{1}{2}S_{BFRD}=S_{\triangle HFR}-S_{\triangle HBD}$，即 $S_{\triangle HFR}=S_{\triangle HBD}+S_{\triangle FBD}=2(S_{\triangle CBD}+S_{\triangle ABD})=2S_{四边形ABCD}$，

又根据 $FG=3BD$，$FR=BD$，可知 $S_{\triangle FGH}=3S_{\triangle HFR}=6S_{四边形ABCD}=6$。

除了上述解法之外，直接利用共角定理（鸟头模型）也可以解决问题 1-1。

【问题 1-1 的解法 4】如图 16，作射线 AD 与 EQ，由 $AD/\!/CF$ 和 $BC/\!/EQ$ 可以知道 AD 与 EQ 并不平行，设两线交于点 T。

在 AT 上取 $TM=AD$，在 ET 上取 $TN=EQ$，于是有：

$S_{\triangle APE}-S_{\triangle DPQ}=S_{\triangle ADE}-S_{\triangle DAQ}=S_{\triangle TME}-S_{\triangle TMQ}=S_{\triangle EQM}=S_{\triangle MNT}$。

平移$\angle BCF$，当点 C 与点 T 重合时，由 $AD/\!/CF$ 知 F 会落在射线 TA 上，由 $BC/\!/EQ$ 知 B 会落在射线 TE 上，所以必然有$\angle ATE=\angle FCB$。由共角定理

知$\frac{S_{\triangle MNT}}{S_{\triangle BCF}}=\frac{TM}{CF}\cdot\frac{TN}{CB}=\frac{1}{6}$，于是$S_{\triangle DPQ}=S_{\triangle AEP}-\frac{1}{6}S_{\triangle BCF}=40$。

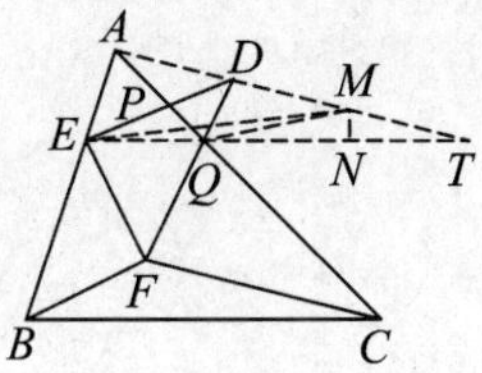

图 16

此法也可以解决问题 1-3，在此不再赘述，有兴趣的读者可自行尝试。

4. 有向面积

实际上，“扭曲四边形”$ABCD$的面积是($S_{\triangle ABP}-S_{\triangle CDP}$)可以由行列式计算直接得出。利用行列式计算得到的平面图形面积有正有负，我们也称之为“有向面积”。由于涉及负数，我们在此不作更深的探讨，有兴趣的读者可以参考德国数学家菲利克斯·克莱因的《高观点下的初等数学·第二卷》，其中做了相对直观的解释。利用有向面积可以改编大量图形，这里举一个大家熟知的例子。

【问题 1-4】如图 17，四边形$ABDC$的面积是 1，B是AM的中点，D是BP的中点，点C是DN的中点，A是CQ的中点，求四边形$MPNQ$的面积。

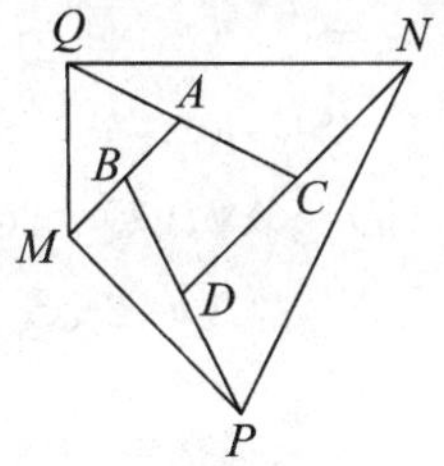

图 17

【问题 1-4 的解析】如图 18，连接BC，有$S_{\triangle AQM}=2S_{\triangle ABC}$，$S_{\triangle DPN}=2S_{\triangle DBC}$，于是$S_{\triangle AQM}+S_{\triangle DPN}=2(S_{\triangle ABC}+S_{\triangle DBC})=2S_{四边形ABCD}$。

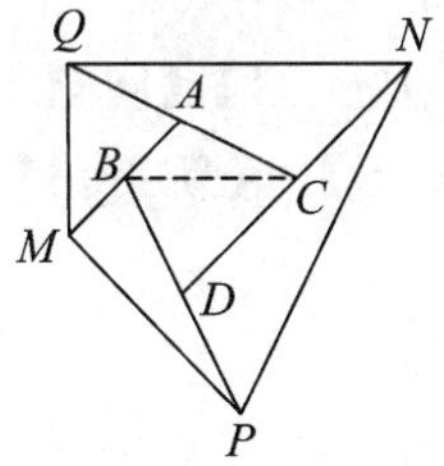

图 18

如图 19，连接AD，有$S_{\triangle BPM}=2S_{\triangle ABD}$，$S_{\triangle CQN}=2S_{\triangle DAC}$。于是$S_{\triangle BPM}+S_{\triangle CQN}=2(S_{\triangle ABD}+S_{\triangle DAC})=2S_{四边形ABCD}$。

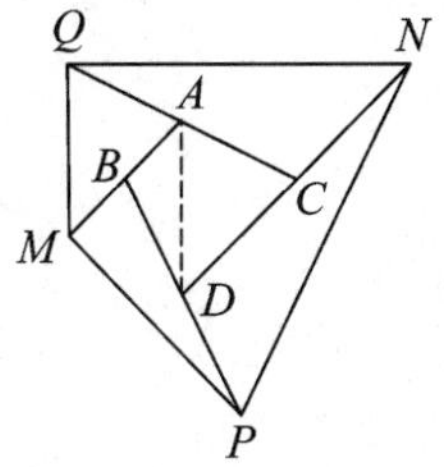

图 19

故$S_{四边形MPNQ}=S_{\triangle AQM}+S_{\triangle DPN}+S_{\triangle BPM}+S_{\triangle CQN}+S_{四边形ABCD}=5S_{四边形ABCD}=5$。

如果把四边形 $ABDC$“扭曲”，即可得到图 20：

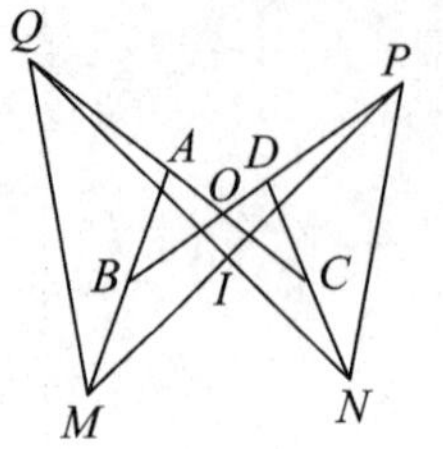

图 20

问题 1-4 中的四边形 $ABDC$ 变成了“扭曲四边形”$ABDC$，四边形 $MPNQ$ 变成了“扭曲四边形”$MPNQ$，我们可以大胆猜测：“扭曲四边形”$MPNQ$ 的面积是“扭曲四边形”$ABDC$ 的面积的 5 倍，也即是说，$\triangle IQM$ 与 $\triangle IPN$ 面积之差，是 $\triangle OAB$ 与 $\triangle OCD$ 面积之差的 5 倍。据此，可以命制如下题目：

【问题 1-5】如图 21，B 是 AM 的中点，C 是 DN 的中点，A 是 CQ 的中点，D 是 BP 的中点，AC 与 BD 交于点 O，PM 与 NQ 交于点 I，$\triangle ABO$ 的面积是 64，$\triangle CDO$ 的面积是 49，$\triangle$三角形 IMQ 的面积是 484，那么 $\triangle INP$ 的面积是多少？

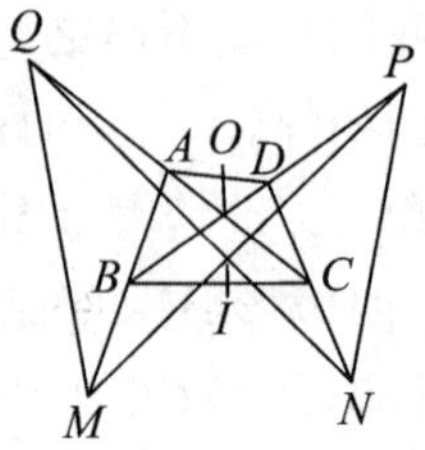

图 21

【问题 1-5 的解析】由 $AQ=AC$、$AM=2AB$ 可知，$S_{\triangle AQM}=2S_{\triangle ABC}$。由 $DP=DB$、$DN=2DC$，可知 $S_{\triangle DPN}=2S_{\triangle DBC}$。所以 $S_{\triangle AQM}-S_{\triangle DPN}=2(S_{\triangle ABC}-S_{\triangle DBC})=2(S_{\triangle OAB}-S_{\triangle OCD})$。

由 $BA=BM$、$BP=2BD$ 可知，$S_{\triangle BPM}=2S_{\triangle ABD}$。由 $CD=CN$、$CQ=2CA$，可知 $S_{\triangle CQN}=2S_{\triangle DAC}$。所以 $S_{\triangle BPM}-S_{\triangle CQN}=2(S_{\triangle ABD}-S_{\triangle DAC})=2(S_{\triangle OAB}-S_{\triangle OCD})$。

$$
\begin{aligned}
\text{所以 } S_{\triangle IQM}-S_{\triangle IPN}&=(S_{\triangle AQM}+S_{\triangle BPM}+S_{\triangle OAB})-(S_{\triangle DPN}+S_{\triangle CQN}+S_{\triangle OCD})\\
&=(S_{\triangle AQM}-S_{\triangle DPN})+(S_{\triangle BPM}-S_{\triangle CQN})+(S_{\triangle OAB}-S_{\triangle OCD})\\
&=5(S_{\triangle OAB}-S_{\triangle OCD}),
\end{aligned}
$$

故 $S_{\triangle IPN}=S_{\triangle IQM}-5(S_{\triangle OAB}-S_{\triangle OCD})=484-5\times(64-49)=409$。

在上面的例子中，【问题 1-3】+【扭曲四边形】=【问题 1-1】，【问题 1-4】+【扭曲四边形】=【问题 1-5】，总结起来就是：【经典图形】+【新工具】=【新图形】。

(二)正方形折纸

第二个图形选自 2021 年全国“数学花园探秘”初赛 4 年级 A 卷第 10 题。

问题 2-1 如图 22，$ABCD$ 是一张正方形纸片，将纸片沿着 CE 对折，点 D 被折到点 G 的位置，再沿着 CF 对折纸片，将点 B 折到点 G 的位置。如果 $DE=18$，$BF=6$，那么 $\triangle AEF$ 的面积是________。

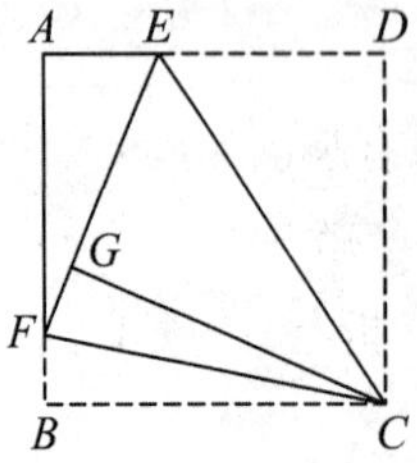

图 22

1. 问题 2-1 在折纸上的应用

初读题目，我们会对折纸过程产生疑问：将点 D 折到点 G 后，我们真的能沿着 CF 将点 B 折到点 G 吗？答案是肯定的，由于 CD、CG、CB 的长度都等于正方形边长，所以只要沿着 $\angle BCG$ 的角平分线进行折叠，点 B 就会落在点 G 的位置上。

另外，部分学生未经思考就默认了 E、G、F 在同一条直线上，这条直线与 AE、AF 共同围成了三角形 AEF，实际上，这一点是需要证明的。

【问题 2-1 的解析】因为 $\angle CGE=\angle CDE=90°$，$\angle CGF=\angle CBF=90°$，所以 E、G、F 在同一条直线上。

对比 $S_{四边形ABCD}=S_{\triangle AEF}+2S_{\triangle CEF}$ 和 $S_{四边形ABCD}=BF\times DE+2S_{\triangle CEF}$（请自行推导），即可知道 $S_{\triangle AEF}=BF\times DE=108$。

我们可以在解答的基础之上再进一步：

由 $S_{\triangle AEF}=\dfrac{1}{2}AE\times AF$ 可以得到线段之间的关系：$\dfrac{AE}{DE}\cdot\dfrac{AF}{BF}=2$。

利用此结论可以解决一个折纸问题：给定一张正方形纸片，如何通过折纸三等分它的一条边？

第 1 步：将正方形纸片左右对折，AD 中点记为 E；

第 2 步：沿 CE 翻折，点 D 落在点 G 的位置；

第 3 步：将点 B 折到点 G 的位置，折痕与 AB 交于点 F。

点 F 即为我们寻找的点。

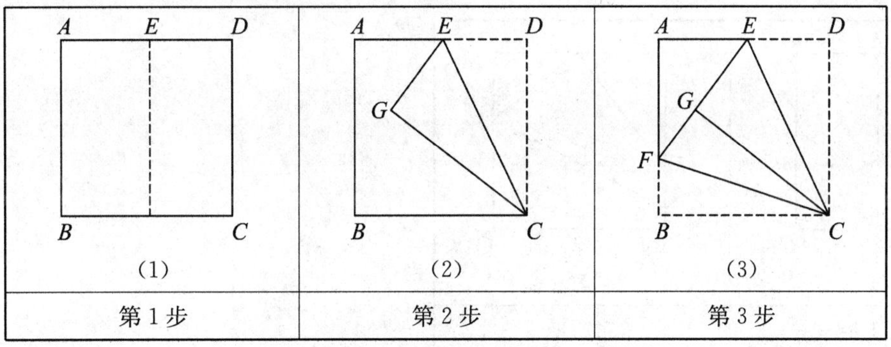

图 23

由于 $BC=CG$，第 3 步我们沿着 $\angle BCG$ 的角平分线折叠即可办到，而 $\angle FGC=\angle FBC=90°$，$\angle EGC=\angle EDC=90°$，说明 E、G、F 确实在同一直线上，也就是 AEF 确实是一个三角形，应用上面的结论，可以得到 $\dfrac{AF}{FB}=\dfrac{2DE}{AE}=2$，即 F 是 AB 的三等分点。

2. 芳贺定理

如何通过折纸寻找三等分点是折纸几何学中的一个有趣问题，芳贺第一、第二、第三定理即为解决此问题的三个方法。问题 2-1 其实就是由芳贺第二定理演变而来，在上述折法完成第 3 步后，可以将纸片沿 EG 折叠，折痕必定通过点 F，于是便有了芳贺第二定理的折纸方法。

(1)芳贺第二定理。

给定一张正方形纸片，按如图 24 的方法寻找它一条边的三等分点。

第 1 步：将正方形纸片左右对折，AD 中点记为 E；

第 2 步：沿 CE 翻折，点 D 落在点 G 的位置；

第 3 步：沿 EG 翻折，折痕与 AB 交于点 F。

点 F 即为我们寻找的点。

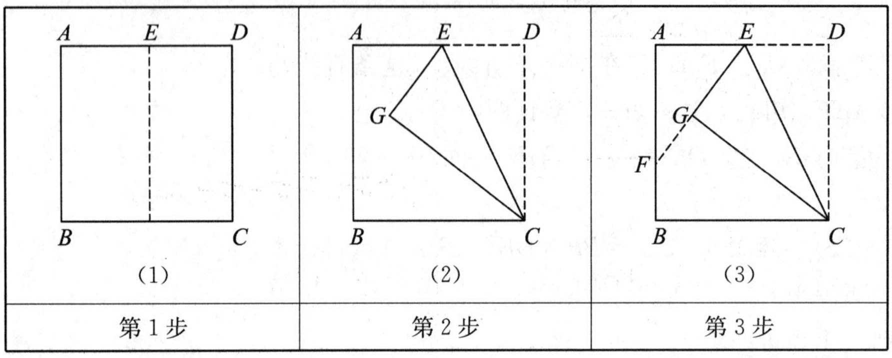

图 24

此种折法省略了将点 B 折向点 G 这一步，直接折出了三等分点 F。

接下来简单介绍芳贺第一定理和芳贺第三定理。

(2)芳贺第一定理。

给定一张正方形纸片，按如图 25 的方法寻找它一条边的三等分点。

第 1 步：将正方形纸片左右对折，AD 中点记为 E；

第 2 步：将点 C 折到点 E 的位置，翻折后的 BC 与原始的 AB 交于点 F。

点 F 即为我们寻找的点。

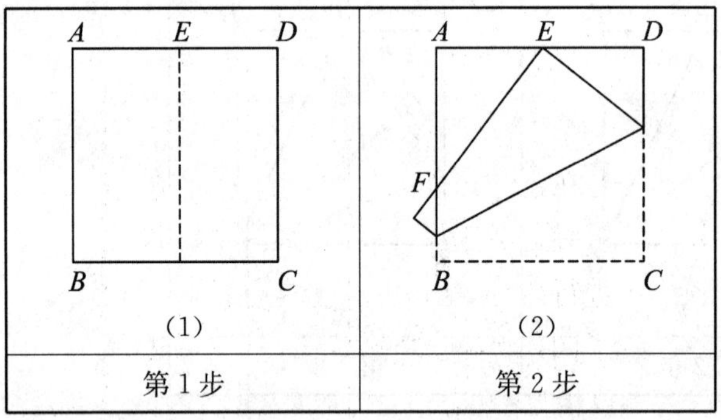

图 25

如图 26，连接 CE，因为$\angle DEC$ 与$\angle BCE$ 加上$\angle ECD$ 后都等于 90°，所以$\angle DEC=\angle BCE$，根据对称性可知$\angle FEC=\angle BCE$，所以$\angle DEC=\angle FEC$，即将$\triangle CDE$ 沿 CE 翻折后，点 D 必然落在 EF 上，于是也就证明了点 F 是三等分点。

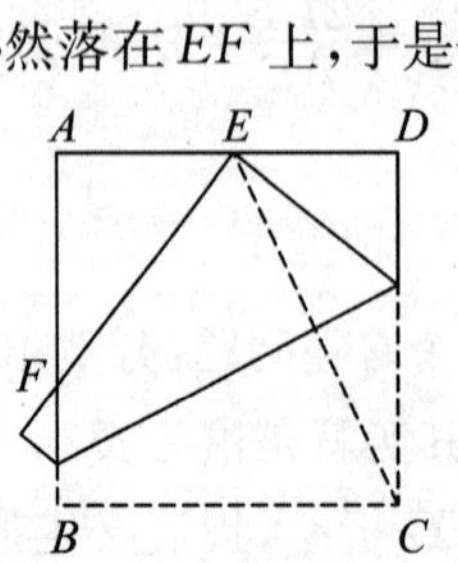

图 26

(3)芳贺第三定理。

给定一张正方形纸片，按如图 27 的方法寻找它一条边的三等分点。

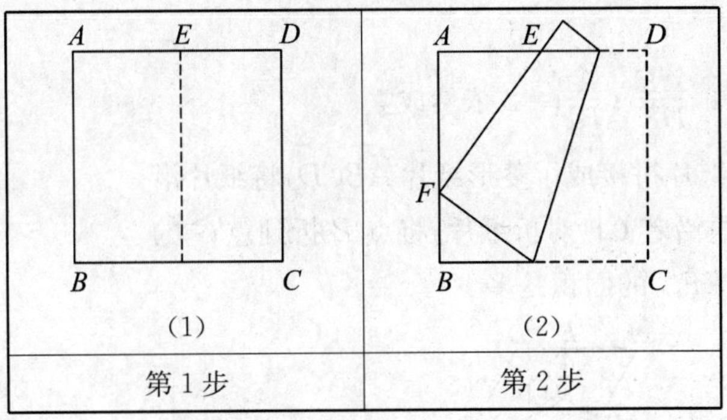

图 27

第 1 步：将正方形纸片左右对折，AD 中点记为 E；

第 2 步：将点 C 折到边 AB 上，并且确保翻折后的 CD 通过点 E，点 C 的落点记为 F。

点 F 即为我们寻找的点。

如图 28，连接 CF，因为 $\angle CFB+\angle BCF=90^\circ$，$\angle DCF+\angle BCF=90^\circ$，所以 $\angle CFB=\angle DCF$，根据对称性可知 $\angle DCF=\angle EFC$，所以 $\angle EFC=\angle BFC$，即将 $\triangle BCF$ 沿 CF 翻折后，点 B 必然落在 EF 上，于是也就证明了点 F 是三等分点。

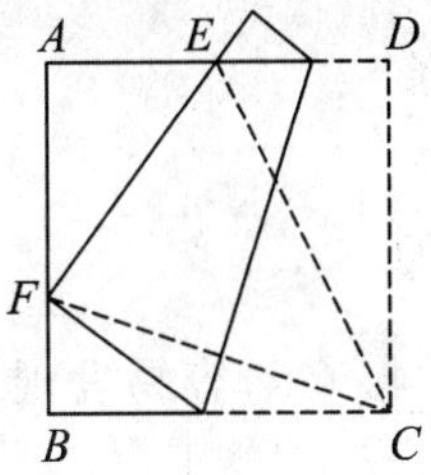

图 28

3. 问题 2-1 的再拓展

在刚刚的折纸过程中，我们折叠的时候总是在正方形内部折叠，如果折痕在正方形外部，还会有类似的结论吗？我们总是折叠正方形纸片，那换成其他形状还会有类似的结论吗？为此，我们对问题 2-1 进行改编，探讨如下两个题目：

问题 2-2 如图 29，一张足够大的纸上画了四条直线，四条直线围成的四边形 $ABCD$ 恰好是正方形，将纸沿 CE 翻折，点 D 恰好落在点 G 的位置上，展开纸片，再沿 CF 翻折，使点 B 也与点 G 重合。如果 $DE=3$，$BF=20$，连接 EF，$\triangle AEF$ 的面积是多少？

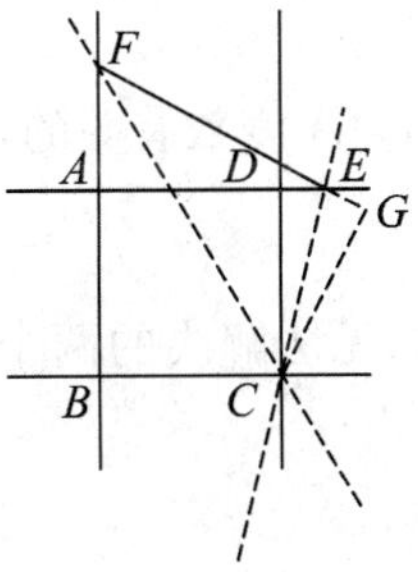

图 29

【问题 2-2 的解析】由 $CG=CD$，$\angle CGE=90^\circ$，可知直线 EF 通过点 G，后续的计算过程与问题 2-1 基本一致。对比 $S_{四边形ABCD}=2S_{\triangle CEF}-S_{\triangle AEF}$ 和 $S_{四边形ABCD}=2S_{\triangle CEF}-BF\times DE$，

即可知道 $S_{\triangle AEF}=BF\times DE=60$。

同样的，由 $S_{\triangle AEF}=\frac{1}{2}AE\times AF$ 可知，$\frac{AE}{DE}\cdot\frac{AF}{BF}=2$ 依然成立。

问题 2-3 如图 30，两张正三角形纸片拼接成了菱形纸片 $ABCD$，将纸片沿着 CE 翻折，点 D 被折到点 G 的位置，再沿着 CF 对折纸片，将点 B 折到点 G 的位置，如果 $\triangle AEF$ 的面积是 30，那么 $\triangle EFG$ 的面积是多少？

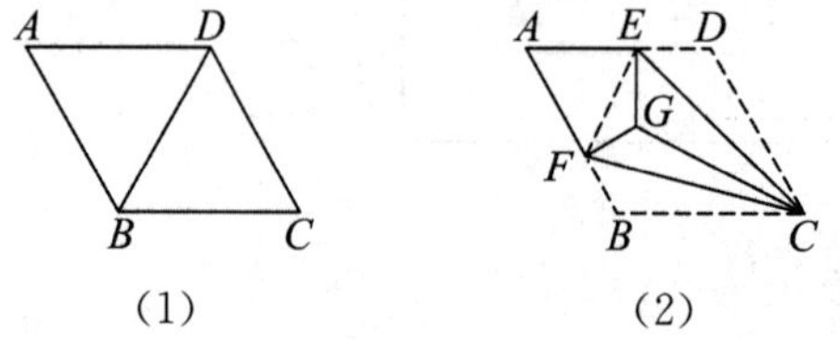

图 30

【问题 2-3 的解析】此题与问题 2-1 的解答类似，

一方面 $S_{四边形ABCD}=S_{\triangle AEF}+S_{\triangle EFG}+2S_{四边形CEGF}=S_{\triangle AEF}-S_{\triangle EFG}+2S_{\triangle CEF}$，

另一方面，如图 31，过 E 作 $EM/\!/AB$，过 F 作 $FN/\!/BC$，EM 与 FN 交于点 P，有 $S_{四边形ABCD}=S_{\square CNPM}+2S_{\triangle CEF}$，

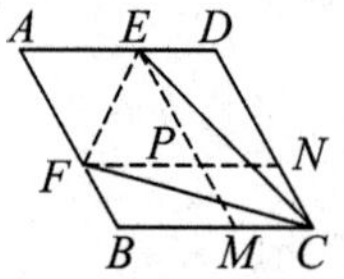

图 31

二者对比可得 $S_{\triangle AEF}=S_{\triangle EFG}+S_{\square CNPM}$，如图 32，连接 CP，容易发现 $S_{\triangle EFG}=S_{\triangle CNP}$，

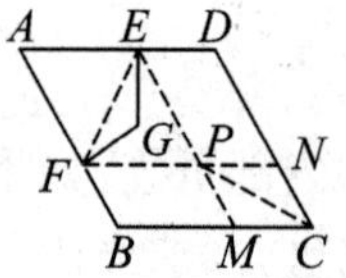

图 32

所以 $S_{\triangle AEF}=3S_{\triangle GEF}$，$S_{\triangle EFG}=10$。

我们可以在解答的基础之上再进一步：

由 $\angle EAF=60^\circ$，$\angle EGF=120^\circ$，利用共角定理可以得到线段之间的关系 $\frac{AE}{DE}\cdot\frac{AF}{BF}=3$。

更进一步，对于任意的菱形，$\frac{AE}{DE}\cdot\frac{AF}{BF}$都是一个只与$\angle A$ 度数有关的定值。

4. 三等分角与倍立方体

在第二部分的最后，我们再利用折纸，解决尺规作图无法解决的两个问题：三等分角和倍立方体。

(1)三等分角。

给定一个正方形纸片及一个顶点在正方形顶点上的角，按如下方法寻找一条这个角的三等分线。

第 1 步：将纸片对折再对折，展开后点 E 和点 F 分别是 AB 和 CD 的中点，点 G 和点 H 分别是 AB 和 CD 的四等分点。

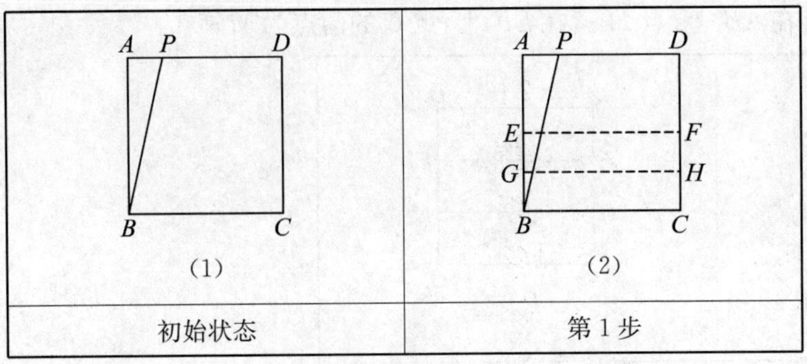

图 33

第 2 步：翻折纸片，确保翻折后点 B 落在 GH 上，点 E 落在 BP 上，折痕与 GH 的交点记作 M，点 G 落在点 N 的位置。

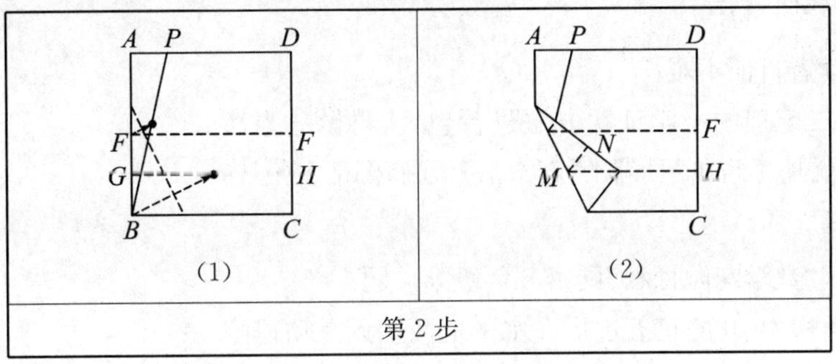

图 34

第 3 步：沿 MN 折叠，折痕与 AD 交于点 Q。

第 4 步：展开纸片，沿 BQ 折叠，此折痕即为$\angle PBC$ 的三等分线。

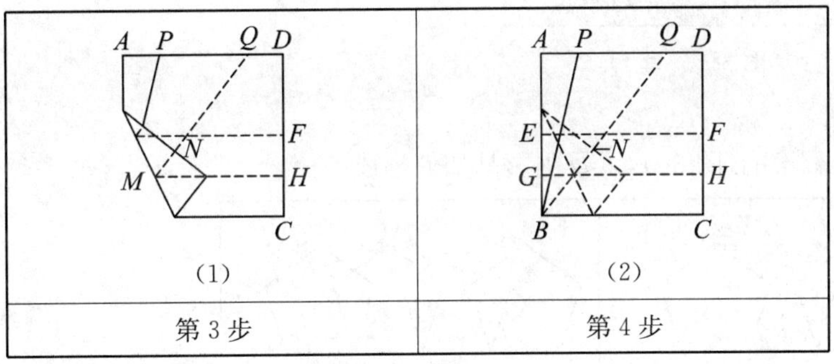

图 35

另外，如图 36，设点 B 的落点是 R，BR 也是$\angle CBP$ 的三等分线。

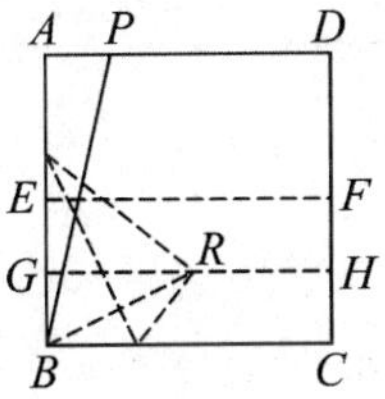

图 36

(2)倍立方体。

给定一个正方形纸，按如图 37 的方法寻找两条线段，使得两条线段之比的立方等于 2。

第 1 步：将正方形纸片三等分(利用芳贺定理即可做到)，EF 和 GH 均为三等分线。

第 2 步：翻折纸片，使点 C 落在 AB 上，点 H 落在 EF 上，点 C 的落点为 M。

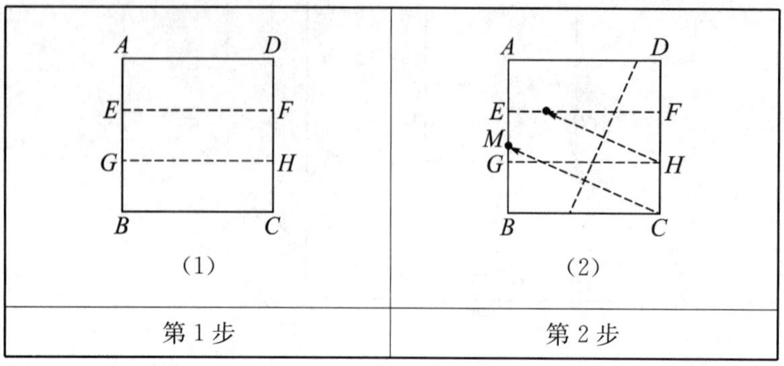

图 37

AM 与 BM 即为我们要找的线段，$\left(\frac{AM}{BM}\right)^3=2$。

上述两个折法的证明略去，读者自证不难。

在上面的例子中，将芳贺第二定理的小学证明方法进行包装，再做适当简化，就变成了问题 2-1，总结起来就是：【经典图形】+【新方法】=【新图形】。

(三)正多边形滚动

第三个图形选自 2021 年全国"数学花园探秘"网赛 6 年级第 4 题。

问题 3　如图 38 所示，一个面积为 10 的正五边形在水平地面上无滑动地翻滚，那么，阴影五边形的面积为________。

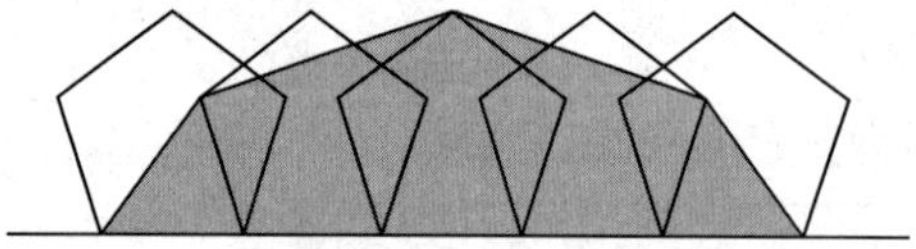

图 38

1. 关于面积的猜想

先看这个五边形究竟是怎么翻滚的(图 39)，以及阴影是如何形成的。

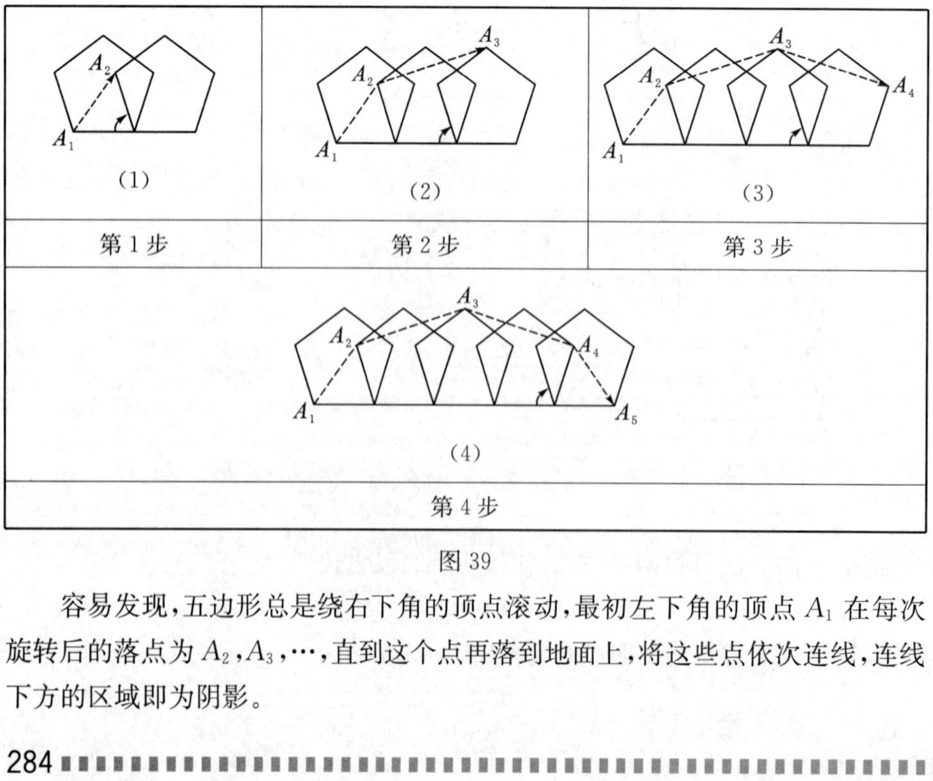

图 39

容易发现，五边形总是绕右下角的顶点滚动，最初左下角的顶点 A_1 在每次旋转后的落点为 $A_2, A_3, \cdots$，直到这个点再落到地面上，将这些点依次连线，连线下方的区域即为阴影。

【问题 3-1 的解答】如图 40，将阴影拆分为左、中、右三部分，

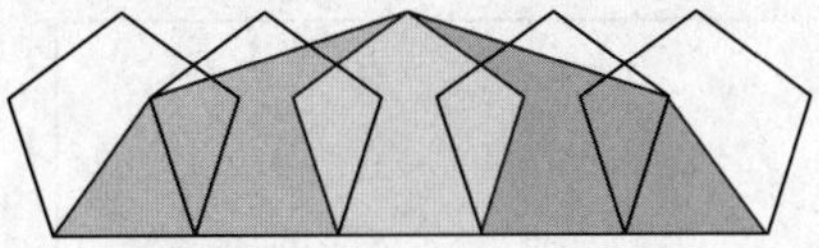

图 40

显然中间是一个正五边形，左右两部分对称，对左侧部分变形(图(41))：

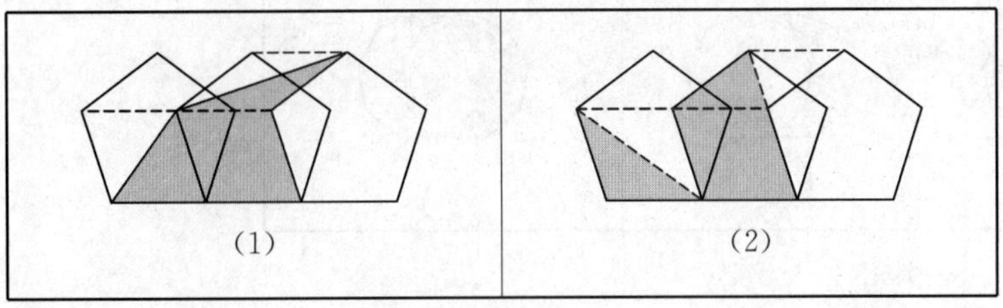

图 41

左侧上、下两小块阴影恰好能拼成一个正五边形，故整体阴影的面积恰好是正五边形面积的 3 倍，即 30。

从我们的经验来看，正五边形并不会是正多边形中最特殊的，显然其他正多边形也可以按类似的方式滚动，我们也尝试滚动其他正多边形，看看能否有其他类似的结果(图 42)。

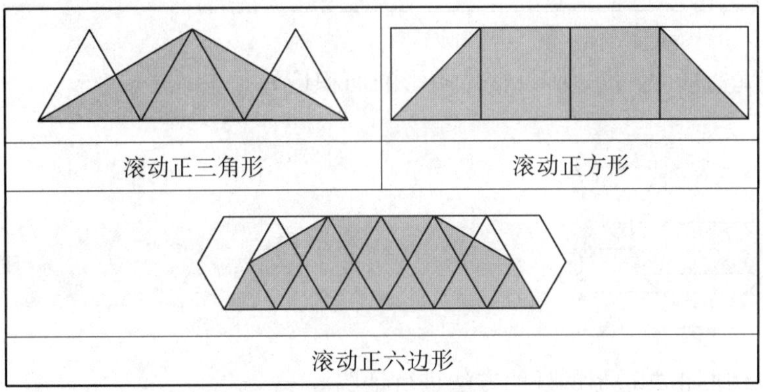

图 42

观察图形容易发现，阴影部分面积总是正多边形面积的三倍，于是我们猜测：任意正多边形按上述要求滚动形成的阴影的面积，总是正多边形面积的三倍。

2. 面积猜想的证明

(1)正奇数边形面积猜想的证明。

先以正九边形为例(图 43)，对正奇数边形的猜想进行证明。

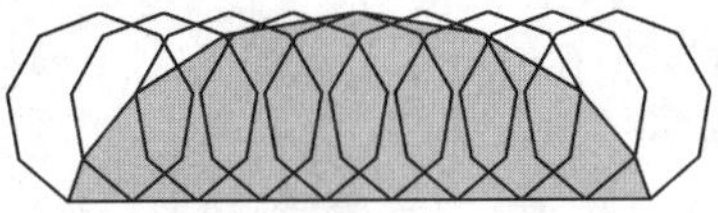

图 43

首先将正九边形形成的阴影拆分成左、中、右三部分(图(44))，

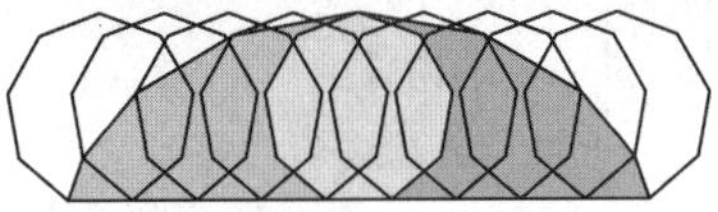

图 44

显然中间是一个正九边形，左右两部分对称，将左侧图形分割(图 45)：

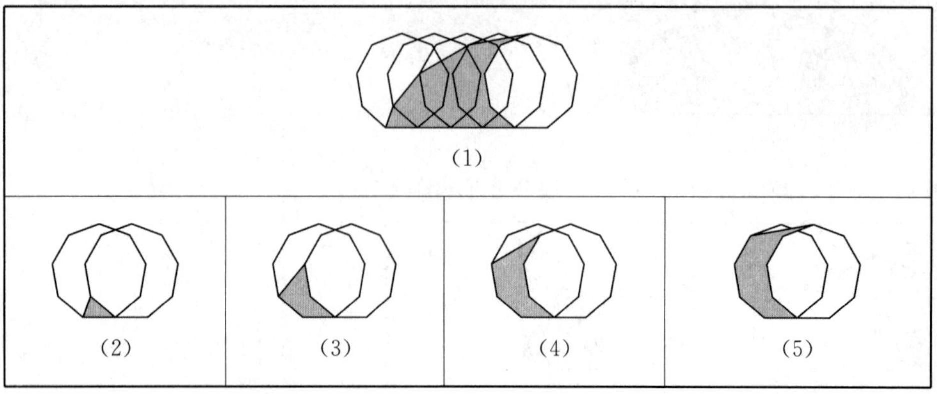

图 45

对分割出的每一个部分进行等积变形(图 46)：

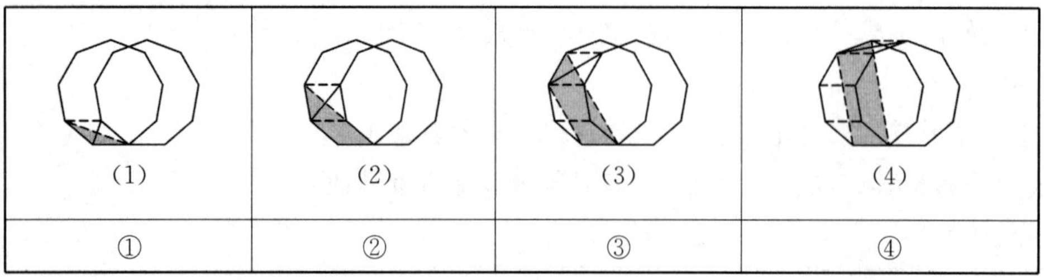

图 46

这 4 部分恰好能拼成一个正九边形(图 47)，所以整体阴影的面积恰好是正九边形面积的 3 倍。

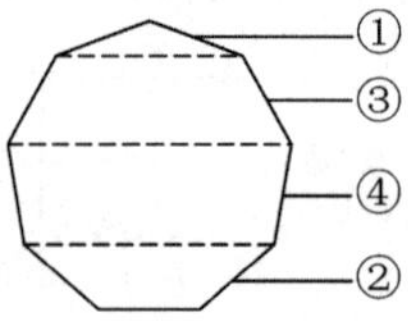

图 47

n 为奇数时，正 n 边形都可以仿照正九边形的证明方法进行证明。

(2)正偶数边形面积猜想的证明。

再以正八边形为例(图 48)，对正偶数边形的猜想进行证明。

图 48

先将阴影拆分成左、中、右 3 部分(图 49)。

图 49

先研究中间部分，中间部分可以拆分为一个正八边形和两个直角三角形(图 50)。

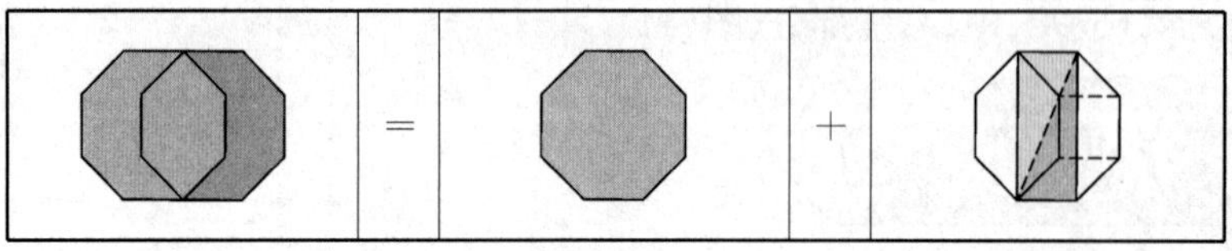

图 50

因为左右对称，我们仅研究左侧部分，左侧可以拆分为 3 部分(图 51)。

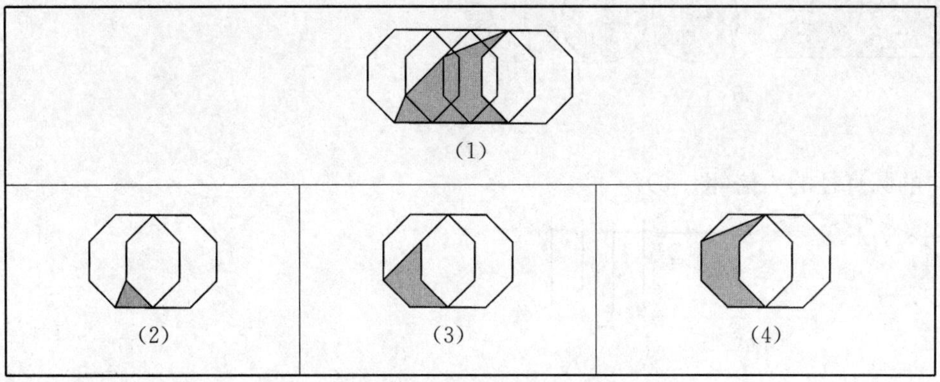

图 51

对分割出的每一个部分进行等积变形(图 52)：

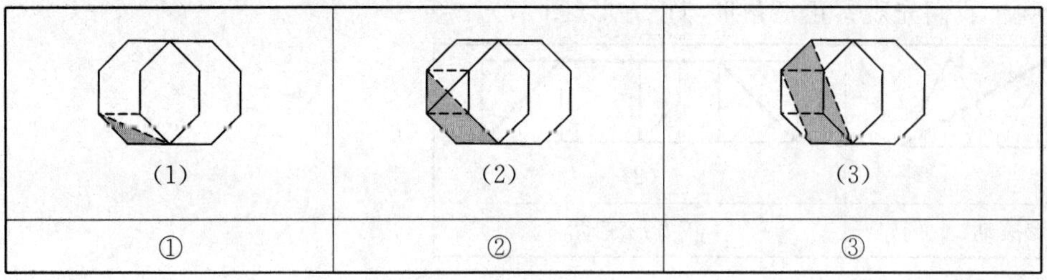

图 52

分割出的阴影再加上一个直角三角形恰好能拼成一个正八边形，所以整体阴影的面积恰好是正八边形面积的 3 倍(图 53)。

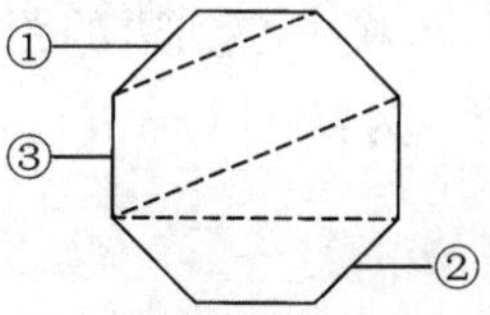

图 53

n 为偶数时，正 n 边形都可以仿照正八边形的证明方法进行证明。到此，我们就认为我们证明了结论：一个正多边形在地上滚动一周，最初左下顶点每次滚动后形成的落点组成的折线与地面围成的面积是正多边形面积的三倍。

更大胆一点，正 n 边形会随着 n 的增大越来越接近圆，我们可以推测：圆在地面上无滑动地滚动一周(图 54)，圆上一点运动的轨迹与地面围成的面积，总是圆面积的三倍。

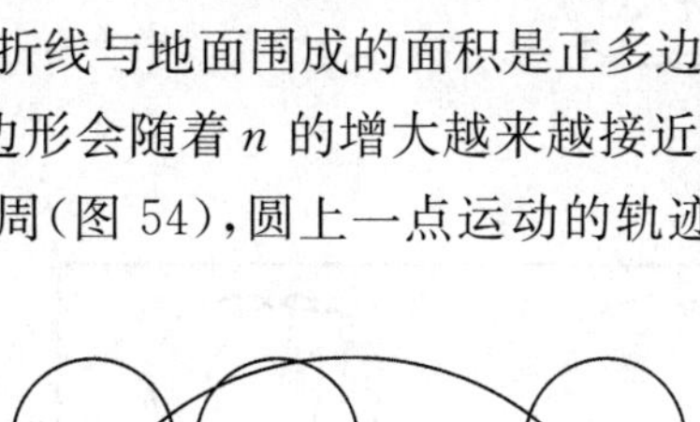

图 54

3. 摆线

当一个圆沿着一条直线无滑动地滚动时，圆上一个固定点所经过的轨迹叫作摆线(图 54)。大量数学家都曾研究过这一曲线，此线也被称作等时曲线或最速降线。

(1)面积的性质。

摆线下方的面积是生成它的圆面积的 3 倍(图 55)。

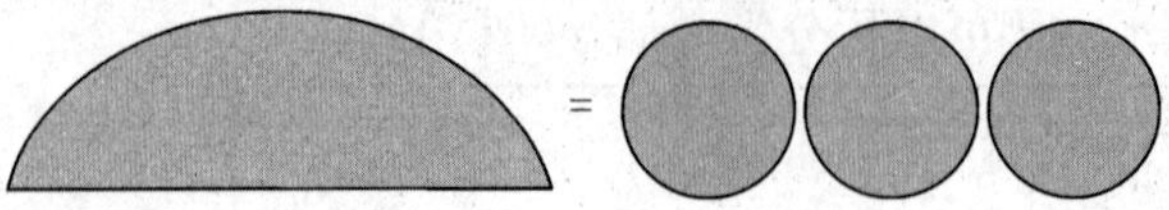

图 55

(2)长度的性质。

摆线的长度是生成它的圆直径的 4 倍(图 56)。

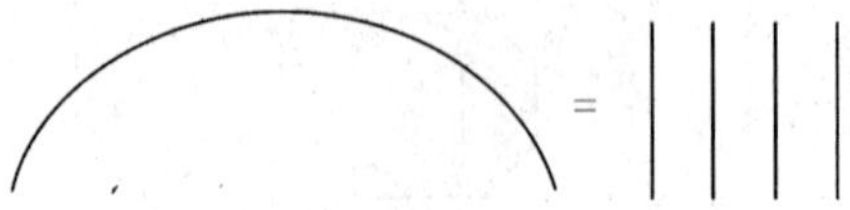

图 56

4. 再猜长度

在刚刚摆线的介绍中提到一点，摆线的长度是直径的 4 倍，那么在正多边形中，是否也有类似的结论呢？我们先观察正三角形与正方形(图 57)。

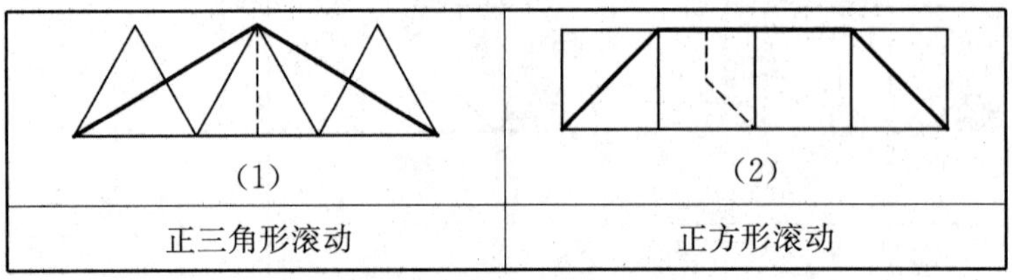

图 57

通过观察容易发现，正三角形中的折线恰好是正三角形高的 4 倍，而正方形中，折线是半个边长加半个对角线之和的 4 倍，二者的规律不太容易看出关联。实际上，在正多边形中，我们将中心到顶点的距离记作 r，将中心到边的距离记作 d，折线的长度记为 l，于是正三角形与正方形可以统一为：$l=4(r+d)$。我们推测，这一结论对任意正多边形都成立。

(1)正奇数边形长度猜想的证明。

我们仍然以正九边形为例进行证明(图 58)。

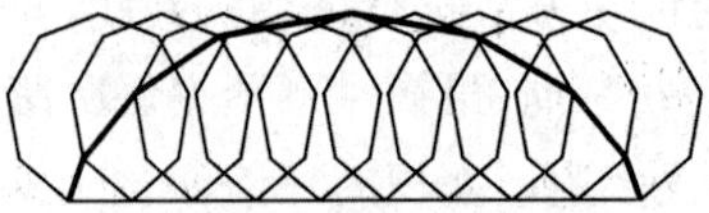

图 58

对正九边形的折线逐段进行分析(图 59)：

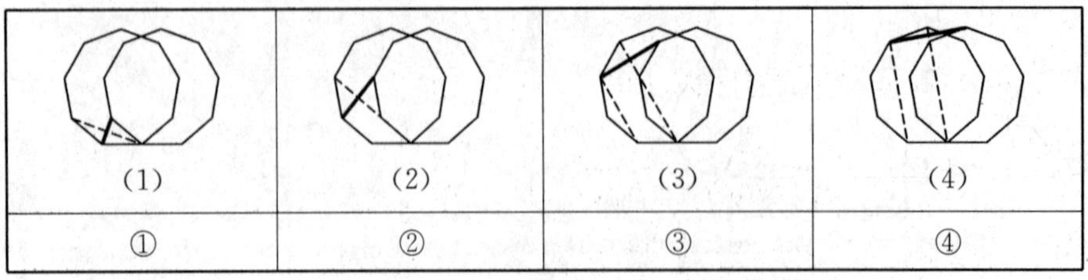

图 59

我们发现半条折线的一半，恰好可以拼成一条正九边形的"高"(图 60)。

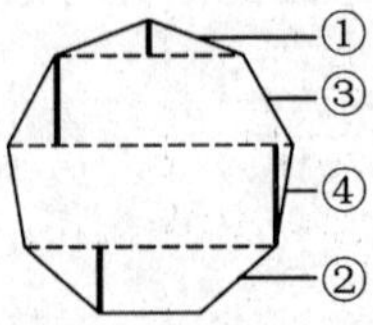

图 60

于是正九边形满足：$l=4(r+d)$。

n 为奇数时，整 n 边形都可以仿照正九边形的证明方法进行证明。

(2)正偶数边形长度猜想的证明。

这里依然以正八边形为例进行证明(图 61)。

图 61

对正八边形的折线逐段进行分析(图 62)：

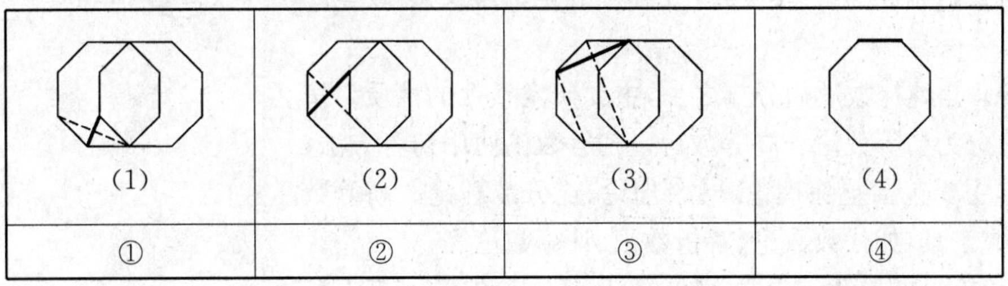

图 62

我们发现半条折线恰好可以拼成正八边形最长的两种对角线之和(图 63)。

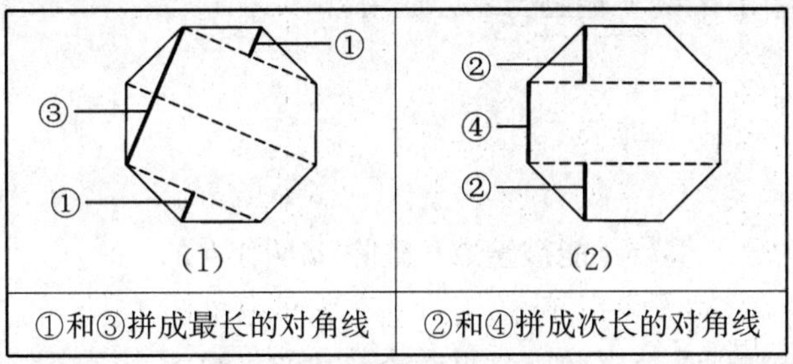

图 63

显然最长的对角线长度为 $2r$，次长的对角线长度为 $2d$，于是正八边形满足：$l=4(r+d)$。

n 为偶数时，正 n 边形都可以仿照正八边形的证明方法进行证明。到此，我们就证明了结论：$l=4(r+d)$。

虽然正多边形滚动的面积与长度的结论早已被人熟知，但这仍然是一种寻找新图形的思路：【曲线图形】+【直线化】=【新图形】。

(四)结语

这三个几何图形分别代表了三类不同的演变历程，即新工具、新方法、直线化；也展示了几何图形三种不同的变形方式，即“扭曲”、翻折、旋转。希望这三个例子对读者能有所帮助，当然，几何图形演变的方式并非仅此三种，文中所提到的内容也只是沧海一粟，希望未来能有更多适合小学生的有趣好玩的几何图形。

在整除中寻找方法，在余数中发现规律
——探究小学常见数论问题之二 ——广州·黄达鹏

思考笔记

【作者简介：黄达鹏，广州沃伦培优联合创始人；杯赛资深命题专员，“数学花园探秘”数学竞赛命题副组长；“希望杯”、“华罗庚”金杯、“数学花园探秘”数学竞赛全国金牌教练。】

数论(Number Theory)，是纯粹数学的分支之一，主要研究整数的性质。按研究方法来看，数论大致可分为初等数论和高等数论。初等数论使用初等方法，是基于整数环的整除性质，主要包括整除理论、同余理论、连分数理论。高等数论则使用更高级的数学研究工具，如代数数论、解析数论、计算数论等。

本文旨在梳理小学阶段常见的整除与余数问题，为后续数论的学习打下良好的基础。

知识框架：1. 基本概念；2. 性质与应用；3. 经典例题与综合运用。

一、基本概念

(一)因数与倍数

0 被排除在因数与倍数之外。

因数：在正整数范围内，因数又叫约数。整数 a 能被整数 b 整除，a 叫作 b 的倍数，b 就叫作 a 的因数。

倍数：一个整数能够被另一个整数整除，这个整数就是另一个整数的倍数。

公因数：如果一个整数同时是几个整数的因数，称这个整数为它们的公因数。

最大公因数：公因数中最大的数就是最大公因数。

因数、公因数、最大公因数的关系：
(1)因数是对一个数说的；
(2)公因数是最大公因数的因数，最大公因数是公因数的倍数。

公倍数：在两个或两个以上的自然数中，如果它们有相同的倍数，那么这些倍数就叫作它们的公倍数。

最小公倍数：公倍数中最小的数称为这些正整数的最小公倍数。

倍数、公倍数、最小公倍数的关系：
(1)倍数是对一个数说的；
(2)最小公倍数是公倍数的因数，公倍数是最小公倍数的倍数。

(二)质数与合数

一个大于 1 的正整数，除了 1 与它自身，再没有其他的因数，这样的正整数叫作质数。

一个大于 1 的正整数，除了 1 与它自身，还有其他的因数，这样的正整数叫作合数。

这样，可以按因数的数量将正整数分为三类：整数 1、质数、合数。

(三)奇数与偶数

整数可以分成奇数和偶数。能被 2 整除的数叫作偶数,不能被 2 整除的数叫作奇数。通常偶数可以用 $2k$(k 为整数)表示,奇数可以用 $2k+1$(k 为整数)表示。特别注意,因为 0 能被 2 整除,所以 0 是偶数。

(四)完全平方数

完全平方数,就是像 $1\times1=1$,$2\times2=4$,$3\times3=9$…这样,一个整数乘以它自己得到的数。也就是说,如果一个数能表示成某个整数的平方的形式,那它就是完全平方数。例如 0,1,4,9,16,25…都是完全平方数。

注:(1)0 也是完全平方数。

(2)完全平方数,是强调一个数本身可以表示为某个整数的平方,它一定是整数。

二、性质与应用

(一)因数与倍数

1. 一个数(以 $A=2^m\times a^n\times b^p$ 与自然数 2016 对比说明)

项目	$A=2^m\times a^n\times b^p$($a$、$b$ 为质数)	$2016=2^5\times3^2\times7^1$
因数的个数	$(m+1)(n+1)(p+1)$	$(5+1)\times(2+1)\times(1+1)=36$
所有因数的和	$(2^0+2^1+\cdots+2^m)(a^0+a^1+\cdots+a^n)(b^0+b^1+\cdots+b^p)$	$(2^0+2^1+\cdots+2^5)\times(3^0+3^1+3^2)\times(7^0+7^1)=6552$
奇因数的个数	$(n+1)(p+1)$	$(2+1)\times(1+1)=6$
所有奇因数的和	$(a^0+a^1+\cdots+a^n)(b^0+b^1+\cdots+b^p)$	$(3^0+3^1+3^2)\times(7^0+7^1)=104$
偶因数的个数	$m(n+1)(p+1)$	$5\times(2+1)\times(1+1)=30$
所有偶因数的和	$(2^1+2^2+\cdots+2^m)(a^0+a^1+\cdots+a^n)(b^0+b^1+\cdots+b^p)$	$(2^1+2^2+\cdots+2^5)\times(3^0+3^1+3^2)\times(7^0+7^1)=6448$
所有因数的积	$A^{\frac{(m+1)(n+1)(p+1)}{2}}$	$2016^{\frac{36}{2}}=2016^{18}$
所有因数的倒数和	$\frac{(2^0+2^1+\cdots+2^m)(a^0+a^1+\cdots+a^n)\times(b^0+b^1+\cdots+b^p)}{A}$	$\frac{(2^0+2^1+\cdots+2^5)\times(3^0+3^1+3^2)\times(7^0+7^1)}{2016}=\frac{6552}{2016}=\frac{13}{4}$

2. 多个数

求最大公因数(简称“大因”)的方法:列举法、分解质因数法、短除法、辗转相除法。

求最小公倍数(简称“小倍”)的方法:列举法、分解质因数法、短除法。

求一组分数的“大因小倍”的方法:子同母异。

例如,$\frac{a}{b}$与$\frac{c}{d}$的最大公因数:$\left(\frac{a}{b},\frac{c}{d}\right)=\frac{(a,c)}{[b,d]}$,最小公倍数:$\left[\frac{a}{b},\frac{c}{d}\right]=\frac{[a,c]}{(b,d)}$。

“大因小倍”的性质：

(1)短除模型：如果 m 为 A、B 的最大公因数，且 $A=ma$，$B=mb$，那么 a、b 互质，所以 A、B 的最小公倍数为 mab。且最大公因数与最小公倍数有如下基本关系：

$$\begin{array}{r|ll} M & A & B \\ \hline & a & b \end{array}$$

①$A\times B=ma\times mb=m\times mab$，即两个数的最大公因数与最小公倍数之积等于这两个数的积。

②最大公因数是 A、B、$A+B$、$A-B$ 及最小公倍数的因数。

(2)对于任意 3 个连续的自然数，如果 3 个连续数的奇偶性为：

①奇—偶—奇，那么这 3 个数的乘积等于这 3 个数的最小公倍数。例如，$5\times6\times7=210$，210 就是 567 的最小公倍数。

②偶—奇—偶，那么这 3 个数的乘积等于这 3 个数最小公倍数的 2 倍。例如，$6\times7\times8=336$，而 6、7、8 的最小公倍数为 $336\div2=168$。

题型一　与因数个数相关的性质

例 1　对于自然数 n，规定：$n!=1\times2\times\cdots\times n$。在乘积 $1!\times2!\times\cdots\times6!$ 的所有因数中，是完全平方数的共有多少个？

（2014 年秋 · 明心数学资优生水平测试 · 6 年级）

【分析】由阶乘得到 $1!\times2!\times\cdots\times6!$ 的计算结果进行讨论分析。

【解析】由 $1!\times2!\times\cdots\times6!=2^{12}\times3^{5}\times5^{2}$，则它的因数是完全平方数的数，必是形如 $2^{2a}\times3^{2b}\times5^{2c}$ 的数，其中 a、b、c 都是自然数，且 $0\leqslant a\leqslant6$，$0\leqslant b\leqslant2$，$0\leqslant c\leqslant1$，故因数是完全平方数的共有 $(6+1)\times(2+1)\times(1+1)=42$（个）。

【评注】完全平方数的特点：指数是偶数，因数是奇数。

题型二　与分数“大因小倍”相关的性质

例 2　黑板上写有两个分数：$\frac{17}{2012}$、$\frac{19}{1509}$。进行如下操作：用两数之差（大数减小数）取代大数，得到新的两个数。再进行同样的操作，直到出现相同的两个数。最后出现相同的两个数是多少？

（2012 年秋 · 明心数学资优生水平测试 · 6 年级）

【分析】可按题意反复相减得到结果。若理解反复相减的原理，则知道此题实际是求这两个分数的最大公因数。

【解析】$\left(\frac{17}{2012},\frac{19}{1509}\right)=\frac{(17,19)}{[2012,1509]}=\frac{1}{[2012,1509]}$。因为 $2012=2^2\times503$，$1509=3\times503$，所以 $[2012,1509]=2^2\times3\times503=6036$，即最后出现相同的两个数是 $\frac{1}{6036}$。

【评注】(1)辗转相除法：每一次都用除数和余数相除，能够整除的那个余数，就是所求的最大公因数。用辗转相除法求两个数的最大公因数的步骤如下：先用小的一个数除大的一个数，得第一个余数；再用第一个余数除小的一个数，得第二个余数；又用第二个余数除第一个余数，得第三个余数；这样逐次用后一个余数去除前一个余数，直到余数是 0 为止。那么，最后一个除数就是所求的最大公因数（如果最后的除数是 1，那么说明原来的两个数是互质的）。

(2)分解质因数法求最大公因数：先分解质因数，然后选取在各数分解结果中均出现且次数最低的质因数之积，作为所求的最大公因数。

分解质因数法求最小公倍数：先分解质因数，然后将所有出现过的质因数及其在各数中最高次数的乘积，作为所求的最小公倍数。

题型三　与“大因小倍”相关的性质

例 3　使$\frac{3n+2}{5n+1}$不为最简分数的三位数 n 之和等于多少？

（第 22 届“华罗庚金杯”少年数学邀请赛决赛 A 卷）

【分析】分数不是最简分数，则分子、分母的最大公因数不为 1。

【解析】用辗转相除法求最大公因数：

$(5n+1,3n+2)=(3n+2,2n-1)=(2n-1,n+3)=(n+3,n-4)=(n-4,7)$。

要使 $3n+2$ 和 $5n+1$ 存在最大公因数，那么 $n-4$ 能够被 7 整除，得到 $n=7k+4$（k 为整形）。

因为 n 为三位数时，n 取 102，109，…，998（共 129 个数），和为 $(102+998)\times129\div2=70950$。

【评注】当 $(an+b,cn+d)\neq1$ 时，$an+b$ 和 $cn+d$ 的最大公因数为 $(an+b)c$ 与 $(cn+d)a$ 的差。例如，$(5n+1,3n+2)\neq1$ 时，$5n+1$ 与 $3n+2$ 的最大公因数为 $(3n+2)\times5-(5n+1)\times3=7$，再使得 $5n+1$ 或 $3n+2$ 为 7 的倍数。

题型四　短除模型

例 4　已知正整数 a、b 之差为 120，它们的最小公倍数是其最大公因数的 105 倍，那么 a、b 中较大的数是多少？

【分析】题目中涉及最大公因数与最小公倍数间的关系，但无法直接使用，此时可以考虑短除模型假设求解。

【解析】设 $a>b$，有 $a=b+120$。又设 $(a,b)=d$，$a=pd$，$b=qd$，$(p,q)=1$，且 $p>q$，则 $[a,b]=pqd$，有 $pqd=105d$，所以 $pq=105=3\times5\times7$。

因为 $a-b=(p-q)d=120$，所以 $(p-q)$ 是 120 的因数。

若 $p=105$，$q=1$，则 $p-q=104$，不符合条件；

若 $p=35$，$q=3$，则 $p-q=32$，不符合条件；

若 $p=21$，$q=5$，则 $p-q=16$，不符合条件；

若 $p=15$，$q=7$，则 $p-q=8$，符合条件。

由 $(p-q)d=8d=120$，得 $d=15$，从而 a、b 中较大的数是 $a=pd=15\times15=225$。

【评注】当题目中提到最大公因数或最小公倍数，但感觉无计可施时，可以通过短除模型进行假设求解，同时短除模型很多时候涉及分类讨论进行求解。

（二）质数与合数

1. 质数与合数的性质

常用的 100 以内的质数：2、3、5、7、11、13、17、19、23、29、31、37、41、43、47、53、59、61、67、71、73、79、83、89、97，共 25 个。

除了 2，其余质数都是奇数，题目经常结合奇偶性分析。
除了 2 和 5，其余质数的个位数字只能是 1、3、7 或 9，这是很多题目的解题思路。

1 不是质数，也不是合数。

若质数 $p|ab$，则必有 $p|a$ 或 $p|b$。

2. 判断一个数是否为质数的方法

根据定义，如果能够找到一个小于 p 的质数 q（均为整数），使得 q 能够整除 p，那么 p 就不是质数。具体过程如下：

第一步，先找一个大于且接近 p 的平方数 K^2；

第二步，再列出所有不大于 K 的所有质数；

第三步，这些质数逐个去除 p，如没有能够除尽的，那么 p 就为质数。

例如，149 很接近 $144=12\times12$，根据整除的性质，149 不能被 2、3、5、7、11 整除，所以 149 是质数。

题型一　质数与合数的性质

例 5　小嘉说："今天是周日，我发现今天和下个周日的日期都是质数！"

小奇说："我还发现明天和后天的日期都是合数呢！"

那么，今天的月份和日期的和是多少？

（2021 年"数学花园探秘"6 年级网赛）

【分析】注意到小嘉说的两个周日日期相差 7，小奇说的两个日期是相邻的。

【解析】通过小嘉的描述可知，如果两个周日是同月，则两个质数相差 7，其中必有一个是偶质数 2，而 9 并非质数，所以两个周日只能跨月。所以今天的日期为不小于 22 的质数，即 23 或者 29。

再考虑小奇的描述，只有 23 满足要求。所以今天为 23 日，且 7 天后为 2 日，因此必须是平年的 2 月。即今天的月份和日期的和是 $2+23=25$。

【评注】除了 2，其余质数都是奇数，结合奇偶性分析。

题型二　质数的判断

例 6　华罗庚院士出生于 1910 年 11 月 12 日。将这些数字排成一个整数，并且分解成 $19101112=1163\times16424$。问：1163 和 16424 中有质数吗？请说明理由。

（第十五届"华罗庚金杯"少年数学邀请赛决赛 C 卷）

【分析】判断一个自然数是否为质数，先从整除的特征出发，把常见的数字特征先尝试一遍，再使用质数判断的方法。

【解析】有 1163 是质数。理由如下：

(1)16424 是大于 2 的偶数，是合数。

(2)如果 1163 是合数，但它不是完全平方数，则至少有 2 个不同的质因数。因为 $11^3=1331>1163$，所以如果 1163 有 3 个以上不同的质因数，必有一个小于 11，但是 2、3、5、7 都不能整除 1163，11 也不能整除 1163，因此 1163 仅有 2 个不同的大于 11 的质因数。

大于 11 的质数有 13，17，19，23，29，31，37，41，43，47，53，59，61，67，71，73，79，83，89，97，101，…

既然 $1147=31\times37<1163<37^2$，1163 的 2 个不同的质因数一定有一个小于 31，另一个大于 37。

计算过程如下：

$13\times89=1157<1163<1261=13\times97$；

$17\times67=1139<1163<1207=17\times71$；

$19\times61=1159<1163<1273=19\times67$；

$23\times47=1081<1163<1219=23\times53$；

$29\times37=1073<1163<1189=29\times41$。

所以1163是质数。

【评注】本考点直接考察的题目不多，但需要掌握与年份相关的质数：1999、2003、2011、2017、2027、2029。

（三）奇数与偶数

奇数与偶数的运算性质：

(1)偶数±偶数=偶数，奇数±奇数=偶数。对于任意2个整数a，b，有$a+b$与$a-b$同为奇数或同为偶数。

(2)偶数±奇数=奇数。

(3)偶数个奇数的和或差是偶数。

(4)奇数个奇数的和或差是奇数。

(5)偶数×奇数=偶数，奇数×奇数=奇数，偶数×偶数=偶数。

(6)在加减法中偶数不改变运算结果的奇偶性，奇数改变运算结果的奇偶性。

题型 奇数与偶数的运算性质

例7 3个不同自然数a、b、c满足$(a+b-c)\times(b+c-a)\times(c+a-b)=2024$，那么$a\times b\times c$的值是多少？

（2024年全国"数学花园探秘"小高卷决赛C卷）

【分析】注意到：$a+b-c=a+b+c-2c$，$b+c-a=b+c+a-2a$，$c+a-b=c+a+b-2b$，则3个括号里的数的奇偶性相同。

【解析】3个括号里的数的奇偶性相同，所以有：

(1)$2024=2\times2\times506$，此时3个数中有两个相同，舍去。

(2)$2024=2\times22\times46$，解得3个数分别为12、24、34，有$a\times b\times c=12\times24\times34=9792$。

【评注】当遇到式子相加减时，可从奇偶性出发解题；当遇到式子相乘时，可从分解质因数出发。

（四）完全平方数

1. 余数的特点

(1)完全平方数的尾数（除以10的余数）只能是0、1、4、5、6、9。

(2)任何偶数的平方一定能被4整除；任何奇数的平方被4（或8）除余1，即被4除余2或3的数一定不是完全平方数。

(3)一个完全平方数被3除的余数是0或1，即被3除余2的数一定不是完全平方数。

(4)完全平方数被3、4、5、8、16除的余数一定是完全平方数。

2. 因数的特点

完全平方数的因数个数是奇数，因数个数为奇数的自然数是完全平方数。

因为完全平方数的质因数分解中每个质因数出现的次数都是偶数次，所以，如果p是质数，n是自然数，N是完全平方数，且$p^{2n-1}|N$，则$p^{2n}|N$。

3. 个位的特点

(1)完全平方数的个位是6⇔它的十位是奇数。

个位数字是0、1、4、5、9时，其十位上的数字必为偶数。

(2)如果一个完全平方数的个位是0,则它后面连续的0的个数一定是偶数个;如果一个完全平方数的个位是5,则其十位一定是2,其百位一定是0、2、6中的一个。

自然数的平方的末两位只有:00、01、21、41、61、81、04、24、44、64、84、25、09、29、49、69、89、16、36、56、76、96。

4. 重点公式:平方差公式 $a^2-b^2=(a+b)(a-b)$

如果一个自然数介于两个连续的完全平方数之间,则它不是完全平方数(更多用于数论证明题)。

若质数 p 整除完全平方数 a^2,则 p 能被 a 整除。

题型一　完全平方数之余数的特点

例 8　将 1234567891011 的某两位数字交换能否得到一个完全平方数?请说明理由。

(第二十届"华罗庚金杯"少年数学邀请赛决赛 B 卷)

【分析】某两位数字交换,但无法知道是哪两位数字,但无论怎么交换,发现数字和不变,可考虑弃九法。

【解析】无论怎么交换,得到的新的数的数字和与 1234567891011 的数字和总相同,为 $1+2+3+\cdots+9+1+0+1+1=48$,$48\equiv3\pmod 9$。

假设 $N=p^2$,且 p 模 9 余 $r(0\leqslant r\leqslant8)$,以 9 作余数分类:

$r\times r$	0×0	1×1	2×2	3×3	4×4	5×5	6×6	7×7	8×8
模 9 的余数	0	1	4	0	7	7	0	4	1

根据上表可知,对于任何完全平方数来说,除以 9 的余数只能是 0、1、4、7 这四个数,而不可能是 2、3、5、6、8。将自然数 1234567891011 的某两位交换之后,除以 9 的余数总为 3,因此不能得到完全平方数。

【评注】完全平方数的余数特点,均可以通过余数分类、列表进行讨论。例如,完全平方数除以 3 余 0 或 1,完全平方数除以 4 余 0 或 1 等,完全平方数的个位为 0、1、4、9、6、5,可以由除以 10 的余数得到。

题型二　完全平方数之个位的特点

例 9　小丽和小雅参加学校组织的社会实践活动——卖花。她们发现,卖出的花的数量恰好等于花的单价。两人拿赚到的钱去买钢笔,最后因为剩下的零钱不够买一只钢笔,就买了一只铅笔。

在回去的路上,两人开始平分一天的收获。当分到最后一只钢笔时,小丽说钢笔归她,铅笔归小雅。小雅觉得不公平,因为钢笔比铅笔贵。小丽考虑了一下,说:"好,我把我的橡皮给你作为补偿,这样我们俩刚好一样。"已知钢笔的价格为每支 10 元,买完铅笔后钱恰好花完。那么橡皮值多少元?

(2017 年秋·明心数学资优生测试·6 年级)

【解析】因为卖出的花的数量恰好等于花的单价,所以总钱数是完全平方数。因为钢笔的价格为每支 10 元,且总钱数仅够买奇数支钢笔,所以完全平方数的十位为奇数,完全平方数为奇数,个位必为 6,所以铅笔每支 6 元,所以小丽比小雅多 $10-6=4$(元),因此小丽需要给小雅 $4\div2=2$(元),两人得到的一样多,所以橡皮值 2 元。

【评注】完全平方数的十位为奇数,个位必为 6,这个结论考察较多。

三、经典例题和综合运用

例 10 如果$[1,2,3,\cdots,n]$表示$1,2,3,\cdots,n$的最小公倍数，那么算式$\frac{[1,2]}{2!}$，$\frac{[1,2,3]}{3!}$，$\frac{[1,2,3,4]}{4!}$，…，$\frac{[1,2,\cdots,100]}{100!}$的计算结果中共有多少个不同的值？

（2020 年全国“数学花园探秘”高年级决赛 A 卷）

【解析】注意到$\frac{[1,2,\cdots,n-1]}{(n-1)!}\leqslant\frac{[1,2,\cdots,n]}{n!}$，当且仅当$n$为质数时等号成立。

自然数 2～100 中有 25 个质数，所以不同的值有$99-25+1=75$(个)。

【评注】此题与 2017 年全国“数学花园探秘”高年级决赛 A 卷第 11 题有异曲同工之妙，需要对最小公倍数有深入的理解。

【延伸】(2017 年全国“数学花园探秘”高年级决赛 A 卷第 11 题)有一列正整数，其中第 1 个数是 1，第 2 个数是 1，2 的最小公倍数，第 3 个数是 1，2，3 的最小公倍数……第n个数是$1,2,\cdots,n$的最小公倍数。那么这列数的前 100 个数中共有多少个不同的值？【答案：36。】

例 11 a、b、c是三个互不相等的非 0 自然数，它们的和是 1155，则它们最大公因数的最大值是多少？最小公倍数的最小值是多少？最小公倍数的最大值是多少？

（走美杯国际数学邀请赛 6 年级决赛）

【解析】由于$a+b+c=1155$，而$1155=3\times5\times7\times11$。

(1)令$a=mp$，$b=mq$，$c=ms$，m为a、b、c的最大公因数，则$m(p+q+s)=1155=3\times5\times7\times11$。为了使$m$尽量大，则$p+q+s\geqslant1+2+3$，且$p+q+s$为 1155 的因数，所以$p+q+s$最小取 7。此时$m=165$。

(2)令$a=\frac{S}{A}$，$b=\frac{S}{B}$，$c=\frac{S}{C}$，S为a、b、c的最小公倍数，则$S\left(\frac{1}{A}+\frac{1}{B}+\frac{1}{C}\right)=1155=3\times5\times7\times11$。为了使$S$尽量小，则$\frac{1}{A}+\frac{1}{B}+\frac{1}{C}\leqslant1+\frac{1}{2}+\frac{1}{3}=\frac{11}{6}$。因为$1155\div\frac{11}{6}=630$，所以$S=630$，$A=1$，$B=2$，$C=3$，此时三个数分别为 210，315，630，所以最小公倍数的最小值为 630。

(3)为了使最小公倍数尽量小，应使三个数两两互质且乘积尽量大。

当三个数的和一定时，为了使它们的乘积尽量大，应使它们尽量接近。

由于相邻的自然数是互质的，可令$1155=384+385+386$，但是这种情况下 384 和 386 有公因数 2。而当$1155=383+385+387$时，三个数两两互质，它们的最小公倍数为$383\times385\times387=57065085$，即最小公倍数的最大值为 57065085。

综上所述，最大公因数的最大值为 165，最小公倍数的最小值为 630，最小公倍数的最大值为 57065085。

【评注】第 1 问，若干个自然数(或不同自然数)的最大公因数是常考点，需要重点掌握。

第 2 问，最小公倍数在(2013 年全国“数学花园探秘”6 年级初赛第 7 题)考察。

第 3 问，涉及连续自然数的最小公倍数的处理。

【延伸】(2013 年全国“数学花园探秘”6 年级初赛第 7 题)4 个不同的自然数

的和为2013，那么这4个自然数的最小公倍数最小是多少？【答案：990。】

例12 已知 a 与 b 的最大公因数是25，a 与 c、b 与 c 的最小公倍数都是2025。满足条件的自然数 a、b、c 共有多少组？

【解析】因为 $25=5^2$，$2025=3^4\times5^2$，所以可列表如下：

<table>
<tr><td>a</td><td>b</td><td>c</td></tr>
<tr><td colspan="2">均含有 5^2，即
$a=3^x\times5^2$，$b=5^2$，或 $a=5^2$，$b=3^x\times5^2$，
共有 $5+5-1=9$(种)</td><td>必需含有 3^4，$c=3^4\times5^y$
$0\leqslant y\leqslant2$，即 5^2 的因数个数的情况
共有3种</td></tr>
</table>

所以共有 $9\times3=27$(种)。

【评注】此类题中，还有可能会有 a 与 b 的大小限制的条件，注意读题分析。

【延伸】(广东省小学数学奥林匹克培训学校往届入学试题)已知 a 和 b 的最大公约数是10，a 与 c，b 与 c 的最小公倍数都是30，满足此条件的 a、b、c 共有多少组？【答案：12。】

例13 在一根长木棍上，有三种刻度线。第一种刻度线将木棍分成10等份，第二种刻度线把木棍分成12等份，第三种刻度线把木棍分成15等份。如果沿每条刻度线把木棍锯断，木棍总共被锯成多少段？

【分析】从题目可以知道，木棍锯成的段数，比锯的次数大1。而锯的次数并不一定是三种刻度线的总和，因为当两种刻度线重合在一起的时候，就会少锯一次。所以本题的关键在于计算出有多少两种刻度线或者三种刻度线重叠在一起的情况。把木棍看成是10、12、15的最小公倍数个单位，那么每个等分线将表示的数都是整数，而且重合位置表示的数都是等分线段长度的公倍数，利用求公倍数的个数的方法计算出重合的刻度线的条数。

【解析】因为 $[10,12,15]=60$，先把木棍60等分，每一等分作为一个单位。则第一种刻度线相邻两刻度间占6个单位，第二种占5个单位，第三种占4个单位，分点共有 $9+11+14=34$(个)。

$[5,6]=30$，故在30单位处两种刻度重合1次；

$[4,5]=20$，故在20、40单位处两种刻度重合2次；

$[4,6]=12$，故在12、24、36、48单位处两种刻度重合4次；

$[4,5,6]=60$，所以没有三种刻度线重叠在一起。

所以共有不重合刻度 $34-1-2-4=27$(个)，从而分成28段。

【评注】类似锯木棒的题目，可以从容斥原理出发总结出公式：

(1)两种刻度，分别 a 等分和 b 等分，共分成 $a+b-(a,b)$，其中 (a,b) 为 a 与 b 的最大公因数；

(2)三种刻度，分别 a 等分、b 等分和 c 等分，共分成 $a+b+c-(a,b)-(b,c)-(c,a)+(a,b,c)$。

注意是等分，不是刻度，这两者是有区别的，2018年“华罗康全杯”数学邀请赛冬令营深圳营小高一试第5题也考过类似题型。

【延伸】(2018年“华罗康全杯”数学邀请赛冬令营深圳营小高一试第5题)在一根长木棍上有两种刻度线，第一种刻度线将木棍分成10等份，第二种刻度线将木棍分成 m 等份。如果沿每条刻度线将木棍锯断，木棍总共被锯成20段。那么 m 的值有多少种？【答案：共4种，分别是11、12、15或20。】

例 14 一个正整数的 4 倍、5 倍、6 倍、7 倍的因数个数都相同，那么这个正整数最小是多少？

（2018 年全国“数学花园探秘”高年级决赛 C 卷）

【解析】设这个自然数为 $M=2^a3^b5^c7^d\times N$，其中 $(N,2\times3\times5\times7)=1$。

因为 $2M$、$5M$、$7M$ 的因数个数相同，所以 $\frac{a+3}{a+1}=\frac{c+2}{c+1}=\frac{d+2}{d+1}$，即 $c=d$，$a=2c+1$。

因为 $4M$ 和 $6M$ 的因数个数相同，所以 $\frac{a+3}{a+1}=\frac{(a+2)(b+2)}{(a+1)(b+1)}$，即 $\frac{a+3}{a+2}=\frac{b+2}{b+1}$，$b=a+1$。所以 $M=2^{2c+1}3^{2c+2}5^c7^c\times N$。

当 $c=0$，$N=1$ 时，M 有最小值：$2\times3^2=18$。

【评注】已知因数个数的关系，反过来求该数，类似题型需要多加练习。

【延伸】（2022 年全国“数学花园探秘”决赛小高 C 卷第 10 题）一个自然数共有 18 个因数，其中恰好有 6 个一位数、6 个两位数、6 个三位数。那么这个自然数是多少？【答案：972。】

例 15 求所有的质数 p，使得 $4p^2+1$ 与 $6p^2+1$ 也是质数。

【解析】如果 $p=5$，则 $4p^2+1=101$，$6p^2+1=151$，都是质数，所以 5 符合题意。

以 5 作余数分类：

p 除以 5 的余数	0	1	2	3	4
p^2 除以 5 的余数	0	1	4	4	1
$4p^2+1$ 除以 5 的余数	1	0	2	2	0
$6p^2+1$ 除以 5 的余数	1	2	0	0	2

当 p 除以 5 余 1 或 4 时，$4p^2+1$ 是 5 的倍数；

当 p 除以 5 余 2 或 3 时，$6p^2+1$ 是 5 的倍数。

所以只有 $p=5$ 满足条件。

【评注】类似这样求“所有的质数”的题目，一般满足条件的质数有且仅有 1 个，作为解答题时需要证明唯一性，一般使用余数分类进行讨论。

【延伸】（第 21 届“华罗庚金杯”少年数学邀请赛决赛模拟卷）有一个质数，它分别单独加上 4、6、10、12、16、22 之后还是质数，那么这样的质数共有多少个？【答案：1。】

例 16 有 5 个连续自然数，它们的和为一个完全平方数，中间三个数的和为立方数，则这五个数中最小数的最小值为多少？

【解析】设中间数是 x，则它们的和为 $5x$，中间三个数的和为 $3x$。

$5x$ 是完全平方数，设 $5x=5^2\times a^2$，则 $x=5a^2$，$3x=15a^2=3\times5\times a^2$ 是立方数，所以 a^2 至少含有 3 和 5 的质因数各 2 个，即 a^2 至少是 225，中间的数至少是 1125，那么这 5 个数中最小的数的最小值为 1123。

【评注】涉及到数量较少的连续自然数问题，设未知数的时候有技巧：一般是设中间的数，这样前后的数关于中间的数是对称的。

【延伸】（第 18 届“华罗庚金杯”少年数学邀请赛初赛 C 卷第 4 题）已知正整

数 A 分解质因数可以写成 $A=2^{\alpha}\times3^{\beta}\times5^{\gamma}$，其中 α、β、γ 是自然数。如果 A 的 $\frac{1}{2}$ 是完全平方数，A 的 $\frac{1}{3}$ 是完全立方数，A 的 $\frac{1}{5}$ 是某个自然数的五次方，那么 $\alpha+\beta+\gamma$ 的最小值是多少？【答案：31。】

例 17 已知 5 个数字 a、b、c、d、e 满足 $a<b<c<d<e$，且五位数 $\overline{adbec}$、$\overline{becad}$ 均为完全平方数，则 $\overline{abcde}$ 是多少？

（2018 年全国“数学花园探秘”高年级决赛 C 卷）

【解析】(1) c 和 d 只能在 0、1、4、5、6、9 中取值。由 $1\leqslant a<b<c$ 知，$c\geqslant3$。如果 c 是 6，那么 d 只能是 9，e 无法取值。所以 c 只能是 4，此时 $d=5$ 或者 6。

(2) 如果 $d=5$，那么 $a=2$，从而 $b=3$。$\overline{adbec}=\overline{253e4}$。由 $160^2=25600$，$159^2<25600-300=25300$ 知，没有形如 $\overline{253e4}$ 的平方数。

(3) 如果 $d=6$，那么 $\overline{ad}$ 是完全平方数的末两位，知 a 为奇数。结合 $a<b<c=4$ 知，a 只能是 1。

此时 $\overline{adbec}=\overline{16be4}$。

结合 $130^2=16900$，$120^2=14400$，容易找到形如 $\overline{16be4}$ 的完全平方数只有 $128^2=16384$。

【评注】完全平方数的综合运用与数论各知识点、估算都有紧密联系，注意多方面分析。

【延伸】（2013 年全国“数学花园探秘”5 年级初赛第 10 题）有一个奇怪的四位数（首位不为 0），它是完全平方数，它的数字和也是完全平方数。用这个四位数除以它的数字和得到的结果还是完全平方数，并且它的约数个数还恰好等于它的数字和，那当然也是完全平方数。如果这个四位数的各位数字互不相同，那么这个四位数是多少？【答案：2601。】

例 18 已知三位数 $\overline{abc}$，其平方数的末三位数也是 $\overline{abc}$。那么满足条件的所有的三位数的和是多少？

（2017 年春 · 明心数学资优生测试 · 6 年级）

【解析】设 $\overline{abc}=x$，则 $\overline{abc}^2-\overline{abc}=x^2-x=x(x-1)\equiv0\pmod{1000}$，

因为 $1000=2^3\times5^3$，x 与 $(x-1)$ 互质，所以 $(x-1)$ 或 x 是 5^3 的倍数。

当 $x-1=125,125\times3,125\times5,125\times7$ 时，检验知，只有 $x-1=125\times3$，即 $x=376$ 符合题意。

当 $x=125,125\times3,125\times5,125\times7$ 时，检验知，只有 $x=125\times5=625$ 符合题意。

故所求的所有三位数的和为 $376+625=1001$。

【评注】完全平方数的末 n 位恰为某个数的题目，经常与余数结合分析。

【延伸】（第二十届“华罗庚金杯”少年数学邀请赛总决赛小高一试第 5 题）把其平方的最后三位数是 169 的自然数叫作“优越数”，将所有的“优越数”从小到大排成一行，则这一行前 2015 项“优越数”的和是多少？【答案：253764013。】

四、小结

在整除问题与余数问题的基础上，因数与倍数、质数与合数、奇数与偶数、完全平方数，是各大数学比赛必考的知识点，希望同学们在平时多加练习，熟练掌握。

探索神秘的完全立方数

——广州·黄锦熙

思考笔记

【作者介绍：黄锦熙，广州悦教育创始人。中国数学奥林匹克一级教练，华杯赛总决赛金牌教练。曾获全国高中数学联赛一等奖，保送中山大学数学系基地班，本硕连读。现任全国多所重点中学竞赛外聘教练。每年受邀参与全国各重大奥数赛事命题及书刊供题工作，多次荣获中国数学资优教育最佳命题人称号，十余年一直从事小初高全线竞赛教学及深度数学思维能力拓展研究。】

在小学的数论板块，我们学过完全平方数，发现完全平方数有着非常丰富的性质和考察的意义，而完全立方数却相对少见。事实上，完全立方数在未来中学数论中会出现较多题目考察其性质。从定义方式看，完全立方数必然有不少与完全平方数类似的共同点，例如它们的分布都是离散的，且数越大间距越远；它们的末位数值有一定的规律；模一些特殊数的余数具有完备性或特定取值；在分解质因数后，完全平方数有偶指，完全立方数有三倍指；以及在未来中学代数学习了乘法公式之后，涉及平方公式和立方公式的题目会有较大的化简运算量，甚至夹带不等式放缩等综合变形能力的考察。下面我们一起来学习涉及完全立方数的题目中常用的分析方法。

(一)估算法

完全立方数的分布较完全平方数会更为离散，故确定好取值范围后，通过枚举逐一检验，是相对基础的一种解题手段。

例1 一个四位数等于其四个数码和的立方，求这个四位数。

【答案】4913 或 5832。

【解析】假设这个四位数为 n，数字和为 s。因为 $1000=10^3$，$21^3<10000<22^3$，所以 $10\leqslant s\leqslant 21$。逐个检验可得，$17^3=4913$，$18^3=5832$，均符合题意。

例2 是否存在正整数 N，使得 N、N^2 和 N^3 这三个数出现的所有数码，用且仅用一次数字 0，1，2，3，4，5，6，7，8，9？

【答案】不存在。

【解析】(1)当 N 为一位数时，$1\leqslant N<10$，则 $1\leqslant N^2<10^2$，$1\leqslant N^3<10^3$，所以 N^2 至多是两位数，N^3 至多是三位数，那么 N、N^2、N^3 这三个数至多使用 $1+2+3=6$(个)数码，无法满足题意。

(2)当 N 至少为三位数时，$N\geqslant 10^2$，则 $N^2\geqslant 10^4$，$N^3\geqslant 10^6$，所以 N^2 至少是五位数，N^3 是至少七位数，那么 N、N^2、N^3 这三个数至少使用 $3+5+7=15$(个)数码，无法满足题意。

(3)当 N 为两位数时，$10\leqslant N<10^2$，则 $10^2\leqslant N^2<10^4$，$10^3\leqslant N^3<10^6$，所以 N^2 为三位数或四位数，N^3 为四位数或五位数或六位数。

若 N^2 为四位数，则 N^3 至少为五位数，N、N^2、N^3 这三个数至少使用 $2+4+$

$5=11$(个)数码,无法满足题意。

若 N^2 为三位数,那么 N^3 必为五位数才能满足题意,即 $10^2\leqslant N^2<10^3$,$10^4\leqslant N^3<10^5$,所以 $10\leqslant N<32$ 且 $22\leqslant N<47$,因此 $22\leqslant N\leqslant 31$。依次检验,可知这十个数均不满足题意。

综上所述,不存在这样的正整数 N。

【总结】估算法的优点是上手容易,其缺点是有较大的计算量,所以如能通过寻找更多完全立方数的性质,来找出更多的限制条件,可提升枚举和筛选的效率。

(二)个位性质

个位为 0~9 的数进行立方运算后,这 10 个数在个位均会出现,其中个位为 0,1,4,5,6,9 的数进行立方运算后个位还是 0,1,4,5,6,9。

例 3 一些末三位数是 125 的数计算它们的立方,得到的数的末三位仍是 125,我们就称 125 是"顽固的三条尾巴",显然 000 是"顽固的三位尾巴"。请问所有的"顽固的三条尾巴"有多少种情况?

【答案】15 种。

【解析】假设末三位数构成的数值为 a。依题意,得 $1000\mid(a^3-a)=(a-1)a(a+1)$,那么 $a-1$、a、$a+1$ 中必有 125 的倍数。

(1)若 a 为 0 或一位数,结合完全立方数个位的不变性,检验 0,1,4,5,6,9,符合要求的 a 为 0 或 1,对应"顽固的三条尾巴"为 000、001。

(2)若 a 为两位数,符合题意的 a 不存在。

(3)若 a 为三位数,按 125,250,375,500,625,750,875 倍逐个检验,符合要求的 a,即"顽固的三条尾巴"有 125,249,251,375,376,499,501,624,625,749,751,875,999。

综上,共有 15 种情况。

【总结】个位性质的本质是因为 $0^3=0$,$1^3=1$,$(-1)^3=-1$,在模任何大于 1 的自然数 k,均有上述同余性质,所以在模 2 和模 5 的视角下满足:由剩余定理可得,个位为 0,1,4,5,6,9 的数的立方,其个位不变。因此可通过完全立方数更多的性质考察余数。

(三)余数性质

完全立方数常见余数的情况:

模 3 余 0、1、2,三次剩余完备。

模 4 余 0、1、3。

模 5 余 0、1、2、3、4,三次剩余完备。

模 7 余 0、1、6。

模 8 余 0、1、3、5、7,偶数三次必为 8 倍,奇数三次剩余完备。

模 9 余 0、1、8。

模 11 余 0、1、2、3、4、5、6、7、8、9、10,三次剩余完备。

模 13 余 0、1、5、8、12。

例 4 2024^{2024} 能否表示成一个完全立方数的 2 倍与另一个完全立方数的 5

倍之和？

【答案】不能。

【解析】考虑$2024^{2024}\equiv1(\bmod 7)$，完全立方数模 7 的余数只能是 0、1、6，对于$2024^{2024}=2x^3+5y^3$，其中x^3和y^3选择 0、1、6 三种余数的全部组合，均无法得到模 7 余 1 的结果，所以无法表示。

例 5 求证：在不超过 2024 的自然数中，至少有 500 个数不能写成三个正整数的立方和形式。

【答案】见解析。

【解析】注意到，完全立方数模 9 的余数只能是 0、1、8，故三个完全立方数的和模 9 的余数只能是 0、1、2、3、6、7、8，即无法出现模 9 余 4 和 5 的数。因为$2024=9\times224+8$，所以所有形如$9k+4$和$9k+5$的数共有$2\times224+2=450$（个）。

由于完全立方数的分布较为离散，枚举可得，在不超过 80 的数中，只有$3=1+1+1$，$10-8+1+1$，$17=8+8+1$，$24=8+8+8$，$29=27+1+1$，$36=27+8+1$，$43=27+8+8$，$55=27+27+1$，$62=27+27+8$，$66=64+1+1$，$73=64+8+1$，$80=64+8+8$共 12 个数可以表示成三个正整数的立方和，减去形如$9k+4$和$9k+5$的$8\times2=16$（个）数，不超过 80 的数中还有$80-12-16=52$（个）数无法拆分成三个正整数的立方和，总计上述共有$450+52=502>500$个不能写成三个正整数的立方和，无须寻找更多无法拆分的数，因此命题成立。

例 6 如果一个自然数k次方的末三位数都是a^k（a、k为大于 1 的自然数），则称其为“传奇数”。问：1，2，…，2024 中有几个“传奇数”？

【答案】16 个。

【解析】依题意知，a^k是一位数，所以a^k只可能为3^2、2^2、2^3。

(1)$k=2$时，平方的末三位数相同，只能为 444。设这个自然数$N=n^2(1\leqslant n\leqslant2024)$，因为$1000t=n^2-1444=(n+38)(n-38)$，得$n=500x\pm38$。当$1\leqslant500x+38\leqslant2024$，$0\leqslant x\leqslant3$，共 4 个；$1\leqslant500x-38\leqslant2024$，$1\leqslant x\leqslant4$，共 4 个。所以$k=2$时共有 8 个“传奇数”。

(2)$k=3$时，末三位为 888。设这个自然数$N=n^3=1000y+888$，必为偶数。再设$n=2m$代入得$m^3=125y+111\equiv1(\bmod 5)$，所以$m\equiv1(\bmod 5)$。再令$m=5t+1$，代入得$(5t+1)^3=125y+111$，即$3(5t^2+t+1)=25(y+1-t^3)$，所以$5t^2+t+1$为 25 的倍数，即$t+1$为 5 的倍数。假设$t+1=5z$，消$t$可得$5t^2+t+1=125z^2-50z+5z+5$，所以$z+1$为 5 的倍数。再设$z+1=5s$，则$n=2m=2(5t+1)=10t+2=10(5z-1)+2=50z-8=50(5s-1)-8=250s-58$。由于$1\leqslant n\leqslant2024$，所以$1\leqslant250s-58\leqslant2024$，$1\leqslant s\leqslant8$，所以$k=3$时共有 8 个“传奇数”。

综上所述，1～2024 之间共有$8+8=16$（个）“传奇数”。

【总结】以上三题分别考察模 5、7、9 的余数应用。完全立方数的余数性质均可逐个推导得到，故更多的余数性质较为少用无须记忆，需要的时候推导即可。事实上，完全立方数模形如$3k+2$的质数时，均有余数的完备性。

(四)分解质因数的指数性质

将完全立方数 N 分解质因数：$N=p_1^{m_1}p_2^{m_2}\cdots p_k^{m_k}$，则所有的 $m_i(1\leqslant i\leqslant k)$ 均为 3 的倍数。

例 7 已知三个相邻自然数的立方和是一个完全立方数，证明：这三个相邻的自然数中间的那个数是 4 的倍数。

【答案】见解析。

【解析】假设三个相邻的自然数为 $x-1$、x、$x+1$。依题意，设 $(x-1)^3+x^3+(x+1)^3=y^3$，即 $3x(x^2+2)=y^3$，所以 $3|y$。设 $y=3k$，于是 $x(x^2+2)=9y^3$，令 $d=(x,x^2+2)=(x,2)$。(∗)

(1)$d=1$ 时，若 $x=9a^3$，$x^2+2=b^3$，消 x 得 $81a^6+2=b^3$，由于完全立方数模 9 的余数为 0、1、8，与上式(∗)矛盾。若 $x=a^3$，$x^2+2=9b^3$，消 x 得 $a^6+2=9b^3$，同理模 9 矛盾。

(2)$d=2$ 时，可得 x 为偶数，因此 y 也为偶数，所以 $8|x(x^2+2)$。因为 $x^2+2\equiv 2(\text{mod } 4)$，所以 x 为 4 的倍数。

命题成立。

例 8 四个连续正整数之积是否能为一个完全立方数?

【答案】不能。

【解析】设四个连续正整数为 x、$x+1$、$x+2$、$x+3$。

(1)若 x 是偶数，那么 $x+1$ 和 $x+3$ 都是奇数，故 $(x+1,x+3)=(x+1,2)=1$。因为 $x+1$ 和 x、$x+2$、$x+3$ 都互质，于是 $x+1$ 与 $x(x+2)(x+3)$ 互质。

如果 $x(x+1)(x+2)(x+3)$ 是完全立方数，根据完全立方数分解各质因数的个数均为 3 的倍数，则 $x+1$ 和 $x(x+2)(x+3)$ 均为完全立方数。因为 $(x+1)^3<x(x+2)(x+3)<(x+2)^3$，则 $x(x+2)(x+3)$ 不是完全立方数，故 $x(x+1)(x+2)(x+3)$ 不是完全立方数。

(2)若 x 是奇数，同理可得 $x+2$ 与 $x(x+1)(x+3)$ 互质，因此，若 $x(x+1)(x+2)(x+3)$ 是完全立方数，则 $x(x+1)(x+3)$ 也是完全立方数。

当 $x=1$ 时，$x(x+1)(x+2)(x+3)=24$ 不是完全立方数；

当 $x>1$ 时，$(x+1)^3<x(x+1)(x+3)<(x+2)^3$，则 $x(x+1)(x+3)$ 不是完全立方数。故 $x(x+1)(x+2)(x+3)$ 也不是完全立方数。

综上所述，四个连续正整数之积不能为一个完全立方数。

(五)立方公式的应用

小学阶段常见的立方公式：

完全立方公式：$(a+b)^3=a^3+3a^2b+3ab^2+b^3$，

$(a-b)^3=a^3-3a^2b+3ab^2-b^3$。

立方和差公式：$a^3+b^3=(a+b)(a^2-ab+b^2)$，$a^3-b^3=(a-b)(a^2+ab+b^2)$。

连续自然数立方和公式：$1^3+2^3+3^3+\cdots+n^3=(1+2+3+\cdots+n)^2$。

例 9 若最大整数 n 满足：n^2 能表示为两个连续整数的立方的差，且 $2n+2023$ 是一个完全平方数求 n 的最大值。

【答案】127513。

【解析】假设两个连续自然数为 m 和 $m+1$。依题意，设 $(m+1)^3-m^3=n^2$，化简得 $3(2m+1)^2=(2n-1)(2n+1)$。因为 $2n-1$ 与 $2n+1$ 互质，可得 $2n-1=3k^2$，$2n+1=i^2$ 或 $2n-1=k^2$，$2n+1=3i^2$。

(1)若 $2n-1=3k^2$，$2n+1=i^2$，消 n 得 $i^2-3k^2=2$。由于 k 和 i 均为奇数，奇数的平方模 8 余 1，则 $i^2-3k^2\equiv 6 \pmod 8$，矛盾。

(2)若 $2n-1=k^2$，$2n+1=3i^2$，可得 $4n=3i^2+k^2$ 或 $3i^2-k^2=2$。令 $k=2a+1$。则 $3i^2=k^2+2=(2a+1)^2+2$。故 $4n=2(2a+1)^2+2=8a^2+8a+4$，即 $n=2a^2+2a+1$。设 $2n+2023=d^2$，所以 $2n+2023=d^2=2(2a^2+2a+1)+2023=4a^2+4a+2025$。故 $2024=d^2-(2a+1)^2=(d-2a-1)(d+2a+1)$。解得 $(d,a)=(57,17),(255,125),(507,252)$。

综上所述，当 $a=252$ 时，$n=2a^2+2a+1=127513$。因此，n 的最大值为 127513。

例 10 一个完全平方数减去 2024 所得的结果为正整数 x 的立方，请求出至少两个满足要求的 x 的值。

【答案】1 和 26(不唯一)。

【解析】依题意，设 $y^2-2024=x^3$，显然 x 和 y 的奇偶性相同。

(1)注意到，$x=1$ 时，$y=45$ 满足要求。

(2)考虑 x^3 展开的复杂性，优先考虑 x、y 均为偶数的情况。

假设 $x=2a$，$y=2b$，代入得 $b^2=506+2a^3$，所以 b 为偶数。

设 $b=2t$，代入化简得 $2t^2=253+a^3$，所以 a 为奇数。

设 $a=2s+1$，代入化简得 $t^2=127+4s^3+6s^2+3s$，注意到 s^3 展开的复杂性，结合完全平方数模 3 余 0 或 1，优先考虑 s 为 3 的倍数。设 $s=3q$，$t=3p\pm1$，代入化简得 $9p^2\pm6p=126+108q^3+54q^2+9q$，模 9 可得 p 为 3 的倍数。再设 $p=3k$，代入化简得 $9k^2\pm2k=14+12q^3+6q^2+q$，由奇偶性可得 k 和 q 的奇偶性一致。

当 $q=1$ 时，k 无解；

当 $q=2$ 时，存在 $k=4$ 满足等式，所以对应的 $x=26$，$y=140$ 符合要求。

综上所述，x 的值为 1 和 26 符合题意。

例 11 正整数 n 不超过 2024，使得 2^n-1 是完全立方数的 n 有多少个？

【答案】0 个。

【解析】依题意，设 $2^n-1=k^3$，由立方和公式得 $2^n=k^3+1=(k+1)(k^2-k+1)$，因为 $k^2-k+1=k(k-1)+1$ 必为大于 1 的奇数，而式子左侧是 2 的指数幂，矛盾，所以 n 不存在。

例 12 求所有的质数 p，使得 p^2-p+1 是完全立方数。

【答案】19。

【解析】设 $p^2-p+1=b^3\ (b\in\mathbf{N})$，即 $p(p-1)=(b-1)(b^2+b+1)$。

由于 $b^3=p^2-p+1<p^2<p^3$，所以 $p>b$。因此 p 一定是 b^2+b+1 的一个因数，从而 $b^2+b+1=kp$，①

$p-1=k(b-1)$。②

其中 $k\geqslant 2$。

将式②代人式①得 $b^2+b+1=k^2b+k-k^2$。

由此得 $b^2+b<k^2b$,③

$k^2(b-1)\leqslant b^2+b-1$。④

由式③得 $b+1<k^2$。

因为 $b>2$,由式④得 $k^2\leqslant\frac{b^2+b-1}{b-1}=b+2+\frac{1}{b-1}<b+3$。

所以只能是 $k^2=b+2$。因此 $k=3,b=7,p=19$。

(此题为一道高中数论竞赛题原题)

【总结】立方公式为初中代数恒等变形非常重要的工具,部分小学高年级会有相关公式的前置考察,在使用公式过程必然会有较大的化简运算量,需要同学们耐心且细心地计算。

从取整符号 $[x]$ 谈化归

——宁波·朱晓睿

【作者简介：朱晓睿，博士，毕业于浙江大学数学系，从事一线数学教学二十余年。著有《不焦虑的数学》系列丛书，以“赋叉”为名开设多个自媒体账号。】

思考笔记

取整符号的定义是取不超过数 x 的最大整数，其结果用 $[x]$ 来表示。比如该符号作用在圆周率 π 上时，得到的值为 3。关于这个符号一个有趣的事实是：虽然该符号的实质是函数（高斯函数），而小学生对于函数完全没有概念，但是丝毫不影响他们对于取整符号的理解。

更有意思的是，无论是在小学还是中学的数学课本上，我们都找不到关于取整符号的相关内容。一般而言，关于取整符号的系统学习，往往要到大学阶段才开展——例如，数学专业的同学会在学习数论相关知识的时候学习该符号的性质。

如果单纯从学习内容的顺序的角度来看，这样的内容放在小学阶段无疑是不合适的。但是从知识储备的角度来说，理论上小学生已经能够应付数学竞赛中出现的关于取整符号的题目，毕竟对于小学生而言，要理解“不超过”和“整数”这两个概念并不困难。取整不像有些自定义的题目，需要花一些时间去学习超越小学阶段的知识，所有关于它的概念的基础知识点都在小学范畴之内。

因此，在某种意义上而言，将取整符号作为考点，其实就是把化归思想体现得淋漓尽致的一种极好的方式。而且根据取整符号的定义，我们可以得到一个数的小数部分——我们通常用 $\{x\}$ 来表示，$\{x\}=x-[x]$。

一个基本事实是，化归作为最重要的数学思想（没有之一），可以说是其他数学思想之母。我们在学习新的数学概念时，为了尽快理解它们，往往需要借助以往所学的结论，既要学会运用旧知识，又要迅速掌握新的知识点并加以运用。而取整符号作为考点，可以很好地检验学生的化归能力。

接下来我们来看一些具体的例子，从而进一步体会化归在取整符号相关题目中的作用。只要掌握了化归思想，结合取整符号的定义，我们就可以在很短的时间内解决一些看起来并不是那么容易的问题。

例 1 $[x]$ 表示不大于 x 的最大整数，例如，$[3.14]=3$，则 $\left[\frac{2023\times 3}{11}\right]+\left[\frac{2023\times 4}{11}\right]+\left[\frac{2023\times 5}{11}\right]+\left[\frac{2023\times 6}{11}\right]+\left[\frac{2023\times 7}{11}\right]+\left[\frac{2023\times 8}{11}\right]$ 的值为多少？

【解析】最直接的做法当然就是从定义出发，毕竟这当中最大的数也不过 $2023\times 8=16184$，计算其除以 11 后得到的商，计算量绝对在小学生的承受范围之内。如此枯燥的计算重复 6 次，我们就可以得到答案 6066。

在不知道该如何处理的时候，“暴力”破解如果可以奏效，那就是最好的方法。当然，如果仅仅满足于此，那无非重复做了 6 次稍显烦琐的除法而已，谈何提升？一般而言，对于大多数同学来说，题目做错了或者不会做的情况下会积极复盘，但是做对了往往就沉浸在胜利的喜悦中。其实对的情况下的复盘也非常有益，这往往会让我们能更好地体会哪种解法更好。

我们稍加观察，不难发现题目中数字的规律：$\frac{2023\times3}{11}$和$\frac{2023\times8}{11}$如果没有取整符号作用而直接相加，得到的结果就是 2023。而 6066＝2022×3＝(2023－1)×3，这会是一种巧合么？

显然不是。事实上，如果以粗糙的方式理解取整，就是找一个整数等于目标数(如果目标数恰好是整数)或者略略小一点，$\frac{2023\times3}{11}$与$\frac{2023\times8}{11}$的和为 2023，很显然$\frac{2023\times3}{11}$与$\frac{2023\times8}{11}$都不是整数，那么两个分别比它们小一点的整数和为 2022 当然是合理的。然而合理并不代表着数学上的自动成立，接下来我们该如何用取整符号的性质得到严格的结论呢？

这时候我们目光自然就落在了定义中的“不超过”上，怎么表示“不超过”？很显然用≤就可以做到，即：$[x]\leqslant x$。然而仅靠这一点并不能保证$\left[\frac{2023\times3}{11}\right]+\left[\frac{2023\times8}{11}\right]=2022$成立，因为$\left[\frac{2023\times3}{11}\right]+\left[\frac{2023\times8}{11}\right]<\frac{2023\times3}{11}+\frac{2023\times8}{11}=2023$，理论上，在小学阶段有 2022 个可能的值使得不等式成立，为什么这个值偏偏就是 2022 呢？

所以如果我们还有$\left[\frac{2023\times3}{11}\right]+\left[\frac{2023\times8}{11}\right]>2021$，且$\left[\frac{2023\times3}{11}\right]+\left[\frac{2023\times8}{11}\right]$是整数的结论，那么它的值只能为 2022。此时，我们已经通过取整的定义，找到了问题的关键所在：$[x]$大于多少呢？

这时候就体现出“一点”的作用了：$[x]>x-1$是很合理的猜测，事实也确实如此。有了这个结论后，我们可以得到$\frac{2023\times3}{11}-1<\left[\frac{2023\times3}{11}\right]<\frac{2023\times3}{11}$，$\frac{2023\times8}{11}-1<\left[\frac{2023\times8}{11}\right]<\frac{2023\times8}{11}$，两式相加得$2021<\left[\frac{2023\times3}{11}\right]+\left[\frac{2023\times8}{11}\right]<2023$，则$\left[\frac{2023\times3}{11}\right]+\left[\frac{2023\times8}{11}\right]=2022$，于是$\left[\frac{2023\times3}{11}\right]+\left[\frac{2023\times4}{11}\right]+\left[\frac{2023\times5}{11}\right]+\left[\frac{2023\times6}{11}\right]+\left[\frac{2023\times7}{11}\right]+\left[\frac{2023\times8}{11}\right]=6066$。

例 2　$[x]$表示不大于x的最大整数，那么$\left[\frac{23}{24}\right]+\left[\frac{23^2}{24}\right]+\left[\frac{23^3}{24}\right]+\cdots+\left[\frac{23^{2024}}{24}\right]$的计算结果除以 24 的余数是多少？

【解析】相信很多同学的第一反应就是模仿例 1，将一头一尾相加，然后就发现失败了。这是化归无效么？

非也非也。事实上，著名画家齐白石曾经说过：“学我者生，似我者死。”化归不是单纯地模仿，将化归等同于简单地模仿，这是对化归最大的误解。从形式上看，本题确实和例 1 有相似之处，可只要试一下就知道，虽然$\frac{23}{24}+\frac{23^{2024}}{24}$的结果是整数，然而$\frac{23}{24}+\frac{23^{2024}}{24}-1$除以 24 以后的余数的计算对小学生来说并不容易。

所以这时候要转换思路。我们在得出$\frac{23}{24}+\frac{23^{2024}}{24}$的结果是整数的过程中发现，$23^{2024}$之所以有$23^{2024}\equiv1 \pmod{24}$，其根本原因是$23^2\equiv1 \pmod{24}$。换句话说，$\frac{23}{24}+\frac{23^2}{24}$的结果也是整数，且容易计算得到其结果为 23，则$\left[\frac{23}{24}\right]+\left[\frac{23^2}{24}\right]$除

以 24 的余数为 $23-1=22$。

这个结果给了我们启发。考察式子中剩余的部分，发现 $\left[\frac{23^3}{24}\right]+\cdots+\left[\frac{23^{2024}}{24}\right]$ 中，以相邻两项为一组，由 $\frac{23^3}{24}+\frac{23^4}{24}=23^3$ 可知，$\left[\frac{23^3}{24}\right]+\left[\frac{23^4}{24}\right]$ 除以 24 的余数同为 22。于是我们得到了 $\left[\frac{23}{24}\right]+\left[\frac{23^2}{24}\right]+\left[\frac{23^3}{24}\right]+\cdots+\left[\frac{23^{2024}}{24}\right]$ 除以 24 的余数即为 22×1012 除以 24 的余数 16。

例 3 计算 $S=\left[\frac{1}{1-\frac{1}{2}+\frac{1}{3}-\frac{1}{4}+\cdots+\frac{1}{21}-\frac{1}{22}}\right]$。

【解析】把 $1-\frac{1}{2}+\frac{1}{3}-\frac{1}{4}+\cdots+\frac{1}{21}-\frac{1}{22}$ 具体等于多少算出来是不现实的，所以我们一定是考虑将其转化成某种方便计算的形式。

那么，怎么转化才合理呢？事实上，我们对于 $1-\frac{1}{2}+\frac{1}{3}-\frac{1}{4}+\cdots+\frac{1}{21}-\frac{1}{22}$ 具体是多少也并不关心，我们只关心其整数部分。换言之，小数部分是多少我们也不关心，我们要的只是 $1-\frac{1}{2}+\frac{1}{3}-\frac{1}{4}+\cdots+\frac{1}{21}-\frac{1}{22}$ 位于一个什么取值范围之内，并且这个取值范围的上限和下限不能超过 1——这是由取整符号的性质所决定的，因为 $x-1<[x]\leqslant x$。

如果把 $1-\frac{1}{2}+\frac{1}{3}-\frac{1}{4}+\cdots+\frac{1}{21}-\frac{1}{22}$ 进行分组：$\left(1-\frac{1}{2}\right)+\left(\frac{1}{3}-\frac{1}{4}\right)+\cdots+\left(\frac{1}{21}-\frac{1}{22}\right)$，很显然可以看出，每组的值都是大于 0 的，计算出 $(1-\frac{1}{2})$ 的值为 $\frac{1}{2}$，所以 $\left(1-\frac{1}{2}\right)+\left(\frac{1}{3}-\frac{1}{4}\right)+\cdots+\left(\frac{1}{21}-\frac{1}{22}\right)>\frac{1}{2}$，从而 $\frac{1}{1-\frac{1}{2}+\frac{1}{3}-\frac{1}{4}+\cdots+\frac{1}{21}-\frac{1}{22}}<2$。此时我们很自然会关心 $\frac{1}{1-\frac{1}{2}+\frac{1}{3}-\frac{1}{4}+\cdots+\frac{1}{21}-\frac{1}{22}}>1$（即 $1-\frac{1}{2}+\frac{1}{3}-\frac{1}{4}+\cdots+\frac{1}{21}-\frac{1}{22}<1$）是否成立。如果成立，那么就可以得到 $S=1$。

之所以有这样的联想，纯粹就是因为性质 $x-1<[x]\leqslant x$，此时既然找到了可能的上限为 2，那么下限为 1 就是必然的猜测。我们重新对 $1-\frac{1}{2}+\frac{1}{3}-\frac{1}{4}+\cdots+\frac{1}{21}-\frac{1}{22}$ 进行分组，可以得到 $1-\frac{1}{22}+\left(\frac{1}{3}-\frac{1}{2}\right)+\left(\frac{1}{5}-\frac{1}{4}\right)+\cdots+\left(\frac{1}{21}-\frac{1}{20}\right)$，很显然，这个式子是小于 1 的，即 $\frac{1}{1-\frac{1}{2}+\frac{1}{3}-\frac{1}{4}+\cdots+\frac{1}{21}-\frac{1}{22}}>1$，于是我们验证了猜测的正确性，因此 $S=1$。

例 4 $[x]$ 表示不大于 x 的最大整数（$x\geqslant0$），解方程 $[x]+[3x]+[5x]=8x$。

【解析】很显然，$x=0$ 是方程的一个根。那么其他的呢？看起来并不是那么显然了吧。之前几个例子中，取整的对象都是具体的数，而本题中变成了未知数，这时候我们又该如何处理呢？

没有工具，不妨就从之前的性质入手。由 $x-1<[x]\leqslant x$ 可知，$3x-1<[3x]\leqslant 3x$，$5x-1<[5x]\leqslant 5x$，则 $9x-3<[x]+[3x]+[5x]\leqslant 9x$，即 $9x-3<$

$8x \leqslant 9x$。

$8x \leqslant 9x$ 显然是成立的，解 $9x-3<8x$ 可得，$x<3$，但是这只是个范围，距离我们求出 x 的值到底是多少似乎还很遥远。然而你再细想一下，$x<3$ 真的距离求出解很遥远么？事实上，联系$[x]$的定义，我们马上可以确定$[x]$的值只能取0，1，2 三个数！接下来我们将对 3 种情况进行分类讨论。

若$[x]=0$，则方程变为$[3x]+[5x]=8x$，此时若 $0<x<1$，则 $3x<[3x]$，$5x<[5x]$，$[3x]+[5x]<8x$，方程永远不可能成立，故 $x=0$。

若$[x]=1$，则方程变为$[3x]+[5x]=8x-1$，这时候又该怎么继续下去呢？从前面的分析可以看出，想通过解普通的方程的方式解决是不可能的，取整符号似乎不太喜欢等号，更喜欢以不等式的形式出现。结合$[x]=1$ 可知，$1 \leqslant x<2$，所以 $8 \leqslant [3x]+[5x]<16$。而$[3x]+[5x]$是整数，所以$[3x]+[5x]$的取值只可能是 8，9，10，11，12，13，14，15 这 8 个数。

当$[3x]+[5x]=8$ 时，解得 $x=\frac{9}{8}$；

当$[3x]+[5x]=9$ 时，解得 $x=\frac{5}{4}$；

当$[3x]+[5x]=10$ 时，解得 $x=\frac{11}{8}$；

当$[3x]+[5x]=11$ 时，解得 $x=\frac{3}{2}$；

当$[3x]+[5x]=12$ 时，解得 $x=\frac{13}{8}$；

当$[3x]+[5x]=13$ 时，解得 $x=\frac{7}{4}$；

当$[3x]+[5x]=14$ 时，解得 $x=\frac{15}{8}$；

当$[3x]+[5x]=15$ 时，解得 $x=2$(舍去)。

若$[x]=2$，则方程变为$[3x]+[5x]=8x-2$，再重复$[x]=1$ 时的讨论，对吗？

你当然可以依葫芦画瓢，经过 8 次讨论，最后得到的结果是此时无解；也可以再多看一眼：$8x-2=3x-1+5x-1<[3x]+[5x]$，所以不存在满足方程的 x。

数学题的难，最直观的感觉就在于灵活多变。如果把题目的文字表述称为“形”，而题目的内核称为“意”，对于初学者来说，能区分“形”同“意”不同和“意”同“形”不同是解决问题的第一步。事实上，无论取整符号相关的题目怎么出，也逃不过关系式 $x-1<[x] \leqslant x$，所有的变形技巧也都是围绕着上述核心关系式展开的，而这恰恰就是化归思想的精髓所在。

数学的神奇就在于可以用最简单的基本概念，搭建出一个宏大的体系。仅仅利用了把一个数拆分成整数和小数部分这么简单的操作，我们就得到了这么多有趣的结论，这充分说明了奥数充满了趣味性和挑战性，并非只能令人痛苦。

小学奥林匹克数学竞赛发展至今，逐渐被妖魔化、污名化。在不少家长眼中，小学奥数无异于洪水猛兽。既然运动、游戏都可以作为孩子的兴趣爱好，那么奥数当然也可以成为一部分孩子的兴趣爱好。但是现在一提学奥数就是为了应对某些需求，作为数学工作者，我的内心是痛苦的。事实上，奥数确实可以拓展学有余力的孩子在数学学习上的视野，给予他们课内所没有的挑战，激发他们学习数学的兴趣。掌握知识点以后的感觉应该是愉悦，而不是疲惫，这才是学习奥数应有的样子。

浅谈直线型图形平移中的重叠问题

——沈阳·张旭

思考笔记

【作者简介：张旭，益学堂教育探索体系教练，“全国数学花园探秘”（原“迎春杯”）中年级命题组组长，辽宁数学创新应用大赛命题人，“华杯赛”、“希望杯”金牌教练员，参与《数学思维训练》《尖子生·数学创新思维培养》等书的编写工作。】

在几何学中，图形进行平移是很常见的题设。这类问题不仅需要观察图形的移动过程，还要研究图形重叠部分的变化，而重叠问题往往涉及精确的计算。近些年，这类问题在国内各地中考压轴题时有出现，只是由于相对复杂并不算高频考点。本文主要面向小学中年级和高年级的学生，从重叠持续时长、重叠状态变化、重叠面积及结合图表分析这四个方面阐释。

平移，是指在同一平面内，将一个图形上的所有点都按照某个直线方向做相同距离的移动，这样的图形运动叫作图形的平移运动，简称平移。平移不改变图形的形状和大小。图形经过平移，对应线段相等，对应角相等，对应点所连的线段相等。它是等距同构，是仿射空间中仿射变换的一种。特别需要注意的是，平移的方向并不限于水平方向。

1. 直角三角形与四边形重叠时形状变化的规律

重叠形状变化：长方形→五边形→梯形→直角三角形

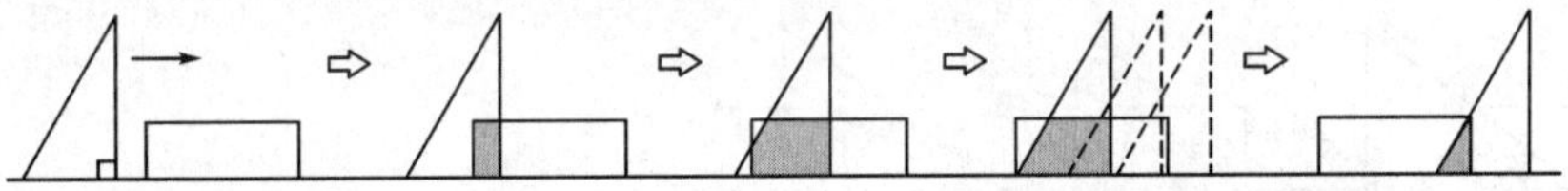

重叠形状变化：等腰直角三角形→梯形→五边形→平行四边形

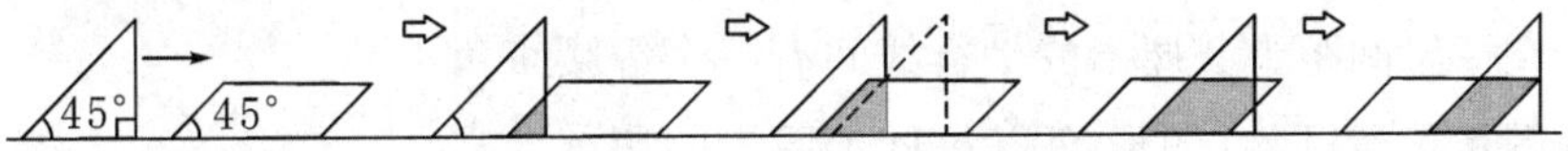

2. 两个图形最近共线点的重合可以视为重叠的开始，反之，最远共线点的相离可以视为重叠的结束

例 1 如图（单位：厘米），在一条直线上，长方形 A 以每秒 2 厘米的速度向右移动，平行四边形 B（含 45°角）以每秒 1 厘米的速度向左移动，求图形 A 与 B 有重叠部分的持续时长。

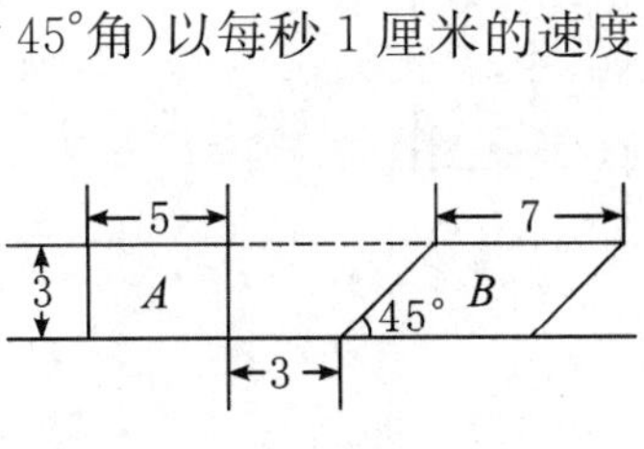

例 1 题图

【答案】5 秒。

【解析】最近两点相遇时间在 $3\div(2+1)=1$（秒）后；最远两点相遇时间在 $(5+3+3+7)\div(2+1)=6$（秒）后。因此重叠过程持续了 $6-1=5$（秒）。

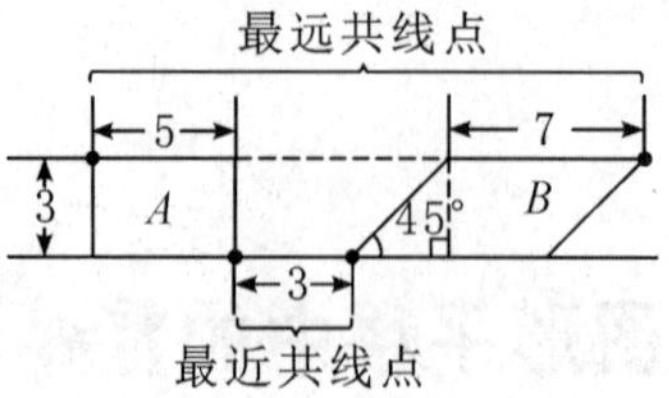

例 1 答题图

【总结】图形平移问题的核心是掌握不同阶段的重叠形状变化，当两个图形的点或边从首次相遇然后再分离，重叠形状就会发生变化。在例 1 中，虽然两个图形都在移动，也可以将其中一个视为静止，转化另一个图形的相对速度去解决。

例 2 如图(单位:厘米)，一条直线上有一个长方形 A 和一个直角三角形 B。图形 A 从图中所示位置按箭头方向以每秒 1 厘米的速度移动，请回答以下问题：

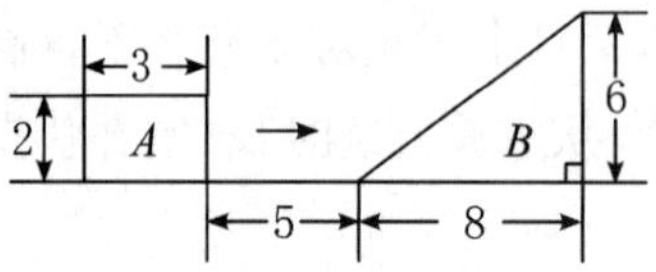

例 2 题图

(1)图形 A 与 B 有重叠部分持续了多久？

(2)请按先后顺序描述重叠部分的形状。

【答案】(1)11 秒。(2)直角三角形→梯形→五边形→长方形。

【解析】(1)图形 A 与 B 重叠开始是在 $5\div(1+0)=5$(秒)后，重叠结束是在 $(3+5+8)\div(1+0)=16$(秒)后，所以重叠持续了 $16-5=11$(秒)。

(2)直角三角形→梯形→五边形→长方形，如图：

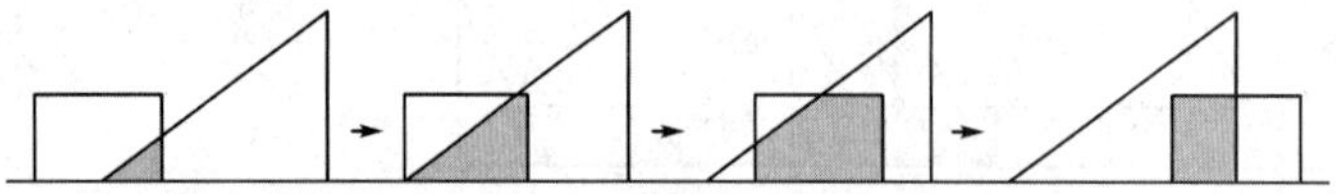

例 2 答题图

例 3 如图(单位:厘米)，在一组间距为 9 厘米的平行线间有一个等腰直角三角形 A 和正方形 B，它们从图示位置开始，图形 A 以每秒 1 厘米的速度向右平移，图形 B 以每秒 3 厘米的速度向左平移，请回答以下问题：

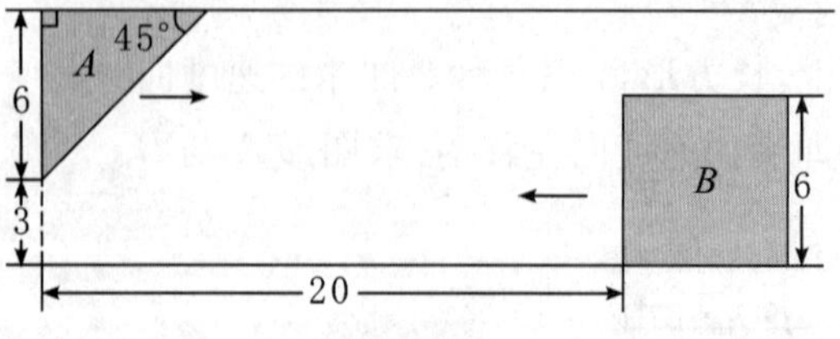

例 3 题图

(1)开始多久后图形 A 与 B 开始重叠？

(2)第 6 秒两图形重叠部分有多大？

【答案】(1)4.25 秒。(2)4 平方厘米。

【解析】(1)如图(1)，平行线间两个图形平移开始时的最近共线点为 P 和 Q，那么开始重叠即 P、Q 两点相遇时，为 $(20-6\div2)\div(1+3)=4.25$(秒)后。

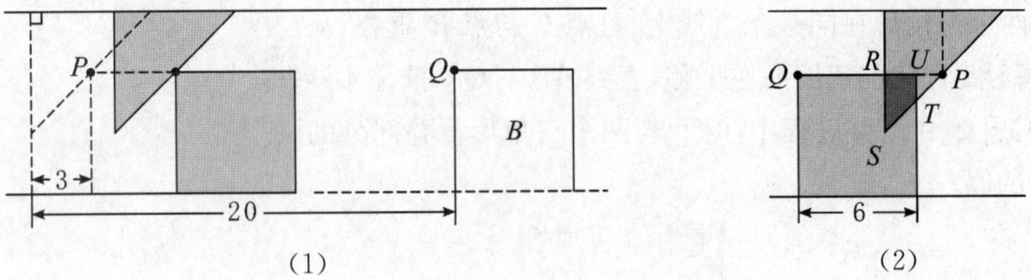

例 3 答题图

(2)开始 6 秒后，两个图形重叠状态如图(2)所示，即从图(1)又平移了 6－4.25＝1.75(秒)后，重叠部分为一个梯形。$PQ=(1+3)\times1.75=7$(厘米)，$TU=PU=7-6=1$(厘米)，$RS=3$ 厘米，$RU=3-1=2$(厘米)，所以重叠部分的面积＝$(TU+RS)\times RU\div2=(1+3)\times2\div2=4$(平方厘米)。

3. 对于结合图表的问题，需要抓住重叠部分的面积增(减)速变化的关键点，对应重叠过程的不同阶段

例 4 如图(单位:厘米)，长方形以每秒 1 厘米的速度向等腰直角三角形方向平移，右下图是长方形开始移动后时间与两个图形重叠部分的面积之间的关系。

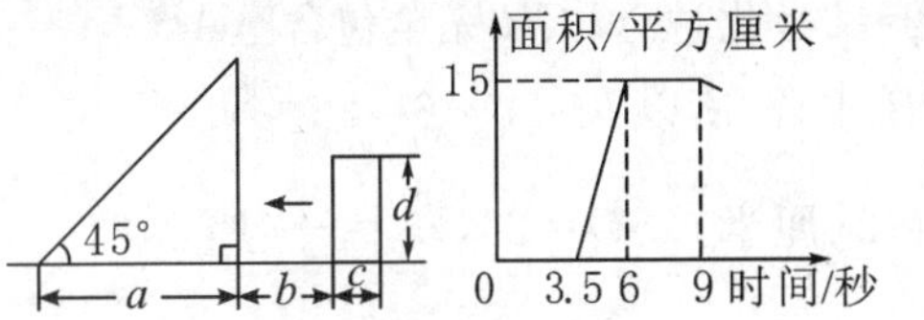

例 4 题图

(1)求 a、b、c、d 的长度。

(2)求第 10.5 秒两图形重叠部分的面积。

【答案】(1)$a=11.5$ 厘米，$b=3.5$ 厘米，$c=2.5$ 厘米，$d=6$ 厘米。(2)13.875 平方厘米。

【解析】

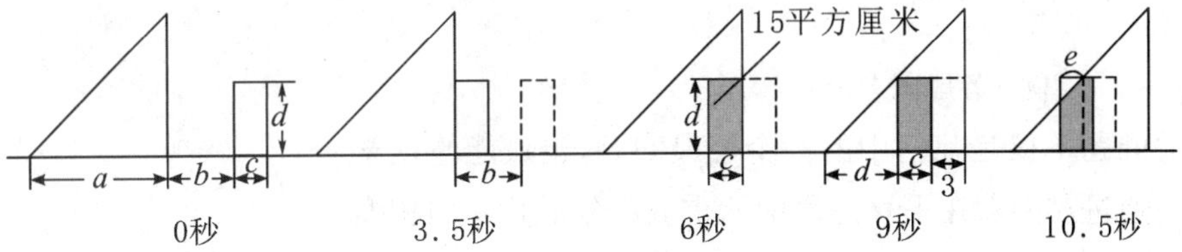

例 4 答题图

(1)已知长方形以每秒 1 厘米的速度移动。

由 0 秒与 3.5 秒的图可知，$b=3.5\times1=3.5$(厘米)。

由 3.5 秒与 6 秒的图可知，$c=6-3.5=2.5$(厘米)。

由 6 秒的图可知，$d=15\div c=15\div2.5=6$(厘米)。

由 6 秒与 9 秒的图可知，平移了 3 厘米，所以 $a=3+2.5+6=11.5$(厘米)。

(2)由 10.5 秒的图可知，重叠部分是个五边形，$e=1\times(10.5-9)=1.5$(厘米)，左上角部分的面积为$\frac{1}{2}\times1.5\times1.5=1.125$(平方厘米)，所以此时重叠部分的面积为 $2.5\times6-1.125=13.875$(平方厘米)。

例 5 有两个 Rt△ABC 和 Rt△PQR，$\angle A=\angle RPQ$，$AB=8$ 厘米，$BC=6$

厘米，$CA=10$ 厘米。已知两个三角形在同一条直线上，且点 C 与点 P 重叠，从图示位置开始，$\triangle PQR$ 以每秒 1 厘米的速度向左平移，直到 AB 与 QR 重叠才停止运动。右图显示了从平移开始到结束过程中，时间与两个三角形重叠部分的面积之间的关系，求 a、b、c 的值。

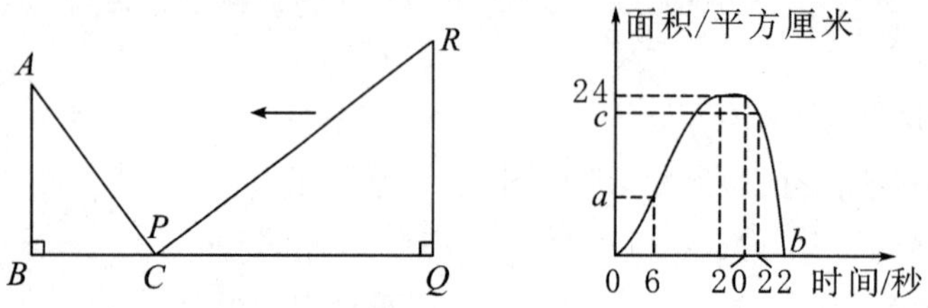

例 5 题图

【答案】$a=8\frac{16}{25}$，$b=26$，$c=21\frac{1}{3}$。

【解析】由题可知，6 秒后，点 P 与点 B 重合，重叠部分为$\triangle BCD$［图(1)］，且$\triangle BCD$ 与$\triangle ABC$ 相似，故 $AC:BC=10:6=5:3$，其面积比为 $25:9$，所以 $a=\frac{6\times8}{2}\times\frac{9}{25}=8\frac{16}{25}$。

当重叠面积为 24 平方厘米，即 $6\times8\div2=24$，此时$\triangle PQR$ 完全包含$\triangle ABC$，20 秒后点 Q 与点 C 重合，6 秒后点 Q 与点 B 重合，所以 $b=20+6=26$。

如图(2)，22 秒后，$QC=1\times(22-20)=2$(厘米)，$SQ=2\times\frac{4}{3}=\frac{8}{3}$(厘米)，所以 $c=24-2\times\frac{8}{3}\div2=21\frac{1}{3}$。

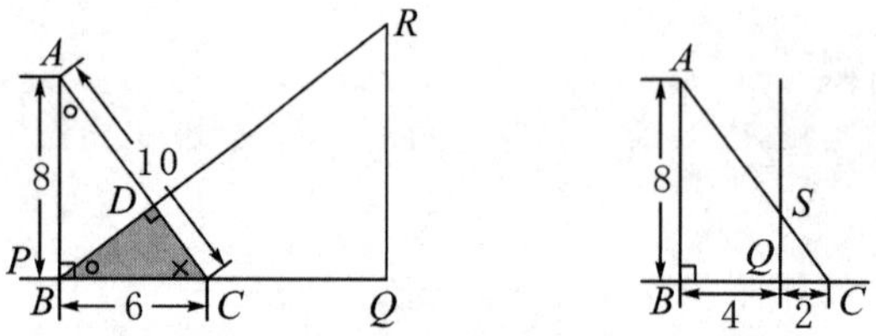

(1)　　　　(2)

例 5 答题图

图形平移过程中的重叠问题不仅是几何中的一个经典问题，也最能体现学生的数学推理与计算能力。通过对图形在平移过程中的重叠部分形状和面积变化的分析，我们不仅能够加深对几何图形性质的理解，也能提高解决实际问题时的思维灵活性和计算精度。

在解决这类问题时，空间想象力、几何分析能力、逻辑推理与计算能力至关重要。掌握这些基本的数学分析方法，不仅能够帮助我们更好地处理学术上的挑战，也能在实际生活中的许多领域发挥作用，如工程设计、物理模拟以及数据分析等。希望本文能够为你提供一些有益的思路和方法，激发对几何学和数学思维更多探索的兴趣。

参考答案

一、览胜探幽 · 2024 年真题在线

2024年 全国“数学花园探秘”(原“迎春杯”)数学竞赛

决赛

中年级组 C 卷

1. 答案:2024。

分析:$12\times34\times5-6+7-8-9=2040-16=2024$。

2. 答案:10。

分析:按三角形所含区域数分类。含 1 块区域的三角形有 8 个,含 2 块区域的三角形有 2 个,故三角形共 $8+2=10$(个)。

3. 答案:1524。

分析:如图,若 $A=2$,则 $B=0$,三位数开头数字为 0,不合题意,所以 $A=1$。百位向千位进位,得 $B=5$。

由十位 $C+D=2$,得 $C\neq1$。若 $C=2$,$D=0$,则 $E=2$,与 C 相同,不合题意,所以 $C=0$,$D=2$,$E=4$。

故龙行天下表示的四位数是 1524。

$$\begin{array}{r} A\ B\ C\ C \\ +\quad B\ D\ E \\ \hline 2\ 0\ 2\ 4 \end{array}$$

第 3 题图

4. 答案:88。

分析:想要小树苗长得高,晴天的天数尽量多,但不能连续超过 6 天,则 5 个晴天、1 个雨天为一周期,一周期小树苗最多可长 $3\times5+2=17$(毫米),$31\div6=5\cdots\cdots1$,最多可长高 $17\times5+3=88$(毫米)。

5. 答案:11。

分析:假设后来糊糊的开心果的数量为 1 份,则涂涂的开心果的数量为“2 份+1 颗”,这样开始时涂涂的开心果为“2 份+3 颗”,糊糊的开心果的数量为“4 份+7 颗”。所以“3 份+7 颗”是 22 颗,那么 1 份为 5 颗。所以涂涂现在有 11 颗开心果。

6. 答案:5。

分析:由题意知,甲乙、乙丙、丙丁、丁戊均不在同一行,所以甲丙戊在同一行,乙丁己在另一行。

若甲丙戊在第二行,则甲和丙说真话,那么甲乙都在第二列,戊不在第二列,那么丁说的是真话,矛盾,故甲丙戊在第一行。那么甲和丙说假话,说明甲和乙至少一人不在第二列,丙和丁在同一列;乙和丁说真话,所以甲和丙都不在第三列,戊和乙不在同一列;所以乙只能和甲同一列,且不在第二列,那么甲乙只能在第一列。所以丙丁在第二列,所以己在第二行第三列。

7. 答案:160。

分析:周长相等,所以长与宽的和是一定的,如图,设①的宽为 x,那么①的长宽和为 $24+x$,所以②的两边长为 $24-x$ 和 $2x$;⑤的两边长为 $24-2x$ 和 $3x$;④的两边长为 $24-4x$ 和 $5x$;③的两边长也为 $24-4x$ 和 $5x$。所以 $2x+5x+5x=24$,那么 $x=2$,所以阴影长方形的面积是 $16\times10=160$。

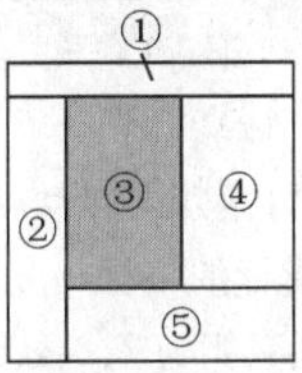

第 7 题图

8. 答案:288。

分析:任选一个顶点填 8,有 8 种填法。不妨设 8 填在 A 上,和 8 相加小于 12 的数只有 1、2、3,3 个数必须都与 8 相邻,分别填在 B、D、E 上,有 6 种填法;再填 7,7 只能填在 C、F、H 上,有 3 种填法;7 只能与 4 相邻,4 填在 G 上;最后填 5 和 6,有 2 种填法。总共有 $8\times6\times3\times2=288$(种)填法。

9. 答案:(1)100。(2)16。

分析:如图构造辅助线。

(1)$FC=2AB=40$,$NK=20$,所以 $FN=CK=10$,$\triangle AFH$ 的面积为 $20\times10\div2=100$。

(2)因为 $S_{\triangle HEM}=S_{\triangle HEO}=S_{\triangle HEF}$,同理 $S_{\triangle CGD}=S_{\triangle GDO}=S_{\triangle GDM}$。由于 $\triangle HEM$ 和 $\triangle GDM$ 的面积和为长方形 $GDHE$ 面积的一半,因此 $S_{\triangle CDM}+S_{\triangle MEF}=S_{\square GDEH}$,所以 $S_{阴}=S_{\square GDEH}+S_{\square ABGH}=S_{\square ABDE}=24\div3\times2=16$。

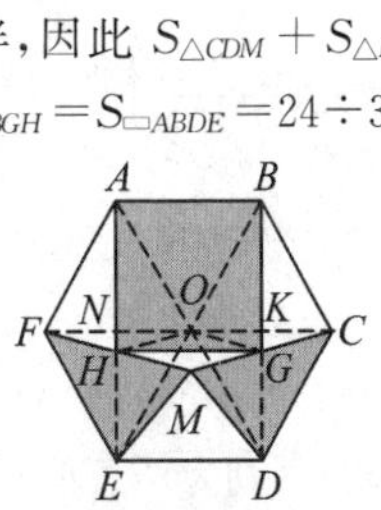

第 9 题图

10. 答案:(1)53。(2)3。

分析:(1)每一组操作中,②③使得所有数之和一共增大 9,①使得所有数之和减小,至少减小 1,∴所有数之和

至多是 $45+9-1=53$。

(2)每一组操作中,②③使得所有数之和一共增大 9,①使得所有数之和最多减小 9,而左方格表中的 9 数之和与右方格表中的 9 数之和相等,故每一次①操作都是将 9 变为 0。

左方格表变成右方格表,对应格的变化为:+5,+3,+1,+5,+3,+1,−6,−6,−6,所以后三格都经历了 9 变为 0 的操作。对应格至少要增大 5,3,1,5,3,1,3,3,3,总计增大 27,而每次增大总量都恰好是 9,故至少进行 3 组操作。

操作方式如下:"9"字格进行①操作,深灰色格进行②操作,浅灰色格进行③操作。

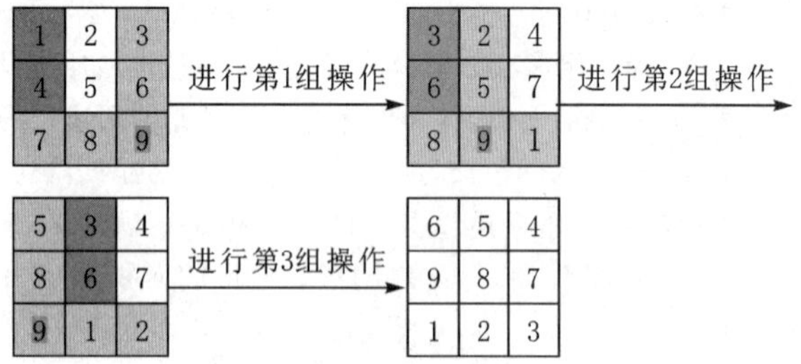

第 10 题图

11. 答案:(1)12。(2)27。

分析:(1)只有指针第四次转动后指针指向的数字是奇数,那么第五次转动指针的格数一定是两奇三偶。又有一次指针转动了 5 格,则只能为 2、3、4、5、6 或 4、5、6、7、8,且前三次指针转动的格数为偶数,后两次指针转动的格数为奇数。又因为指针第二次转动后指向 6,排除 4、5、6、7、8,五次转动指针的格数只能为 2、3、4、5、6,那么前两次共转动 $2+4=6$(格),第三次转动后仍为偶数,则第三次转 6 格,指向 12。

(2)指针第一次后指向的数可能是 10、2、8、4,最后两次分别转 3 格和 5 格,可能指向的数有(9,4),(9,2),(7,10),(7,4),(3,8),(3,10),(5,2),(5,8)。

与指针第一次转动后指向的数的所有组合共 $4\times8=32$(种),但 $2\times4\times9$、$2\times5\times8$、$3\times8\times10$、$4\times7\times10$ 都被计算了两次,另外 $4\times4\times9$ 与 $2\times8\times9$ 的计算结果相同,因此有 $32-5=27$(种)不同的取值。

高年级组C卷

1. 答案:30360。

分析:原式 $=2024\div\frac{24-20}{20\times24}\div8=2024\times\frac{20\times24}{4}\times\frac{1}{8}=2024\times5\times3=30360$。

2. 答案:2743。

分析:由第 3 行"径"与第 4 行"径"相加,"为"是 0,可得"勤"是 1。由第四行,$\overline{\text{勤为径}}$可能是 105、106 或 108,且$\overline{\text{书山}}$×有=$\overline{\text{勤为径}}$;由$\overline{\text{书山}}$×路=$\overline{\text{径1}}$,则$\overline{\text{径1}}$可能是 51、61 或 81,经检验,$\overline{\text{勤为径}}$是 108,$\overline{\text{书山}}$是 27,"有"是 4,"路"是 3。

所以$\overline{\text{书山有路}}$表示的四位数是 2743。

3. 答案:1727。

分析:圆的面积 $S_1=\pi\times10^2=100\pi$;

扇环的面积之和 $S_2=\frac{60}{360}\times\pi\times[(30^2-20^2)+(50^2-40^2)+(70^2-60^2)]=450\pi$。

故信号标示的面积 $=S_1+S_2=550\pi=550\times3.14=1727$。

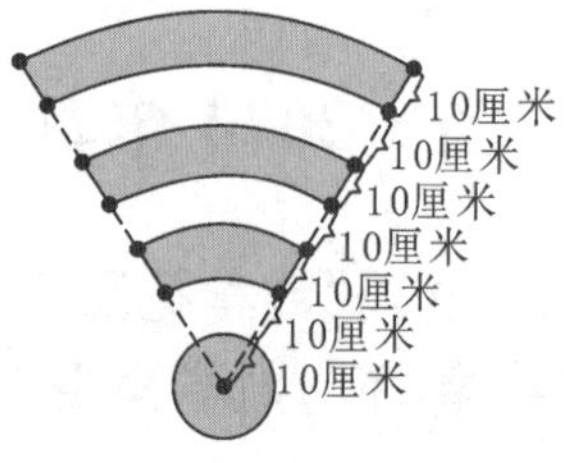

第 3 题图

4. 答案:100。

分析:设 A 商品的原价为 x 元,则 B 商品的原价为 $(1-10\%)x=0.9x$ 元。依题意,得 $0.9x\times90\%-(x-20)=(x-20)\times1.25\%$,解得 $x=100$。

5. 答案:6。

分析:只要小白赢了,两人的距离就会缩小 3 格;小黑赢了,两人的距离就会增大 4 格。

一开始两人的距离是 4 格,要使得两人站在同一个格子中,则距离为 0。因为[4,3]=12,所以小白赢了 3 次,小黑赢了 4 次,即 $4+4+4-3-3-3-3=0$。因此总共需要猜拳 7 次,不算第 1 次,至少还需要 6 次。

6. 答案:9792。

分析:三个括号的奇偶性相同,所以有

①$2024=2\times2\times506$,此时三个数中有两个相同,舍去。

②$2024=2\times22\times46$,解得三个数为 12、24、34,有 $a\times b\times c=12\times24\times34=9792$。

7. 答案:100。

分析:由条件①可知,互为朋友的一群人可以看作一组,同组的剑客为朋友,异组的剑客为敌人。

由条件②可知,最多有 2 组剑客,因此转化为 20 拆成两个数,乘积最大的问题。所以最大是 $10\times10=100$。

8. 答案:128。

分析:若不考虑旋转,先染红色,再染黄色,染法有 $9\times C_8^2=252$(种)。不中心对称的会重复计算两次,中心对称的情况只计算一次,中心对称的染色方法必须红色在中间,两个黄色有 4 种染法,所以共 $(252+4)\div2=128$(种)。

9. 答案:10。

分析:$2024=2^3\times11^1\times23^1$,$2025=3^4\times5^2$,不难得出 2024 有 16 个因数,2025 有 15 个因数,所以这个正整数与 2024 一定有大于 1 的公因数,否则这个数的 2024 倍的因数个数一定比 2025 倍的因数个数多。

要求这个正整数的最小值,根据 $2024=2^3\times11^1\times23^1$,不妨设这个数不含质因数 11 和 23,设这个数的质因数分解形式为 $A=2^a\times3^b\times5^c$。

$2024A=2^{a+3}\times3^{b}\times5^{c}\times11^{1}\times23^{1}$,

$2025A=2^{a}\times3^{b+4}\times5^{c+2}$,

因数个数相等,那么$(a+4)\times(b+1)\times(c+1)\times(1+1)\times(1+1)=(a+1)\times(b+5)\times(c+3)$,即$4=\frac{a+1}{a+4}\times\frac{b+5}{b+1}\times\frac{c+3}{c+1}$。当$a=c=1,b=0$时符合条件,此时$A$最小,为10。如果有质因数11和23,肯定大于10,所以A的最小值为10。

10. 答案:546。

分析:如图,设AC长a米,BC长b米。

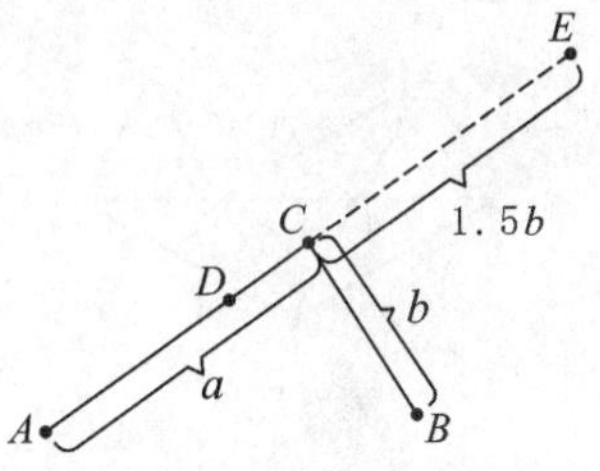

第10题图

如果甲、乙两人在AC段相遇,则可以把BC替换成CE,让$CE=1.5BC$即可。

在AE上,甲在上坡,乙在下坡。$v_{甲}:v_{乙}=1:1.5=2:3$。这样$AD=\frac{2}{5}AE$。

如果乙提速20%,那么相遇地点肯定还是在AC上,此时$v_{甲}:v_{乙1}=2:(3\times120\%)=5:9$,那么此时甲走了$\frac{5}{14}AE$,可以得到$AE=54\div\left(\frac{2}{5}-\frac{5}{14}\right)=1260$(米),即$a+1.5b=1260$。可以求出$AD=\frac{2}{5}\times1260=504$(米)。

若甲提速20%时也在AC段相遇,则$v_{甲1}:v_{乙}=(2\times120\%):3=4:5$,那么此时甲走$\frac{4}{9}AE$,这样,相遇地点距$D$应为$\left(\frac{4}{9}-\frac{2}{5}\right)\times1260=56$(米),不等于246米,所以甲提速后在$BC$段相遇。那么乙应该走了$\frac{5}{14}\times(1.5a+b)$,这样$(a+b)-\frac{5}{14}(1.5a+b)=504+55.5$。

解得$\begin{cases}a=546,\\b=476,\end{cases}$所以$AC$之间相距546米。

11. 答案:540。

分析:记3个数字为$a、b、c(a<b<c)$,由甲的话知3个数字组成的所有三位数中非4的倍数最多有2个听到的数(甲自己最多知道一个非4的倍数,另两人至少有1人听到的数是4的倍数)。

三位数是4的倍数,若十位数字为奇数,则个位数字为2或6。若十位数字为偶数,则个位数字为0、4或8。显然奇数数字最多有1个。

由乙的话知$9\mid(a+b+c)$,分类讨论:

(1)如果$a=0$,则$b+c=9$,枚举可得出满足组成的非4的倍数不超过2个的$(a、b、c)$有(0、1、8)和(0、4、5)两组。

(2)$a\neq0$,若三个数字的奇偶性为两偶一奇,组成的三位数是非4的倍数的肯定超过2个,不符合题意;若三个数字均为偶数,则$a+b+c=18$,此时满足条件的$(a、b、c)$只有(4、6、8)。

再由乙的话知至多有2个非27的倍数,但468、684、846均不为27的倍数,因此三个数字的组成只能为(0、1、8)或(0、4、5)。

①(0、1、8),非4的倍数有801和810,甲一定听到了其中之一;非27的倍数也有两个,是180和801,所以乙听到了180或801,甲无论是哪一个,都不会是最小的,舍去。

②(0、4、5),同理,甲听到了405或450,乙听到了504或450,由丙“不确定”进行枚举,知丙只能是听到了540,此时甲听到的数最小,符合题意,因此丙听到的数为540。

12. 答案:(1)2∶3。(2)80。

分析:如图,分别连接$BE、BD、AE$,过点C作$CM\perp BD$,垂足为M。

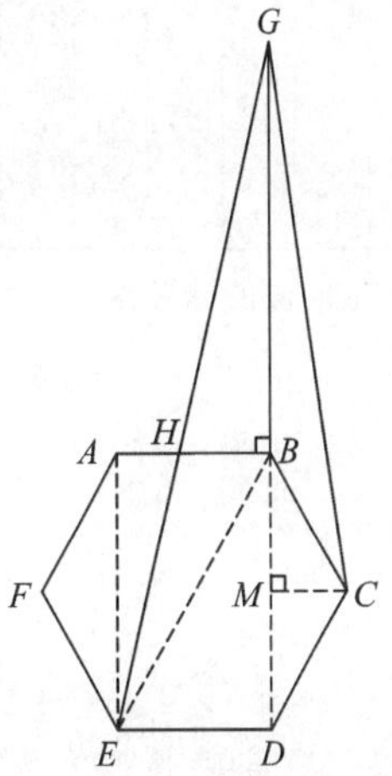

第12题图

因为$CM:HB=S_{\triangle CBG}:S_{\triangle HBG}=20:24=5:6$,由正六边形可得$ED=2CM$,所以$HB:ED=6:(5\times2)=3:5$。

(1)由正六边形可得$AB=ED$,故$AH:HB=(ED-BH):BH=2:3$。

(2)由$AE\parallel GB$,得$BD:GB=AH:HB=2:3$,故$S_{\triangle EBD}=24\times\frac{5}{3}\times\frac{2}{3}=\frac{80}{3}$,那么正六边形$ABCDEF$的面积为80。

13. 答案:(1)1次。(2)6次。(3)10次。

分析:每一次操作会出现3种情况,天平左侧重,天平右侧重,天平平衡。

(1)若总球数不超过3,那么1次操作即可确定球的数量:在天平右侧放2个球,若左侧重则左侧有3个球;若左侧轻则左侧只有1个球;若平衡则左侧有2个球。

(2)若总球数不超过k时,操作n次可确定球的数量。那么总球数不超过$2k+1$时,先在天平右侧放$k+1$个球,若平衡则左侧有$k+1$个球。若不平衡则根据左右的轻重情况,再经过n次操作即可确定球的数量。

递推可得:

球总数上限	3	7	15	31	63	127
操作次数	1	2	3	4	5	6

即 6 次可确定左侧球的数量。

(3)如果不能执行操作②，显然球总数不超过 $2n+1$ 时可由 n 次操作确定球的数量；如果可以执行一次操作②，第 1 次操作之后，若平衡则已经测出左侧球的数量，若左侧重则可以在右侧继续放球且保留使用操作②的机会，若右侧重则需要执行操作②。之后再按照不能执行操作②的方式进行测量，递推可得：

操作次数	1	2	3	4	5	6	7	8	9	10
不能执行操作②时的球的总数上限	3	5	7	9	11	13	15	17	19	
可执行 1 次操作②时的球的总数上限	3	7	13	21	31	43	57	73	91	111

即 10 次可确定左侧的球数量。

海外赛

中年级组 D 卷

1. 答案：40。

分析：12×3－4＋56÷7＝36－4＋8＝40。

2. 答案：8。

分析：图中共 5 块区域，按三角形所含区域数分类。含 1 块区域的三角形有 4 个，含 2 块区域的三角形有 2 个，含 3 块区域的三角形有 2 个。∴三角形共 4＋2＋2＝8(个)。

3. 答案：1298。

分析：如图，百位向千位进位，得 $A=1$。

由个位“$1+C=4$”，得 $C=3$。

由百位“$B+3=9$ 或 10”，得 $B=6$ 或 7；再看十位，知十位向百位进位，从百位得 $B=6$。

由十位“$6+D=12$”，得 $D=6$。

∴1661－363＝1298。

$$\begin{array}{r} A\ B\ B\ A \\ +\quad C\ D\ C \\ \hline 2\ 0\ 2\ 4 \end{array}$$

第 3 题图

4. 答案：64。

分析：设原来绿宝石的数量为 1 份，则红宝石的数量为 4 份。

龙太子施法后，红宝石的数量还有 4÷2＝2(份)，绿宝石的数量变成 1＋2＝3(份)，最后绿宝石的数量应有 2×4＝8(份)，那么 40 颗蓝宝石对应 8－3＝5(份)，从而每份对应 40÷5＝8(颗)宝石。

故最后有 8×8＝64(颗)绿宝石。

5. 答案：488。

分析：从第 4 个数字开始，每个数字等于前一个数字 2 倍的个位数字。从而从第 3 个数字开始，按 2、4、8、6 循环。100－2＝98，98÷4＝24……2。∴这列数字中前 100 个数字的总和是 2＋0＋(2＋4＋8＋6)×24＋2＋4＝488。

6. 答案：84。

分析：如图，$\triangle ABC$ 为等边三角形，$\triangle ACD$ 为顶角是 120°的等腰三角形。如图分割知，$\triangle ABC$ 的面积是$\triangle ACD$ 面积的 3 倍。

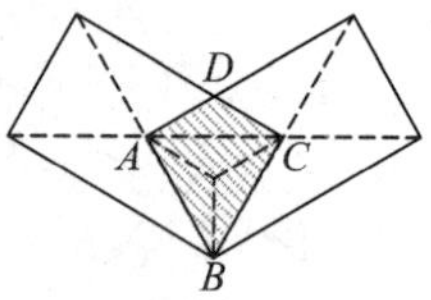

第 6 题图

设$\triangle ACD$ 的面积为 1 份，则$\triangle ABC$ 的面积为 3 份。那么一个长方形的面积是 3×4＝12(份)，整个图形的面积是 12×2－(1＋3)＝20(份)，从而每份对应的面积为420÷20＝21(平方厘米)。∴阴影部分的面积是 21×4＝84(平方厘米)。

7. 答案：35。

分析：1～9 中 3 个不同数组成的乘法等式只有 2×3＝6、2×4＝8 这两个。

根据甲的话可知，甲手中的 3 个数可能是(2、X、X)、(3、4、X)、(3、8、X)、(6、8、9)、(4、6、9)。

根据乙的话可知，乙手中的 3 个数是(2、3、4)或(2、3、8)，甲手中的 3 个数对应的是(6、8、9)或(4、6、9)，所以丙手中的 3 个数的乘积是 1×5×7＝35。

8. 答案：3。

分析：目标状态下，相邻两球的号码有 13，14，14，15，26，29，35，56，59，其中只有 56 在初始状态下出现。一次操作，新产生的相邻关系至多有 3 对，3×2＜8，∴操作 2 次不够，至少操作 3 次。

可如下操作 3 次操作实现目标：112345569→113455629→141355629→514135629。

9. 答案：(1)6。(2)1725。

分析：(1)第 1 位同学从 1 号开始数，数完一圈是 2023，再数 1，他取走 1 号礼物。

第 2 位同学从 2 号开始数，数完一圈是 2022，再数 2～3，他取走 3 号礼物。

第 3 位同学从 3 号开始数，数完一圈是 2021，再数 3～6，他取走 6 号礼物。

(2)假设胡老师取走的是 A 号礼物，第 1 位同学取走 $A+1$ 号，第 2 位同学取走 $A+1+2$ 号，第 3 位同学取走 $A+1+2+3$ 号……又 1＋2＋3＋…＋24＝300，而 1 号礼物相当于1＋2024＝2025 号礼物。∴A＝2025－300＝1725。

10. 答案：(1)1530。(2)1305。

分析：(1)两个三角形的面积和为 $60\times(60-9)\div2=1530$。

(2)设 4 个图形的面积为 S_1、S_2、S_3、S_4（$S_1<S_2<S_3<S_4$），等差数列的公差为 d。

①若两个三角形的面积分别为 S_1 和 S_2，则 S_1+S_2 比 S_3+S_4 少 $4d$，这样 $d=9\times60\div4=135$。又 $S_1+S_4=60\times60\div2=1800$，此时 $S_4=(1800+135\times3)\div2=1102.5$，不是整数，不符合题意。

②若两个三角形的面积分别为 S_1 和 S_3，则 S_1+S_3 比 S_2+S_4 少 $2d$，这样 $d=9\times60\div2=270$。又 $S_1+S_4=60\times60\div2=1800$，此时 $S_4=(1800+270\times3)\div2=1305$。

11. 答案：(1)8。(2)121。

分析：(1)每只蚂蚁各有 3 种选择，但不能同时选择爬向对方。∴不同的爬行情况共 $3\times3-1=8$(种)。

(2)考虑爬行第 1 条棱的情况，三只蚂蚁都只能去 B、D、E、G 三个顶点中的一个，这里注意到 E、D、G 三个点对它们是等价的，所以分情况讨论。

①如果三只蚂蚁去的是 B,E,D：若 A 处的蚂蚁去 B，则 C 处的蚂蚁去 D，F 处的蚂蚁去 E；若 A 处的蚂蚁去 D，则 C 处的蚂蚁去 B，F 处的蚂蚁去 E；若 A 处的蚂蚁去 E，则 F 处的蚂蚁去 B，C 处的蚂蚁去 D。共 3 种情况。顶点是 B,E,G 或 B,D,G 与 B,E,D 时同理，也各有 3 种，共 $3\times3=9$(种)。

②如果三只蚂蚁去的是 D,E,G：若 A 处的蚂蚁去 D，则 F 处的蚂蚁去 E，C 处的蚂蚁去 G；若 A 处的蚂蚁去 E，则 F 处的蚂蚁去 G，C 处的蚂蚁去 D。共 2 种情况。

爬行第 1 条棱共有 $9+2=11$ 种情况。

注意到第一次爬行后，三只蚂蚁的相对位置和最初是等价的，从而第二条棱的爬行同样也有 11 种情况。

根据乘法原理，不同的爬行情况共 $11\times11=121$(种)。

高年级组D卷

1. 答案：88。

分析：$1\frac{2}{3}\times45.6-78+90=76-78+90=88$。

2. 答案：400。

分析：蚕茧占原来总蚕数的 $\frac{1}{3}-\frac{1}{3}\times\frac{1}{3}+\left(1-\frac{1}{3}\right)\times\frac{1}{3}=\frac{4}{9}$，未结茧的蚕占原来总蚕数的 $\left(1-\frac{1}{3}\right)\times\left(1-\frac{1}{3}\right)=\frac{4}{9}$，所以最后蚕房里未结茧的蚕和蚕茧一样多，因此蚕房里有蚕茧 400 颗。

3. 答案：210。

分析：甲写的数的 3 倍是甲、乙写的数乘积的 $\frac{1}{21}$，所以乙写的数是 $3\div\frac{1}{21}=63$。同理，甲写的数是 $7\div\frac{1}{21}=147$。两个数的和为 $63+147=210$。

4. 答案：1012。

分析：设梯形的边长为 a_1、a_2、a_3、a_4（$a_1<a_2<a_3<a_4$），公差为 d。

如图，将梯形分割成▱$ABED$ 和 $\triangle BCE$，两底的差与两腰构成 $\triangle BCE$，从而两腰的差小于两底的差，那么两底的差为 $2d$ 或 $3d$。

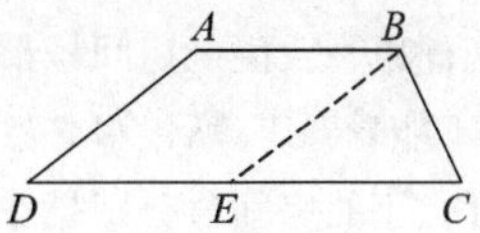

第 4 题图

若两底的差为 $2d$，两底长 a_1，a_3 或 a_2，a_4，两腰的差也是 $2d$，矛盾。∴两底的差为 $3d$，两底长 a_1，a_4，两腰长 a_2，a_3。$a_2+a_3=a_1+a_4=2024\div2=1012$。

5. 答案：5。

分析：如果大熊每天仅比前一天多做 1 个俯卧撑，则 10 天他共做了 $11+12+13+\cdots20=155$(个)俯卧撑。

若第 2 天多做 2 个俯卧撑，则后面每天要多做 1 个俯卧撑，共多做 $1\times9=9$(个)俯卧撑；

若第 3 天多做 3 个俯卧撑，则后面每天要多做 2 个俯卧撑，共多做 $2\times8=16$(个)俯卧撑；

依此类推，后面每天改变对总数的影响分别为 9，16，21，24，25，24，21，16，9。

而总共需要多做 $215-155=60$ 个。60 只能表示为 $9+21+21+9$，因此有 4 天他比前一天多做不止 1 个俯卧撑，有 5 天仅比前一天多做 1 个俯卧撑。

6. 答案：935。

分析：这个数是个奇数，所以只能除以 2 余 1，除以 4 余 3，除以 6 余 5，除以 8 余 7。

这个数的个位是 5，所以除以 5 余 0；

这个数除以 6 余 5，所以除以 3 余 2，除以 9 余 8；

因此这个数除以 360 余 215。

余数还剩下 4 和 6，所以这个数除以 7 余 4 或者 6。

枚举知这个三位数是 $360\times2+215=935$。

7. 答案：40。

分析：延长 BE 交 CD 于点 M。

等积变形，$S_{\triangle ABC}=S_{\triangle ABD}$，$S_{\triangle ABE}=S_{\triangle DBE}=S_{\triangle BDF}$，$S_{\triangle ABF}=S_{\triangle DEM}=S_{\triangle BEC}=30$，$S_{\triangle EMC}=75-30=45$。

∴$S_{\triangle BDE}=30\times30\div45=20$，

平行四边形 $BEDF$ 的面积为 40。

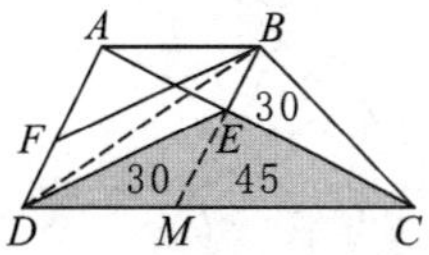

第 7 题图

8. 答案：2346。

分析：5 号房间可以看到所有人的位置，所有人都能看到 5 号房间。

乙并不能看到所有人，说明乙不住在 5 号房间。

丙无法确定丁是否知道甲的房间，所以丙、丁也不住在 5 号房间。

第一层(1、2、3 号)和第三层(7、8、9 号)的房间互相之间都看不到。

若甲不在第一层，则丁必在第三层，丁必然不知道甲在几号房间，因此甲只能在第一层。

丙无法确定丁是否知道甲的位置，所以他无法确定丁是否在第三层，因此甲、乙、丙的房间号都小于5。

甲能确定丙不能看到丁，所以甲必然可以看到丁。

因此甲、乙、丙、丁的房间号分别是2、3、4、6号。

9. 答案：20。

分析：小李早出发10分钟，途中少用10－5＝5(分)。说明平时速度减半行10分钟的路程，被现在正常行5分钟所替代。平时上班有以下三类情况：

(1)8:00或之前出发，8:10到达公司；

(2)8:00或之后出发，8:35到达公司；

(3)8:00—8:05出发，速度减半行10分钟到达公司。

小李晚20分钟出发，途中多用25－20＝5(分)。说明平时正常行驶5分钟的路程，被现在速度减半行10分钟所替代。如果是(2)(3)两种情况之一，则晚出发20分钟时，途中所用时间一定不会多于平时所用时间，所以必为情况(1)。

由情况(1)知，小李晚20分钟出发时，晚到25分钟，则是8:35到达公司，在拥堵段上的时间是10＋10＝20(分)，所以晚20分钟出发是8:10出发，平时是7:50出发。

所以如果小李8:00出发，会8:30到达，比平时晚20分钟到达。

10. 答案：162。

分析：如图标注∠1、∠2、∠3、∠4。由条件有∠B＝∠C＝∠1＝∠2，所以△BEF为等腰三角形，这样BE＝EF＝EC。又∠3＝∠DEF，且∠3＋∠DEF＋∠4＝∠2＋∠B＋∠4，所以∠3＝∠B＝∠C。这样四边形$ABED$是一个平行四边形。所以$S_{\triangle BEF}+S_{\triangle ADF}=S_{\triangle GEF}+S_{\triangle DGE}$，可得$S_{\triangle ADF}=S_{\triangle DGE}=36$。$DG:DF=S_{\triangle ADG}:S_{\triangle ADF}=24:36=2:3$，所以$AF:AB=2:3$，故梯形$ABCD$的面积为$36\div\left(\frac{1}{3}\times\frac{2}{3}\right)=162$(平方厘米)。

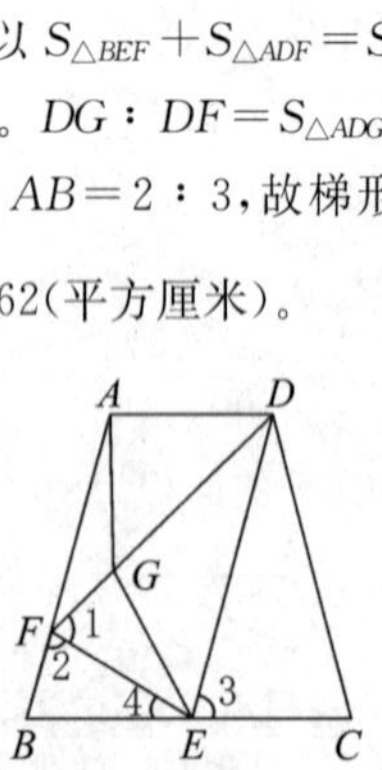

第10题图

11. 答案：64。

分析：方法1　如图，四个角格有2个相邻方格，必为1黑1白，因此B和AC异色，E和DF异色，按BE同色或异色进行分类。

(1)BE同色，则①②、②③、④⑤、⑤⑥各至少有1黑，①②③、④⑤⑥各至少有1白即可。按②、⑤颜色分类，共1＋2×3＋9＝16(种)。

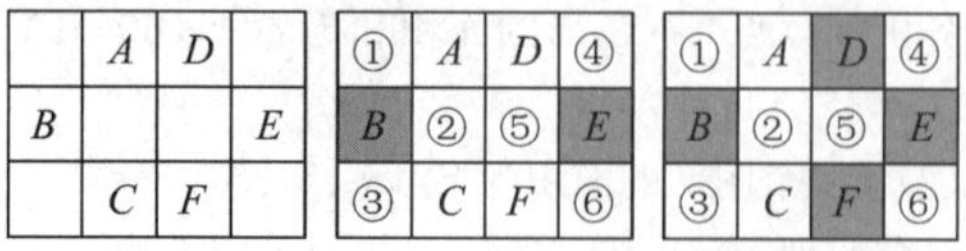

第11题图

(2)BE异色，则①②、②③、④⑤⑥各至少有1白，④⑤、⑤⑥、①②③各至少有1黑即可。按②、⑤颜色分类，共3＋9＋1＋3＝16(种)。

综上所述，共2×(16＋16)＝64(种)染色方法。

方法2　对方格表进行黑白间隔染色，黑色区域与白色区域均有8种染色方法，因此共8×8＝64(种)。

12. 答案：(1)999。(2)8个。

分析：B和A的2倍相差9的倍数(进几位就相差几倍)。

(1)A和B一样大，则A一定是9的倍数。

若A＝9，则无法产生进位，不满足要求；

若A＝18，则需要进两位，百位上必须进位，千位上就无法产生进位了，不满足要求；

若A＝27，数字和为27的三位数只有一个：999。999×101＝100899，满足要求。

(2)若乘积的百位产生进位，则原三位数的百位数字和个位数字之和要大于9，A至少是10；

若乘积的千位产生进位，则原三位数的十位数字必须为9，且乘积的百位必须进位，A至少是19；

若乘积的万位产生进位，则原三位数的百位数字必须为9，且乘积的千位必须进位。

若A＜10，则无法产生进位，A＞B；

若10⩽A＜19，至多只能产生一次进位，A＞B；

若A⩾19，且A＞B，则需产生3次进位且A＜27，因此原三位数的百位数字和十位数字必须都是9。

这样的三位数有991～998，共8个。

13. 答案：(1)15。(2)16。

分析：(1)若有人只有一种颜色的棋子，则所有人都要与他有同色棋子，最多只能分给10人。

若每人都有两色以上的棋子，则任意两人之间都有同色棋子，所以最多可以分给10×3÷2＝15(人)。

下面给出15人的构造：1～5号拥有(红、黄)棋子，6～10号拥有(红、蓝)棋子，11～15号拥有(黄、蓝)棋子。

(2)由(1)知至少可以分给15人来满足题目要求。

下面只讨论每人棋子的数量不少于2，人数不少于16的情况。

总共有棋子10×4＝40枚，所以至少有16×3－40＝8(人)只有2枚棋子。

不妨将4种颜色记作红、黄、蓝、绿，4种颜色选2种共有6种选择，其中两两不可同取，所以最多只有3种可选，因此至少有3人的2枚棋子的颜色分别相同，不妨记作1～3号拥有红色棋子和黄色棋子。

此时还剩红色、黄色棋子各7枚，而其他人必须拥有红色棋子或黄色棋子，因此至多有3＋7＋7＝17(人)。

下面证明 17 人不行。若分给 17 人，则剩下红、黄棋子分给 14 个人每人一个，不妨记作 4～10 号拥有红色棋子，11～17 号拥有黄色棋子。还剩蓝、绿棋子各 10 枚，因此剩下的 14 人中必有人只有 2 枚棋子。不妨设 4 号拥有红色棋子和蓝色棋子，则 11～17 号拥有蓝色棋子，则 5～10 号中至少有 4 人没有蓝色棋子，不妨记作 5～8 号仅拥有红色棋子和绿色棋子，则 11～17 号都必须拥有绿色棋子，产生矛盾。所以 17 人不能满足要求。

下面给出 16 人的构造：1～3 号拥有(红、黄)棋子，4～6 号拥有(红、蓝)棋子，7～9 号拥有(红、绿)棋子，10～16 号拥有(黄、蓝、绿)棋子。

因此，最多分给 16 名同学，可以满足要求。

寒假大师赛

4年级

第一试

1. 答案：462。

分析：A,B,C 都不能是 0，从而 0 在 D,E 中，不妨设 $E=0$。

$C\times D\div A=B-C$，A、C、D、$B-C$ 都取自 2，4，6，8，且 A、C、D 各不相同，只有 $2\times8\div4=6-2$。∴等式为 $4\times(6-2)=2\times(8+0)$，三位数 $\overline{ABC}$ 是 462。

2. 答案：9。

分析：最终鸭的数量增加了 5 只，说明顺时针变鸭比逆时针变鹤多 5 次，所以顺时针变鹤比逆时针变鹅少了 $24-20+5=9$(次)，即鹅增加了 9 只。

3. 答案：60。

分析：据题意，3 个同色的小格只有下图的“一”形和“L”形(可旋转)。

(1)如图(1)，中心格在“一”形中有 2 种。

(2)如图(2)、图(3)，中心格在“L”形中有：$2\times4=8$(种)。

三种颜色可任意互换：$3\times2=6$(种)。

∴不同的染色方式共有 $(2+8)\times6=60$(种)。

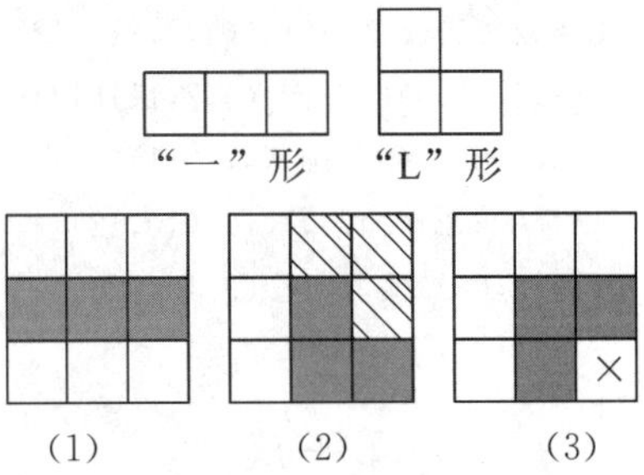

第 3 题图

4. 答案：(1)8310。(2)见分析。

分析：(1)由 $G=A+C+D>A$ 知，$A\leqslant8$。

当 $A=8$ 时，$G=9$，$C+D=0+1$。

而 $F=I+C$，有 $C\neq0$，$C=1$，$D=0$。

构造如下图(不唯一)：

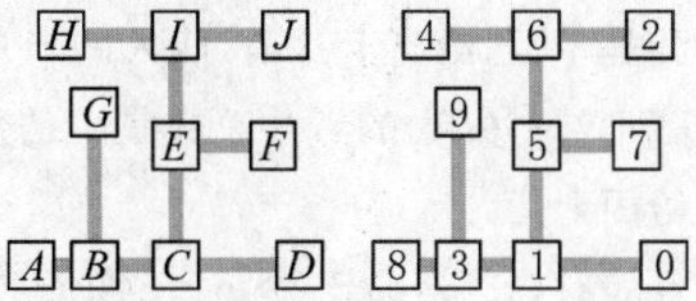

∴$\overline{ABCD}$ 的最大值是 8310。

(2)证明：设每条直线上所有方框中所填数的和为 S。

$H+I+J=E+F=A+B+C+D=S$，$G=45-3S$。

$G+B=I+E+C=H+J+D+A=S$，$F=45-3S$。

从而 $G=F$，矛盾。

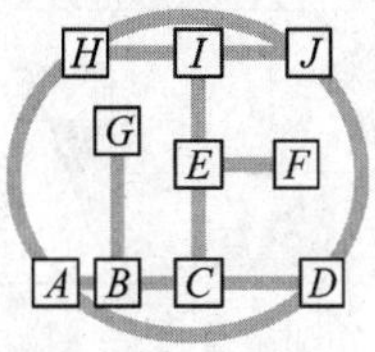

5. 答案：(1)50。(2)28。

分析：(1)由 $EF\parallel OC$，有 $S_{\triangle EOC}=S_{\triangle FOC}=30$，

∴$S_{梯形AOCE}=S_{\triangle AOE}+S_{\triangle EOC}=20+30=50$。

(2)延长 AO 交 CD 于点 G，连接 AC、EG。

∵$AO\parallel EC$，

∴$S_{\triangle ACO}=S_{\triangle AEO}=20$，$S_{\triangle AEG}=S_{\triangle CEG}=S_{\triangle FOC}=30$，

∴$AO\div OG=20\div(30-20)=2$，$AG=3OG$。

由 $S_{\triangle ADG}=3S_{\triangle ODG}$，$S_{\triangle ACG}=3S_{\triangle OCG}$，有 $S_{\triangle ACD}=3S_{\triangle OCD}=3\times24=72$。∴$S_{\triangle AOD}=S_{\triangle ACD}-S_{\triangle ACO}-S_{\triangle OCD}=72-20-24=28$。

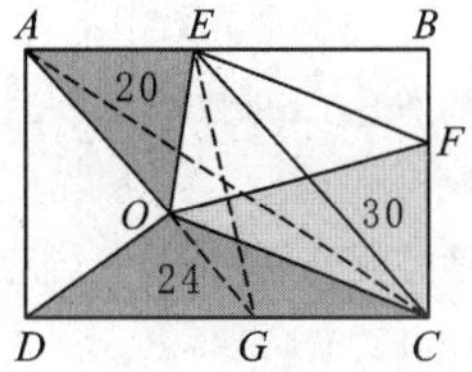

第 5 题图

第二试

1. 答案：24。

分析：乙给另一人卡片后，卡片总数是 $5+1=6$ 的倍数。最后 4 人的卡片数量相等，卡片总数是 4 的倍数。可设卡片总数为 12 份，最后每人有 $12\div4=3$(份)。

丙给出卡片前，乙的卡片数量是 $12\div(5+1)=2$(份)，最后是 3 份，从而丙的卡片给了乙。此时甲、丁的卡片数量已是最后的 3 份，丙的卡片数量是 $12-3-2-3=4$(份)，丙要给乙 $4-3=1$(份)，于是 1 份是 4 张卡片。丙给出卡片前，甲、乙、丙、丁四人的卡片数量依次是 12、8、16、12。

最开始，甲和另一人的卡片总数是 $6+1=7$ 的倍数。

乙若给的是甲，乙给出卡片前，四人的卡片数量依次是 7、13、16、12，其中甲与另外任一人的卡片总数都不是 7 的倍数，矛盾！

乙若给的是丙，乙给出卡片前，四人的卡片数量依次是 12、13、11、12，其中甲与另外任一人的卡片总数都不是

7 的倍数，矛盾！

乙若给的是丁，乙给出卡片前，四人的卡片数量依次是 12、13、16、7，这时甲、丙的卡片总数是 7 的倍数。所以最开始是甲给丙卡片。

∴甲最开始有(12＋16)÷7×6＝24(张)卡片。(注：最初四人的卡片数依次是 24、13、4、7)

2. 答案：44。

分析：如图，作弦图，有 $S_2=S_4$，$S_1+S_3=S_5$。

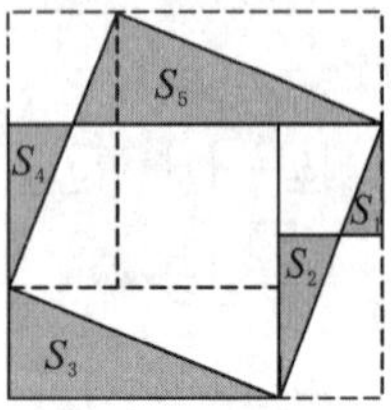

第 2 题图

$\therefore S_5=S_1+S_3=(S_1+S_2)+(S_3-S_4)=44$

3. 答案：69。

分析：完全平方数从小到大依次为 0，1，4，9，16，25，36，49，64…

若某行(或列)数的和为 0，则数全为 0，只能是第 2 行数全部都是 0，这时第 1 列、第 3 列数的和都是 4，矛盾。

∴6 个完全平方数中不含 0。

若某行(或列)数的和为 1，则该行(或列)数为 0、0、1，只能是第 2 行。注意到 2＋0＋2＝4，而 4＋1＝5 不是完全平方数，矛盾。∴6 个完全平方数中不含 1。

三行数的总和等于三列数的总和。6 个完全平方数中，偶数恰有偶数个。

若 6 个完全平方数全是奇数，6 个完全平方数的总和≥9＋25＋49＋81＋121＋169＝454。

若 6 个完全平方数全是偶数，6 个完全平方数的总和≥4＋16＋36＋64＋100＋144＝364。

若 6 个完全平方数中恰 2 偶 4 奇，6 个完全平方数的总和≥9＋25＋49＋81＋4＋16＝184。

若 6 个完全平方数中恰 4 偶 2 奇，6 个完全平方数的总和≥4＋16＋36＋64＋9＋25＝154。

∴新填入的 5 个数之和≥154÷2－(2＋0＋2＋4)＝69。此时有 4＋9＋64＝16＋25＋36＝77。

构造可如下图(构造不唯一)：

2	2	0
12	20	32
2	3	4

第 3 题图

4. 答案：(1)18174。(2)否，见解析。(3)是，134、135、136、137。

分析：(1)2024÷7＝289……1，2024 在第 290 行的右数第 1 个，3×3 方框围住的 9 个数如下：

2012	2011	2010
2021	2022	2023
2026	2025	2024

总和为(2011＋2022＋2025)×3＝6058×3＝18174。

(2)否。3×3 方框围住的 9 个数的总和等于其内中间列三数和的 3 倍，而 2024 不是 3 的倍数。

(3)是。相邻两行数中，同列两数的和都相等。从而 4×4 方框中，四列数的和都相等。∴每列四数的和为 2024÷4＝506。

同一列中，每个数比它下面第 2 行的数小 14。∴每一列下面两个数的和为(506＋14×2)÷2＝267。

(267＋1)÷2＝134，134 恰好除以 7 余 1，满足题意。

如图，当右下角数是 134 时，4×4 方框围住的 16 个数的总和恰好是 2024，∴134 满足题意。

116	117	118	119
123	122	121	120
130	131	132	133
137	136	135	134

4×4 方框在数表中水平滑动时，16 个数的总和不变。

∴满足题意的有 134、135、136、137。

5. 答案：(1)(2)见分析。

分析：(1)不能。用“3—1—3—2”表示从左往右小方块的数量，4 摞依次有 3，1，3，2 个小方块。由“3—3—3”倒推如下：

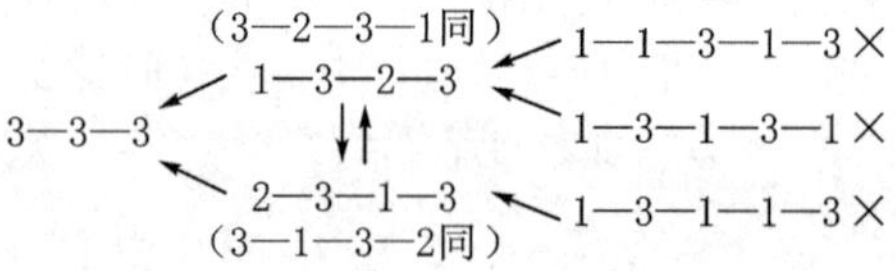

(2)能。不动的只可能是每摞最下层的小方块，所以最少操作 12－4＝8(次)。

可如下操作(不唯一)：

(1)(2)(3)(4)(5)(6)(7)(8)(9)(10)(11)(12)

→(1)(6,2)(3)(4)(5)(7)(8)(9)(10)(11)(12)

→(1)(6,2)(3)(4)(5)(8)(9)(10)(7,11)(12)

→(1)(8,6,2)(3)(4)(5)(9)(10)(7,11)(12)

→(1)(8,6,2)(3)(5)(9)(10)(4,7,11)(12)

→(3,1)(8,6,2)(5)(9)(10)(4,7,11)(12)

→(5,3,1)(8,6,2)(9)(10)(4,7,11)(12)

→(5,3,1)(8,6,2)(9)(4,7,11)(10,12)

→(5,3,1)(8,6,2)(4,7,11)(9,10,12)。

5年级

第一试

1. 答案：16。

分析：$2024=2^3\times11\times23$，所以两个两位数为 22 和 46，一位数为 2，所有数字之和为 2＋2＋2＋4＋6＝16。

2. 答案：14。

分析：小等边三角形的面积是梯形面积的一半，该梯形的面积是长方形面积的一半，所以小等边三角形的面积是 $24\times\frac{1}{2}\times\frac{1}{2}=6$。大等边三角形的面积是梯形面积的 $\frac{2}{3}$，所以大等边三角形的面积是 $24\times\frac{1}{2}\times\frac{2}{3}=8$。故两个等边三角形的面积之和为 $6+8=14$。

3. 答案：67。

分析：根据第一句话可知，分子一定含有质因数 2 和 5。

根据第二句话可知，分母可能是 27、37、111、333、999。

根据第三句话可知，甲能知道分母，如果分子有质因数 37，$37\times2\times5=370$，分母是多少都不符合题意，说明分子没有质因数 37。如果分子有质因数 3，分母一定是 37，分子是 30，成立。如果分子没有质因数 3 也没有质因数 37，则分子一定大于 333，才能知道分母是 999。

根据第四句话可知，乙能知道分子，说明分母不是 999。

所以分子、分母之和是 $30+37=67$。

4. 答案：(1)5。(2)2。(3)2。

分析：(1)如果 M 中含有质因数 5，那么 M 的个位数字必然为 5。

计算 M、N 中 5 的个数：

$$\left[\frac{2023}{5}\right]+\left[\frac{2023}{5^2}\right]+\left[\frac{2023}{5^3}\right]+\left[\frac{2023}{5^4}\right]-\left[\frac{1011}{5}\right]-\left[\frac{1011}{5^2}\right]-\left[\frac{1011}{5^3}\right]-\left[\frac{1011}{5^4}\right]=252,\left[\frac{1012}{5}\right]+\left[\frac{1012}{5^2}\right]+\left[\frac{1012}{5^3}\right]+\left[\frac{1012}{5^4}\right]=251,$$

所以分子中共含 252 个 5，分母中共含 251 个 5，所以 M 的个位数字是 5。

(2)含有奇质数 p 的正整数从小到大依次为 p，$2\times p$，$3\times p$，$4\times p\cdots$，故分子中所含 p 的个数必然大于等于分母中所含 p 的个数，所以分母只含质因数 2。

$2\times4\times6\times\cdots\times2024$ 共含有 2017 个质因数 2，$N=2^{2017}$，所以 N 的个位数字是 2。

(3)$M=\frac{1}{2}\times\frac{3}{4}\times\frac{5}{6}\times\cdots\times\frac{2023}{2024}\times2^{2017}=\frac{2024!}{(1012!)^2\times2^7}$，对于立方超过 2024 的奇质数 p，M 含有 p 的个数为

$$\left(\left[\frac{2024}{p}\right]-\left[\frac{1012}{p}\right]\times2\right)+\left(\left[\frac{2024}{p^2}\right]-\left[\frac{1012}{p^2}\right]\times2\right)$$

$\leqslant2$，即此时 p^3 不是 M 的因数，所以 $p\leqslant11$。

经验算，发现 M 中不含 3，含 3 个 7、1 个 11，故 M 的立方因子只有 1 和 7^3，完全立方数都有 2 个。

5. 答案：(1)32。(2)0，4。(3)存在，16。

分析：(1)4 个 2 不能相邻，只能填在面对角线的位置，其余 4 个位置 0 或 4 任选，共 $2\times2^4=32$(种)填法。

(2)2 相对位置已经确定，0 和 4 的位置恰好构成正四面体。

若填 4 个 0 或 4 个 4，幸运面有 0 个；

若填 3 个 0、1 个 4 或 3 个 4、1 个 0，幸运面有 3 个；

若填 2 个 0、2 个 4，幸运面有 4 个。

所以幸运面最少有 0 个，最多有 4 个。

(3)存在。2 的位置有 2 种，剩下的位置填 3 个 0、1 个 4，有 4 种情况。同理填 3 个 4、1 个 0 也有 4 种情况，共 $2\times(4+4)=16$(种)。

第二试

1. 答案：18。

分析：由把曹操杯里酒的一半倒给刘备，刘备杯中的酒的容量将会是曹操的 4 倍可知，初始曹操与刘备的酒的容量比是 $2:3$。将酒壶中剩下酒的一半盛给刘备，刘备的酒的容量是曹操的 3 倍可知，曹操、刘备、壶里剩下的酒的容量比为 $2:3:6$，所以曹操杯里的酒有 $99\div11\times2=18$(钱)。

2. 答案：520。

分析：方法 1：如图(1)构造弦图，过点 G 作 $PQ\perp AB$，分别交 AB、EF、DC 于点 P、O、Q。

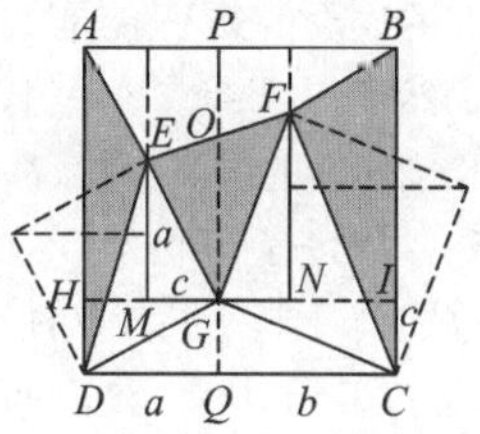

(1)

设 $EM=a$，$FN=b$，$MG=c$。由弦图可知，$DQ=EM=a$，$CQ=FN=b$，$NG=IC=DH=MG=c$，所以 $AD=BC=DC=a+b$，$HM=a-c$，$NI=b-c$。

由共角定理可知，$S_{\triangle EFG}=S_{\triangle CDG}$，所以

$S_{\triangle ADE}=\frac{1}{2}(a+b)(a-c)$，

$S_{\triangle BCF}=\frac{1}{2}(a+b)(b-c)$，

$S_{\triangle EFG}=\frac{1}{2}(a+b)c$，

$S_{正方形ABCD}=(a+b)^2$。

因为 $a-c+b-c+2c=a+b$，所以 $S_{正方形ABCD}=2(S_{\triangle ADE}+S_{\triangle BCF}+2S_{\triangle EFG})=2\times(53+89+2\times59)=520$。

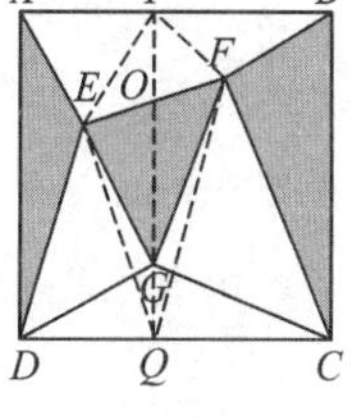

(2)

方法 2：如图(2)构造弦图，可知 $NG=IC=DH=MG$。同时 $EM/\!/OG/\!/FN$，所以 OG 是梯形 $EMNF$ 的中位线，那么 $OG=\frac{1}{2}(EM+FN)=\frac{1}{2}(DQ+CQ)=\frac{1}{2}DC=\frac{1}{2}PQ$，所以 $S_{四边形PEQF}=2S_{\triangle EFG}$，一半模型可知 $S_{正方形ABCD}=2(S_{\triangle ADE}+S_{\triangle BCF}+S_{四边形PEQF})$，所以 $S_{正方形ABCD}=2(S_{\triangle ADE}+$

$S_{\triangle BCF}+2S_{\triangle EFG})=2\times(53+89+2\times59)=520$。

3. 答案:22。

分析:对一条线段,我们定义它的两个端点的数字差为这条线段的长度。如果每条线段与其余 1 条线段相交,那么每条线段之间的点的数量为奇数,这样的线段的长度为偶数。

6 条线段分为 3 组,每组各自相交。如果线段长度为 4,例如连接 1—5,接下来必定 2—4,这样 3 连出的线段至少与 2 条线段相交,矛盾!故线段的长度只能为 2 或 6,长度为 6 的线段必然两两相交,所以长度为 6 的线段最多有 2 条。

①如果长度为 6 的线段有 2 条,那么它们不能再与其他线段相交,只能是例如 1—7,2—8 的相邻直径,这样余下点的连接方式唯一,有 2—4,3—5,8—10,9—11,共有 6 种。

②如果长度为 6 的线段有 1 条,不妨设为 12—6,那么它必定与长度为 2 的线段相交,只能是 11—1 或 7—5。余下点的连接方式仍然唯一,共有 $6\times2=12$(种)。

③如果没有长度为 6 的线段,那么都是长度为 2 的线段,每 4 个相邻点一组,共有 4 种。

综上所述,一共有 $6+12+4=22$(种)连接方式。

4. 答案:(1)23。(2)18:12。(3)10560。

分析:(1)把丙休息 5 分钟、再走 b 分钟看成一个运动周期,那么第一个周期相当于从 13:00 开始,到丙到达 A 地,他刚好走了整数个周期,且与甲的路程和时间都相同,所以丙一个周期的平均速度与甲的速度相同。丙、甲相遇时,丙刚好第 12 个运动周期结束,那么此时丙的平均速度等于甲的速度,故丙、甲在 AB 的中点 C 相遇。那么丙到达 A 地刚好 24 个运动周期结束,休息次数为 $24-1=23$。

(2)当丙走完第 13 个运动周期在点 D 与乙相遇,此时甲应该刚好到达丙走完第 11 个运动周期的位置 E。这样 $\frac{v_甲}{v_乙}=\frac{BE}{BD}=\frac{11}{13}$,那么甲、乙走完 AB 的时间比为 $13:11$,所以甲走 AB 的时间为 $6.5a$,这样甲走一个运动周期的时间为 $b+5=\frac{6.5a}{24}=\frac{13a}{48}$,$a$ 只能为 48,此时 b 为 8。甲走 AB 的时间为 $48\times6.5=312$(分),时间为 18:12。

(3)丙的速度比乙的速度快 15 米/分,因为丙的平均速度等于甲的速度,所以 $\frac{8(v_乙+15)}{13}=\frac{11v_乙}{13}$,所以乙每分钟走 40 米,乙走完全程用 $5.5\times48=264$(分),全程为 $264\times40=10560$(米)。

5. 答案:(1)能。(2)21。

分析:(1)能。

具体操作:$(2,3)\to\left(\frac{5}{2},\frac{5}{2}\right)$;$(5,7)\to(6,6)$;$(11,13)\to(12,12)$;$\left(\frac{5}{2},6,12\right)\to\left(\frac{41}{6},\frac{41}{6},\frac{41}{6}\right)$。

(2)当 n 为合数时,设 $n=a\times b$,乙可以在 $a+b$ 次操作后获胜。首先,乙将这些数排成一个 $a\times b$ 的矩阵,乙依次取矩阵中每一行的全部数,并将其替换为它们的平均值。然后乙依次取每列里的全部数,并将它们替换为它们的平均值;这样矩阵中的所有数都将相等,乙可以获胜。

如果 n 是质数,甲在黑板上写下 1 个 1,其他数都写 0。那么乙想获胜,每个数必须等于 $\frac{1}{n}$。然而当乙选择一些数操作后,平均数的分母一定是 $(n-1)!$ 的因数,而 n 又是质数,故分母无论如何都不可能变为 n。所以当 n 是质数时,甲这样写数乙无法获胜,两位质数共有 21 个。

6年级

第一试

1. 答案:42。

分析:等式可变形为 $(A-1)\times(B+C)=B\times9-D$,等式右边能被 4 整除,所以 B、D 模 4 同余。枚举 B,不难得出正确算式为 $7\times(5+1)=51-9=42$。

2. 答案:460。

分析:不妨设三角形的较短直角边长为 a,较长直角边长为 b,斜边长为 c。

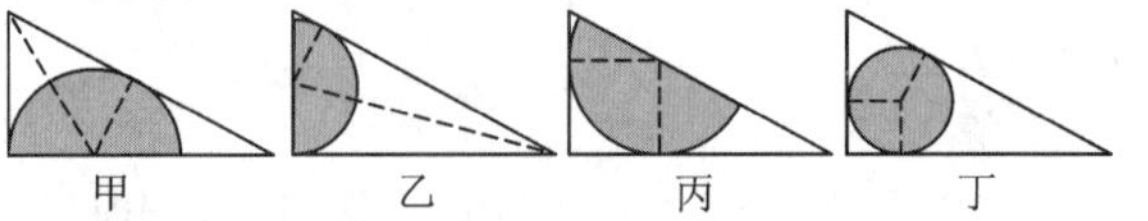

第 2 题图

显然有:

$$\frac{ab}{736}=a+c,\frac{ab}{575}=b+c,\frac{ab}{800}=a+b。$$

所以:

$$a+b+c=ab\times\frac{1}{2}\times\left(\frac{1}{736}+\frac{1}{575}+\frac{1}{800}\right)=\frac{ab}{460}。$$

故丁裁出的圆的半径为 $\frac{ab}{a+b+c}=460$。

3. 答案:36。

分析:把棋盘格黑白染色,相邻格不同色,则黑色格子中的马的"领域"全是白色格子。白色格子中的马只能攻击黑色格子,这样只需考虑黑色格子最多能放多少枚马。

如下图,标奇数数字的格子和偶数数字的格子不能共存,而若只选奇数或者只选偶数都只能最多选 2 枚,选法有(1,3)、(1,5)、(7,3)、(7,5)、(2,6)、(4,8)这 6 种。同理,白格最多也只能放 2 枚,也是 6 种放法。因此总的来说最多放 4 枚,放法有 $6\times6=36$(种)。

1		2	
	3		4
6		5	
	8		7

第 3 题图

4. 答案:(1)96,10.5。(2)7917。

分析:(1)将包含"☆"的小格分别垂直投影到大长方形表格最下面、最右面的边上,设为 AB、CD。

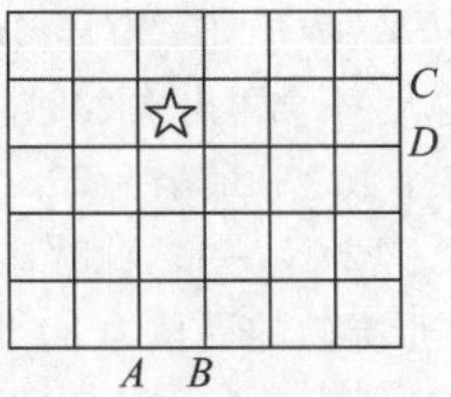

第 4 题图

设大长方形表格内，含 AB 的格点线段有 $3\times4=12$(条)，长度和为 $(1+2+3+4)+(2+3+4+5)+(3+4+5+6)=42$。含 CD 的格点线段有 $2\times4=8$(条)，长度和为 $(1+2+3+4)+(2+3+4+5)=24$。

含"☆"的长方形总共有 $12\times8=96$(个)。则面积的平均数为 $42\times24\div96=10.5$。

(2)将包含"☆"的小格分别垂直投影到大长方形表格最下面、最右面的边上，设为 AB、CD。

设大长方形表格内，含 AB 的格点线段有 m 条，分别长 $s_1,s_2,s_3,\cdots,s_m$。

含 CD 的格点线段有 n 条，分别长 $t_1,t_2,t_3,\cdots,t_n$。则 $(s_1+s_2+s_3+\cdots+s_m)\times(t_1+t_2+t_3+\cdots+t_n)\div mn=2024$。(与"☆"的位置无关)

而 $(s_1+s_2+s_3+\cdots+s_m)\div m=(a+1)\div2$，$(t_1+t_2+t_3+\cdots+t_n)\div n=(b+1)\div2$，即 $(a+1)\times(b+1)=8096$。当 $a+1$、$b+1$ 分别为 88、92 时，$a+1$、$b+1$ 的和取最小值 180，$\therefore a\times b=8097-[(a+1)+(b+1)]$，取最大值为 $8097-180=7917$。

5. 答案：(1)$\frac{1}{7}$，过程见分析。(2)117。

分析：(1)如图(1)，设三块"燕尾"$\triangle AOB$、$\triangle BOC$、$\triangle COA$ 的面积分别为 x、y、z。

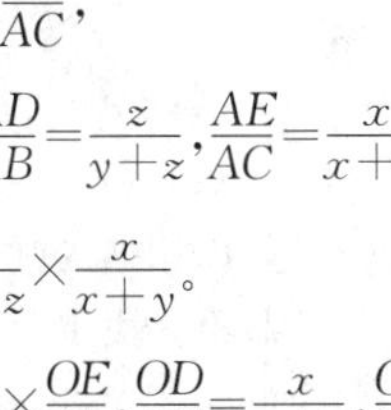

(1)

$\frac{S_{\triangle ADE}}{S_{\triangle ABC}}=\frac{AD}{AB}\times\frac{AE}{AC}$，

"燕尾"模型：$\frac{AD}{AB}=\frac{z}{y+z}$，$\frac{AE}{AC}=\frac{x}{x+y}$，

$\therefore\frac{S_{\triangle ADE}}{S_{\triangle ABC}}=\frac{z}{y+z}\times\frac{x}{x+y}$。

$\because\frac{S_{\triangle DOE}}{S_{\triangle BOC}}=\frac{OD}{OC}\times\frac{OE}{OB}$，$\frac{OD}{OC}=\frac{x}{y+z}$，$\frac{OE}{OB}=\frac{z}{x+y}$，

$\therefore\frac{S_{\triangle DOE}}{S_{\triangle BOC}}=\frac{x}{y+z}\times\frac{z}{x+y}=\frac{z}{y+z}\times\frac{x}{x+y}=\frac{S_{\triangle ADE}}{S_{\triangle ABC}}$，

$\therefore\frac{S_{\triangle DOE}}{S_{\triangle BOC}}=\frac{S_{\triangle ADE}}{S_{\triangle ABC}}=\frac{578}{4046}=\frac{1}{7}$。

(2)设 $S_{\triangle DOE}=a$，$S_{\triangle BOD}=b$，$S_{\triangle BOC}=c$，$S_{\triangle COE}=d$。如图(2)，取 DE 的中点 Q，连接 MQ、NQ。

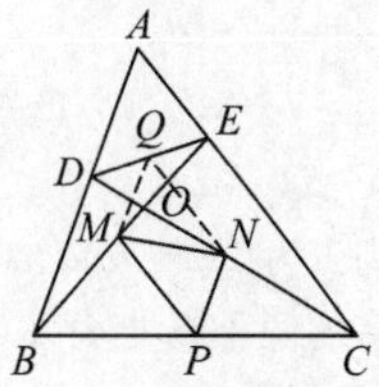

(2)

$\because Q$ 为 DE 的中点，M 为 BE 的中点，

$\therefore QM=\frac{1}{2}BD$。同理 $PN=\frac{1}{2}BD$，

且 $QM/\!/NP/\!/AB$，

$\therefore$四边形 $MQNP$ 为平行四边形。

$S_{\square MQNP}=S_{四边形BDEC}-S_{四边形BDQM}-S_{四边形QECN}-S_{\triangle BMP}-S_{\triangle CNP}=(a+b+c+d)-\frac{3}{4}(a+b)-\frac{3}{4}(a+d)-\frac{1}{4}(b+c)-\frac{1}{4}(d+c)=\frac{1}{2}(c-a)$，

$S_{\triangle MNP}=\frac{1}{2}S_{\square MQNP}=\frac{1}{4}(c-a)=369$，

$\therefore c-a=4\times369=1476$。

$\because c:a=7:1$，$\therefore c=1722$，$a=246$。

$\because a+b+c+d=S_{\triangle ABC}-S_{\triangle ADE}=3468$，

$\therefore b+d=3468-c-a=1500$。

$S_{\triangle OMN}=S_{\triangle OBC}-S_{\triangle BMP}-S_{\triangle CNP}-S_{\triangle MNP}=c-\frac{1}{4}(c+d)-\frac{1}{4}(c+b)-369=\frac{1}{2}c-\frac{1}{4}(b+d)-369=\frac{1}{2}\times1722-\frac{1}{4}\times1500-369=117$。

第二试

1. 答案：91。

分析：只要第一行第一列确定，就可以把所有数都确定。为了让 9 个数的和最小，让第一行是 1，2，4，第一列是 1，3，9。接下来四个格填的数只需要让每行第一个数×每列第一个数即可。构造如下图：

1	2	4
3	6	12
9	18	36

第 1 题图

和为 $1+2+3+4+6+9+12+18+36=91$。

2. 答案：75。

分析：设最开始 4 种口味的巧克力分别有 a、b、c、d 块 $(a>b>c>d)$，则有 $a+b=\frac{1.5}{2.5}\times200=120$，$c+d=80$。阿甘第一次吃完后余下 $a-10$、$b-10$、$c-10$、d 块，若此时仍按此顺序排序，$a+b-20=\frac{1.5}{2.5}\times170=102$，矛盾，因此数量最多的两种巧克力发生变化，显然是 d 块巧克力排到了前二，即 $\begin{cases}a+d-10=\frac{1.5}{2.5}\times170=102,\\b-10+c-10=\frac{1}{2.5}\times170=68,\end{cases}$ 整理得

$\begin{cases}a+d=112,\\b+c=88,\end{cases}$因此$\begin{cases}a=112-d,\\b=d+8,\\c=80-d,\end{cases}$则 $36<d<40$。阿甘第一次吃完后数量从多到少为 $102-d$、d、$d-2$、$70-d$，同理第二次吃完后数量最多的两种巧克力发生变化，此时 $102-d+70-d-5=\frac{1.5}{2.5}\times155$，解得 $d=37$，因此$\begin{cases}a=75,\\b=45,\\c=43,\\d=37。\end{cases}$因此最开始最多的口味的巧克力有 75 块。

3. 答案：1012。

分析：方法 1　若有两只绿变色龙相邻，那么它们必然会说出同样的答案，这与答案恰好是 1～2024 的某个排列矛盾，故所有绿变色龙一定不相邻，绿变色龙至多有 1012 只。

方法 2　若初始绿变色龙不少于 1013 只，那么每只绿变色龙回答的答案均大于 1012，$2024-1012=1012$，超过 1012 的答案只有 1012 个，故至少有 1 只绿变色龙说假话，矛盾！

绿变色龙有 1012 只的构造如下：

第 1,3,5,7,…,2023 只变色龙为绿变色龙，其回答分别为 1012,1013,1014,…,2023。

第 2,4,6,8,…,2024 只变色龙为红变色龙，其回答分别为 2024,1,2,3,…,1011。

4. 答案：(1)90。(2)26。(3)23。

分析：设初始的 3 个正整数为 a、b、c。

(1)操作 1 次后，黑板上 3 个数是 b、c、$(a+b)c$。那么有 $(a+b)c=2024$。由和一定，差小积大可知，$a+b+c\geqslant44+46=90$ 取 $(a,b,c)=(1,43,46)$ 即可，所以初始的 3 个数之和最小是 90。

(2)操作 2 次后，黑板上的 3 个数是 c、$(a+b)c$、$(a+b)\cdot(b+c)c$。$(a+b)(b+c)c=2024$，$a+b$，$b+c$，c 中必有 23 的倍数，为使 $a+b+c$ 最小，只需考虑 1 倍即可。

若 $a+b=23$，$(b+c)c=88$，则 c 至少是 4，$a+b+c\geqslant27$；

若 $b+c=23$，$(a+b)c=8$，$a+b+c$ 最小为 $8+11=19$，但 $c=8$ 或 11 均不成立，$a+b+c\geqslant22+4=26$，$(a,b,c)=(3,19,4)$ 或 $(3,1,22)$ 即可；

若 $c=23$，则 $b+c\geqslant44$，此时 $a+b+c\geqslant44$。

综上所述，初始的 3 个数之和最小是 26。

(3)由(1)(2)可知，只考虑第三个数为 2024 即可。

①操作 3 次后，黑板上的 3 个数是 $(a+b)c$、$(a+b)(b+c)c$、$(a+b+1)(a+b)(b+c)c^2$。

$(a+b+1)(a+b)(b+c)c^2=2024$，2024 所有因数中差为 1 的只有 1 和 2，22 和 23。

又 $a+b\geqslant2$，可知 $a+b=22$，且 c 只能是 1 或 2，$a+b+c\geqslant23$，取 $(a,b,c)=(21,1,1)$ 即可。

②操作 4 次后三数为 $(a+b)(b+c)c$、$(a+b+1)(a+b)(b+c)c^2$、$(a+b+1)(a+b)^2(b+c+1)(b+c)c^3$。

$(a+b+1)(a+b)^2(b+c+1)(b+c)c^3=2024$ 无解，继续操作数会越来越大，不会再出现 2024。

所以初始的 3 个数之和最小是 23。

5. 答案：(1)10　(2)$N_{\min}=3$，此时 $a_{\min}=676$。

分析：(1)设圆形导轨的周长为 30 份。如图(1)，第 5 次相遇时，三者同时到达点 G。在点 G 三者同时调头，相当于将前面的过程倒放，第 6 次相遇相当于第 4 次相遇……第 10 次相遇相当于第 0 次相遇(即出发时的状态)。所以三者再次同时出现在点 A 是它们出发后的第 10 次迎面相遇。

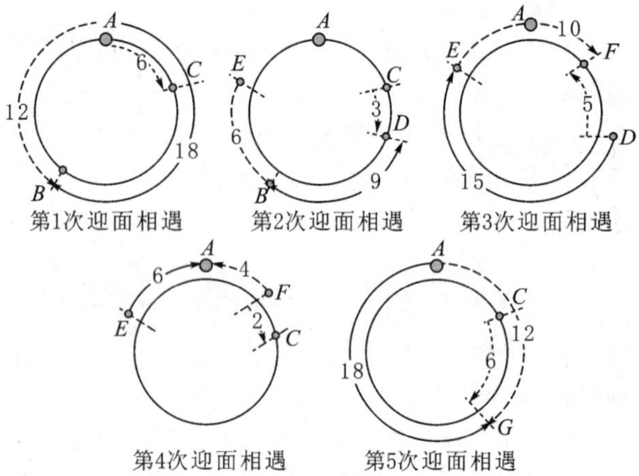

(1)

(2)由于甲的速度比丙快，甲、乙相遇时，丙在甲的后面，第 1 次相遇不满足题意。

由于甲的速度比乙快，甲、丙相遇时，乙还未回到点 A，第 2 次相遇不满足题意。

$\therefore N\geqslant3$。

当 $N=3$ 时，如图(2)。

第 1 次：甲、乙在点 B 相遇时丙到达点 C；

第 2 次：甲、丙在点 D 相遇时乙到达点 E；

第 3 次：三者都在点 F 相遇。

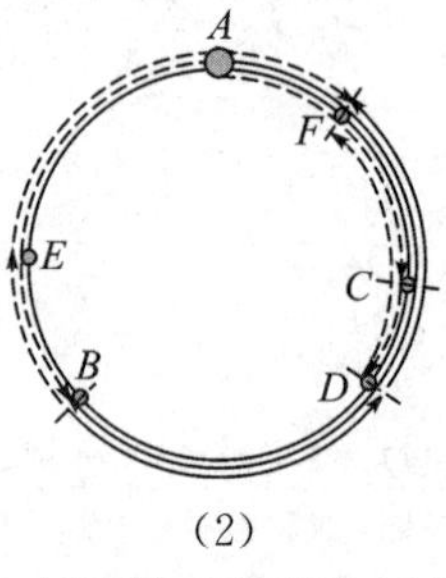

(2)

从出发到第 3 次相遇，以相遇为标志，时间分为 3 段。

第 1 段甲乙合行 1 圈，第 3 段甲丙合行 1 圈。

如果 $b>c$，第 1 段时间短于第 3 段时间。看乙，有 AB 段的路程$<EF$ 段的路程，则 BE 段的路程$<AF$ 段的路程；看丙，有 AC 段的路程$<DF$ 段的路程，则 AF 段的路程$<CD$ 段的路程；从而 BE 段的路程$<AF$ 段的路程$<CD$ 段的路程；但看第二段中的乙丙，有 BE 段的路程$>CD$ 段的路程，矛盾！$\therefore b=c$。(代数证明也可)

另一方面，只需 $a>b=c$，第 1 段与第 3 段时间相等。

如图(3)，BE 段的路程＝AF 段的路程＝CD 段的路程，AB 段的路程＝AC 段的路程＝DF 段的路程＝EF 段的路程，第3次相遇时，三者都在点 F，必满足题意。

由 $a+b+c=2024$，$a>b=c$，知 $a\geqslant 676$。

$a=676$，$b=c=674$ 时，a 的最小值为676。

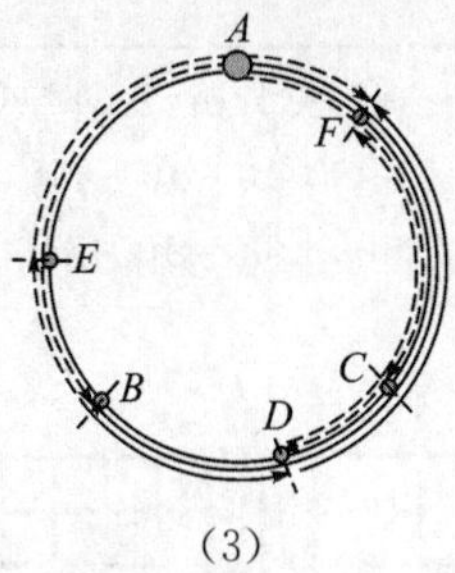

(3)

暑假大师赛

3年级

第一试

1. 答案：10。

分析：等差中项为 $40\div5=8$，其中3项和为20。从小到大排列，若第1、2、3项的和为20，则第2项不是整数；若第1、2、4项的和为20，则公差为2，等差数列为4，6，8，10，12，满足要求；若第1、2、5项的和为20，则公差为4，第1项为0；若第1、3、4项和为20，公差为4，第1项为0；其余三项和必大于20。综上所述，第二大的数是10。

2. 答案：204。

分析：周长必须是偶数，所以49和35一定是代表面积。右上方、右下方两个长方形的长相等，设这两个长方形的宽分别为7份和5份。

如果34代表面积，那么34应该是7的倍数，矛盾，所以34一定代表周长；如果30代表面积，那么左上方长方形的面积是 $30\div5\times7=42$。又由周长是34，可以得出长、宽分别是14和3，与右上方长方形的面积为49矛盾。所以34和30都代表周长，对应宽的差是2份，那么上下长方形的宽就分别是7和5，可得左边长方形的长是10，右边长方形的长是7，因此 $AB=17$，$BC=12$，面积为 $17\times12=204$。

3. 答案：120。

分析：注意到正六边形中心的同学要将手中的卡片平均分给6位同学，不妨设中心的同学手里的卡片为6份。内圈6人的卡片之和是中心同学的3倍，故内圈6人手里的卡片数量之和为 $6\times3=18$(份)。平均分完卡片之后，中心的同学给了内圈的6位同学6份卡片，最外圈的6位同学给了内圈的6位同学 $18-6=12$(份)卡片，最外圈的6位同学只给了内圈的6位同学手里卡片数量的一半，故最外圈的6位同学手里的卡片数量之和为 $12\times2=24$(份)。那么所有同学手里的卡片数量之和为 $6+18+24=48$(份)，中心的同学手里有 $960\div48\times6=120$(张)卡片。

4. 答案：(1)见分析。(2)98。

分析：由①知，第一行两个区域停放的都是自行车。

由③知，第一列两个区域停放的是小汽车与自行车，且这两种车的数量相等，那么四个区域停放的车辆如下图所示：

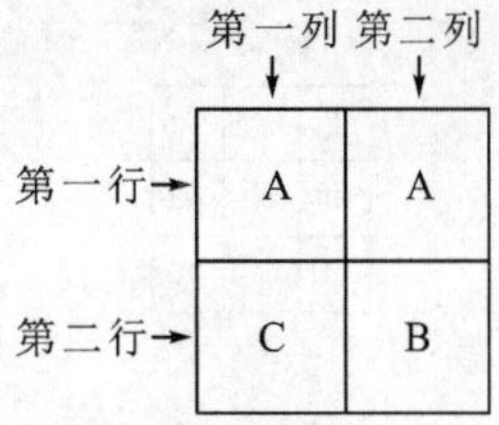

第4题图

由②知第二行摩托车比小汽车多6辆。

由④⑤知自行车共44辆，而第一列的小汽车与第一列自行车的数量相等，即小汽车与第二列的自行车共44辆，那么摩托车与第二列的自行车共有50辆。第二列共50辆车，共有130个车轮，得摩托车有 $(130-2\times50)\div(3-2)=30$(辆)，小汽车有 $30-6=24$(辆)，停车场中停放的三种车共 $30+24+44=98$(辆)。

5. 答案：(1)0。(2)5。(3)8。

分析：(1)容易构造0条好线的情况如图(1)。

大	赛	大
赛	大	赛
师	师	师

(1)

(2)考虑中心格中的汉字。

①若中心格中的汉字不为“师”，则第二行、第二列以及2条对角线均不能为好线，因此这类情况下好线的数量不会超过4条；

②若中心格中的汉字为“师”，考虑其他“师”的位置。若将“师”放在角上，则“师”所在的行、列、对角线均不能为好线；若将“师”放在第一、三列的中间格，则这个“师”所在的列可以是好线；若将“师”放在第一、三行的中间格，则这个“师”所在的行可以是好线。因此理论上好线最多有6条，即第二行、第二列、2条对角线以及另2个“师”所在的行或列。但是无论另外2个“师”怎么放，这6条线中，至少有1条线上有2个“师”，这条线不能为好线，因此好线最多有5条。构造如图(2)：

大	大	大
师	师	师
赛	赛	赛

(2)

(3)如图(3)，中心格中的汉字必为“师”，考虑另外2个“师”的位置。若2个“师”分别在相邻两边的中间格，那么包含“师”字的6条线中，有2条都有2个“师”，此时至多剩下的4条线为好线。因此3个“师”必然都在第二行或都在第二列。以3个“师”都在第二行为例，包含“师”的6条线中，除了第二行外，其余5条线必须均为好线。假设左上角格中的汉字为“大”，那么4个角所填的汉字是随之确定的，第二列剩下的 2 个空格有 2 种填法。相应地，若左上角格中的汉字为“赛”，依然有 2 种填法，因此 3 个“师”都在第二行共有 4 种填法。当 3 个“师”都在第二列时，相当于整个图进行了旋转，满足要求的填法依然有 4 种，因此结果为 $4\times2=8$(种)。

大		大
师	师	师
赛		赛

(3)

第二试

1. 答案：66。

分析：第一个盒子至多有 $22-1=21$(个)黄色的球，第二个盒子至多有 $23-1=22$(个)黄色的球，两个盒子中至多有 $24-1=23$(个)红色和蓝色的球，则三种颜色的球最多有 $21+22+23=66$(个)。

构造：第一个盒子中有 21 个黄色的球和 11 个蓝色的球，第二个盒子中有 22 个黄色的球和 12 个红色的球。

2. 答案：548705。

分析：分析个位可得 $O=0$，等式 $\overline{TWO}+\overline{ZERO}+\overline{TWO}+\overline{FIVE}=\overline{NINE}$ 两边先消去百位的 I 和个位的 E，再除以 10，得到等式 $\overline{TW}+\overline{ZER}+\overline{TW}+\overline{FOV}=\overline{NON}$。要使 N 取最小：

(1)若 Z 和 F 从 1 和 2 中取值，那么十位 $T+E+T$ 仅当 $T=3$，$E=4$ 时才可能向百位进 1，但此时 $N=4$ 与 E 重复，因此十位向百位至少进 2，即 N 最小为 5。个位 $W+R+W+V$ 的最小值为 $3+4+3+6=16>15$，最大值为 $9+8+9+7=33<35$，那么个位和只能为 25，向十位进 2，十位 $T+E+T=18$，只能 $T=7$，$E=4$，还剩数字 3、6、8、9 未使用，个位尝试可得 $W=8$，R 和 V 分别为 3 和 6，此时 $I=9$，$\overline{NEWTON}$ 表示的六位数是 548705。

(2)若 Z 和 F 从 1 和 3 中取值，要 $N=5$，则个位向十位进 1，只能 $T=2$，$E=4$，个位向十位进 2，还剩数字 6、7、8、9 未使用，最小值为 $6+7+6+8=27>25$，故无法写出算式。

综上所述，当四位数 $\overline{NINE}$ 取最小值时，$\overline{NEWTON}$ 表示的六位数是 548705。

3. 答案：213。

分析：(1)若计算结果为四位数，设三位数为 $\overline{abc}$，其中 $a\neq c$。依题意有 $\overline{abc}+\overline{cba}=\overline{1mm1}$($c$ 可以取 0)，经首位、末位分析可知 $a+c=11$。若十位向百位不进位，则 $m=1$，$b=0$，此时 a 可取 2～9，对应有 8 个满足要求的数；若十位向百位进 1，则 $m=2$，此时 b 无解，因此共有 8 个满足要求的数。

(2)若计算结果为三位数，设三位数为 $\overline{abc}$，其中 $a\neq c$。依题意有 $\overline{abc}+\overline{cba}=\overline{mnm}$($c$ 可以取 0)，经首位、末位分析可知 $a+c=m$，不进位。结合 $a\neq c$ 的条件，a、c 的取值共有 41 种组合，对应情况如下表。十位 $b+b=n$，不进位，b 可取 0～4，共 5 种选择。因此满足条件的 $\overline{abc}$ 共有 $41\times5=205$(个)。

综上所述，共有 $8+205=213$(个)三位数是准回文数。

a 的值	1	2	3	4	5	6	7	8	9
对应 c 的值	8 种	7 种	6 种	5 种	5 种	4 种	3 种	2 种	1 种

4. 答案：(1)13。(2)见分析。(3)8 或 9。

分析：(1)巧克力共有 $10\times10=100$(格)，$1+2+\cdots+13=91<100$，$1+2+\cdots+14=105>100$，因此最多用 13 天吃完。

(2)构造方法(不唯一)：

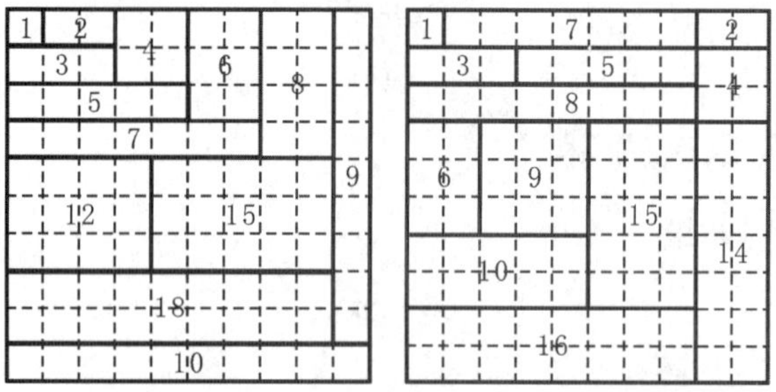

第 4 题图

(3)因为 11 只能拆成 1×11，矩形边长 >10，因此不会有某一天吃掉 11 块，同理也不会有某一天吃掉 13 块或 17 块或 19 块，$1+2+\cdots+10+12+14+15=96$，还剩 $100-96=4$(个)小格，只能为 $1+2+\cdots+10+12+15+18=100$ 或 $1+2+\cdots+10+14+15+16=100$ 两种情况，那么最后一天吃的巧克力的面积可以是第二天的 $18\div2=9$ 倍或 $16\div2=8$ 倍。

5. 答案：(1)13。(2)见分析。(3)见分析。(4)见分析。

分析：(1)4 个自然数取相邻若干个求和，有 $4+4+4+1=13$(种)取法。这 13 个和互不相同，最小是从 1～13 的所有整数，此时这 4 个数应当互不相同且和为 13。

(2)这 4 个数中不能有 0，必有 1 和 2。分类讨论 1 和 2 的位置关系：

①若 1 与 2 相邻：此时已有和对应 3，不能再用数字 3。要有一个数是 4，最后一个数是 $13-1-2-4=6$。经检验，排法 1、2、6、4 符合要求

②若 1 与 2 间隔一个数：此时要有一个数是 3，最后一个数是 $13-1-2-3=7$。经检验，排法 1、3、2、7 符合要求。

综上所述，符合要求的排法有 2 种[图(1)]，即 1、2、6、4 依次排列，1、3、2、7 依次排列。

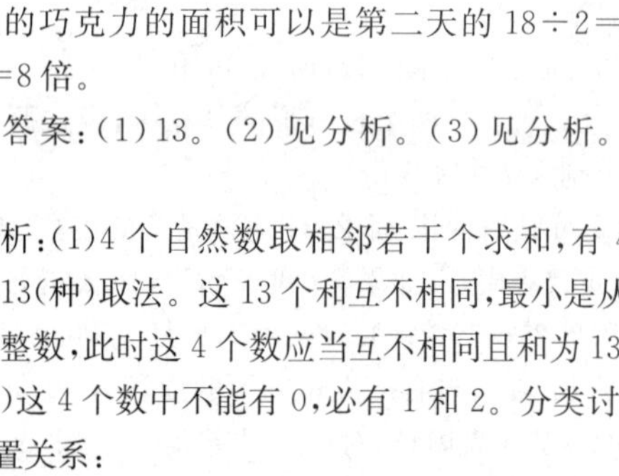

(1)

(3)5 个自然数取相邻若干个求和，有 5+5+5+5+1=21(种)取法。这 21 个和互不相同，最小是从 1～21 的所有整数，此时这 5 个数应当互不相同且和为 21。这 5 个数中不能有 0，必有 1 和 2。分类讨论 1 和 2 的位置关系：

①若 1 与 2 相邻：此时已有和对应 3，不能再用数字 3。要有一个数是 4。

若 4 与 2 相邻或间隔一个数，则要有一个数是 5，最后一个数是 21−1−2−4−5=9。经检验，无符合要求的排法。

若 4 与 1 相邻，则要有一个数是 6，最后一个数是 21−1−2−4−6=8。

②若 1 与 2 间隔一个数：则要有一个数是 3。

如果 3 与 1、2 都相邻，此时已有和对应 4、5、6。则要有一个数是 7，最后一个数是 21−1−2−3−7=8。经检验，无符合要求的排法。

如果 3 只与 2 相邻，则要有一个数是 4，最后一个数是 21−1−2−3−4=11。经检验，无符合要求的排法。

如果 3 只与 1 相邻，则要有一个数是 5，最后一个数是 21−1−2−3−5=10。经检验，排法 1、5、2、10、3 符合要求。

综上所述，符合要求的排法只有 1 种[图(2)]，即 1、5、2、10、3 依次排列。

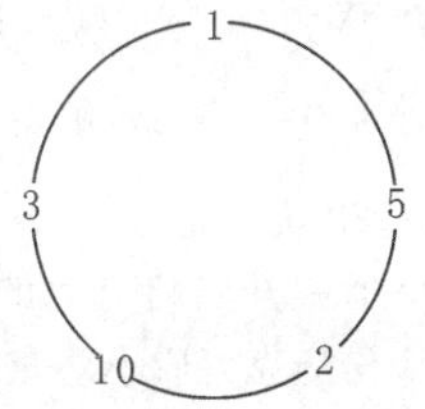

(2)

(4)6 个自然数取相邻若干个求和，有 6+6+6+6+6+1=31(种)取法。这 31 个和互不相同，最小是从 1～31 的所有整数，此时这 6 个数应当互不相同且和为 31。这 6 个数中不能有 0，必有 1 和 2。分类讨论 1 和 2 的位置关系：

①若 1 和 2 相邻：此时已有和对应 3，不能再用数字 3。要有一个数是 4。

若 4 与 1 相邻，则要有一个数是 6，最后两个数是 8 和 10，经检验，无符合要求的排法。

若 4 与 1 不相邻，则要有一个数是 5，最后两个数可以是 8 和 11、7 和 12、6 和 13。经检验，排法 1、2、5、4、6、13 和排法 1、2、7、4、12、5 符合要求。

②若 1 与 2 间隔一个数：此时要有一个数是 3：

若 3 与 1、2 都相邻，则要有一个数是 7，最后两个数是 8 和 10，经检验排法 1、3、2、7、8、10 符合要求。

若 3 只与 2 相邻，则要有一个数是 4，最后两个数是 6 和 15。经检验，无符合要求的排法。

若 3 只与 1 相邻，则要有一个数是 5，最后两个数可以是 8 和 12、6 和 14，经检验无符合要求的排法。

若 3 与 1 和 2 都不相邻，则要有一个数是 4，最后两个数可以是 8 和 13、5 和 16、6 和 15。经检验，无符合要求的排法。

③若 1 与 2 间隔两个数：此时要有一个数是 3。

若 3 只与 1 相邻，则要有一个数是 5，最后两个数可以是 6 和 14、7 和 13。经检验，排法 1、3、6、2、5、14 符合要求。

若 3 只与 2 相邻，则要有一个数是 4，最后两个数是 7 和 14。经检验，排法 1、7、3、2、4、14 符合要求。

综上所述，符合要求的排法有 5 种[图(3)]，即 1、2、5、4、6、13 依次排列，1、2、7、4、12、5 依次排列，1、3、2、7、8、10 依次排列，1、3、6、2、5、14 依次排列，1、7、3、2、4、14 依次排列。

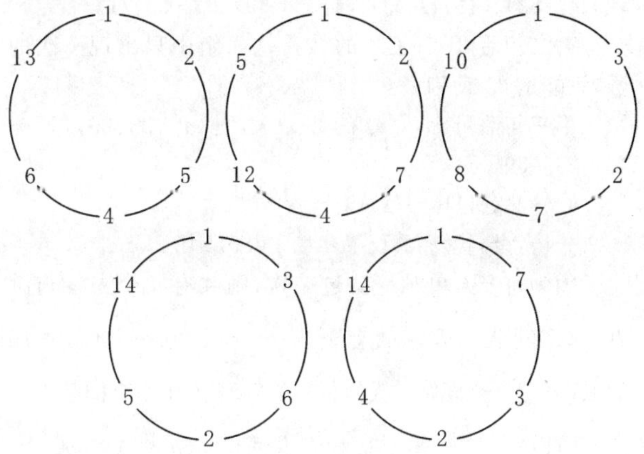

(3)

4年级

第一试

1. 答案：31975。

分析：$2024=2^3\times11\times23$，两个因数均为小于 100 的偶数，只能是 44×46 或者 22×92。

若为 44×46，则 A 与 C 均为 5，矛盾。

只能是 22×92，而 22 只能是 $31-9$，只能 $A=3$，$C=9$，那么 $92=97-5$。所以 $\overline{ABCDE}=31975$。

2. 答案：1252。

分析：如图构造辅助线。四边形 $ABXW$ 的面积与四边形 $MNXW$ 的面积相等，四边形 $CDYX$ 的面积与四边形 $NPYX$ 的面积相等，四边形 $QPYZ$ 的面积与四边形 $FEYZ$ 的面积相等，四边形 $HGZW$ 的面积与四边形 $MQZW$ 的面积相等。且长方形 $MNPQ$ 的面积是 $20\times24=480$，那么空白部分的面积是 $(2024-480)\div2=772$，所以长方形 $WXYZ$ 的面积是 $2024-772=1252$

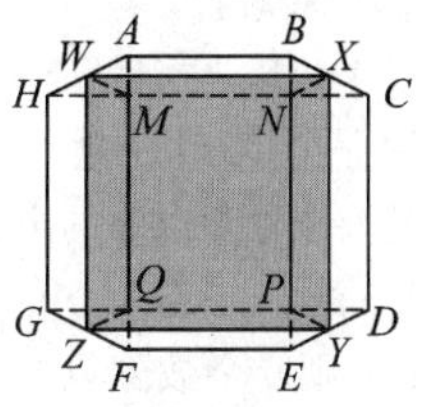

第 2 题图

3. 答案：69。

分析：首先公差一定为偶数，这样可以保证 3 个数均为奇数；另外公差一定是 3 的倍数，否则 3 个数中必有 3 的倍数，所以 3 个两位质数组成的等差数列，公差必为 6 的倍数。

若 $d=6$，3 个数的个位只能是 1，7，3 或 7，3，9；

若 $d=12$，3 个数的个位只能是 7，9，1 或 9，1，3，所有可能列举如下：

(11、17、23)　(17、29、41)　(17、23、29)　(47、59、71)

(31、37、43)　(19、31、43)　(41、47、53)　(29、41、53)

(47、53、59)　(59、71、83)　(61、67、73)　(67、73、79)

第一句话可知，甲、乙、丙三人拿到的数不能是 11，19，37，61，79，83，那么 3 个数可能为(17、23、29)、(17、29、41)、(29、41、53)、(41、47、53)、(47、53、59)、(47、59、71)。

第二句话可知，乙拿的数是这六组中只出现一次的数，只能是 23 或 71。

第三句话可知，甲拿的数最大，是(17、23、29)，$17+23+29=69$。

4. 答案：(1)10。(2)15。

分析：设同学们共玩了 a 场 1VS3，b 场 2VS2。

因为每个人单独一队过一次，则共有 a 个人参与游戏，那么同队二人组共有 $\frac{a(a-1)}{2}$ 个。另一方面，每场 1VS3 产生 3 个同队二人组，每场 2VS2 产生 2 个同队二人组。所以有 $\frac{a(a-1)}{2}=3a+2b$，化简得 $a(a-7)=4b$。

(1)当 $a\leqslant 7$ 时，b 无正整数解；所以 a 最小为 8，此时 $b=2$，共进行 10 轮游戏，构造如下(不唯一)：

1VS235、2VS346、3VS457、4VS568、5VS671、6VS782、7VS813、8VS124、15VS26、37VS48。

(2)因为 $a(a-7)=4b$，所以 a 和 $a-7$ 中必有 4 的倍数，所以 a 除以 4 余 0 或 3。

当 $a=8$ 时，$b=2$，不符合 $b\geqslant a+4$；

当 $a=11$ 时，$b=11$，不符合 $b\geqslant a+4$；

当 $a=12$ 时，$b=15$，不符合 $b\geqslant a+4$；

当 $a=15$ 时，$b=30$，符合题意；

那么至少有 15 人参与游戏。

5. 答案：(1)20。(2)74。

分析：(1)4 个数的奇偶性一定相同，所以 4 个数中不能有偶数。而 3 个奇数的和不小于 9，又为质数，最小为 11，$(11+13+17+19)\div 3=20$，此时四个数为 1、3、7、9，恰好符合题意。

(2)记 6 个数之和为 S，1、3、7、15、21、27 满足要求，此时 S 为 74。下面说明 $S\geqslant 74$。

同(1)分析知 6 个数均为奇数。考虑 6 个数除以 3 的余数，若 3 类余数均存在，可用 S 减去其中一个数使差为 3 的倍数，矛盾。因此 6 个数除以 3 的余数只能取两类，且 S 除以 3 的余数为第三类，按 S 除以 3 的余数分类：

①S 除以 3 余 0，则 6 个数除以 3 的余数只能为 3 个 1、3 个 2，最小的 $S=1+7+13+5+11+17=54$，但此时 $54-5=49$ 不是质数，不符合要求。接下来对 S 进行增大，由于所有数除以 6 的余数确定，只能通过加 6 的倍数进行替换。若 $S=60$，5 需要替换，最小替换为 23，舍去；若 $S=66$，1 和 11 需要替换，1 至少替换为 19，此时 $S>66$，舍去；$S=72$ 时，7 和 17 需要替换，只能 7 替换为 19，17 替换为 23，此时 $72-23=49$，舍去，因此 $S\geqslant 78$。

②S 除以 3 余 1，6 个数除以 3 的余数只能为 1 个 0、5 个 2 或者 4 个 0、2 个 2。若为前者，$S\geqslant 5+11+17+23+29+3=88$。若为后者，$S\geqslant 3+9+15+21+5+11=64$，$64-15=49$，$S=64$ 舍去。$S=70$ 时，15 和 5 需要替换，舍去。因此 $S\geqslant 76$。

③S 除以 3 余 2，6 个数除以 3 的余数只能为 1 个 0、5 个 1 或者 4 个 0、2 个 1。若为前者，$S\geqslant 1+7+13+19+25+3=68$，$68-19=49$，因此 $S\geqslant 74$。若为后者，$S\geqslant 3+9+15+21+1+7=56$，此时 $56-1=55$，舍去；若 $S=62$，7 需要替换成 13，此时 $62-13=49$，舍去；若 $S=68$，3 至少需要替换为 27，舍去；若 $S=74$，9 只能替换为 27，此时 1、3、7、15、21、27 满足要求。

综上所述，S 最小为 74。

第二试

1. 答案：22。

分析：方法一　设小米、小塞和桌上剩余巧克力的分别为 $2x$、y、$100-2x-y$ 块，则 $y+x-10=3(x+10)$，因此 $y=2x+40$，桌上剩余 $100-2x-y=60-4x$ 块巧克力。因此有 $2x+40+\frac{1}{4}(60-4x)=3\cdot 2x$，解得 $x=11$。所以小米一开始抓了 $2\times 11=22$ 块巧克力。

方法二　设小米一开始巧克力的总数为 2 份多 20 块，则小米给小塞 1 份巧克力后小塞变为 3 份多 60 块，因此若一开始让小米少 20 块巧克力，小塞少 60 块巧克力，不影响条件中的两个三倍关系，且两人一开始的巧克力数量将同为 2 份，两人的巧克力数量加上桌上剩余的巧克力，一共 20 块；小塞取走桌上剩余巧克力的四分之一后为 6 份，则桌上剩下巧克力有 $4\times 4=16$ 份，因此一份为 $20\div(2+2+16)=1$ 块，则一开始小米的巧克力数量为 $2\times 1+20=22$(块)。

2. 答案：31。

分析：如图，作 AH 平行于 CE 交 DF 于点 H，延长 BE 交 AH 于点 G，可知△ABG 的面积和△CDF 的面积相等，△BCE 的面积和△ADH 的面积相等，所以△AEG 的面积等于 5，进而可得 $BE=4GE$。

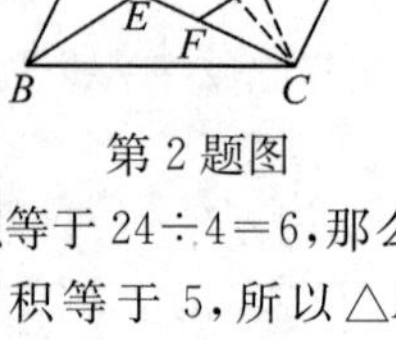

第 2 题图

△GEC 的面积等于 $24\div 4=6$，那么△HEC 的面积也为 6；△HFC 的面积等于 5，所以△EFH 的面积等于△HEC 的面积减△HFC 的面积，为 $6-5=1$。所以平行四边形 $EFHG$ 的面积为 2。四边形 $AEFD$ 的面积为 $24+5+2=31$。

3. 答案：73。

分析：如图标记 A、B 两点。若线段 AB 被切开，则 A 点至少还要切一刀，共三条线，有 $2\times2\times2-1=7$(种)切法。同理 B 点也至少还要切一刀，有 $2\times2\times2-1=7$(种)切法，此时共有 $7\times7=49$ 种切法。

若线段 AB 没有被切开，则点 A 不能只切一刀，共三条线，有 $2\times2\times2-3=5$(种)切法。同理点 B 也不能只切一刀，有 $2\times2\times2-3=5$(种)切法，但 A、B 两点不能同时一刀不切，此时共有 $5\times5-1=24$(种)切法；

共有 $49+24=73$(种)切法。

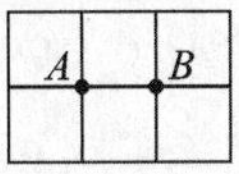

第 3 题图

4. 答案：(1)81。(2)48。

分析：(1)因为两车的速度的相同，所以四次相遇所用的时间相同。

对比 $A-D-C-E$ 和 $C-D-A-G$，可知 $t_{AG}=t_{CF}$，那么 $\frac{AG}{72}=\frac{CE}{v_{BC}}$，所以赛车在 BC 段的速度为 54 千米/时；

对比 $D-A-B-H$ 和 $B-A-D-F$，可知 $t_{BH}=t_{DF}$，所以 $\frac{BH}{54}=\frac{DF}{v_{CD}}$，所以赛车在 CD 段的速度为 81 千米/时。

(2)对比 $C-B-G$ 和 $B-C-F$，可知 $t_{BG}=t_{CF}$，所以 $\frac{AD-4}{72}=\frac{AD-3}{81}$，故 $AD=12$ 千米，正方形 $ABCD$ 的周长为 48 千米。

5. 答案：(1)3。(2)存在。(3)9。

分析：(1)只有 1、4 和 1+3 能构成"好方"，最多有 3 个，如图(1)。

1	3
4	2

(1)

(2)存在。可以构造 9 个全是"好方"的情况，如图(2)。

15^2	20^2
36^2	48^2

(2)

(3)题目转化成在一个正方体的 8 个点填数，平方数有 1、4、9、16、25、36，这里面 1 和 4 单独构成"好方块"，大正方体也构成"好方块"。

如图(3)，构造 9 个"好方块"的情况(不唯一)：

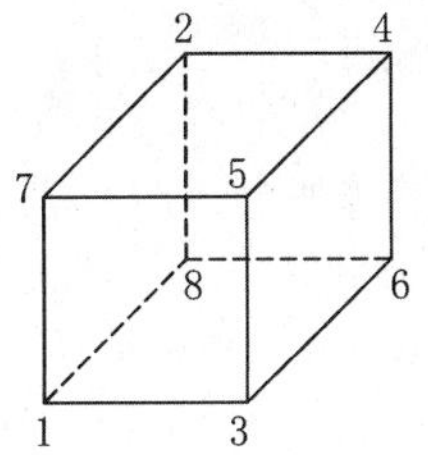

(3)

接下来证明不可能超过 9：

假设至少有 10 个"好方块"，除了小立方体，长方体的体积只能是 2 或 4，4 个数之和为平方数的情况：$16=1+2+5+8=1+2+6+7=1+3+4+8=1+3+5+7=1+4+5+6=2+3+4+7=2+3+5+6$，$25=4+6+7+8$。

体积是 4 的长方体共 6 个，其中两两一组的和为 36，同组不可能都是完全平方数，所以体积为 4 的"好方块"至多 3 个，其中左右面、前后面、上下面均至多 1 个，这时最多有 6 个"好方块"：其中体积为 1 的 2 个，体积为 4 的 3 个，体积为 8 的 1 个。

那么体积为 2 的"好方块"至少有 4 个，而 2 个数之和为平方数的情况：$4=1+3$，$9=1+8=2+7=3+6=4+5$。

①如果 1 和 3 不相邻，$1+8$、$2+7$、$3+6$、$4+5$ 这四组必定存在，这样必有两组拼成一个体积为 4 的长方体和为 18，这样这个长方体和余下的四块构成的长方体和均为 18，体积为 4 的"好方块"最多 2 个，总共最多 9 个"好方块"，矛盾。

②如果 1 和 3 相邻，那么包含 1 和 3 的两个面中，和无法凑成 20 和 25，故只有凑成 16 才能成为"好方块"，故 $1+3+4+8$ 和 $1+3+5+7$ 至少出现一个。如果 $1+3+4+8$ 和 $1+3+5+7$ 都出现，那么 $3+6$ 和 $4+5$ 都无法出现，至多 9 个"好方块"，矛盾；如果只出现 $1+3+4+8$ 或 $1+3+5+7$ 中的一个，体积为 4 的"好方块"至多有 2 个，那么 $1+8$、$2+7$、$3+6$、$4+5$ 这四组必定存在，这样必有两组拼成一个体积为 4 的长方体和为 18，这样体积为 4 的"好方块"只有 1 个，至多 9 个"好方块"，矛盾。

综上所述，最多有 9 个"好方块"。

5 年级

第一试

1. 答案：4321。

分析：由已知，得 $1^2+2^2+3^2+\cdots+8^2=204$，$204\div2=102$。考虑 $8^2=64$，则 $102-64=38$，$38=6^2+2=5^2+3^2+2^2$，$4^2+3^2+2^2=29<36$，因此 $102=2^2+3^2+5^2+8^2=1^2+4^2+6^2+7^2$。

那么"风""调""国""泰"代表的四个数字组成的最大四位数是 4321。

2. 答案：20。

分析：如图，由底相等、高等差，可知 S_1、S_2、S_3 为等差数列，S_4、S_5、S_6 为等差数列，所以 (S_1+S_4)、(S_2+S_5)、(S_3+S_6) 也为等差数列，即四边形 $ONIH$、四边形 $POHG$、四边形 $APGF$ 的面积为等差数列，所以四边形 $ANIF$ 的面积是 $30\times3=90$。

同理，四边形 $ABMN$、四边形 $BCLM$、四边形 $CDKL$、四边形 $DEJK$、四边形 $EFIJ$ 的面积也为等差数列，所以四边形 $BCLM$ 与四边形 $DEJK$ 的面积和为 $90\div5\times2=36$，四边形 $DEJK$ 的面积为 $36-16=20$。

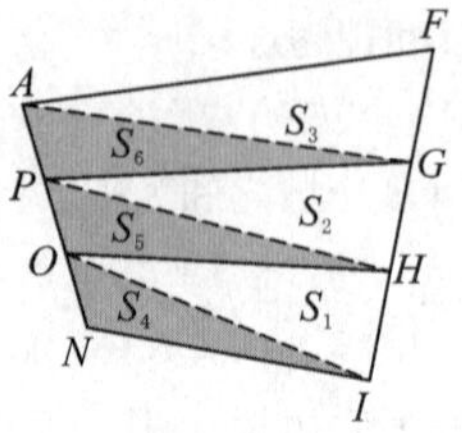

第 2 题图

3. 答案：96。

分析：由方格表中的字母 A、B、C、D，可确定该方格表不可以旋转、翻转。

①确定“8”的位置，仅与“0”“1”相邻，因此“8”仅可以放四个角上，共 4 种选择，“0”“1”与“8”相邻，但可以交换，共 2 种选择，即 $4\times2=8$(种)。

②确定“7”的位置，仅与“0”“1”“2”相邻，但“8”已经与“0”“1”相邻，因此“7”放两个对角上，且同时确定“2”的位置，共 2 种。

③确定“6”的位置，仅与“0”“1”“2”“3”相邻，因此“6”可放两个角上或中间格，同时确定“3”的位置，共 3 种选择，余下“5”和“4”可以交换，共 2 种选择，即 $3\times2=6$(种)。

所以一共有 $8\times2\times6=96$(种)不同的填法。

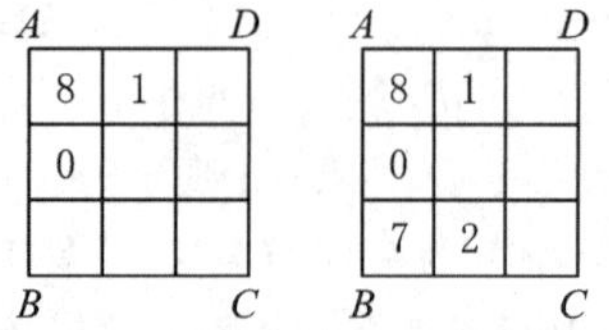

第 3 题图

4. 答案：(1)$\frac{1}{4}$。(2)$\frac{1}{5}$。(3)64。

分析：由甲所说，水果总数为 5 的倍数；由乙和丙所说，水果总数为 4 的倍数。故可设采购水果总数为 20 份，那么苹果有 12 份，梨有 8 份。

若按丙、丁所说，大班的水果总数将变为小班的 3 倍，且梨的数量是苹果的 50%，那么大班的水果总数变为 15 份，其中苹果占 10 份，梨不变，还是 5 份；小班的水果总数将变为 5 份，其中梨为 $8-5=3$(份)，所以苹果变为了 $5-3=2$(份)，所以小班原有苹果 $2\times2=4$(份)，大班原有苹果 $12-4=8$(份)。如下图所示：

种类	大班	小班	总数
苹果	10 份	2 份	12 份
梨	5 份	3 份	8 份
总数	15 份	5 份	20 份

还原 →

种类	大班	小班	总数
苹果	(8)份	(4)份	12 份
梨	5 份	3 份	8 份
总数	(13)份	(7)份	20 份

由丙、丁所说：若小班将一半的苹果给大班之后：

(1)大班分到的梨的数量占采购水果总数的 $\frac{5}{20}=\frac{1}{4}$。

(2)小班分到的苹果的数量占采购水果总数的 $\frac{4}{20}=\frac{1}{5}$。

(3)再由乙所说，所以水果总数为 $12\div\left(\frac{13\div2}{20}-\frac{5}{20}\right)=160$(个)。进一步求出甲班原有苹果 $160\times\frac{8}{20}=64$(个)。

5. 答案：(1)1∶4∶6∶3。(2)942。

分析：(1)如图(1)，连接 FG。由 $DE/\!/BC$，有 $S_{\triangle DFG}=S_{\triangle DFB}$，$S_{\triangle EFG}=S_{\triangle EFC}$，所以 $S_{\triangle ADE}=S_{\triangle ABF}+S_{\triangle ACF}-S_{\triangle DEG}=120+180-250=50$，所以 $\frac{DE}{BC}=\frac{S_{\triangle ADE}}{S_{\triangle ADE}+S_{\triangle GDE}}=\frac{50}{50+250}=\frac{1}{6}$。

设圆心为 O，半径为 r，圆与 AB、AC 的公共点分别为 M 和 N，连接 OB、OC、OD、OE、OM、ON，由 $DE/\!/BC$，FG 为圆的直径，$FG=2r$，那么有 $S_{\triangle ODE}+S_{\triangle OBC}=\frac{1}{2}DE\times r+\frac{1}{2}BC\times r=\frac{(DE+BC)\times FG}{4}=\frac{1}{2}S_{梯形BCED}$，那么 $S_{\triangle ODE}+S_{\triangle OBC}$ 也等于梯形面积的一半，所以 $CE+BD=DE+BC$。由 $\frac{DE}{BC}=\frac{1}{6}$，又 $CE:BD=3:4$，化连比可得 $DE:BD:BC:CE=1:4:6:3$。

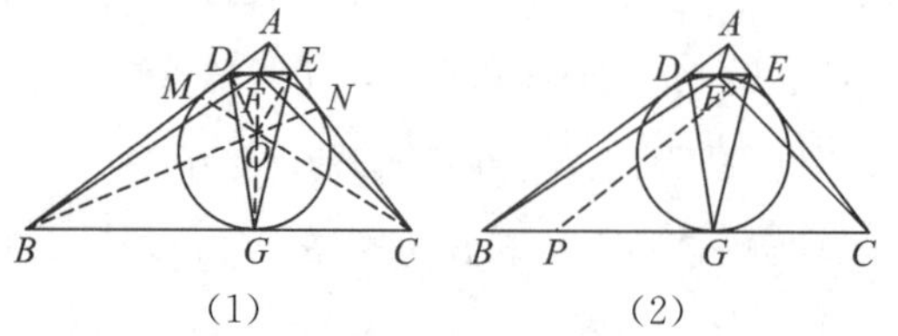

第 5 题图

(2)如图(2)，过点 E 作 BD 的平行线与 BC 交于点 P，易知 $CE:EP:PC=3:4:5$，所以 $\triangle CEP$ 是直角三角形，斜边 PC 上的高 $FG=\frac{CE\times PE}{PC}=\frac{12}{5}DE$，故有 $DE=\frac{5}{12}FG$。

$S_{\triangle DEG}=\frac{1}{2}DE\times FG=\frac{1}{2}\times\frac{5}{12}FG\times FG=\frac{5}{24}FG^2=250$，所以 $FG^2=1200$，即 $r^2=300$，所以圆的面积为 $\pi r^2=300\pi=942$。

第二试

1. 答案：2037。

分析：因为 $986\div10=98\cdots\cdots6$，所以 $\overline{\text{坚持不懈}}$ 不超过 $2024+98=2122$。

因为“懈”代表数字 7，不同的汉字代表不同的数字，所以 $\overline{\text{坚持不懈}}$ 最大为 2107，此时 $2107-2024=83$，$83\times34>1000$，所以“坚”代表 2，“持”代表 0，“懈”代表 7。

①“不”代表 3，则 $2037-2024=13$，$13\times\overline{\text{成功}}=\overline{\text{攀高峰}}$，此时余下数字：1、4、5、6、8、9。经检验，$13\times46=598$，即 $2037=2024+\frac{598}{46}$。

②“不”分别代表 4、5、6、8、9，均无成立算式；

综上所述，四位数 $\overline{\text{坚持不懈}}$ 是 2037。

2. 答案：99。

分析：由已知，大圆的半径 $R=18\div2=9$，小圆的半径

$r=(24-18)\div 2=3$。

在直角三角形 ABO 中，$AO=9+3=12$，$BO=9-3=6$，则 $\angle AOB=60^{\circ}$，$\angle AOD=60^{\circ}$，所以小圆在左右滚动过程中扫过的面积 $S=\pi\times r^2+\frac{60}{360}\times\pi\times[(R+2r)^2-R^2]=99$（平方厘米）。

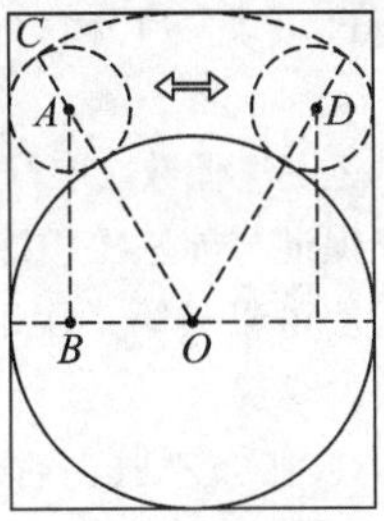

第 2 题图

3. 答案：163。

分析：已知 $\frac{2024}{10000}=\cfrac{1}{4+\cfrac{1}{1+\cfrac{1}{15+\cfrac{1}{1+\frac{2}{13}}}}}$，

$\frac{2025}{10000}=\cfrac{1}{4+\cfrac{1}{1+\cfrac{1}{15+\cfrac{1}{5}}}}$。

当上述虚线框中的值取 2 时，大小介于两者之间，且分母最小，$\cfrac{1}{4+\cfrac{1}{1+\cfrac{1}{15+\cfrac{1}{2}}}}=\frac{33}{163}$，

所以两种草的总量最少有 163 棵，其中四叶草有 33 棵。

4. 答案：(1)甲在点 A，乙在点 B。(2)甲在 CA、乙在 BD、丙在 IA。(3)1012。

分析：已知甲走一圈需 3 分钟，所以走 $\triangle ABC$ 的每条边的时间为 1 分钟，设 $\triangle ABC$ 的每条边的长度为 1。

(1)丙第 20 次到达点 G 时，走的路程为 $6\times19+3=117$，三辆车的速度相同，117 是 3 的倍数，所以甲在 A 点；$117\equiv1\pmod 4$，所以乙在点 B。

(2)直接通过端点枚举找出答案：

甲	AB	BC	CA	AB	BC	CA			
乙	AB	BD	DE	EA	AB	BD			
丙	AB	BF	FG	GH	HI	IA			
判断	共点	×	×	×	×	√			

如上表，5 分钟后的 1 分钟内，甲在 AC 边上，乙在边 BD 上，丙在边 IA 上，三辆车必然会出现一次三点共线。

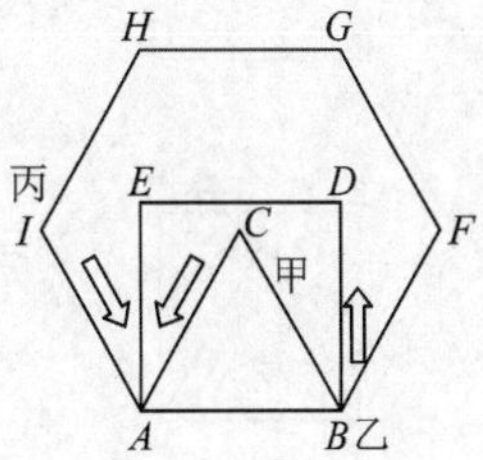

(1)

(3)根据甲所在边的情况进行枚举。设甲、乙、丙所在位置为 M、P、N。

①如果点 M 在边 AB 上，当甲到达点 A 时，从路程模 3 来看，此时丙在点 A 或者点 G。

如果丙在 A 点，进一步由奇偶性，乙在点 A 或者点 D；显然不可能三点共线。

如果丙在点 G，乙在点 E 或者点 B。乙在 E 显然不会三点共线；乙在 B 时，如图(2)。当甲从 A 到 B，乙从 B 到 D，丙从 G 到 F 的过程中显然会出现一次三点共线，当甲、乙、丙同时分别到达 A、B、G 时，路程为 $12k+9$。即 $12k+9$ 分钟后，接下来 1 分钟内一定会出现一次三点共线。

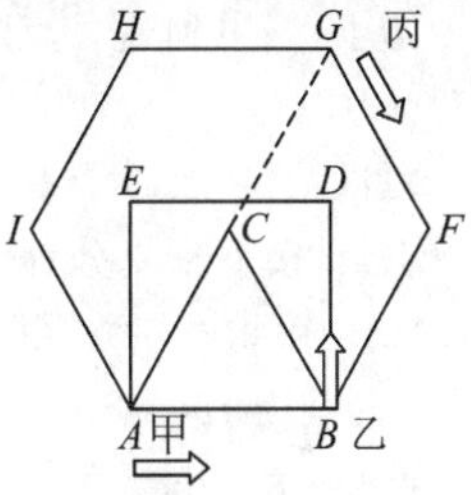

(2)

②点 M 在边 BC 上，当甲到达点 B 时，从路程模 3 来看，丙在点 I 或者点 F。

如果丙在点 I，此时乙在点 B 或者点 E。乙在点 B，竖直往上走，显然不可能三点共线；乙在点 E 时，接下来 1 分钟内，显然会出现一次三点共线，如图(3)。甲、乙、丙到达 B、E、I 的路程为 $12k+7$，时间为 $12k+7$ 分。接下来 1 分钟内，必然会出现一次三点共线的情况。

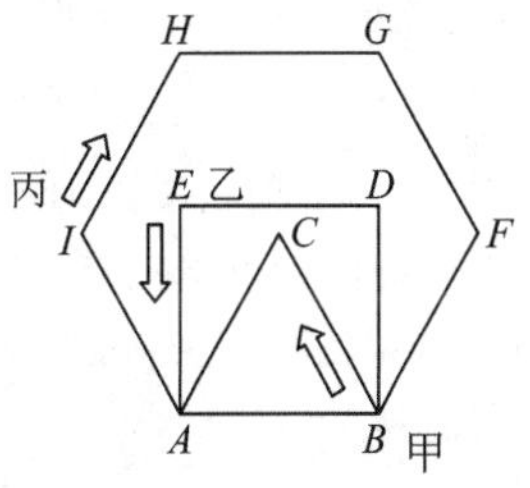

(3)

如果丙在 F 点，此时乙在点 A 或者点 D，如果乙在点 D，接下来 1 分钟内必然出现一次三点共线的情况，如图(4)。甲、乙、丙到达 B、D、F 的路程为 $12k+10$，时间为 $12k+10$ 分。接下来 1 分钟内，必然会出现一次三点共线的情况。(PM 连线从 DB 旋转至 EC，中间必然会与从点 F 到点 B 的丙重合一次)

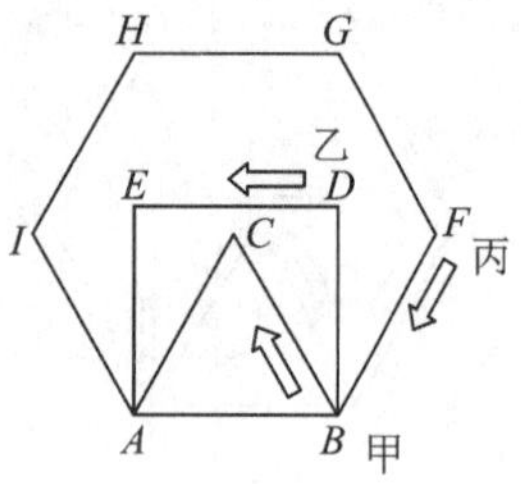

(4)

如果乙在点 A，接下来 1 分钟内必然出现一次三点共线的情况，如图(5)。由物不知数，甲、乙、丙到达 B、A、F 的路程为 $12k+4$，时间为 $12k+4$ 分。接下来 1 分钟内，必然会出现一次三点共线的情况。

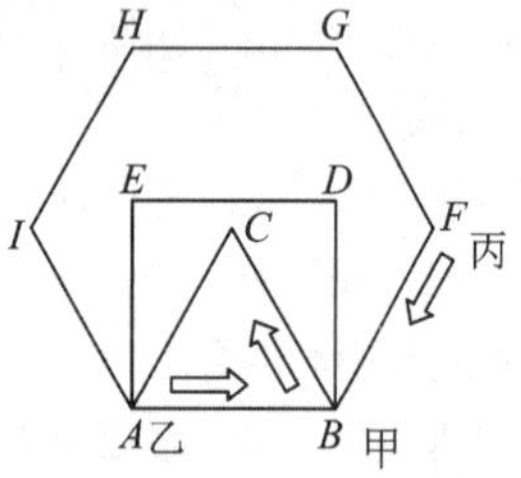

(5)

③M 点在 CA 边上，当甲到达 C 点时，从路程模 3 来看，丙在点 H 或者点 B。

如果丙在点 H，此时乙在点 A 或者点 D。

(ⅰ)如果乙在点 A，接下来 1 分钟内，显然会出现一次三点共线。如图(6)。由物不知数，甲、乙、丙到达 C、A、H 的路程为 $12k+8$，时间为 $12k+8$ 分。接下来 1 分钟内，必然会出现一次三点共线的情况。如果乙在 D 点，接下来 1 分钟内，显然会出现一次三点共线，如图(7)。由物不知数，甲、乙、丙到达 C、D、H 的路程为 $12k+2$，时间为 $12k+2$ 分。接下来 1 分钟内，必然会出现一次三点共线的情况。

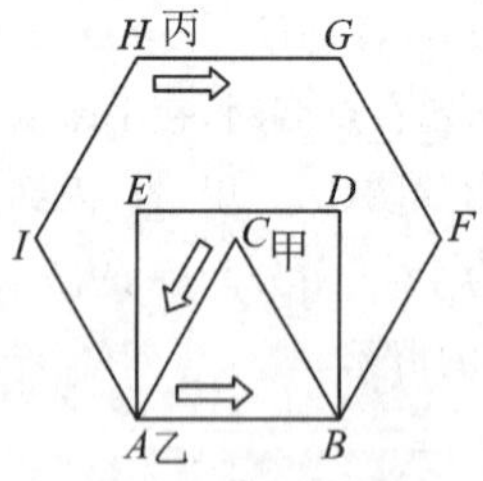

(6)

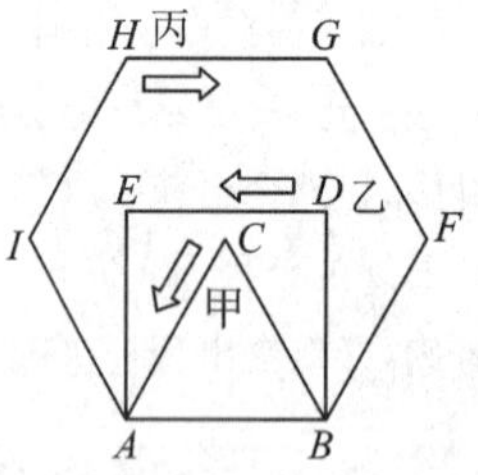

(7)

(ⅱ)如果丙在点 B，此时乙在点 B 或者点 E；如果乙在点 B，接下来 1 分钟内不可能三点共线(点 N 始终在 PM 连线的下方)，如果乙在 E 点，此时 $AM=AN=AP$，M、N、P 三点不可能共线。

综上所述，$12k+2$，$12k+4$，$12k+7$，$12k+8$，$12k+9$，$12k+10$ 这些时刻之后的 1 分钟内都会三点共线一次，即每 12 分钟内会有 6 次。

$2025\div12=168\cdots\cdots9$，所以一共会出现 $6\times168+4=1012$(次)。

5. 答案：(1)甲。(2)乙，策略见下。(3)990。

分析：(引理)于甲而言，甲是第奇数次取，即第 1，3，5，7…次取石子。除第 1 次外，第 k 次，轮到甲取时，甲都可以保证与乙前一次取的数量凑和为 k 或 $k+1$。例如，第 7 次，无论第 6 次乙取了多少颗，第 7 次甲都能与第 6 次乙取的颗数凑和为 7 或者 8。这样，甲能保证自己取完之后，两人取走的所有石子数量之和介于：

$1+3+5+7+\cdots=m^2$(甲取了 m 次)，

$1+4+6+8+\cdots=m^2+m-1$(甲取了 m 次)。

所以石子总数在 m^2+1 与 m^2+m 之间时，甲有必胜策略。

同理，于乙而言，乙是第偶数次取石子，即第 2，4，6，8…次取石子，第 k 次乙能保证与前一次甲取的数量凑和为 k 或 $k+1$。例如第 8 次，乙可以与第 7 次甲取是数量凑和为 8 或者 9。

如果每次凑 $k+1$，那么乙取完后，两人一共取了 $3+5+7+9+\cdots=m^2-1$ 颗，此时乙一共取了 $m-1$ 次；

如果每次凑 k，那么乙取完后，两人一共取了 $m^2-1-(m-1)=m^2-m$ 颗；

所以，乙能保证自己取完后与甲一共取了 m^2-m 与 m^2-1 之间的任何数。即当总数在 m^2-m+1 与 m^2 之间时，乙有必胜策略。

甲、乙两人有必胜策略的数量区间，正好构成了整个连续正整数列。

(1)甲有必胜策略。

由引理，$10=3^2+1=(1+3+5)+1$，无论第 2 次乙取几颗，第 3 次甲与第 2 次乙取的数凑和为 3；无论第 4 次乙取几颗，第 5 次甲与第 4 次乙取的数凑和为 5。这样第 5 次后，也就是甲取完后一共取了 $1+3+5=9$(颗)，乙必然取到最后一颗，乙输，甲获胜。

(2)乙有必胜策略。

由引理，2024 在 $45^2-45+1=1981$ 至 $45^2=2025$ 之间，乙有必胜策略。

同时，$2024=45^2-1$，所以乙只需要有一次凑和为 k，其余每次凑和为 $k+1$ 即可。例如，第 2 次乙取 1 颗，与第 1 次甲取的 1 凑和为 2，以后的每次，第 k 次乙都与前一次甲取的数凑和为 $k+1$。例如，第 3 次如果甲取 3 颗，那么第 4 次乙取 2 颗，与甲凑和为 5；第 5 次如果甲取 1 颗，第 6 次乙就取 6 颗，与甲凑和为 7……这样，乙取完后一共取了 $2+5+7+9+\cdots+89=2023$(颗)，甲取到最后一颗，甲败乙胜。

(3)由引理，在 1～2024 的自然数中，当石子总数在 $(q^2+1)\sim(q^2+q)$ 之间的任何数时，甲有必胜策略。

①$q=1$，即 $n=2$ 时；

②$q=2$，即 $n=5,6$ 时；

③$q=3$，即 $n=10,11,12$ 时；

④$q=4$，即 $n=17,18,19,20$ 时；

……

㊹$q=44$，即 $n=1937,1938,\cdots,1980$ 时。

所以甲有必胜策略的 n 一共有 $1+2+3+4+\cdots+44=990$(种)。

[注：每一个 q 的取值，都有 $(q^2+1)\sim(q^2+q)$ 共 q

种取值甲有必胜策略，q 的值为 1～44，共 1＋2＋3＋4＋…＋44＝990(种)n 的取值甲有必胜策略。]

2024年 “希望杯”全国数学邀请赛

夏令营

1年级A卷

1. 答案：3。

分析：如图，有 3 个三角形。

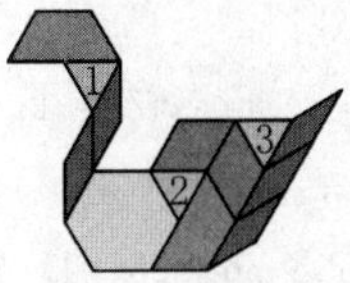

第 1 题图

2. 答案：1。

分析：五角星有 6 个，四角星有 5 个，五角星比四角星多 6－5＝1(个)。

3. 答案：20。

分析：鸡舍里有 5＋10＝15(只)鸡，共 15＋5＝20(只)鸡。

4. 答案：A。

分析：倒影与实物是上下对称的关系，故选 A。

5. 答案：E。

分析：图中共有 3 条绳子，A 和 E 是一条绳子的两端，B 和 D 是一条绳子的两端，C 和 F 是一条绳子的两端。

6. 答案：E。

分析：A：8＋5＋9＝22，B：6＋3＋7＋7＝23，C：2＋9＋4＋6＝21，D：1＋3＋5＋6＋8＝23，E：4＋5＋7＋8＝24。24 最大，E 袋中金币价值最高。

7. 答案：E。

分析：A 选项，拼图只用了 6 块，少用了 1 块。B 选项，有一块拼图是长方形，无平行四边形。C 选项，拼图只用了 6 块，少用了 1 块。D 选项，拼图用了 8 块，多用了 1 块。

8. 答案：B。

分析：如图，从点 M 出发可以到达点 C、A、D、E，不能到达点 B。

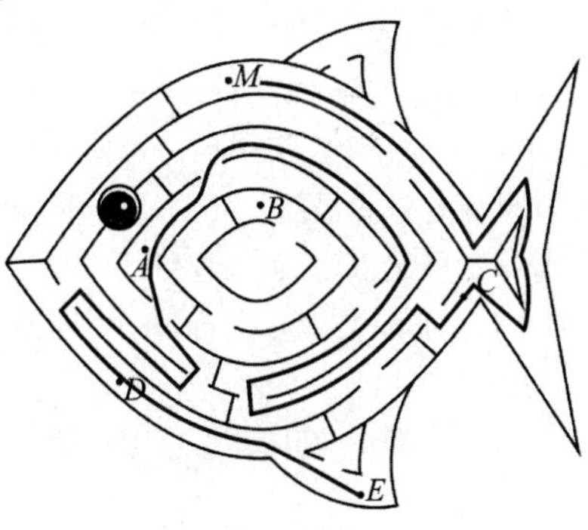

第 8 题图

9. 答案：C。

分析：如图，A、B、D、E 都可拼成，所以选 C。

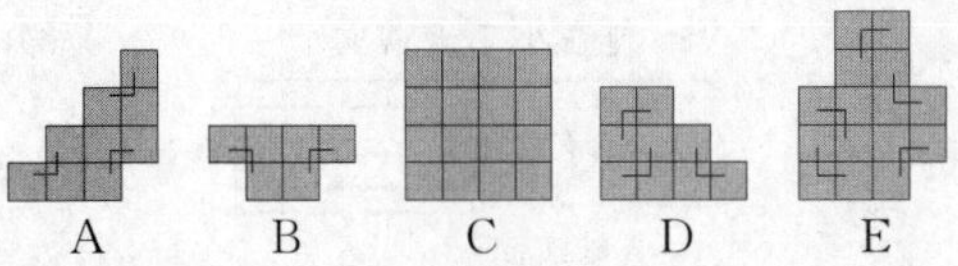

第 9 题图

10. 答案：2。

分析：如图，右转了 2 次。

第 10 题图

11. 答案：18。

分析：由题意可知，1 头猪可以换 2 只羊，那么 3 头猪可以换 6 只羊。1 只羊可以换 3 只兔子，所以 6 只羊可以换3＋3＋3＋3＋3＋3＝18(只)兔子。

12. 答案：2。

分析：3 人上岸后，水中现有 8－3＝5(人)，岸上和水中人一样多，所以岸上现在也有 5 人。那么岸上原来有 5－3＝2(人)。

13. 答案：20。

分析：共有 5 个小朋友，那么每个人都要扔 4 次沙包，一共扔 4＋4＋4＋4＋4＝20(次)沙包。

14. 答案：1。

分析：如图，移动 1 根火柴，使算式变为 2＋4＝6。

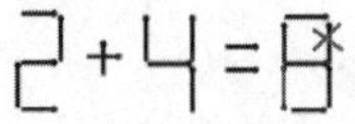

第 14 题图

15. 答案：20。

分析：从上往下，一层层数，共有四层。第一层：1 块小正方体积木。第二层：1 块小正方体积木。第三层：6 块小正方体积木。第四层：12 块小正方体积木。共 1＋1＋6＋12＝20(块)小正方体积木。

16. 答案：6。

分析：由图(1)可知，$A+A=B$。由图(2)可知，$A+2C=B$。则 $A+A=A+2C$，所以 $A=2C$，$B=A+2C=2C+2C=4C$。那么在图(3)中，$A+B=2C+4C=6C$。

17. 答案：A。

分析：图中每一小段的长度都相等，只需要数出每条路线有几段，就可找出最短的路线。A：13 段。B：17 段。C：14 段。D：19 段。所以 A 路线最短。

18. 答案：7。

分析：2016－2009＝7，年龄差不变，哥哥永远比弟弟大 7 岁。

19. 答案：5。

分析：如图，排在小老虎和小兔子之间的动物有 6－1＝5(个)。

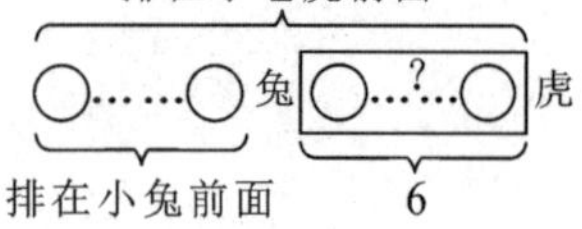

第 19 题图

20. 答案：C。

分析：图中第三行第三列缺 1 朵花，故应在 C 放 1 朵花。

21. 答案：0。

分析：根据题意，把这列数的前 20 个列出来。1，6，5，1，4，3，1，2，1，1，0，1，1，0，1，1，0，1，1，0…那么第 20 个数是 0。

22. 答案：4。

分析：如图，突破口在左下角的粗线框。依次可得出，A 处填 1，B 处填 3，C 处填 2，D 处填 3，“?”处填 4。

3		1	
C			?
A	2	4	D
4	B		1

第 22 题图

23. 答案：B。

分析：A. 5 支，可以买 5 束 1 支花。

C. 17 支，可以买 3 束 5 支花、2 束 1 支花。

D. 19 支，可以买 3 束 5 支花、1 束 3 支花、1 束 1 支花。

E. 25 支，可以买 5 束 5 支花。

所以选 B。

24. 答案：45。

分析：根据题意，可用线段图表示为

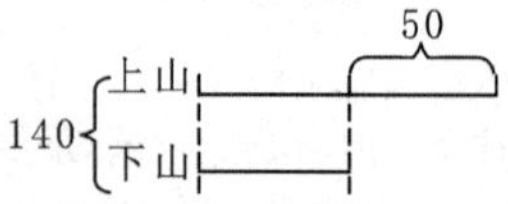

第 24 题图

140－50＝90（分），90＝45＋45，所以下山用了 45 分钟。

25. 答案：13。

分析：1～25 的编号中，有 13 个单数、12 个双数。蓝色小球的总数为 1＋3＋5＋7＋…＋23＋25，红色小球的总数为 2＋4＋6＋8＋…＋22＋24。蓝色小球比红色小球多，只需求出蓝色小球比红色小球多多少，即为希希的编号。一一对应去减：

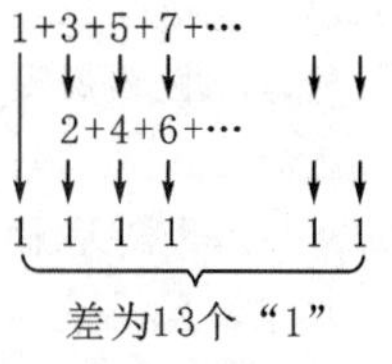

第 25 题图

所以蓝色小球比红色小球多 13 个，把这 13 个球拿走，蓝色小球就和红色小球一样多，那么希希的编号是 13。

2年级A卷

1. 答案：100。

分析：原式＝(13＋7)＋(29＋11)＋(8＋32)

＝20＋40＋40

＝60＋40

＝100。

2. 答案：B。

分析：8 时 37 分＋12 时 13 分＝20 时 50 分，到达终点的时间是 20 时 50 分，也就是当天晚上 8 时 50 分，选择 B。

3. 答案：11。

分析：第 1 堆有 5×5＝25（颗）星星，

第 2 堆有 6×6＝36（颗）星星，

第 2 堆比第 1 堆多 36－25＝11（颗）星星。

4. 答案：20。

分析：一个两位数各个数位上的数字和是 9，那么这个两位数与对应的积如下：

两位数	18	27	36	45	54	63	72	81	90
积	8	14	18	20	20	18	14	8	0

所以数字积最大是 20。

和一定，差小积大。

5. 答案：B。

第 5 题图

当希希面向东北方时，他的背面是西南方，左侧是西北方，右侧是东南方，选择 B。

6. 答案：30。

分析：一开始杯子里是 200 毫升牛奶，中途加的只有水，没有加牛奶，最后整杯喝完，所以希希第 1 次加了 50 毫升水；第 2 次加了半杯，也就是 200 毫升的一半，即 100 毫升水；第3 次加了 80 毫升水。所以希希一共喝了 50＋100＋80＝230（毫升）水。

希希喝的水比牛奶多 230－200＝30（毫升）水。

7. 答案：A。

分析：判断哪杯糖水最甜，水一样多的情况下，糖越多越甜；糖一样多的情况下，水越少越甜。

①比较 A、D，水都是 100 毫升，A 比 D 糖多，所以 A 更甜，排除 D。

②比较 C、E，水都是 200 毫升，E 比 C 糖多，所以 E 更甜，排除 C。

③比较 A、E，若 A 增加 100 毫升水，要使 A 的甜度不变，则应增加 20 克糖，所以 A 相当于是 200 毫升水中加 40 克糖，A 比 E 糖多，A 更甜，排除 E。

④比较 A、B，A 和 B 的糖和谁都不一样多，若想让它们的水一样，则 A 要增加 2 倍至 300 毫升，B 要增加 1 倍至 300 毫升。要使甜度不变，则 A 的糖应增加至 60 克，B 的糖增加至 50 克，A 比 B 糖多，A 更甜，排除 B。选择 A。

8. 答案：543512。

分析：要想组成最大的六位数，则从高位到低位尽量放较大的数。

在这 6 个数字中，5 最大，所以首位是 5。图中左边的“5”，顺时针串万位是 2，逆时针串万位是 4。图中右边的“5”，顺时针串万位是 3，逆时针串万位是 1。

在首位相同的情况下，应选万位较大的，故这个六位数最大是从左边的 5 逆时针串得到 543512。

9. 答案：14。

分析：求希希写的整数 A 最大是多少，则最后得到的两位数也应尽可能大，运用还原法倒退。

$A\underset{\div 5}{\overset{\times 5}{\rightleftharpoons}}\square\underset{+30}{\overset{-30}{\rightleftharpoons}}\square\underset{\div 2}{\overset{\times 2}{\rightleftharpoons}}\square\underset{-18}{\overset{+18}{\rightleftharpoons}}$两位数

①最大的两位数是 99，先尝试 99。

99－18＝81；

81÷2＝40……1。

81 除以 2 除不尽，所以排除 99。

②尝试 98。

98－18＝80；

80÷2＝40；

40＋30＝70；

A＝70÷5＝14。

故 A 最大是 14。

10. 答案：11。

分析：草的数量是不变的，所以 2 头牛和 3 匹马吃的草一样多。4 头牛和 6 匹马吃的草一样多，所以供 4 头牛和 5 匹马吃 1 天可以等量代换成 6 匹马和 5 匹马吃 1 天，也就是 11 匹马吃 1 天。所以这一捆草让 1 匹马吃，可以吃 11 天。

11. 答案：7。

分析：要使横向三个数的和与竖向三个数的和相等，“?”处既在横向又在竖向，所以只需横向的另外两个数与竖向的另外两个数的和相等。

在 2、4、6、7、8 这 5 个数中取出 4 个数分成两组，使每组和相等，只有 2＋8＝4＋6＝10，所以“?”处的数字是 7。

12. 答案：2。

分析：9×9＝81→9＋9＋8＋1＝27；

7×7＝49→7＋7＋4＋9＝27。

13. 答案：10。

分析：(1)只用 1 个砝码，可称出 1 克、3 克、6 克的质量，共 3 种。

(2)用 2 个砝码：

①2 个砝码在同一侧，1＋3＝4(克)，1＋6＝7(克)，3＋6＝9(克)。

②2 个砝码不同侧，3－1＝2(克)，6－1＝5(克)，6－3＝3(克)(重复)。

可称出 2 克、4 克、5 克、7 克、9 克的质量，共 5 种。

(3)用 3 个砝码：

①3 个砝码在同一侧，1＋3＋6＝10(克)。

②3 个砝码不同侧，6－(1＋3)＝2(克)(重复)，(6＋1)－3＝4(克)(重复)，(6＋3)－1＝8(克)。

可称出 8 克、10 克的质量，共 2 种。

一共有 3＋5＋2＝10(种)。

14. 答案：428。

分析：①看个位。0＋9＋C 的和的个位是 7，越加越小有进位，0＋9＋C＝17→C＝17－9＝8。

②看十位。B＋7＋5＋1 和的个位是 5，B＋7＋5＋1＝15→B＝15－13＝2。

③看百位。7＋5＋1＋1＝14→A＝4。

故$\overline{ABC}$＝428。

15. 答案：74。

分析：如图，第 1 次折叠后，第①列和第⑥列重叠，第②列和第⑤列重叠，第③列和第④列重叠。第 2 次折叠后，第①行和第⑥行重叠，第②行和第⑤行重叠，第③行和第④行重叠。最终打穿正中间的方格经过 2 次折叠后，对应的原始方格纸上的数分别是 8、11、26、29。故 8＋11＋26＋29＝74。

	①	②	③	④	⑤	⑥
①	1	2	3	4	5	6
②	7	⑧	9	10	⑪	12
③	13	14	15	16	17	18
④	19	20	21	22	23	24
⑤	25	㉖	27	28	㉙	30
⑥	31	32	33	34	35	36

第 15 题图

16. 答案：6。

分析：判断图形能否一笔画，关键在奇点的个数。如果奇点的个数为 0 或 2，则可以一笔画。

观察此图，点 A 为奇点，6 为奇点，其余的点皆为偶点。如果图形中有 2 个奇点，想一笔画完成，则需从一个奇点出发，到另一个奇点完成，故最后在 6 完成。

17. 答案：122。

分析：希希排在第 14 位，希希前面有 13 人，希希后面有 25－14＝11(人)。

希希的身高要尽可能高，那么在希希后面的 11 人也要尽可能高。最后一位小朋友的身高是 133 厘米，每位小朋友的身高都是整数且不相同，那么倒数第二位小朋友的身高是 133－1＝132(厘米)，依次递减。

希希的身高最多是 133－11＝122(厘米)。

18. 答案：22。

分析：乙重 25 千克。

甲的体重比乙轻 4 千克→甲轻 25－4＝21(千克)。

甲的体重比丙重 2 千克→丙轻 21－2＝19(千克)。

丙的体重比丁轻 3 千克→丁重 19＋3＝22(千克)。

19. 分析：如图，有 3 种选法。答案：3。

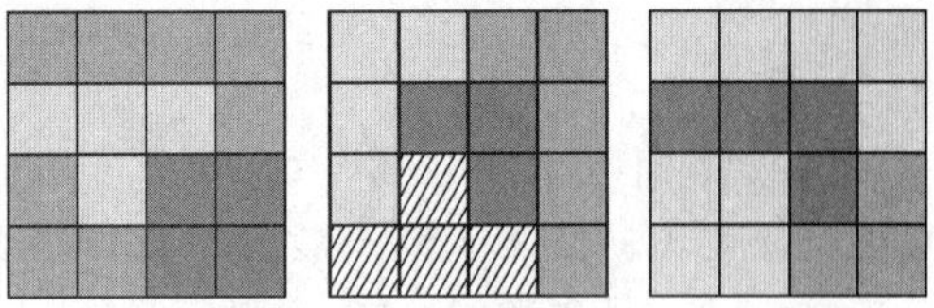

第 19 题图

20. 答案：A。

分析：从 A 出，最小和的和为：1+3+1+2+3+1+3=14；

从 B 出，最小的和为：1+3+1+2+3+5=15；

从 C 出，最小的和为：1+3+4+5+2=15；

从 D 出，最小的和为：1+3+4+1+2+4=15；

从 E 出，最小的和为：1+3+4+1+2+4+1=16。

所以应选择 A 出口。

21. 答案：81。

分析：根据规律，111111111×111111111=12345678987654321。

数字为(1+2+3+4+5+6+7+8)×2+9=36×2+9=81。

22. 答案：B。

分析：A 选项用 1+2+7=10(个)积木；

B 选项用 1+3+8=12(个)积木；

C 选项用 2+2+7=11(个)积木；

D 选项用 1+1+1+1+7=11(个)积木；

E 选项用 1+1+7=9(个)积木。

B 选项用到的积木最多，选择 B。

23. 答案：810。

分析：根据第 1 个天平可知，3 个桃子的质量等于 540 克，1 个桃子重 540÷3=180(克)。

根据第 2 个天平可知，2 个苹果和 1 个桃子的重量等于 480 克，那么 2 个苹果重 480−180=300(克)，1 个苹果重 300÷2=150(克)。

根据第 3 个天平，求 2 个桃子和 3 个苹果的重量，180×2+150×3=360+450=810(克)。故“?”=810。

24. 答案：F。

分析：观察图形可知，①✧、○、☆、□、△的位置在变化；②图形中填充的阴影在变化。

①✧、○、☆、□、△绕着中间正五边形的顶点顺时针移动 1 个位置。

②图形中填充的阴影的位置绕着中间正五边形的顶点顺时针移动 2 个位置。

故“?”处的图形是 F。

25. 答案：4。

分析：①A 赛了 4 场，则 A 已经和 B、C、D、E 比赛了；

②D 赛了 1 场，则 D 只和 A 比赛了；

③B 赛了 3 场，B 已经和 A 比了，而且也不是和 D 比，所以 B 另外两场和 C、E 比；

④C 赛了 2 场，则 C 只和 A、B 比；

⑤E 只和 A、B 比赛，只比了 2 场，所以 E 最多得分就是 2 场比赛都胜，此时得分为 2×2=4(分)。

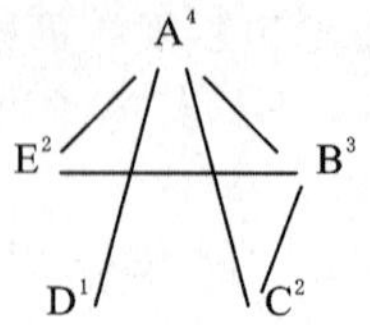

第 25 题图

3年级A卷

1. 答案：11100。

分析：原式=10−1+100−2+1000−3+10000−4
=10+100+1000+10000−(1+2+3+4)
=11110−10
=11100。

2. 答案：34。

分析：原式=(125−2)×23+(125−1)×45−125×67
=125×23−2×23+125×45−1×45−125×67
=125×(23+45−67)−2×23−1×45
=125−91
=34。

3. 答案：41。

分析：这是一个周期问题，每个周期中都有 3 颗灰珠子，那么由 20÷3=6(次)……2(颗)可得，第 20 颗灰珠子是这个周期第 7 次循环中的第 5(颗)珠子，所以它是第6×6+5=41(颗)珠子。

4. 答案：15。

分析：从第一次剪开始，往后每剪一次纸片的数量都在原数量上增加 2 片，所以第 7 次剪完后一共有 1+7×2=15(片)纸片。

5. 答案：28。

分析：有 2 个点时，可连出 1 条线段；有 3 个点时，可连出 3 条线段，是在 2 个点连出 1 条线段的基础上增加了 2 条线段，即 1+2=3(条)；有 4 个点时，可连出 6 条线段，是在 3 个点连出 3 条线段的基础上增加了 3 条线段，即 1+3+3=6(条)。以此类推，有 8 个点时，可以连出 1+2+3+4+5+6+7=28(条)线段。

6. 答案：3。

分析：其中第 1 个容器、第 3 个容器和第 5 个容器装的水一样多，所以最多有 3 个容器中装的水一样多。

7. 答案：A。

分析：水中的倒影是左右不变、上下相反，所以此时是 2:20，选 A。

8. 答案：33。

分析：将路线平移后得到 11 条棱，一共爬了 11×3=33(厘米)。

9. 答案：7。

分析：已知希希和妈妈今年的年龄和、年龄差，即可得希希今年(40−26)÷2=7(岁)。

10. 答案：7500。

分析：将 3 个机器人 2 小时分拣 500 件快递转化为 2

个机器人 3 小时分拣 500 件快递。要求 10 个机器人 9 小时分拣快递的数量，机器人从 2 个变成 10 个，扩大了 5 倍，时间从 3 小时变成 9 小时，扩大了 3 倍，因此分拣快递的数量一共扩大了 3×5=15 倍，即 500×15=7500(件)。

11. 答案：14。

分析："白兔给灰兔 2 个萝卜，它们的萝卜数量就一样多了"，说明原来白兔比灰兔多 2+2=4(个)萝卜。在白兔比灰兔多 4 个萝卜的基础上，灰兔给白兔 3 个萝卜，这时白兔比灰兔多 3+4+3=10(个)萝卜，把此时的灰兔的萝卜数量看成 1 份，那么白兔的萝卜数量是 6 份，白兔比灰兔多的 10 个萝卜对应的份数是 6−1=5(份)，即可得此时灰兔有 10÷5=2(个)萝卜，白兔有 2×6=12(个)萝卜，两只兔子一共拔了 2+12=14(个)萝卜。

12. 答案：30。

分析：由题意可推出，星期日、星期一在这个月有 5 天，星期二、三、四、五、六在这个月有 4 天，所以这个月共有2×5+5×4=30(天)。

13. 答案：27。

分析：根据差小积大，把 9 拆成 9=3+3+3，此时乘积最大，最大为 3×3×3=27。

14. 答案：D。

分析：从第 1 格到第 2025 格，需要向前跳 2025−1=2024(格)。选项中，只有 2024÷8=253(次)没有余数，所以选 D。

15. 答案：460。

分析：图中的积木，所有需要涂色的面一共有 46 个，一共用时：46×10=460(秒)。

16. 答案：24。

分析：通过平移，可将阴影部分平移成一个边长为 6 的正方形，所以阴影部分的周长为 4×6=24。

17. 答案：20。

分析：分类数三角形。其中，小三角形有 12 个，4 个小三角形拼成的中三角形有 6 个，9 个小三角形拼成的大三角形有 2 个，一共有 12+6+2=20(个)三角形。

18. 答案：45。

分析：假设 1 台收割机 1 小时收割的小麦为 1 份，那么乙、丙、丁多工作 3 小时的工作量为 1×3×3=9(份)，就相当于甲原应完成的工作量，所以原计划工作时间为 9÷1+2=11(小时)，而乙、丙、丁实际工作时间为 11+3=14(小时)，比甲多收割(14−2)×1=12(份)小麦，因此甲收割的小麦是 270÷12×2=45(吨)。

19. 答案：133。

分析：小花猫抓获最多老鼠的路径如图所示。

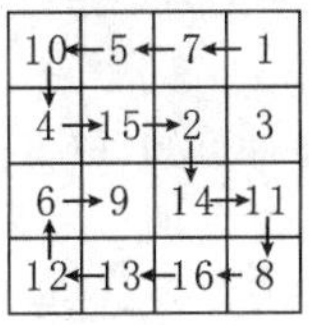

第 19 题图

一共抓获：1+7+5+10+4+15+2+14+11+8+16+13+12+6+9=133(只)老鼠。

20. 答案：36。

分析：长+宽=(63−3×3)÷3=18(厘米)，那么长方形的周长是 18×2=36(厘米)。

21. 答案：360。

分析：最长路线的长度是最短路线的 3 倍，次最长路线的长度是 120×3=360(米)。

22. 答案：5。

分析：根据最不利原则可知，至少取出 1+1+1+1+1=5(只)袜子才能保证有 2 只袜子的颜色相同。

23. 答案：48。

分析：通过逆推可得出第 5 次操作后得数为 1 的有 3 种可能；第 4 次操作后得数是上述 3 种的有 6 种可能；第 3 次操作后得数为上述 6 种的有 12 种可能。以此类推，开始的这个数有 48 种可能。

24. 答案：10。

分析：当正三角形的边长为 3 份时，正六边形的边长为 2 份，此时正三角形的周长为 9 份，正六边形的周长为 12 份。当红蚂蚁和黑蚂蚁再次在 A 点相遇时，都爬行了 36 份，那么正三角形的周长为 120÷(36÷9)=30(米)，边长为 30÷3=10(米)。

25. 答案：D。

分析：总数量÷(1+4)没有余数时，后取者有必胜的方法。选项中只有 2025÷(1+4)没有余数，所以选 D。

3年级D卷

1. 答案：6。

分析：将每个数的个位数字相乘，1×2×4×7×1×6×2×9×7×6 得到的个位数字是 6。

2. 答案：4。

分析：观察发现小羊站在第 5 位，则挡住了 10−1−5=4(只)动物。

3. 答案：3910。

分析：这段时间平均气温共上升 30−14.88=15.12(℃)，共经过 15.12÷0.08×10=1890(年)，从 2020 年开始过 1890 年，现在是 2020+1890=3910(年)。

4. 答案：四或八。

分析：如图，有 2 种切割方式。桌面变成四边形或八边形。

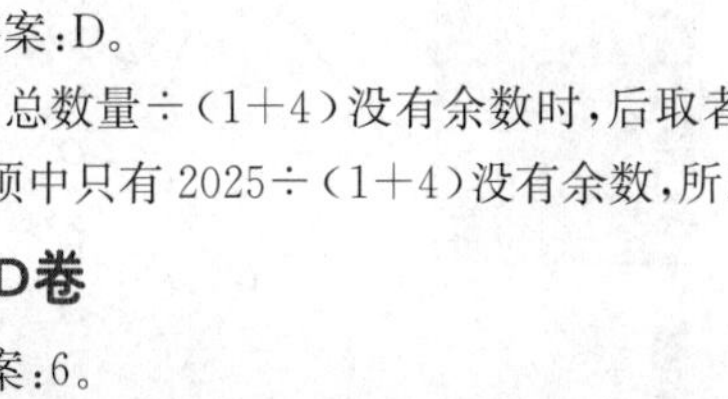
第 4 题图

5. 答案：18。

分析：根据信息可知，大哥和二哥的钱合到一起可以刚好买一个竹筐还多 8 元，则大哥有 6+8=14(元)，竹筐价格就是 14+4=18(元)。

6. 答案:11。

分析:小白兔比小灰兔多 8−3+8=13(个)草莓,现在小灰兔还有 13÷(2−1)=13(个)草莓,现在小白兔还有 13×2=26(个)草莓,则两只兔子一共吃了 50−(13+26)=11(个)草莓。

7. 答案:220022000。

分析:一条生产线 1 小时可生产 20242024÷4÷23=220022(部)手机,故十条生产线 100 小时可生产 220022×10×100=220022000(部)手机。

8. 答案:12。

分析:两人的年龄差为 36−3=33(岁),小王今年(33+3)÷(4−1)=12(岁)。

9. 答案:306。

分析:通过观察发现,第 n 个图案有 $(n+1)\times2\times3$ 根火柴棍,则第 50 个图案有(50+1)×2×3=306(根)火柴棍。

10. 答案:12。

分析:如图标记,枚举可得有 12 条路线。

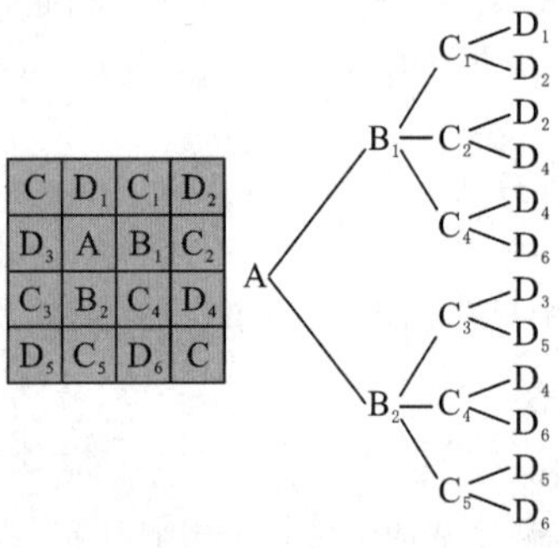

第 10 题图

11. 答案:640。

分析:比较 2 个条件可知,火车在 50×2−30=70(秒)共走了 4360−860=3500(米),则火车的速度是 3500÷70=50(米/秒),车长为 30×50−860=640(米)。

12. 答案:23。

分析:两层高的三角形有 13 个,三层高的三角形有 6 个,四层高的三角形有 3 个,五层高的三角形有 1 个,一共有 13+6+3+1=23(个)。

13. 答案:32。

分析:通过平移可知,这个图形的周长比中间的大正方形多 8 条长度为 2 的边,则周长是(2+2)×4+2×8=32。

14. 答案:6。

分析:由题意可知,102≤$\overline{\text{研学营}}$≤987,则 1037<$\overline{\text{开开}}\times\overline{\text{心心}}$<1922,有 3 种填法符合题目要求。22×55+814=2024,33×44+572=2024,33×55+209=2024。由于"开"和"心"可以互换,则共有 3×2=6(种)填法。

15. 答案:6。

分析:由以下枚举可得有 6 种种法。

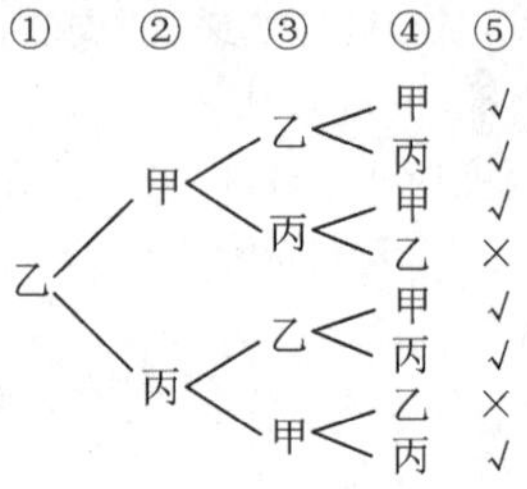

第 15 题图

16. 答案:2。

分析:用 2 种不同的颜色交替涂色即可。

17. 答案:298。

分析:下一次出现 5 个相同的数字是在 22:20:22,这之间过去了 4 分 58 秒,共 4×60+58=298(秒)。

18. 答案:150。

分析:60 厘米为一个周期,每个周期里没有涂色的共有 1+3+5+4+2=15(厘米),则一共有 600÷60×15=150(厘米)没有被涂色。

19. 答案:乙。

分析:甲不是第一名,则只能是第二名或者第三名。丙说在甲前面,是错的说明丙在甲后面,那么甲只能是第二名,丙是第三名,乙是第一名。

20. 答案:攀岩。

分析:如果小白兔参加攀岩,那么大灰狼参加跳远,金丝猴就只能参加长跑,与题目条件不符,说明小白兔没有参加攀岩。通过第 3 条信息可知,大灰狼参加攀岩,那么小白兔参加长跑,金丝猴参加跳远。

21. 答案:4。

分析:假设 A、B、C、D、E、F、G 七位同学分别比赛 7、6、5、4、3、2、1 场。A 和 B、C、D、E、F、G、巧虎 7 人比赛,G 只和 A 比赛,B 和 A、C、D、E、F、巧虎 6 人比赛,F 只和 A、B 比赛,C 和 A、B、D、E、巧虎 5 人比赛,E 只和 A、B、C 比赛,所以巧虎赛了 4 场。

22. 答案:15。

分析:100÷6=16……4,16 个 6 和 1 个 4 不符合条件,15 个 6 和 1 个 10 也不符合条件,14 个 6 和 1 个 16 符合条件,则共有 15 个数。

23. 答案:7。

分析:假设希希 10 局全胜,他应该得 50+8×10=130(颗)珠子,但他现在只有 88 颗,相差 130−88=42(颗),所以他一共输了 42÷(8+6)=3(局),那么他赢了 10−3=7(局)。

24. 答案:23。

分析:将 $(1011)_2$ 变为十进制就是 $1\times2^3+0\times2^2+1\times2^1+1\times2^0=11$,$11=2\times4^1+3\times4^0$,所以 $11=(23)_4$。

25. 答案:25。

分析:通过题目条件可知,该飞机顺风行 600 千米的时间和逆风行 400 千米的时间相同,则顺风 16 小时行 1200+1200=2400(千米),顺风速度为 2400÷16=150(千米/时);逆风 16 小时行 800+800=1600(千米),逆风速度为 1600 ÷ 16 = 100（千米/时）。故风的速度为(150−100)÷2=25(千米/时)。

4年级A卷

1. 答案:4500。

分析:(100−36)×81−36×(100−81)

=100×81−36×81−(36×100−36×81)

=100×81−36×81−36×100+36×81

=100×(81−36)

=4500。

2. 答案:32。

分析:如图,A÷8=B→1 份,A÷2=C→4 份,1 份 B=12÷(4−1)=4,A=4×8=32。

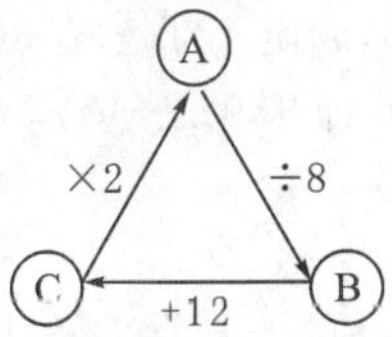

第 2 题图

3. 答案:11。

分析:单角,∠1～∠8 有 8 个;组合角,∠2+∠3,∠3+∠4,∠4+∠5,有 3 个。共 8+3=11(个)锐角。

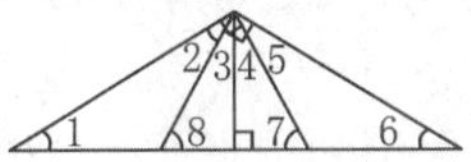

第 3 题图

4. 答案:25。

分析:每次相遇,甲、乙合走一圈,200×2÷(9+7)=25(分)。

5. 答案:700。

分析:左上角空白部分的面积为 3×(10×10)=300,右上角空白部分的面积为(3×1÷2)×(10×10)=150,左下角空白部分的面积为 10×10×(1×2÷2)=100,右下角空白部分的面积为(1+1+1.5)×10×10=350,故 $S_{阴}$=4×4×10×10−(300+150+100+350)=1600−900=700。

6. 答案:66。

分析:分情况讨论。

一等奖:①同列 3 个——3 种;②同行 3 个——3 种。共 3+3=6(种)。

二等奖:①2 个球同号→3×3=9(种)。第 3 个球同色——4 种,不同色——2 种,即 9×(4+2)=54(种)。②2 球同色,第 3 个球与另 2 个不同号,9×2=18(种)。二等奖共有 54+18=72(种),二等奖比一等奖多 72−6=66(种)。

7. 答案:5100。

分析:$S_{总}$=10000=100×100——100 行 100 列,看成方阵,相邻两圈相差 8 个,橙色地砖数构成公差为 16 的等差数列,396,380,364,…,396−16×24=12(对应 25 圈),总共有为(396+12)×25÷2=5100(块)橙色。

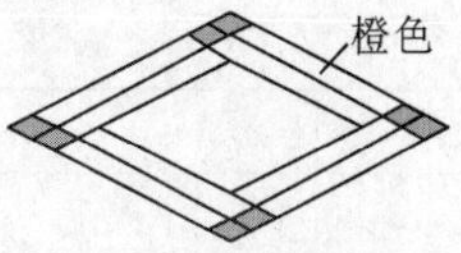

第 7 题图

8. 答案:1400。

分析:乙比甲多走 60×2=120(米),120÷(76−64)=10(分),全长=10×(76+64)=1400(米)。

9. 答案:90。

分析:总和=5+6+7+8+…+13=18×9÷2=81,每行 3 个数的和=81÷3=27,中心数=27÷3=9,9 与 10 互换,9×10=90。

10. 答案:D。

分析:如图,折叠后,前与右相邻,*M* 与 *D* 重合。

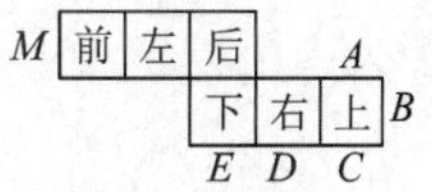

第 10 题图

11. 答案:136。

分析:如图,$S_{长方形ABCD}=20\times(10+8)=360$,$S_{\triangle AEB}=(10+8)\times(20-4-10)\div2=54$,$S_{长方形DFMN}=10\times4=40$,$S_{\triangle BCN}=20\times8\div2=80$,$S_{\triangle EFG}=10\times10\div2=50$,故 $S_{阴}$=360−54−40−80−50=136。

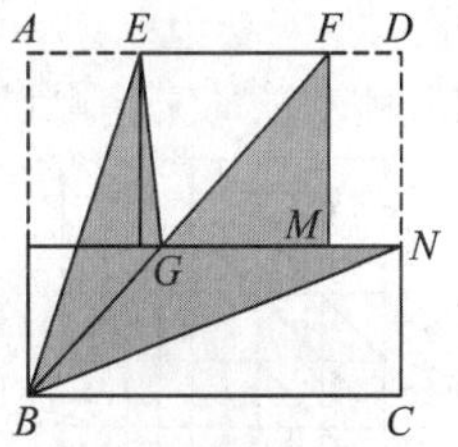

第 11 题图

12. 答案:12。

分析:把只有两项达标的人数当作 6 份,则三项全达标的是 3 份,只有一项达标的是 2 份,均不达标的即为 2 份少 2 人。用和倍问题,求得 1 份=(50+2)÷(6+3+2+2)=4(人),三项全达标的有 4×3=12(人)。

13. 答案:91。

分析:假设 65 根扁担全由小老鼠抬彩礼。

大老鼠:(104−65×1)÷(2−1)=39(只),

小老鼠:(65−39)×2=52(只)。

共有老鼠:39+52=91(只)。

14. 答案:A。

分析:星星说的话与乐乐说的话互相矛盾,必有 1 人预测错误。

①若星星预测错误,则乐乐不是第 1 名,希希预测正确。

②若乐乐预测错误,则星星预测正确,乐乐为第 1 名,与希希预测矛盾。

所以希希预测正确,星星是第一名,选 A。

15. 答案:1016。

分析：设男生有 n 个人，则

女生编号	1	2	3	…	n
没握手的男生	0 人	1 人	2 人	…	$n-9$
握过手的男生	n	$n-1$	$n-2$	…	9

女生应有 $n+1-9=n-8$(人)，男生有 $(2024+8)\div2=1016$(人)。

16. 答案：81。

分析：假设 B 为 1 份桃子，则 A 为"5 份＋1"，总数"25 份＋6"个，$\therefore$1 份最多是 3 个桃子，总共有 $3\times25+6=81$(个)桃子。

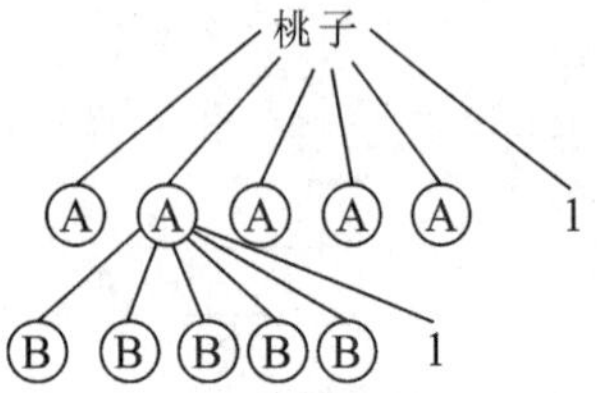

第 16 题图

17. 答案：203。

分析：第 1 次出现 1…20242025，第 2 次出现 1…24202421，第 3 次出现 1…420142024203，排在第 3 次"2024"后的 3 个数字组成的三位数是 203。

18. 答案：B。

分析：逆向画出制胜格，B 位于制胜格。

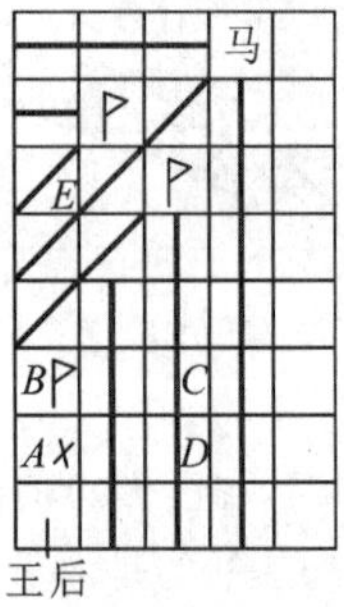

第 18 题图

19. 答案：14。

分析：分解式中含有质因数 5 和只含 2 的单独挑出，各成 1 组，$2\times4\times8\times16\times5\times10\times15\times20=2^{13}\times3\times5^4$。

余下 12 个数{1,3,6,7,9,11,12,13,14,17,18,19}，尽量凑和为 25 的：

$19+6=25$，$18+7=25$，$14+11=25$，$13+12=25$，$1+9=10$，$3+17=20$。

又 $10\times20\times25\times25\times25\times25=2^3\times5^{10}$，

$\therefore$各组和的乘积$=2^{13}\times3\times5^4\times2^3\times5^{10}=2^{16}\times3\times5^{14}$，末尾最多有 14 个 0。

20. 答案：4。

分析：由 AF 与其他 4 个点可构成 4 个三角形，该六边形每边可画 4 个三角形。最差的情况每个三角形中只含 1 个点，即至少需画 4 个点，如图。

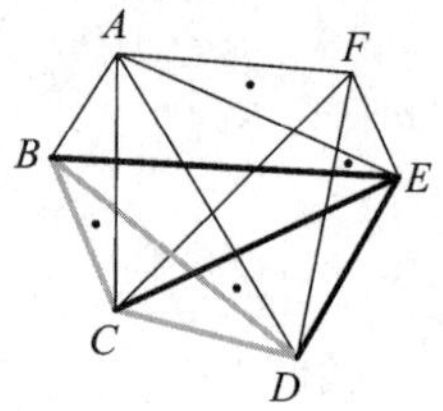

第 20 题图

21. 答案：160。

分析：被 4 整除的末两位可为 00、20、40、12、32、04、24、44 有 8 种。前两位填法有 $4\times5=20$(种)，共 $20\times8=160$(个)。

22. 答案：91。

分析：设不变的 7 个两位数之和为 s，改变的两位数原是$\overline{xy}$，则 $8(|s+\overline{xy})$，调换后为$\overline{yx}$，有 $8(|s+\overline{yx})$，

$\therefore8(|\overline{xy}-\overline{yx})$，即 $8|9(x-y)$，$\therefore8|x-y$，

$\therefore x=9$，$y=1$，$\overline{xy}=91$。

23. 答案：2857。

分析：$140000+\overline{ABCD}+\overline{ABCD}\times100+14=400001+\overline{ABCD}\times10$，$91\times\overline{ABCD}=259987$，故$\overline{ABCD}=2857$。

24. 答案：4。

分析：$\begin{cases}2A+B=2C①,\\B+D=A+C②,\\2B+C=A+D③,\end{cases}$ 由②＋③可得 $2A=3B$。

①＋③得 $2A+3B+C=2C+A+D$，则 $4A+C=2C+A+D$，$3A=C+D$。

$(B+2D)+(2B+C)=2A+2D+C=2A+3A+D=5A+D$，则 $B+2D=5A+D-(A+D)=4A$。

25. 答案：3785。

分析：$O+R=10$，个位向十位进一。由百位知，百位向千位进一，$E+O=9$ 或 8。十位向百位进一或二，F 可取的值为 1、2、3，$N\geqslant5$，$\{O,R\}=\{1,9;2,8;3,7;4,6\}$，最终得出答案$\overline{FINE}=3785$。

$$\begin{array}{r}Z\ E\ R\ O\\F\ O\ U\ R\\+\ F\ I\ V\ E\\\hline N\ I\ N\ E\end{array}\qquad\begin{array}{r}1\ 5\ 6\ 4\\3\ 4\ 2\ 6\\+\ 3\ 7\ 9\ 5\\\hline 8\ 7\ 8\ 5\end{array}$$

第 25 题图

4 年级 D 卷

1. 答案：506。

分析：原式$=2024\div366\times7\div12\times30\div35\times183$

$=2024\div(366\div183)\div(35\div7)\div12\times30$

$=2024\div2\div5\div12\times2\times5\times3$

$=2024\div(12\div3)$

$=2024\div4$

$=506$

2. 答案：3980。

分析：先考虑个位，$4\times10\times2=80$，百位为 1：104，114，124，…，194

再考虑十位，(0＋1＋2＋…＋9)×10×2＝900，百位为 2：204，214，224，…，294

最后考虑百位，100×10＋200×10＝3000。

和：80＋900＋3000＝3980。

3. 答案：168。

分析：1 个小立方体的表面积为 2×2×6＝24，7 个小立方体的表面积为 24×7＝168。

4. 答案：270。

分析：★的个数为 1＋2＋3＋…＋19＋20＝(1＋20)×20÷2＝210(个)，◎的个数为 20×3＝60(个)，共 210＋60＝270(个)。

5. 答案：1。

分析：一位数为 1～9，有 9×1＝9(个)数学；

两位数为：10～99，有(99－10＋1)×2＝180(个)数学；

三位数字：2024－(9＋180)＝1835，1835÷3＝611……2，99＋611＝710，710711，第 2024 位上的数字是 1。

6. 答案：836。

分析：三位数有 9×10×10＝900(个)；

不进位时个位为 0、1，十位为 0、1、2、3，百位为 1～8，2×4×8＝64(个)；

进位：900－64＝836(个)。

7. 答案：42120。

分析：如图所示。

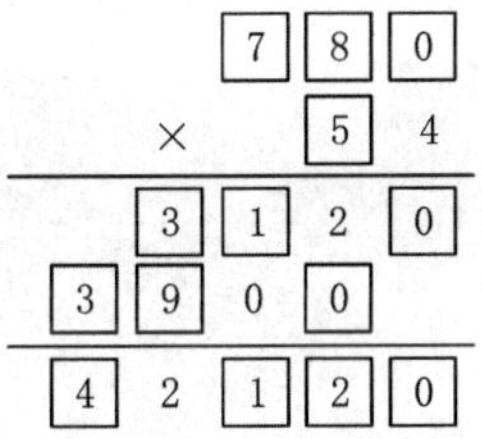

第 7 题图

【注】实际乘法竖式中，末位零不参与计算，此时答案为 42124。

8. 答案：44。

分析：如图所示，孙悟空最少喝了酒：(84＋4)÷2＝44(斗)。

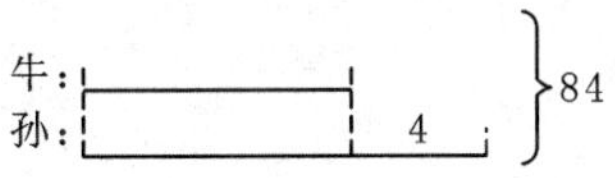

第 8 题图

9. 答案：3。

分析：如图，至少 3 种。

第 9 题图

10. 答案：108。

分析：如图所示，A 为 2 个空白部分拼起来的区域，面积：48；

$A+B+B$ 的面积：80＋64＋48＝192；

B 的面积：(80＋64＋48－48)÷2＝72。

$a\times a$：72×72÷48＝72×72÷24÷2＝108。

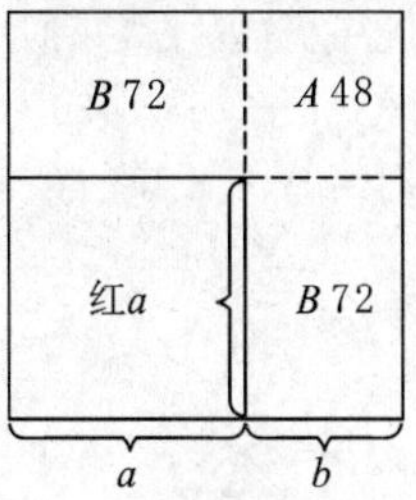

第 10 题图

11. 答案：253。

分析：2024 是偶数，2024÷2＝1012(偶数)，1012÷2＝506(偶数)，506÷2＝253(奇数)，A_{2024}＝253。

12. 答案：8。

分析：如图所示，每 4 个数一组，乘积个位周期为 4、0、0、0、0(5 个一周期)，最后一组是第(2021－1)÷4＋1＝506(组)，506÷5＝101(周)……1(组)，4＋0×4＝4，4×101＋4＝408，末位数字是：8。

1×2×3×4
5×6×7×8
9×10×11×12
13×14×15×16
17×18×19×20
———————
21×22×23×24
25×26×27×28
⋮
2021×2022×2023×2024

第 12 题图

13. 答案：50。

分析：梨＋桃＋杏＝80(棵)，苹＋桃＋杏＝90(棵)，苹＋梨＋杏＝60(棵)，桃：(80＋90－60－10)÷2＝50(棵)。

14. 答案：56。

分析：若书共有 n 页：1＋2＋3＋…＋n＞2024，(1＋n)×n÷2＞2024，n×(n＋1)＞4048。估算：64×64＝4096，63×64＝4032＜4048，64×65＝4160＞4048，即n＝64。

1＋2＋3＋…＋64＝(1＋64)×64÷2＝2080，2080－2024＝56，即少加页码为 56。

15. 答案：360。

分析：甲上的台阶为 2 4 6 8 10 12 14 16 18 20 22 24…

乙上的台阶为：

3 5　8 10　13 15　18 20　23 25…

故 10 级台阶为 1 个周期，已踏过 2、3、4、5、6、8、10 共 7 级，未踏 1、7、9 共 3 级，则 1200 中，未踏：1200÷10×3＝360(级)。

16. 答案：6。

分析：甲、乙同时回初始处，所用时间既是 24 的倍数，也是 40 的倍数，[24，40]＝120，即每 120 分钟，甲、乙同时回到各自起点，12×60÷120＝6(次)。

17. 答案：3。

分析：如图，a 表示只投给 A 款，c 表示只投给 C 款，M 表示同时投给 A、C 款。

由图可知，$a+M+6=20$①，$c+M+4=13$②，综合①②知 $a+c+2M=23$③，$a+M+c=36-16=20$④，③－④：$M=23-20=3$，同时给 A、C 投票的有 3 人。

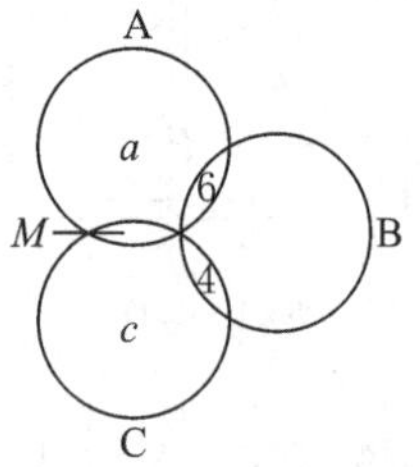

第 17 题图

18. 答案：15。

分析：①1，②1，③尽量小，1＋1＋1＝3，④尽量小，1＋3＋1＝5，⑤尽量小，3＋5＋1＝9，⑥尽量小，5＋9＋1＝15，即第 6 项最小为 15。

19. 答案：11。

分析：如图所示，3 年前，弟年龄为☆，希与弟年龄差为 1 倍量，希为☆＋1 倍，爸为 12 倍。由爸爸的话可知。[☆＋(☆＋1 倍)]×4＝12 倍，☆＝(3－1)÷2＝1 倍。

5 年后，弟弟：5＋3＋1 倍。希希：5＋3＋2 倍。弟弟与希希和为：16＋3 倍。爸爸：5＋3＋12 倍＝(8＋12 倍)。依希希说：(16＋3 倍)×2＝(8＋12 倍)，推知 6 倍＝24，1 倍＝24÷6＝4(岁)，希希今年 3＋4×2＝11(岁)。

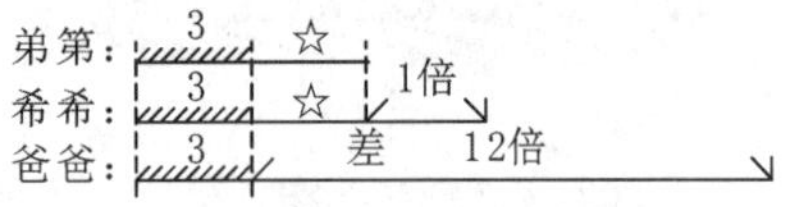

第 19 题图

20. 答案：46。

分析：如图所示，考虑上层，上底在 AN 上有 3＋2＋1＝6(个)，上底在 BR 上有 2＋1＝3(个)。

下层：上底在 BR 上有 4＋3＋2＋1＝10(个)，上底在 CY 上：3＋2＋1＝6(个)。

合：上底在 AN 上有 3＋2＋1＝6(个)，上底在 CY 上有 1 个，共 6＋3＋10＋6＋6＋1＝32(个)。

形如梯形 $ABFD$ 有 3 个，形如梯形 $NRXG$ 有 3 个，形如梯形 $BFMA$ 有 4 个，形如梯形 $XRNQ$ 有 4 个，共 3＋3＋4＋4＝14(个)，综上可知，共 32＋14＝46(个)。

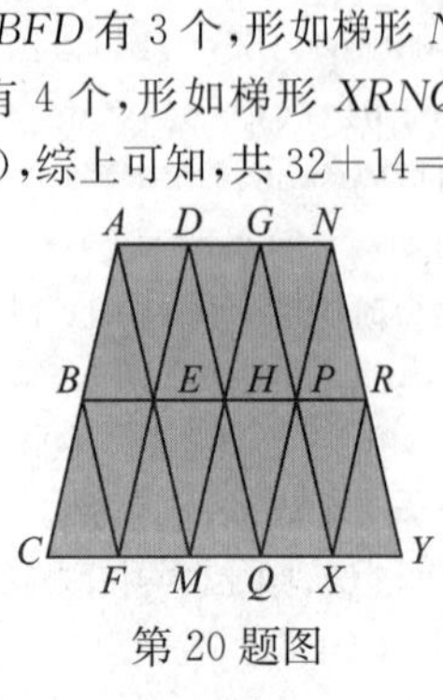

第 20 题图

21. 答案：24。

分析：2×2×3×2＝24(种)。

22. 答案：25。

分析：三条边长分别为 3、5、a，$3+5>a\Rightarrow a<8$，$3+a>5\Rightarrow a>2$，$5+a>3$，综上可知，$2<a<8$，即 a 可为 3、4、5、6、7，3＋4＋5＋6＋7＝25。

23. 答案：63。

分析：如图所示，连接 BD，因 $2BC=5AD$，AD 长为 2，BC 为 5，且△EBD 与△EBC 同底，

则 $S_{\triangle EBD}=2$ 份，$S_{\triangle EBC}=5$ 份，把梯形 $ABCD$ 如图补成平行四边形。

因△ADB 与△DFC 等高，且 $DF=AF-AD=BC-AD=5-2=3$，

则 $S_{\triangle ABD}:S_{\triangle FCD}=2:3$，$S_{\triangle ABD}=12+2a$，

则 $S_{\triangle FCD}=(12+2a)\div2\times3=18+3a$，$2\times(S_{\triangle ADB}+S_{\triangle DFC})=S_{\square ABCF}$，

$$2\times[(12+2a)+(18+3a)]=12+(18+3a)+5a+36$$

$$10a+60=8a+66$$

$$2a=6$$

$$a=3$$

$S_{梯形ABCD}=S_{\triangle ADE}+S_{\triangle EDC}+S_{\triangle BEC}=12+36+5\times3=63$。

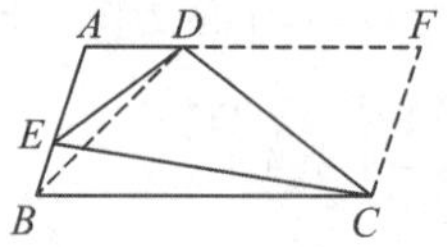

第 23 题图

24. 答案：4。

分析：奇位和为 $(5+0)\times n+1+1+4+0+(3+0)\times m=5n+3m+6$

偶位和为 $(2+2)\times n+0+0+2+2+(2+2)\times m=4n+4m+4$

奇－偶：$n-m+2$ 是 11 的倍数，$n=1$，$m=3$ 时 $\frac{11}{(n-m+2)}$，$n+m$ 的最小值是 1＋3＝4。

25. 答案：180。

分析：相同时间内，狼跑 11 步，狗跑 9 步，则狼跑 22 步时，狗跑 9×2＝18(步)，相当于狼跑 18÷6×7＝21(步)，相遇时 430÷(22＋21)＝10，21×10＝210(步)，即狗跑 210÷7×6＝180(步)。

5年级A卷

1. 答案：A。

分析：计算可得，A 结果为 0.3，B 结果为 0.1，C 结果为 0.02，D 结果为 0.5，E 结果为 2。从小到大排列第三的是 0.3，选 A。

2. 答案：123。

分析：添括号得 123123÷(7×11×13)＝123123÷1001，又知 123123＝123×1001。

所以原式＝123×1001÷1001＝123。

3. 答案：60。

分析：将题中两次牛的数量相加得到 40＋50＝90(头)，即公牛数的 1.5 倍加母牛数的 1.5 倍，总数的 1.5 倍

共 90 头，所以农场共 90÷1.5＝60(头)牛。

4. 答案：7。

分析：令图(1)中左下方格为“中心格”。

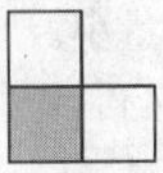

(1)

则图(2)中分别以各方格为“中心格”的图(1)图形数量，如图中方格标数所示。

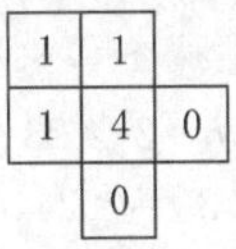

(2)

共 1＋1＋1＋4＝7(个)。

5. 答案：6。

分析：由题意可知，每个字母左移 1 格至少需要交换 1 次，字母 B,N,N 由图(1)移至图(2)位置共计左移 3＋2＋1＝6(格)。

所以由图(1)变到图(2)至少需要交换 3＋2＋1＝6(次)，现给出一种交换方法如下图：

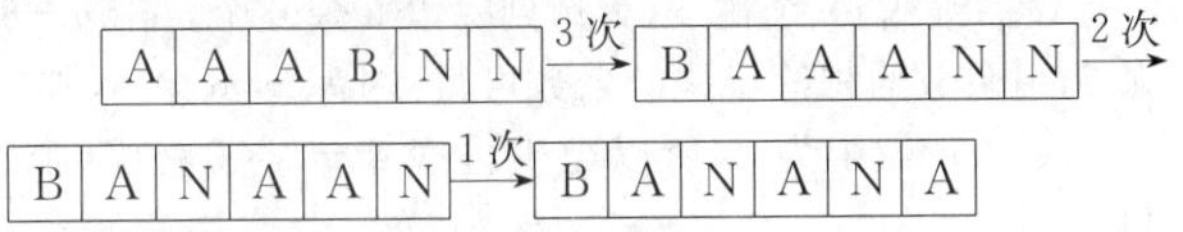

第 5 题图

6. 答案：2016。

分析：欲使黑板上四个数和最大，则每次操作擦去的是最小数。

9 次操作后的数和依次是 16，28，52，96，176，324，596，1096，2016。

7. 答案：80964。

分析：由题意可得，除数个位可乘出个位为 2，3，4 的乘积，而且个位为 3 的乘积最大，为四位数，所以除数个位为 7，则由乘积个位 2，3，4 逆推得商位 692 且除数百位为 1。

若除数十位为 6，则 167×6＝1002 与题中个位为 2 的乘积是三位数不符，所以除数十位只可能是 1，2，3，4，5。

经尝试计算可得，只有 117 符合题意。

被除数为 117×692＝80964。

8. 答案：C。

分析：外部边框规律为□◇○△4 个为一周期，内部黑点白点规律为第 1 个，第 4 个，第 7 个白点依次增加 1 个。

所以可得第 10 个图形外部边框为◇，内部白点数为 5 个。

9. 答案：137。

分析：由题意可知，两端为黑色条码，黑色条码与白条条码相间隔排列，则条码数只能是奇数个，由条码数分类讨论。

(1)条码数为 5。

①3＋3＋2＋1＋1，长度为 2 的条码有 5 种放法，长度为 1 的两条码有 4×3÷2＝6(种)，共 5×6＝30(种)。

②3＋2＋2＋2＋1，长度为 1 的条码有 5 种放法，长度为 3 的条码有 4 种放法，共 5×4＝20(种)。

(2)条码数为 7。

①3＋2＋1＋1＋1＋1，长度为 3 的条码有 7 种放法，长度为 2 的条码有 6 种放法，共 7×6＝42(种)。

②2＋2＋2＋1＋1＋1＋1，长度为 2 的 3 条条码有 7×6×5÷(3×2×1)＝35(种)放法。

(3)条码数为 9。

2＋1＋1＋1＋1＋1＋1＋1＋1，长度为 2 的条码有 9 种放法。

综上所述，总共 30＋20＋1＋42＋35＋9＝137(种)条形码。

10. 答案：14400。

分析：除去希希、欢欢、乐乐，余下 5 人共有 5！＝5×4×3×2×1＝120(种)排队方法，再依次将希希、欢欢、乐乐插空放入，5 人共 6 个空，希希等 3 人依次有 6 种，5 种，4 种插入放法，总共 120×(6×5×4)＝14400(种)排队方法。

11. 答案：555。

分析：分类讨论。(1)若 3 个数字都不同，不妨设 3 个数字分别为 a,b,c。a 出现在每个数位上的次数为 2 次，例如，$\overline{abc}$和$\overline{acb}$，同理 b,c 出现在每个数位上的次数也均为 2 次。所以 3 个数字为 a,b,c 的三位数的和为 111×$(2a+2b+2c)$，又因为 $a+b+c=15$，所以和等于 111×30，一共有 3×2×1＝6(个)三位数。第一类的平均数是 111×30÷6＝555。

(2)若 3 个数字中恰有 2 个数字相同，不妨设 3 个数字分别为 a,b,b。a 出现在每个数位上的次数为 1 次，例如$\overline{abb}$，b 出现在每个数位上的次数为 2 次。例如，b 在百位出现有$\overline{bab}$和$\overline{bba}$。所以 3 个数字为 a,b,b 的三位数的和为 111×$(a+2b)$，又因为 $a+b+b=15$。所以和等于 111×15，一共有 3 个三位数：$\overline{abb}$、$\overline{bab}$和$\overline{bba}$。

第二类的平均数也是 111×15÷3＝555。

(3)若 3 个数字均相同，则为 555。第三类的平均数仍是 555，综上所述数位上 3 个数字无论为哪一类，平均数都为 555。这类数中所有数的平均数是 555。

12. 答案：24。

分析：分步完成。

(1)将《宋词》上册和下册进行捆绑，共 2 种方法，上、下或下、上。

(2)将《宋词》上下册和《唐诗》下册从左至右依次排列，满足题目要求的《宋词》上册在《唐诗》下册左边。

(3)将剩余 2 本《唐诗》上册和中册插空放入，现有 2 个整体 3 个空挡，《唐诗》上册有 3 种放法，放入后增加为 3 个整体 4 个空挡，《唐诗》下册有 4 种放法。

综上所述，共有 2×3×4＝24(种)不同的摆法。

13. 答案：80。

分析：设 4 个相同的小长方形的长为 a，宽为 b，则图中左下阴影长方形的长＝a，宽＝$20-2b$，右上阴影长方形的长＝$2b$，宽＝$20-a$。所以两个阴影长方形的周长之和是 $[a+(20-2b)+2b+(20-a)]\times2=40\times2=80$。

14. 答案：8。

分析：将图中空白部分分为 5 个区域，分别是中心的正方形、上方梯形、下方梯形、左边梯形和右边梯形，其中上方梯形和下方梯形的上底都为 1，下底都为$\frac{4}{3}$，高的和是 4－1＝3。所以 $S_{上梯形}+S_{下梯形}=\left(1+\frac{4}{3}\right)\times h_1\div 2+\left(1+\frac{4}{3}\right)\times h_2\div 2=\left(1+\frac{4}{3}\right)\times 3\div 2=3.5$。

同理，左边梯形和右边梯形的面积和为 $S_{左梯形}+S_{右梯形}=\left(1+\frac{4}{3}\right)\times 3\div 2=3.5$。

综上所述，空白部分的面积为 3.5＋3.5＋1×1＝8。

15. 答案：20。

分析：连接 DE，$S_{\triangle DFG}=S_{\triangle DEF}+S_{\triangle DEG}+S_{\triangle EFG}$。

$\because AD/\!/EF$，$\therefore S_{\triangle DEF}=S_{\triangle AEF}$。

$\because EG/\!/DC$，$\therefore S_{\triangle DEG}=S_{\triangle CEG}$，$S_{\triangle DFG}=S_{\triangle AEF}+S_{\triangle CEG}+S_{\triangle EFG}=30$。

$\because S_{\triangle ABC}=10\times 8\div 2=40$，$\therefore S_{\triangle FBG}=40-30=10$，$S_{FBGE}=2\times S_{\triangle FBG}=20$。

16. 答案：18。

分析：分步完成。

(1)为使从前面看到的图形为原题图(2)，至少需去掉如图(1)所示最上层 8 个。

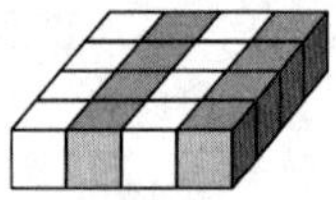

(1)

(2)为使从上面看到的图形为原题图(2)，至少需去掉如图(2)所示最上层 8 个，和①步骤重复 4 个，实际去掉 8－4＝4(个)。

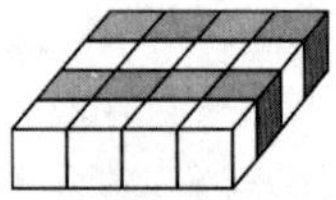

(2)

(3)为使从左面看到的图形为原题图(2)，至少需去掉如图(3)所示，最里层的 8 个，其中和①步骤②步骤重复 2 个，实际去掉 8－2＝6(个)。

共 8＋4＋6＝18(个)。

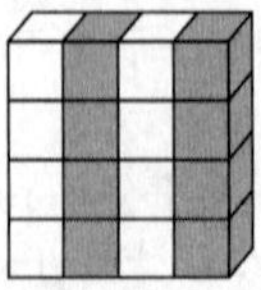

(3)

17. 答案：10263。

分析：令五位数最小是 $\overline{abcde}$。由题意可知，$11\mid\overline{abcde}$，由 11 的整除特征奇偶位和差法得，奇数数位数字和＝$a+c+e$，偶数数位数字和＝$b+d$，则 $11\mid(a+c+e)-(b+d)$。

五位数最小优先满足高位尽量小，令 $a=1$，$b=0$，$c=2$。

需满足要求 $11\mid(1+2+e)-d$，经尝试得 d 最小可取 6，此时 e 取 3，五位数最小是 10263。

18. 答案：111。

分析：将 2024 分解质因数得到 $2^3\times 11\times 23$，要求 2 个数和最小，则 2 个数都尽量小。

由最小公倍数的定义得，2 个数最多只含 2，11，23 共 3 种质因数。

不妨设 2 个数分别为 a，b，$a=2^{\square}\times 11^{\square}\times 23^{\square}$，$b=2^{\square}\times 11^{\square}\times 23^{\square}$。

因为要求 a，b 两数都尽量小，所以只需 1 个数含 3 个 2，1 个数含 1 个 11，1 个数含 1 个 23，则有①$a=2^3=8$，$b=11\times 23=253$；②$a=11$，$b=2^3\times 23=184$；③$a=23$，$b=2^3\times 11=88$；④$a=2^3\times 11\times 23=2024$，$b=1$。其中③的两数和最小，为 23＋88＝111。

19. 答案：17。

分析：5 个 5 个地数余 3 个，代表总数÷5 余 3；

6 个 6 个地数余 1 个，代表总数÷6 余 1。

①先再摘 2 个桃子，满足题目 5 个 5 个数没剩余的要求，此时除以 16 余 1＋2＝3(个)。

②然后再保持后续摘桃子数量为 5 的倍数，则可一直满足①中 5 个 5 个数无剩余。

设后续摘 $5n$ 个桃子，为达到除以 6 余 0 个，需 $5n\div 6$ 余 3，由余数的积等于积的余数可得：因为 5÷6 余 5，则 $n\div 6$ 余 3，n 最小为 3，所以至少再摘 2＋5×3＝17(个)桃子。

20. 答案：78。

分析：令三位数 $n=\overline{abc}$。分类讨论。

①个位数字最小，则≪$\overline{abc}$≫＝$\overline{ab}$。

$\overline{ab}\mid\overline{abc}$，展开得$(10\times\overline{ab}+c)$是$\overline{ab}$的倍数。

由整除的和差性得，$c\mid\overline{ab}$，所以 $c=0$ 满足要求。

a 有 9 个非零数字可选，b 有剩余 8 个非零数字可选，共 9×8＝72(个)。

②十位数字最小，则≪$\overline{abc}$≫＝$\overline{ac}$。

$\overline{ac}\mid\overline{abc}$，展开得$(100a+10b+c)$是$(10a+c)$的倍数。

不妨设 $100a+10b+c=(10a+c)\times m$，因为 $b<c$，所以 $m\leqslant 9$。

化简得 $100a-10ma+10b=(m-1)c$，$10(10a-ma+b)=(m-1)C$。

$10\mid(m-1)c$，因为 $m-1\leqslant 8$，$c\leqslant 9$，所以 $m-1=5$ 或 $c=5$。

若 $m-1=5$，则 $m=6$，代入得 $40a+10b=5c$，即 $8a+2b=c$，满足 b 最小的情况只有 $a=1$，$b=0$，$c=8$。

若 $c=5$，代入得：$2(10a-ma+b)=m-1$。

$2\mid m-1$，m 为奇数，尝试可得，当 $m=7$ 时，$a=1$，$b=0$ 成立；当 $m=9$ 时，$a=4$，$b=0$ 或者 $a=3$，$b=1$ 成立。

综合共 108，105，405，315，4 个数。

③百位数字最小，则≪$\overline{abc}$≫＝$\overline{bc}$。

$\overline{bc}\mid\overline{abc}$，展开得$(100a+\overline{bc})$是$\overline{bc}$的倍数。

由整除的和差性可知，$\overline{bc}\mid 100a$。

经尝试，满足 a 是最小数字的情况有 $a=1$，$\overline{bc}=25$ 或 $a=3$，$\overline{bc}=75$ 共 2 个数，125 和 375。

综上所述，一共 72＋4＋2＝78(个)数。

即满足条件的三位数 n 有 78 个。

21. 答案：30。

分析：余数的和最大，则和最大为 4＋6＋10＋12＝32。

分类讨论：(1)若余数和＝4＋6＋10＋12＝32，则原数除以 5 余 4，除以 7 余 6，除以 11 余 10，除以 13 余 12。

原数＋1 最小为[5，7，11，13]＝5005。

原数至少是 5005－1＝5004＞2024，不成立。

(2)若余数和＝31。

①令原数除以 5 余 4，除以 7 余 6，除以 11 余 10，则原数＋1 至少为[5，7，11]＝385。

原数至少 385－1＝384，原数可表示为 $384+385k$，384÷13 余 7，385÷13 余 8，由和的余数等于余数的和可得，除以 13 的余数为 $7+8k$。

在原数＜2024 时，当 $k=2$ 时，余数最大，此时原数＝384＋385×2＝1154 时，除以 13 余 10，余数和＝4＋6＋10＋10＝30。

②令原数除以 5 余 4，除以 7 余 6，除以 13 余 12，则原数＋1 至少为[5，7，13]＝455。

原数至少是 455－1＝454，原数可表示为 $454+455k$。

454÷11 余 3，455÷11 余 4。由和的余数等于余数的和可得，除以 11 的余数为 $3+4k$，在原数＜2024 时，当 $k=1$ 时余 7 最大，余数和＝4＋6＋12＋7＝29。

③令原数除以 5 余 4，除以 11 余 10，除以 13 余 12，则原数＋1 至少为[5，11，13]＝715。原数为 $714+715k$，由和的余数等于余数的和可得，除以 7 的余数为 k，在原数＜2024 时，$k=1$ 时余 1 最大，余数和＝4＋10＋12＋1＝27。

综上所述，余数和不能等于 31，最大为 30。此时原数＝1154，余数和＝30。

22. 答案：675。

分析：设中间数为 n，因为是 5 个连续自然数，所以 5 个数的和＝$5n$，中间 3 个数的和＝$3n$，即 $5n$ 可表示为 p^3，$3n$ 可表示为 q^2，$n\leqslant 2022$。

因为 $5n=p^3$，$3n=q^2$，所以 n 中质因数 5 的个数只能是 2 个，n 中质因数 3 的个数只能是 3 个。

$n=3^3\times5^2=675$，即 5 个数的平均数是 675。

23. 答案：3900。

分析：甲追上乙第 1 次用时 $t_1=100\div(16-12)=25$(分)，此时两人从同一起点再次追及，$v_{甲}=16-4=12$(米/分)，$v_{乙}=12-1=11$(米/分)。

第 2 次：$t_2=100\div(12-11)=100$(分)，

此时 $v_{甲}=12-4=8$(米/分)，$v_{乙}=11-1=10$(米/分)。

乙第 1 次追上甲，用时 $t_3=100\div(10-8)=50$(分)，甲、乙一共运动 $(16+12)\times t_1+(12+11)\times t_2+(8+10)\times t_3=3900$(米)。

24. 答案：C。

分析：时针和分针夹角再次为 90°，需分针走的角度比时针走的角度恰好多走 180°，即分针比时针多走半圈。

已知时针速度为 $v_{时}=1\div3600=\frac{1}{3600}$(圈/分)，

分针速度为 $v_{分}=1\div60=\frac{1}{60}$(圈/分)，则速度差 $v_{分}-v_{时}=\frac{1}{60}-\frac{3}{3600}=\frac{59}{3600}$(圈/分)。

所以至少再过 $\frac{1}{2}\div\frac{59}{3600}=\frac{1800}{59}$(分钟)，分针比时针多走半圈，即分针时针夹角为 90°。

25. 答案：135。

分析：按钟表上的错误时间计算，从 12:20 出门到 20:50 回家，共用时 8 小时 30 分钟。即正确出门到回家总用时也是 8 小时 30 分钟，因为和开会前 10 分钟到达，所以路上用时和开会用时共计 8 小时 20 分钟。

已知会议 15:00 开始，22:50 散会，开会用时 7 小时 50 分钟，则路上用时 8 小时 20 分钟减去 7 小时 50 分钟等于 30 分钟，又因为从家到公司和从公司到家的时间相同，所以家到公司用时 30÷2＝15(分钟)。

出门时正确时间为 15:00 前推 10＋15＝25(分钟)，即 14:35，此时钟表显示 12:20。

换电池前钟表至少停 12:20 到 14:35 共计 2 小时 15 分钟，共计 135 分钟。

5年级D卷

1. 答案：0.75。

分析：$\frac{2.024\times1.9\times24-2.024\times1.9\times18+2.024\times1.9\times16+2.024\times1.9\times20}{2.024\times1.9\times10+2.024\times1.9\times16+2.024\times1.9\times22.5+2.024\times1.9\times7.5}$

$=\frac{2.024\times1.9\times(24-18+16+20)}{2.024\times1.9\times(10+16+22.5+7.5)}=\frac{42}{56}=0.75$

2. 答案：12。

分析：印信的顶点都在原正方体的棱上，且每条棱上都只有 1 个顶点，共有 12 个。

3. 答案：C。

分析：方法一 $15485^2=239785225$，选 C。方法二平方数的个位为 0、1、4、5、6、9，B 错；个位为 0 时，末尾有偶数个 0，E 错；奇平方数除以 4 余 1，A 错；平方数除以 3 余 0 或 1，D 错。所以选 C。

4. 答案：66。

分析：枚举法，如下表所示。

百位	1	2	3	4	5	6	7	8	9	合计
数量	8	9	10	9	8	7	6	5	4	66

5. 答案：2039。

分析：设这 4 个数字为 a,b,c,d，且 $a>b>c>d$，当 $d\neq0$ 时，$\overline{abcd}+\overline{dcba}=1001a+110b+110c+1001d=11\times(91a+10b+10c+91d)=11359$，$11\mid11359$，不成立，所以 $d=0$，$\overline{abc0}+\overline{c0ba}=11359$，$a=9$，$c=2$，$b=3$，最小是 2039。

6. 答案：8。

分析：237－128－70＝39，128－70－39＝19，70－39－19＝12，39－19－12＝8。

7. 答案：34。

分析：$1-\frac{5}{30}-\frac{4}{25}=\frac{101}{150}$，$\frac{6}{30}+\frac{5}{25}=\frac{2}{5}$，$\frac{101}{150}-$

$\frac{2}{5}=\frac{41}{150}$，

$\left(\frac{1}{30}+\frac{1}{25}\right)\times3<\frac{41}{150}<\left(\frac{1}{30}+\frac{1}{25}\right)\times4$，$B=8+5+7+4=24$，$A+B=10+24=34$。

8. 答案：90。

分析：最短距离为 6 步，2 步向右走，2 步向上走，2 步向前走，$(6\times5\div2)\times(4\times3\div2)\times(2\times1\div2)=90$。

9. 答案：0.75。

分析：设两车经过 t 分钟相遇，$\frac{t}{90}=\frac{160}{t}$，$t^2=14400$，$t=120$，$\frac{V_甲}{V_乙}=\frac{90}{120}=0.75$。

10. 答案：60。

分析：设第 n 个图案中有 2010 个★和◎，$(1+2+3+\cdots+n)+3n=2010$，$n=60$。

11. 答案：765。

分析：如图，$S_阴=S_{\triangle OPM}+S_{\triangle OQN}+S_{\triangle OMN}=\frac{1}{2}\times(2024-500\times2)+S_{\triangle CMN}=512+S_{\triangle DMN}=512+\frac{1}{8}\times2024=765$ 平方厘米。

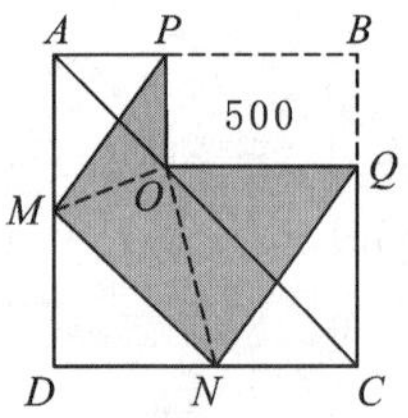

第 11 题图

12. 答案：755。

分析：$2013\times3+1=6040$，$6040\div2=3020$，$3020\div2=1510$，$1510\div2=755$，$A_{2013}=755$。

13. 答案：5。

分析：$3^{2024}=81^{506}$，个位数是 1，2023^{2024} 个位为 1，$4^1=4$，$4^2=16$，$4^3=64$，$2023\div2=1011\cdots\cdots1$，$4^{2023}$ 个位为 4。和的个位为 $1+4=5$。

14. 答案：64。

分析：n 条直线最多把平面划分成 $1+1+2+3+4+\cdots+n=\frac{(1+n)n}{2}+1$（个）区域，$n$ 最小为 64。

15. 答案：36。

分析：小郭可排第 1、2、4 个，$(3+2+1)\times3\times2\times1=36$。

16. 答案：36。

分析：$AE:EB=(12\div1):(15\div2.5)=2:1$，$S_{\triangle ABD}=\frac{2+1}{2}S_{\triangle ADE}=18$，$S_{\triangle BCD}=2.5S_{\triangle ABD}=45$，$S_{\triangle EDC}=18+45-12-15=36$。

17. 答案：530。

分析：$(30+40)\div(80-70)=7$（人），$7\times80-30=530$（元）。

18. 答案：22。

分析：$2023\div23=87\cdots\cdots22$，$22^2\div23=21\cdots\cdots1$，$22^{2022}$ 除以 23 余 1，22^{2023} 除以 23 余 22。

19. 答案：13.75。

分析：$80\div4=20$（千米/时），$80\div(20+2.5\times2)=\frac{16}{5}$（小时），$\left(\frac{16}{5}\times2.5+3\right)\div\left(4-\frac{16}{5}\right)=13.75$（千米）。

20. 答案：2。

分析：$a+b+c=(24+13+11)\div6=8$，$8=5+2+1=4+3+1$，小希最多有 5 次第一，$4\times5+3\times1=23<24$ 不成立，所以 $a=5$，$b=2$，$c=1$，$5\times1+2\times3+1\times2=13$（分），小望有 2 个项目获得第三名。

21. 答案：50127。

分析：$33=3\times11$，能被 3 整除，最高位为 5 的无重复数字的五位数从小到大依次是 50124，50127，50136…$11\mid50127$，成立。最小是 50127。

22. 答案：D。

分析：每种设施的单价都是奇数，11 个奇数的和为奇数，100 减去奇数，差为奇数，不可能是 10，选 D。

23. 答案：33.95。

分析：将△BCD 翻转，如图，$28.48\div2+39.42\div2=33.95$。

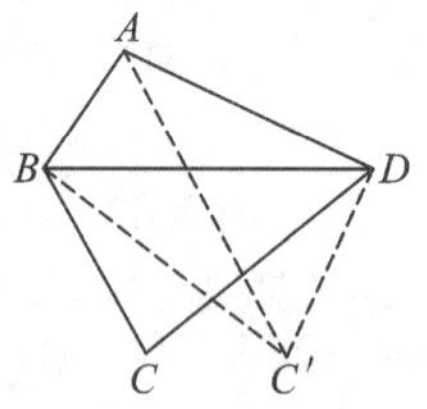

第 23 题图

24. 答案：100。

分析：无论选择谁当裁判，剩下的人数都相同，$1\div\left(\frac{5}{5+4}-\frac{6}{6+5}\right)=99$（人），学生共有 $99+1=100$（人）。

25. 答案：5。

分析：$\left[\frac{17}{6},\frac{23}{9}\right]=\frac{[17,23]}{(6,9)}=\frac{391}{3}$（分），每 $\frac{391}{3}$ 分钟甲乙两只电子爬虫同时回到自己出发的位置，$12\times60\div\frac{391}{3}=\frac{2160}{391}=5\frac{205}{391}$，12 小时内两只电子爬虫同时回到自己出发时的初始位置 5 次。

6年级A卷

1. 答案：E。

分析：底面半径 2 个$_柱$ ：2 个$_锥$ $=3:2$，底面积为 $S_柱:S_锥=9:4$，高之比为 $h_柱:h_锥=4:3$，$V_柱:V_锥=9\times4:4\times3\times\frac{1}{3}=9:1$。

2. 答案：17。

分析：其余书占 60%，总数为 $60\div60\%=100$，还需买 $100-60-23=17$（本）。

3. 答案：36。

分析：每有 12 人，4 人一组会多 1 个球，现多 $6-3=3$（个）球，有 $3\times12=36$（人）。

4. 答案：B。

分析：由商中第 1 个□×12 为 3 位数可知第 1 个□是 9，易知第 2 个□为 0，而三位数减去两位数得一位数，必为 $100-12\times8=4$，故 $a=3$，$b=4$，如图所示。

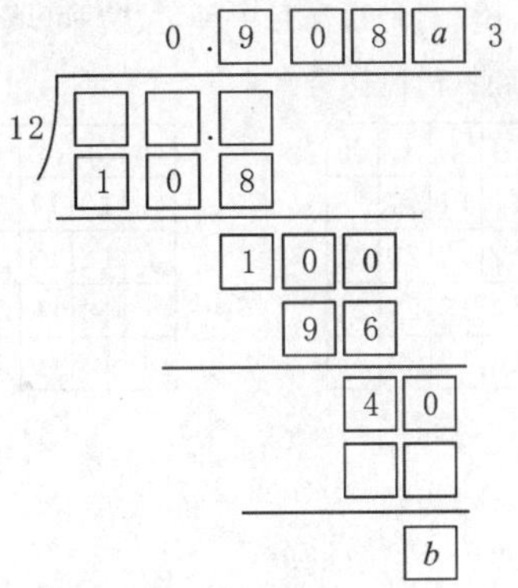

第 4 题图

5. 答案：36。

分析：配比可得，皮球总价：风筝总价$=(1-17\%-80\%):[85\%-(1-17\%)]=3:2$，皮球单价：风筝单价$=6:9$，皮球数量：风筝数量$=\frac{3}{6}:\frac{2}{9}=9:4$，皮球 $52\times\frac{9}{9+4}=36$（个）。

6. 答案：180。

分析：甲盐：乙盐$=300\times8\%:120\times12.5\%=8:5$，盐不变且浓度相等，甲：乙也为 $8:5$，差不变是 $300-120=180$ 克，甲现有 $180\div(8-5)\times8=480$ 克，加水 $480-300=180$ 克。

7. 答案：1023638。

分析：首尾配对，原式$=\frac{1}{2}+\frac{1+2}{3}+\frac{1+2+3}{4}+\cdots+\frac{1+2+\cdots+2023}{2024}=0.5+1+1.5+\cdots+1011.5=\frac{1}{2}\times(1+2+\cdots+2023)=\frac{1}{2}\times2023\times2024\times\frac{1}{2}=1023638$。

8. 答案：18860。

分析：注意到 $\frac{(n-2)(n+2)}{(n-1)(n+1)}=\frac{n^2-4}{n^2-1}=1-\frac{3}{n^2-1}=1-\frac{3}{2}\times\left(\frac{1}{n-1}-\frac{1}{n+1}\right)$，

原式$=\left[10-\frac{3}{2}\times\left(\frac{1}{2}-\frac{1}{4}+\frac{1}{4}-\frac{1}{6}\cdots+\frac{1}{20}-\frac{1}{22}\right)\right]\times2024=\left(10-\frac{3}{2}\times\frac{10}{22}\right)\times2024=20240-2024\times\frac{15}{22}=18860$。

9. 答案：1240。

分析：乙行驶 1 周用 5 小时，甲行驶 1 周用 $100\div100+100\div40+100\div80=4.75$（小时），而甲追 AB 段用 $100\div1=1$（小时），乙至多 4 周就被甲追上。再考察乙在 A 停车时是否被甲追上（第 4 周）。乙用时 $1100\div60+\frac{1}{6}\times4=\frac{110}{6}+\frac{4}{6}=19$（小时），甲用时 $4.75\times4+\frac{1}{6}\times3=19\frac{1}{2}$（小时），未追上。故在 4 周后在 B 点追上，用 $5\times4+\frac{1}{6}\times4=20\frac{2}{3}$（小时），即 1240 分钟。

10. 答案：5。

分析：如图，$V_甲:V_丙=1:5$，故 $AC:(AE+EC)=1:5$，$\begin{cases}AE+EC=5AC,\\AE-EC=AC,\end{cases}$ 得 $AC:CE=1:2$。丙走 AE 时，乙走 BE，丙走 CE 时，乙走 DE，故 $BE:DE=AE:CE=3:2$。可设 $AC=a$，$CE=2a$，$BE=3b$，$DE=2b$，可得 $3a+3b=30$，$2a-2b=10$，a、b 和为 10，差为 5，$a=7.5$，$b=2.5$，甲走 AC 用 7.5 小时，乙走 DB 用 12.5 小时，$V_甲:V_乙=7.5:12.5=3:5$，$V_乙=5$ 千米/时。

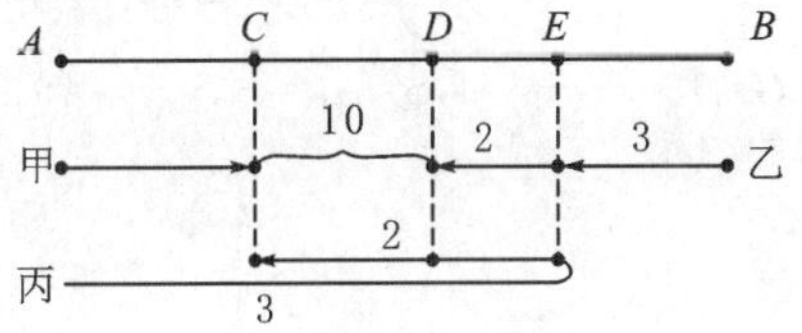

第 10 题图

11. 答案：E。

分析：$\frac{1}{4}\times\frac{1}{4}=\frac{1}{16}$。

12. 答案：12。

分析：B、D、E 三点中一出一进有 $3\times2=6$ 种，由对称性，讨论 A 到 B，D 回 A 情况，只能是 $B-C-G-F-E-H-D$ 或 $B-F-E-H-G-C-D$，2 种。共 $6\times2=12$（种）。

13. 答案：6120。

分析：先涂 A，有 6 种方法，再用 5 种颜色涂 $BCDEF$。①CF 同色时，相当于去掉 B 后，CF、D、E 三块涂色，有 $5\times4\times3=60$（种），B 有 4 种涂法，共 $60\times4=240$（种）。②CF 异色时，去掉 B 后，C、F、E、D 四块涂色，分 CE 同色、异色 2 类，有 $5\times1\times4\times4+5\times4\times3\times3=260$（种）方法，再涂 B，有 3 种，$260\times3=780$（种）。共 $(240+780)\times6=6120$（种）。

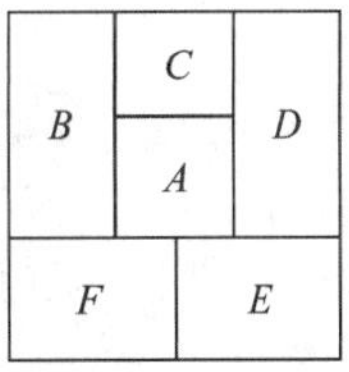

第 13 题图

14. 答案：93。

分析：由标数法可知，过 B 他的路线 $3\times20=60$（种），过 C 地的路线有 $20\times3=60$（种），同时过 B、C 的算了两次，有 $3\times3\times3=27$（种），共 $60+60-27=93$（种）。

15. 答案：10。

分析：如图，$MH=\frac{2}{2}+\frac{6}{2}=4$，$NH=\frac{8}{2}-\frac{2}{2}=3$，由勾股定理可知，$MN=5$，而 $PQ=PR+QR=2MR+2NR=2\times5=10$。

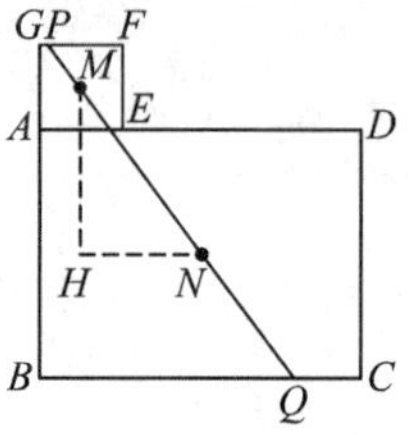

第 15 题图

16. 答案：6。

分析：如图所示，因为 $AB\parallel FD$，$\frac{AE}{ED}=\frac{AB}{FD}$，故 $FD=12$，作 $OH\parallel AD$，$\frac{GD}{OH}=\frac{FD}{FH}=\frac{12}{12+\frac{6}{2}}=\frac{4}{5}$，$GD=\frac{15}{2}\times\frac{4}{5}=6$，$EG=15-5-6=4$，$S_{\triangle EGO}=\frac{4}{15}S_{\triangle AOD}=6$。

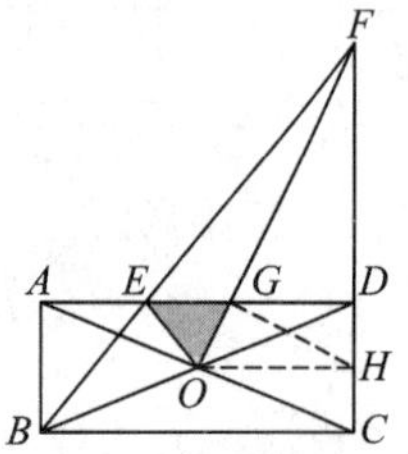

第 16 题图

17. 答案：36。

分析：记 O 为正方形中心，因为 M 为 AF 中点，所以 $S_{\triangle APC}=S_{\triangle FPC}$，即 $AP\times9=4.5\times PD$，$2AP=PD$，故 $AP=3$，$PD=6$，同理，$2PQ=QD$，此时 $PQ+QD=6$，所以 $QD=4$。注意到 $S_{阴}=S_{\triangle QNF}+S_{\triangle PMF}+S_{\triangle ADF}+S_{\triangle EFC}=\frac{1}{2}(S_{\triangle PQF}+S_{\triangle APF}+S_{\triangle AEF}+S_{EFBC})=\frac{1}{2}\times(9^2-4.5\times4\div2)=36$。

18. 答案：330。

分析：从上、下、左、右、前、后看均为 10 层阶梯形，$S=(1+2+3+\cdots+10)\times6=330$。

19. 答案：60。

分析：$S_{阴}=2S_{\triangle ABI}=5\times12=60$。

20. 答案：8。

分析：易知 a、$b>0$，由题意 $20b<a<24b$，即 $20b+b<2024<24b+b$ 可得，$81\leqslant b\leqslant96$，$b=81\sim96$，有 16 种，$2024=2^3\times11\times23$，81～96 中互质的只有奇数部分，共 8 种形式最简分数。

21. 答案：1。

分析：$11112222=10002\times1111=2\times3\times11\times101\times1667=3\times1111\times2\times1667=3333\times3334$，差最小为 1。

22. 答案：4。

分析：如图(1)所示。

1	2	4	6	8
3	10	A		
5	B	C	20	
7	D	?		24
9		E		25

(1)

填入可确定的数后，右下填 20～25，比"?"小的有 ABCD 四种，比"?"大的有 E 一种，故"?"可填入 15，16，17，18，有 4 种可能，构造易得。

1	2	4	6	8
3	10	11	17	18
5	12	13	20	21
7	14	15	22	24
9	16	19	23	25

(2)

1	2	4	6	8
3	10	11	15	17
5	12	13	20	21
7	14	16	22	24
9	18	19	23	25

(3)

23. 答案：24005。

分析：$10245=2\times4096+4\times512+5$，可化为 8 进制$[24005]_8$。

24. 答案：4。

分析：$2024=2^3\times11\times23$，约数有$(3+1)\times(1+1)\times(1+1)=16$(个)，共 8 对。其中 1×2024，2×1012，$11\times(8\times23)$，$23\times(8\times11)$，4 组不符，共 4 组符合。

25. 答案：54。

分析：即求多少个 13 能被 54 整除，因为$(13,54)=1$，所以至少需要 54 次。

6年级D卷

1. 答案：51。

分析：原式$=100-7^2=51$。

2. 答案：9。

分析：原式$=\left[\left(1-\frac{1}{2}-\frac{1}{4}-\frac{1}{8}\right)+\left(\frac{1}{3}-\frac{1}{6}-\frac{1}{12}\right)+\left(\frac{1}{5}-\frac{1}{10}\right)+\frac{1}{7}+\frac{1}{9}+\frac{1}{11}+\frac{1}{13}\right]\times2024=\left(\frac{1}{7}+\frac{1}{8}+\frac{1}{9}+\frac{1}{10}+\frac{1}{11}+\frac{1}{12}+\frac{1}{13}\right)\times2024=289\frac{1}{7}+253+224\frac{8}{9}+202\frac{2}{5}+184+168\frac{2}{3}+155\frac{9}{13}$。

其中循环小数部分的和为$\left(\frac{1}{7}+\frac{9}{13}\right)+\left(\frac{8}{9}+\frac{2}{3}\right)=0.\dot{8}3516\dot{4}+1.\dot{5}=2.\dot{3}9072\dot{0}$，$2024\div6=337\cdots\cdots2$，第 2024 位同循环节第 2 位，为 9。

3. 答案：5。

分析：因为 $2024<45^2$，所以 $1^2\sim44^2$ 中，能被 11 整除的只有 0^2，11^2，22^2，33^2，44^2，共 5 个。

4. 答案：⑥。

分析：归纳与递推，第 n 个图案是$(6n+6)$根火柴根围成 n 个菱形。

由 $6n+6=7n$，得 $n=6$。

5. 答案:12。

分析:3 个阳数之和是 5 的倍数,必为 5 的奇数倍,则 $15=1+5+9=3+5+7$,2 种;

两个阳数、一个阴数之和是 5 的倍数,必为 5 的偶数倍,则 $10=1+3+6=1+5+4=1+7+2=3+5+2$,4 种;

$20=1+9+10=3+7+10=3+9+8=5+7+8=5+9+6=7+9+4$,6 种。

一共 $2+4+6=12$(种)。

6. 答案:63。

分析:如图所示,连接 AF,则 $AF:CF=S_{\triangle ADE}:S_{\triangle CDE}=12:36=1:3$。

延长 DE、CB 交于点 M,$AD\parallel CM$,则 $AD:CM=AF:CF=1:3$,而 $AD:CB=1:2.5$,则 $AD:BM=1:0.5=2:1$,$AD\parallel BM$,则 $S_{\triangle ADE}:S_{\triangle BME}=4:1$,$S_{\triangle BME}=12\div4=3$。$S_{\triangle BCE}:S_{\triangle BME}=BC:BM=2.5:0.5=5:1$,则$S_{\triangle BCE}=15$,$S_{梯}=12+36+15=63$。

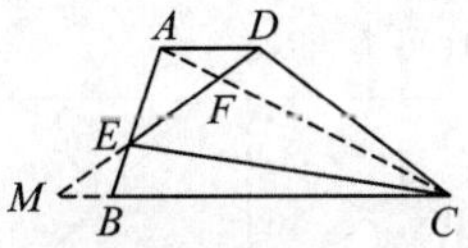

第 6 题图

7. 答案:64。

分析:$k^2-44\times k=1280$,则 $k^2-44\times k+22^2=1280+22^2$。

即 $(k-22)^2=1764$,则 $k-22=42$,故 $k=64$。

8. 答案:3600。

分析:设正方形边长为 a,则每个长方形的面积均为 $\frac{1}{5}\times a^2$。

$AH=\frac{1}{5}a^2\div a=\frac{1}{5}a$,$CI=\frac{1}{5}a^2\div\left(a-\frac{1}{5}a\right)=\frac{1}{4}a$,

$DI=a-\frac{1}{4}a=\frac{3}{4}a$,$GD=\frac{1}{5}a^2\div\frac{3}{4}a=\frac{4}{15}a$,

$EF=HG=a-\frac{1}{5}a-\frac{4}{15}a=\frac{8}{15}a$,而 $EF=32$,则 $a=32\div\frac{8}{15}=60$,故正方形的面积为 $60\times60=3600$。

9. 答案:2069。

分析:1~2024 中有 44 个平方数,另外 2025 也是平方数,所以跳过平方数后第 2024 个数是 $2024+1+44=2069$。

10. 答案:6001。

分析:若选择一甜点、一荤、一素,有 $C_5^1\times C_{10}^1\times C_{10}^1=5\times10\times10=500$(种);

若选择两甜点、一荤、一素,有 $C_5^2\times C_{10}^1\times C_{10}^1=(5\times4\div2)\times10\times10=1000$(种);

若选择一甜点、两荤、一素,有 $C_5^1\times C_{10}^2\times C_{10}^1=5\times(10\times9\div2)\times10=2250$(种);

若选择一甜点、一荤、二素,有 $C_5^1\times C_{10}^1\times C_{10}^2=5\times10\times(10\times9\div2)=2250$(种);

故有 $500+1000+2250+2250=6000$(种)不同选菜,至少有 $6000+1=6001$(人)时,一定有 2 人选菜相同。

11. 答案:2024。

分析:$S_{阴}=S_{矩形ABCD}+S_{半圆AB}+S_{半圆BC}+S_{半圆CD}+S_{半圆AD}-S_{圆O}=2024+\pi\times\left(\frac{AB}{2}\right)^2\div2+\pi\times\left(\frac{BC}{2}\right)^2\div2+\pi\times\left(\frac{CD}{2}\right)^2\div2+\pi\times\left(\frac{AD}{2}\right)^2\div2-\pi\times\left(\frac{AC}{2}\right)^2=2024+\frac{\pi}{8}\times(AB^2+BC^2+CD^2+AD^2-2\times AC^2)$,

而 Rt$\triangle ABC$ 中,$AB^2+BC^2=AC^2$;Rt$\triangle ADC$ 中,$AD^2+CD^2=AC^2$。故 $S_{阴}=2024$。

12. 答案:17。

分析:设原进价为 1000,则新进价为 $1000-1000\times6.4\%=936$。

$1000\times(1+a\%)=936\times[1+(a+8)\%]$,解得 $a=17$。

13. 答案:600。

分析:利用大瓶牛奶和小瓶牛奶的差不变,设大瓶牛奶与小瓶牛奶相差 3 份。$10:9=30:27$,原来大瓶中有 30 份,小瓶中有 27 份,各倒出 100 毫升后,现在大瓶中有 25 份,小瓶中有 22 份,则 100 毫升对应 $30-25=5$ 份,每份为 $100\div5=20$(毫升),大瓶原有:$20\times30=600$(毫升)。

14. 答案:10。

分析:设第一次攻击后,石怪有 $3x$ 个,则土怪有 $4x$ 个;

第二次攻击后,石怪有 $(3x-3+4)$ 个,土怪有 $(4x-4)$ 个;

所以 $3x-3+4=\frac{5}{4}\cdot(4x-4)$,$3x+1=5x-5$,解得 $x=3$。

故现在有石怪:$3\times3-3+4=10$(个)。

15. 答案:①。

16. 答案:1.4。

分析:小希效率是小望、小岩两人合作效率的$\frac{1}{2}$,是三人合作效率的$\frac{1}{3}$;

小望效率是小希、小岩两人合作效率的$\frac{1}{3}$,是三人合作效率的$\frac{1}{4}$;

故小岩效率是三人合作效率的 $1-\frac{1}{3}-\frac{1}{4}=\frac{5}{12}$,是小希、小望两人合作效率的$\frac{5}{12-5}=\frac{5}{7}$,则小岩独做是小希、小望两人合作用时的$\frac{7}{5}$倍。

17. 答案:11。

分析:由得分情况,可推出他们作答情况。甲对 3 错 2 未答 1,乙对 2 错 3 未答 1,丙对 2 错 3 未答 1,丁对 3 错 3,戊对 4 错 1 未答 1,已对 3 错 2 未答 1。

对比甲与戊,共错 3 题,第 3、4、6 题答案相反,戊错其中一题，甲错另外两题；

对比丁与戊，共错 4 题，第 1、2、3、4 题答案相反，戊错其中一题，丁错另外三题。

综合，戊错的是第 3 题或第 4 题。

若戊错的是第 3 题，则第 1～6 题答案为×√√×√×，此时乙错 5 未答 1，与得分不符。

若戊错的是第 4 题，则第 1～6 题答案为×√×√√×，经验证，前 6 人的得分情况相符。

故庚对 5 错 0 未答 1，得分 $5\times2+1=11$(分)。

18. 答案：109。

分析：每项至少比前 2 项的和多 1，依次写出前 10 项为 1，1，3，5，9，15，25，41，67，109。

19. 答案：1100。

分析：第 13～16 天利润和比第 1～4 天利润和多 $12\times4=48$(个)公差，则公差为 $(700-100)\div48=12.5$(元)。第 21～24 天利润和比第 1～4 天利润和多 $20\times4=80$(个)公差，即 $12.5\times80=1000$(元)，则第 21～24 天利润和为 $100+1000=1100$(元)。

20. 答案：B。

分析：小于 12 的质数有 2、3、5、7、11。

(1) $2^{2024}=(2^4)^{506}=(15+1)^{506}$ 除以 5 余 1，则 $5\mid(2^{2024}-1)$，A 排除；

$2^{2025}=(2^4)^{506}\times2=(15+1)^{506}\times2$ 除以 5 余 2，$3^{2025}=(3^4)^{506}\times3=(80+1)^{506}\times3$ 除以 5 余 3，则 $5\mid(2^{2025}+3^{2025})$，E 排除；

(2) $2^{2025}=(2^2)^{1012}\times2=(3+1)^{1012}\times2$ 除以 3 余 2，则 $3\mid(2^{2025}+1)$，D 排除；

(3) $2^{2025}=(2^3)^{675}=(7+1)^{675}$ 除以 7 余 1，则 $7\mid(2^{2025}-1)$，C 排除。

延伸：$2\mid2^{2024}$，则 $(2^{2024}+1)$ 除以 2 余 1；

$2^{2024}=4^{1012}=(3+1)^{1012}$ 除以 3 余 1，$(2^{2024}+1)$ 除以 3 余 2；

$2^{2024}=16^{506}=(15+1)^{506}$ 除以 5 余 1，$(2^{2024}+1)$ 除以 5 余 2；

$2^{2024}=8^{674}\times4=(7+1)^{674}\times4$ 除以 7 余 4，$(2^{2024}+1)$ 除以 7 余 5；

$2^{2024}=1024^{202}\times16=(11\times93+1)^{202}\times16$ 除以 11 余 5，$(2^{2024}+1)$ 除以 11 余 6。

故 $2^{2024}+1$ 不能被小于 12 的任何质数整除。

21. 答案：809.6。

分析：$\frac{S_{\triangle AGH}}{S_{\triangle ABK}}=\frac{GH}{BK}=\frac{2}{5}$，则 $S_{\triangle AGH}=(2024\div2)\times\frac{2}{5}=\frac{2024}{5}$。

$S_{\triangle ABE}=S_{\triangle FBE}$，则 $\triangle ABE$ 中 BE 边的高与 $\triangle FBE$ 中 BE 边的高相等。

又因为 $JI=GH$，所以 $S_{\triangle FJI}=S_{\triangle AGH}=\frac{2024}{5}$。

故 $S_{阴}=\frac{2024}{5}+\frac{2024}{5}=\frac{4048}{5}=809.6$。

22. 答案：D 或 E。

分析：每个项目的单价均为奇数，奇数个奇数相加，和仍为奇数。

故 11 次项目的钱数为奇数，余钱不可能为偶数，即不可能余 10 元。每个项目至少玩一次，最省钱的消费是 $3\times8+5+9+23=61$(元)，故剩余钱最多为 $100-61=39$(元)，则不可能余 41 元。另外，消费 $3\times2+5+9\times7+23=97$(元)，余下 3 元；消费 $3\times4+5\times2+9\times3+23\times2=95$(元)，余下 5 元；消费 $3\times3+5+9\times6+23=91$(元)，余下 9 元。故余钱 3 元、5 元、9 元均可能实现。

23. 答案：1024。

分析：如图所示，因为 $36\times4=144=12^2$，所以面积为 36 的三角形的斜边长为 12 厘米；

因为 $50\times2=100=10^2$，所以面积为 50 的三角形的直角边长 10 厘米。

故较大正方形的边长为 $10+12+10=32$(厘米)，所以面积为 $32^2=1024$(平方厘米)。

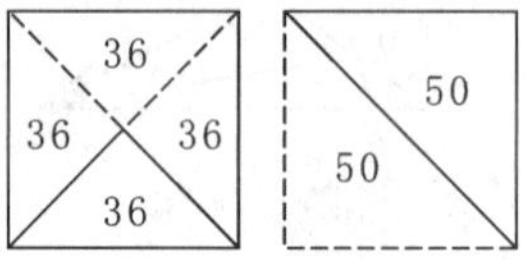

第 23 题图

24. 答案：16。

分析：如图所示，$S_{阴}=(S_{半圆}+S_{长方形}+S_{半圆})-S_{圆}=(\pi\times4^2\div2+2\times8+\pi\times4^2\div2)-\pi\times4^2=2\times8=16$。

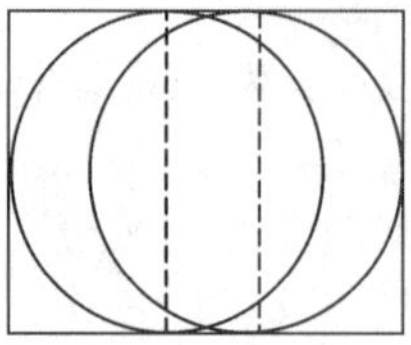

第 24 题图

25. 答案：900。

分析：如图所示，$S_{表}=(1\times2+2\times1)\times2+(1\times2+1\times1)\times2+2\times1\times2=8+6+4=18$(平方米)，故涂完几何体需要 $18\times50=900$(元)。

冬令营

1 年级A卷

1. 答案：4。

分析：小朋友穿的衣服有红色、绿色和黄色，只有三人的衣服不是红色，那这三人穿的就是绿色和黄色，所以绿＋黄＝3；只有三人的衣服不是绿色，那这三人穿的就是红色和黄色，所以红＋黄＝3；只有两人的衣服不是黄色，那这两人穿的就是红色和绿色，所以红＋绿＝2。因为红、黄、绿都不为 0，所以红＝1，绿＝1，黄＝2，$1+1+2=4$(人)。

2. 答案：E。

分析：A、B、C、D 中三角形的直角处都是“○”，而 E 中的直角处为“□”，所以 E 和其他几个不同。

3. 答案:E。

分析:下列图形可以分为4个一组,第2组图形由第1组向下翻转得来,所以“?”处为☆向下翻转,选E。

4. 答案:C。

分析:因为每个方格大小相同,要比较草地的大小,可以直接数方格的数量。

A:6个,B:7个,C:8个,D:7个,E:6个,所以C最大。

5. 答案:D。

分析:压住1的有4根,压住2、3的有2根,压住4的有0根,压住5的有1根,压住6的有4根,所以4在最上面,其次是5、2压住3,所以2在3上面,1压住6,所以1在6上面。因此,摆放的顺序为:6、1、3、2、5、4,选D。

6. 答案:C。

分析:第1行缺1、3,第4列缺2、3,所以右上角填3,余下的空分别填1、2;第3行缺1、4,第3列有1,所以□=1,余下的空则为4;第2行缺2,所以△=2;第3列缺3,所以☆=3,选C。

2	4	1	3
3	1	△2	4
□1	3	4	2
4	2	☆	1

第6题图

7. 答案:9。

分析:因为是+几+快=是+我+猜=快+猜,所以几+快=我+猜,是=3,剩下1、2、4、5,所以1+5=2+4=6,所以快+猜=是+几+快=3+6=9。

8. 答案:25。

分析:小峰排在第4个,则他前面有3人,“米”字形队伍有8列,小峰在正中心,所以每一列他的前面都有3人,共有3+3+3+3+3+3+3+3+1=25(人)。

9. 答案:9。

分析:对折1次,圆形被平均分成2份,对折2次,圆形被平均分成4份,对折3次,圆形被平均分成8份,所以有8个☆。

10. 答案:2。

分析:因为1条黄鱼=4个虾兵+2个蟹将,所以4个蟹将+1条黄鱼=16个虾兵,可以写成4个蟹将+4个虾兵+2个蟹将=16个虾兵,即6个蟹将+4个虾兵=16虾兵,所以6个蟹将=12个虾兵。那么,1个蟹将=2个虾兵。

11. 答案:D。

分析:1→4→2→8→1→7→5→8→3→9→2→D。

12. 答案:10。

分析:珍珠:

原来/颗	1	2	3	4	5	6	7	8	9	10	11	12	13	14	15
摇之后/颗	2	4	6	8	10	12	14	16	18	20	22	24	26	28	30

宝石:

原来/颗	1	2	3	4	5	6	7	8	9	10
摇之后/颗	3	6	9	12	15	18	21	24	27	30

元宝:

原来/颗	1	2	3	4	5	6
摇之后/颗	5	10	15	20	25	30

通过列表可知,摇之后,珍珠、宝石、元宝的数量一样多时,都是30颗,此时,宝石原来的数量为30颗。

13. 答案:6。

分析:如图,6朵,采摘路径不唯一。

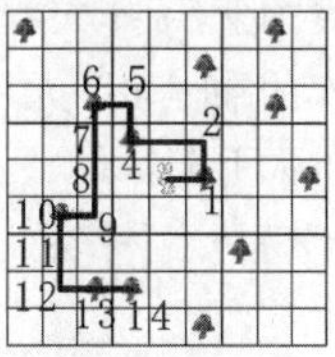

第13题图

14. 答案:B。

分析:天平左边有3个白球2个黑球,天平右边有2个白球3个黑球,此时,天平向左边倾斜,左边比较重,可以将天平左右两边同时拿掉2个白球2个黑球,天平还是向左倾斜,状态保持不变。这时,天平左边剩1个白球,右边剩1个黑球,所以白球比黑球重,选B。

15. 答案:10。

分析:亮亮排第4,亮亮后面还有12−4=8(人),从亮亮开始数,数到聪聪,要加上亮亮和聪聪8+1+1=10(人),所以,从亮亮开始数,聪聪排第10个。

16. 答案:B。

分析:只有图(3)有尾巴,图(3)必选,图(3)缺左耳,补图(1),图(1)缺右眼,补图(5),所以大熊猫是由(1)(3)(5)拼成的。

17. 答案:6。

分析:6次。

18. 答案:B。

分析:8时40分+8时+1时=17时40分,17时40分即下午5时40分,选B。

19. 答案:22。

分析:观察相邻两数之间的关系:1+0=1,1+1=2,2+0=2,2+1=3,3+1=4;4+0=4,4+1=5,5+1=6,6+1=7;7+0=7,7+1=8,8+1=9,9+1=10,10+1=11;11+0=11…规律为加的数依次是0,1,0,1,1,0,1,1,1,0,1,1,1,1,0…所以“?”处填22。

20. 答案:4。

分析:如果每只小兔子分1个胡萝卜,共需要9个。

如果每只小兔子分2个,共需要9+9=18(个)。

如果每只小兔子分3个,共需要9+9+9=27(个)。

如果每只小兔子分4个,共需要9+9+9+9=36(个)。40−36=4(个),所以兔妈妈最少拿走4个胡萝卜,才能使 9 只小兔分到的胡萝卜一样多。

21. 答案：B。

分析：盐水咸淡相同时，水越多，需要的盐越多，选 B。

22. 答案：99。

分析：减数的个位变成 9，相当于多减了 3，要加回来，所以正确得数应该是 96＋3＝99。

23. 答案：3。

分析：通过观察可以看出 3 组小朋友，每一组都是拿 2 只气球，左右各 1 只，所以 3 组就有 3 个小朋友左手拿球，3 个小朋友右手拿气球。

24. 答案：9。

分析：上车人数要加上，下车人数要减掉，经过站点③时，下车的乘客比上车的乘客多 9 人，说明除去上、下车同样多的人之外，还有 9 人下车，所以到达终点站④时，公交车上还有 15＋8－5－9＝9(名)乘客。

25. 答案：19。

分析：小汽车行驶到 6 千米时，相比于原来少行驶了 12－6＝6(千米)，卡车和小汽车速度一样，也少行驶 6 千米，所以卡车行驶了 25－6＝19(千米)。

2年级A卷

1. 答案：25。

分析：半小时＝30 分钟，5 分钟变 1 次，30 分钟变30÷5＝6(次)。

从 1 枚到满盆的过程如下：

$$1\xrightarrow[①]{\times 2}2\xrightarrow[②]{\times 2}4\xrightarrow[③]{\times 2}8\xrightarrow[④]{\times 2}16\xrightarrow[⑤]{\times 2}32\xrightarrow[⑥]{\times 2}$$

即满盆为 64 枚金币。

由上述过程可知从 2 枚到 64 枚需要变 5 次，所以共需 5×5＝25(分)。

2. 答案：360。

分析：每个城市派出 2 支队，共 30×2＝60(人)。6 个城市参加共：60×6＝360(人)。

3. 答案：5。

分析：如图将需变色的小正方形标上序号：①、②、③、④、⑤。

①白→黑

②黑→白

③白→黑

④黑→白

⑤白→黑

共需改变 5 个小正方形的颜色。

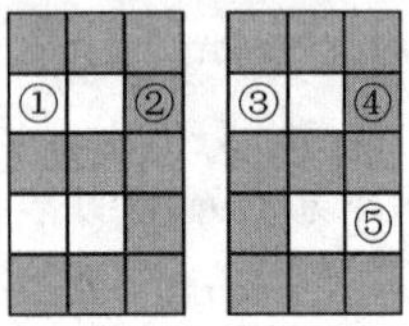

第 3 题图

4. 答案：11。

分析：看图可知从上到下需要补上的砖依次是：2、1、3、3、2。共 2＋1＋3＋3＋2＝11(块)。

5. 答案：80。

分析：从 8:30 开始到 10:05 结束，总时长：10 时 05 分－8 时 30 分＝1 时 35 分。中途休息 15 分钟，所以训练了 1 时 35 分－15 分＝1 时 20 分＝80 分。

6. 答案：A。

分析：如图将相关定格标上序号：①、②、③、④。

由第 2 行的 A 可知，故①填 A。因为①为 A，那么同列其他位置不能填 A，故②③均不能填 A。又因为第 6 列已有 A，故④也不能填 A。

看最后一个 2×3 宫格，②③④都不能填 A，故？处为 A。

7. 答案：D。

分析：假设从 A 开始数，那么会出现下面的情况：

① A B C D E F G	拿走 G
② A B C D E F	拿走 A
③ B C D E F	拿走 C
④ B D E F	拿走 F
⑤ B D E	拿走 B
⑥ D E	拿走 D

所以从 A 开始数最后剩下 E。那么可知从 B 开始数最后剩下 F，从 C 开始数最后剩下 G，从 D 开始数最后剩下 A。答案为 D。

8. 答案：29。

分析：图 1 有 1 个方块；图 2 有 1＋4＝5(个)方块；图 3 有 1＋4×2＝9(个)方块。依次类推可知，图 8 有 1＋4×7＝29(个)方块。

9. 答案：38。

分析：将□内 6 个数字依次用 A、B、C、D、E、F 表示，则为：

$$\begin{array}{r} A\ B\ C \\ D\ E \\ +\quad\quad F \\ \hline 6\ 4\ 1 \end{array}$$

第 9 题图

先看百位，A 为奇数，则 A 只能为 5，且十位向百位进 1。再看十位，B、D 均为奇数则和就为偶数，所以个位必向十位进 2，那么 $B+D=12$。最后看个位，$C+E+F=21$。

6 个数字之和：

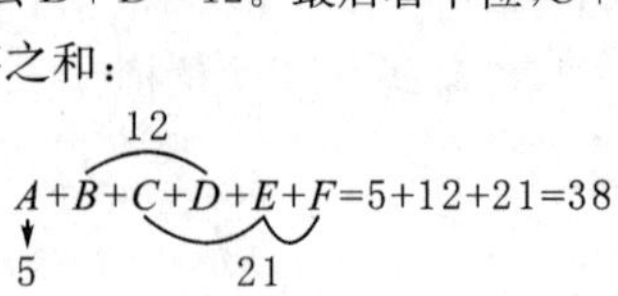

10. 答案：13。

分析：如图所示，兔为△＋△，鸡则为△＋4。

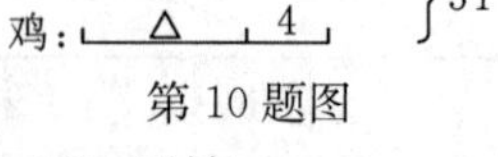

第 10 题图

△：(31－4)÷3＝9(只)；

鸡：9＋4＝13(只)。

故鸡有 13 只。

11. 答案：5。

分析：大蜡烛每分钟缩短 2 厘米，小蜡烛每分钟缩短 3 厘米，大、小蜡烛长度的变化情况如下：

开始 1 分 2 分 3 分 4 分 5 分 6 分

大：$20\xrightarrow{-2}18\xrightarrow{-2}16\xrightarrow{-2}14\xrightarrow{-2}12\xrightarrow{-2}10\xrightarrow{-2}8$

小：$20\xrightarrow{-3}17\xrightarrow{-3}14\xrightarrow{-3}11\xrightarrow{-3}8\xrightarrow{-3}5\xrightarrow{-3}2$

由上述数据变化可知 5 分钟后小蜡烛长度正好是大蜡烛的一半。

12. 答案：16。

分析：因为要使得选出的 10 人中必有男生，所以女生最多有：10－1＝9(名)。故男生至少：25－9＝16(名)。

13. 答案：14。

分析：如图，将每个小块标上数。

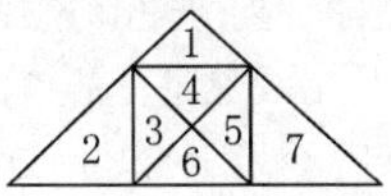

第 13 题图

单个三角有 7 个；2 小块拼成的有：(3,4)、(4,5)、(5,6)、(6,3)，4 个；3 小块拼成的有：(2,3,6)、(6,5,7)，2 个；

还有最大的 1 个三角形，故共有 7＋4＋2＋1＝14(个)。

14. 答案：7。

分析：3 斤苹果＋3 斤梨共：20＋19＝39(元)。

1 斤苹果＋1 斤梨共：39÷3＝13(元)。

1 斤苹果比 1 斤梨贵：20－19＝1(元)。

1 斤苹果：(13＋1)÷2＝7(元)。

15. 答案：C。

分析：计算后迷宫变为下图。

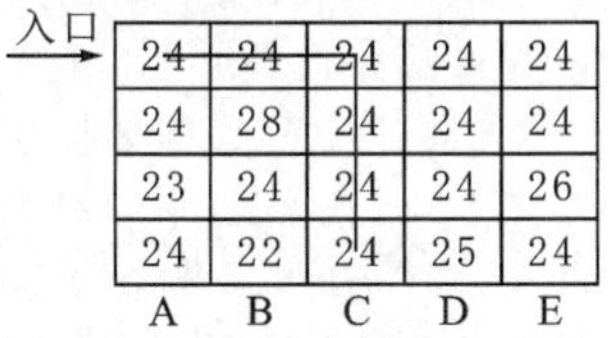

第 15 题图

由图可知出口是 C。

16. 答案：5。

分析：一周 7 天后大毛、二毛、三毛，一共讲了 7 个新故事。二毛听了 4 个故事，那么二毛讲了 7－4＝3(个)故事。所以三毛听了 2＋3＝5(个)故事。

17. 答案：1。

分析：因为牛住 5 号，猫比马小 2，所以猫只能在 1 号或 2 号。

羊马相邻，可得下面 3 种情况：

猫 马 羊 狗

① 1→3→2→4

② 1→3→4→2

③ 2→4→3→1

而狗比羊房间号大，②③不符合要求，①对，故猫在 1 号房间。

18. 答案：4。

为方便比较我们可知一些线段标序号，如图。

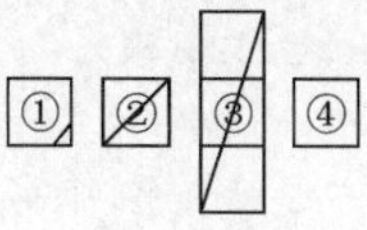

第 18 题图

左图总长度为：6 条①＋4 条②＋2 条③＋4 条④＋17；

右图总长度为：6 条①＋4 条②＋2 条③＋4 条④＋13。

故相差：17－13＝4。

19. 答案：45。

分析：由题中 4 句话可得下图。

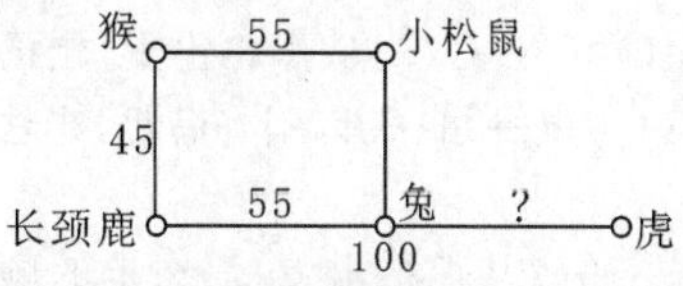

第 19 题图

老虎家与小白兔家相距：100－55＝45(米)。

20. 答案：59。

分析：路线情况如下。

①10→11→10→6→7→15，共 59 米；

②10→11→8→6→9→15，共 59 米；

③10→5→4→8→10→9→15，共 61 米；

④8→4→7→9→10→11→10，共 59 米。

21. 答案：5。

分析：由题意得出下列 3 个等式。

猪＋猪＋虎＝15 ①

虎＋虎－牛＝1 ②

猪－虎＋牛＝8 ③

②＋③得：猪＋虎＝1＋8＝9 ④；

比较①④得出：猪＝15－9＝6；

再看④知道：虎＝9－6＝3。

所以牛＝3＋3－1＝5，即？＝5。

22. 答案：20。

分析：如图，假设里面有 a 只牛，b 只马。

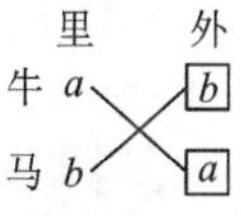

第 22 题图

由于外面的牛与里面的马一样多，则外面的牛有 b 只，所以 $a+b=20$(只)。马共 20 只，里面有 b 只，则外面有 a 只。外面的牛和马共：$b+a=20$(只)。

23. 答案：123。

分析：

数字：	0	1	2	3	4	5	6	7	8	9
	↓	↓	↓	↓	↓	↓	↓	↓	↓	↓
根数：	6	2	5	5	4	5	6	3	7	6

1～9 需:2+5+5+4+5+6+3+7+6=43(根);

11～19 需:43+2×9=61(根);

10 需:2+6=8(根);

20 需:5+6=11(根)。

共:43+61+8+11=123(根)。

24. 答案:A。

分析:假设沸羊羊是第一名,则喜羊羊和沸羊羊都说了真话,故假设不成立,沸羊羊不是第一名。

假设美羊羊是第一名,则喜羊羊和美羊羊都说了真话,故假设不成立,美羊羊不是第一名。

综上可知,喜羊羊是第一名。

25. 答案:E。

分析:将 5×5 网格染色如图。

黑格:13 个,白格:12 个。

走法:黑→白,白→黑。

A、B、C、D 中小蚂蚁均从黑格出发,走的顺序:黑→白→黑→白…→黑→白→黑,刚好满足,走法如图所示。(见卷子)

而 E 中小蚂蚁从白格出发,那么走的顺序为:白→黑→白→黑→…→白→黑→黑,不满足,故选 E。

第 25 题图

3年级A卷

1. 答案:50。

分析:每个面包需切 10－1=9(刀),每分钟切 45 刀,10 分钟可切 45×10=450(刀),可切 450÷9=50(个)面包。

2. 答案:8。

分析:根据题意,老大、老二、老五、老六这 4 个人的排列方式有两种,(老大、老二、老五、老六)或者(老六、老五、老二、老大),每种方式老三和老四可在最左或者最右两种情况。每种情况老三和老四还可以互换位置,故共有 2×2×2=8(种)排列方式。

3. 答案:68。

分析:根据$\overline{\square\square}\times4=\overline{\square\square}$可推。在 12×4=48,13×4=52,15×4=60,16×4=64,17×4=68,18×4=72,19×4=76,21×4=84,23×4=92 中只有 13×4=52,17×4=68,18×4=72 和 19×4=76 符合题意。

13×4=52 时,剩 6、7、8、9,无法组$\overline{\square\square}-\overline{\square\square}=52$,排除;

17×4=68 时,剩 2、3、5、9,93－25=68,符合题意;

18×4=72 时,剩 3、5、6、9,无法组$\overline{\square\square}-\overline{\square\square}=72$,排除;

19×4=76 时,剩 2、3、5、8,无法组$\overline{\square\square}-\overline{\square\square}=76$,排除。

因此答案为:17×4=93－25=68。

4. 答案:C。

分析:根据题意,从上往下看,看到的图形是 C。

5. 答案:144。

分析:37 张纸片除去正中间一张,4 个方向的纸片各有(37－1)÷4=9(张)。整个图形通过平移后,得到一个正方形,这个正方形的边长是[2+(9－1)×1]×2=20(厘米),大正方形的周长为 20×4+8×8=144(厘米)。

6. 答案:24。

分析:据首位可知千位退位,1△－△=○说明○=9,并且百位退位,个位○=9,故△=16－9=7,十位也退位,17－1－□=□说明□=8,故△+○+□=7+8+9=24。

7. 答案:4。

分析:3×50=150(元),小陈超出 310－150=160(元),小李超出 190－150=40(元),超出部分每千克收费都是相同的。40 与 160 都是 4 的倍数,假设每千克收费为 4 元,则小陈超出质量为 160÷4=40(千克),总质量为 50+40=90(千克),小李超出质量为 40÷4=10(千克),总质量为 50+10=60(千克),90÷60=1.5,故超出部分每千克收费为 4 元。

8. 答案:16。

分析:假设每只 5 眼怪分 2 只眼给独眼怪,由于独眼怪和 5 眼怪的数量相同,故刚好给完,那么这两种怪物都变成三眼怪。假设把所有怪物看成三眼怪,那么总眼睛的数量为 30×3=90(只),比实际眼睛的数量多 90－74=16(只),每只两眼怪看成三眼怪多算 3－2=1(只)眼,故两眼怪有 16÷1=16(只)。

9. 答案:9。

分析:根据题意,可钓鱼的条数可以是 10、9、8、7、6、5、4、3、2、1、0 条,钓到鱼不少于 9 条,如果有 5 个 10 条和 5 个 9 条,这时钓到 0、1、2 条也必须比 5 个还多 124－10×5－9×5－2×5－1×5=14(条),5 个 3 条为 15 条,大于 14 条,故最多 4 个 10 条,还有 124－4×10－(0+1+2+9)×5=24(条),6 只猫,24=3×4+2×6,其中 4 只猫钓 3 条,2 只猫钓 6 条,最多有 9 只猫钓到的鱼不少于 9 条。

10. 答案:8。

分析:1 个桃换 6 个草莓,2 个桃换 12 个草莓,1 个梨就可以换 12 个草莓,2 个梨就可以换 12×2=24(个)草莓,那么 3 个苹果可以换 24 个草莓,1 个苹果可以换 24÷3=8(个)草莓。

11. 答案:C。

分析:根据题意,A→C→B→E→A→C→B→E…现在跳 2023 次,每 4 次就还原,2023÷4=505……3,说明有 505 个完整周期,还要移 3 次后到 A,说明一开始在 C 处。

12. 答案:3。

分析:假如小艾说真话,则小美说假话,相反,如果小艾说假话,小美就说真话,小美和小艾必定一真一假,故小丹撒谎,故 5 人中有 3 人在撒谎。

13. 答案:C。

分析:根据图可知,共有 3+9×2+25×2=71(个)小正方体,最多可拼成 4×4×4=64 的大正方体,多 71－64=7(个),故选 C。

14. 答案:80。

分析:今年比去年大一岁,但今年蜡烛总数是去年的一半,说明今年年龄的十位数字比去年年龄的十位数字多1,并且差为1,说明去年年龄个位是 9,今年年龄个位为 0,设去年十位为 A,则今年十位为(A+1),则有 A+9=2(A+1+0),A+9=2A+2,9=A+2,A=7,说明去年 79 岁,今年 80 岁。

15. 答案:E。

分析:可将各选项中阴影切拼到一起,可知 A 是 4 方块和 4 个圆,B 是 8 个方块,C 是 7 个方块和 1 个圆,D 是 4 个方块和 4 个圆,E 是 8 个方块还有多的,故 E 最大。

16. 答案:D。

分析:根据题意,3 个拱门应分别配 1 个圆形窗,1 个星星窗,1 个月亮窗,即 A、B、C,两个方形门应分别配 1 个圆形窗和 1 个星星窗,故肯定没有 D。答案选 D。

17. 答案:D。

分析:根据 1 个星期有 7 天,并且 2024 年是闰年,2 月有 29 天可排除 A、B、C,故选 D。

18. 答案:54。

分析:大熊有 2 瓶又买了 1 箱,10 天后大熊减少 10 瓶,这时大熊有 1 箱还差 10－2=8(瓶),小熊买了 1 箱,这时共有 100 瓶,故 2 箱有 100+8=108(瓶),1 箱就有108÷2=54(瓶)。

19. 答案:62。

分析:根据图示可知,每个周期有●◆◆★★★▲共 7 个珠宝,现在 8 个▲,至少有 7×8=56(个),最多有 56+6=62(个)。

20. 答案:9。

分析:从结果倒推,28－7=21,21×2=42,42+3=45,45÷5=9,故输入的数是 9。

21. 答案:289。

分析:如图,面积最大是边长为 17 厘米的时候,17×17=289(平方厘米)。

第 21 题图

22. 答案:5。

分析:题意即为若干个 8 添"+"号使结果为 1000,888+88+8+8+8=1000,至少 5 个筐子。

23. 答案:5。

分析:第 2 个式子★－★=0,第 4 个式子★÷★=1,则有★×★+★=36－1－0=35,经计算可知★=5。

24. 答案:2001。

分析:设蓝灯原来是 1 份,按 3 次转换开关后,蓝灯变成 1×2×2×2=8(份),此时红灯是蓝灯的 10 倍,红灯为 8×10=80(份),共有 8+80=88(份),每份为 2024÷88=23(盏),说明最初蓝灯有 23 盏,那么红灯有 2024－23=2001(盏)。

25. 答案:12。

分析:B、C 的周长之和与 A、D 的周长之和相等,均为大长方形的周长,故大长方形的周长为 6+8=14,D 的周长为 14－2=12。

3年级D卷

1. 答案:1700。

分析:2024－199－86－39=1825－86－39=1739－39=1700。

2. 答案:4049。

分析:一个三角形需要 3 根,2 个三角形需要 3+2=5(根),3 个三角形需要 3+2+2=7(根),依次类推,2024 个三角形需要:3+(2024－1)×2=4049(个)。

3. 答案:70。

分析:乙组一共绘制 514－3×78=280(幅),所以乙平均每人 280÷4=70(幅)。

4. 答案:55。

分析:由图所知,第 1 层 1 个球,第 2 层有 1+2=3(个),第 3 层有 1+2+3=6(个),依次类推,第 10 层有 1+2+3+4+5+6+7+8+9+10=55(个)。

5. 答案:9。

分析:由以下枚举法可得,共 9 种。

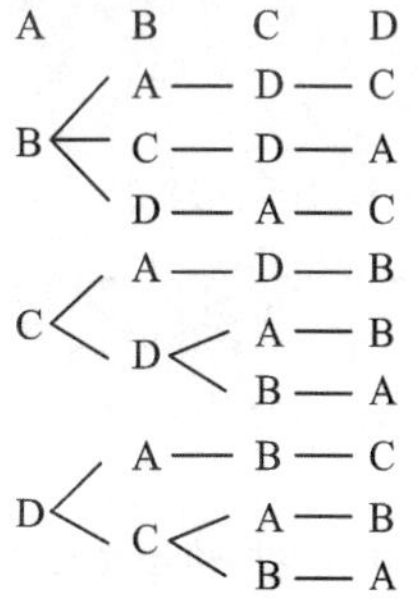

第 5 题图

6. 答案:13。

分析:要想平面更多,那直线尽量相交,共 13 个部分,如图所示。

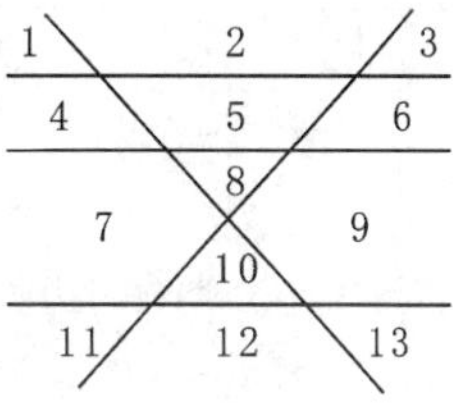

第 6 题图

7. 答案:506。

分析：当$n=1$时，乘法算式的个位数字之和是1＋3＋5＋7＝16，个位是6，不满足题意；

当$n=2$时，乘法算式的个位数字之和是1＋9＋5＋9＝24，个位是4，不满足题意；

当$n=3$时，乘法算式的个位数字之和是1＋7＋5＋3＝16，个位是6，不满足题意；

当$n=4$时，乘法算式的个位数字之和是1＋1＋5＋1＝8，个位是8，满足题意；

当$n=5$时，乘法算式的个位数字之和是1＋3＋5＋7＝16，个位是6，不满足题意。

综上所述，个位数字形成了周期问题，周期是4，并且1组周期只有1个数符合个位是8，2024÷4＝506(组)，506×1＝506(个)。

8. 答案：1767。

分析：1月有31天，所以第31天练12＋(31－1)×3＝102(题)，由等差数列求和所得1月共练12＋15＋18＋…＋102＝(12＋102)×31÷2＝1767(题)。

9. 答案：506。

分析：按数线段分类来求，基本线段由AC、CE、ED、DB组成，组合起来的长度刚好是AB的总长100米；再数2合1线段，AE、CD、EB，由于$AE+EB$＝100(米)，所以($AE+EB$)＋CD＝100＋53＝153(米)；3合1线段由AD、CB组成，$AD+CB$＝($AD+DB$)＋CD＝$AB+CD$＝100＋53＝153，最后4合1线段就是AB＝100(米)，所以线段长度之和100＋153＋153＋100＝506(米)。

10. 答案：800。

分析：所有3位数是从100到1999共有999－100＋1＝900(个)，去掉百位是5的3位数从500到599共有599－500＋1＝100(个)，剩余是百位不是5的三位数900－100＝800(个)。

11. 答案：50。

分析：由题意可知100人共按1＋2＋3＋…＋100＝(100＋1)×100÷2＝5050(次)，100盏灯，按200次就还原，5050÷200＝25(组)……50(次)，最后50盏灯不亮，那前面100－50＝50(盏)灯亮。

12. 答案：48。

分析：由差倍问题可得，将第1层看成1份，第二层看成3份少7，那第三层看成1.5份少6，三层合起来是5.5份少13，所以1份是(251＋7＋6)÷(1＋3＋1.5)＝48(本)，第一层放了48本。

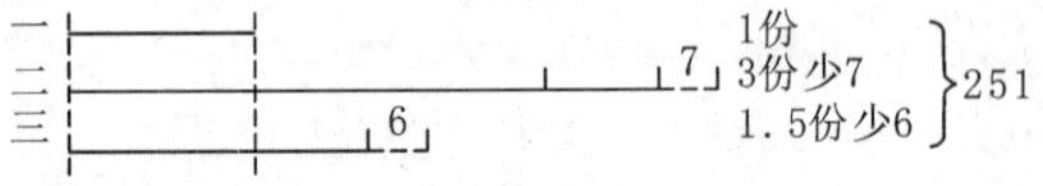

第12题图

13. 答案：7。

分析：按照正方形大小分类数。边长为1的正方形有1个，边长为2的正方形有3个，边长为3的正方形有3个，共1＋3＋3＝7(个)。

14. 答案：84。

分析：由和倍问题可知，把小希和爸爸的年龄和看成2倍，爷爷的年龄看成3倍，三人总年龄共5倍，刚好是140岁，1倍就是140÷(2＋3)＝28(岁)，所以爷爷是28×3＝84(岁)。

15. 答案：500。

分析：火车通过电线杆所经过的路程是火车的长度，火车穿过隧道所经过的路程是火车长＋920米，两次路程相差920米，时间相差71－25＝46(秒)，所以速度是920÷46＝20(米/秒)，车长20×25＝500(米)。

16. 答案：5。

分析：偶数最多，尽量让奇数与奇数相邻，偶数与偶数相邻，7个相邻自然数中有3奇4偶，或者4奇3偶，如果是3奇4偶，摆放如下：

第16题图

如果是4奇3偶，摆放如下：

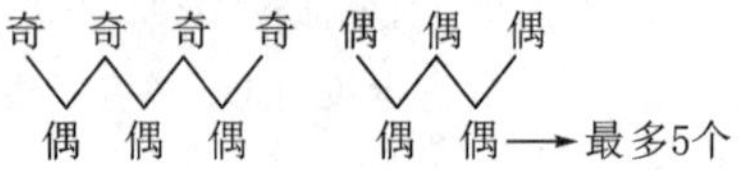

综上所述，无论怎么摆放最多都是5个。

17. 答案：3。

分析：232323÷323232＋730730÷320320

＝(23×10101)÷(32×10101)＋(730×1001)÷(320×1001)

＝23÷32＋730÷320

＝23÷32＋73÷32

＝(23＋73)÷32

＝96÷32

＝3。

18. 答案：276。

分析：每个小边长长度是12÷4＝3(厘米)，数字“2”的周长是24×3＝72(厘米)，数字“0”的周长是24×3＝72(厘米)，数字“4”的周长是20×3＝60(厘米)，总周长是72＋72＋72＋60＝276(厘米)。

19. 答案：677。

分析：由于三角形的摆放位置不同，每个三角形中的数量关系也不同，共4种摆放。

(1)把最大的数看成A，其余两个数分别表示$A-6$，$A-1$，所以$A-6+A-1+A=2024$，得出A＝(2024＋1＋6)÷3＝677。

(2)把最大的数看成A，其余两个数分别表示$A-6$，$A-5$，所以$A-6+A-5+A=2024$，得出A＝(2024＋6＋5)÷3不是整数，不成立。

(3)把最大的数看成A，其余两个数分别表示$A-5$，$A-4$，所以$A-5+A-4+A=2024$，得出A＝(2024＋5＋4)÷3不是整数，不成立。

(4)把最大的数看成A，其余两个数分别表示$A-5$，$A-1$，所以$A-5+A-1+A=2024$，得出A＝(2024＋5＋

1)÷3 不是整数，不成立。

综上所述，A 最大是 677。

20. 答案：350。

分析：小希第 1 次追上小望，要比小望多走 1 个全程，所以第 2 次追上小望，要比小望多走 2 个全程，350×(5－3)＝700(米)，那环形跑道周长是 700÷2＝350(米)。

21. 答案：112。

分析：第 1 次分配和第 2 次分配相差 2 辆车，如图所示。

第 1 次分配：7　7　…　7

第 2 次分配：8　8　…　8

7　7

第 21 题图

第 2 次分配车辆：(7＋7)÷(8－7)＝14(辆)，那么总人数有 8×14＝112(人)。

22. 答案：4。

分析：如图，$S_{阴}$＝36÷9＝4(平方米)。

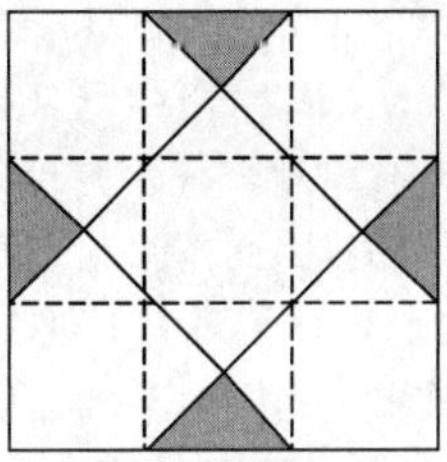

第 22 题图

23. 答案：4905。

分析：从差的范围开始讨论，差是两位数，那么从 10～99 尝试。

当差＝10，10＝1000－990＝1001－991＝…＝1009－999，共 10 种情况。

当差＝11，11＝1000－989＝1001－990＝…＝1010－999，共 11 种情况。

依次类推，当差＝99 时，有 99 种情况，所以这样的算式共有 10＋11＋12＋…＋99＝(10＋99)×90÷2＝4905(个)。

24. 答案：612。

分析：把原有笔记看成 1 份，运进的笔记本看成 2 份，现有的签字笔看成(1＋2)×2＝6(份)，由于运进的笔记本刚好 204 本，所以 1 份有 204÷2＝102(本)，那现有签字笔有 102×6＝612(本)。

25. 答案：1400。

分析：如图所示，第 1 次相遇，小王走的路程 AC 看成 7 份，小李走的路程看成 5(份)，那么 OC 是(7－5)÷2＝1(份)，那么 OD 是 1×2＝2(份)，那么 AD 是 7－1－2＝4(份)，第二次相遇小李走了 5＋1＋2＝8(份)，如果小王不停留应该走 8×(7÷5)＝11.2(份)，但实际只走了 AD 这段路 4 份，少走了 11.2－4＝7.2(份)，刚好是停留 12 分钟的路程 12×70＝840(米)，所以全程是 840÷7.2×(7＋5)＝1400(米)。

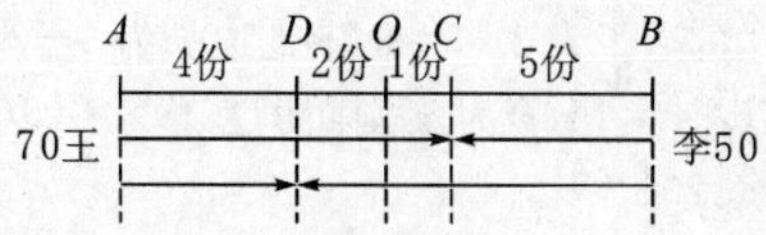

第 25 题图

4 年级 A 卷

1. 答案：8712。

分析：由 $\overline{ABCD}\div4=\overline{DCBA}$ 可得下面竖式。

$$\begin{array}{r} D\ C\ B\ A \\ \times\qquad 4 \\ \hline A\ B\ C\ D \end{array}$$

第 1 题图

观察首位 $D\times4$ 无进位，故 D 只能是 1 或 2；而看个位 $A\times4$ 乘积一定是偶数，故 D 为 2 且 A 为 8。因为 $A=8$，所以看百位 $C\times4$ 也无进位，故 C 可能为 0 或 1，而看十位 $B\times4+3$ 结果一定是奇数，故 C 为 1，且 $B=7$。四位数 $\overline{ABCD}=8712$。

2. 答案：C。

分析：

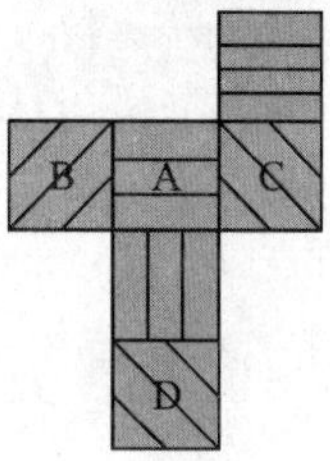

(1)

图(1)A 选项中有 3 个 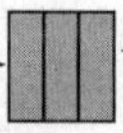 而展开图中只有 2 个，故排除。B 选项中 2 个 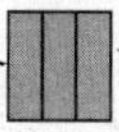 面的方向与展开图不一致，故排除。若以 A 面为右面，则 A 与 D 相对，B 与 C 相对，无法使得有 2 个  均与 A 相邻。若将展开图顺时针旋转 90°，如图(2)。

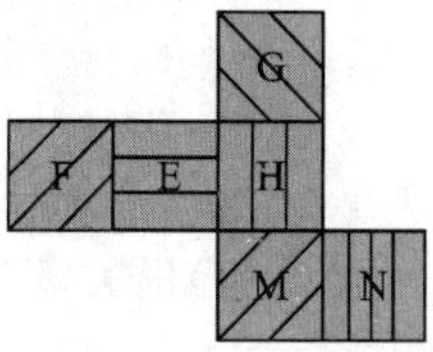

(2)

将 E 为右面，则 F 为前面，H 为后面，G 为上面，刚好，故 C 对。D 选项与 C 选项右面、前面一样，上面方向不一致，故排除。若以图 2 中 N 为前面，则 M 为左面，H 为上面，G 为右面，则可得 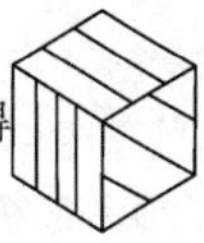，与 E 不一致，故排除。

3. 答案：104。

分析：将正方形从小到大依次编号为①①②③④⑤，已知①的边长为 1，则②的边长为 1＋1＝2，③的边长为

1+2=3,④的边长为2+3=5,⑤的边长为5+3=8,大长方形的长:5+8=13,宽为8,则面积为13×8=104。

4. 答案:20。

分析:总重量一定,若要袋数少,则尽量多买大袋苹果。而88÷5=17(袋)……3(千克),则大袋苹果最多17袋,还剩3千克苹果,不是2小袋故不符合条件。若大袋苹果买16袋,还剩88−16×5=8(千克),正好是4小袋苹果。故最少买了16+4=20(袋)苹果。

5. 答案:882。

分析:由条件可知,百位只能为7,8或9,故可尝试,当百位为7,个位为1,则十位:18−7−1=10>9,故不可能。当百位为8时,个位为2,则十位:18−8−2=8,组成的三位数是882,288×3+18=882满足题目条件;当百位为9时,个位为3,则十位:18−9−3=6,组成的三位数963,369×3+18≠963,故排除。因此原来的三位数是882。

6. 答案:20。

分析:由长方形$ABCD$周长为48(厘米)可得,$AD+DC=48\div2=24$(厘米),

即$AH+HI+ID+CD=24$,其中AH、ID已知,则可知$HI+CD=8$(厘米),而$FK=13$(厘米),

$FK=FG+GJ+JK=CD+HI+CD$,则$CD=13-8=5$(厘米),$EFGH$的周长5×4=20(厘米)。

7. 答案:9810。

分析:观察数字谜,先看首位,祝+8无进位,则祝=1,且百位没有向千位进位,可得新=9。再看十位9+1+□→1,则个位向前进1,十位也向前进1。最后看个位,年+2有进位,则年=8或9,而新=9,则年只能是8。因此福为0。"新年祝福"代表的四位数是9810。

8. 答案:116。

分析:若每6人一组,将分成20组,而男、女不分在同一组,且男、女最后一组可不满额,可知男女生一共至少有6×18+1+1=110(人),至多有6×20=120(人)。而男生、女生人数均为4的倍数,故总人数也为4的倍数,因此总人数可能为112、116或120人。又若每11人一组,则120÷11=10……10,110÷11=10,故至多分11组,至少分10组,由于男生比女生多一组,故共分11组,且男生分6组,女生分5组,因此男生人数范围是56~66,其中4的倍数有56、60、64。女生人数范围是45~55,其中4的倍数有48、52。由总人数在110~120可知,总人数可能是60+52=112(人)、64+48=112(人)或64+52=116(人)。经验算可知只有男生64人,女生52人满足题目所有条件。故男生女生一共有116人。

9. 答案:275。

分析:不妨假设最多只有4个箱子中球的数量一样多,则49÷4=12……1,故当有球(0+1+2+…+11)×4=264(个)时,这48个箱子都不存在有5个箱子中球的数量一样多,还有一个箱子,至少可以放0个,至多可以放11个,故球的总数量最多是264+11=275(个)。

10. 答案:9864。

分析:要这个四位数大,则要求高位尽量大。若为9876,9+8+7+6=30,不能被9整除,故不行。再考虑数字和为27,则可能为9873,9864,9846,9837,…其中9873不能被8整除也排除,9864能同进被9,8,6,4整除,故这个四位数最大为9864。

11. 答案:144。

分析:能被4整除的数末两位可能为00,04,08,12,16,20,24,28,32,36,40,44,48,52,56,60,64,68,72,76,80,84,88,92,96,有25种可能,其中含数字4的有04,24,40,44,48,64,84这7个,不含数字4的有25−7=18(个),百位数字可用1、2、3、5、6、7、8、9这8个,故由乘法原理可知满足条件的三位数有8×18=144(个)。

12. 答案:2173。

分析:为方便表述,假设乘法竖式中,一个因数为$\overline{AB}$,另一个因数为$\overline{C3}$(其中A,B,C不要求互不相同),则$\overline{AB}\times3=\overline{\square2\square}$,$\overline{AB}\times C=\overline{\square0\square}$,$\overline{AB}\times\overline{C3}=\overline{2\square\square\square}$,可知$\overline{AB}\times C=\overline{20\square}$。先考虑$\overline{AB}\times3=\overline{\square2\square}$:①若$B\times3$无进位即$B=1$或2或3,则$A\times3$个位为2即$A=4$。再考虑$\overline{4B}\times C=\overline{20\square}$可知$C$可能为4或5,若$C=5$,则$B\times5$无进位则$B=1$,此时41×53=2173刚好满足题目条件。若$C=4$,则$B\times4$向前进4,不可能,因此排除。②若$B\times3$向前进1,则$B=4$或5或6,则$A\times3$个位为1即$A=7$。再考虑$\overline{7B}\times C=\overline{20\square}$,可知$C$只能为2,则$B\times2$向前进6,不可能,故排除。③若$B\times3$向前进2,则$B=7$或8或9,则$A\times3$个位为0,则$A=0$不可能,故排除。综上所述可知这个得数是2173。

13. 答案:7。

分析:根据题目条件可知每只海豚分3条秋刀鱼还多3条,每只海豚分2条鱿鱼但少2条鱿鱼。因为秋刀鱼的数量是鱿鱼的2倍,则每只海豚分4条鱿鱼则少4条鱿鱼,这种情况下,秋刀鱼和鱿鱼一样多,将两种分配进行比较,可知海豚有(4+3)÷(4−3)=7(只)。

14. 答案:7。

分析:将7个区域分别标上字母,因为每个圆中的数字和相等,则

3×和=1+2+3+…+7+A×2+B+C+D=28+A×2+B+C+D。

和最大为(28+7×2+6+5+4)÷3=19,最小为(28+1×2+2+3+4)÷3=13,故和为13~19之间,有19−13+1=7(种)可能。

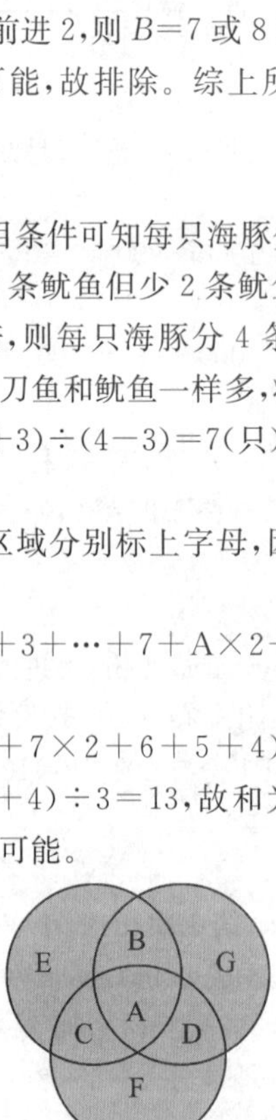

第14题图

15. 答案:2024。

分析:原式=36×88−104×125÷1000×88=36×

$88-104\div(1000\div125)\times88$

$=36\times88-104\div8\times88=36\times88-13\times88=(36-13)\times88=23\times88=2024$。

16. 答案：1100。

分析：小王前一半时间时速为 150 千米，后一半时间时速为 50 千米，则平均时速为 $(150+50)\div2=100$（千米）。因为小李、小王同时出发且同时到达同一地点，故平均时速相同，则考虑小李以 80 千米/时的速度经过几个小时可使平均时速为 100 千米。由平均数和多补少可知 $(300-100)\div(100-80)=10$（小时），则小李共行驶 $1+10=11$（小时），甲到乙的铁路线长 $11\times100=1100$（千米）。

17. 答案：9。

分析：由以下树形图可知有 9 条不同的路线。

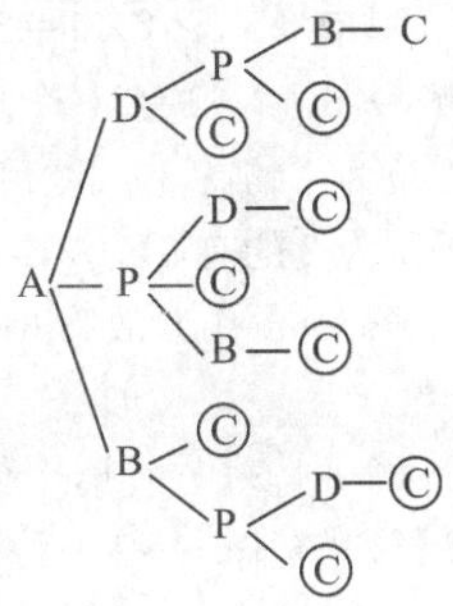

第 17 题图

18. 答案：150。

分析：从他们同时出发到表哥追上希希经过了 $3400\div(220-50)=20$（分钟），此时已经 10:50，他们离家还有 $3400-20\times50=2400$（米），而 11:06－10:50＝16（分钟），他们走了 2400 米，故表哥骑车载希希时每分钟行 $2400\div16=150$（米）。

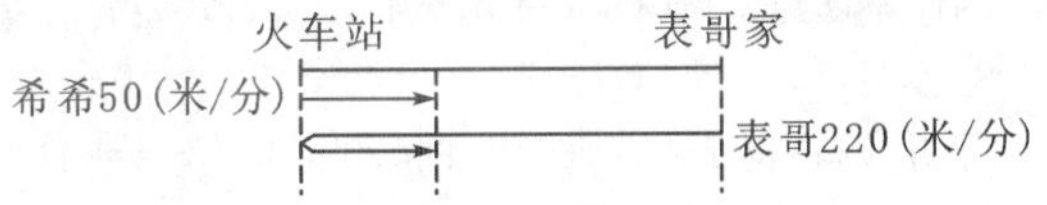

第 18 题图

19. 答案：72。

分析：因为 P_1 是 EF 边的中点，故作 $P_1M\perp AE$，则可知 M 为 AE 的中点，可得 $AM=ME=6\div2=3$，且 P_1 到 CD 的距离为 $9-3=6$，即 $\triangle P_1DG$ 的高 P_1H 为 6。P_2 为 P_1G 边的中点，作 $P_2N\perp P_1H$，则 $P_1N=NH=6\div2=3$。则 P_2 到 AB 的距离为 $9-3=6$。依次类推可知图中 8 个阴影三角形的高均为 6，故总面积 $12\times6\div2\times2=72$。

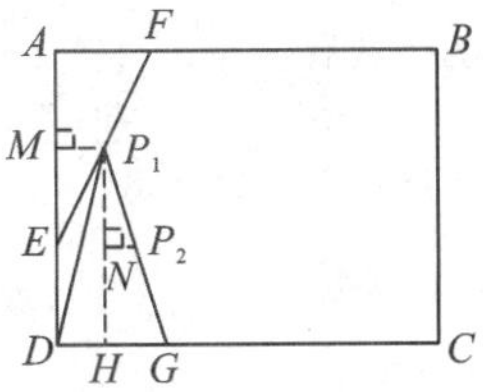

第 19 题图

20. 答案：7893。

分析：假设 $9|\overline{ABCD}$ 且 $A+D=8$，则 $9|(A+B+C+D)=8+B+C\Rightarrow B+C=1$ 或 10，若要使 $\overline{ABCD}$ 最大，则 B 最大为 9，C 则为 1；A 最大为 8，D 为 0，$\overline{ABCD}$ 最大为 8910。若要使 $\overline{ABCD}$ 最小，则 B 最小为 0，C 则为 1；A 最小为 1，D 则为 7，$\overline{ABCD}$ 最小为 1017。最大数比最小数大 $8910-1017=7893$。

21. 答案：87。

分析：若将鸭的数量看成 1 份，鸡的数量为 3 份少 12 只，合起来一共是 4 份少 12 只，则 1 份是 $(120+12)\div4=33$（只），鸡有：$33\times3-12=87$（只）。

22. 答案：13。

分析：五个数中最多只有一个十位为 6 的数，其余均只能个位为 6。

①若有一个 $\overline{6A}$，即 $\overline{6A}+\square6+\square6+\square6+\square6=100$，而 $100-60-6\times4=16$，故 $A=6$，4 个□中一个为 1，其余为 0，即 $66+16+6+6+6=100$。

②若无十位为 6 的数，则每个数均是个位为 6，则 $100-6\times5=70$，这五个数十位数字之和为 7。将 7 进行拆分：

7→76＋6＋6＋6＋6

6＋1→66＋16＋6＋6＋6（同第一类，故排除）

5＋2→56＋26＋6＋6＋6

4＋3→46＋36＋6＋6＋6

5＋1＋1→56＋16＋16＋6＋6

4＋2＋1→46＋26＋16＋6＋6

3＋3＋1→36＋36＋16＋6＋6

3＋2＋1→36＋26＋16＋6＋6

4＋1＋1＋1→46＋16＋16＋16＋6

3＋2＋1＋1→36＋26＋16＋16＋6

2＋2＋2＋1→26＋26＋26＋16＋6

3＋1＋1＋1＋1→36＋16＋16＋16＋16

2＋2＋1＋1＋1→26＋26＋16＋16＋16

共：$1+(13-1)=13$（种）不同的方法。

23. 答案：98。

分析：观察图形。

第一幅图的周长为 $(5+2)\times2+1\times4=18$，有 $2\times3+2\times1=8$（个）边长为 1 的正方形；

第二幅图的周长为 $(7+3)\times2+2\times4=28$，有 $3\times3+2\times2=13$（个）边长为 1 的正方形；

第三幅图的周长为 $(9+4)\times2+3\times4=38$，有 $4\times3+2\times3=18$（个）边长为 1 的正方形；

……

发现它们的周长可以看成是首项为 18，公差为 10 的余差数列，故可得周长为 198 时，是第 $(198-18)\div10+1=19$（幅）图。它们所包含的边长为 1 的正方形的个数可以看成是首项是 8，公差为 5 的余差数列，故第 19 幅图有 $8+(19-1)\times5=98$（个）边长为 1 的正方形。

24. 答案：8。

分析：从七娃作为突破口，七娃在正中间，六娃挨着七娃，故六娃可能在七娃前面一个或后面一个。若六娃在七娃前面一个，而四娃又排在靠前的位置，但不是排头，可知四娃、六娃、七娃的位置如下：

	四	六	七			

剩下的四个位置，无论大娃、二娃、三娃、五娃怎么排，都不能使大娃与二娃间隔的人数和三娃与五娃间隔的人数相等，故排除。则六娃应排在七娃后一个，那么四娃可能排第二个，也可能排第三个。

若四娃排第二个：

	四		七	六		

剩下的四个位置，也无法使大娃与二娃、三娃与五娃间隔人数相等。故四娃应排在第三个。

		四	七	六		

此时，大娃与二娃可排在第一位和第六位或第六位和第一位或第二位和第七位或第七位和第二位，有 4 种不同的排法。当大娃与二娃排好后，剩下的两个位置排三娃和五娃，也有 2 种排法。故七个葫芦娃有 $4\times2=8$(种)不同的排队方法。

25. 答案：48。

分析：如图，$\triangle ABC$ 的面积为 $120\times80\div2=4800$(平方厘米)，如图构造与$\triangle ABD$ 相同的$\triangle ABE$，则 $S_1=S_2$，构造$\triangle ACD$ 相同的$\triangle ACF$，则 $S_3=S_4$，假设正方形的边长为 a，则 $S_1+S_3=a^2$，$S_2+S_4=(120-a)\times(80-a)$，$(120-a)\times(80-a)=a^2$，可得 $a=48$。

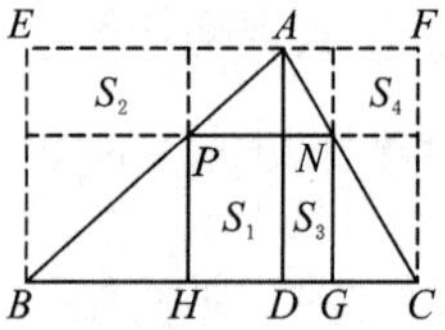

第 25 题图

④年级D卷

1. 答案：20241658。

分析：原式$=(365+1)\times20242023-365\times(20242023+1)$

$=365\times20242023+20242023-365\times20242023-365$

$=20241658$。

2. 答案：221。

分析：$(11012)_3=1\times3^4+1\times3^3+0\times3^2+1\times3+2=113$，$113=2\times7^2+2\times7+1=(221)_7$。

3. 答案：867。

分析：连接 DF，$\triangle BCF$ 与$\triangle DFC$ 同底等高，故 $S_{\triangle BCF}=S_{\triangle DFC}$，$S_阴=S_{\triangle ADE}+S_{\triangle DFC}$，$AC=7EF\Rightarrow AE+CF=6\times EF$，

因为$\triangle ADE$、$\triangle DFC$ 与$\triangle DEF$ 共高，所以 $S_阴=6\times S_{\triangle DEF}$，$S_{\triangle ADC}=2023\div2=1011.5$，$S_阴=1011.5\div(1+6)\times6=867$。

4. 答案：3。

分析：用$\overline{2024ab24}$表示$\overline{2024\square\square24}$。

$33\mid\overline{2024ab24}\Rightarrow33\mid(20+24+\overline{ab}+24)\Rightarrow33\mid(88+\overline{ab})\Rightarrow\overline{ab}=11$、44 或 77。

故共有 3 个满足条件的八位数。

5. 答案：449600。

分析：百位可为：1，2，3，5，6，7，8，9

十位可为 0～9。

个位可为 0～9。

百位上每个数字各出现：$10\times10=100$(次)。

故和为：$(1+2+3+5+6+7+8+9)\times100\times100=410000$。

十位上每个数字各出现：$8\times10=80$(次)。

故和为：$(0+1+2+\cdots+9)\times10\times80=36000$。

个位上每个数字各出现：$8\times10=80$(次)。

故和为：$(0+1+2+\cdots+9)\times1\times80=3600$。

总和为：$410000+36000+3600=449600$。

6. 答案：34125。

分析：万位为 1 共有 $4\times3\times2\times1=24$(个)，

万位为 2 共有 $4\times3\times2\times1=24$(个)，

万位为 3 且千位为 1 的有 $3\times2\times1=6$(个)，

万位为 3 且千位为 2 的有 $3\times2\times1=6$(个)。

共：$24+24+6+6=60$(个)，故第 61 个为 34125。

7. 答案：506。

分析：$n=1$ 时，$1+3+5+7=16$，个位为 6；

$n=2$ 时，$1^2+3^2+5^2+7^2\to1+9+5+9=24$，个位为 4；

$n=3$ 时，$1^3+3^3+5^3+7^3\to1+7+5+3=16$，个位为 6；

$n=4$ 时，$1^4+3^4+5^4+7^4\to1+1+5+1=8$，个位为 8；

$n=5$ 时，$1^5+3^5+5^5+7^5\to1+3+5+7=16$，个位为 6。

故个位 6，4，6，8 四个数一个周期，$2024\div4=506$(个)。

因此不超过 2024 的 n 有 506 个。

8. 答案：19。

分析：妈妈爬 $7-1=6$(层)时，小希爬 $5-1=4$(层)，当妈妈回家时共爬 $28-1=27$(层)，此时小希爬：$27\div6\times4=18$(层)，小希到了第 $18+1=19$(层)。

9. 答案：503。

分析：末尾的零由质因数 2 和 5 的个数确定，$n!$ 中质因数 2 的个数比 5 多，故只找质因数 5 的个数即可。

原式$=2021!\times\underbrace{(1+2022+2022\times2023+2022\times2023\times2024)}_{个位为3}$，故括号内的和不含质因数 5。

$2021!$ 中 5 的个数有：$\left[\frac{2021}{5}\right]+\left[\frac{2021}{5^2}\right]+\left[\frac{2021}{5^3}\right]+\left[\frac{2021}{5^4}\right]=404+801+16+3=503$(个)，故末尾有 503 个连续的零。

10. 答案：2023。

分析：如图，延长 BA，EF 交于点 G，延长 AB，DC 交于点 H，延长 CD，FE 交于点 I，构造出大等边$\triangle GHI$，$HG=GI=HI=15+665+10=690$，故 $BC+CD+DE=HC+CD+DI=HI=690$，六边形周长为 $15+653+665+$

690=2023。

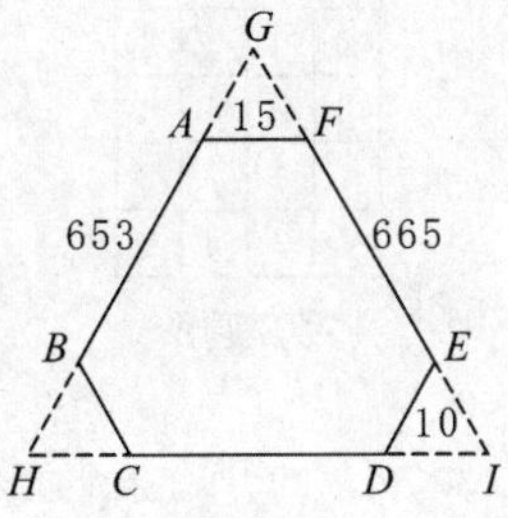

第 10 题图

11. 答案:677。

分析:设盖住的数中最小数为 n,那三个数的情况共有以下 4 种。

(1)$n,n+1,n+6\Rightarrow$和为 $n\times3+7$

(2)$n,n+4,n+5\Rightarrow$和为 $n\times3+9$

(3)$n,n+5,n+6\Rightarrow$和为 $n\times3+11$

(4)$n,n+1,n+5\Rightarrow$和为 $n\times3+6$

$3\mid2022\Rightarrow$故只有(2)(4)满足。

$n\times3+9=2022\Rightarrow n=(2022-9)\div3=671$,$671\div5$ 余 1,故 671 在第 1 行,不可能存在第(2)种覆盖情况,只有 $n\times3+6=2022\Rightarrow n=(2022-6)\div3=672$,最大数为 $672+5=677$。

12. 答案:312。

分析:火车车头遇甲到车尾离开甲,追及距离为火车车长,需 24 秒,火车车头遇乙到车尾离开乙,追及距离为火车车长,需 26 秒,$v_{乙}-v_{甲}=10.8-7.2=3.6$ 千米/时$=1$ 米/秒,故两次追及速度差相差 1 米/秒,多用 2 秒米/秒,故 $v_{车}-v_{乙}=24\times1\div(26-24)=12$(米/秒),车长为 $12\times26=312$(米)。

13. 答案:80。

分析:当画作数小于或等于 79 时,小张、小李都是对的,故排除。

当画作数为 80 时,只有小李对,满足条件。

当画作数为 81 时,小王、小李都对,故排除。

当画作数大于 81 时,小王、小赵都对,故排除。

因此周教授家有 80 幅画作。

14. 答案:10。

分析:$1+2+3+4+\cdots+9=45$,5 个和将每个数各算两次,中心数多算 2 次,

故中心数$\times2+45\times2=5\times$和。

$5\mid45$ 且 $5\mid5\times$和$\Rightarrow5\mid$中心数$\Rightarrow$中心数$=5$ 且和为$(5\times2+45\times2)\div5=20$。

尝试可填出:

1	6	7
8	5	2
3	4	9

第 14 题图

故和为 $1+9=10$。

15. 答案:67。

分析:参加人数除以 3 余 1,除以 5 余 2,从 70 开始,由大到小尝试可得 $67\div3=22\cdots\cdots1$,$67\div5=13\cdots\cdots2$,故最多有 67 人。

16. 答案:4。

分析:连接 OB,$S_{\triangle ABC}=10\times6\div2=30\Rightarrow S_{\triangle AOB}+S_{\triangle BOC}=30-14=16$,$S_{\triangle AOB}=10\times OF\div2=OF\times5$,$S_{\triangle BOC}=6\times OG\div2=OG\times3$,$OF=OG\Rightarrow OF=OG=16\div(5+3)=2\Rightarrow BG=OG=2\Rightarrow CG=6-2=4$。

17. 答案:12。

分析:在正方形 $ABCD$ 中,$S_{\triangle AOB}=S_{\triangle BOC}=S_{\triangle COD}=S_{\triangle AOD}$,任选 2 个面积相等,有 $3+2+1=6$(种)。

$S_{\triangle ABC}=S_{\triangle DBC}=S_{\triangle ACD}=S_{\triangle BAD}$,任选 2 个面积相等,有 $3+2+1=6$(种)。共 $6+6=12$(种)。

18. 答案:38。

分析:包含\$ 的长方形,左上角的点有 4 种选择 A_1,A_2,A_3,A_4,右下角的点有 11 种选择 B_1,B_2,B_3,B_4,B_5,B_6,B_7,B_8,B_9,B_{10},B_{11},故共有:$4\times11=44$(种)搭配,但 A_1,A_3 搭配 B_9,B_{10},B_{11} 不能构成长方形,故共有 $44-2\times3=38$(个)长方形。

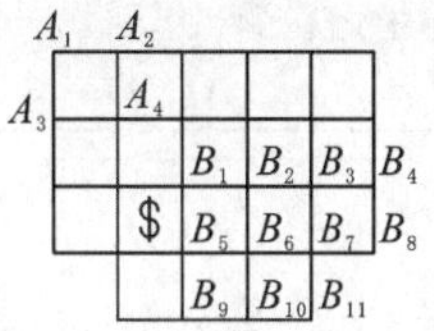

第 18 题图

19. 答案:15。

分析:连接 DF,AC,BI,$DF\parallel AC\Rightarrow S_{\triangle ACF}=S_{\triangle ACD}$,$AC\parallel BI\Rightarrow S_{\triangle ACI}=S_{\triangle ABC}$,故 $S_{阴}=S_{\triangle ACD}+S_{\triangle ACB}=S_{正ABCD}=15$。

20. 答案:6。

分析:一筐桃子,每只小猴至少 10 个,每只小猴 11 个还少 4 个,因此小猴的数量不小于 4 只,桃子全分完,每只小猴 72 个多 2 个。

若桃子全分完,每只小猴也可以 $11\times7=77$(个),缺 $7\times4=28$(个),

故小猴共有:$(28+2)\div(77-72)=6$(只)。

21. 答案:43。

分析:1~54 按除以 5 的余数分类,$54\div5=10\cdots\cdots1$,故余 1,2,3,4 的各 11 个,余 0 的有 10 个。留下的数除以 5 余数相同,故任意两数差都能被 5 整除,最多留下 11 个,至少去掉 $54-11=43$(个)。

22. 答案:31。

分析:6 个数选 5 个求和共有 6 种选法,每个数出现 5 次,

故 6 个数的和为$(81+84+101+103+72+74)\div5=103$,

当 5 个数的和最小时,剩下的数最大,故最大数为 $103-72=31$。

23. 答案:299。

分析:平移可得“2”周长为$(5+3)\times2+2\times4=24$ 个

边长，

“4”周长为(5+3)×2+2×2=20 个边长，

“0”的周长为(5+3)×2+(3+1)×2=24 个边长，

“2024”的周长为(24+24+24+20)×13÷4=299(厘米)。

24. 答案：2800 或 8400。

分析：王李同时出发相遇在点 C，此时小王走 7 份，小李走 5 份，全程：$AB=7+5=12$(份)，$AO=OB=12\div2=6$(份)，$OC=6-5=1$(份)。

(1)若点 D 在中点左侧，如图(1)。

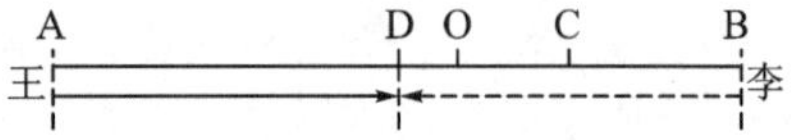

(1)

则小王走 $AD=6-1\div2=5.5$(份)，小李走 $6+1\div2=6.5$(份)，若小王不停 12 分钟，则当小李走 6.5 份时，小王应走 $6.5\div5\times7=9.1$(份)，少走 $9.1-5.5=3.6$(份)，少走 $12\times70=840$(米)，则 1 份：$840\div3.6$，故 $AB=840\div3.6\times12=2800$(米)。

(2)若点 D 在中点右侧，如图(2)。

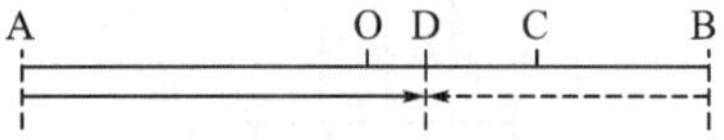

(2)

则小王走：$6+1\div2=6.5$(份)，小李走 $6-1\div2=5.5$(份)，若小王不停，则当小李走 5.5 份时，小王应走 $5.5\div5\times7=7.7$(份)，少走 $7.7-6.5=1.2$(份)，少走 $12\times70=840$(米)，则 1 份：$840\div1.2=700$(米)，故 $AB=840\div1.2\times12=8400$(米)。

25. 答案：612.5。

分析：如图，连接正方形对角线 AB，$S_{正}=AB^2\div2$。

由于左下角与右上角为两个相同的等腰直角三角形，故 AB 为长方形长与宽的和，要让正方形面积最大则 AB 最大，故长方形长加宽的和最大，而长×宽=34，积一定差大和大，故长=34，宽=1 时和最大为 34+1=35(分米)，AB 最大为 35 分米，$S_{正方形}=35^2\div2=612.5$(平方分米)。

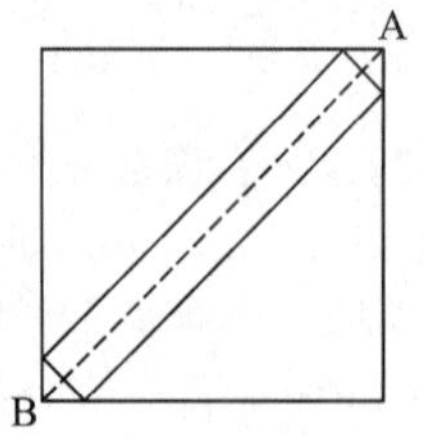

第 25 题图

5年级A卷

1. 答案：D。

分析：$\frac{11}{111}=\frac{110}{1110}=1-\frac{1000}{1110}$，$\frac{111}{1111}=1-\frac{1000}{1111}$，$\frac{1}{11}=\frac{100}{1100}=1-\frac{1000}{1100}$，$\frac{13}{113}=\frac{130}{1130}=1-\frac{1000}{1130}$，$\frac{113}{1113}=1-\frac{1000}{1113}$，

∴最大是 D。

2. 答案：2。

分析：

2	4	3	1
3	2	1	4
4	1	2	3
1	3	4	2

第 2 题图

3. 答案：40000。

分析：1×2×3×…×20 中有 4 个质因数 5。不少于 4 个质因数 2，除以 100000 相当于求“1×2×…×20”中去掉 4 个质因数 5 和 4 个质因数之后剩下数的尾数？尾数是 4。

∴1×2×3×…×20÷100000 余 40000。

4. 答案：19。

分析：$\begin{cases}总数\div5余4\\总数\div4余3\end{cases}\Rightarrow$ 总数加 1 是 [5.4]=20 的倍数。

∴总数至少是 20−1=19(个)。

5. 答案：876。

分析：设甲班人数为 a，乙班为 b，丙班为 C。

$840a+870c=850\times(a+c)\Rightarrow a=2c$

$900b+870c=892.5\times(b+c)\Rightarrow b=3c$

∴甲、乙班平均分：$(840\times2c+900\times3c)\div(2c+3c)=876$。

6. 答案：2。

分析：去掉第三行第三列和第六行第四列这 2 颗星星即可。

7. 答案：7296。

分析：由 $B\times B$ 的个位是 B 可知 $B=5$ 或 6。

由 $\begin{array}{r}E\ D\ B\\+\ B\ F\ E\\\hline A\ G\ C\ B\end{array}$ 可知 $A=B+1$。

当 $B=5$ 时，$A=6$，$C=8$ 或 9。

(1)$C=8$ 时，$\begin{array}{r}6\ 5\\\times\ 8\ 5\\\hline 3\ 2\ 5\\5\ 2\ 0\ 0\\\hline 5\ 5\ 2\ 5\end{array}$ 不符合。

(2)$C=9$ 时，$\begin{array}{r}6\ 5\\\times\ 9\ 5\\\hline 3\ 2\ 5\\5\ 8\ 5\\\hline 6\ 1\ 7\ 5\end{array}$ 不符合。

(3)当 $C=6$ 时，$A=7$。$\begin{array}{r}7\ 6\\\times\ C\ 6\\\hline 4\ 5\ 6\\6\ F\ E\\\hline 7\ G\ C\ 6\end{array}$。

(4)$C=8$ 或 9，

$$\begin{array}{r} 7\ 6 \\ \times\quad 8\ 6 \\ \hline 4\ 5\ 6 \\ 6\ 0\ 8\ \ \\ \hline 6\ 5\ 3\ 6 \end{array}$$

不符合。

(5)

$$\begin{array}{r} 7\ 6 \\ \times\quad 9\ 6 \\ \hline 4\ 5\ 6 \\ 6\ 8\ 4\ \ \\ \hline 7\ 2\ 9\ 6 \end{array}$$

符合。

8. 答案：50。

分析：∵这个数有 24 个因数，$24=4\times6=3\times8=2\times12=2\times3\times4=2\times2\times2\times3$。

∴这个数可能是 a^3b^5 或 a^2b^7 或 ab^{11} 或 ab^2c^3 或 $abcd^2$。

∵这个数 $\times2^4$ 有 56 个因数，$56=7\times8=7\times2\times4$。

∴这个数可能是 $2^2\times b^7$ 或 $2^2\times a\times c^3$。

∵这个数 $\times2^2\times3^3$ 有 70 个因数，$70=2\times5\times7=(1+1)\times(4+1)\times(6+1)$。

∴$2^2\times b^7\times2^2\times3^3=2^4\times3^3\times b^7$（舍）或 $2^2\times a\times c^3\times2^2\times3^3=2^4\times a\times3^6$。

∴这个数 $\times12$ 是 $2^2\times a\times3^3\times2^2\times3=2^4\times3^4\times a$，因数有：$(4+1)\times(4+1)\times(1+1)=50$。

9. 答案：24。

分析：$\overline{AB}\times\overline{CD}=\overline{E00}=E\times100=E\times5^2\times2^2$。

当 $\overline{AB}=25$ 时，$4\mid\overline{CD}\Rightarrow\overline{CD}=16$、36　　2 个

当 $\overline{AB}=50$ 时，$2\mid\overline{CD}\Rightarrow\overline{CD}=12$、14、16、18　　4 个

当 $\overline{AB}=75$ 时，$4\mid\overline{CD}\Rightarrow\overline{CD}=12$　　1 个

当 $\overline{AB}=15$ 时，$5\mid\overline{CD}$、$4\mid\overline{CD}\Rightarrow\overline{CD}=20$、40、60　　3 个

当 $\overline{AB}=35$，$5\mid\overline{CD}$、$4\mid\overline{CD}\Rightarrow\overline{CD}=20$　　1 个

当 $\overline{AB}=45$，$5\mid\overline{CD}$、$4\mid\overline{CD}\Rightarrow\overline{CD}=20$　　1 个

∴一共有 $2+4+1+3+1+1=12$（个）。

同理 $\overline{CD}=25$、50、75、15、35、45 时也有 12 个。

∴一共 $12+12=24$。

10. 答案：369。

分析：构造弦图，$CP=450\div30=15$，$EQ=180\times2\div30=12$。

在 $\mathrm{Rt}\triangle CDP$ 中，$CD^2=12^2+15^2=369$。

∴$S_{\text{正}CDEF}=369$。

11. 答案：5。

分析：

a	b	c
男生没参加	男生参加	女生参加

$\begin{cases}a+b=23\\c+b=28\end{cases}\Rightarrow c-a=28-23=5$。

12. 答案：239。

分析：设四位数为 $\overline{ABCD}$。

(1)$\overline{CD}=04,40,44,48,84$ 时，A,B 可选择的数字如下表所示：

A	B
1,5,9	3,7
2,6	2,6
3,7	1,5,9
4,8	0,4,8

共 $5\times(3\times2+2\times2+2\times3+2\times3)=110$（种）。

(2)$\overline{CD}=00,08,80,88$ 时，

A	B
4	0,4,8
8	4

共 $4\times(1\times3+3\times1)=16$（种）。

(3)$\overline{CD}=32,36,72,76$ 时，

A	B
4	3,7
3,7	4

共 $4\times(1\times2+2\times1)=16$（种）。

(4)$\overline{CD}=24,64$ 时，

A	B
1,5,9	1,5,9
2,6	0,4,8
3,7	3,7
4,8	2,6

共 $2\times(3\times3+2\times3+2\times2+2\times2)=46$（种）。

(5)$\overline{CD}=20,28,60,68$ 时，

A	B
4	2,6
2,6	4

共 $4\times(1\times2+2\times1)=16$（种）。

(6)$\overline{CD}=12,16,52,56,92,96$ 时，

A	B
4	1,5,9
1,5,9	4

共 $6\times(1\times3+3\times1)=36$（种）。

∴一共 $110+16+16+46+16+36-1=239$（种）。

13. 答案：35。

分析：任意两人之间距离都相等，乙丙间距离为 70 或 140。

乙丙距离最快到 70 时，用时 $70\div(110-106)=17.5$（分钟）。

最快到 140 时，用时 $140\div(110-106)=35$（分钟）。

用 17.5 分钟时，甲比乙多走：$(120-110)\times17.5=$

175(舍去)。

用 35 分钟时,甲比乙多走:$(120-110)\times35=350$,$350-210=140$(符合)。

∴最快 35 分钟。

14. 答案:48。

分析:设大长方形长为 a,宽为 b,则

$2a+2b-4=(a-2)\times(b-2)$,

$2a+2b-4=ab-2a-2b+4$,

$4a+4b=ab+8$,

$ab-4a=4b-8$,

$a(b-4)=4(b-2)$,

$\therefore b-4=4\Rightarrow b=8$,

$b-2=a\Rightarrow a=6$,

∴大长方形由 $6\times8=48$(个)小长方形拼成。

15. 答案:11。

分析:要使按三角形数量最少,放进去的等边三角形边长越大越好。

两端各放一个边长为 4 的等边三角形,中间可放 3 个边长为 2 的等边三角形,剩下的只能放边长为 1 的等边三角形。

∴至少有 $2+3+6=11$(个)。

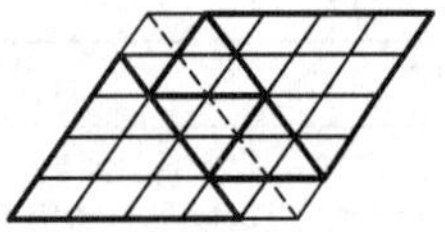

第 15 题图

16. 答案:109736。

分析:为满足要求,奇数编号共放:$43\times3=129$(颗),偶数编号共放 $2+4+6+8+\cdots+86=(2+86)\times43\div2=1892$(颗)。

还剩 $2024-(129+1892)=3$(颗)。

剩下的 3 颗糖分配方案如下:

(1)放进同一个礼盒:86 种;

(2)放进两个礼盒:$86\times86=7310$(种);

(3)放进三个礼盒:$86\times86\times84\div(3\times2\times1)=102340$(种)。

∴一共:$86+7310+102340=109736$(种)。

17. 答案:253。

分析:第①排:12　　第①排:n

②:13　　②:$n+1$

③:14　　③:$n+2$

……　　……

n:$12+(n-1)=n+11$　　12:$12+(n-1)=n+11$

由式可得,第二种排法比第一种少:$6+19=25$(个)观众。

$25=12+13$,

∴第二种排法比第一种少 2 排,$n=14$。

∴观众椅:$(14+25)\times12\div2+11=253$(人)。

18. 答案:96。

分析:$a^2+b^2+c^2+d^2+e^2=2024(0<a<b<c<d<e)$

e 是立方数,e 是奇数,e 是合数,$e^2<2024\Rightarrow e=3^3=27$。

d 是质数,d 是奇数$\Rightarrow d$ 最大是 23,$d=19$ 时,和达不到 2024。

$\therefore d=23,c=21,b=15,a=10$。

∴和:$27+23+21+15+10=96$。

19. 答案:12.5。

分析:平时用时 $6\div12=0.5$(小时),

$(6-1)\div(0.5-1\div10)=12.5$(千米/时)。

20. 答案:40。

分析:设亮亮 10 岁时明明 a 岁,爸爸 $3a$ 岁,明明 20 岁时亮亮 b 岁,爸爸 $3b$ 岁。

明	爸	亮
a	$3a$	10
20	$3b$	b

年龄差不变,$3a-a=3b-20$,$3b-b=3a-10$。

$\therefore a=14,b=16$。

当亮 x 岁时,明:$x+4$ 岁,爸:$x+32$ 岁。

$x+x+4+x+32=60$,$x=8$。

∴今年爸爸:$8+32=40$(岁)。

21. 答案:4。

分析:假设 20 个全是金福袋,$100+5\times20-166=34$。

1 个银福袋多算 $5+1=6$(分,)1 个铜福袋多算:$5+2=7$(分)。

$6\times$银福袋$+7\times$铜福袋$=34$。

∴铜福袋:4 个,银福袋:1 个。

22. 答案:64。

分析:$S_{\triangle AEF}+S_{\triangle BFG}+S_{\triangle GCH}+S_{\triangle EDH}=(120-4\times2)\div2=56$。

$\therefore S_{四边形EFGH}=120-56=64$。

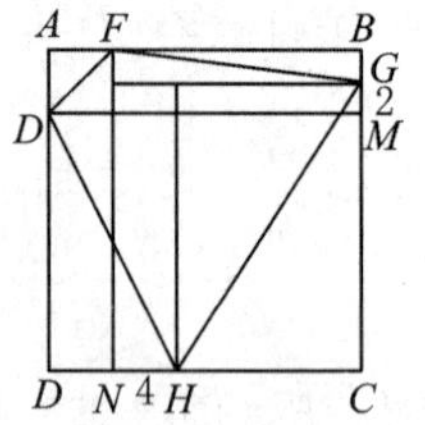

第 22 题图

23. 答案:24。

分析:$8=1\times8=2\times4=2\times2\times2$。

∴这个数是 a^7 或 ab^3 或 abc。

(1)a^7 时:最小 $2^7=128$。

(2)ab^3 时:最小 $3\times2^3=24$。

(3)abc 时:最小 $2\times3\times5=30$。

∴最小自然数是 24。

24. 答案:324。

分析:$\dfrac{S}{64}=\dfrac{100}{S}\Rightarrow S^2=6400=80^2$。

$\therefore S=80$。

$\therefore S_{\text{梯形}ABCD}=64+80+80+100=324$。

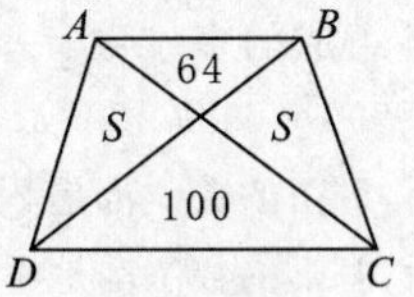

第 24 题图

25. 答案：10。

分析：在 2 颗白珠之间放红珠子，可以放 0 个、1 个、2 个、3 个、4 个、5 个、6 个、7 个、8 个、9 个，共 10 种。

5年级D卷

1. 答案：$202.95\underbrace{3\cdots3}_{97个3}4$。

分析：原式$=2.03+2.03+2.03+2.03+\cdots+2.03-0.03-0.01-0.006-0.0006-\cdots-0.\underbrace{00\cdots0}_{99个0}6$

$=2.03\times100-0.04\underbrace{66\cdots6}_{98个6}$

$=203-0.04\underbrace{66\cdots6}_{98个6}$

$=202.95\underbrace{33\cdots3}_{97个3}4$。

2. 答案：9。

分析：设$\underbrace{20242024\cdots2024}_{n个2024}=A$。由 $72\mid A$知，$8\mid A$且 $9\mid A$。

(1)A 的末三位 024 能被 8 整除，则$8\mid A$恒成立。

(2)A 的数字和为$(2+0+2+4)\times n=8\times n$，$9\mid A\Rightarrow 9\mid 8\times n\Rightarrow 9\mid n$，则非零自然数 n 最小为 9。

3. 答案：505。

分析：$2023!+2024!=2023!+2023!\times2024=2023!\times2025$。

这些乘数中，5 的倍数有：$\left[\frac{2025}{5}\right]=405$(个)，

5 的倍数中，25 的倍数有：$\left[\frac{2025}{25}\right]=81$(个)，

25 的倍数中，125 的倍数有：$\left[\frac{2025}{125}\right]=16$(个)，

125 的倍数中，625 的倍数有：$\left[\frac{2025}{625}\right]=3$(个)。

所以它们的乘积含 $405+81+16+3=505$(个)质因数 5，而质因数 2 的个数不少于 505 个，则乘积含约数 $5^{505}\times2^{505}$，即10^{505}。故乘积的末尾有 505 个连续的 0。

4. 答案：260。

分析：由 2024 分解质因数 $2^3\times11\times23$ 知，2024 折成 4 个不同自然数相乘，有以下 8 种：①$2\times4\times11\times23$；②$1\times8\times11\times23$；③$1\times4\times22\times23$；④$1\times4\times11\times46$；⑤$1\times2\times11\times92$；⑥$1\times2\times23\times44$；⑦$1\times2\times22\times46$；⑧$1\times2\times4\times253$。其中第⑧组，各乘数的和最大：$1+2+4+253=260$。

5. 答案：460。

分析：设这两个自然数分别为 $m\times A$、$m\times B$，且满足$(A,B)=1$，$A>B$。则它们的最大公约数为 m，最小公倍数为 $m\times A\times B$。

由 $m\times A\times B=m\times120$ 知，$A\times B=120=2^3\times3\times5$，则

$A\{120,40,24,15\}$

$B\{1,3,5,8\}$

$A-B\{119,37,19,7\}$

由 $m\times A-m\times B=140$，即 $m\times(A-B)=140$，知$(A-B)\mid140$。

仅当 $A=15$，$B=8$ 时，满足$(A-B)\mid140$，则 $m=20$。

故这两个数的和为 $15\times20+8\times20=300+160=460$。

6. 答案：181。

分析：后面每 8 人为一组，设有 n 组。$\frac{44+7\times n}{45+8\times n}>\frac{9}{10}$，交叉相乘得：$440+70\times n>405+72\times n$，则 $n<17.5$。故 n 最大为 17，毕业生最多有：$45+8\times17=181$(人)。

7. 答案：$\frac{4048}{2025}$。

分析：$a_n=1+2+3+\cdots+n=\frac{n\times(n+1)}{2}$，

故所求式$=\frac{2}{1\times2}+\frac{2}{2\times3}+\cdots+\frac{2}{2023\times2024}+\frac{2}{2024\times2025}$

$=2\times\left[\left(1-\frac{1}{2}\right)+\left(\frac{1}{2}-\frac{1}{3}\right)+\cdots+\left(\frac{1}{2023}-\frac{1}{2024}\right)+\left(\frac{1}{2024}-\frac{1}{2025}\right)\right]$

$=2\times\left(1-\frac{1}{2025}\right)$

$=\frac{4048}{2025}$。

8. 答案：90。

分析：$2023!\div2024^k=m$ 是整数，则$2024^k\mid2023!$。

而 $2024=2^3\times11\times23$，统计 $2023!$ 中质因数 23，11，2 的个数。

(1)$2023!$ 中，质因数 23 有：$\left[\frac{2023}{23}\right]+\left[\frac{2023}{23^2}\right]=87+3=90$(个)。

(2)质因数 11 有：$\left[\frac{2023}{11}\right]+\left[\frac{2023}{11^2}\right]+\left[\frac{2023}{11^3}\right]=183+16+1=200$(个)。

(3)质因数 3 的个数不少于 $90\times3=270$(个)。

故 $2023!$ 中，最多有 90 组 $2^3\times11\times23$ 相乘，即 k 最大为 90。

9. 答案：42。

分析：当两个数除以 10 的余数之和能被 10 整除时，它们的和能被 10 整除。所以先将这些数按除以 10 的余数分类，依次记为[0]，[1]，[2]，…，[9]([x]中 x 表示除以 10 的余数)。

$10\mid$[1]+[9]，则[1]和[9]只能保留其中一类，最多留 10 个；同理，[2]和[8]，[3]和[7]，[4]和[6]，每

组只能保留一类，最多留 10 个。

10｜[0]+[0]，则[0]最多只能留 1 个数；同理，[5]也最多只能留 1 个数，故一共最多保留 $10\times4+1+1=42$(个)数。

10. 答案：11∶12。

分析：如图，将 BA、CD、EF 双向延长，交点记为 P、O、R，易证△PAF、△QBC、△RDE 均为等边三角形。则 $\angle P=\angle Q=\angle R=60^\circ$，△$PQR$ 也为等边三角形。△PQR 的边长为 $3+6+2=11$，则 $ER=DR=11-2-5=4$，$EF=11-3-4=4$。

将六边形 $ABCDEF$ 分割成若干个边长为 1 的小等边三角形，设每个小三角形面积为 1 份。则六边形面积为 $11^2-3^2-2^2-4^2=92$(份)，$S_{阴}=3\times6+2\times5+4\times4=44$(份)，$S_{白}=92-44=48$(份)，故 $S_{阴}:S_{白}=44$ 份∶48 份 $=11:12$。

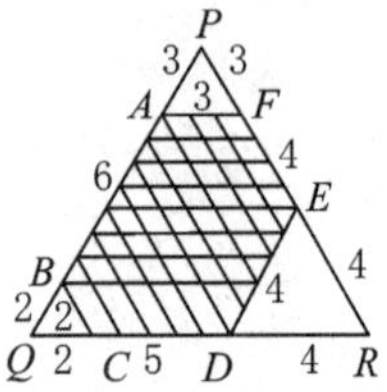

第 10 题图

11. 答案：12。

分析：$\because S_{\triangle EDA}+S_{\triangle EBC}=S_{\triangle EAB}+S_{\triangle ECD}(S_{正ABCD}\div2)$，

又 $S_{\triangle EPA}\times S_{\triangle EBC}\times S_{\triangle EBC}=S_{\triangle EAB}\times S_{\triangle ECD}$，

$\therefore$①$\begin{cases}S_{\triangle EDA}=S_{\triangle EAB},\\S_{\triangle EBC}=S_{\triangle ECD},\end{cases}$或②$\begin{cases}S_{\triangle EDA}=S_{\triangle ECD},\\S_{\triangle EBC}=S_{\triangle EAB}。\end{cases}$

由①得：E 在对角线 AC 上；由②得：E 在对角线 BD 上。则满足条件的点分别有 6 个，一共 $6+6=12$(个)。

12. 答案：4009。

分析：3 个连续自然数的和，等于中间数的 3 倍。要想和能被 3 整除，和至少为 12024，此时中间数为 $12024\div3=4008$，较大数为 $4008+1=4009$。

13. 答案：7080。

分析：$a=0.\dot{1}540510455609506590\dot{0}$ 是一个有 20 位循环节的循环小数。故小数点后 1～2024 位的数字和：

$(1+5+4+0+5+1+0+4+5+5+6+0+9+5+4+6+5+9+0+0)\times101+1+5+4+0$

$=70\times101+10$

$=7080$。

14. 答案：2023。

分析：设 $n+2=A^2$，$n-87=B^2$，则 $A^2-B^2=(n+2)-(n-87)=89$，

即 $(A+B)\times(A-B)=89\times1$，则 $\begin{cases}A+B=89\\A-B=1\end{cases}\Rightarrow\begin{cases}A=45,\\B=44。\end{cases}$

故 $n+2=45^2$，则 $n=2023$。

15. 答案：0。

分析：1～2024 组成的多位数有 $1\times9+2\times90+3\times900+4\times(2024-999)=6989$(位)数。

第 1 次操作后，剩下的数位都是 2 的倍数；

第 2 次操作后，剩下的数位都是 4 的倍数；

第 3 次操作后，剩下的数位都是 8 的倍数；

……

第 12 次操作后，剩下的数位都是 $2^{12}=4096$ 的倍数，只有 1 个数字。

故此题求的是第 4096 位数字。

$4096-(1\times9+2\times90+3\times900)=1207$，$1207\div4=301$……3。

第 4096 为数字是第 302 个四位数的第 3 个数字。

第 302 个四位数为 $999+302=1301$，第 3 个数字为 0。

16. 答案：61。

分析：设中间两个分数分别为 $\frac{b}{a}$，$\frac{b+1}{a}$，则 $\frac{7}{11}<\frac{b}{a}<\frac{b+1}{a}<\frac{2}{3}$。

由 $\frac{7}{11}<\frac{b}{a}$ 知，$\frac{7\times a}{11}<b$，则 $\frac{7\times a+1}{11}\leqslant b$；

由 $\frac{b+1}{a}<\frac{2}{3}$ 知，$b+1<\frac{2\times a}{3}$，则 $b+1\leqslant\frac{2\times a-1}{3}$。

$\therefore\frac{7\times a+1}{11}+1\leqslant b+1\leqslant\frac{2\times a-1}{3}$。

$\therefore3\times(7\times a+1+11)\leqslant11\times(2\times a-1)$，$21\times a+36\leqslant22\times a-11$，则 $a\geqslant47$。

故 a 最小为 47，$\frac{7\times47+1}{11}\leqslant b\leqslant\frac{2\times47-1}{3}-1$，即 $30\leqslant b\leqslant30$，则 $b=30$。

两个分数的分子和为 $30+31=61$。

17. 答案：2。

分析：首先，由平方差公式变形可得，

$(2024^2-2023^2)+(2022^2-2021^2)+\cdots+(4^2-3^2)+(2^2-1^2)=(2024+2023)\times1+(2022+2021)\times1+\cdots+(4+3)\times1+(2+1)\times1=2024+2023+2022+2021+\cdots+4+3+2+1$，

想到 $(2024^2-2023^2)-(2022^2-2021^2)-(2020^2-2019^2)+(2018^2-2017^2)=(2024+2023)-(2022+2021)-(2020+2019)+(2018+2017)=0$，

即每 8 个平方数为一组，它们的和差运算结果可以为 0。

而 $2024\div8=253$，恰好可分为 253 组。

但题目与原来相差该数的 2 倍，则结果仍为偶数。

故结果最小为 2，只需将最后一组 8 个平方数中，“-1^2”改为“$+1^2$”即可实现。

18. 答案：50。

分析：设每头牛每天吃 1 份草。则 100 头牛 100 天吃了 10000 份草，120 头牛 80 天吃了 9600 份草，多吃的

10000－9600＝400(份)草,是因为草地多生长了 100－80＝20(天),则草地每天生长 400÷20＝20(份)草,恰好可供 20 头牛每天来吃。

故原有草量:(100－20)×100＝8000(份),若有 180 头牛来吃,可供给 8000÷(180－20)＝50(天)。

19. 答案:5∶2∶3。

分析:①$DH\parallel BG$,则$\frac{HF}{GF}=\frac{DF}{BF}=\frac{3}{2+1}$。

∴$HF=GF$。连接 DG,则 $S_{\triangle FDH}=S_{\triangle FDG}$。

②$S_{\triangle FDG}:S_{\triangle FOG}=FD:OF=3:2$。

设 $S_{\triangle FOG}=2$ 份,则 $S_{\triangle FDH}=S_{\triangle FDG}=3$ 份。

③由蝶形定理有:$S_{\triangle AOB}=S_{\triangle DOG}=3$ 份$+2$ 份$=5$ 份。

故 $S_{\triangle AOB}:S_{\triangle FOG}:S_{\triangle FDH}=5:2:3$。

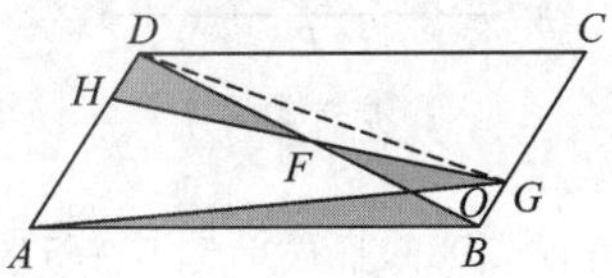

第 19 题图

20. 答案:168。

分析:$n=\left[\frac{n}{2}\right]+\left[\frac{n}{4}\right]+\left[\frac{n}{6}\right]+\left[\frac{n}{12}\right]\leqslant\frac{n}{2}+\frac{n}{4}+\frac{n}{6}+\frac{n}{12}=n$,

仅当$\left[\frac{n}{2}\right]=\frac{n}{2}$且$\left[\frac{n}{4}\right]=\frac{n}{4}$且$\left[\frac{n}{6}\right]=\frac{n}{6}$且$\left[\frac{n}{12}=\frac{n}{12}\right]$时,取等号。

由不等号两边相等可知:$\frac{n}{2},\frac{n}{4},\frac{n}{6},\frac{n}{12}$均为整数,则 $2|n,4|n,6|n,12|n$均满足。

即 $12|n$。2024÷12＝168……8,可知小于 2024 的非零自然数中有 168 个 12 的倍数,即 n 有 168 个。

21. 答案:48。

分析:(1)∵$5!\ |[M,5!]$,而$[M,5!]=7\times(M,10!)$。

∴ $5!\ |7\times(M,10!)\to5!\ |(M,10!)\to5!\ M$,则$[M,5!]=M$。

(2)∵$M=7\times(M,10!)\to7|M$,则$(M,10!)$恰好有 1 个质因数。

∴M 恰好有 2 个质因数 7。

(3)∵$M=7\times(M,10!)$,则$(M,10!)=\frac{M}{7}\to M|7\times10!$。

故 $7^2\times5!\ |M$ 且 $M|7\times10!$。

而 $7\times10!=(7^2\times5!)\times6\times8\times9\times10=(7^2\times5!)\times2^5\times3^3\times5$。

M 的种类有(5＋1)×(3＋1)×(1＋1)＝48(种)。

22. 答案:2∶5。

分析:连接 CE,设 $S_{\triangle BEQ}=1$ 份,则 $S_{\triangle BEC}=3$ 份。

$S_{\triangle BEC}:S_{\triangle BEA}=CR:AR=1:2$,则 $S_{\triangle BEA}=6$ 份。

$S_{\triangle BEA}:S_{\triangle CEA}=BQ:CQ=1:2$,则 $S_{\triangle CEA}=12$ 份,$S_{\triangle ABC}=3+6+12=21$(份)。

可得$\frac{S_{\triangle AHP}}{S_{\triangle BAC}}=\frac{1}{21},\frac{S_{\triangle BAE}}{S_{\triangle BAC}}=\frac{6}{21}=\frac{2}{7}$。

同理,$\frac{S_{\triangle AHP}}{S_{\triangle ABC}}=\frac{S_{\triangle CFR}}{S_{\triangle CBA}}=\frac{1}{21}$,$S_{四边形BEHP}=S_{\triangle BEA}-S_{\triangle AHP}=\left(\frac{2}{7}-\frac{1}{21}\right)\times S_{\triangle ABC}=\frac{5}{21}\times S_{\triangle ABC}$。

同理,$S_{四边形CFEQ}=S_{四边形AHFR}=\frac{5}{21}\times S_{\triangle ABC}$。

故 $S_白=\left(\frac{5}{21}\times S_{\triangle ABC}\right)\times3=\frac{5}{7}\times S_{\triangle ABC}$,$S_阴=\left(1-\frac{5}{7}\right)\times S_{\triangle ABC}=\frac{2}{7}\times S_{\triangle ABC}$,则 $S_白:S_阴=5:2$。

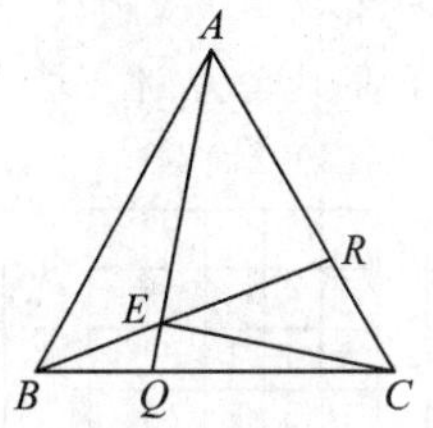

第 22 题图

23. 答案:3750。

分析:第 1 次可看作兔子追及队首的问题,时间相同,路程与速度成正比例,设队伍长为 $x_队$ 米,则$(x_队+450):450=v_兔:v_队$。

第 2 次可看作兔子与队尾相遇的问题,则 $1500:(x_队-1500)=v_兔:v_队$,于是有:$(x_队+450):450=1500:(x_队-1500)$,解得:$x_队=1800$。

故 2 次加起来兔子跑了:(1800＋450)＋1500＝3750(米)。

24. 答案:乙。

分析:先考核效率,各队独做是否能在 10 天内完工。

$$\begin{cases}甲_效+乙_效=\frac{2}{7},①\\ 乙_效+丙_效=\frac{4}{21},②\\ 甲_效+丙_效=\frac{5}{21}。③\end{cases}$$

(①＋②＋③)÷2 可得,$甲_效+乙_效+丙_效=\frac{5}{14}$ ④

∴④－②可得,甲$_效$为$\frac{5}{14}-\frac{4}{21}=\frac{1}{6}$,独做需 6 天;

④－③可得,乙$_效$为$\frac{5}{14}-\frac{5}{21}=\frac{5}{42}$,独做需 8.4 天;

④－①可得,丙$_效$为$\frac{5}{14}-\frac{2}{7}=\frac{1}{14}$,独做需 14 天,不合格。

故甲、乙独做能按时完工。再比较他们的承包费用。

$$\begin{cases}甲+乙=21000\div\frac{7}{2},\\ 乙+丙=15750\div\frac{21}{4},\\ 甲+丙=18900\div\frac{21}{5},\end{cases}即\begin{cases}甲+乙=6000,&⑤\\ 乙+丙=3000,&⑥\\ 甲+丙=4500。&⑦\end{cases}$$

(⑤＋⑥＋⑦)÷2 可得,甲＋乙＋丙＝6750, ⑧

⑧－⑥可得，甲每天费用：6750－3000＝3750(元)；

甲承包费用：3750×6＝22500(元)。

⑧－⑦可得，乙每天费用：6750－4500＝2250(元)；

乙承包费用：2250×8.4＝18900(元)。

22500>18900，则乙承包费用较少。

25. 答案：24。

分析：首先，由 100 和 25 都含两个质因数 5，可知，第 1、2 行的 5 分别在第 4、5 列，第 3、4 行的 5 分别在第 1、2 列，第 4、5 行的 5 分别在第 2、3 列，以及 120 的四周有 5，可先填入 5，如图(1)。

从 50 四周开始，依次填入其他数。

图(2)中存在矛盾，应舍去；唯一填法，如图(3)所示。

“?”处应填 1×3×4×2＝24。

(1)

				5
			5	
5				
	5			
		5		

⇒

(2)

				5
	3	4	5	
5	4	1		
1	5	2		
	1	5		

或

(3)

1	3	2	4	5
2	4	3	5	1
5	1	4	2	3
4	5	1	3	2
3	2	5	1	4

第 25 题图

6年级A卷

1. 答案：B。

分析：设去掉的数为 $n!$，则

$\dfrac{1!\times2!\times3!\times\cdots\times19!\times20!}{1\times2\times3\times4\times\cdots\times n}$为完全平方数，又 $1!\times2!\times3!\times\cdots\times20!$ 中含质因数 19、17、13、11、7、5 的个数分别为 2 个、4 个、8 个、10 个、14＋7＝21(个)、16＋11＋6＋1＝34(个)，则 $n!$ 中有奇数个 7，偶数个 19、17、13、11(可以有 0 个)，偶数个 5，$\therefore n!=10!$。

2. 答案：12。

分析：$1\div\left(\dfrac{1}{4}-\dfrac{1}{6}\right)=1\div\dfrac{1}{12}=12$(分)。

3. 答案：D。

分析：所有结果有：$\dfrac{100\times99}{2}=50\times99$(种)，2 条都不是孔雀鱼的结果有：$\dfrac{90\times89}{2}=45\times89$(种)，$P$(2 条鱼都不是孔雀鱼)$=\dfrac{45\times89}{50\times99}=\dfrac{89}{110}$。

4. 答案：6。

分析：住宿时长：2≤乙<甲＝丙<丁(丁至少 4 天)，四人共住 20 天，最多 8 天最少 2 天，所以甲、丙各住 5 天，丁比乙早来后走，所以丁 2 日来，7 日走；丙 4 日来，8 日走；甲 1 日来，5 日走；乙 3 日来，6 日走。

5. 答案：80。

分析：分别延长 EH，EN 交 AD 所在直线于 P，Q，则 $PA=BE$，$DQ=CE$，$\dfrac{GM}{MB}=\dfrac{PG}{BE}=\dfrac{7}{3}$，

$\dfrac{GN}{CN}=\dfrac{GQ}{CE}=\dfrac{5}{3}$，则$\dfrac{S_1}{S_{\triangle BCG}}=\dfrac{GM\times GN}{GB\times GC}=\dfrac{7\times5}{10\times8}=\dfrac{7}{16}$(共角定理)，

$\dfrac{S_2}{S_{\triangle BCG}}=\dfrac{BM\times BE}{BG\times BC}=\dfrac{3\times3}{10\times6}=\dfrac{3}{20}$，$\dfrac{S_3}{S_{\triangle BCG}}=\dfrac{CE\times CN}{CB\times CG}=\dfrac{3\times3}{6\times8}=\dfrac{3}{16}$，

$\therefore S_{\triangle EMN}=S_{\triangle BCG}-(S_1+S_2+S_3)=S_{\triangle BCG}-\left(\dfrac{7}{16}+\dfrac{3}{20}+\dfrac{3}{16}\right)\times S_{\triangle BCG}=\dfrac{9}{40}S_{\triangle BCG}$。

$\therefore S_{\triangle BCG}=9\div\dfrac{9}{40}=40$，$\therefore S_{ABCD}=2S_{\triangle BCG}=80$。

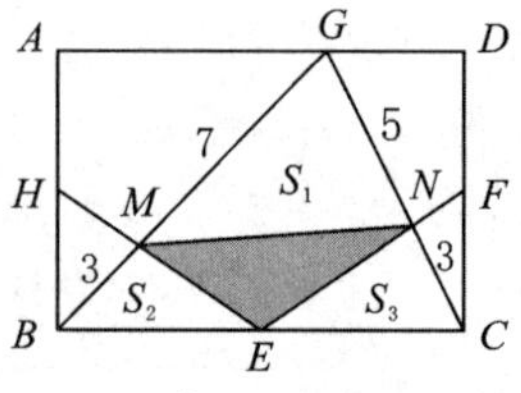

第 5 题图

6. 答案：975。

分析：汉寿侯≤985，且侯＝5，15＝5×3，3∣985，3∣975，∴15∣975，

975÷15＝65＝1×6＋2×8＋43，满足题意。

7. 答案：669。

分析：总共有 $1+2^2+3^2+4^2+\cdots+9^2+10^2+9^2+\cdots+1^2=670$(张)，其中 0000 不满足，应去掉，则共 670－1＝669(张)。

8. 答案：3。

分析：设 $N=\underbrace{77\cdots7}_{n}=\underbrace{777\cdots7}_{9m+3}(m=0,1,2,\cdots)$，则 N 的数字和为 $7\times(9m+3)=63m+21=63m+9\times2+3$，$\therefore N$ 被 9 除余 3。

9. 答案：40319。

分析：在新的进制中，从右向左数，第一位可填数字 0，1，第二位可填数字 0，1，2，第三位可填数字 0，1，2，3，…，第七位可填数字 0，1，2，3，4，5，6，7。则这种进制下，最大的七位数为 7654321，其对应的十进制数为：

$7\times7!+6\times6!+5\times5!+4\times4!+3\times3!+2\times2!+1\times1!=40319$。

(提示：可举例将新进制下的较小的数转化为十进制来找出规律，如：$21\xrightarrow{\text{十进制}}2\times2+1=5$，$321\xrightarrow{\text{十进制}}3\times6+2\times2+1=23$)

10. 答案：60。

分析：甲：$120\div180=\dfrac{2}{3}$(分钟)，乙：120÷120＝1(分钟)，4 分钟时甲回到 A(6 个 AC)，乙回到 B(2 个 BD)，可视为一个周期，甲从 $A\to C$ 时，乙走了 $120\times\dfrac{2}{3}=80$(米)，则甲、乙相遇 1 次；乙走到 D 时，甲走了 180 米，也到 D，这是第 2 次相遇；甲 $A\to C\to A\to C$ 时，乙 $B\to D\to B$，甲继续 $C\to A\to D$ 时，乙 $B\to D$，这是第 3 次相遇；甲继续 $D\to C\to A$ 途中与乙从 $D\to B$ 会进行第 4 次相遇。4 分钟时甲、乙同时回到出发点，共有 4 次相遇，1 小时内，共有 60÷4×4＝60(次)相遇。

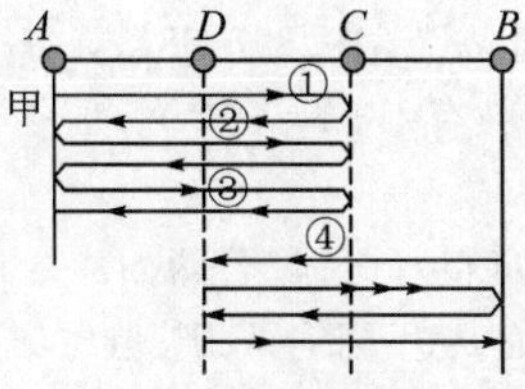

第 10 题图

11. 答案：96。

分析：原式$=\left(\frac{17}{20}-\frac{15}{28}-\frac{11}{35}+\frac{25}{33}-\frac{49}{69}\right)\times 2^3\times 11\times 23$

$=\left(\frac{119-75-44}{140}+\frac{25\times 23-49\times 11}{3\times 11\times 23}\right)\times 2^3\times 11\times 23$

$=\frac{575-539}{3\times 11\times 23}\times 2^3\times 11\times 23=12\times 8=96$。

12. 答案：288。

分析：四位数的 4 位必为 1，则 $a+b+c+d+e+f+g+h=1+2+3+\cdots+9-1=44$。

(1)$\begin{cases}i+b+e+h=13,\\a+d+g=11,\\c+f=9,\end{cases}$ 则 $i+a+b+\cdots+h=33<44$，不满足。

(2)$\begin{cases}i+b+e+h=13,\\a+d+g=21,\\c+f=8,\end{cases}$ 则 $i+a+b+\cdots+h=34<44$，不满足。

(3)$\begin{cases}i+b+e+h=23,\\a+d+g=10,\\c+f=9,\end{cases}$ 则 $i+a+b+\cdots+h=42$，不满足。

(4)$\begin{cases}i+b+e+h=23,\\a+d+g=20,\\c+f=8,\end{cases}$ 则 $i+a+b+\cdots+h=51$，$\therefore i=51-44=7$，$b+e+h=23-7=16$，

$a+d+g=20$，$c+f=8$。

$\because a,b,c,d,e,f,g,h$ 在 2～9 中取，且互不相同。

$\therefore c+f=8=2+6=3+5$，$c+f=8=2+6$ 时，有：

$a+d+g$	20	3+8+9	4+9+7	5+8+7
$b+e+h$	16	4+5+7	3+5+8	3+4+9

有 $2\times 6\times 6\times 3=216$(种)填法。

$c+f=8=3+5$ 时，$a+d+g=20=4+9+7$，$b+e+h=16=2+6+8$，有 $2\times 6\times 6=72$(种)填法。

共计 $216+72=288$(种)填法。

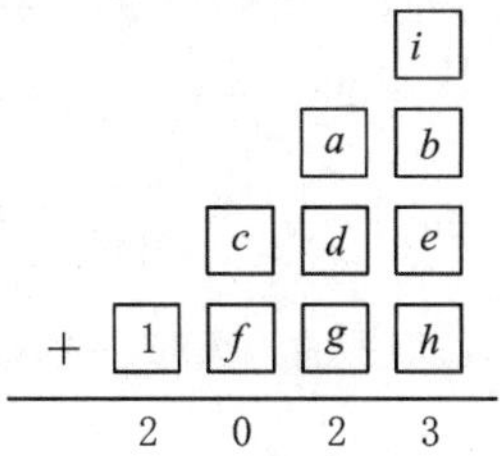

第 12 题图

13. 答案：64。

分析：$\frac{分子}{分母}$最大时可取分母$=12$，商为循环节一位的循环小数，则分子需满足 $3|$分子，$4|$分子，又分子$\leqslant 87$，可枚举，如($\frac{84}{12}$，$\frac{80}{12}$都不满足)，$\frac{76}{12}=6\frac{1}{3}=6.\dot{3}$，有重复“6”，不满足。$\frac{72}{12}=6$ 不满足。$\frac{68}{12}=5.\dot{6}$ 不满足。$\frac{64}{12}=5.\dot{3}$ 满足。

14. 答案：994。

分析：$\frac{CD}{BE}=\frac{CF}{EF}=\frac{1}{2}$，则 $CF=\frac{1}{3}CE$，则 $\frac{AD}{FG}=\frac{AD}{\frac{1}{3}CE+CE}=\frac{3}{4}=\frac{DH}{FH}$，

$\therefore S_{\triangle AFH}=\frac{4}{7}S_{\triangle ADF}=\frac{4}{7}\times\frac{1}{2}\times 14\times 14=56$，$\frac{AD}{CG}=\frac{DI}{CI}=\frac{1}{1}$，则 $CI=\frac{1}{2}CD=7$，

又 $S_{\triangle BCD}=\frac{1}{2}\times 14\times 14=98$，$S_{梯形CIJK}=\frac{1}{2}\times(7+42)\times 14=343$，

$\therefore S_{阴}=(56+98+343)\times 2=497\times 2=994$。

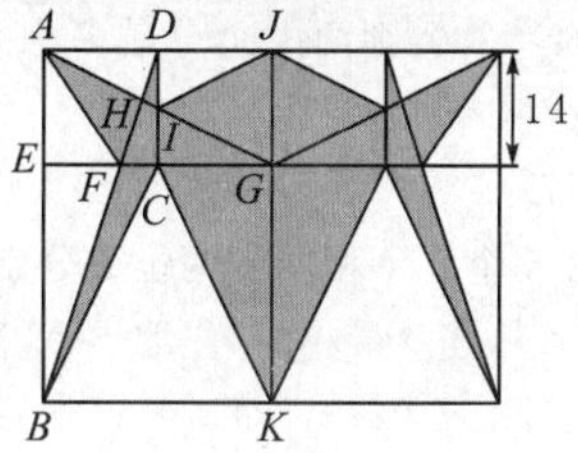

第 14 题图

15. 答案：6。

分析：设 A、B、C 三个区域分数分别为 a 分、b 分、c 分，且 $a>b>c$，则 $3a+2b+c=41$(分)，$2a+b+3c=30$(分)，

$\therefore 9a+6b-(2a+b)=93$(分)，$7a+5b=93$(分)，

$\therefore b<a<14$。

又 $3b+9c-(4b+2c)=90-41\times 2=8$(分)，$7c-b=8$(分)，即 $7c=b+8$，$\therefore 7|b+8$。又 $b<a<14$，$\therefore b=6$，$\therefore c=2$，$a=9$。

16. 答案：E。

分析：分别计算 S_n 的值可得：$S_{20}=210$，$S_{21}=231$，$S_{22}=253$，$S_{23}=276$，$S_{24}=300$，$S_{25}=325$，$S_{26}=351$，$S_{27}=378$，

$210+231+253+276+300+325+351+378-2024=300=S_{24}$。

17. 答案：18。

分析：设金丝猴有 $5a$ 只，猕猴有 $11b$ 只(a、b 都是正整数)，则 $5a+11b=1000$，$\therefore 5|b$，又 $b<\frac{1000}{11}=90\frac{10}{11}$，

$\therefore b=90,85,80,\cdots,5$，共有 18 种取值，$\therefore$两种猴的数量有 18 种可能情况。

18. 答案：C。

分析：设减去的小正方形边长为 a，则 $V_{铁盒}=(2024-2a)^2\times a$，依次比较，知容积最大的为 C。

19. 答案：$\frac{7}{8}$。

分析：接下来第一局熊大胜有$\frac{1}{2}$概率，第一局熊大败，第二局熊大胜有$\frac{1}{2}\times\frac{1}{2}=\frac{1}{4}$概率，前两局都败，此时 10：10，熊大有$\frac{1}{2}\times\frac{1}{2}\times\frac{1}{2}=\frac{1}{8}$概率胜，所以熊大获胜的概率为$\frac{1}{2}+\frac{1}{4}+\frac{1}{8}=\frac{7}{8}$。

20. 答案：27。

分析：两蚂蚁合作效率为$\frac{1}{55}+\frac{1}{66}=\frac{1}{30}$，红蚂蚁因为劳累，效率变为$\frac{1}{55}\times\frac{11}{12}=\frac{1}{60}$，平均效率为$\frac{1}{33}$，利用混合比思想得$\left(\frac{1}{30}-\frac{1}{33}\right):\left(\frac{1}{33}-\frac{1}{60}\right)=2:9$。则合作时间为：$33\times\frac{9}{2+9}=33\times\frac{9}{11}=27$(天)。

21. 答案：14。

分析：$\frac{4}{7}\times$哈$=\frac{3}{5}$罗，则哈：罗$=\frac{3}{5}:\frac{4}{7}=21:20$，又 $21\times14=294<300$，则两人总分最多相差$(21-20)\times14=14$(分)。

22. 答案：17。

分析：设这 5 个互不相同的两位数分别为 a,b,c,d,e 且 $a<b<c<d<e$，当 e 最小时，先取 $a=10,b=11,c=12$(尽可能小)，则 $a+d\neq b+c$ 即 $d\neq11+12-10$，$e\neq13$，$\therefore d\geqslant14$，$d=14$ 时，$a+e\neq c+d$ 即 $e\neq12+14-10$，$e\neq16$，$\therefore e\geqslant17$。

23. 答案：C。

分析：$S_{大正}:S_{圆}=(2R)^2:\pi R^2=4:\pi=36:9\pi$，$S_{大正}:S_{小正}=3^2:1^2=9:1=36:4$，

$\therefore S_{圆}:S_{小正}=9\pi:4=18\pi:8$，$\therefore S_{阴}=18\pi-8=18\times3.14-8=56.52-8=48.52$。

24. 答案：4。

分析：由 $5|\overline{abd}$得 $d=0$ 或 $d=5$。

(1)$d=0$ 时 $7|\overline{ac0}$，$13|\overline{bc0}$，则 $7|\overline{ac}$，$13|\overline{bc}$，枚举两位数中 7 和 13 的倍数，满足个位相同条件，如下表：

$\overline{ac}$	21	28	42	49	56	63
$\overline{bc}$	91	78	52	39	26	13
$\overline{abc}$	291	278	452	439	526	613

又$\overline{abc}$的数字和为 3 的倍数，则$\overline{abc}=291$，

$\therefore\overline{abcd}=2910$。

(2)$d=5$ 时，$7|\overline{ac5}$，$13|\overline{bc5}$，则$\overline{ac5}=105$、175、245、315、…、945，

$\overline{bc5}=195,325,455,585,715,845,975$。

$\overline{acd}$	175	245	315	385	525	595	875	945
$\overline{bcd}$	975	845	715	585	325	195	975	845
$\overline{abc}$	197	284	371	358	532	519	897	984

又 $3|\overline{abc}$，则$\overline{abc}=519$、897、984，$\therefore\overline{abcd}=5195,8975,9745$，综上所述，共有 $1+3=4$(个)。

25. 答案：3。

分析：可固定正八面体，若两面涂绿色，共顶点，有 2 种涂法，即两绿面共边(如$\triangle ABP$、$\triangle BCP$ 都涂绿)。或两绿面只共顶点但不共边(如$\triangle ABP$ 和$\triangle CDP$ 都涂绿)，若两面涂绿色但不共顶点，有 1 种涂法(如$\triangle ABP$ 和$\triangle CDQ$ 都涂绿)。

$\therefore$总共有 $2+1=3$(种)。

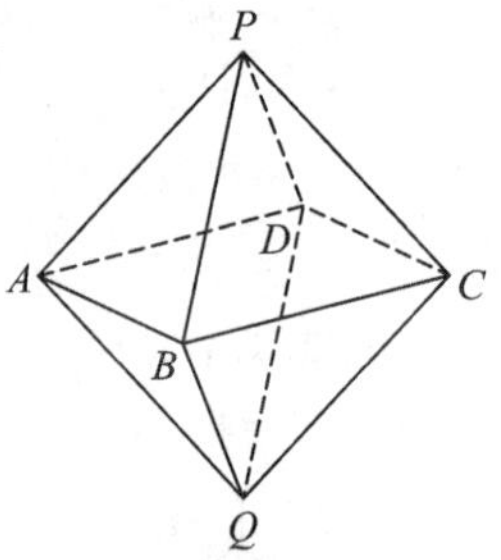

第 25 题图

6年级D卷

1. 答案：$\frac{19}{47}$。

分析：$4559-1843\times2=873$，$1843-873\times2=97$，$[1843,4559]=97$，$\frac{1843}{4559}=\frac{19}{47}$。

2. 答案：1。

分析：$2^{2k}=4^k$，$4\div3$ 余 1，则 $4^k\div3$ 余 1，$1+3+5+\cdots+2021=1011^2$，1011 能被 3 整除，则1011^2 能被 3 整除，原式除以 3 余 1。

3. 答案：42。

分析：将 1～101 分组。

(1)1、6、11、…、96、101 有 21 个。

(2)2、7、12、…、97 有 20 个。

(3)3、8、13、…、98 有 20 个。

(4)4、9、14、…、99 有 20 个。

(5)5、10、15、…、100 有 20 个。

要使保留的任意两数之和都不能被 5 整除，则(1)(4)两组不能同时出现，(2)(5)两组不能同时出现，(5)组至多出现 1 个数。

至多保留 $21+20+1=42$(个)数。

4. 答案：95。

分析：$\frac{1}{2004}>\frac{1}{2005}>\frac{1}{2006}>\cdots>\frac{1}{2024}$，分母$<\frac{1}{2004}\times21$，则原式$>\frac{2004}{21}>95$，$\frac{1}{2004}+\frac{1}{2024}>\frac{2}{2014}$，$\frac{1}{2005}+\frac{1}{2023}>\frac{2}{2014}$，…，$\frac{1}{2013}+\frac{1}{2015}>\frac{2}{2014}$，分母$>\frac{1}{2014}\times21$，则原式$<\frac{2014}{21}<96$，故原式的整数部分是 95。

5. 答案：2.4。

分析：最后甲含纯水 $12\times\frac{1}{5+1}=2$(kg)，乙含纯水 12－

$2=10$(kg),乙中纯酒精：水$=(12-2):10=1:5$,第一次甲杯取出纯酒精为$2\div5\times(1+5)=2.4$(kg)。

6. 答案:10。

分析:要使和等于1,则分子之和等于10,而$2+3+4+5+6+7+8+9=44$,所以添“-”号的分数分子之和等于$(44-10)\div2=11$,

$17=9+8=9+6+2=9+5+3=8+7+2=8+6+3=8+5+4=7+6+4=6+5+4+2=7+5+3+2=8+4+3+2$。

共有10种不同的添加方法。

7. 答案:1620。

分析:连结DG,$\frac{S_{\triangle ABD}}{S_{\triangle ACD}}=\frac{BF}{FC}=\frac{2}{2+1}=\frac{2}{3}$,$S_{\triangle ACD}=324\times\frac{3}{2}=486$,

$S_{\triangle ADE}=S_{\triangle ACD}-S_{\triangle ACE}=486-243=243$,$\frac{DE}{EC}=\frac{S_{\triangle ADE}}{S_{\triangle ACE}}=\frac{243}{243}=\frac{1}{1}=\frac{S_{\triangle ADG}}{S_{\triangle ACG}}$,$\frac{S_{\triangle ADG}}{S_{\triangle ABD}}=\frac{BF}{FG}=\frac{2}{2}=\frac{1}{1}$,$S_{\triangle ACG}=S_{\triangle ADG}=S_{\triangle ABD}=324$,$\frac{S_{\triangle ABC}}{S_{\triangle ACG}}=\frac{2+2+1}{1}=\frac{5}{1}$,$S_{\triangle ABC}=5S_{\triangle ACG}=5\times324=1620$。

8. 答案:550。

分析:$400\times48\%=192$,设第二天小华班新增x票,$\frac{192+x}{400+x}\geqslant62\%$,$x\geqslant147\frac{7}{19}$,当$x=148$时,总人数$=(192+148)\div62\%=548\frac{12}{31}$(舍),当$x=149$时,总人数$=(192+149)\div62\%=550$。

9. 答案:4。

分析:2023年5月4日、8月24日、9月14日、12月14日,共有4个巧合日。

10. 答案:2∶5。

分析:连结ED、GD,$\frac{S_{\triangle AEB}}{S_{\triangle ABC}}=\frac{AE}{AC}=\frac{2}{2+3}=\frac{2}{5}$,$\frac{S_{\triangle ADB}}{S_{\triangle ABC}}=\frac{BD}{BC}=\frac{2}{2+3}=\frac{2}{5}$,$S_{\triangle AEB}=S_{\triangle ADB}$,则$ED\parallel AB$,$\frac{ED}{AB}=\frac{CD}{CB}=\frac{3}{2+3}=\frac{3}{5}=\frac{FG}{AB}$,$ED=FG$,则四边形$EDGF$是平行四边形,

$S_{\triangle ODG}=S_{\triangle OFG}$,$S_{\triangle BGD}=S_{\triangle BGE}$,则$S_{阴}=S_{\triangle AEB}$,$\frac{S_{阴}}{S_{\triangle ABC}}=\frac{S_{\triangle AEB}}{S_{\triangle ABC}}=\frac{2}{5}$,比为2∶5。

11. 答案:2457。

分析:$16=2\times8=4\times4=2\times2\times4=2\times2\times2\times2$,这个自然数分解质因数形如$p^{15}$、$p\times q^7$、$p^3\times q^3$、$p\times q\times r^3$、$p\times q\times r\times s$,要使个位为7:①$p^{15}$,最小为$3^{15}$;②$p\times q^7$最小为$3^7\times11=24057$;③$p\times q\times r^3$最小为$3^3\times7\times13=2457$;④$p\times q\times r\times s$最小为$3\times7\times11\times17=3927$。故这个数最小是2457。

12. 答案:13。

分析:$V_{圆柱}=\pi\times30^2\times28=25200\pi$(立方厘米),$V_{纸杯}=25200\pi\div36=700\pi$(立方厘米),分别延长$AB$、$DC$交于点$O$,则$\frac{OB}{OA}=\frac{BC}{AD}=\frac{5}{10}=\frac{1}{2}$,$OB=\frac{1}{2}OA=AB$,$V_{纸杯}=\frac{1}{3}\pi\times10^2\times OA-\frac{1}{3}\pi\times5^2\times OB=\frac{175}{3}\pi\times AB$,$AB=700\pi\div\frac{175}{3}\pi=12$厘米,作$CE\perp AD$于$E$,则$EC=AB=12$厘米。$AE=BC=5$厘米,$ED=AD-AE=10-5=5$厘米,$CD^2=ED^2+EC^2=5^2+12^2=13^2$,$CD=13$厘米。

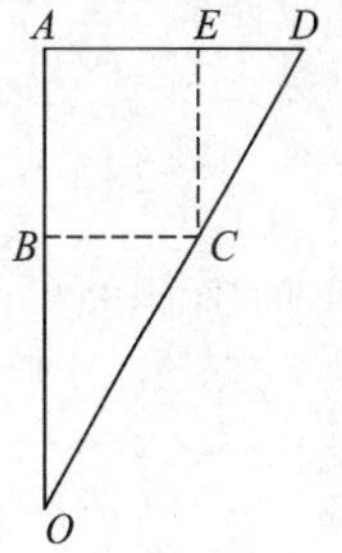

第12题图

13. 答案:225。

分析:(1)如图(1)。

共覆盖$1+3+5+\cdots+19+21+19+\cdots+5+3+1=20\times10+21=221$(个)格点。

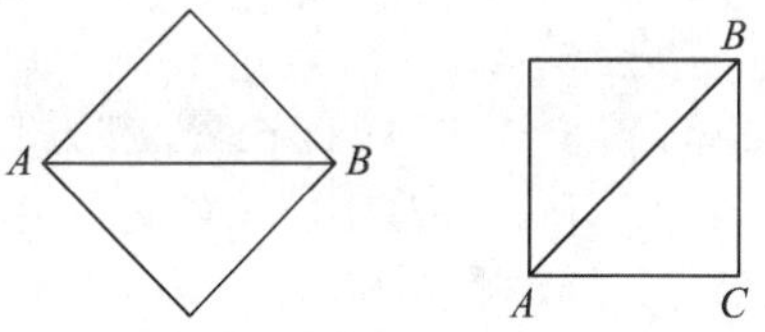

(1)　　(2)

(2)如图(2)。

$AC^2=AB^2\div2=200$,则$14<AC<15$,共覆盖$15^2=225$(个)格点。

故该纸板最多覆盖225个格点。

14. 答案:77。

分析:

次数	拿走	余下	原编号
①	偶	奇	记作$2n-1$ $(n=1,2,\cdots,50)$
②	n为偶	n为奇	$2\cdot(2n_1-1)-1=4n_1-3$ $(n_1=1,2,\cdots,25)$
③	n_1为奇	n_1为偶	$4\cdot(2n_2)-3=8n_2-3$ $(n_2=1,2,\cdots,12)$
④	n_2为奇	n_2为偶	$8\cdot(2n_3)-3=16n_3-3$ $(n_3=1,2,\cdots,6)$
⑤	n_3为偶	n_3为奇	$16\cdot(2n_4-1)-3=32n_4-19$ (即13、45、77)
⑥	偶(45)	13、77	
⑦	奇(13)	77	

最后一枚棋子最初编号为 77。

15. 答案:4。

分析:设队伍长 x 千米,当通讯员追上排头时,通讯员行 $(x+AC)$ 千米,队伍行 AC 千米,通讯员和队伍的速度比等于路程比,即 $(x+AC):AC$。当通讯员回到排尾时,队伍前进总长恰是队伍长,则此时队尾在 A 点,通讯员从 C 到 A 共行 AC 千米,队伍行 $(x-AC)$ 千米,两者速度比等于路程比,即 $AC:(x-AC)$,则 $(x+AC):AC=AC:(x-AC)$,$(x+AC)\cdot(x-AC)=AC^2$,$x^2-AC^2=AC^2$,$x^2=2AC^2=2(AB^2+BC^2)=2(2^2+2^2)=4^2$,故 $x=4$,即队伍长 4 千米。

16. 答案:4060。

分析:如图,圆扫过的面积由 4 个长方形和 4 个扇形组成,长方形的宽为圆的直径,4 个扇形构成 1 个整圆,则面积为 $2024\times(1\times2)+\pi\times(1\times2)^2=4048+12=4060$(平方厘米)。

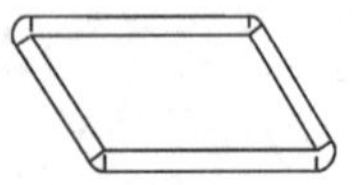

第 16 题图

17. 答案:48。

分析:$5!=2^3\times3\times5$,$10!=2^8\times3^4\times5^2\times7$,则 $[M,5!]$ 中至少含 3 个 2,1 个 3,1 个 5。$(M,10!)$ 中至多含 8 个 2,4 个 3,2 个 5,1 个 7。因为 $[M,5!]:(M,10!)=3:1$,所以 $[M,5!]$ 与 $(M,10!)$ 中质因数 2、5、7 的个数相同,$[M,5!]$ 中质因数 3 多 1 个。故 M 不含除 2、3、5、7 以外的质因数,其中质因数 2 可含 3、4、5、6、7 或 8 个。质因数 5 可含 1 或 2 个,质因数 7 可含 0 或 1 个,质因数 3 可含 0 或 5 个,故 M 有 $6\times2\times2\times2=48$(种)可能。

18. 答案:5。

分析:$15=1+2+3+4+5$,$n=5$。

19. 答案:648。

分析:$(\overline{db}+\overline{dc})-(\overline{ab}+\overline{ac})=(\overline{db}-\overline{ab})+(\overline{dc}-\overline{ac})=10(d-a)+10(d-a)=20(d-a)$,$d-a=40\div20=2$,$d$ 可取 2,3,4,5,6,7,8,9 共 8 种,a,c 任取,共有 $8\times9\times9=648$(种)。

20. 答案:D。

分析:$2^{2024}+2^{2023}=2\times2^{2023}+2^{2023}=3\times2^{2023}$ 能被 3 整除,A 错。

$2^{2024}=2^{4\times506}=16^{506}\equiv1^{506}\equiv1 \pmod 5$,则 $2^{2024}-1$ 能被 5 整除,C 错。

$2^{2023}=2^3\times2^{2020}=8\times2^{4\times505}=8\times(16)^{505}\equiv2\times1^{505}\equiv2 \pmod 3$,则 $2^{2023}+1$ 能被 3 整除,B 错。

故选 D。

21. 答案:40。

分析:(1)$x_3=0$ 时,$x_1+x_2=15$,x_1 可取 0,1,2,…,15,共有 16 个。

(2)$x_3=1$ 时,$x_1+x_2=11$,x_1 可取 0,1,2,…,11,有 12 个。

(3)$x_3=2$ 时,$x_1+x_2=7$,x_1 可取 0,1,2,…,7,有 8 个。

(4)$x_3=3$ 时,$x_1+x_2=3$,x_1 可取 0,1,2,3,有 4 个。

(5)$x_3\geqslant4$ 时,$x_1+x_2+4x_3\geqslant16$,无解。

∴自然数解共 $16+12+8+4=40$(个)。

22. 答案:210(个)。

分析:如图,圆周上 6 个点唯一确定 1 个三角形,则三角形的个数等于 10 个点中选出 6 个点的种数。$C_{10}^6=C_{10}^4=210$(个)。

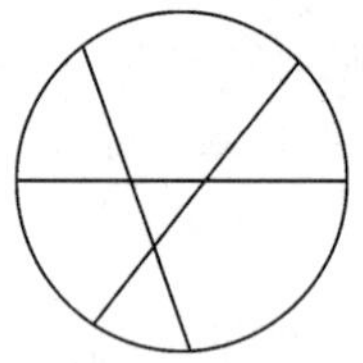

第 22 题图

23. 答案:16,$54\frac{6}{11}$。

分析:分针每小时转 360°,时针每小时转 30°,中午 12 时,分针与时针重合。当两针第 5 次形成 180°时,分针比时针多转 $180°+360°\times4=1620°$,用 $1620°\div(360°-30°)=4\frac{10}{11}$(小时)$=4$ 小时 $54\frac{6}{11}$ 分钟,12 时+4 时 $54\frac{6}{11}$ 分=16 时 $54\frac{6}{11}$ 分。

24. 答案:2045253。

分析:$\frac{2023\times1}{2024}+\frac{2023\times2023}{2024}=\frac{2023\times2024}{2024}=2023$,

则 $\left[\frac{2023\times1}{2024}\right]+\left[\frac{2023\times2023}{2024}\right]=2023-1=2022$,同理 $\left[\frac{2023\times n}{2024}\right]+\left[\frac{2023\times(2024-n)}{2024}\right]=2022(n=2,3,\cdots,1011)$,$\left[\frac{2023\times1012}{2024}\right]=\left[\frac{2023}{2}\right]=1011$,

原式$=2022\times1011+1011=2023\times1011=2045253$。

25. 答案:100。

分析:延长 ED 至 F,使 $DF=AB$,连结 CF、CE、CA,因为 $CD=BC=10$(厘米),$\angle CDE=\angle ABC=90°$,则 $\triangle CDF$ 与 $\triangle CBA$ 完全重合,面积相等,则 $CF=CA$。因为 $EF=DE+DF=DE+AB=10$(厘米)$=AE$,则 $\triangle FCE$ 与 $\triangle ACE$ 关于 CE 对称,面积相等,$S_{五ABCDE}=S_{四ACFE}=2S_{\triangle CEF}=EF\cdot CD=10\times10=100$(平方厘米)。

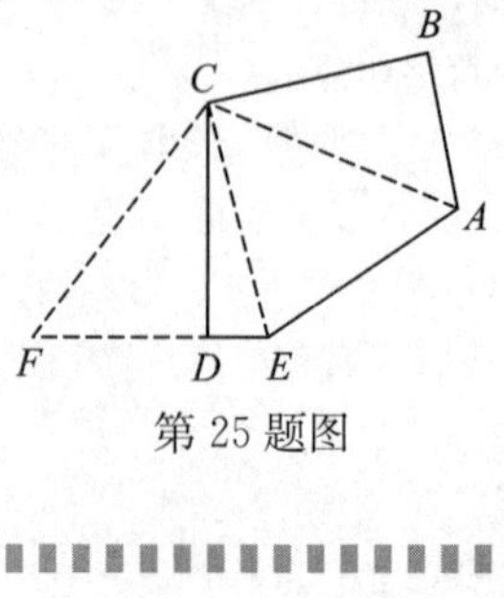

第 25 题图

2024年 "优才杯"暑秋数学学情诊断

1年级

1. 答案:2。

分析:贝塔有 7 个奖牌,舒克有 5 个奖牌,贝塔的奖牌数量比舒克的多 7－5＝2(个)。

2. 答案:11。

分析:

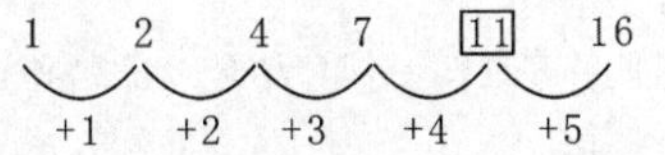

第 2 题图

3. 答案:(4)。

分析:(1)顺时针旋转 180°;(2)逆时针旋转 90°;(3)逆时针旋转 90°;(5)逆时针旋转 90°都可以变回原图形,只有(4)不可以。

4. 答案:12。

分析:排队问题,这一排的小动物一共有 5＋1＋6＝12(个)。

5. 答案:6。

分析:先观察右图,1 个圆等于 3 个正方形。

再观察左图,1 个圆柱等于 2 个圆,2 个圆等于 6 个正方形。

所以 1 个圆柱等于 6 个正方形。

6. 答案:3。

分析:枚举。1 黄 1 红,1 黄 1 紫,1 红 1 紫,共有 3 种不同的选择。

7. 答案:9。

分析:单块的有 8 个,4 块组合的有 1 个,共 8＋1＝9(个)。

8. 答案:C。

分析:先看形状,每行都是 1 个圆形、1 个三角形、1 个正方形。再看颜色,每行都是 1 个涂黑、1 个不涂黑、1 个涂虚线,所以空缺处是一个涂黑的三角形。

9. 答案:7。

分析:图中有 6 个断点(刀口),被分成了 6＋1＝7(段)。

10. 答案:2。

分析:逻辑推理问题。根据题意分析:一只小动物只能在一个房间,一个房间只能有一个小动物。羊在 3 号,马与羊相隔且比羊的房间号大,可知马在 5 号,牛与羊和马都不相邻,可知牛在 1 号,狗住在牛的对面,狗在 4 号,鸡比兔房间小,兔在 6 号,鸡在 2 号。

11. 答案:22。

分析:依次标出每个数字用的火柴棍数量。想要让两位数最小,先考虑十位最小。

十位是 1(用去 2 根),还剩下 8 根火柴,没有对应数字;十位是 2(用去 5 根),还剩下 5 根火柴,可以拼成的最小数字是 2。所以最小的两位数是 22。

12. 答案:25。

分析:应用题,可知这 4 筐水果的总和是 26＋28＝54(个);这 4 筐水果的总和去掉第 1 筐和第 2 筐的总和就是第 3 筐和第 4 筐的总和,即 54－29＝25(个)。

2年级

1. 答案:(1)108。(2)12。

分析:(1)凑整,13＋87＋8＝108。

(2)分组法,(12＋11－10－9)＋(8＋7－6－5)＋(4＋3－2－1)＝4×3＝12。

2. 答案:(1)22。(2)9。

分析:(1)等差数列,从左到右每次增加 3,第五个数是 19＋3＝22。

(2)双重数列。1、3、5、7、9、11 从左到右每次增加 2。16、13、10、7、4、1 从左到右每次减少 3。

3. 答案:4。

分析:天平平衡时,两边同时去掉相同数量的同种图形,天平依然平衡。

第二个天平两边同时去掉 1 个得:

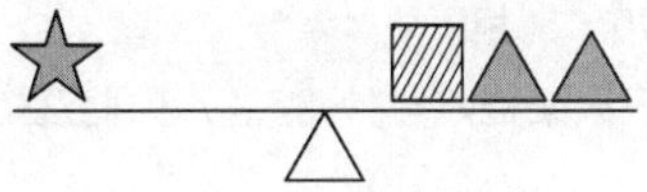

第 3 题图

根据第一个天平得:1 个＝2 个。所以 1 个＝4 个。

4. 答案:11:25

分析:10:40 再过 45 分钟,即 11:25。

5. 答案:12。

分析:锯木头用的时间和次数有关。

一根木头锯成 4 段需:4－1＝3(次)。

两根木头分别锯成 4 段需:3×2＝6(次)。

时间:6×2＝12(分)。

6. 答案:18。

分析:有序枚举,组成的三位数为:102,104,120,124,140,142;201,204,210,214,240,241;401,402,410,412,420,421。

7. 答案:5;4;6。

分析:排除法找相对面。

3 的相邻面:1、2、4、5,因此 3 的相对面是 6;

4 的相邻面:1、6、5、3,因此 4 的相对面是 2;

1 的相对面是 5。

8. 答案:14。

分析:康康比豆豆多 2×2＝4(张)。

豆豆的卡片是(24－4)÷2＝10(张)。

康康的卡片是 24－10＝14(张)。

9. 答案:20。

分析:观察可知,每个圆圈里的数都被计算两次。

两条对角线与正方形,三个公共和为:(2＋4＋6＋8＋10)×2＝60。

因此相等的和是:60÷3=20。

10. 答案:6。

分析:1 号英雄打败的怪兽数量:9(只)。

2 号英雄打败的怪兽数量:9−1=8(只)。

3 号英雄打败的怪兽数量:10(只)。

4 号英雄打败的怪兽数量:8÷2=4(只)。

5 号英雄打败的怪兽数量:37−9−8−10−4=6(只)。

11. 答案:42。

分析:1 个小三角形:22 个;

4 个小三角形组成的三角形:6×2=12(个);

9 个小三角形组成的三角形:3×2=6(个);

16 个小三角形组成的三角形:2 个;

一共:22+12+6+2=42(个)。

12. 答案:147。

分析:三位数最小,先让百位尽量小,最小是 1,用了 2 根。

此时还剩 7 根火柴棍,又因 3 个数字互不相同,则十位最小是 4,用了 4 根。

最后 3 根火柴棍,个位只能是 7,因此这个三位数最小是 147。

❸年级

1. 答案:162。

分析:等差数列求和,(2+34)×9÷2=162。

2. 答案:8。

分析:枚举法,(2,9)、(3,8)、(4,7)、(5,6)、(6,5)、(7,4)、(8,3)、(9,2),共 8 种。

3. 答案:D。

分析:从第 2 个图形开始,每 3 个图形作为一个周期,(34−1)÷3=11,刚好 11 个周期,第 34 个图形对应周期中的最后一个图形,选择 D。

4. 答案:15。

分析:爸爸妈妈年龄差不变,始终是 4 岁,当小小年龄是爸妈年龄差 4 倍时,小小 4×4=16(岁),此时是 16−1=15(年)后。

5. 答案:10。

分析:分类枚举。

1×1:1 个;

1×2:3 个;

1×3:2 个;

1×4:1 个;

2×2:2 个;

2×3:1 个;

共 10 个。

6. 答案:12。

分析:幻和=5+☆+A=14+A+3,去公共部分和相等,5+☆=14+3,☆=12。

	5	
	☆	
14	A	3

第 6 题图

7. 答案:110。

分析:等差数列,第 10 天看 2+(10−1)×2=20(页),这 10 天一共看(2+20)×10÷2=110(页)。

8. 答案:70。

分析:周长等于 14 个小正方形边长之和,周长是 14×5=70(厘米)。

9. 答案:10。

分析:小胖爬到 6 楼时,爬了 6−1=5(层),大胖爬到 3 楼时,爬了 3−1=2(层);若小胖从 1 楼爬到 16 楼,需要爬 16−1=15(层),则大胖需要爬 15÷5×2=6(层),那么大胖需要从 16−6=10(楼)出发。

10. 答案:36600。

分析:4 月共有 30 天,小狗平均每天吃掉 3000÷30=100(克)狗粮,2024 年是闰年,共有 366 天,这只小狗一整年需要吃掉 100×366=36600(克)狗粮。

11. 答案:7。

分析:跳绳比沙包多 14 个,毽子比沙包少 2 个,所以跳绳比毽子多 14+2=16(个);购买的毽子为(16+4)÷(5−1)=5(个);那么二年级三班购买了 5+2=7(个)沙包。

12. 答案:108。

分析:原式为 38+8=88,第一个加数 38 变为 99;第二个加数 8 拿出 1 根变为 9,再从 88 拿出 1 根变为 08,将拿出的 2 根放在 08 之前变为 1,则移动后的算式变为 99+9=108。

13. 答案:4527。

分析:丁是奇数,有两种可能。

①若丁是 5,则丙是对的,丙只能持有 7,此时乙也是对的,乙和丙持有的数奇偶性相同,矛盾;

②若丁是 7,则丙对丁的话是错的,丙持有偶数;乙对丙的话也是错的,则乙持有奇数 5;甲对乙的话也是错的,则甲持有偶数,丁和甲持有的数奇偶不同,则丁对甲说的也是错的,则甲持有的不是 2,甲只能持有 4,则丙持有 2。综上所述,甲、乙、丙、丁持有的卡片数字依次连接组成的四位数为 4527。

14. 答案:36。

分析:分类枚举。

①如果是累计 6 级爆炸:6=1+1+1+3 有 4 种顺序,6=1+1+2+2 有 6 种顺序,6=1+2+3 有 6 种顺序,共计 16 种顺序;

②如果是累计 7 级爆炸:不能出现累计 6 级的瞬间(否则累计到 6 级的瞬间就会爆炸),7=1+1+1+2+2 有 4 种顺序(1 不能在最后一步),7=1+1+2+3 有 6 种顺序(1 不能在最后一步),7=2+2+3 有 3 种顺序,共计 13 种

顺序；

③如果是累计 8 级爆炸：最后一块一定是 3 级碎片，8＝1＋1＋1＋2＋3 有 4 种顺序（3 在最后），8＝1＋2＋2＋3 有 3 种顺序（3 在最后），共计 7 种顺序。

综上所述，一共有 16＋13＋7＝36（种）顺序。

15. 答案：221121。

分析：根据（1）每行每列 6 个棋子且黑白棋子数量相同，即 3 个黑 3 个白；根据（2）可得最多两个同色相连可得下图（1）：

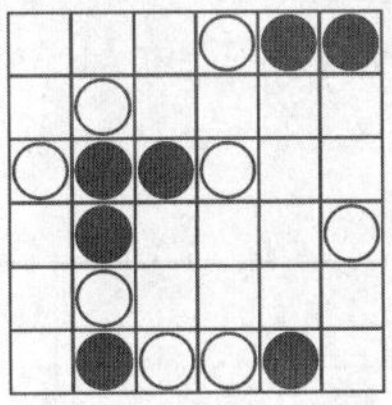
图（1）

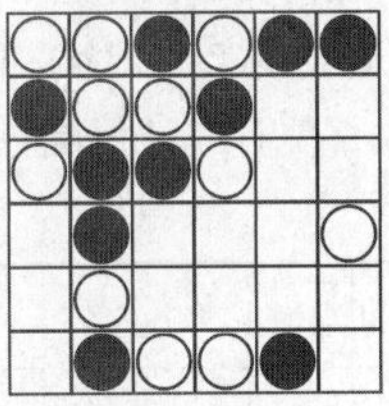
图（2）

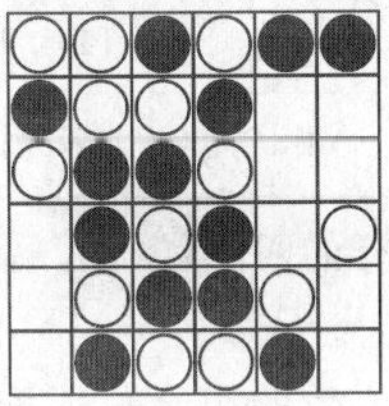
图（3）

第 15 题图

接下来顺序补齐第 2 列、第 1 行和第 2、3 行的左半部分，如图（2）；

接下来顺序补齐第 4 列、第 3 列、第 5 行中央部分，如图（3）；

图（4）的标注字母部分，A、B、C 为 2 白 1 黑，其中 B、C 不能同时为白色（必为 1 黑 1 白），则 A 为白色，A 右侧为黑色；

接下来顺序补齐第 2 行、第 6 列、第 3 行、第 5 列、第 1 列，如图 5。

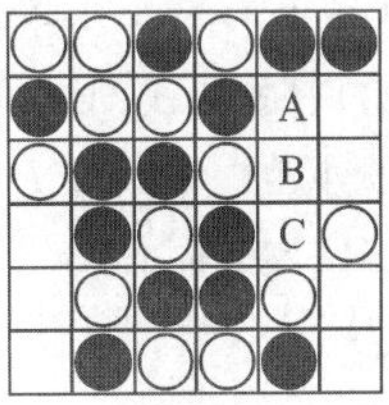

图（4）

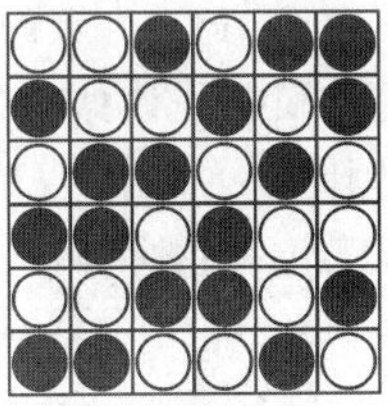
图（5）

从上往下数第五行是“白白黑黑白黑”，可以依次表示为 221121。

4年级

1. 答案：2024。

分析：45×45－1＝2025－1＝2024。

2. 答案：216。

分析：18×3×4＝216。

3. 答案：48。

分析：从 A 点向 B 点方向出发，绕图形一周回到 A 点。向右的线段为：AB、CD、EF，总长为 5＋3＋7＝15（厘米）；向上的线段为：BC、HI、AL，总长为 2＋3＋4＝9（厘米）。因为路线上只有上下左右四个方向且回到出发点，向上路线长＝向下路线长＝9 厘米，向左路线长＝向右路线长＝15 厘米，图形周长为 2×（9＋15）＝48（厘米）。

4. 答案：12。

分析：轩轩从家到便利店，用时为 300÷50＝6（分钟），从便利店到学校，用时为 300÷60＝5（分钟）。

全程用时为 6＋1＋5＝12（分钟）。

5. 答案：15。

分析：将剩下的 5 块继续分给同学，每人应多分到 1 块，所以共有 5 名同学，共有 5×3＝15（块）糖。

6. 答案：46。

分析：假设 50 道题全部答对，那么错题数为（50×2－88）÷（2＋1）＝4 道，对题数为 50－4＝46（道）。

7. 答案：18。

分析：$\angle ADE=\angle EDF=36^\circ$，那么 $\angle CDF=90-2\times36=18^\circ$。

8. 答案：23。

分析：1 元人民币有 4 种选法（3 张、2 张、1 张或不选），5 元人民币有 3 种选法，20 元人民币有 2 种选法，排除都不选的情况，共有 4×3×2－1＝23（种）。

9. 答案：15。

分析：设小赵今年 x 岁，$3(x-5)+10=2(x+5)$，解得 $x=15$。

10. 答案：48。

分析：先考虑两格的选法，若两格同行，每行 3 种选法，共 4×3＝12 种。同理同列的情况也有 12 种。再考虑黑白棋子的放法，共 2×（12＋12）＝48（种）放法。

11. 答案：42。

分析：图中有 2 个奇点，作为一笔画的起点及终点这两个点会经过 2 次，中心点虽然是偶点也会经过 2 次，除去上述 3 点以外的点均经过 1 次，若要总和最小，需要把较小的数（1、2、3）放在起终点及中心点，那么总和最小为：1＋2＋3＋…＋8＋1＋2＋3＝42。

12. 答案：153341。

分析：由结果的后两位知，第 3 行的四位数为 4071，4071＝3×23×59，那么第 1 行四位数×第 2 行个位数字只可能是 4071×1 或 1357×3，又根据第 5 行为 1 开头四位数排除掉 4071×1 的情况，可以确定第 1 行四位数只能是 1357，第 2 行个位只能是 3，第 3 行个位只能是 1；再根据第 4 行个位 7，推出第 2 行十位也是 1。那么最后结果为 1357×113＝153341。

13. 答案：8000。

分析：由规律知第 20 组中有 20 个数，前面一共有 1＋2＋3＋…＋19＝190（个）数，即第 20 组第一个数为数列中的第 191 个数，值为 1＋2×190＝381，第 20 组最后一个数为 381＋2×19＝419，第 20 组总和为（381＋419）×20÷2＝8000。

14. 答案：517。

分析：分段考虑 1～99 中含 10+10=20(个)5；同理 100～199 中含 20 个 5，200～299 中含 20 个 5，300～399 中含 20 个 5，400～499 中含 20 个 5，即 1～499 中一共含 20×5=100(个)5，距离第 120 个 5 还差 20 个。开始考虑 500～509 含 10+1=11(个)5(其中 505 含个位多含 1 个 5)，510～515 中含 6+1=7(个)5，还差 2 个 5，那么 517 的百位 5 就是第 120 个 5。

15. 答案：24。

分析：两班平均分相等，该平均分即为两班总平均分。原一班平均分比总平均分高 1.2 分，则二班平均分比总平均分低 0.8 分。设一班有 2 份人，二班有 2×1.2÷0.8=3(份)人，多 1 份=10 人，则一班原有 20 人，二班原有 30 人。鹏鹏来到一班，一班的 20 人共分出 1.2×20=24(分)补给鹏鹏，将鹏鹏补到总平均分，鹏鹏比总平均分低 24 分。

5年级

1. 答案：15。

分析： 1.2+2.3×3.4+5.98=1.2+7.82+5.98 =15

2. 答案：60。

分析：设乙的钱数为“3”，甲的钱数为“2”，每份为 150÷(3+2)=30(元)，甲有 30×2=60(元)。

3. 答案：4。

分析：按 11 的一位截断法，2+3=1+a，a=4。

4. 答案：10。

分析：根据等高模型，三角形 ADC 的面积为 90÷3=30(平方厘米)，阴影三角形 ADE 的面积为 30÷3=10(平方厘米)。

5. 答案：96。

分析：甲的位置有 4(种)情况，其余 4 人有 4×3×2×1=24(种)情况，共 4×24=96(种)不同的排队方式。

6. 答案：10。

分析：同时同地同向，70 分钟后甲追上乙，则甲多跑一圈，全长为(200−150)×70=3500(米)；同时同地反向，相遇一次则甲、乙合走一个全长，可得 3500÷(200+150)=10(分钟)后两人相遇。

7. 答案：16。

分析：2024÷9=224……8，即 9×224+8=2024，则 $A+B+C+D$=2+2+4+8=16。

8. 答案：58。

分析：设 $a>b>c>d>e$，$c+d+e>30$，经枚举可得 12+10+9=31，则 c 至少为 12，这 5 个数的和最小为 14+13+12+10+9=58。

9. 答案：67。

分析：按照 1、2、3、4 循环报数，则最后一位同学报 3，可得人数除以 4 余 3，可能是 63 或 67；按照 1、2、3、4、5 循环报数，则最后一位同学报 2，可得人数除以 5 余 2，则一共有 67 人。

10. 答案：12。

分析：甲的效率为 $\frac{1}{27}$，现在甲、乙合作，甲工作 9 天完成总量的 $\frac{1}{27}\times9=\frac{1}{3}$，剩余工作乙 8 天做完，则乙的效率为 $\left(1-\frac{1}{3}\right)\div8=\frac{1}{12}$，乙单独完成这项工程需要 $1\div\frac{1}{12}=12$(天)。

11. 答案：615。

分析：和为 1 时，千位、十位有 1 种情况，个位、百位有 2 种情况，共 1×2=2(个)；和为 2 时，千位、十位有 2 种情况，个位、百位有 3 种情况，共 2×3=6(个)。总体情况如下表：

相等的和	1	2	3	4	5	6	7	8	9
个数	2	6	12	20	30	42	56	72	90
相等的和	10	11	12	13	14	15	16	17	18
个数	81	64	49	36	25	16	9	4	1

共有 615 个这样的四位数。

12. 答案：190。

分析：两个三位数的组合可能为 $\overline{\square20}$、$\overline{24\square}$ 或 202、$\overline{4\square\square}$，共有 9×10+10×10=190(个)不同的“好数组”。

13. 答案：12。

分析：由 O 为等边三角形 ABC 的中心，可知三角形 AOB、三角形 AOC 和三角形 BOC 的面积均为 72÷3=24(平方厘米)，根据鸟头模型，可得 $\frac{DO}{OA}=\frac{S_{\triangle ODE}}{S_{\triangle OAB}}\div\frac{OE}{OB}=\frac{8}{24}\div\frac{1}{2}=\frac{2}{3}$，$\frac{OF}{OC}=\frac{S_{\triangle OEF}}{S_{\triangle OBC}}\div\frac{OE}{OB}=\frac{9}{24}\div\frac{1}{2}=\frac{3}{4}$，因此三角形 DOF 的面积为 $24\times\frac{2}{3}\times\frac{3}{4}=12$(平方厘米)。

14. 答案：236。

分析：1～7 这 7 个数的总和为 1+2+…+7=28，题图五组公共和中，4 计算 3 次，D 计算 1 次，其余位置均计算 2 次，因此 28×2+4−D=公共和×5，可知 D=5，公共和为 11，其余位置数字如图，三位数 $\overline{ABC}$ 是 236。

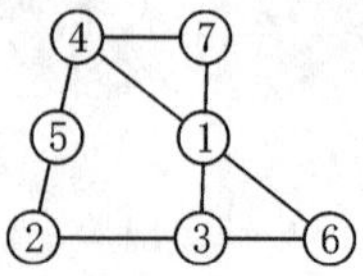

第 14 题图

15. 答案：16。

分析：由 A 说的话知：1 号的左右为 2、3 号，7 号的左右为 5、6 号。又由于 A 的编号与相邻的人都不互质，所以 A 不能是 1、5、7 号，经排列易知，A 只能是 4 号。

由 B 说的话知：他左边 3 人的编号和与右边 3 人的编号和都是 3 的倍数，那么，B 只能是 1 号、4 号(同 A，排除)和 7 号。

由 C 说的话知：他与相邻两人的和是 9 的倍数，那么，

C只能是3号和7号。又其余4人的编号和为11的倍数，7642(不是)，4213(是)，所以C只能是7号。这样B为1号。

综上所述，没说话的四人编号和为：2+3+5+6=16。

6年级

1. 答案：39。

分析：$18\times\frac{13}{33}+81\div2\frac{7}{13}$

$=18\times\frac{13}{33}+81\times\frac{13}{33}$

$=\frac{13}{33}\times(18+81)$

$=\frac{13}{33}\times99$

$=13\times3$

$=39$。

2. 答案：24。

分析：$C_7^3-C_3^3-C_5^3=24$。

3. 答案：157。

分析：同时满足条件的最小数是3，每个满足条件的数都相差除数的最小公倍数77，所以满足条件的最小的三位数是3+2×77=157。

4. 答案：13。

分析：100÷8=12……4，12+1=13。

5. 答案：20。

分析：加水溶质重量不变，有60×40%=24(克)，加水后总重量变成24÷30%=80(克)，加了20克水。

6. 答案：12。

分析：甲、乙速度比为5∶2，甲、乙走相同路程所用时间比为2∶5，3份时间为18分钟，甲行完全程用了18÷3×2=12(分钟)。

7. 答案：10。

分析：循环节长度为6位的纯循环小数的分母为999999，所以$(29+n)$是999999的因数，且不是999和99的因数，999999=3×3×3×7×11×13×37，999=3×3×3×37，99=3×3×11，所以$(29+n)$最小可以是3×13=39，n的最小值为10。

8. 答案：17。

分析：由条件可知题目总数为4和6的公倍数，也就是12的倍数：12，24，36，48，…。当题目大于等于36时，都答错的题目会超过6，但小亮只答错5题，所以题目总数只能是12题或24题。

①若共有12题，两人都答错的有2道，小明答错3道，答对9道，小亮答对7道，两人都答对9+7−(12−2)=6(道)，没有超过总题目的一半，不合题意；

②若共有24题，两人都答错的有4道，小明答错6道，答对18道，小亮答对19道，两人都答对18+19−(24−4)=17(道)，超过总题目的一半，符合题意。都答对的有17道题。

9. 答案：81。

分析：选出的3个数，中间数为首尾两数和的一半，则只需要确定首尾两项即可。首尾两项同奇偶。若首尾两项都是奇数，共有$C_{10}^2=45$(种)；当首尾为偶数时，共有$C_9^2=36$(种)。总计81种。

10. 答案：262。

分析：乘积末尾有0的个数取决于2×5的个数，因为算式中质因数2的个数远多于质因数5的个数，所以计算算式中质因数5的个数，算式中共46个5、41个10、36个15、31个20、26个25、21个30、16个35、11个40、6个45、1个50，共含有46+41+36+31+26×2+21+16+11+6+1×2=262(个)。

11. 答案：15。

分析：如图，延长EF、HG交BC于点J、K，过点I作垂线IL交BC于点L，过点H作垂线HM交CD于点M。

三角形BFC面积为48，三角形CHD面积为80，底相同，则高之比$FJ:HM=48:80=3:5$，

那么$GK:KC=3:5$，由金字塔模型可得$IL:LC=GK:KC=3:5$，IL、LC分别是三角形BIC和三角形DIC的高，底相同，则面积之比也为3∶5，由等高模型可得，$BI:ID=S_{\triangle BIC}:S_{\triangle DIC}=3:5$，则$BI=15$。

12. 答案：(1)B。(2)4。(3)51。

分析：(1)不管胜负还是平局，得分的奇偶性相同，所以B不可能。

(2)最终比分可以是6∶0、6∶2、6∶4和5∶5之后再决箭，所以总局数一共有4种。

(3)决箭前两人比分5∶5，比了5局，分类：

①一局平：$C_5^1\times C_4^2=5\times6=30$(种)；

②三局平：$C_5^3\times C_2^1=10\times2=20$(种)；

③五局平：1种。

共有30+20+1=51(种)不同的比赛进程。

13. 答案：(1)60。(2)700。

分析：(1)甲从A到B的时间不变，此段时间乙走的路程也不变，第一天乙还需开始的40千米+60千米才能到达B地，第二天乙还需开始的20千米+80分钟才能到达B地，所以乙80分钟走了40+60−20=80(千米)，乙的速度为$80\div\frac{4}{3}=60$(千米/时)。

(2)第一天甲追上乙路程差40千米，第二天甲追上乙路程差20千米，速度差不变，追及时间40∶20=2∶1，甲走的路程比是2∶1。两次甲追上乙的地点相差140千米，所以路程差为20千米时，甲走140千米，第一天相同时间甲、乙路程差为40+60=100千米，所以甲走了140×(100÷20)=700(千米)，即A、B两地相距700千米。

14. 答案：7。

分析：$(\overline{xyxy})_b=xb^3+yb^2+xb+y=(xb+y)(b^2+1)$。

当$b=2$，$b^2+1=5$，$xb+y$至少为5^2，不满足题意；

当$b=3$，$b^2+1=10=2\times5$，$xb+y$至少为$2^2\times5^2$，不满

足题意；

当 $b=4$，$b^2+1=17$，$xb+y$ 至少为17^2，不满足题意；

当 $b=5$，$b^2+1=26=2\times13$，$xb+y$ 至少为 $2^2\times13^2$，不满足题意；

当 $b=6$，$b^2+1=37$，$xb+y$ 至少为37^2，不满足题意；

当 $b=7$，$b^2+1=50=2\times5^2$，$xb+y$ 至少为 $2^2\times5=20$，当 $x=2$，$y=6$ 满足题意。

所以 b 的最小值为 7。

15. 答案：48。

分析：如图，过点 H 作 HI 平行于 CD，交 BF 于点 I。

根据沙漏模型，有：

$$\frac{AG}{GC}=\frac{AB}{CF}=\frac{3}{2}。$$

H 为 AC 上靠近 A 的三等分点，化连比，可得 $AH:HG:GC=5:4:6$。

根据金字塔模型，有：

$$\frac{HI}{AB}=\frac{HG}{AG}=\frac{4}{9}。$$

根据沙漏模型，有：

$$\frac{HO}{OE}=\frac{HI}{EF}=\frac{4}{3}。$$

$S_{\triangle CEH}=\frac{1}{2}\times\frac{1}{3}\times\frac{2}{3}\times1890=210$(平方厘米)。

根据鸟头模型，有：

$S_{阴}=\frac{HO}{HE}\times\frac{HG}{HC}\times S_{\triangle CEH}=\frac{4}{7}\times\frac{4}{10}\times210$

$=48$(平方厘米)。

2024年 南京市第十八届“时代杯”数学文化节活动

第一轮

3年级

1. 答案：11。

分析：2022－1990＝32。32÷4＝8，19－8＝11。

2. 答案：100。

分析：宽 20 厘米，长 30 厘米，原来长方形的周长是 100 厘米。

3. 答案：六，52。

分析：星期二，15 页；星期三，17 页；星期四，16 页；星期五，20 页；星期六，28 页；星期天，24 页。星期六看的页数最多，星期六和星期天一共看了 28＋24＝52(页)。

4. 答案：55。

分析：50×6＝300(千克)，45×6＝270(千克)。300－270＝30(千克)，25＋30＝55(千克)。

5. 答案：B。

分析：上下两个数的差是 8。

6. 答案：80。

分析：10＋12＋10＋12－4＝40，10×12＝120，120－40＝80(架)。

7. 答案：17：15。

8. 答案：8。

分析：4＋4＝8(个)，如图所示。

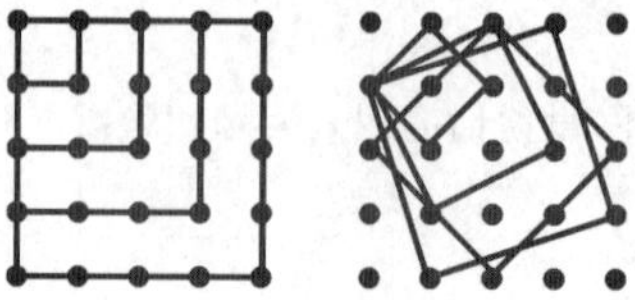

第 8 题图

9. 答案：5。

分析：没有提到的盒子记作 F，6 个盒子按顺序分别是：D，E，C，A，F，B。F 在从左至右的第 5 个。

10. 答案：134，106。

分析：总和最大是(1＋2＋3＋…＋9)×2＋9×2＋8＋7＋6＋5＝134；总和最小是(1＋2＋3＋…＋9)×2＋1×2＋2＋3＋4＋5＝106。

11. 答案：如图所示。

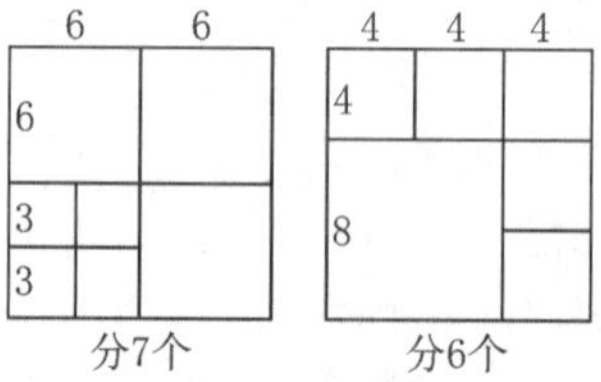

第 11 题图

12. 答案：9，15。

13. 答案：B。

14. 答案：1800。

分析：第 2 次相遇，两个人一共走了 3 个全程。假设两人的速度保持匀速不减半，那么实际同样的时间，两个人就要走完 4 个全程。这个时间里面甲就可以走 800×4＝3200(米)。这时，甲速度不减半，他走了 1 个全程＋2 个 700 米，所以 1 个全程是 3200－1400＝1800(米)。

15. 答案：随机拿 20 枚古币，然后将它们翻转就可以了。取出的这 20 枚为一堆，剩下的为另一堆。

4年级

1. 答案：32。

分析：60÷8＝7……4，一共 7 个循环余 4 分钟，一共喷水 7×4＋4＝32(分钟)。

2. 答案：406。

3. 答案：11。

分析：(27－15)÷3＝4，15－4＝11(毫升)。

4. 答案：4，6。

5. 答案：13。

分析：17×17×7＝2023。1＋7＋2＋0＋3＝13。

6. 分析：如图所示。

4	3	1	5	2
1	5	3	2	4
2	4	5	3	1
5	1	2	4	3
3	2	4	1	5

第 6 题图

7. 答案：21。

分析:可分类计算。如图(1)中的正方形有 9 个,图(2)中的正方形有 8 个,图(3)中的正方形有 4 个。共有正方形 9+8+4=21(个)。

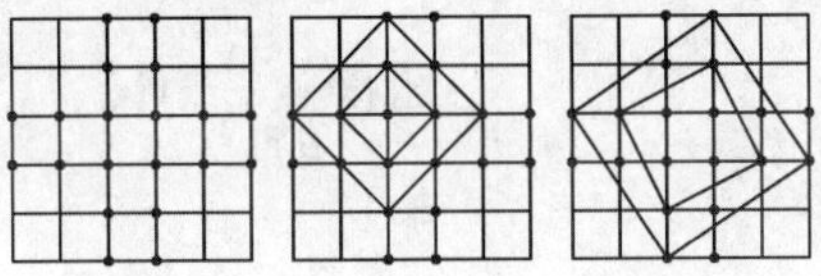

(1)　　(2)　　(3)

第 7 题图

8. 答案:31。

分析:4 个人 4 年共增长 4×4=16(岁),但实际上只增长了 15(岁),说明弟弟在 4 年前还没有出生。那么,弟弟今年应该是 3 岁;姐姐就是 3+2=5(岁),爸爸妈妈的年龄和是 73−3−5=65(岁),爸爸是(65+3)÷2=34(岁),妈妈是 65−34=31(岁)。

9. 答案:能,不能。

分析:因为每次转 90°,360°÷90°=4,所以要想回到原处,转的次数应是 4 的倍数,即行走的时间应是 20 分钟的倍数。8:00—8:40,经过 40 分钟,是 20 分钟的倍数,所以能回到原处。8:00—9:10,共经过 70 分钟,不是 20 分钟的倍数,因此不能回到原处。

10. 答案:96。

分析:无论"2 人 3 足"还是"3 人 4 足",每支队伍只有边上 1 人发挥了 2 足的效果,其他人都算 1 足。266−188=78。一共有 78 支队伍。2×78=156,188−156=32,32×3=96(人)。

11. 答案:40。

分析:出现且仅有 2 个连续的 4:44AB 和 AB44,各有 3×3+3=12(个)(注意还有 44A4 和 4B44 这一类),A44B 有 3×3=9(个),共 12+12+9=33(个)。

出现且仅有 3 个连续的 4:444A,A444 各有 3 个,共 3+3=6(个)。

出现 4 个连续的 4:4444,1 个。

一共有 33+6+1=40(个)。

12. 答案:如图所示。

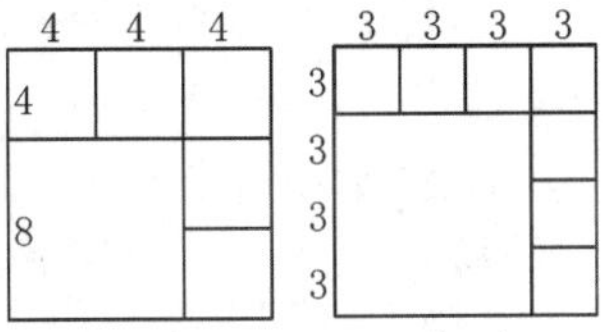

第 12 题图

13. 答案:64。

分析:因为每次淘汰的都是双数,而最后的幸运者为第一轮第一个报数者,所以每轮总人数都为偶数。否则,从第二轮一开始,第一个报数的人会被淘汰。又因为每轮都会淘汰一半的人,所以总人数应为 2×2×2…综上所述,入围总人数为 64 人。

14. 答案:15。

分析:第 2 小时比第 1 小时多走 6 千米,说明逆水走 1 小时还差 6÷2=3(千米)到乙地。顺水 1 小时比逆水多走 8 千米,说明逆水走 3 千米与顺水走 8−3=5(千米)时间相同,这段时间里的路程差是 5−3=2(千米),2÷8=$\frac{1}{4}$(1 小时路程差的$\frac{1}{4}$),所以顺水速度是每小时 5×4=20(千米)[或者说逆水速度是每小时 3×4=12(千米)],甲、乙两地的距离是 12×1+3=15(千米)。

15. 答案:80,40。

分析:灰色部分有 5×8=40(块)。

5 年级

1. 答案:(1)1。(2)0.754。(3)890。(4)433.5。

分析:(1)原式=0.11×4.4+0.11×5.6=0.11×10=1.1。

(2)原式=7.54÷(32×0.25×1.25)=7.54÷[(0.25×4)×(1.25×8)]=0.754。

(3)原式=2024÷2.024−202.4÷2.024−20.24÷2.024=1000−100−10=890。

(4)原式=(1+16)×51÷2=433.5。

2. 答案:$2.\dot{6}$,2.67。

3. 答案:6084。

分析:101×101=10201,78×78=6084。

4. 答案:36。

5. 答案:如图所示,答案不唯一。

1	2	-3
-4	0	4
3	-2	-1

第 5 题图

6. 答案:1.7;6.8。

分析:丙拿出的 8.5 元就是每人平均应该付的钱,因此 5 袋面包的总价是 8.5×3=25.5(元),1 袋面包的价钱是 25.5÷5=5.1(元)。甲拿出 2 袋的钱是 5.1×2=10.2(元),甲应收回 10.2−8.5=1.7(元),乙应收回 8.5−1.7=6.8(元)。

7. 答案:10。

分析:设摸出红球 x 个,摸出蓝球 y 个。$3x+10y=90$,$6x+5y=90$,可得 $x=10$,$y=6$。因此,摸出红球 10 个。

8. 答案:15。

分析:5 个号码的总和是 18×5=90,前 3 个数的总和是 10×3=30,后 3 个数的总和是 25×3=75,前 3 个数+后 3 个数=105,这样中间的数重复计算了一次,所以中间的那个数是 105−90=15。

9. 答案:没有超速。

分析:从照片上看出时间为 0.207−0.047=0.16(秒),所以车速为 2.4÷0.16=15(米/秒)。而 60 千米/时=60000 米÷3600 秒>16 米/秒。所以李先生的车没有超速。

10. 答案:(1)1440。(2)2520。

分析:切 1 刀,分成 2 个多边形。

切 2 刀,最多分成 4 个多边形,内角总和最多为 $360°\times 4=1440°$。

切 3 刀,分成 7 个多边形,内角总和最多为 $360°+180°\times 3\times 3+180°\times 3=2520°$。

11. 答案:4。

分析:$0.25\times 4+0.24\times 4.01+0.23\times 4.02+0.22\times 4.03+0.21\times 4.04<0.25\times 4\times 5=5$,$0.25\times 4+0.24\times 4.01+0.23\times 4.02+0.22\times 4.03+0.21\times 4.04>0.2\times 4\times 5=4$,所以原式的整数部分是 4。

12. 答案:18。

分析:$3\times 6=18$,$3\times 9=27$,$6\times 9=54$,所以 3 个数字的和是 $3+6+9=18$。

13. 答案:9。

分析:如图所示,$S_{\triangle ABE}+S_{\triangle EFD}=\frac{1}{2}S_{\square ABCD}$

$S_{\triangle ABG}=\frac{1}{2}S_{\square ABCD}$

即 $S_{\triangle ABE}+S_{\triangle EFD}=S_{\triangle ABG}$

设黑色三角形的面积为 x。

$x+①+72+②+8=①+79+②+10$

$x+80=89$

$x=9$

因此,黑色三角形的面积为 9。

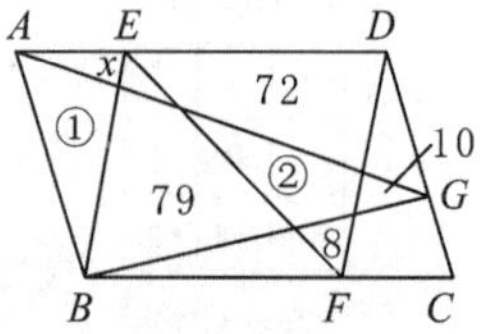

第 13 题图

14. 答案:乙。

分析:由题意可知,出题顺序是甲、乙、丙、甲、乙、丙……

第一局只可能是乙或丙赢。分析过程如图所示。

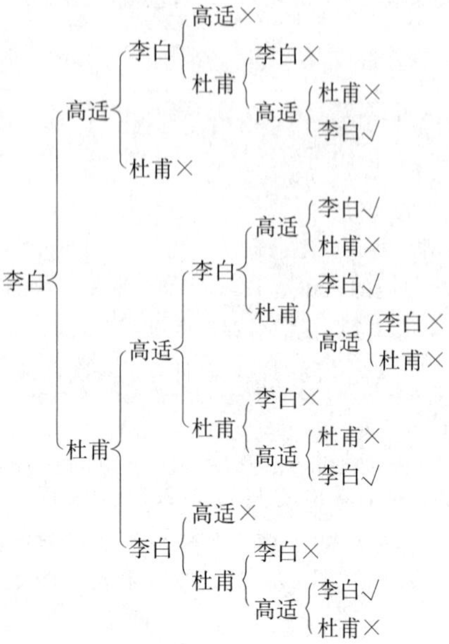

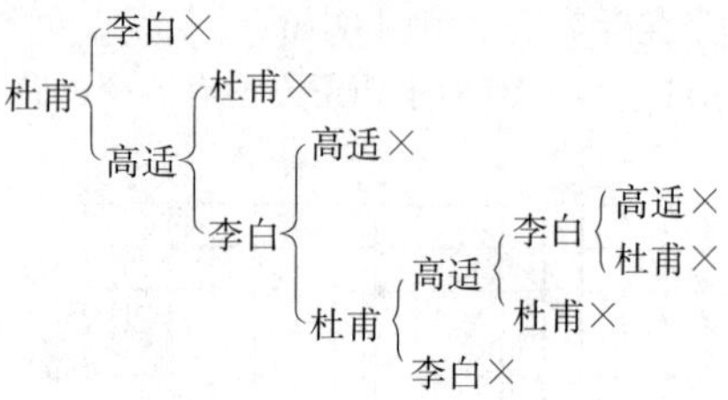

第 14 题图

因此,最终获胜的只能是李白。

15. 答案:10。

分析:3 次气味相同,只需考虑另 2 次气味不同。2 次气味不同的组合有 12,13,14,15,23,24,25,34,35,45,共 10 种。

❻年级

1. 答案:(1)$\frac{3}{2}$。(2)$2020\frac{2}{2023}$。(3)100。(4)4。

2. 答案:41。

3. 答案:252。

4. 答案:略。

5. 答案:如图所示。

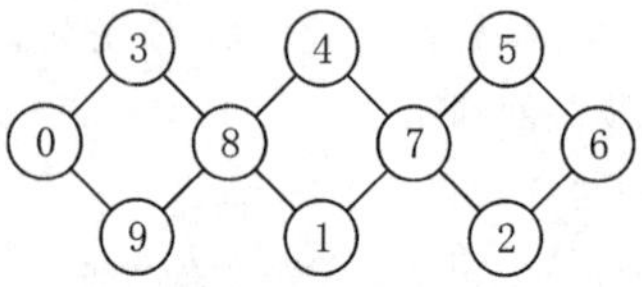

第 5 题图

6. 答案:360,200,210。

7. 答案:亏,60。

8. 答案:2∶9。

9. 答案:8。

10. 答案:(1)如图所示。

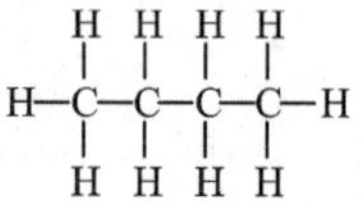

丁烷

第 10 题图

(2)26。

11. 答案:21。

12. 答案:3∶4。

13. 答案:267 种。

分析:采用标数法,如图所示。$51+76+69+44+20+6+1=267$(种)。

1	1	2	4	9	21	51
	1	2	5	12	30	76
		1	3	9	25	69
			1	4	14	44
				1	5	20
					1	6
						1

第 13 题图

14. 答案:8。

15. 答案:RETREAT(撤退)。

第二轮A卷

❸年级

1. 答案:(1)18180。(2)22216。(3)500。

2. 答案:A。

分析:还缺 10 个小方格,只有 A 符合。

3. 答案:1452。

4. 答案:98,89。

分析:95×6－90－96－97－100＝187。评委 E 打分的个位是 9,如果是 99,则评委 D 的打分是 88,不符合。所以评委 E 的打分是 89,评委 D 的打分是 187－89＝98。

5. 答案:240。

6. 答案:98。

分析:小美去年做了 30 个,小丽去年做了 30×5＝150(个)。30×4＝120,150－120＝30,30＋66＝96。96÷(4－1)＝32。32＋66＝98(个)。

7. 答案:小文。

分析:如果小华去,小文就去。不止一个人去。所以小华不去。如果小华不去,小杰就不去。去的人只能是小文。

8. 答案:如图所示。

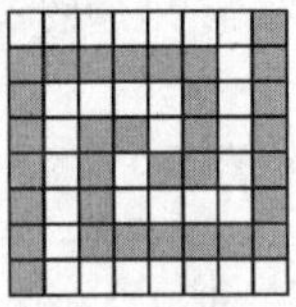

第 8 题图

9. 答案:24。

分析:单独一块为三角形的有 12 个。

两块组成三角形的有 6 个。

三块组成三角形的有 1 个。

四块组成三角形的有 3 个。

九块组成三角形的有 1 个。

十二块组成三角形的有 1 个。

12＋6＋1＋3＋1＋1＝24(个)。

这个图中共有 24 个三角形。

10. 答案:■,●,★。

11. 答案:16,36,26。

分析:(5－1)×4＝16。(10－1)×4＝36。100÷4＋1＝26。

12. 答案:1946。

分析:2024－(1＋2＋3＋…＋11＋12)＝1946。

13. 答案:16。

分析:右上是 8。任意取一个数,不妨设幻和是 30,可算出中间的数是 12。上面问号处的数是 30－12－2＝16。

14. 答案:(1)21。(2)58。(3)不能。

15. 答案:A,1B,2748,7E8。

分析:13＋14＝27＝16＋11＝1B(十六进制)。

ABC＝10×16×16＋11×16＋12＝2560＋176＋12＝2748。

2024＝7×16×16＋14×16＋8＝7E8(十六进制)

❹年级

1. 答案:C。

2. 答案:(1)(4－3＋11)×2＝24。

(2)7×2＋9＋1＝24。

(3)6×9－5×6＝24。

本题答案不唯一。

3. 答案:D。

4. 答案:9。

分析:9×5＝45,7×3＝21,11×3＝33,21＋33－45＝9。

5. 答案:9,19。

分析:北京时间比巴黎时间快 13－6＝7(小时)。巴黎时间比纽约时间快 13－7＝6(小时)。所以北京时间比纽约时间快 7＋6＝13(小时)。13－8＝5,24－5＝19。纽约时间要晚一天,是 3 月 9 日 19 点。

6. 答案:18。

分析:正常情况下:

船速＋水速＝180÷10＝18(千米/时),

船速－水速＝180÷15＝12(千米/时),

水速＝(18－12)÷2＝3(千米/时),船速＝12＋3＝15(千米/时)。

暴雨后:

船速＋新水速＝180÷9＝20(千米/时),

新水速＝20－15＝5(千米/时),

船速－新水速＝15－5＝10(千米/时),此时逆水而上需要 180÷10＝18(小时)。

7. 答案:3,1000000。

8. 答案:B。

分析:选项 C 第二行右边的深色是错的,所以第一行第一个,第二行第二个,第三行第三个都涂了色。只有 B 符合。

9. 答案:(1＋2＋3＋4＋5－7)×(6＋8＋9)×11＝2024。

10. 答案:(1)1。(2)3,2。(3)6,3。(4)300。

11. 答案:23。

12. 答案:63,8。

分析:从题中"每房 7 人多 7 人,每房 9 人少 9 人(空一房)"可知,造成这样情况的原因是后来每房增加了 9－7＝2(人)。先是余 7 人后又少 9 人,前后相差 9＋7＝16(人),其中每差 2 人即需一间客房,这样就可以求出客房数和房客数。客房数:(7＋9)÷(9－7)＝16÷2＝8(间)。房客数:7×8＋7＝56＋7＝63(人)或 9×8－9＝72－9＝63(人)。

13. 答案:C。

14. 答案:方片 4。

分析:这是一个约瑟夫问题,一共 108 张牌,108＝64＋44。从 108 张牌中先去掉 44 张,分别是 1,3,5,…,83,85,87。下一张是第 88 张,最后剩下的就是第 88 张。86－54＝32。32－2－13－13＝4。最后剩下的是方片 6。

15. 答案:(1)2032。(2)2020。(3)20,31,42,53,64,

75,86,97。(任意写出 2 个)

分析:(1)2024+2+2+4=2032。

(2)2020+2+2=2024。

(3)设两位数是 $10a+b$,则重和是 $11a+2b$。

$a=0$,有 10,12,14,16,18;

$a=1$,有 11,13,15,17,19,21,23,25,27,29;

$a=2$,有 22,24,26,28,30,32,34,36,38,40;

$a=3$,有 33,35,37,39,41,43,45,47,49,51;

$a=4$,有 44,46,48,50,52,54,56,58,60,62;

$a=5$,有 55,57,59,61,63,65,67,69,71,73;

$a=6$,有 66,68,70,72,74,76,78,80,82,84;

$a=7$,有 77,79,81,83,85,87,89,91,93,95;

$a=8$,有 88,90,92,94,96,98;

$a=9$,有 99。

缺 20,31,42,53,64,75,86,97。

5年级

1. 答案:(1)30。(2)2024。(3)7.44。(4)8.792866941。

2. 答案:18。

3. 答案:高;62。

分析:60×2÷8=15(厘米),60×2÷7.5=16(厘米),(15+16)×2=62(厘米)。

4. 答案:36。

分析:由一块构成的三角形有 20 个;由 2 块构成的三角形有 8 个;由 3 块构成的三角形有 2 个;由 4 块及以上构成的三角形有 6 个。共有 36 个三角形。

5. 答案:2,4,5;1。

分析:由表可以看出,宇宙飞船每停落 7 次,总是按 1,3,6,3,1,0,0 的顺序停落在 0,1,3,6 号星球上。因此,2,4,5 号星球区域存在黑洞。

项目	1	2	3	4	5	6	7	8	9	10	…
星球号码	1	3	6	3	1	0	0	1	3	6	…

2024÷7=289……1,因此,2024 次飞到 1 号星球上。

6. 答案:(1)中国,383。(2)金,149。(3)89。

7. 分析:0.5×4×0.75×30=45(千瓦时)。

8. 答案:1.5 小时。

分析:设 1 名解放军 1 小时除雪 1 份。15 名解放军 2 小时除雪 30 份,12 名解放军 3 小时除雪 36 份,因此每小时下雪 6 份,扫雪前有积雪 30−2×6=18(份),18 名解放军 18÷(18−6)=1.5(小时)除雪完毕。

9. 答案:7700。

分析:根据皮克公式,$S=a+\frac{1}{2}b-1=77$,77×10×10=7700(平方米)。

10. 答案:(1)8,16,2^n。(2)22。

分析:$2048=2^{11}$,因此第 11×2=22(次)变化后“龙形曲线”的总长度达到 2048。

11. 答案:90 页。

分析:本题是一道盈亏问题,可求出计划读书(10+6)÷(6−5)=16(天),这本书有 5×16+10=90(页)。

12. 答案:11,27。

分析:24−8=16(小时),再经过 16×60÷15=64(天)就睡满 24 小时。9 月 25 日—9 月 30 日共 6 天,10 月 1—10 月 31 日共 31 天,64−6−31=27(天),因此他去世于 11 月 27 日。

13. 答案:6.25。

分析:游客在 12.5 分钟时遇到了马车,所以说马车还有 2.5 分钟走完剩余的距离,相当于速度是步行的 12.5÷2.5=5 倍。

如图所示,设游客步行速度是 v,马车行驶速度为 $5v$。马车需要再经过 $12.5v\div(5v)=2.5$(分钟)才回到端点处,此时行人又走了 $2.5v$ 的路程,这样马车共要追及 $12.5v+2.5v=15v$ 的路程,所需时间是 $15v\div(5v-v)=3.75$(分钟)。因此再经过 3.75+2.5=6.25(分钟)后会被刚刚迎面遇上的马车追上。

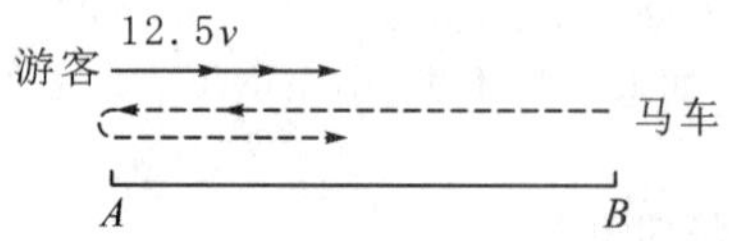

第 13 题图

14. 答案:B,E。

分析:可以画一个图,图上的每个顶点表示一个人。凡是被提到名字的 2 个人,就用一条线段来连结。

除了 F 外,5 个人共讲过 5 句证词,所以图上就画下 5 条线段(如图)。

为了辨别出头目,只要在图上检查各个顶点连出的线段数量。首先,由于有 4 个人的话半对,因此代表小偷的 2 个顶点连出的线段数量之和应该是 4。

其次,代表小偷的 2 个顶点之间是不应当有线段相连的,否则将意味着有一个人已经讲了全部真话,而不是半对半错了。

检查下来,头目只能是 B 与 E。这样恰好印证了 4 句证词的半真半假。

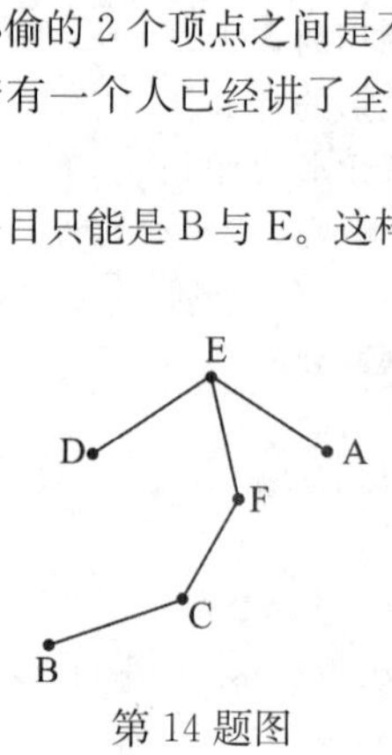

第 14 题图

15. 答案:10。

分析:设观众说的数是 $10+a$,则取出的牌是第 $10+a-(a+1)=10$(张)。

6年级

1. 答案:(1)2.1。(2)$\frac{9}{2}$。(3)$\frac{1}{24}$。(4)$\frac{7}{18}$。

分析:(1)原式$=\frac{3}{8}\times2.6+1\times\frac{3}{8}+\frac{3}{8}\times2=\frac{3}{8}\times$

$(2.6+1+2)=\frac{3}{8}\times5.6=2.1$。

(2)原式$=\frac{9}{32}\div\left(\frac{3}{4}-\frac{1}{4}-\frac{7}{16}\right)=\frac{9}{32}\div\frac{1}{16}=\frac{9}{2}$。

(3)原式$=\frac{1}{23\times24}\times\frac{1}{24\times25}\times23\times24\times25=\frac{1}{24}$。

(4)原式$=1-\left(\frac{1}{2}+\frac{1}{3}\right)+\left(\frac{1}{3}+\frac{1}{4}\right)-\left(\frac{1}{4}+\frac{1}{5}\right)+\left(\frac{1}{5}+\frac{1}{6}\right)-\left(\frac{1}{6}+\frac{1}{7}\right)+\left(\frac{1}{7}+\frac{1}{8}\right)-\left(\frac{1}{8}+\frac{1}{9}\right)=1-\frac{1}{2}-\frac{1}{3}+\frac{1}{3}+\frac{1}{4}-\frac{1}{4}-\frac{1}{5}+\frac{1}{5}+\frac{1}{6}-\frac{1}{6}-\frac{1}{7}+\frac{1}{7}+\frac{1}{8}-\frac{1}{8}-\frac{1}{9}=\frac{7}{18}$。

2. 答案:欧拉;七。

分析:设面数是 x,$x+x-12=2$,解得 $x=7$,这个多面体是七面体。

3. 答案:(1)2014,12;2021,12。(2)18.6,275。

分析:$37\times12+2=446$,$446\div24\approx18.6$,$\left(\frac{100}{24}-\frac{100}{90}\right)\div\frac{100}{90}=2.75=275\%$。

4. 答案:如图所示。

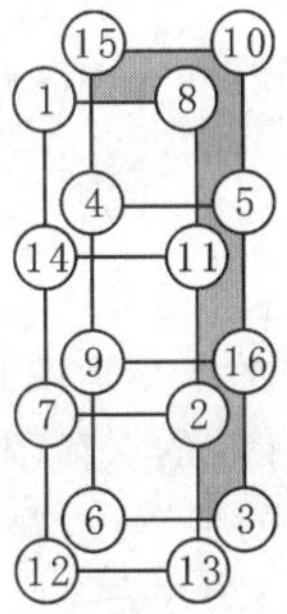

第 4 题图

分析:$1+2+3+\cdots+16=(1+16)\times16\div2=136$,$136\div4=34$,因此图中 4 个数相等的和是 34。据此可逐一填出各数。

5. 答案:如图所示。

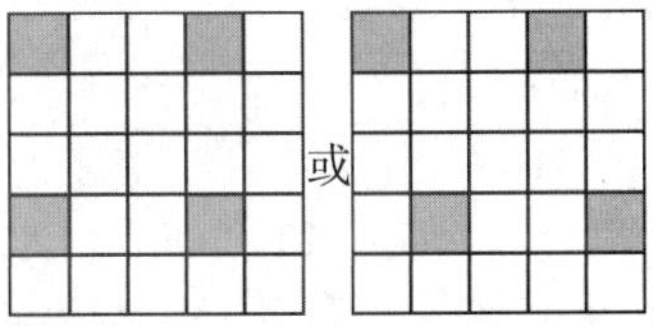

第 5 题图

(答案不唯一)。

6. 答案:6。

分析:先计算一下,盒子容积为 $30\times30\times30=27000$(立方厘米),每一块长方体物品的体积为 $20\times20\times10=4000$(立方厘米),$27000\div4000=6.75$(块),也就是说盒子里最多装 6 个物品,如图 1,先装 3 块,按图 2 所示再装 3 块。

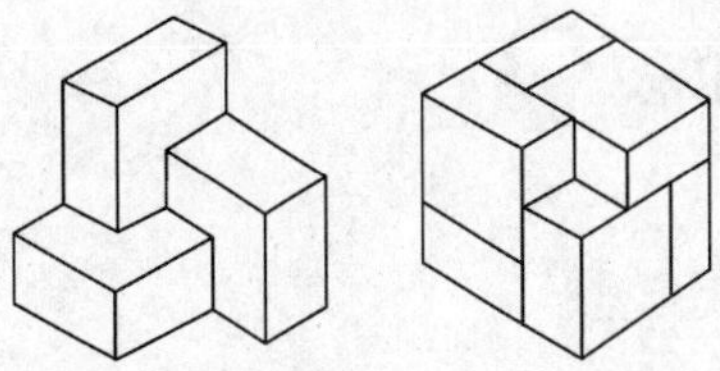

图 1　　图 2

第 6 题图

7. 答案:27。

分析:本题为容斥问题。不喜欢看课外书也不喜欢画画的人数占全班的 14%,则全班人数是 50 的倍数,而全班人数不超过 70 人,则只能是 50 人。喜欢画画的人数为 $50\times60\%=30$(人),喜欢看课外书的人数为 $30+10=40$(人),不喜欢看课外书也不喜欢画画的人数为 $50\times14\%=7$(人)。

喜欢看课外书的人中也喜欢画画的有 $30+40-(50-7)=27$(人)。

8. 答案:131.88。

分析:$3.14\times[(20\div2)^2-(8\div2)^2]\times100\div0.02=1318800$(平方厘米),1318800 平方厘米=131.88 平方米。

9. 答案:19。

分析:$3+4+6+6=19$。

10. (1)

项目	4 秒后	5 秒后
新变出的孙悟空	8	16
一共变出的孙悟空	15	31

(2)9。

(3)2^n-1。

11. 答案:5,7,11,23,47。

12. 答案:6。

分析:乙队每天完成这项工程的$\left(\frac{1}{2}-\frac{1}{12}\times3\right)\div2=\frac{1}{8}$,一共需要$1\div\left(\frac{1}{8}\times2+\frac{1}{12}\right)\times2=6$(天)。

13. 答案:130。

分析:设 $DB=x$,$CE=2y$,因为 $AC=3BD$,$CE:ED=2:5$,则 $AC=3x$,$ED=5y$,根据题意有$\frac{3x}{60}+\frac{2y}{80}=1$,$\frac{5y}{80}+\frac{x}{40}=1$,解得 $x=15$,$y=10$,故 AB 两地之间相距 $4x+7y=4\times15+7\times10=130$(千米)。

14. 答案:甲>丁>乙>丙。

分析:由题意得:$\begin{cases}甲+丙=乙+丁,①\\丁>乙+丙,②\\甲+乙>丙+丁,③\end{cases}$ 由①+③可得甲>丁,然后根据①可得乙>丙,然后根据②可得甲>丁>乙>丙。

15. 答案:B。

分析:10 寸的面积是 25π,4 寸的面积是 4π,6 寸的面积是 9π,7 寸的面积是 12.25π,8 寸的面积是 16π。与 10 寸的面积相等的是 6 寸+8 寸的面积。

第二轮B卷

3年级

1. 答案:C。

2. 答案:72。

分析:正方形甲的边长是 $48\div4=12$(厘米),正方形乙的边长是 $24\div4=6$(厘米)。大正方形的边长是 $12+6=18$(厘米),周长是 $18\times4=72$(厘米)。

3. 答案:78,88。

分析:$89\times5-92-93-94=166$。$166-78=88$。所以评委 D 的打分是 78,评委 E 的打分是 88。

4. 答案:8888,8888。

分析:$8\times8\times8\times8<8\times10\times10\times10=8000<8888$。

$9\times9\times9\times9<8100<8888$。

5. 答案:30。

分析:小兰带了 $40-10=30$(元),小新带了 $60-10=50$(元)。3 张票一共 $30+50+10=90$(元),一张票的价格是 $90\div3=30$(元)。

6. 答案:300,6。

分析:$550-425=125$(克),$125\times2=250$(克),$550-250=300$(克)。

1500 毫升水算为 1500 克,$1500\div250=6$(杯)。

7. 答案:2024。

分析:$(71-4)\times2=134$,

$(134-4)\times2=260$,

$(260-4)\times2=512$,

$(512-4)\times2=1016$,

$(1016-4)\times2=2024$。

8. 答案:如图所示。

7	1	2	6	5	3	4
5	4	1	3	2	7	6
4	6	5	7	3	2	1
3	2	7	4	1	6	5
6	7	3	1	4	5	2
1	5	6	2	7	4	3
2	3	4	5	6	1	7

第 8 题图

9. 答案:16。

分析:移动一圈(7 步)变为图(1)。

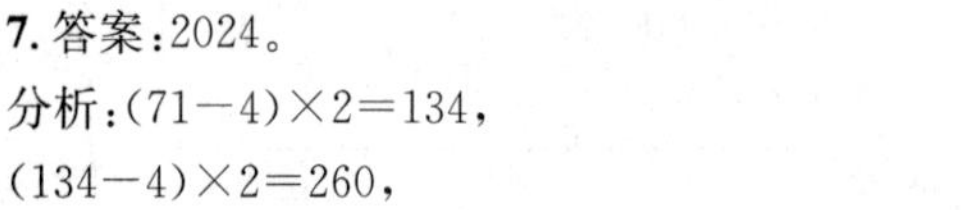

(1)　　(2)

第 9 题图

再移动一圈(7 步)变为图(2)。

再移动 2 步即可,一共要 $7+7+2=16$(步)。

10. 答案:2,11。

分析:$9+8+7+6+5=35$。在不超过 35 的数中,29 的数字和最大。

$3+5+6+7+8=29$,此时"快"$=2$,"乐"$=9$,"快"+"乐"$=11$。

而 $1+2+3+4+5=15$。所以"快"+"乐"不能是 $1+0=1$。"快"+"乐"的最小值是 $2+0=2$。此时 $1+3+4+5+7=20$。

11. 答案:见分析。

分析:可以把两部分方格分别从上到下进行编号,发现规律,然后再分割。下图是几种分割方法,本题答案不唯一。

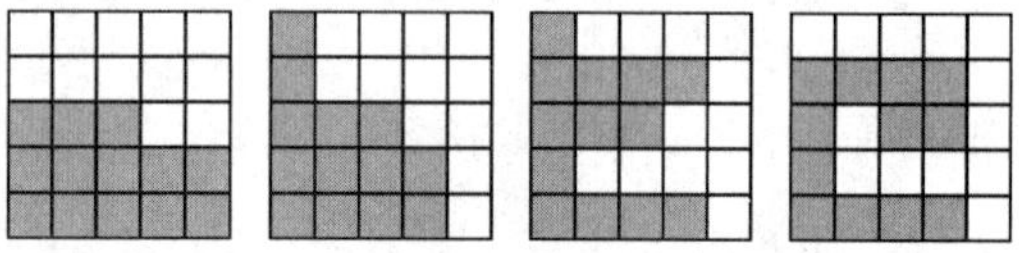

第 11 题图

12. 答案:21,21,19,23,39。

分析:

正:$1+3+6+4+5+2=21$。

背:$6+4+1+3+2+5=21=7\times6-21=42-21=21$。

上:$4+1+3+6+4+1=19$。

底:$3+6+4+1+3+6=23=7\times6-19=42-19=23$。

10 个骰子,上面的和是 31,底面的和是 $7\times10-31=39$。

13. 答案:11,1,1。

分析:载重 5 吨的卡车运费是 150 元,每吨运费是 $150\div5=30$(元);载重 2 吨的卡车运费是 80 元,每吨运费是 $80\div2=40$(元);载重 1 吨的卡车运费是 50 元。可见,如果尽量使用载重 5 吨的卡车运,费用最省。但 $58\div5=11\cdots\cdots3$。余下 3 吨,该怎样安排呢?如果用载重 5 吨的卡车来运,需要 150 元;如果用两辆载重 2 吨的卡车来运,需要 $80\times2=160$(元);如果各用 1 辆载重 2 吨和载重 1 吨的卡车运,需要 $80+50=130$(元)。

14. 答案:(1)2。(2)3。(3)4。

分析:(1)翻转 B,H。

(2)翻转 A,E,I。

(3)翻转 B,D,F,H。

15. 答案:C,1D,2748,7E8。

分析:$14+15=29=16+13=1D$(十六进制)。

$ABC=10\times16\times16+11\times16+12=2560+176+12=2748$。

$2024=7\times16\times16+14\times16+8=7E8$(十六进制)

4年级

1. 答案:3,2。

2. 答案:B。

3. 答案:7777777777。

分析:$9\times9\times9\times9\times9\times9\times9\times9\times9\times9<729\times10\times10\times10\times10\times10\times10\times10=7290000000<7777777777$。

4. 答案:1877。

分析:$2024\times5=10120$,$1949\times3=5847$,$2050\times3=6150$,$5847+6150-10120=1877$。

5. 答案:9。

分析:$108\div12=9$。

6. 答案:188。

分析:$1+2+\cdots+12=78$,$78+12=90$,$90\times2=180$,$180+8=188$。

7. 答案:23,19。

分析:甲船速+乙船速$=168\div4=42$(千米/时),

甲船速-乙船速$=168\div42=4$(千米/时),

甲船速$=(42+4)\div2=23$(千米/时),

乙船速$=(42-4)\div2=19$(千米/时)。

8. 答案:(1)180。(2)9。(3)$60+57+50$ 或 $57+60+50$。

分析:(1)$60+60+60=180$。

(2)$60+60+60+60+60+60+60+57+24=501$。

(3)$60+57+50=57+60+50=167$。(注意最后1镖必须是50分)

9. 答案:$(9-8+7)\times(6+5)\times(4\times3\times2-1)=2024$。

10. 答案:1,7,19,37,271。

分析:第一个:1。

第二个:$1+6=7$。

第三个:$1+6+12=19$。

第四个:$1+6+12+18=37$。

第十个:$1+6\times1+6\times2+6\times3+6\times4+\cdots+6\times9=1+6\times45=271$。

11. 答案:1,11。

分析:"学"最小为1,"习"最小为0。"时"为2,"代"为3,"报"为4,$2+3+1+0+4=10$,"学"+"习"最小等于1。

5个不同数字之和最大是$9+8+7+6+5=35$。当"时"为5,"代"为6,"学"为2,"习"为9,"报"为7,$5+6+2+9+7=29$,此时"学"+"习"最大等于11。

12. 答案:6。

分析:$112\div14=8$(天),$20\times8=160$,$160-112=48$(个),$48\div(20-12)=6$(天)。

13. 答案:418。

分析:如图所示,把长方形分成了6个部分:1,2,3,4,5,6。

其中,1和2等底同高,3和4等底同高,5和6等底同高。所以阴影部分的总面积是长方形面积的一半,是$38\times22\div2=418$(平方厘米)。

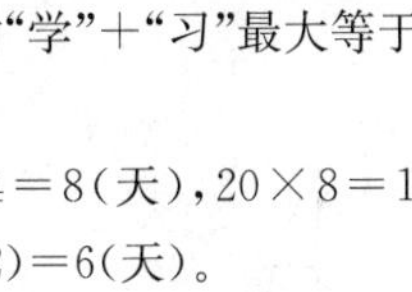

第13题图

14. 答案:(1)4。(2)5。(3)5。

分析:(1)翻转C,E,F,I。

(2)翻转B,D,E,F,H。

(3)翻转A,C,F,G,H。

15. 答案:(1)B。(2)8393。

分析:由"$9\times9\times9=5$"可知,一位数自乘3次的积还是一位数,并且不相同,可知"9"=2,"5"=8;再由"$9\times3=3$"可知,"3"=0;由"$8\times8=8$"可知,"8"=1。最后由"$(93+8)\times7=837$",可知"7"=5。$12\times85=1020$,可以写成8393。

5年级

1. 答案:(1)404.8。(2)227。(3)102.3。(4)2024。

分析:(1)原式$=202.5\times2024-2024\times202.3=2024\times(202.5-202.3)=404.8$。

(2)原式$=3.14+256.27-7.18-22.82+6.86-9.27=(3.14+6.86)+(256.27-9.27)-(7.18+22.82)=10+247-30=227$。

(3)原式$=0.1\times(1+2+2^2+2^3+\cdots+2^9)=0.1\times(2^{10}-1)=102.3$。

(4)原式$=4050\times0.5-5\times\frac{1}{5}=2024$。

2. 答案:(1)C。(2)B。(3)A。

3. 答案:(1)0.5。(2)3,2。(3)1,25。

4. 答案:A→6,B→7,C→2。

5. 答案:如图所示。

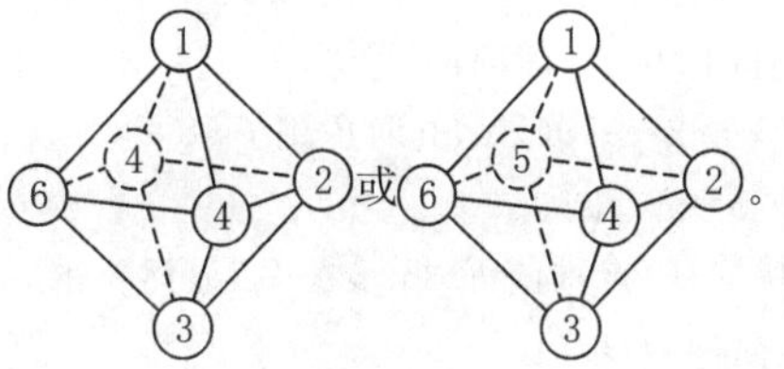

第5题图

6. 答案:97.75。

分析:$382.5\div9\times100=4250$(帕),$102-4.25=97.75$(千帕)。

7. 答案:201,110。

分析:根据"金牌的数量比银牌和铜牌的总数还多19枚",可求出金牌有$(383+19)\div2=201$(枚),银牌和铜牌共$201-19=182$(枚)。再根据"将20枚银牌换成铜牌,那么银牌和铜牌的数量就一样多",可求出银牌有$(182+40)\div2=111$(枚)。

8. 答案:36。

分析:合理分类,①小张和小赵恰有1人入选,先从2人中选1人,然后把这个人在前2项工作中安排一个,最后剩余的3人进行全排列,有$C_2^1C_2^1A_3^3=24$(种)选法。②小张和小赵都入选,首先安排这2个人,然后在剩余的3人中选2人排列有$A_3^2A_2^2=12$(种)选法。

因此,共有$24+12=36$(种)选法。

9. 答案:35。

分析：取35人为这样一种特殊情况，他们中器乐与声乐成绩都互不相等，并且器乐成绩最高者声乐成绩最低，器乐成绩次高者声乐成绩次低……这样一来，器乐成绩最高的学生是优秀学生；器乐成绩第二的学生（优于其他33人），声乐是倒数第二（优于1人），他也是优秀学生。同理可说明35人都是优秀学生。

10. 答案：(1)5，1。(2)$\frac{6n}{n+1}$。

11. 答案：2025。

分析：逆用分配律，原式$=(1+2+3+\cdots+9)\times(1+2+3+\cdots+9)=45\times45=2025$。

12. 答案：180。

分析：在平行四边形 $ADHB$ 中，$S_{\triangle AEB}+S_{\triangle EDA}=\frac{1}{2}S_{\square ADHB}$，$S_{\triangle ABC}=\frac{1}{2}S_{\square ADHB}$，所以 $S_{\triangle EDH}=S_{\triangle BEC}$，从而可求出 $S_{\triangle EHC}=40+30-50=20$。

再比较$\triangle EDH$和$\triangle EHC$，它们的高相等，因此 $DH:HC=5:2$。

根据$\triangle BCH$的面积是30可知，平行四边形 $ADHB$ 的面积是$30\div2\times5\times2=150$，梯形 $ABCD$ 的面积是180。

13. 答案：144；90。

分析：方法一　设狗跑5步和兔跑8步的时间都是1秒，兔跑9步和狗跑4步的距离都是36米。

则狗1步跑$36\div4=9$(米)，速度为：$5\times9\div1=45$(米/秒)，兔1步跑$36\div9=4$(米)，速度为：$8\times4\div1=32$(米/秒)，狗前面26步，即前面$26\times9=234$(米)，追及时间：$234\div(45-32)=18$(秒)，此时兔跑了$18\times8=144$(步)，狗跑了$18\times5=90$(步)。

方法二　“猎狗前面26步……”显然指的是狗的26步（下面简称“狗步”）。

因为题目中出现“兔跑8步的时间……”和“兔跑9步的距离……”，8与9的最小公倍数是72，所以可以统一在“兔跑72步”这个情况下考虑。

兔跑72步的时间狗跑$72\div8\times5=45$(步)，兔跑72步的距离等于狗跑$72\div9\times4=32$(步)的距离，所以在兔跑72步的时间里，狗比兔多跑了$45-32=13$(步)的路程（13“狗步”）。由此推知，要追上26“狗步”，兔跑了$72\times(26\div13)=144$(步)，此时猎狗跑了$5\times(144\div8)=90$(步)。

14. 答案：13。

分析：本题可通过尝试列举的办法解决。

假设2个鸡舍为A和B。1号鸡在A鸡舍，那么编号是3，8，15，…的鸡一定在B鸡舍。再根据3号鸡在B鸡舍，可知编号为6，13，22，…的鸡一定在A鸡舍。6号在A鸡舍，那么10，19，…的鸡一定在B鸡舍。但此时注意到B鸡舍有编号为10和15两只鸡，编号和为平方数。这说明$n\leqslant15$。接着尝试发现，可将1～14如下分成2份，符合要求。

A：1，2，4，6，9，11，13。

B：3，5，7，8，10，12，14。

因此，小代的奶奶开始养了15只鸡。

$1+2+4+6+9+11+13=46$，$3+5+7+8+10+12+14=59$，吃掉编号为15的那只鸡后，分到2个鸡舍里的鸡的编号之和相差13。

15. 答案：5。

分析：只需在草稿纸上写出数字1～52，按要求划去扔掉的数，就可知道最后剩下第5张。

❻年级

1. 答案：(1)11。(2)6。(3)$\frac{11}{48}$。(4)$1\frac{1}{5}$。

分析：(1)原式$=\frac{5}{12}\times72+\frac{1}{9}\times72-\frac{3}{8}\times72=30+8-27=11$。

(2)原式$=10.75\times\frac{3}{14}+18\frac{5}{6}\times\frac{3}{14}-\frac{3}{14}\times\frac{19}{12}=\frac{3}{14}\times\left(10\frac{3}{4}+18\frac{5}{6}-\frac{19}{12}\right)=\frac{3}{14}\times28=6$。

(3)原式$=\frac{1}{4}\times\left(\frac{1}{1\times2}+\frac{1}{2\times3}+\frac{1}{3\times4}+\cdots+\frac{1}{11\times12}\right)=\frac{1}{4}\times\left(1-\frac{1}{2}+\frac{1}{2}-\frac{1}{3}+\frac{1}{3}-\frac{1}{4}+\cdots+\frac{1}{11}-\frac{1}{12}\right)=\frac{1}{4}\times\frac{11}{12}=\frac{11}{48}$。

(4)原式$=1+\cfrac{1}{1+\cfrac{1}{1+\cfrac{1}{2}}}=1+\cfrac{1}{1+\cfrac{2}{3}}=1+\frac{3}{5}=1\frac{3}{5}$。

2. 答案：15，$\frac{1}{72}$。

分析：1气$=5\times3=15$(日)，1候$=\frac{1}{3}\times\frac{1}{3}\times\frac{1}{2}\times\frac{1}{4}=\frac{1}{72}$(岁)。

3. 答案：阿基米德，$\frac{4}{3}\pi r^3$，$4\pi r^2$。

4. 答案：$(9-8+7)\times(6+5)\times(4\times3\times2-1)=2024$

5. 答案：如图所示。

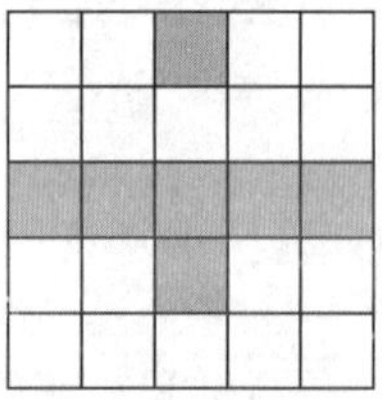

第5题图

（答案不唯一）。

6. 答案：2∶1。

7. 答案：43。

分析：$130\div3=43\cdots\cdots1$，所以幼儿园最多有小朋友43位。

8. 答案：66。

分析：统一单位1，原来两根线香的长度比是58∶52，后来的长度比是 33 ∶ 27，所以 50 分钟对应 58－33＝25(份)。较长的那根还能燃烧 50÷25×33＝66(分钟)。

9. 答案：232。

分析：设最后一天背了 x 个单词，利用倒推法，可知第四天背之前有 $\frac{4}{3}x+8$ 个单词，第三天背之前有 $\left(\frac{4}{3}\right)^2x+8\times\left(1+\frac{4}{3}\right)$ 个单词，依次类推，第一天背之前有 $\left(\frac{4}{3}\right)^4x+8\times\left[1+\frac{4}{3}+\left(\frac{4}{3}\right)^2+\left(\frac{4}{3}\right)^3\right]=\left(\frac{4}{3}\right)^4\times(x+24)-24$ 个单词，$(x+24)$ 要被 3^4 整除，至少是 81，此时单词数是 $4^4-24=256-24=232$(个)，符合要求。如果单词数再多，有 $4^4\times2-24=488$(个)单词，就不符合要求了。

10. 答案：(1)见下表。

合数	8	72	2024	4500
分解质因数	$8=2^3$	$72=2^3\times3^2$	$2024=2^3\times11\times23$	$4500=2^2\times3^2\times5^3$
因数个数	3+1=4	(3+1)×(2+1)=12	(3+1)×(1+1)×(1+1)=16	(2+1)×(2+1)×(3+1)=36

(2) $(a_1+1)\times(a_2+1)\times\cdots\times(a_n+1)$

(3)(1+2+4+8)×(1+11)×(1+23)＝4320。

11. 答案：62。

分析：这串数往下写是：$3,4,\frac{5}{3},\frac{2}{3},1,3,4,\frac{5}{3},\frac{2}{3},1,\cdots$ 根据周期规律，前 30 个数的和是 $\left(3+4+\frac{5}{3}+\frac{2}{3}+1\right)\times6=62$。

12. 答案：(1)甲。(2)24。(3)12。

分析：(1)略。

(2)甲在 AB 段的速度是 $(7-5)\div(33-15)=\frac{1}{9}$(千米/分)，从 A 到追到的点，甲行了 1 千米，就需要 9 分钟，所以比赛开始 15＋9＝24(分钟)后，乙第一次追上甲。

(3)乙匀速行驶，24 分钟行了 6 千米，那么 48 分钟行了 12 千米，这就是全程。

13. 答案：15。

分析：$a=13,b=2,a+b=15$。

14. 答案：30。

分析：可按“鸡兔同笼”问题解，设工期为 a 天。

(1)甲队在 0 摄氏度以上，每天可完成 A 项工程的 $\frac{1}{18}$，在 0 摄氏度以上，每天只能完成 $\frac{1}{18}\times\frac{2}{5}=\frac{1}{45}$，0 摄氏度以下天数为 $\left(\frac{1}{18}\times a-1\right)\div\left(\frac{1}{18}-\frac{1}{45}\right)=\frac{(a-18)\times5}{3}$。

(2)乙队在 0 摄氏度以上，每天可完成 B 项工程的 $\frac{1}{24}$，在 0 摄氏度以下，每天仍可完成 $\frac{1}{24}\times\frac{3}{5}=\frac{1}{40}$，0 摄氏度以下天数为 $\left(\frac{1}{24}\times a-1\right)\div\left(\frac{1}{24}-\frac{1}{40}\right)=\frac{(a-24)\times5}{2}$。得 $a=36$ 天，0 摄氏度以下天数为 $\left(\frac{1}{18}\times36-1\right)\div\left(\frac{1}{18}-\frac{1}{45}\right)=30$(天)或 $\left(\frac{1}{24}\times36-1\right)\div\left(\frac{1}{24}-\frac{1}{40}\right)=30$(天)。

15. 答案：119。

分析：楼梯阶梯数是 2,3,4,5,6 的公倍数减 1，又是 7 的倍数。2,3,4,5,6 的公倍数是 60,120,180,…减 1 后是 59,119,179,…其中 119 是 7 的倍数。因此，楼梯最少有 119 阶。

总决赛

3年级

1. 答案：(1)6 次。(2)9 次。(3)5,1 或 3,4 或 1,7。

2. 答案：2。

分析：C 不对。

3. 答案：(1)3。(2)5。

分析：(1)$a=2,b=1,a+b=3$。

(2)$a=3,b=2,a+b=5$。

4. 答案：如图。

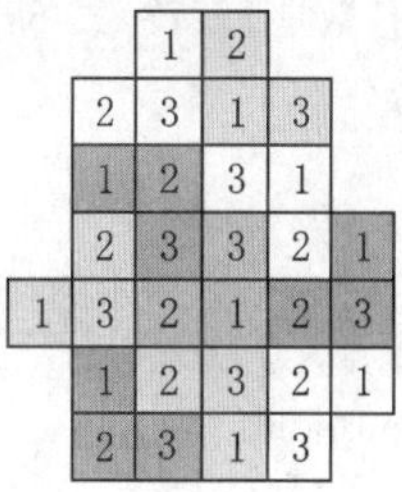

第 4 题图

5. 答案：20。

6. 答案：如图。

第 6 题图

7. 答案：4,2。

8. 答案：13,52,29。

分析：晚上 7:07:27 就是 19:07:27。早上 05:14:58 加 2 秒就是 05:15:00，到 19:07:27 还有 13 时 52 分 27 秒。白天时间有 13 时 52 分 29 秒。

9. 答案：51。

分析：一个小组 6 场比赛，6 个小组 6×6＝36(场)比赛，淘汰赛要淘汰 15 支球队，有 15 场比赛，一共 36＋15＝51(场)比赛。

10. 答案：11,141。

分析：门牌号的和是 10000，我们可以一点一点地试，看看 10000 是不是 1＋2＋3＋4＋5＋6＋7＋8……＋150 的和；先加到 140，1＋2＋3＋4＋5＋6＋7＋8＋9＋…＋139＋140＝9870，与知道的得数 10000 只差 130，继续加到 141，得 9870＋141＝10011，很明显 10011－10000＝11，所

以这条街上有 141 户人家，小叶家的门牌号是 11 号。

11. 答案：26573 或 66570。

分析：3 个人，每人都猜中了 2 个不相邻的数字，3 个人一共猜中了 6 个数字（而五位数只有 5 个数字，这说明了什么？）。仔细观察下面的表格，同一数位上，除了百位的 5 出现 2 次之外，没有数字重复。所以有 2 人同时猜中了百位上的 5，其他数位上分别猜中了一个数字。

人员	万	千	百	十	个
甲	2	4	5	8	0
乙	3	6	9	7	1
丙	6	7	5	0	3

因为猜中的两个数字不相邻，我们分 2 种情况讨论。

第一种：甲猜中了万位上的 2 和百位上的 5，这样丙猜中了百位上的 5 和个位上的 3。这时乙猜中了千位上的 6 和十位上的 7。

第二种：甲猜中了百位上的 5 和个位上的 0，这样丙猜中了万位上的 6 和百位上的 5。这时乙猜中了千位上的 6 和十位上的 7。

所以正确的五位数是 26573 或 66570。

12. 答案：略。

❹年级

1. 答案：D。

分析：两边之和要大于第三边。

2. 答案：略。合理即可。

3. 答案：50，15，8。

分析：合起来是鹅的 9 倍多 1 只，鹅有 8 只，鸭有 15 只，鸡有 50 只。

4. 答案：8352。

分析：87×96＝8352。

5. 答案：16。

分析：A 和 a 交换，需要 4 步；B 和 b 交换，需要 4 步；C 和 c 交换，需要 4 步；D 和 d 交换，需要 4 步。一共 16 步。

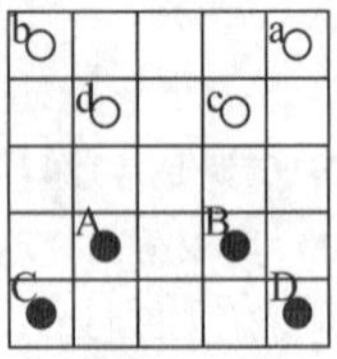

第 5 题图

6. 答案：(1)10。(2)15。(3)★★○★。

7. 答案：38。

分析：“长”＝1，“征”＝0，“远”＝9。

“军”＋“怕”＋“难”＝2＋3＋5＝10，“红”＋“不”＝4＋6。没有用到 7 和 8。

“军”＋“怕”＋“难”＝7＋8＋5＝20，“红”＋“不”＝3＋6。没有用到 2 和 4。7＋8＋5＋3＋6＋0＋9＝38。

8. 答案：82，1230，2460000000。

分析：同区有 4×4＝16（场）；同部不同区有 4×3＋6×4＝36（场）；不同部有 15×2＝30（场）；常规赛有 16＋36＋30＝82（场）；一共有 82×30÷2＝1230（场）。门票收入：10000×200×1230＝2460000000（元）。

9. 答案：256。

分析：9 粒糖，中间有 8 个空，插空法，有 2^8 种方法。

10. 答案：720。

分析：第一次相遇合走 2 个全程。第二次相遇合走 4 个全程。

$AC+CB+CB=2AC$，于是 $AC=2CB$，乙车的速度是甲车的 2 倍，第一次相遇时甲车行驶了 180÷3×2＝120（千米），乙车行驶了 120×2＝240（千米）。第三次相遇时乙车行驶了 240×3＝720（千米）。

11. 答案：16。

分析：画图可以发现有 16 种方案，如图所示。

不难枚举出答案为 16。

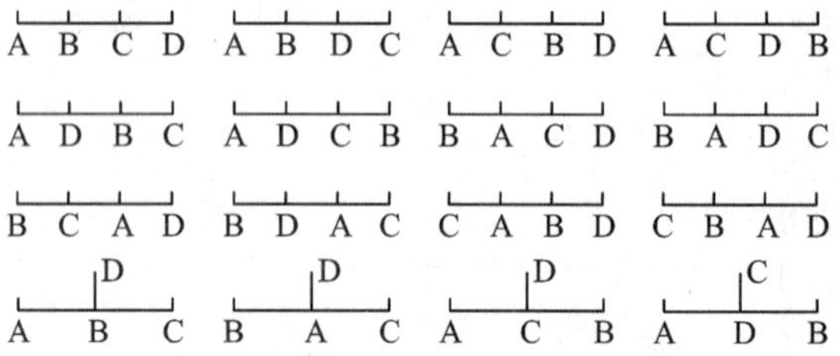

第 11 题图

后 4 幅图中，有一个点次数为 3（引出 3 条线）。

前 12 幅图中，点的次数均小于 3，两端的点次数为 1，形成一条直线[有 4!÷2＝12（种）]。这种图（连通，没有圈）称为树。

4 个点的树有 $4^2=16$（种）。

12. 答案：略。

❺年级

1. 答案：(1)37.5。(2)$\frac{21}{32}$。(3)$2248\frac{32}{45}$ 或 $2248.7\dot{1}$。(4)$\frac{n-1}{n+1}$。

分析：(1)原式＝0.375×42＋0.375×57＋0.375＝0.375×(42＋57＋1)＝37.5。

(2)原式$=\frac{1}{3}+\frac{1}{6}+\frac{1}{12}+\frac{1}{24}+\frac{1}{48}+\left(\frac{1}{96}+\frac{1}{96}\right)-\frac{1}{96}$

$=\frac{1}{3}+\frac{1}{6}+\frac{1}{12}+\frac{1}{24}+\left(\frac{1}{48}+\frac{1}{48}\right)-\frac{1}{96}=\cdots=\frac{2}{3}-\frac{1}{96}$

$=\frac{21}{32}$。

(3)原式$=2024+202\frac{4}{9}+20\frac{24}{99}+2\frac{24}{990}=(2024+202+20+2)+\left(\frac{4}{9}+\frac{24}{99}+\frac{24}{990}\right)=2248+\frac{704}{990}=2248\frac{32}{45}=$

$2248.7\dot{1}$。（填分数或循环小数都对）

(4)原式$=2\times\left(\frac{1}{2\times3}+\frac{1}{3\times4}+\frac{1}{4\times5}+\cdots+\frac{1}{n\times(n+1)}\right)=2\times\left(\frac{1}{2}-\frac{1}{3}+\frac{1}{3}-\frac{1}{4}+\frac{1}{4}-\frac{1}{5}+\cdots+\right.$

$\frac{1}{n}-\frac{1}{n+1}\Big)=2\times\frac{n-1}{2(n+1)}=\frac{n-1}{n+1}$。

2. 答案：16807。

分析：7×7×7×7×7＝16807(赫克特)。

3. 答案：7054。

分析：3.14×(60^2－50^2)＋180×10×2＝7054(平方厘米)。

4. 答案：176。

分析：设原计划的速度是每天 x 千米。可列方程 $8x=x+5(x+8.8)$，解得 $x=22$，因此总行程是 22×8＝176(千米)。

5. 答案：5400。

分析：上面的面积为 20×10×15＝3000(平方厘米)，前面的面积为 10×5×12＝600(平方厘米)，右面的面积为 20×5×6＝600(平方厘米)。

白色部分的总面积为 3000＋600×2＋600×2＝5400(平方厘米)。

6. 答案：51。

分析：第一行有 1 个数，第 2 行有 3 个数……第 n 行有 $(2n-1)$ 个数，$1+3+5+\cdots+(2n-1)=n^2$。

2024 在偶数数列里是第 1012 个数，与 1012 最接近的平方数是 31^2＝961。1012－961＝51，因此，数 2024 为第 32 行，从左往右第 51 个数。

7. 答案：(1)16。(2)6。

分析：(1)2024＝2^3×11×23，2024 有 3 个质因数，有(3＋1)×(1＋1)×(1＋1)＝16(个)因数。

(2)等边三角形：(2，2，2)，(11，11，11)，(23，23，23)，共 3 个；

等腰三角形：(11，11，2)，(23，23，2)，(23，23，11)，共 3 个。

三条边都不同的三角形：0 个。

一共有 3＋3＝6(个)三角形。

8. 答案：如图所示。

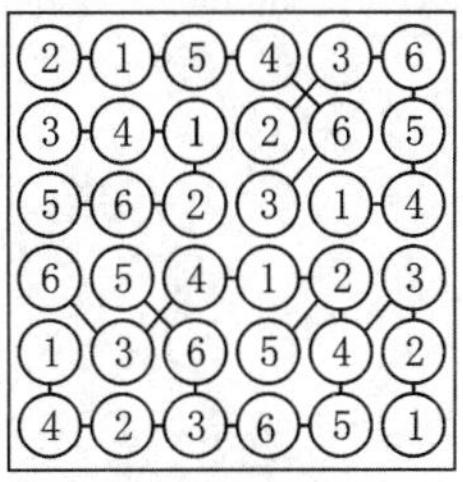

第 8 题图

9. 答案：4，228。

分析：$\frac{1}{a}>\frac{1}{a}-\frac{1}{b}=\frac{14}{57}>\frac{1}{5}$，所以 $a\leqslant4$。经试算，$a=1,2,3$ 均不合要求。

当 $a=4$ 时，$\frac{1}{b}=\frac{1}{4}-\frac{14}{57}=\frac{1}{228}$。

因此，$a=4$，$b=228$。

10. 答案：3。

分析：至少 3 个数字，如 131213121312。

11. 答案：0。

分析：只有雷震子说的是对的，所以土行孙说的是错的，可以知道姜太公一条鱼也没钓到。

12. 答案：略。

6年级

1. 答案：(1)1799.336。(2)975。(3)$\frac{1}{2024}$。

分析：(2)原式＝9.75×25＋9.75×76－9.75＝9.75×(25＋76－1)＝975。

(3)原式$=1-\frac{1}{2}+\frac{1}{2}-\frac{1}{3}+\frac{1}{3}-\frac{1}{4}+\frac{1}{4}-\frac{1}{5}+\cdots+\frac{1}{9}-\frac{1}{10}=1-\frac{1}{10}=\frac{9}{10}$。

令 $1+\frac{1}{2}+\frac{1}{3}+\cdots+\frac{1}{2023}=a$，则原式$=\left(a-1+\frac{1}{2024}\right)a-\left(a+\frac{1}{2024}\right)(a-1)=a^2-\frac{2023}{2024}a-\left(a^2-a+\frac{1}{2024}a-\frac{1}{2024}\right)=\frac{1}{2024}$。

2. 答案：1004.8。

分析：根据截成 2 个小圆柱，表面积增加 628 平方厘米，可知圆柱的 2 个底面积之和就是 628 平方厘米。根据截成 2 个半圆柱，表面积增加 240 平方厘米，可知直径×高＝240÷2＝120(平方厘米)，圆柱的侧面积是 120×3.14＝376.8(平方厘米)。因此，原来这段圆柱形木料的表面积是 628＋376.8＝1004.8(平方厘米)。

3. 答案：805。

分析：获得银奖的比获得铜奖的人数少 1÷4＝25%。获得金奖的同学占活动总人数的$\frac{1}{5}$，获得银奖的同学占活动总人数的$\frac{4}{5}\times\frac{3}{7}$，获得银奖的同学占活动总人数的$\frac{4}{5}\times\frac{4}{7}$，所以金、银、铜奖获奖的人数比是 7∶12∶16。根据获得金奖的同学比获得铜奖的同学少 207 人可知，每份人数是 207÷(16－7)＝23(人)。所以参加这次数学活动的同学共有 23×35＝805(人)。

4. 答案：3

5. 答案：17。

分析：80÷6＝13……2，因此最大面额的钞票最小是 17。比如 80＝17＋17＋17＋17＋7＋5。

6. 答案：上午 10 时。

分析：钟塔上的钟从晚上 7 时到第二天早上 9 时 30 分，经过了 14×60＋30＝870(分钟)(相对慢钟的时间)，转化成标准时间是 870÷58×60÷60＝15(小时)。这时的实际时间是上午 10 时。

7. 答案：1120，1080。

分析：设煨制前，鸡的质量是 x 克。可列出方程：(1－60%)x÷(1－45%)＋(1－50%)×(2200－x)÷(1－1%)

$=1360$，解得 $x=1120$。所以煨制前，鸡的质量是 1120 克，黄泥土的质量是 $2200-1120=1080$（克）。

8. 答案：6。

分析：如图所示。

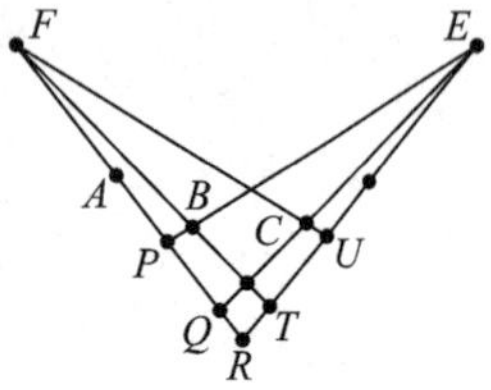

第 8 题图

9. 答案：60。

分析：列表递推如下。

次数	球在甲手中	球在乙手中	球在丙手中	球在丁手中
第 1 次传球后	0	1	1	1
第 2 次传球后	1+1+1=3	0+1+1=2	0+1+1=2	0+1+1=2
第 3 次传球后	2+2+2=6	3+2+2=7	3+2+2=7	3+2+2=7
第 4 次传球后	7+7+7=21	6+7+7=20	6+7+7=20	6+7+7=20
第 5 次传球后	20+20+20=60	21+20+20=61	21+20+20=61	21+20+20=61

因此，经过 5 次传球后仍然回到甲的手中的不同方法有 60 种。

10. 答案：1。

分析：因为无论怎么拿，要使相对重的托盘变轻，拿走的砝码至少为 2 克。

11. 答案：5。

分析：$\frac{a}{b}\times\frac{b}{a}=(a+2)(a-2)=a^2-4=1$，所以 $a^2=5$。

再根据 $\frac{b}{a}=a-2$，可得 $b=a(a-2)$，所以 $\frac{b^2}{(a-2)^2}=\frac{a^2(a-2)^2}{(a-2)^2}=a^2=5$。

12. 答案：略

2024年 春·广州悦教育高端班选拔考试

1 年级

1. 答案：(1)30。(2)200。(3)140。

2. 答案：二，三。

3. 答案：

第 3 题图

4. 答案：6，12。

5. 答案：C，B。

6. 答案：(1)21。(2)26，22。(3)34。

7. 答案：

3	1	4	2
4	2	3	1
1	3	2	4
2	4	1	3

第 7 题图

8. 答案：4。

9. 答案：6。

10. 答案：490。

11. 答案：

第 11 题图

12. 答案：35。

分析：已知斑马跑了 6 千米。恐龙跑了 $6+5=11$（千米），小鹿跑了 $11-3=8$（千米），骆驼跑了 $8+2=10$（千米）。

共：$6+11+8+10=35$（千米）。

13. 答案：12；9。

分析：若给甜甜补上 3 块，两人共 $21+3=24$（块）。姐姐：12 块，甜甜：$12-3=9$（块）。

2 年级

1. 答案：(1)355。(2)177。

2. 答案：(1)3300。(2)50。

3. 答案：200。

分析：原式 $=127-27+45+55$

$=100+100$

$=200$。

4. 答案：29。

分析：最多切为 $1+1+2+3+4+5+6+7=29$（块）。

5. 答案：37。

分析：第 12 项为 $4+(12-1)\times3=37$。

6. 答案：65。

分析：周期为 4 个数（1、3、5、7）。$17\div4=4$（组）……1（个），每组和：$1+3+5+7=16$；4 组：$16\times4=64$；加上余数：$64+1=65$。

7. 答案：8。

分析：3 个相同的小正方形拼成下图，则长方形的周长是由 8 个小正方形的边长组成的。则小正方形的边长：$16\div8=2$（厘米），小正方形的周长：$2\times4=8$（厘米）。

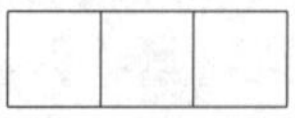

第 7 题图

8. 答案：2。

分析：$AC=AB-BC=16-12=4$，已知线段 $AD=BC$，那么 $AC+CD=CD+DB$，因此 $AC=DB=4$。

因为 E 是线段 BD 的中点，所以 $DE=EB$，长度为 4

的一半，$4\div2=2$。

9. 答案：16。

分析：有序枚举，按照从小到大的顺序，要求每盒至少有3个球，所以从3开始。

$20=3+3+14$	$20=4+4+12$	$20=5+5+10$	$20=6+6+8$
$=3+4+13$	$=4+5+11$	$=5+6+9$	$=6+7+7$
$=3+5+12$	$=4+6+10$	$=5+7+8$	
$=3+6+11$	$=4+7+9$		
$=3+7+10$	$=4+8+8$		
$=3+8+9$			
(6种)	(5种)	(3种)	(2种)

综上所述，$6+5+3+2=16$(种)，一共有16种不同的可能。

10. 答案：87。

分析：还原问题，需要画出火车图。从左往右看，第一个括号里的数字表示原来的奖品数量，从第二个括号开始表示的都是每次分后剩下的数量。

$$(87)\underset{\times3}{\overset{\div3}{\rightleftharpoons}}(29)\underset{\div2}{\overset{\times2}{\rightleftharpoons}}(58)\underset{+2}{\overset{-2}{\rightleftharpoons}}(56)\underset{\times4}{\overset{\div4}{\rightleftharpoons}}(14)\underset{\div2}{\overset{\times2}{\rightleftharpoons}}(28)$$
$$\underset{+3}{\overset{-3}{\rightleftharpoons}}(25)\underset{\times5}{\overset{\div5}{\rightleftharpoons}}(5)\underset{\div2}{\overset{\times2}{\rightleftharpoons}}(10)\underset{+4}{\overset{-4}{\rightleftharpoons}}(6)$$

11. 答案：小白兔，小黑兔。

分析：对几个不同的量进行比较与排序时，可以用神箭图，如下图。

第11题图

12. 答案：502。

分析：马路被分成$5000\div20=250$(段)。棵数=段数+1，一侧种树：$250+1=251$(棵)，两侧一共种树：$251\times2=502$(棵)。

13. 答案：84。

分析：按照位数进行分类。

①一位数：8，共1个；

②两位数：17，26，35，44，53，62，71，80，共8个；

③三位数：107，116，125，134，143，152，161，170

206，215，224，233，242，251，260

305，314，323，332，341，350

…

701，710

800　共$8+7+6+5+4+3+2+1=36$(个)；

④四位数：1007，1016，1025，1034，1043，1052，1061，1070，1106，

1115，1124，1133，1142，1151，1160，1205，

1214，1223，1232，1241，1250，

…

1601，1610

1700，

2006，2015，2024，共$8+7+6+5+4+3+2+1+3=39$(个)。

总共有$1+8+36+39=84$(个)。

❸年级

1. 答案：690。

分析：$13\times12+13\times11+23\times17=13\times(12+11)+23\times17=13\times23+23\times17=23\times(13+17)=23\times30=690$。

2. 答案：23。

去括号，得$3x-17=2x+6$，移项，得$3x-2x=6+17$，解得$x=23$。

3. 答案：10；385。

分析：$(52-25)\div3+1=10$(个)，$(25+52)\times10\div2=385$。

4. 答案：3。

分析：$2*4=3\times2-4=2$，$2*3=3\times2-3=3$。

5. 答案：4。

分析：$400\div2\div2=100$(个)，$2400\div6\div100=4$(台)。

6. 答案：一。

分析：2028年是闰年，2月3号到3月3号(算尾不算头)有29天，3月3号到4月3号有31天，共$29+31=60$(天)，$60\div7=8$(周)……4(天)，相当于再过4天，也就是周一。

7. 答案：40。

分析：分组法，4只鸡和1只兔为一组，那么一组里有$2\times4+4=12$(条)腿，$120\div12=10$(组)，那么鸡的只数有$10\times4=40$(只)。

8. 答案：53。

分析：两次结果之差是$5+11=16$，代表想要给每个人多发1支笔一共需要16支笔，那么学生人数就是16人，笔数是$16\times3+5=53$(支)。

9. 答案：48，75。

分析：平移法可得周长是$10\times4+4+1+3=48$；面积是$10\times10-4\times4-3\times3=75$。

10. 答案：15。

分析：至少参加一项的有$47-5=42$(人)，两项都参加的有$32+25-42=15$(人)。

11. 答案：30。

分析：家到学校的距离为$60\times12=720$(米)，要想8分钟到达，则速度需为$720\div8=90$(米/分)，则比之前多走$90-60=30$(米/分)。

12. 答案：92。

分析：5名同学的总分为$5\times90=450$(分)，要第三名尽可能少，则第一、第二名分数尽可能多。第一名为99分，则第二名最高为98分，则第三第四名总分为：$450-99-98-71=182$(分)；让分数高的人的分数尽可能少，则平均分配：$182\div2=91$(分)，调整得第三名：$91+1=92$(分)。

13. 答案：5，20。

分析：从后往前倒推每次的操作过程，4 次一周期，操作 50 次，50÷4＝12（组）……2（次），则第一次开开有 10 个，心心有 15 个，则原来开开有 5 个，心心有 20 个。

次数	开开	心心
50	20	5
49	10	15
48	5	20
47	15	10
46	20	5
45	10	15
…	…	…

14. 答案：345。

分析：一个数是 10 的倍数，则肯定是 5 的倍数，由于甲只说对了一句，所以可以判断甲说“这个数是 5 的倍数”这句话是对的，这个数是 5 的倍数但不是 10 的倍数，则这个数的个位为 5。那么乙说“这个数加上 1 后是 2 的倍数”这句话是对的，且可知这个数的个位数字不比十位数字大 2。则丙说的后半句“这个数的百位、十位、个位数字恰好组成一个从小到大排列的等差数列”是对的，由于个位已经确定为 5，由小到大的等差数列且在 100～400 间的只可能是 345 或 135，由乙的话可知这个数的个位数字不比十位数字大 2，则这个数不是 135，那么这个数只能是 345。

15. 答案：悦悦 90 张，开开 50 张，心心 30 张。

分析：开开比心心多 10＋10＝20（张）。

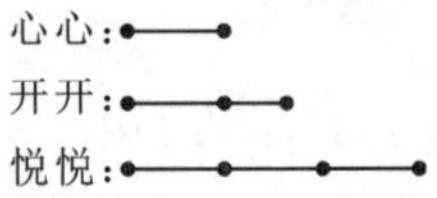

第 15 题图

心心：（170－20）÷（1＋1＋3）＝30（张）。

开开：30＋20＝50（张）。

悦悦：30×3＝90（张）。

16. 答案：40。

分析：先选卡片再组数。

①1 0、2、3②0、2、4③0、2、6④0、2、9⑤0、3、4⑥0、3、6⑦0、4、6⑧2、3、4⑨2、3、6。

3 张卡片中有 0 时可组成 2×2×1＝4（个）不同的三位数；

3 张卡片中没有 0 时可组成 3×2×1＝6（个）不同的三位数。

共 7×4＋6×2＝40（个）。

❹年级

1. 答案：100。

分析：原式＝25×7－3×25

＝25×4

＝100。

2. 答案：119。

分析：根据新运算“⊕”的定义，我们有 5⊕4＝5×4＋5＋4＝29，29⊕3＝29×3＋29＋3＝119。

3. 答案：$x=4$，$y=3$。

分析：①式×2＋②式可得 $x=4$，再代回①式可得 $y=3$。原方程组的解为 $\begin{cases}x=4,\\y=3。\end{cases}$

4. 答案：2109。

分析：末位分析，两数乘积个位为 9，个位的组合只能是 1×9，3×3，7×7，9×1；两数乘积十位为 0，只能是 5＋5；经检验符合要求的只有 37×57＝2109。

5. 答案：66。

分析：设老板最初有 x 个苹果。第三天结束时剩下 4 个苹果，这是由第二天结束时剩下的苹果的一半再减去 3 个得到的，即（第二天剩下的苹果数量）/2－3＝4（个）。

第二天结束时剩下的苹果数量是（第三天剩下的苹果数量＋3）×2＝（4＋3）×2＝14（个）。

第一天结束时剩下的苹果数量是（第二天剩下的苹果数量＋2）×2＝（14＋2）×2＝32（个）。

最初商人有的苹果数量是（第一天剩下的苹果数量＋1）×2＝（32＋1）×2＝66（个）。

6. 答案：57。

分析：5 位学生踢毽子的总和为 63×5＝315（个），前 3 名总和为 70×3＝210（个），后 3 名总和为 54×3＝162（个）。第 3 名踢了：210＋162－315＝57（个）。

7. 答案：115。

分析：利用加法原理，标数法可得。

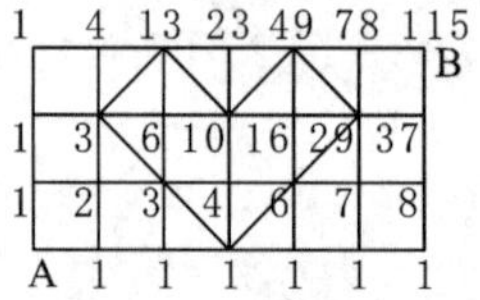

第 7 题图

8. 答案：81。

分析：3 个相同立方体拼成一个长方体会减少 4 个面的表面积，每个面的面积为 36÷4＝9（平方厘米），棱长为 3 厘米。长方体的体积是 9×（3＋3＋3）＝81（立方厘米）。

9. 答案：4。

分析：设线和为 $5k$，中间数为 A，数和＝1＋2＋3＋4＋5＋6＋7＝28，因为 A 算了 3 遍，其他数各算了 2 次，则有 $5k$＝数和×2＋A，$5k=28\times2+A$，$A=4$。

10. 答案：25。

分析：设 1 头牛 1 天吃 1 份草，每天生长的草为（23×9－27×6）÷（9－6）＝15（份），原有草为 23×9－15×9＝72（份）。假设没有卖掉 4 头牛，则还需要增加 4×2＝8（份）草才能让原有的牛吃 6＋2＝8（天）。故原来有（72＋8）÷8＋15＝25（头）牛。

11. 答案：18。

分析:设 $N\div 23=c\cdots\cdots c(c<23)$,则 $N=23c+c=24c$。由于 N 大于 100,所以 $c\geqslant 5$。因此 $c=5,6,7,\cdots,22$ 共 $22-5+1=18$(个)数。

12. 答案:15。

分析:因为 $DC/\!/FE$,所以 $S_{\triangle DGF}=S_{\triangle DGE}$。

从而 $S_{\triangle AGF}=S_{\triangle ADE}=S_{\square ABCD}\div 2=30\div 2=15$。

13. 答案:50。

分析:小悦第 2 次追上小飞则会比小飞多走 2 圈。用时 $2\times 150\div(11-8)=100$(秒)。此时小悦走了 $11\times 100=1100$(米),$1100\div 150=7$(圈)……50(米),故距离出发点 50 米。

14. 答案:225。

分析:如果一个数是 6 倍数,则它一定是 3 的倍数。由于每个人都是对一半,错一半。从而这个数是 3 倍数,不是 6 倍数。因此这个数是奇数,由小飞和小喜的话可知,这个数小于等于 300,且是个平方数。范围内的平方数,且为奇数的有 121,169,225,289。其中只有 225 是 3 的倍数,符合题意。

15. 答案:10,30。

分析:速度和 $300\div 20=15$(米/秒),

乙的速度 $15-5=10$(米/秒),

用时 $450\div 15=30$(秒)。

16. 答案:168。

分析:①选 3 个数字($AABC$ 类型)为 $4\times 6\times 3\times 2=144$(个)

②选 4 个数字($ABCD$ 类型)为 $4\times 3\times 2\times 1=24$(个)。

一共:$144+24=168$(个)。

5年级

1. 答案:7。

分析:原式 $=\left(\frac{25}{36}+\frac{47}{36}\right)\times\frac{7}{2}=2\times\frac{7}{2}=7$。

2. 答案:$\frac{15}{16}$。

分析:原式 $=1-\frac{1}{2}+\frac{1}{2}-\frac{1}{4}+\frac{1}{4}-\frac{1}{7}+\frac{1}{7}-\frac{1}{11}+\frac{1}{11}-\frac{1}{16}$

$=1-\frac{1}{16}$

$=\frac{15}{16}$。

3. 答案:14。

分析:由题易得甲∶乙∶丙=6∶4∶7;因此丙 $=7\times 12\div 6=14$。

4. 答案:648。

分析:易估算得 $A=6$。由位值原理,$100A+10B+C+A+B+C=666$。代入 $A=6$ 整理得:$11B+2C=60$。

解得:$B=4,C=8$。所以 $\overline{ABC}=648$。

5. 答案:4。

分析:一位质数为 2,3,5,7;由此组成的两位质数为 23,37,53,73,共 4 个。

6. 答案:3。

分析:甲的效率为 $\frac{1}{10}\div 3=\frac{1}{30}$,乙的效率为 $\frac{1}{9}-\frac{1}{30}=\frac{7}{90}$,再做 6 天后剩下工作总量为 $1-\frac{1}{10}-\frac{1}{9}\times 6=\frac{7}{30}$,所以乙还需再做 $\frac{7}{30}\div\frac{7}{90}=3$(天)。

7. 答案:8。

分析:顺水速度为 $240\div 8=30$(千米/时),逆水速度为 $240\div 10=24$(千米/时),船速为 $(30+24)\div 2=27$(千米/时)。

水速:$(30-24)\div 2=3$(千米/时),变化后的水速:$3\times 2=6$(千米/时),变化后的顺水速度:$27+6=33$(千米/时)。

时间:$264\div 33=8$(小时)。

8. 答案:80。

分析:第 3 天看的 12 页是第 1 天看完后余下的 $1-\frac{3}{4}=\frac{1}{4}$,所以第 1 天看完后,余下 $12\div\frac{1}{4}=48$(页)。

那么原来有 $48\div\left(1-\frac{2}{5}\right)=80$(页)。

9. 答案:60。

分析:包含左上角 * 的长方形有 $4\times 12=48$(个),包含右下角 * 的长方形有 $20\times 1=20$(个)。

包含两个 * 的长方形有 $4\times 1=4$(个),只包含一个 * 的长方形有 $48+20-2\times 4=60$(个)。

10. 答案:80。

分析:先排 A、B 有 A_2^2 种排法,C 在 A、B 间有 1 种排法。接下来给 D、E 打包有 A_2^2 种排法,再给 DE 插板有 C_4^1 种方法,最后给 F 插板有 C_5^1 种方法。所以共有 $A_2^2\times 1\times A_2^2\times C_4^1\times C_5^1=80$(种)排法。

11. 答案:1000。

分析:设全长为 x 米,那么有 $\frac{0.4x}{5}+\frac{0.6x}{6}=3\times 60$,解得 $x=1000$。

12. 答案:126。

分析:设梯形 $ABCD$ 的面积为"1"。由等高模型,因为 $AB:DC=2:5$,所以 $S_{\triangle BDC}=\frac{5}{2+5}=\frac{5}{7}$。又因为 E 为 DC 的中点,所以 $S_{\triangle BDE}=\frac{5}{7}\times\frac{1}{2}=\frac{5}{14}$。因为 $AB:DE=2:\frac{5}{2}=4:5$,由沙漏模型,$BF:FD=AB:DE=4:5$,根据等高模型,有 $S_{阴}=\frac{5}{4+5}S_{\triangle BDE}=\frac{5}{7}\times\frac{5}{14}=\frac{25}{126}$,所以梯形 $ABCD$ 的面积为 $25\div\frac{25}{126}=126$。

13. 答案:8684。

分析:已知 $1+2+3+4+5+6+7+8+9+10=55$,那

么互不相同，差又最小，和为 60 的数即为 $1+2+3+4+5+6+8+9+10+12$，和定差小积大，因此乘积总和最大为 $1\times2+3\times4+5\times6+8\times9\times10\times12=8684$。

14. 答案：98765。

分析：有 10 个数，但密码只有 5 个数位，则至少有一个数位上的数字重复出现。因为万位数字各不相同，万位取 1 个，剩 9 个数分 4 个数位：$9\div4=2\cdots\cdots1$，$2+1=3$，所以必有一个数字被猜对 3 次。观察得，十位上的 6 出现 3 次(73160、87063、03962)，所以十位为 6。现剩 $9-3=6$(个)数，分 3 个数位：$6=2+2+2$ 或 $6=1+2+3$。

①若为 2、2、2：则千位＝8，百位＝7，个位＝5，此时万位为 9，符合；②若为 3、2、1：则再无数字被猜对 3 次，不符。所以密码为 98765。

15. 答案：36。

分析：$t_1:t_2=\frac{15}{2}:\frac{20}{1}=3:8$，可得 $15+3v_{梯}=8v_{梯}-20$，解得 $v_{梯}=7$。因此扶梯级数：$15+3\times7=36$(级)。

16. 答案：199。

分析：由于在一个数的前面写上几个 0 不影响这个数的各位数字之和，所以可以将 1 到 999 中的一位数和两位数的前面补上 2 个或 1 个 0，使之成为一个三位数。现在相当于要求 001 到 999 中各位数字之和能被 5 整除的数的个数。一个数除以 5 的余数可能为 0，1，2，3，4。数字 0～9 中除以 5 余 0，1，2，3，4 的数分别都有 2 个。3 个数的数字和要能被 5 整除，必须要求它们除以 5 的余数的和能被 5 整除，余数的情况如下：

①余 0＋余 0＋余 0：有 $2\times2\times2-1=7$(个)；

②余 0＋余 1＋余 4：有 $2\times2\times2\times A_3^3=48$(个)；

③余 0＋余 2＋余 3：有 $2\times2\times2\times A_3^3=48$(个)；

④余 1＋余 1＋余 3：有 $2\times2\times2\times A_3^1=24$(个)；

⑤余 1＋余 2＋余 2：有 $2\times2\times2\times A_3^1=24$(个)；

⑥余 2＋余 4＋余 4：有 $2\times2\times2\times A_3^1=24$(个)；

⑦余 3＋余 3＋余 4：有 $2\times2\times2\times A_3^1=24$(个)。

综上所述，共有 $7+48\times2+24\times4=199$(个)。

⑥年级

1. 答案：10。

分析：原式$=\frac{5}{19}\times(\frac{1}{17}+27\frac{16}{17}+10)$

$=10$。

2. 答案：10。

分析：$S(5)=\frac{5}{11}$，$22\times S(5)=10$。

3. 答案：2。

分析：原式$<\frac{18}{666}\times111=3$，

原式$>\frac{18}{776}\times111>2$，

所以原式的整数部分为 2。

4. 答案：12。

分析：由个位得，“难”＝6，顺推“数”＝5，“很”＝1，“太”＝4，“学”＝2，则原式＝12。

5. 答案：$\frac{16}{59}$。

分析：女生人数为 $(300-5)\div(1+25\%)=236$，男生为 64 人，占比为 $64\div234=\frac{16}{59}$。

6. 答案：4。

分析：由题易得，甲、乙效率比为 $1:4$。$(11+4)\div(4-1)=5$(天)$\Rightarrow v_{甲}+v_{乙}=\frac{1}{4}$，需要 4 天。

7. 答案：320。

分析：$8\times5\times2\times2\times2=320$(个)。

8. 答案：135。

分析：$2\times3+3\times3=15$，$2025\div15=135$。

9. 答案：78。

分析：$40^2\div2-38^2\div2=78$。

10. 答案：462。

分析：$C_{11}^5=462$。

11. 答案：28170。

分析：0 到 1999 配对，2000 到 2024 单独算，得到 $28\times1000+170=28170$。

12. 答案：300。

分析：由风筝模型易得，$EG:GC=3:8$，则 $S=660\times\left(\frac{1}{2}+\frac{1}{2}\times\frac{1}{4}\right)\times\frac{1}{2}\times\frac{8}{3+8}=300$。

13. 答案：16。

分析：简单分析易得 $12<x<24$，且时针在分针之前。$(6-0.5)x+2x=30\times(x-12)$，解得 $x=16$。

14. 答案：11、89。

分析：列出所有 2 位质数。

由甲的话可知甲可能为 11、59、67、89。

由乙的话可知乙可能为 53、89、41、11。

由丙的话可知丙为 89。

最后由乙的话可知乙为 11。

15. 答案：9。

分析：由题易得，开车和骑自行车的速度比为 $5:3$，从小卖部到公司的过程中，骑车 15 分钟，则走路 $15+12-2=25$(分钟)，可得骑自行车和走路的速度比为 $5:3$，则走路的速度为 $15\times\frac{3}{5}=9$(米/分)。

16. 答案：(1)54750。(2)67 排，729 人。

分析：(1)最后一列 $3+(100-1)\times11=1092$(人)，

则一共 $(3+1092)\times100\div2=54750$(人)。

(2)由题，假设悦悦在第 n 排，则令 $11n-8=11(n-3)+25=k^2$，

可得 $n=\frac{1}{11}\times(k-5)\times(k+5)+3$，满足 $k\pm5$ 是 11 的倍数且 n 为大于 3 的质数，检验得到 $n=67$，$k^2=729$(人)。

2024年秋·广州悦教育高端班选拔考试

1年级

1. 答案:(1)47。(2)17。

2. 答案:30。

分析:加减抵消得 19+21=30。

3. 答案:73+44=117。

4. 答案:如下图。

÷	×× ××
+ +	−− −

第 4 题图

5. 答案:95。

分析:要得到最大的两位数,那么十位和个位都要尽可能大。高位优先,先考虑十位,3 增加一根最大能变成 9;再考虑个位,6 去掉一根最大能变成 5。

6. 答案:8.80。

分析:2 根棒棒糖需要 1.50+1.50=3(元),

一共 3+5.80=8.80(元)。

7. 答案:11。

8. 答案:12。

分析:找到一个面的 4 个相邻面,剩下的即是相对面。由图可知:2 的相邻面是 4,5,3,1,故 2 与 6 相对;3 的相邻面是 1,2,6,4,故 3 与 5 相对;余下的 1 与 4 相对。所以,3 个骰子地面的数字之和是 1+5+6=12。

9. 答案:2。

分析:队列问题。12+15−23=4(只),即重叠部分有 4 只,“……和……之间”不包括主角,故 4−2=2(只)。

10. 答案:30。

分析:先分堆,再分人,注意数量不能相同。以下的枚举按照喜喜、悦悦和乐乐的顺序排,比如 128 指喜喜 1 个、悦悦 2 个和乐乐 8 个,182 指喜喜 1 个、悦悦 8 个和乐乐 2 个。

11 =1+2+8(128、182、218、281、812、821)

=1+3+7(137、173、317、371、713、731)

=1+4+6(146、164、641、614、416、461)

=2+3+6(236、263、326、362、623、632)

=2+4+5(245、254、452、425、524、542)。

共 5×6=30(个)。

11. 答案:三。

分析:假设甲前半句是错的,后半句是对的。则甲不是第四,丙是第一;则乙前半句是对的,后半句是错的,即乙是第四;且丙前半句是错的,后半句是对的,即丁是第二;则丁前半句是对的,后半句是错的,余下就是甲是第三。经检验无矛盾,假设成立,所以甲第三名。

12. 答案:30。

分析:奇奇 18−9+2=11(个);乔乔 11+11−3=19(个),妈妈 11+19=30(个)。

13. 答案:36。

分析:玲玲拿到卡片上的数字可能是 2 或 4,娜娜拿到卡片上的数字可能是 1 或 3 或 5。根据特殊优先原则分类,可分为 6 类,余下 3 张牌共有 6 种排列。故共有 6×6=36(种)。

2年级

1. 答案:(1)640;(2)46。

2. 答案:680。

3. 答案:1962。

分析:末位分析。

个位:乐+乐末位为 4,则乐为 2 或 7,若乐为 7,则个位进 1,十位上喜+喜+1=2,不可能,所以乐为 2。

十位:喜+喜末位为 2,则喜为 1 或 6,若喜为 1,则安为 0,平为 2,此时平和乐都为 2,重复,不符合题意。所以喜为 6,可得安为 9,平为 1。

4. 答案:19。

分析:递增数列首项为 1,公差为 2,则末项为 1+2×(10−1)=19。

5. 答案:19。

分析:黄球个数为 8×4+2=34(个);黄球与红球之和为 8+34=42(个);黑球个数为 42÷2−2=19(个)。

6. 答案:36。

分析:平移法。平移后是一个完整的长方形,并且多出 4 条 2 厘米的边。

周长:(6+8)×2+2×4=36(厘米)。

7. 答案:9。

分析:①10 元的纸币用 2 张时,5 元和 1 元的纸币都用 0 张,1 种。

②10 元的纸币用 1 张时,5 元 2 张,1 元 0 张;5 元 1 张,1 元5 张;5 元 0 张,1 元 10 张。3 种。

③10 元的纸币用 0 张时,5 元 4 张,1 元 0 张;5 元 3 张,1 元 5 张;5 元 2 张,1 元 10 张;5 元 1 张,1 元 15 张;5 元 0 张,1 元 20 张。5 种。

共 1+3+5=9(种)。

8. 答案:30。

分析:3 个年龄差为 47−2−3=42(岁),年龄差为 42÷3=14(岁)。则悦悦:2+14=16(岁),黄老师:16+14=30(岁)。

9. 答案:110。

分析:割补法,10×12+2×3−4×4=110(平方厘米)。

10. 答案:35。

分析:粘在桌子上,底部不涂,未染=全部−已染。全部:12×6=72(面)。已染分上面、前后、左右三个方向来看,且每有 1 个凹槽,多 2 个面。上:3+2+2=7(面)。左+右:(1+2+3)×2=12(面)。前+后:(1+3+3)×2=14(面)。凹槽:2×2=4(面)。已染:7+12+14+4=37(面)。未染:72−37=35(面)。

11. 答案:画家。

分析:①先推楼层,丁住 4 楼,甲不住 1 楼、4 楼,丙在甲楼上,可知甲在 2 楼,丙在 3 楼,乙住 1 楼。②则 3 楼的丙是教师,丁不是画家,住 2 楼的甲不是画家,则只能乙是画家。

12. 答案:41。

分析:小号乌龟的价格最低,看成 1 份,那么中号乌龟的价格就是 2 份多 1 元,大号乌龟的价格是 4 份。

三种乌龟的价格总和是 7 份多 1 元,正好是 141 元。

可推出,1 份是:(141−1)÷7=20(元),也就是小乌龟的价格是 20 元。

中号乌龟是:20×2+1=41(元)。

大号乌龟是:41×2−2=80(元)。

13. 答案:29。

分析:1 开头的四位数,可以是 0,1,2,3 组成的;0,1,3,3 组成的;1,2,2,3 组成的;1,2,3,3 组成的,分类计数。

①0123:1023、1032、1203、1230、1302、1320,6 个;

②0133:1033、1303、1330,3 个;

③1223:1223、1232、1322,3 个;

④1233:1233、1323、1332,3 个。

共 6+3+3+3=15(个)。

⑤20 开头的四位数:2023、2032、2033、2013、2031,5 个;

⑥21 开头的四位数:2123、2132、2133、2103、2130,5 个;

⑦22 开头的四位数:2203、2230、2213、2231,4 个。

共 5+5+4=14 个(个)

总共:15+14=29(个)。

❸年级

1. 答案:140。

分析:原式=(25÷5)×(52÷13)×(77÷11)

=5×4×7

=140。

2. 答案:5。

分析:$\overline{aa}+\overline{aa}+\overline{aa}-a-a=\overline{aa}+\overline{a0}+\overline{a0}=155$,个位 $a=5$。

3. 答案:31。

分析:(66−6)÷2+1=31。

4. 答案:123。

分析:首位分析,好=1;开×4 无产生进位,开=1 或 2,满足的开只能等于 2;此时心×4 进位 1,心=3 或 4,当心=4 时,开=6(矛盾),所以心只能为 3,满足要求的 $\overline{\text{好开心}}=123$。

5. 答案:152。

分析:$(38)\underset{+1\times2}{\overset{\div2-1}{\rightleftharpoons}}(18)\underset{+1\times2}{\overset{\div2-1}{\rightleftharpoons}}(8)\underset{+1\times2}{\overset{\div2-1}{\rightleftharpoons}}(3)$

苹果单价:12÷3=4(元/个),

总价值:38×4=152(元)。

6. 答案:12。

分析:如图,喜熙的年龄差为(28−4)÷2=12(岁)。

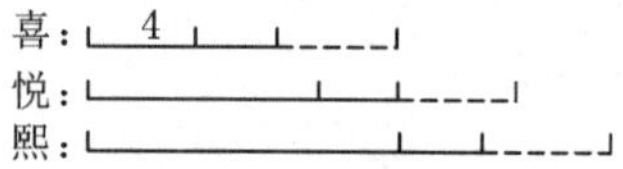

第 6 题图

7. 答案:16。

分析:标数法,有 16 条不同路线。

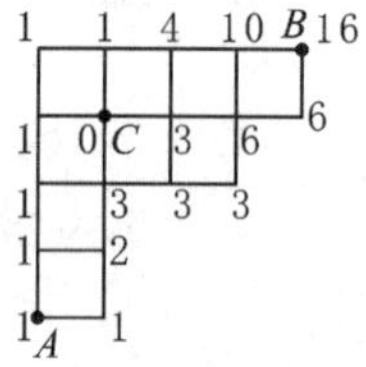

第 7 题图

8. 答案:56。

分析:平移法,可得周长为 14×4=56。

9. 答案:16。

分析:分类枚举。边 1:7 个。边 2:2 个。边 3:3 个。边 4:4 个。

总共:7+2+3+4=16(个)。

10. 答案:240。

分析:设小长方形宽为 a,则长为 $3a$,由图可知,大长方形的长为 $5a$,宽为 $3a$,则 $3a+5a=64\div2=32$,$a=4$,所以大长方形长为 20,宽为 12,面积为 20×12=240。

11. 答案:342。

分析:原本共有 19−6+1=14(个),和为(6+19)×14÷2=175。

去掉两个连续自然数后,和剩下:12×11.5=138,175−138=37,37=18+19,

所以去掉的两个连续自然数为 18 和 19,乘积为 18×19=342。

12. 答案:15。

分析:乌龟速度为 50÷10=5(米/分),由于兔子与乌龟相遇时及与乌龟相遇后这两个时段所走路程相同,所以所用时间相同,说明乌龟与兔子相遇时乌龟正好走 50÷2=25(米),用时 5 分钟,而此时兔子走 100−25=75(米),所以兔子速度是 75÷5=15(米/分)。

13. 答案:1023。

分析:两个数乘积要尽量大,所以两个数要尽量大,此时前 8 个数最小为 1~8,和最小为 36,100−36=64,两个数和最大为 64,此时若是两个数越接近,则乘积会越大,64=31+33,乘积最大为 31×33=1023。

14. 答案：30。

分析：在$\triangle ABG$中，$\angle GAB=180°-120°-45°=15°$

$\because AI /\!/ EH$，$\angle GEH=\angle EAI=45°$

$\therefore \angle DAI=90°-15°-45°=30°$

15. 答案：22。

分析：乙为1份，

甲为3份−9，

丙为(3份−9−1份)×2=4份−18。

1份：(53+3×9)÷(1+3+4)=10(元)。

丙：10×4−18=22(元)。

16. 答案：84。

分析：满足是3的倍数，数字和2+0+3+4+□=9+□=3的倍数，所以□=0或3。

①0、0、2、3、4：3×4×3=36(个)。

②0、2、3、3、4：首位为2或4，2×4×3=24(个)。

首位为3，4×3×2×1=24(个)，

一共：36+24+24=84(个)。

❹年级

1. 答案：175。

分析：$8.6\times20+\frac{12}{5}+\frac{6}{10}=172+\frac{24}{10}+\frac{6}{10}=172+3=175$。

2. 答案：13，7。

分析：$\begin{cases}2x+3y=47① \\ 3x+2y=53②\end{cases}$，由①+②，得$5x+5y=100$，$x+y=20$，$2x+2y=40$，与①相比，$y=47-40=7$，则$x=20-7=13$。

3. 答案：二。

分析：日历每行相邻两个数相差1，每列相邻两个数相差7，A，B，C为公差为8的等差数列，则$B=48\div3=16$，$A=16-8=8$，1号在8号上方，则与A都为周二。

4. 答案：5208。

分析：$\overline{初春}-\overline{初春}=0$，则春=0，则雪×沁=$\overline{初春}$=$\overline{初0}$，则雪和沁必有一个为5，且沁−初=1。若沁=5，初=4，则雪=8，香=6，园=2，此时$\overline{沁园春雪}$=5208。若雪=5，5×2=10，沁=2，初=1，$\overline{沁园春雪}$不是最大。

5. 答案：78。

分析：如图，连接AG，三角形AEG为三角形ADG的一半，三角形AFG为平行四边形$ABCG$的一半，所以阴影是梯形的一半。因为有一个三角形的面积是13，因为$AB=DG=GC$，E、F是中点，所以$\triangle ABF$、$\triangle CFG$和$\triangle DEG$，等底等高面积相等，均为13，所以阴影部分面积=$\triangle AEG+\triangle AFG=13+13\times2=39$，梯形面积为：$39\times2=78$。

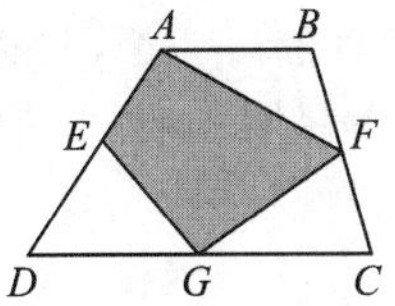

第5题图

6. 答案：54。

分析：因为上下对称，所以$OC=OD$，$\angle C=\angle D=78°$，所以$\angle EOF=180°-78°\times2=24°$，因为$\angle AOE=\angle EOF=\angle FOB=24°$，所以$\angle AOB=24°\times3=72°$，因为$\angle A=\angle B$，所以$\angle A=(180-72°)\div2=54°$。

7. 答案：12450。

分析：数字互不相同的五位数最小，高位优先取最小，首位取1，又因为任意相邻两个数字组成两位是合数且首位不能是0，则千位取最小是2，组成12符合，百位取4，组成24符合，十位取5，组成45符合，个位取0，组成50符合，综上所述，这个数是12450。

8. 答案：60。

分析：同时选两门课的人数最大值不能超过其中一门课的人数，则最大值是35，最小值：40+35−50=25，所以最大值与最小值的和是25+35=60。

9. 答案：30。

分析：假设全是B类选手，则会消耗50×1=50(瓶)水，与实际相差80−50=30(瓶)水，因为所有的A类选手都被计算成B类选手，因此一个A类算少了2−1=1(瓶)，则A类选手有：30÷1=30(人)。

10. 答案：720720。

分析：$\overline{ABCABC}=1001\times\overline{ABC}=7\times11\times13\times\overline{ABC}$已满足7！中7的倍数，则$\overline{ABC}$为6！的倍数，则为720的倍数，故最终答案为720720。

11. 答案：406。

分析：最小的五位数为10000，对应数字和为1；最大的五位数为99999，对应数字和为45。那么，要想满足10个人的数字和相同，则先满足9个人全部相同，剩余1人无论是何结果都能找到对应数字和。即45×(10−1)+1=406。

12. 答案：208。

分析：乙走完宽BC需要48÷2=24(秒)，此时甲走了24×3=72(米)>64(米)，即甲走到了CD上距离D点72−48=24(米)处，恰好看到乙，故掉头。追及的路程为24+48×2+64=184(米)，追及时间为184÷(3−2)=184(秒)，则从出发时开始184+24=208(秒)后第一次追上乙。

13. 答案：11。

分析：假设一头牛每天吃1份草，则每天生长的草量为(15×10−30×4)÷(10−4)=5(份)，原有草量为15×10−5×10=100(份)，20−5=15(头)，实际上有15头牛吃原有草。第一天吃15份草，第2天吃14份草，依此类推，第9天吃了7份草，一共吃了99份草，那么第10天只剩下了6头牛吃原草，共剩6+5=11(头)。

14. 答案：92。

分析：要求所填的区域和相同且尽可能小。

①若左下角2×3方格内最小可填1～6，此时区域内和为21，此时右下3×1的方格内最小能填7、8、9，和为24>21，不满足；

②若将左下角方格中填入 1～5 和 7，则区域和为 22，此时右下 3×1 的方格内最小能填 6、8、9，和为 23>22，不满足；

③若将左下角方格中改为 1～5 和 8，则区域和为 23，此时右下 3×1 的方格内可填 6+7+10=23，

右上 1×2 的方格内可填 11+12=23，左上一格填入 23 即可满足条件。

所以这 12 个数总和最小为 23×4=92。

15. 答案：(1)(2)见分析。

分析：(1)桥长+车长为 93×20=1860(米)，

桥长－车长为 74×20=1480(米)，

桥长为(1860+1480)÷2=1670(米)，

车长为 1860－1670=190(米)。

(2)悦悦和车头在 5 秒合走 1 个车长 190 米，

速度和为 190÷5=38(米/秒)，

悦悦速度为 38－20=18(米/秒)。

16. 答案：196 种。

分析：记光头为 A，断腿为 B，则 A 的数量大于等于 B 的数量，最多 4 个 A。

①有 5 人。

$4A1B$：$C_4^4C_6^1=1\times6=6$(种)，

$3A2B$：$C_4^3C_6^2=4\times15=60$(种)。

②有 6 人。

$4A2B$：$C_4^4C_6^2=1\times15=15$(种)，

$3A3B$：$C_4^3C_6^3=4\times20=80$(种)。

③有 7 人。

$4A3B$：$C_4^4C_6^3=1\times20=20$(种)。

④有 8 人。

$4A4B$：$C_4^4C_6^4=1\times15=15$(种)。

⑤若有 9 人或 10 人，则 A 的数量少于 B，不符合。

共：6+60+15+80+20+15=196(种)。

5年级

1. 答案：$\frac{25}{24}$。

分析：原式$=\frac{5}{6}\times\left(\frac{7}{8}+\frac{5}{12}-\frac{1}{24}\right)=\frac{25}{24}$。

2. 答案：$\frac{14}{5}$。

分析：原式$=3\times\left(\frac{2}{1\times3}+\frac{2}{3\times5}+\frac{2}{5\times7}+\cdots+\frac{2}{13\times15}\right)=3\times\left(\frac{1}{1}-\frac{1}{3}+\frac{1}{3}-\frac{1}{5}+\cdots+\frac{1}{13}-\frac{1}{15}\right)=3\times\left(\frac{1}{1}-\frac{1}{15}\right)=\frac{14}{5}$。

3. 答案：36。

分析：第 3 列的数，相邻两项的差依次加 1，所以第 10 行第 3 列的数是 1+2+3+…+8=36。

4. 答案：2467153。

分析：个位分析，数字不重复且无 0，"军"与"求"不是 1 和 5；又因"军"与"求"相差为 1 且不为 6，满足要求的只有 3×4=12，"千"是 2。首位分析，无进位，"将"是 1。又因 23×174=4002，所以"求"是 3，"军"是 4。检验 24×153=3672(符合题意)，24×173=4152(舍去)。所以千军易得将难求所代表的七位数是 2467153。

5. 答案：550。

分析：设出厂价为单位"1"，则进价是 80%，售价为 $\left(1+\frac{1}{5}\right)\times0.9=1.08$，出厂价为 154÷(1.08－80%)=550(元)。

6. 答案：$\frac{17}{30}$。

分析：几何概型，落在木板上心形内部的概率 $P=\frac{\text{心形的面积}}{\text{总面积}}=\frac{17}{30}$。

7. 答案：50。

分析：因为 E 是 CD 的中点，所以 $S_{\triangle ABE}=\frac{1}{2}S_{\text{梯形}ABCD}$，又因 $S_{\triangle ABD}:S_{\triangle CBD}=AD:BC=2:5$。

由风筝模型可得：$AF:EF=S_{\triangle ABD}:S_{\triangle EBD}=S_{\triangle ABD}:\frac{1}{2}S_{\triangle CBD}=4:5$，所以 $S_{\triangle BEF}=180\times\frac{1}{2}\times\frac{5}{4+5}=50$。

8. 答案：9991993。

分析：高位优先，截取出的数想要最大，则高位 9 最多，高位最多可截取出 3 个 9，分别为 9991001，1(9992001)，8(9990190)3，98(9991993)。验证 11 倍数要求，可得 9991993 满足要求且最大。

9. 答案：85。

分析：最后面向悦悦的兔子可以转 0 次或 4 次。转 0 次，即与 2，3 互质，由欧拉公式可得：$204\times\left(1-\frac{1}{2}\right)\times\left(1-\frac{1}{3}\right)=68$(只)；转 4 次，即 12 的倍数，有 $204\times\frac{1}{12}=17$(只)；共 68+17=85(只)。

10. 答案：39。

分析：若悦悦购买 5 瓶以上，则买完饮料后最多剩下 6 元，3 倍后最多可多买[3×6÷7]=2<6 瓶，数量不会是现在的 4 倍；若购买 5 瓶，则悦悦最多 41 元(42 元可以买 6 瓶饮料)，3 倍后最多可买[3×41÷7]=17<4×5 瓶，不符合要求；若购买 4 瓶，则悦悦最多 39 元，3 倍后最多可买[3×39÷7]=16=4×4 瓶，符合要求。综上所述，悦悦最多带 39 元。

11. 答案：六。

分析：由于 $2025^{2025}\equiv2^{2025}\pmod 7$，$2^n$ 除以 7 的余数周期：2，4，1，2，4，1…，三个为一个周期，又因 $2025\equiv0\pmod 3$ 对应周期最后一个，所以 $2025^{2025}\equiv2^{2025}\equiv1\pmod 7$，万圣节是星期五，再过一天为星期六，所以答案为星期六。

12. 答案：43200。

分析：分类讨论。

①一个奇数与偶数相邻：(5奇)(4偶)，且奇偶可左右互换：$A_5^5\times A_4^4\times 2=5760$(种)。

②两个奇数与偶数相邻：(奇)(4偶)(奇)，$A_5^5\times A_4^4\times 4=11520$(种)；(偶)(5奇)(偶)$A_5^5\times A_4^4\times 3=8640$(种)；(4奇)(偶)(1奇)(偶)，整体可左右互换，$A_5^5\times A_4^4\times 3\times 2=17280$(种)。

综上所述：共43200种。

13. 答案：48。

分析：如图，延长BA、DA分别交MH、MG于K、L点，连接MA。

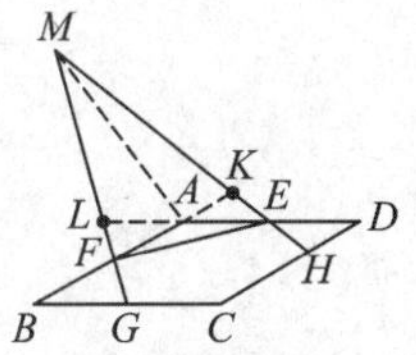

第13题图

由于E、F、G是各边的中点，H是边CD的三等分点，

沙漏模型：$KA:DH=AE:ED=1:1$；$AL:BG=AF:BF=1:1$。

所以：$KA:AF=2:3$，$AE:AL=1:1$。

设$S_{\triangle AEK}=2$份，$S_{\triangle AKM}=x$份，则$S_{\triangle AEF}=S_{\triangle AFL}=3$份，$S_{\triangle ALM}=S_{\triangle AME}=x+2$份，

从而$S_{\triangle MAK}:S_{\triangle MAF}=AK:AF=2:3$，即$x:(x+5)=2:3$，解得$x=10$。所以$S_{\triangle AEF}=\frac{3}{2+3+3+10+12}S_{\triangle MEF}=\frac{1}{10}S_{\triangle AEF}=6$，又因为$S_{\triangle AEF}=\frac{1}{2}\times\frac{1}{2}\times\frac{1}{2}S_{\square ABCD}=\frac{1}{8}S_{\square ABCD}$，所以$S_{\square ABCD}=6\div\frac{1}{8}=48$。

14. 答案：405。

分析：由题可知：$3n^2-12n=60k$，即$n(n-4)=20k=2^2\times 5k$，又因为n和$(n-4)$同奇偶性，所以都是偶数，即$2|n$，$2|n-4$，还需满足5倍数，因此$5|n$或$5|n-4$。从而$10|n$或$10|n-4$，即$n=10m$或$n=10m+4$，m取$0\sim 202$，满足要求的正整数n有$202\times 2+1=405$(个)。

15. 答案：$v_{水}=2$千米/时，$v_{甲船}=4$千米/时，$v_{乙船}=8$千米/时。

分析：同时出发，在中点相遇，所以$v_{甲顺}=v_{乙逆}$，即$v_{乙船}-v_{甲船}=2v_{水}$。

漂流物问题：$t_{丢}=t_{找}=3h$，则$v_{水}=12\div(3+3)=2$(千米/时)。

乙追甲3小时的路程差与甲乙合走1小时的路程和相等，

$s_{和}=s_{差}=3\times(v_{乙船}-v_{甲船})=3\times 2\times 2=12$(千米)，

$v_{乙船}+v_{甲船}=12\div 1=12$(千米/时)，

$v_{甲船}=(12-4)\div 2=4$(千米/时)，$v_{乙船}=12-4=8$(千米/时)。

16. 答案：29664种。

分析：将16个方格按照角、边、心进行分类。相邻两数的和是平方数：$4=1+3$、$9=4+5$两种组合方式；相邻两数的和是立方数：$8=3+5$一种组合方式。故有$1-3-5$或$4-5-3$两种连接方式。

角	边		
	心		

第16题图

先考虑$1-3-5$，按"3"的位置进行分类。

①"3"在角上：$4\times A_2^2=8$(种)；

②"3"在边上：$8\times A_3^2=48$(种)；

③"3"在心上：$4\times A_4^2=48$(种)。

1，3，5放完后，2，4任意放：共$(8+48+48)\times A_{13}^2=16224$(种)。

又因$4-5-3$和$1-3-5$一样多，共$16224\times 2=32448$(种)。

去掉重复的，即$1-3-5-4$这种连接方式。按"3"的位置进行分类：

①"3"在角上：$4\times A_2^2\times A_2^1=16$(种)；

②"3"在边上：$8\times(A_2^1+A_3^1\times A_2^1+A_2^1\times A_2^1)=96$(种)；

③"3"在心上：$4\times 2\times(A_3^1\times A_2^1+A_3^1\times A_3^1)=120$(种)。

1，3，5，4放完后，2任意放：共$(16+96+120)\times A_{12}^1=2784$(种)。

综上所述，共$32448-2784=29664$(种)。

❻年级

1. 答案：$\frac{62}{15}$。

分析：原式$=\frac{4}{9}\times 51-17\times\frac{3\times 2}{5}+14\times\frac{2}{15}$

$=51\times\left(\frac{4}{9}-\frac{2}{5}\right)+\frac{28}{15}$

$=\frac{62}{15}$。

2. 答案：10。

分析：原式$=22\times\frac{1}{2}\times\left[\left(1-\frac{1}{3}\right)+\left(\frac{1}{3}-\frac{1}{5}\right)+\left(\frac{1}{5}-\frac{1}{7}\right)+\left(\frac{1}{7}-\frac{1}{9}\right)+\left(\frac{1}{9}-\frac{1}{11}\right)\right]$

$=11\times\left(1-\frac{1}{11}\right)$

$=10$。

3. 答案：①<②<④<③。

分析：$\frac{223}{666666}<\frac{223+1}{666666+1}=\frac{224}{666667}$(即①<④)，

$\frac{446}{1333332}=\frac{223}{666666}<\frac{447}{1333333}$(即①<②)。

现比较$\frac{447}{1333333}$和$\frac{224}{666667}$：

$\frac{224}{666667}=\frac{448}{1333334}=\frac{447+1}{1333333+1}>\frac{447}{1333333}$(即②<④)。

现比较$\frac{224}{666667}$和$\frac{1}{333}$：

$\frac{1}{333}=\frac{2002}{666666}$，显然，$\frac{1}{333}$远大于$\frac{224}{666667}$(即④<③)。

$\therefore \frac{223}{666666}<\frac{447}{1333333}<\frac{224}{666667}<\frac{1}{333}$,

∴①<②<④<③。

4. 答案:7073。

分析:$\overline{A0AA}=A\times B\times \overline{BBA}$,

$A\times 1011=A\times B\times \overline{BBA}$,

$\therefore B\times \overline{BBA}=1011=3\times 337$,

$\therefore B=3, A=7$,

$\therefore \overline{A0AB}=7073$。

5. 答案:9576。

分析:∵7,8,9 互质,

∴这个四位数是 7,8,9 的公倍数。

[7,8,9]=504,

10000÷504=19……424,

∴这个四位数最大为 504×19=9576。

6. 答案:272。

分析:设悦原有口罩 $10x$ 个,龙原有口罩 $7x$ 个。

$(10x-80):(7x-88)=10:3$,

解得 $x=16$。

∴原有 16×(10+7)=272(个)。

7. 答案:120。

分析:B 的定价为 240 元,以 20%的利润定价,

∴B 的成本为 240÷(1+20%)=200(元)。

设 A 的定价为 x 元,

$(240+x)\times 0.9-(200+0.6x)=52$,

解得 $x=120$。

8. 答案:9275。

分析:设 $11n=\overline{a2025}$,

$\overline{a2025}=a\times 10000+2025$

$=9999a+a+2025$。

$\because 11\mid 9999a$,

$\therefore 11\mid a+2025$,

$\therefore 11\mid a+20+25$,

$\therefore a=10$。

$\therefore 11n=102025$,

$\therefore n=9275$。

9. 答案:1000。

分析:第一次相遇,两人合走 400 米。

$\because v_甲:v_乙=3:2$,

$\therefore s_甲:s_乙=3:2$。

即 $(100+100+CE):(100+DE)=3:2$,

$\therefore DE:CE=3:2$。

第三次相遇,两人合走 3×400=1200(米),

$s_甲=1200\times\frac{3}{3+2}=720$(米)$=400+320$。

即甲停在 AD 距点 D20 米处,即靠近 D 的五等分点。

令此点为 F,则有 $FD:FA=1:4$

$\therefore S_{\triangle EAB}-S_{\triangle FAB}=\frac{1}{2}AB\times(DA-DF)=1000$(平方米)。

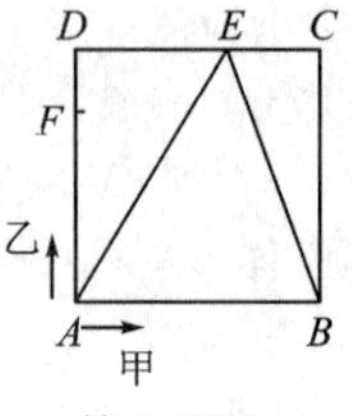

第 9 题图

10. 答案:42。

分析:过点 E 作 $EG\perp DC$ 于 G,交 AB 于 F

有 $\frac{FB}{BE}=\frac{BE}{AB}$。

$\therefore FB=1.6$,

$\therefore GC=1.6$,

$\therefore DG=DC-GC=8.4$。

$\therefore S_{\triangle ADE}=\frac{1}{2}\times AD\times DG=42$。

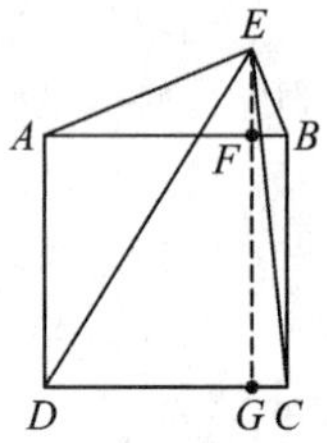

第 10 题图

11. 答案:28。

分析:∵2235≡2(mod 7),2235≡2(mod 11),

∴问题转化为求 2≡2(mod 7)且 $2^n\equiv 3 \pmod{11}$ 的最小值。

	2^1	2^2	2^3	2^4	2^5	2^6	2^7	2^8	2^9	2^{10}	2^{11}	2^{12}	2^{13}	2^{14}
mod 7	2	4	1	2	4	1	2	4	1	2	4	1	2	4
mod 11	2	4	8	5	10	9	7	3	6	1	2	4	8	5

$\therefore 2^n$ 模 7 的结果,循环周期为 3;2^n 模 11 的结果,循环周期为 10,

$2^n\equiv 3 \pmod{11}$ 的有:$2^8,2^{18},2^{28}\cdots$

$2^n\equiv 2 \pmod 7$ 的有:2^{1+3k}。

$\therefore n$ 最小为 28。

12. 答案:252。

分析:先让每个人分 3 个,于是还剩下 5 张。

相当于剩下的 5 张分给 5 个小朋友,但是也可以不分。

∴相当于把 5 张卡分给 6 个人,其中可以有人分 0 张。

∴先保证每个人有一张,则卡片总数变为 5+6=11。

然后在 11 张的 10 个空隙里,随机隔开,则有 $C_{10}^5=252$。

13. 答案:$\frac{15}{64}$。

分析:由题意可得,在第 7 次时恰拿到 A,且前 6 次仅拿了 4 次 A。$\therefore \frac{C_6^4}{2}=\frac{15}{64}$。

14. 答案：132。

分析：将△ADF 平移至 AD 与 BC 重合，得到△BCH。

$\therefore FD /\!/ CH$，

$\therefore FG^2 : GH^2 = S_{\triangle EFG} : S_{\triangle GHC} = 25 : 36$，

$\therefore FG : GH = 5 : 6 = 10 : 12$。

$\because S_{\triangle AFD} : S_{\triangle GBC} = 9 : 27$，

$\therefore AF : GB = 1 : 3 = 3 : 9$，

$\therefore AF : FG : GB = 3 : 10 : 9$，

$\therefore S_{\square ABCD} = 9 \div 3 \times (3+10+9) \times 2 = 132$。

15. 答案：200 或 $\frac{5400}{19}$。

分析：设有一狗与甲乙丙同时出发。

①丙在甲乙中间，

$v_{狗} = 4 + (8-4) \times \frac{2}{3} = \frac{20}{3}$(米/秒)，

$t = 3600 \div \left(\frac{20}{3} + 6\right) = \frac{5400}{19}$(秒)。

②乙在甲丙中间，

$v_{狗} = 8 + (8-4) = 12$(米/秒)，

$t = 3600 \div (12+6) = 200$(秒)。

16. 答案：112。

分析：$12321 = 3^2 \times 37^2$，37^2 在等式左边只能由$\overline{ABC}^2$提供，$\therefore 37 \mid ABC$。

$\because B = 0$，$\therefore \overline{ABC} = 407$ 或 703。

① 当 $\overline{ABC} = 407$ 时，原式可为：$(37\times11)^2 \times (\overline{DE} \div F \div G + H) = \overline{IJ}^2 \times 3^2 \times 37^2$。

$11^2 \times (\overline{DE} \div F \div G + H) = \overline{IJ}^2 \times 3^2$，

$\therefore 11 \mid \overline{IJ}$。

但由于 IJ 代表不同的数位，所以此情况不成立。

② 当 $\overline{ABC} = 703$ 时，原式可为：$(37\times19)^2 \times (\overline{DE} \div F \div G + H) = \overline{IJ}^2 \times 3^2 \times 37^2$。

$19^2 \times (\overline{DE} \div F \div G + H) = \overline{IJ}^2 \times 3^2$，$\therefore 19 \mid \overline{IJ}$。

又$\because A = 7, B = 0, C = 3$，

$\therefore \overline{IJ} = 95$ 时，等式左边不够大。

当$\overline{IJ} = 19$ 时，$\overline{DE} \div F \div G + H = 9$，

考虑到 H 不能是已有数字，$9 = 7+2 = 5+4 = 4+5 = 3+6 = 1+8$，$H = 2$ 或 4 或 5 或 6 或 8。

依次检验，得到当 $H = 5$ 时，$\overline{DE} \div F \div G$ 可得到 4。

有 2 种情况$\begin{cases} 64 \div 8 \div 2 = 4, \\ 48 \div 6 \div 2 = 4。\end{cases}$

$\therefore \overline{DE}$可能取值为 64 和 48，和为 $64+48=112$。

2024年 郑州平行线百子菁英计划数学选拔赛

3年级

1. 答案：999999。

分析：利用 $14+28+57=99$ 可得。

2. 答案：1013。

分析：右边括号内添加一个 0，那么左边括号的每个数比右边对应位置的数均多 1。一共 2026 个数，两两一组配对得到 1013。

3. 答案：1666665。

分析：
$$\begin{aligned} & 33\times35\times37\times39 \\ =& 3\times11\times3\times13 \\ =& (7\times11\times13)\times(37\times3)\times(3\times5) \\ =& 1001\times111\times15 \\ =& 111111\times15 \\ =& 1666665。\end{aligned}$$

4. 答案：10。

分析：利用商不变与多次平分。

$$\begin{aligned} & 1\div2+3\div4+5\div6+2\div3+5\div4+6\div1 \\ =& 3\div6+3\div4+5\div6+4\div6+5\div4+6 \\ =& (3+5+4)\div6+(3+5)\div4+6 \\ =& 2+2+6 \\ =& 10。\end{aligned}$$

5. 答案：4。

分析：首先每种礼物都要有，接着对余下 1 块巧克力，2 双袜子进行分配。可以枚举分配方式如下：

①3 个盲盒各一件，有 1 种；

②1 个盲盒一件，1 个盲盒两件，放两件的有 2 种情况；

③1 个盲盒三件，有 1 种。

综上所述，共 $1+2+1=4$(种)。

6. 答案：3。

分析：若学生到了，点名需要 3 秒，若学生没到，点名需要 2 秒。假设所有学生都到了，需要 $30\times3=90$(秒)。$(90-87)\div(3-2)=3$(人)。

7. 答案：2044。

分析：

$$\begin{array}{r} (2)\,(0)\,(2)\,(4) \\ 1\,(2) \\ +\qquad\qquad 8 \\ \hline (2)\,(0)\,(4)\,(4) \end{array}$$

第 7 题图

8. 答案：9460。

分析：

$$\begin{array}{r} 9\;\;8\;\;7\;\;5 \\ -\;\;9\;\;4\;\;6\;\;0 \\ \hline 4\;\;1\;\;5 \end{array}$$

第 8 题图

9. 答案：274。

分析：

0	1	2	3	4	5	6	7	8	9	10
1	1	2	4	7	13	24	44	81	149	274

10. 答案：9。

分析：4 位小朋友分别记为 A,B,C,D，他们对应的卷子记为 a,b,c,d。

由于 A 拿 b,c,d 的情况地位对等，只需要考虑拿 b。

枚举所有的(A,B,C,D)所拿卷子的情况：(b,a,d,c)，(b,c,d,a)，(b,d,a,c)，因此有 3+3+3=9(种)情况。

11. 答案：186。

分析：

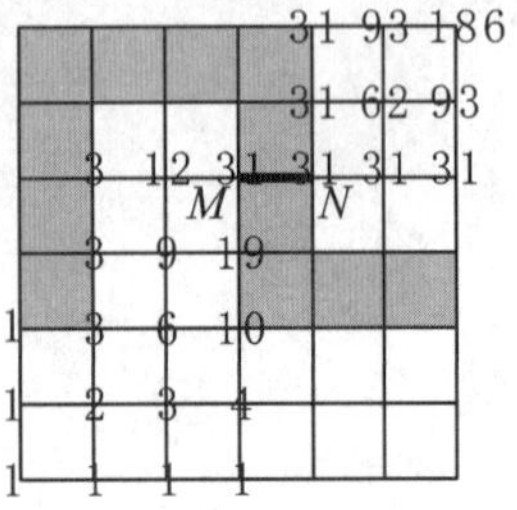

第 11 题图

12. 答案：

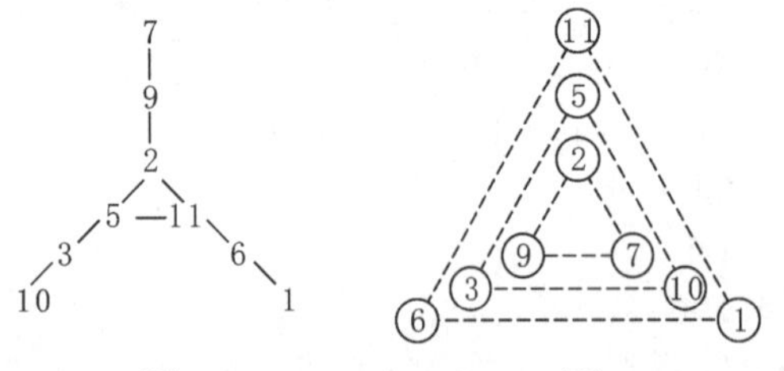

(1) (2)

第 12 题图

13. 答案：(1)10 个。(2)210 个。(3)3 层。(4)1 阶，4 阶，7 阶三角阵。

分析：(1)10 个。

(2)1+2+…+20=210(个)。

(3)根据观察，n 阶三角阵去掉最外面一层变成$(n-3)$阶三角阵；因此 7 阶三角阵去掉一层变为 4 阶，再去掉一层变成 1 阶，因此一共 3 层。

(4)类似(3)中方法，110 阶三角阵掉 1 层变成 7 阶三角阵，因此可以去掉一个 7 阶三角阵；210 阶三角阵掉 2 层变成 4 阶三角阵，因此可以去掉一个 4 阶三角阵；310 阶三角阵掉 3 层变成 1 阶三角阵，因此可以去掉一个 1 阶三角阵。综上所述，可以去掉 1 阶、4 阶、7 阶三角阵。

4年级

1. 答案：2440。

分析：分别比较 2 个算式，加数部分增加了 1，2，3，4，5。减数部分减少了 1，2，3，4。则计算结果会增加(1+2+3+4+5+1+2+3+4)=25，2415+25=2440。

2. 答案：135。

分析：180×(8−2)÷8=135。

3. 答案：23。

分析：中间项前面有 6 个数，比中间项的 6 倍少了(1+2+3+4+5+6)×2=42，中间项后面有 6 个数，比中间项的 6 倍少了(1+2+3+4+5+6)×3=63，(194+42+63)÷13=23。

4. 答案：240。

分析：4 的整除特征是看末两位能否被 4 整除。个位是 4 或 8 时，十位可以取另一个偶数，有 3 种情况；个位是 2 或 6 时，十位可以取奇数，有 3 种情况。则由加乘原理：2×3×5×4+2×3×5×4=240(种)。

5. 答案：100。

分析：利用整体思想，16 个小正方形拼成的大正方形边长是原来小正方形的 4 倍，周长也是 4 倍。则周长为 25×4=100(厘米)。

6. 答案：

(1)

		1	1	9	
×			9	7	
		8	3	3	
1	0	7	1		
1	1	5	4	3	

(2)

		1	2	9	
×			9	7	
		9	0	3	
1	1	6	1		
1	2	5	1	3	

第 6 题图

分析：三位数乘 7 的结果是三位数，则这个三位数的首位是 1，且三位数乘十位是一个四位数，且这个四位数的个位是 1，则十位只能是比 7 大的奇数，取 9。枚举可得，有 2 组答案。

7. 答案：23。

分析：由题意得，长方形内的两条线段的交点为对角线的交点，阴影部分的面积比长方形的$\frac{1}{4}$多了 2 个底是 1，高是 3 的直角三角形，少了 2 个底是 1，高是 4 的直角三角形。(2+4)×(5+3)÷2+1×3−1×4=23。

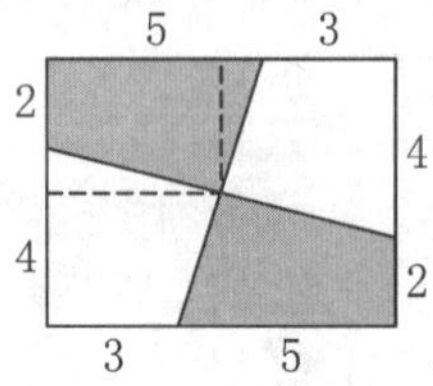

。

第 7 题图

8. 答案：1740。

分析：注意考虑分类，5×4×3×(1×3×3+2×1×4+2×2×3)=1740。

9. 答案：113。

分析：先判断这个数列共有 77−36+1=42(项)，形如(76−75−74+73)的 4 项的结果为 0。

原式=77+(76−75−74+73)+(72−71−70+69)+…+(40−39−38+37)+36

=77+36

=113。

10. 答案：0。

分析：原式=$15\times14^2\times13\times(15-13)-14\times13\times12\times(13+2)-16\times15\times14\times13$

$=15\times14^2\times13\times2-15\times14\times13\times12-16\times15\times14\times13$

=15×14×13×28? 15×14×13×(16+12)

=0。

11. 答案：60。

分析：

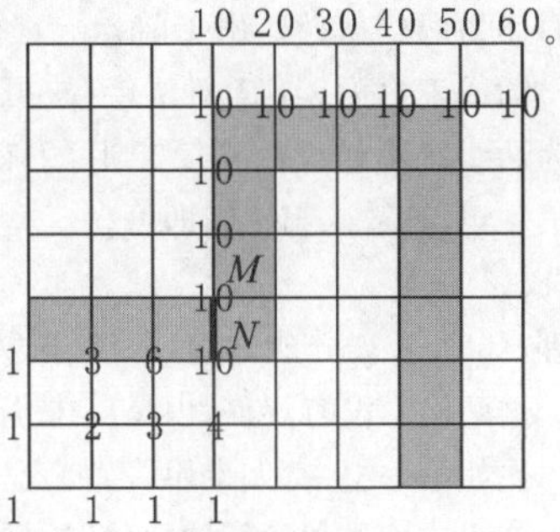

第 11 题图

12. 答案：127。

分析：3×(4−1)−5×(3−2)=4(个)；

(50×5+4)÷2=127(个)。

答：桃子的总数为 127 个。

13. 答案：(1)27。(2)5049。

分析：(1)$a_1+a_{100}=7650\times2\div100=153$；

$a_{100}-a_1=100-1=99$；

$a_{100}=(153-99)\div2=27$。

答：首项是 27。

(2)$a_{100}=27+99=126$；

项数=(100−1)÷3+1=34；

(27+126)×34÷2=2601，

7650−2601=5049。

答：得数是 5049。

14. 答案：(1)能，详见分析。(2)不能，详见分析。

分析：(1)利用平角等于 180°，180°−170°−3×3°=1°。

(2)这 3 个角度与平角，周角都是 3 的倍数，则它们无论如何设计，都只能设计出 3 的倍数的角度，不可能设计出 1°。

❺年级

1. 答案：ABCD。

2. 答案：26。

分析：∵62=27×2+8，∴2=62×7−27×16，

$\therefore\begin{cases}x=-16+62k,\\y=7-27k,\end{cases}$

∴$x+y=35k-9$，$x+y$ 最小为 26。

3. 答案：$\frac{3}{20}$。

分析：$P=1\times\frac{C_{19}^{2}}{C_{20}^{3}}=\frac{3}{20}$。

4. 答案：240。

分析：所有情形罗列如下。

$23.\dot{4}$　$2.\dot{3}\dot{4}$　$2.3\dot{4}$

$32.\dot{4}$　$3.\dot{2}\dot{4}$　$3.2\dot{4}$

$24.\dot{3}$　$2.\dot{4}\dot{3}$　$2.4\dot{3}$

$42.\dot{3}$　$4.\dot{2}\dot{3}$　$4.2\dot{3}$

$34.\dot{2}$　$3.\dot{4}\dot{2}$　$3.4\dot{2}$

$43.\dot{2}$　$4.\dot{3}\dot{2}$　$4.3\dot{2}$

总和为：$(23+32+24+42+34+43)\times(1+0.1)+(2+3+4)\times2+(0.\dot{4}+0.\dot{3}+0.\dot{2})\times2\times(1+0.1)+(0.\dot{3}\dot{4}+0.\dot{4}\dot{3}+0.\dot{2}\dot{4}+0.\dot{4}\dot{2}+0.\dot{3}\dot{2}+0.\dot{2}\dot{3})$

$=(55+66+77)\times1.1+9\times2+0.\dot{9}\times2\times1.1+(0.\dot{7}+0.\dot{6}+0.\dot{5})$

$=198\times1.1+18+2\times1.1+3\times0.\dot{6}$。

又 $3\times0.\dot{6}=2\times0.\dot{9}=2$，原式$=(198+2)\times1.1+18+2,3\times0.\dot{3}=0.\dot{9}=1=240$。

5. 答案：3。

分析：设初始有 A 个蛋挞，则 7 次操作后所剩的蛋挞数量为$(A-1)\times\frac{1}{2}\times\frac{1}{3}\times\frac{1}{5}\times\frac{1}{7}\times\frac{1}{11}\times\frac{1}{13}$。

故有 $30030\mid A-1$，$A=30031,60061,90091$。共有 3 个可以完成。

6. 答案：学徒。

分析：我们只关注学徒判断正确最多的情况概率：$0.7^3+3\times0.7^2\times0.3=0.343+0.441=0.784>0.75$。

故学徒正确概率大。

7. 答案：$\frac{17}{65}$。

分析：$f(t,2)=\frac{t+4}{4t+16}=\frac{1}{4}$，故原式$=f\left(\frac{1}{4},1\right)=\frac{\frac{1}{4}+4}{\frac{1}{4}+16}=\frac{17}{65}$。

8. 答案：19。

分析：∵$\frac{6k^2+8k+15}{2k+3}=\frac{3k\cdot(2k+3)+15-k}{2k+3}$，∴$2k+3\mid15-k$。

∵$15-k\geqslant2k+3$ 或 $15-k=0$，

∴$1\leqslant k\leqslant4$ 或 $k=15$。解得 $k=15$ 或 4。

故所有 k 之和为 19。

9. 答案：不能变。

分析：红色“×”处与蓝色“×”处在每次操作中同时增大、减小相同数值。

故：红−蓝=1。但图(2)红−蓝=−5≠1，矛盾。故不能变成。

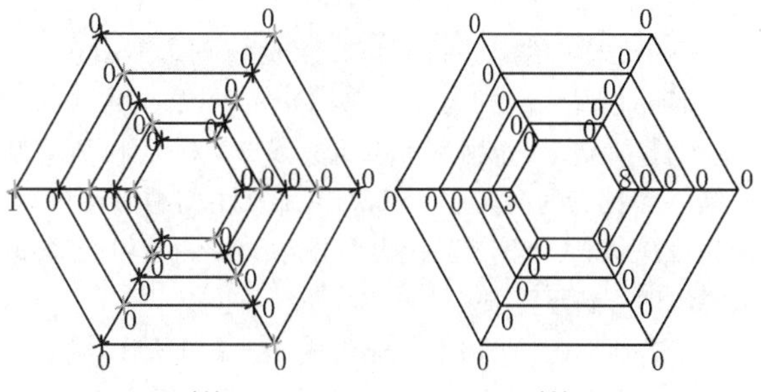

(1)　　(2)

第 9 题图

10. 答案：$\frac{91}{144}S$。

分析：记大、中、小正六边形的面积为 S_1、S_2、S_3，其中 $S_1=S$。

$\because \frac{S_{\triangle AGL}}{S_{\triangle ABF}}=\frac{AL\cdot AG}{AB\cdot AF}=\frac{1}{4}\times\frac{3}{4}=\frac{3}{16}$ 且 $S_{\triangle ABF}=\frac{1}{6}S_1$，

$\therefore S_2=S_1-\frac{3}{16}\times\frac{1}{6}\times S_1\times 6=\frac{13}{16}S$。

$\because \frac{S_{\triangle GMR}}{S_{\triangle GAL}}=\frac{GM\cdot GR}{GA\cdot GL}=\frac{1}{3}\times\frac{2}{3}=\frac{2}{9}$，

$\therefore S_3=S_2-\frac{2}{9}\times\frac{1}{6}\times S_2\times 6=\frac{7}{9}S_2$。

$\therefore S_{MNOPQR}=\frac{7}{9}\times\frac{13}{16}S=\frac{91}{144}S$。

11. 答案：(1)462。(2)810。

分析：(1)小张必恰胜 6 场，小王可能胜 0，1，2，3，4，5 场，且最后一场必为小张获胜。故有：$1+C_6^1+C_7^2+C_8^3+C_9^4+C_{10}^5=462$(种)。

(2)由于最终获胜为小张，故第 11 局必为小张获胜，且第 10 局为小张∶小王＝6∶4。

我们研究前 10 局的可能数。

∵1～10 场中二人比分差不超过 2，∴标数如图所示。

故共有 81 种可能。

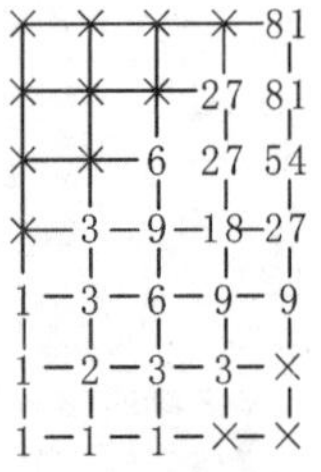

第 11 题图

12. 答案：详见分析。

分析：一定要注意，本题所需要证明的是无论如何落座，我们都存在合适的分组方式完成题目要求。可以从 n 个国家入手考虑。

首先，将一个国家暂时先“分裂”为 2 个，每个新国家各有 2 个代表。又从某处开始数，将 1 与 2，3 与 4，…，$2m-1$ 与 $2m(m=2n)$ 称为“伙伴”。(我们用“伙伴”表示一侧的相邻，本题需要分两次考虑每个人的左右邻座)

引理：设有 m 对伙伴，分别来自 m 个国家，每个国家 2 人，则可以将他们分为 2 组，每组都有来自每个国家的 1 名代表，并且没有一对“伙伴”在同一组。

下用数学归纳法进行证明。当 $m=1$ 时显然成立。

假设命题对 $m-1$ 成立。考虑 m 的情况。

①若前 $m-1$ 个国家可以组成 $m-1$ 对伙伴，则意味着第 m 个国家的两人是一对伙伴，那么由归纳假设可知，可先将这 $m-1$ 个国家的代表们分为 2 组，再将甲、乙各放入一组即可满足要求。

②若前 $m-1$ 个国家不能组成 $m-1$ 对伙伴，则意味着第 m 个国家的两人不是一对伙伴。举例而言，第 m 个国家的代表甲与另一个国家的丙是一对伙伴，第 m 个国家的代表乙与丁是一对伙伴。那么可以先将乙与丙交换，相当于将丁暂时作为丙的伙伴。由于前 $m-1$ 个国家(不含甲乙，含丙丁)的代表恰为 $m-1$ 对伙伴，故可以按归纳假设将他们分为两组。不妨设丙在第二组，丁在第一组，那么将甲放入第一组，乙放入第二组即可。

引理得证。

根据引理，$4n$ 个人被分成 2 组，每组 $2n$ 人，每个国家有 2 名代表。这两组内没有伙伴，但是其中仍有一些人可以是相邻的。比如第一组中，如果甲、乙二人相邻，那么组中没有其他人与甲或乙相邻(通过“伙伴”的规定和划分方法可知，与甲或乙相邻的其他“伙伴”在第二组)。现将这些相邻的人两两配成一对伙伴，剩下的人任意配成伙伴。再次根据引理，第一组可以分为 2 组，每组都有来自每个国家的 1 名代表，并且没有一对伙伴在同组。同样，第二组也可分为类似的 2 个组。对第一组和第二组再进行引理的分割，即可得到四组划分。本题得证。

6年级

1. 答案：$\frac{1}{210}$。

分析：$\frac{(28+26)\times(28-26)}{13\times14\times15}-\frac{4}{13\times15}-\frac{3}{14\times15}$

$=\frac{(13+14)\times4}{13\times14\times15}-\frac{4}{13\times15}-\frac{3}{14\times15}$

$=\frac{4}{14\times15}+\frac{4}{13\times15}-\frac{4}{13\times15}-\frac{3}{14\times15}$

$=\frac{1}{210}$。

2. 答案：3，6。

分析：黑板上的数经过几次操作后会变小，因此操作过程应出现周期性。经过枚举验证得到以下可能：

①1，4，2，1，…；其中周期长度为 3，而 2024 除以 3 的余数并非是 0，因此无法得到一开始写的数。

②3，6，3，…；2024 除以 2 余 0 可以操作为一开始的数。

故答案为 3，6。

3. 答案：50。

分析：从梯形的一半结构入手，LM 两侧的阴影均为所在梯形面积的一半，因此阴影面积为整体正方形面积的一半，即 $10\times10\times\frac{1}{2}=50$。

4. 答案：2。

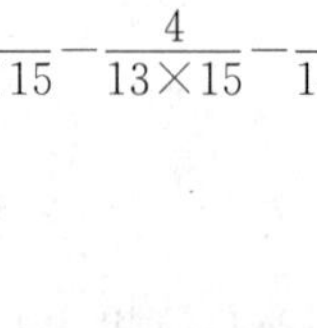

第 4 题图

5. 答案：$(31044)_5$。

分析：$2024=3\times5^4+1\times5^3+0\times5^2+4\times5^1+4\times5^0$。

6. 答案：20%。

分析：利用整体思想，两次倒入的盐和水合为盐水，根据浓度不变化，得到合体的盐水与原来盐水浓度相同：$\frac{10}{10+40}=20\%$。

7. 答案：16177。

分析：(2032－2024)÷(2024－2023)＝8；

2023×8－(8－1)＝16177。

8. 答案：20270。

分析：将这 2024 个数按照模 101 的余数分为 101 组组内余数相同的数组。

2024＝20×101＋4，因此得到余 1，2，3，4 的数组为 21 项，其他 20 项。(21×20)×4＋(20×20)×46＋20×19÷2＝20270。

9. 答案：13。

分析：根据长度情况进行枚举，记左右相邻两点距离为 1，进行如下分类。

①长度为 1；长度为 2；长度为 3；长度为 4。

②长度为 1×1 长方形对角线；长度为 1×2 长方形对角线；长度为 1×3 长方形对角线；长度为 1×4 长方形对角线。

③长度为 2×2 长方形对角线；长度为 2×3 长方形对角线；长度为 2×4 长方形对角线。

④长度为 3×1 长方形对角线；长度为 3×4 长方形对角线。

综上所述，共 13 条长度不同的线段。

10. 答案：大于。

分析：如图，甲乙占 36＋4＝40 格，丙占 32 格，那么只需考虑丁与 8 格作比较，丁占阴影色格子的一半，而阴影色格子不足 16 格，因此丁不足 8 格，故甲乙面积之和大于丙丁面积之和。

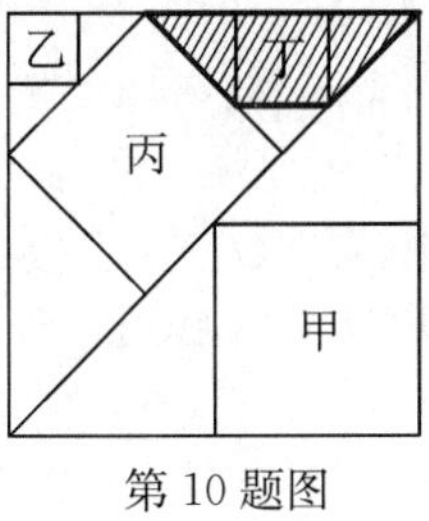

。

第 10 题图

11. 答案：479。

分析：经验证仅有 444×35 满足要求，故答案为 479。

```
      4 4 4
  ×     3 5
  ---------
    2 2 2 0
  1 3 3 2
  ---------
  1 5 5 4 0
```

。

第 11 题图

12. 答案：396。

分析：1001＝7×11×13，根据 11 的整除特征得到，2 个数均为 11 的倍数。且一个为 7 的倍数，另一个为 13 的倍数，结合可得：一个是 77 的倍数，另一个是 143 的倍数，对 143 的倍数进行枚举，对应反序数为 77 的倍数即可。

经验证，仅有 143 的 3 倍满足要求：(429，924)为满足要求的两数，它们的积为 1001 的 396 倍。

13. 答案：(1)337.5。(2)450。

分析：(1)如图，$BE\parallel CD$，$S_{\triangle CDN}=S_{\triangle CDE}=\frac{1}{6}S_{六边形ABCDEF}=2025\times\frac{1}{6}=337.5$。

(2)如图，连接 AE，根据相似比例得到 $S_{\triangle MNE}:S_{\triangle ANE}:S_{\triangle ABN}=1:2:4$，又因为 $S_{\triangle ABE}$ 占六边形的 $\frac{1}{3}$；故 $S_{\triangle ABW}=2025\times\frac{4}{(2+4)\times3}=450$。

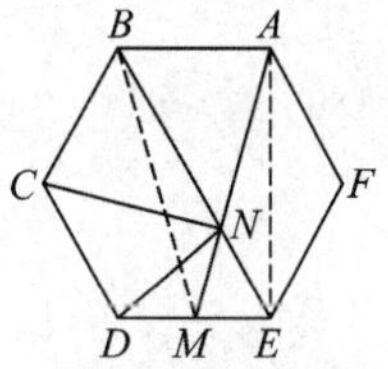

第 13 题图

14. 答案：(1)36。(2)48。(3)44。

分析：(1)$A_3^3\times A_3^3=36$(种)。

(2)$A_5^5-A_2^2\times A_4^4-A_2^2\times A_4^4+A_2^2\times A_2^2\times A_3^3=48$(种)。

(3)记五人的情形有 A_5 种情况，有 $A_5=(5-1)\times(A_4+A_3)$；同理 $A_4=(4-1)\times(A_3+A_2)$，$A_2=1$，$A_3=2$；可得 $A_5=44$。

15. 答案：(1)不能。(2)不能，(3)2232。

分析：(1)不能，如果含有数字 8，那么这个四位数由 1，1，3，8 四个数字构成，此时不是 3 的倍数。

(2)不能，如果含有数字 6，那么这个四位数可能由 11，2，2，6 构成，此时不是 3 的倍数；21，1，4，6 构成，此时由于是 24 的倍数，则后三位应为 8 的倍数：416，此时这个数为 1416，此时因数个数为 16，矛盾。

(3)由(1)，(2)可知：该数的最大数字至多为 4，若最大数字为 4，那么这个四位数由：1，2，3，4 构成，此时不是 3 的倍数。

则该数最大数字为 3，该数由：2，2，2，3 构成，经验证 2232 满足题意。

2024年 方田教育升班定级考试

五一

③年级

1. 答案：23.403。

2. 答案：36。

3. 答案：32。

4. 答案：1。

5. 答案：3。

6. 答案：36。

7. 答案:15。

8. 答案:290。

9. 答案:(1)1700。(2)10。

分析:(1) 746－(154－238)＋(862－246)＋254

＝746－154＋238＋862－246＋254

＝746－246＋238＋862＋254－154

＝500＋1100＋100

＝1700。

(2)35÷(70÷20)

＝35÷70×20

＝35×20÷70

＝700÷70

＝10。

10. 答案:25°。

分析:$\angle COE=180°-40°-90°=50°$

$\angle COD=50°\div 2=25°$。

11. 答案:12。

分析:原方阵最外层有 10×4－4＝36(人)

新增的最内层有 36－8－8－8＝12(人)。

12. 答案:603。

分析:1～9,共 9 页,用了 9×1＝9(个)。10～99,共 99－10＋1＝90(页),用了 90×2＝180(个)。100～237:共 237－100＋1＝138(页),用了 138×3＝414(个)。

一共:9＋180＋414＝603(个)。

13. 分析:总路程,8×80＋500＋300＝1440(米)。总时间,8＋7＋300÷60＝20(分钟)。平均速度,1440÷20＝72(米/分)。

14. 分析:1～99,共 9 次。100～199,共 20 次。200～299,共 20 次。300～309,共 11 次。9＋20＋20＋11＝60(次),61 次,310 页;62 次,320 页;63 次,330 页;64 次,340 页。

出现 63 次,最多有 339 页。

15. 分析:把甲、乙的年龄差看成 1 份,则乙今年的年龄:2＋1＝3(份);甲今年的年龄:3＋1＝4(份)。

当乙到甲这么大岁数的时候,甲的年龄:2＋1＋1＋1＝5(份)。

份数差:2×3－5＝1(份)。

1 份:7÷1＝7(岁)。

甲:4×7＝28(岁);乙:3×7＝21(岁)。

16. 分析:糖糖＋童童:264÷(1＋1)＝132(张)。

诗诗＋童童:264÷(1＋2)＝88(张)。

诗诗＋糖糖:264÷(1＋3)＝66(张)。

诗诗＋糖糖＋童童:(132＋88＋66)÷2＝143(张)。

陈老师留给自己的:264－143＝121(张)。

4 年级

1. 答案:64。

分析:8^2 表示两个 8 相乘,即 8×8＝64。

2. 答案:4。

分析:如图,一共有 4 条对称轴。

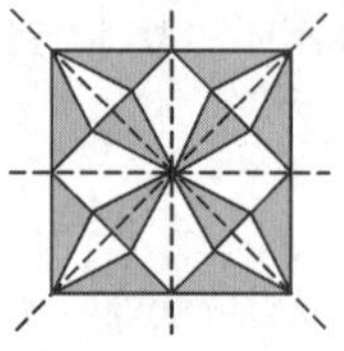

第 2 题图

3. 答案:3。

分析:通过了棉花糖使者考验的有 12 名,通过了巧克力使者考验的有 22 名,一共有 12＋22＝34(名),而总共只有 31 名,多出来的 34－31＝3(名)就是两个考验都通过的。

4. 答案:E。

分析:两端比较,少往多靠,A 和 G 比较,A 点人少,A 先走到 B,此时 B 有 11＋23＝34(人),接下来 B 和 G 比较,G 点人少,G 先走到 F,此时 F 有 30＋20＝50(人),以此类推,最终总指挥部应设立在 E 岛。

5. 答案:96。

分析:根据图中信息可知,与 A 相邻的有 2 块,与 B 相邻的有 3 块,与 C 相邻的有 4 块,与 D 相邻的有 3 块,与 E 相邻的有 2 块,染色应根据相邻区域从多到少染色,因此染色顺序为 $C\to B\to D\to A\to E$,分别有 4 种、3 种、2 种、2 种、2 种选择,最终一共有 4×3×2×2×2＝96(种)。

6. 答案:9。

分析:甲顺水的速度为 120÷2＝60(千米/时),逆水速度为 120÷4＝30(千米/时),因此水速为(60－30)÷2＝15(千米/时)。乙顺水速度为 120÷3＝40(千米/时),因此乙的船速为 40－15＝25(千米/时),乙逆水返回的速度为 25－15＝10(千米/时),乙返回原地时间为 120÷10＝12(小时),乙船返回原地比去时多用 12－3＝9(小时)。

7. 答案:22。

分析:连续 35 个正整数是公差为 1 的等差数列,设最中间即第 18 个数为 K,那么 $m\times n\times p\times q=35K=5\times 7\times K$,因此 m、n、p、q 中必有 5、7。

不妨令 m、n 分别为 5、7,则 $pq=K$,且 $K\geqslant 18$。对 p、q 枚举:

$p=2$ 时,$q=11$,2×11＝22,$p+q=13$;

$p=3$ 时,$q=7$,3×7＝21,$p+q=10$;

$p=5$ 时,$q=5$,5×5＝25,$p+q=10$;

再往后 $p+q$ 至少也是 7＋7＝14,不再往后列举。

$m+n+p+q$ 的最小值是 5＋7＋10＝22。

8. 答案:88。

分析:火象,2×1＝2(种);

土象,2×2＝4(种);

风象,1×1＝1(种);

水象:选巨蟹座和天蝎座有 2×3＝6(种),选巨蟹座和双鱼座有 2×1＝2(种),选天蝎座和双鱼座有 3×1＝3(种),一共有 6＋2＋3＝11(种)。

因此选出 8 名学员举行魔法比赛,一共有 2×4×1×

$11=88$(种)。

9. 答案:(1)21。(2)2024。

分析:(1)原式$=(14.79+5.21)+(6.6-5.6)$

$=20+1$

$=21$。

(2)原式$=202.4\times(7+3)$

$=202.4\times10$

$=2024$。

10. 答案:(1)$x=5$。(2)$x=1$。

分析:(1)$5x=12+13$

$5x=25$

$x=5$。

(2)$13-(10-5x)=6x+2$

$13-10+5x=6x+2$

$3+5x=6x+2$

$3-2=6x-5x$

$x=1$。

11. 答案:15 种。

分析:这里是有序分拆,按照从小到大的顺序,把 7 分成 3 个数相加,可以有:

1+1+5,1+2+4,1+3+3,1+4+2,1+5+1,

2+1+4,2+2+3,2+3+2,2+4+1,

3+1+3,3+2+2,3+3+1,

4+1+2,4+2+1,

5+1+1,

一共 15 种不同的分法。

12. 答案:80。

分析:$DH+HC=CG+HC$,则 $DH=CG=5$。

令梯形 $EICH$ 为 S_1,梯形 $ICGF$ 为 S_2,则 $S_1+S_{阴}=S_{梯形ABCD}$,$S_1+S_2=S_{梯形EFGH}$,因此 $S_{阴}=S_2=(14+18)\times5\div2=80$。

13. 答案:24300 人。

分析:设原本外星人有 x 人,则原本普兰星人有 $3x$ 人,普兰星人现在有$(3x-8500)$人,外星人有$(x-500)$人,$3x-8500=2(x-500)+600$,解得,$x=8100$,则原本普兰星人有 $3\times8100=24300$(人)。

14. 答案:(1)497。(2)第 5 行第 15 列。

分析:根据数表可知,一列 5 个数,从 1 开始,奇数列的数从上往下排列,偶数列的数从下往上排列。

(1)求第 4 行第 100 列的数,可知前面已经摆满了 99 列,一共有 $99\times5=495$(个)数,而第 100 列是偶数列,应该从下往上排列,因此第 4 行实际上是这一列的第 2 个数,也就是 $495+2=497$。

(2)无论是奇数列还是偶数列一列都是 5 个数,因此 $75\div5=15$(列),说明 75 是第 15 列的最后一个数,而第 15 列是奇数列,应该从上往下排列,最后一个数在第 5 行。因此 75 在第 5 行第 15 列。

15. 答案:266 分钟。

分析:$v_{甲逆}=3-1=2$(米/分),$v_{乙逆}=2-1=1$(米/分),$v_{甲顺}=3+1=4$(米/分)。

甲逆水时,每 $30+10=40$(分钟)行驶 $30\times2-10\times1=50$(米);乙逆水时,每 $20+5=25$(分钟)行驶 $20\times1-5\times1=15$(米)。

(1)在 $40\times5=200$(分钟)后,甲行驶 $50\times5=250$(米),距 B 码头 $300-250=50$(米),还需要 $50\div2=25$(分钟)到 B 码头,即甲一共需要 $200+25=225$(分钟)到 B 码头。

此时乙走了 $225\div(20+5)=9$(个)25 分钟,行驶了 $9\times15=135$(米),甲、乙两人相距 $300-135=165$(米)。

(2)从 225 分钟开始再过 40 分钟,甲顺水共行驶 $4\times30+10=130$(米),乙逆水行驶 $15+(40-25)\times1=30$(米),甲、乙两人相距 $165-160=5$(米)。接下来两人都往前行驶,还需要 $5\div(4+1)=1$(分钟)相遇。

共计需要 $225+40+1=266$(分钟)。

16. 答案:3 张。

分析:所有牌正反面的数的总和为 $10\times(1+2+3+5)=110$。

设乙原先总和为 x,则乙翻转后总和为 $x-14$,甲原先总和为 $x+1$,甲翻转后总和为 $x-9$,所以 $x+(x-14)+(x+1)+(x-9)=110$,得 $x=33$,所以甲先后的总和依次为 34 和 24,乙先后的总和依次为 33 和 19。乙两次总和为 $33+19=52$,由于 1、3 卡片两次相加的和一定是 4,2、5 卡片两次相加的和一定是 7,由鸡兔同笼得 2、5 卡片的数量是$(52-4\times10)\div(7-4)=4$(张),如果乙第二次向上的是 6 个 1 和 4 个 2,总和是 14。若变成 19,只能把 1 张 1 换成 3,把 1 张 2 换成 5,所以翻转后有 $4-1=3$(张)2 向上。

5年级

1. 答案:<。

分析:糖水原理,$\frac{4}{13}<\frac{4+1}{13+1}$。

2. 答案:30%。

分析:$15\div(15+35)=30\%$。

3. 答案:314。

分析:只需计算除底面外其他 5 个面的面积,$13\times10+13\times4\times2+10\times4\times2=314$(平方厘米)。

4. 答案:ABC。

5. 答案:75。

分析:时针走过的角度与整点夹角的和为 $8\times30+30\times0.5=255$(度),分针走过的角度为 $30\times6=180$(度),则此时夹角为 $255-180=75$(度)。

6. 答案:4.71。

分析:$S=3.14\times\frac{60}{360}\times3^2=4.71$。

7. 答案:175。

分析:本题可采用逐步满足的方法。先从乙堆取 150 枚黑子放入甲堆,满足“甲堆中黑子占 50%”,此时乙堆还有 250 枚黑子和 100 枚白子。接着再从乙堆取数量相等的黑子和白子放入甲堆，满足“乙堆中黑子占 75%”，即乙堆中的黑子是白子的 75%÷(1−75%)=3 倍。因为从乙堆又取了数量相等的黑子和白子放入甲堆，所以乙堆中黑子与白子的差应该不变，仍为 200−100=150(枚)，则乙堆最终剩下白子 150÷(3−1)=75(枚)和黑子 75×3=225(枚)，所以从乙堆拿到甲堆的黑子是 400−225=175(枚)，白子是 100−75=25(枚)。

8. 答案：59。

分析：$\frac{A_6^6}{A_3^3A_2^2}-1=59$，错误情况太多，从反面考虑，正确的写法只有 banana 一种，所以求出所有的排列情况减一即为答案。6 个字母全排列，字母 a 有 3 个，则 a_1、a_2、a_3 的不同排列方式算一种，用$\frac{A_6^6}{A_3^3}$同理字母 n 也按照同样方式处理，得到$\frac{A_6^6}{A_3^3A_2^2}-1=59$。

9. (1)$\frac{3}{5}$。(2)$\frac{1}{8}$。

分析：(1)原式$=\frac{1}{2}\times\frac{4}{5}+\frac{1}{4}\times\frac{4}{5}$

$=\frac{2}{5}+\frac{1}{5}$

$=\frac{3}{5}$。

(2)原式$=64\%\times37.5\%-\frac{1}{4}\times\frac{16}{25}+12.5\%\times36\%$

$=\frac{16}{25}\times\frac{3}{8}-\frac{1}{4}\times\frac{16}{25}+\frac{1}{8}\times\frac{9}{25}$

$=\frac{16}{25}\times\left(\frac{3}{8}-\frac{1}{4}\right)+\frac{1}{8}\times\frac{9}{25}$

$=\frac{16}{25}\times\frac{1}{8}+\frac{1}{8}\times\frac{9}{25}$

$=\frac{1}{8}$。

10. 答案：(1)$x=15$。(2)$x=10.1$。

分析：(1)$5x-65=10$

$5x=75$

$x=15$。

(2)$4.7x+4.7\times9.9=94$

$4.7\times(x+9.9)=94$

$x+9.9=20$

$x=10.1$。

11. 答案：32。

分析：割补法，阴影部分刚好是正方形面积的一半，4×2×4×2÷2=32。

12. 答案：57 千克。

分析：$19\div\left(1-\frac{1}{4}-\frac{5}{12}\right)=19\div\frac{1}{3}=57$(千克)。

13. 答案：630。

分析：宽−高，29−27=2(厘米)，宽+高，16(厘米)，宽为(16+2)÷2=9(厘米)，高为 16−9=7(厘米)，长为(29−9)÷2=10(厘米)，体积为 10×9×7=630(立方厘米)。

14. 答案：40 张、50 张、15 张。

分析：欢欢占四人总和的$\frac{2}{2+7}=\frac{2}{9}$，宁宁占四人总和的$\frac{5}{5+13}=\frac{5}{18}$，则阳阳占四人总和的$\frac{1}{1+11}=\frac{1}{12}$，则轩轩占四人总和的$1-\frac{2}{9}-\frac{5}{18}-\frac{1}{12}=\frac{5}{12}$，四人总和$75\div\frac{5}{12}=180$(张)，欢欢有$180\times\frac{2}{9}=40$(张)，宁宁有$180\times\frac{5}{18}=50$(张)，阳阳有$180\times\frac{1}{12}=15$(张)。

15. 答案：12。

分析：设该分数为$\frac{k}{N}$，则$\frac{1}{7}<\frac{k}{N}<\frac{3}{11}$。

$k=1$，$\frac{1}{7}<\frac{1}{N}<\frac{3}{11}$，$\frac{3}{21}<\frac{3}{3N}<\frac{3}{11}$，$N=4,5,6$。

$k=2$，$\frac{1}{7}<\frac{2}{N}<\frac{3}{11}$，$\frac{6}{42}<\frac{6}{3N}<\frac{6}{22}$，$N=8,9,10,11,12,13$(最简真分数，排除 8,10,12)。

$k=3$，$\frac{1}{7}<\frac{3}{N}<\frac{3}{11}$，$\frac{3}{21}<\frac{3}{N}<\frac{3}{11}$，$N=12,13,\cdots,20$(排除 12,15,18)。

符合条件的分数有$\frac{1}{4}$、$\frac{1}{5}$、$\frac{1}{6}$、$\frac{2}{9}$、$\frac{2}{11}$、$\frac{2}{13}$、$\frac{3}{13}$、$\frac{3}{14}$、$\frac{3}{16}$、$\frac{3}{17}$、$\frac{3}{19}$、$\frac{3}{20}$，共 12 个。

16. 答案：(1)381。(2)1135。

分析：(1)直接看前几行正中间的数 1,3,7,13,21,…可以发现，第 1 行正中间的数是 1，1×1−0=1；

第 2 行正中间的数是 3，2×2−1=3；

第 3 行正中间的数是 7，3×3−2=7；

第 4 行正中间的数是 13，4×4−3=13；

第 5 行正中间的数是 21，5×5−4=21；

……

类似地，第 20 行正中间的数是 20×20−19=381。

(2)很显然，阴影三角形部分的和比白三角形部分要大，所以一定是用阴影三角形中的数减白三角形中的数。注意观察每一个白三角形，右面和它相邻的阴影三角形中的数都比白三角形中的数大 1。把它们每两个组成一个“菱形组”，那么每个这样的菱形里面的差都是 1。剩下没有组成菱形的阴影三角形都在每一横行的最左边，分别是 1,2,5,10,17,…

第 1 行没有“菱形组”，第 2 行有 1 个“菱形组”，第 3 行有 2 个“菱形组”，第 4 行有 3 个“菱形组”，……，第 8 行有 7 个“菱形组”。

所以前 8 行“菱形组”里阴影三角形内各数之和比白三角形内各数之和大 1+2+3+4+5+…+14=105。

每行最左面一个数不在“菱形组”里面，按规律列举出前 15 行最左面的数：1,2,5,10,17,26,37,50,65,82,101,123,146,171,198。

所以阴影三角形内的各数之和减去白三角形内的各数之和为105＋(1＋2＋5＋10＋17＋26＋37＋50＋65＋82＋101＋122＋145＋170＋197)＝1135。

6年级

1. 答案：$\frac{2}{3}$；0.99；4.5；0.7。

分析：低级单位分钟化高级单位小时除以进率60；用330毫升乘3是990毫升，低级单位毫升化高级单位升除以进率1000；1元5角＝1.5元，3个1.5元是4.5元；低级单位公顷化高级单位平方千米除以进率100。

所以40分钟＝$\frac{2}{3}$小时，330×3＝990(毫升)＝0.99(升)，1元5角＝1.5元，1.5×3＝4.5(元)，70公顷＝0.7平方千米。

2. 答案：21；7。

分析：搭1间需要6根小棒，搭2间需要6＋5＝11(根)小棒，往后每增加一间房子需增加5根小棒。搭4间房子需要6＋5×3＝21(根)小棒；搭第n间房子需要6＋5(n－1)根小棒，令6＋5(n－1)＝36，解得n＝7。

3. 答案：$\frac{1}{16}$。

分析：$1\times\frac{1}{2}\times\frac{1}{2}\times\frac{1}{2}\times\frac{1}{2}=\frac{1}{16}$。

4. 答案：40；8。

分析：求看书时每分钟眨眼次数比正常状态时减少百分之几，就是求12比20少百分之几；求玩电脑游戏时每分钟眨眼多少次，就是求20的(1－60%)是多少，过程如下：

(20－12)÷20＝8÷20＝0.4＝40%，

20×(1－60%)＝20×0.4＝8(次)。

5. 答案：10。

分析：根据从上面看到的形状可知，下层呈"田"字排列4个小正方体纸箱；根据从正面看到的形状知，小正方体最多时分3层，下层4个，中间一层4个，上层2个。如图，这堆纸箱最多有10个。

6. 答案：9；67。

分析：分析题目，可知(5－3)个杯口上升的高度是(22－16)厘米，用除法计算可求出1个杯口上升的高度；3个杯子叠起来的高度是16厘米，则用16厘米减去2个杯口上升的高度，就是1个杯子的高度；由此可得出，杯子叠起来的高度＝1个杯口上升的高度×(杯子的个数－1)＋1个杯子的高度。过程如下：

(22－16)÷(5－3)＝6÷2＝3(厘米)，

16－3×2＝16－6＝10(厘米)，

(34－10)÷3＋1＝8＋1＝9(个)，

(20－1)×3＋10＝19×3＋10＝57＋10＝67(厘米)。

7. 答案：②③。

分析：根据图形放大的意义，把三角形ABC按2∶1的比放大，是指把三角形ABC的各边放大到原来的2倍，对应角大小不变，对应线段的比值不变，进而推出放大前、后同一个三角形任意两边的比值不变。

所以把三角形ABC按2∶1的比放大，三角形ABC放大前、后相对应的"三角形的面积"变大了、"∠1的度数"不变、"AB与BC的比值"不变，即3个要素中，不变化的有②和③。

8. 答案：24。

分析：把这些旗从左到右全部挂在绳子上做成各种信号，挂第一面旗有4种不同的选择，第二面旗有3种不同的选择，第三面旗有2种不同的选择，第四面旗有1种选择。共有挂法：4×3×2×1＝24(种)。

9. 答案：644。

分析：根据题意，先求一个正方形的面积，再用20个正方形的面积减去19个涂色部分的面积，就是20个正方形组成的图案的面积。

一个正方形的面积：$4\div\frac{1}{9}$＝36(平方分米)，

(36×20)－4×(20－1)

＝720－4×19

＝720－76

＝644(平方分米)。

10. 答案：836。

分析：根据甲的话得知这个数为4的倍数，可以推测甲看时，该数被盖住的数位为百位，且末尾两位数也为4的倍数。根据乙的话可知各位数字之和最大为17，最小为13，两和只差4，则推测乙看时，该数被盖住的数位为个位。若个位为2或6，则十位为奇数，若个位为0、4、8，则十位为偶数。因为两种和之间只差4，则十位为奇数。十位、百位数字和为17－6＝11。符合要求的数为292、296、832、836、472、476、652、656。根据丙的话可知该数为11的倍数，则符合要求的数只有836。

11. 答案：(1)1100。(2)6。(3)$\frac{41}{24}$。(4)$\frac{32}{3}$。

分析：(1)原式＝12.5×0.8×2.5×4×11

＝10×10×11

＝1100。

(2)原式$=\frac{5}{12}\times12+\frac{1}{19}\times12+\frac{7}{19}$

＝5＋1

＝6。

(3)原式$=\frac{1}{24}+\frac{3\times101}{24\times101}+\frac{8\times10101}{24\times10101}+\frac{12\times1010101}{24\times1010101}+\frac{17\times101010101}{24\times101010101}$

$=\frac{1}{24}+\frac{3}{24}+\frac{8}{24}+\frac{12}{24}+\frac{17}{24}$

$=1\frac{17}{24}$

$=\frac{41}{24}$。

(4)原式

$=\frac{4\times(1^2+2^2+3^2+\cdots+14^2+15^2)}{(2^2-1^2)+(4^2-3^2)+(6^2-5^2)+\cdots+(30^2-29^2)}$

$=\frac{4\times\frac{15\times16\times31}{6}}{(1+30)\times30\times\frac{1}{2}}$

$=\frac{4\times5\times8\times31}{31\times15}$

$=\frac{32}{3}$。

12. 答案：(1)$x=0.6$。(2)$x=24$。(3)$x=\frac{40}{3}$。

分析：(1)解：$(1-0.2)x=0.48$

$0.8x=0.48$

$x=0.6$。

(2)解：$\frac{13}{14}x=26\times\frac{6}{7}$

$x=26\times\frac{6}{7}\div\frac{13}{14}$

$x=24$。

(3)解：$2(x+2)-3\times12=8-x$

$2x+4-36=8-x$

$3x=8+32$

$x=\frac{40}{3}$。

13. 答案：(1)8 小时，(2)10490 元。

分析：(1)平均每小时耕地$\frac{1}{4}\div\frac{2}{5}=\frac{5}{8}$(公顷)，耕地 5 公顷需要$5\div\frac{5}{8}=8$(小时)。

(2)根据“利息＝本金×利率×存期”，代入数值求出利息再加上本金，即可求出到期后应从银行取回多少元。过程如下：$10000\times2.45\%\times2+10000=490+10000=10490$(元)。

即到期后应从银行取回 10490 元。

14. 答案：80 平方米。

分析：把这间房的面积看作单位“1”。张师傅和李师傅的工作效率和是$\frac{1}{5}+\frac{1}{4}=\frac{9}{20}$，用工作效率和×合作时间＝张师傅和李师傅完成了这项工程的几分之几。再求出剩下这间房的几分之几，用分量÷分率＝总量来解决这道问题。

工效和：$\frac{1}{5}+\frac{1}{4}=\frac{9}{20}$，2 天工量占总量：$\frac{9}{20}\times2=\frac{9}{10}$，总面积：$8\div\left(1-\frac{9}{10}\right)=80$(平方米)。

15. 答案：100。

分析：速度和为 $240\div1.5=160$(千米/时)，A 车速∶B 车速＝3∶5，B 车的车速为 $160\div(3+5)\times5=100$(千米/时)。

16. 答案：14.84。

分析：如图，阴影部分可看作两部分。①一个半径为 2 的圆；②一个半径为 4 的大扇形减去两个半径为 2 的小扇形和一个边长为 2 的小正方形。

$S_{①}=\pi\times2^2=4\pi=12.56$，$S_{②}=\frac{1}{4}\pi\times4^2-\frac{1}{2}\pi\times2^2-2^2=4\pi-2\pi-4=2\pi-4=2.28$，

$S_{阴}=12.56+2.28=14.84$。

17. 答案：(1)25%。(2)第二季度的销售额为 800 万元，第三季度的销售额为 600 万元。

分析：(1)$1600\div40\%=4000$(万元)

$1000\div4000=0.25=25\%$。

(2)$4000\times20\%=800$(万元)，$4000-1000-800-1600=600$(万元)。

统计图如下：

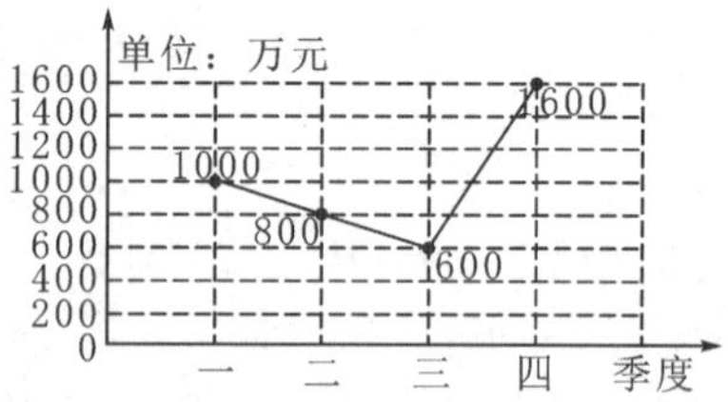

第 17 题图

18. 答案：31。

分析：方法一

图(1)每幅图画用 2 个夹子，图(2)夹子数比图画数量多 1 个。

假设全部按照图(2)方式挂，则可以挂 $100-1=99$(幅)图，比实际多挂了 $99-65=34$(幅)图，按照图(1)方式挂了 $34\div(2-1)=34$(幅)，按照图(2)方式挂了 $65-34=31$(幅)图。

方法二

设按照图(2)方式挂了 x 幅图，则按照图(1)方式挂了$(65-x)$幅图。

$x+1+2(65-x)=100$，解得 $x=31$。

19. 答案：(1)200.96 平方米。(2)188.4 立方米。(3)大盒草莓 8 盒，小盒草莓 4 盒。

分析：(1)需要塑料薄膜的面积等于这个圆柱的一个底面加上侧面积的一半：

$3.14\times4\times30\div2+3.14\times(4\div2)^2$

$=376.8\div2+3.14\times4$

$=188.4+12.56$

$=200.96$(平方米)。

(2)根据圆柱的体积公式 $V=\pi r^2h$，求出这个圆柱的体积除以 2 即可。

$3.14\times(4\div2)^2\times30\div2=12.56\times15=188.4$(立方米)

(3)$12\times45=540$(元)，$540-480=60$(元)，$45-30=15$(元)，$60\div15=4$(盒)，$12-4=8$(盒)。

20. 答案：$3\frac{5}{11}$厘米。

分析：长木桩∶短木桩原露出水面的长度为 7∶5＝21∶15，

现露出水面的长度为 5∶2＝10∶4。

差不变，统一份数，1 份为 11÷(21－10)＝1(厘米)，水上升 11 厘米后，长短木桩露出水面的高度分别是 1×10＝10(厘米)、1×4＝4(厘米)。

设水面再升高 x 厘米。则有$(10-x)\times\frac{1}{12}=4-x$，解得 $x=\frac{38}{11}$。

21. 答案：(1)①l_2；l_3；l_1；同位角；

②l_2；l_3；l_1；内错角。

(2)62°。

分析：如图(3)，∵ $c\perp d$，∴ $\angle 3=90°-\angle 1=90°-28°=62°$，∵$a/\!/b$，∴$\angle 2=\angle 3=62°$。

22. 答案：(1)110°。(2)$\alpha+\beta=\angle APC$。(3)见分析。

分析：如图，过点 P 作 $PE/\!/AB$ 交 AC 于点 E，

∵$AB/\!/CD$，∴$AB/\!/PE/\!/CD$，∴$\alpha=\angle APE$，$\beta=\angle CPE$，∴$\angle APC=\angle APE+\angle CPE=\alpha+\beta$。

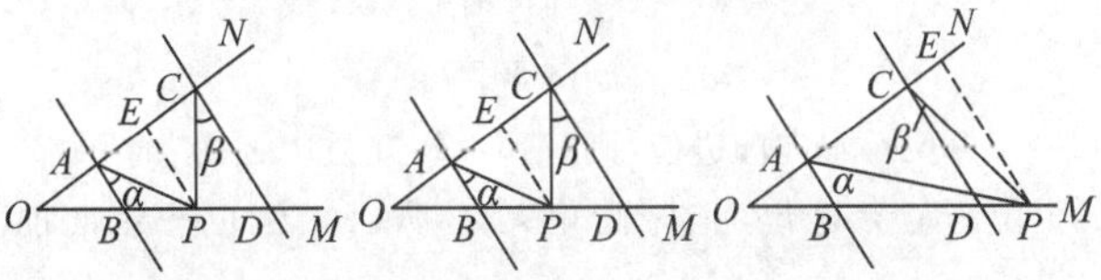

(1)　　(2)　　(3)

(3)①如图(2)所示，当 P 在 BD 延长线上时，$\angle APC=\alpha-\beta$；②如图(3)所示，当 P 在 DB 延长线上时，$\angle APC=\beta-\alpha$。

逻辑思维探秘初赛

3年级

1. 答案：202400。

2. 答案：6。

3. 答案：9。

4. 答案：162。

5. 答案：41。

6. 答案：16。

7. 答案：1020。

8. 答案：40。

9. 答案：9。

10. 答案：8926。

11. 答案：114。

4年级

1. 答案：16.2。

2. 答案：46。

分析：24＋37－15＝46(人)。

3. 答案：29。

分析：(44－1)÷(4－1)＝14(次)……1(人)。

14×2＋1＝29(次)。

4. 答案：16。

分析：按公差分类枚举。

公差为 1：12321、23432、34543、45654、56765、67876、78987；

公差为 2：13531、24642、35753、46864、57975；

公差为 3：14741、25852、36963；

公差为 4：15951。

共 7＋5＋3＋1＝16(个)。

5. 答案：1.36。

分析：136×0.01＝1.36。

6. 答案：783。

分析：A、C 为 2、3、5、7 中的两个数字，考虑 C，若 C 为 2 或 5，那么$\overline{BC}$不是质数，则 C 为 3 或 7，试算 104－7×3＝83，83 为质数，所以$\overline{ABC}$＝783。

7. 答案：676。

分析：1 组为 2 行 6 个数，2025÷6＝337(组)……3(个)人，337×2＋2＝676(行)。

8. 答案：10728。

9. 答案：54。

分析：连接 BE、FC，点 O 为正六边形的中心点，将点 N 移动到点 O，根据等积变形，三角形 ODM 的面积与三角形 NDM 的面积相等，都等于三角形 ODC 面积的一半，所以正六边形 $ABCDEF$ 的面积为 4.5×2×6＝54。

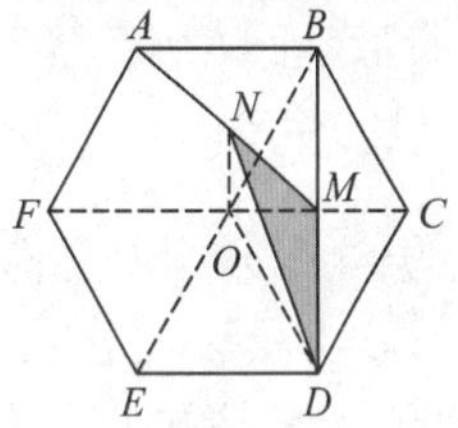

第 9 题图

10. 答案：2602。

分析：第一次追上，280÷(16－2)＝20(秒)，乙路程为 2×20＝40(米)，乙此后速度为 2×2＝4(米/秒)；第二次追上，1680÷(16－4)＝140(秒)，乙路程为 4×140＝560(米)，乙此后速度为 4×2＝8(米/秒)；第三次追上，1680÷(16－8)＝210(秒)，乙路程为 8×210＝1680(米)，乙此后速度为 8×2＝16(米/秒)，此后两人速度相同，乙共走：40＋560＋1680＝2280(米)。

11. 答案：36。

分析：顺序，十位→百位→千位→个位。

当十位为 1 时，由②百位为 4，由③千位为 3 或 5 有两种选择，个位剩余两种选择；同理，十位为 3、7、9 时情况和十位为 1 相同。共 4×1×2×3＝24(种)。

当十位为 5 时，由②百位为 2 或 8 有两种选择，需要单独考虑，共 1×2×2×3＝12(种)。

综上所述：24＋12＝36(种)

5年级

1. 答案：$\frac{23}{30}$。

分析：$\frac{2}{5}\times\frac{1}{4}+\frac{2}{3}=\frac{1}{10}+\frac{2}{3}=\frac{23}{30}$。

2. 答案：18。

分析：$450=2\times3^2\times5^2$，则有$(1+1)\times(2+1)\times(2+1)=18$(个)因数。

3. 答案：144。

分析：汤姆和杰克数量之比为 8∶5＝48∶30，杰克和约翰数量之比为 6∶5＝30∶25，汤姆、杰克和约翰的数量之比为 48∶30∶25，一份量为 $309\div(48+30+25)=3$（条），那么汤姆是冠军，总共钓到 $3\times48=144$（条）鱼。

4. 答案：9。

分析：4 次都吃到甜豆的小朋友尽量少，那么吃到咸豆的小朋友要尽量多，$50-31=19$(个)，$50-46=4$(个)，$50-43=7$(个)，$50-39=11$(个)，吃到咸豆的小朋友最多有 $19+4+7+11=41$(个)，那么 4 次都吃到甜豆的小朋友至少有 $50-41=9$(个)。经验证可以构造。

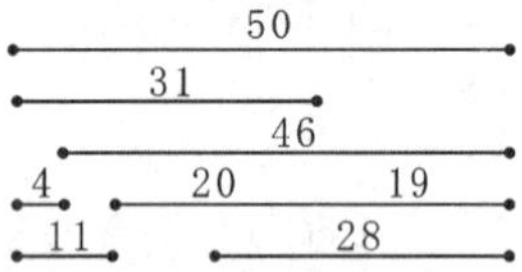

第 4 题图

5. 答案：14。

分析：第 8 行第 4 个数为 $15+20=35$，第 5 个数为 $15+20=35$，第 9 行第 5 个数为 $35+35=70$，卡特兰数的第 5 项为 $70\div5=14$。

6. 答案：216。

分析：$12\times8+3\times12\times2+3\times8\times2=216$(平方厘米)。

7. 答案：14。

分析：有且仅有 3 个因数的半质数即质数的平方，$2024<45^2$，1～45 中的质数有 2,3,5,7,11,13,17,19,23,29,31,37,41,43，共有 14 个，即 1～2024 的所有自然数中，有且仅有 3 个因数的半质数有 14 个。

8. 答案：20。

分析：连接 AC，由鸟头模型，$\frac{S_{ABC}}{S_{EBF}}=\frac{AB\times CB}{EB\times FB}=\frac{1\times1}{1\times2}=\frac{1}{2}$，$\frac{S_{ADC}}{S_{HDG}}=\frac{AD\times CD}{HD\times GD}=\frac{1}{2}$，则 $S_{四边形ABCD}=\frac{1}{2}S_{阴}=\frac{1}{2}\times40=20$(平方厘米)。

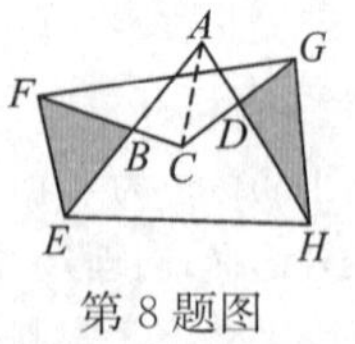

第 8 题图

9. 答案：$130\frac{10}{11}$$\left(或\frac{1440}{11}\right)$。

分析：从 12 点整开始每重合一次，分针比时针多走整整一圈，即 360 度，第三次重合时，分针比时针多走了 $360\times2=720$(度)，需要 $720\div(6-0.5)=\frac{1440}{11}=130\frac{10}{11}$（分钟），即猫小白一共午睡了 $130\frac{10}{11}$分钟。

10. 答案：46.8。

分析：由对称性，阴影部分面积可以变为图(1)，由图(2)，此时阴影部分为$(S_{圆形}-S_{大长方形})\div2$，由勾股定理(图3)，$S_{圆形}=\pi r^2=\pi\times[2^2+(2+4)^2]=40\pi$，$S_{大长方形}=4\times2\times2\times2=32$，$S_{阴}=(40\pi-32)\div2=20\pi-16=62.8-16=46.8$。

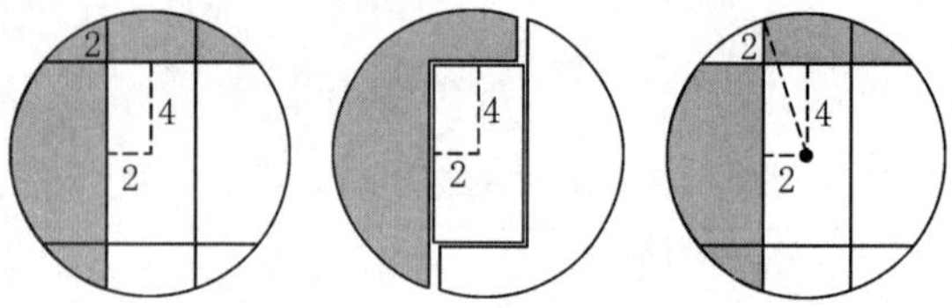

(1)　(2)　(3)

第 10 题图

11. 答案：1523844。

分析：减法竖式转化为加法竖式：

		杏	花	村
+		雨	纷	纷
	清	明	时	节

第 11 题图

百位一定向前进位，则“清”＝1，并且由题得“时”＝2，十位一定会进位，且村比花大 2，所以个位也一定向前进位。

十位“花＋纷＋1＝12”，“花＋纷＝11”，所以个位“村＋纷＝13”，即“节”＝3。接下来通过个位和十位的得数进行枚举，找到“花”“村”“纷”三个汉字所代表的数字：

①“纷”＝9 时，“花”＝2，与“时”重复，不符合要求；

②“纷”＝8 时，“花”＝3，与“节”重复，不符合要求；

③“纷”＝7 时，“花”＝4，“村”＝6，剩下数字 0、5、8、9 相加不符合百位要求；

④“纷”＝6 时，“花”＝5，“村”＝7，剩下数字 0、4、8、9 相加不符合百位要求；

⑤“纷”＝5 时，“花”＝6，“村”＝8，剩下数字 0、4、7、9 相加不符合百位要求；

⑥“纷”＝4 时，“花”＝7，“村”＝9，百位“杏＋雨＋1＝8＋6＋1＝15”，所以“明”＝5，“雨”最大为 8，符合要求，此时 $679+844=1523$。

剩余情况都不符合，所以能拼成的最大七位数为 1523844。

6 年级

1. 答案：$\frac{1}{4050}$。

2. 答案：324。

3. 答案：2。

4. 答案：100。

5. 答案：34。

6. 答案：17。

7. 答案：12.56。

8. 答案：108。

9. 答案：14%。

10. 答案：12。

11. 答案：(1)10；$\frac{3}{5}$；$\frac{3}{4}$；$\frac{3}{5}$。(2)见分析。(3)$\frac{1}{2}$。(4)$\frac{1}{5}$。

分析：(2)证明：$\sin^2 A=\frac{a^2}{c^2}$，$\cos^2 A=\frac{b^2}{c^2}$，由勾股定理得，$a^2+b^2=c^2$，所以$\sin^2 A+cos^2=\frac{a^2}{c^2}+\frac{b^2}{c^2}=\frac{a^2+b^2}{c^2}=1$。

逻辑思维探秘复赛

3年级

1. 答案：10000。
2. 答案：337。
3. 答案：38。
4. 答案：154。
5. 答案：140。
6. 答案：180。
7. 答案：200。
8. 答案：17。
9. 答案：20。
10. 答案：3万。
11. 答案：18。

4年级

1. 答案：2024。
2. 答案：2048。
3. 答案：16.5。
4. 答案：62。
5. 答案：409。
6. 答案：红。
7. 答案：25。
8. 答案：1000733。
9. 答案：30。
10. 答案：2。
11. 答案：(1)6。(2)1725。

5年级

1. 答案：$\frac{5}{4}$。
2. 答案：440。
3. 答案：1905。
4. 答案：300。
5. 答案：144。
6. 答案：$13\frac{11}{13}$。
7. 答案：20.64。
8. 答案：68。
9. 答案：15。
10. 答案：$2^{15}\times3^{10}\times5^{6}$。
11. 答案：(1)4。(2)$\frac{24}{5}$。(3)$\frac{12}{5}$。

分析：(1)如图(1)，由折叠，$AB=BE=CD=CF=8$，则$BF=EC=12-4-4=4$，且$\angle AEB=\angle DFC=45°$，作$IM\perp FE$，则$IM=4\div2=2$，$S_{\triangle EFI}=2\times4\div2=4$。

(2)如图(2)，连接DE，由梯形中的蝴蝶模型，$BE:AD=8:12=2:3$，$S_{\triangle ABH}:S_{\triangle ADH}=(2\times3):3^2=2:3$，$S_{\triangle ABH}=\frac{2}{2+3}S_{\triangle ABD}=\frac{2}{5}\times\frac{1}{2}\times12\times8=\frac{96}{5}$，$S_{\triangle ABG}=\frac{1}{4}\times12\times8=24$，$S_{\triangle AHG}=24-\frac{96}{5}=\frac{24}{5}$。

(3)如图(3)，连接AF，由梯形中的蝴蝶模型，$FE:AD=3:12=1:3$，$S_{\triangle ADI}:S_{\triangle EFI}=1^2:3^2=1:9$，

$S_{\triangle ADI}=9S_{\triangle EFI}=9\times4=36$，$S_{\triangle ADG}=\frac{1}{4}\times12\times8=24$，

则$S_{四边形GHIJ}=36-24-\frac{24}{5}\times2=\frac{12}{5}$。

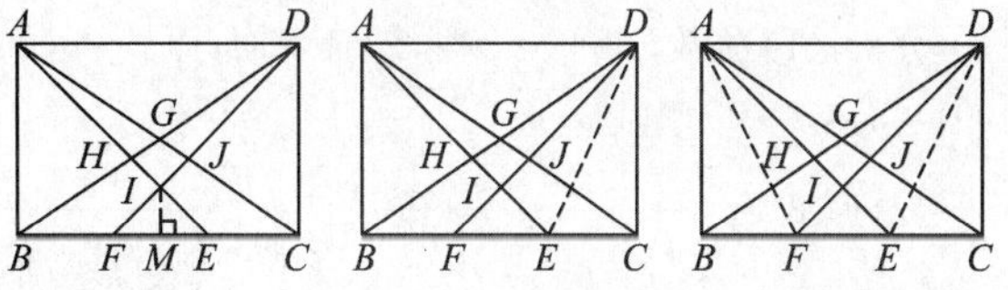

第11题图

6年级

1. 答案：1。
2. 答案：4。
3. 答案：360。
4. 答案：8。
5. 答案：40。
6. 答案：8%。
7. 答案：3。
8. 答案：1680。
9. 答案：648。
10. 答案：$\frac{11}{21}$。
11. 答案：26。
12. 答案：(1)24。(2)52。(3)$52\frac{2}{3}$或$\frac{158}{3}$。

分析：(1)由$BP=\frac{3}{5}BD$，$PC=\frac{2}{3}AC$，可得$BP:DP=3:2$，$AP:CP=1:2$，根据鸟头模型得$S_{\triangle APD}:S_{\triangle BPC}=1:3$，$S_{\triangle APB}:S_{\triangle CPD}=3:4$，又因为$\triangle APD$与$\triangle CPD$等高，所以$S_{\triangle APD}:S_{\triangle CPD}=1:2$，$S_{\triangle APD}:S_{\triangle APB}:S_{\triangle BPC}:S_{\triangle CPD}=2:3:6:4$，故$S_{\triangle CPD}=\frac{4}{2+3+6+4}S_{四边形ABCD}=\frac{4}{15}\times90=24$。

(2)由(1)知，$S_{\triangle APD}=\frac{2}{2+3+6+4}S_{四边形ABCD}=\frac{2}{15}\times90=12$，$S_{\triangle APB}=\frac{3}{2+3+6+4}S_{四边形ABCD}=\frac{3}{15}\times90=18$，$S_{\triangle BPC}=\frac{6}{2+3+6+4}S_{四边形ABCD}=\frac{6}{15}\times90=36$，因为$MB=$

$\frac{1}{3}AB$,所以 $AM:BM=2:1$,因为 $S_{\triangle ABD}=S_{\triangle APD}+S_{\triangle APB}=12+18=30$,$S_{\triangle ADM}:S_{\triangle BDM}=AM:BM=2:1$,所以 $S_{\triangle ADM}=\frac{2}{1+2}S_{\triangle ABD}=\frac{2}{3}\times30=20$,同理,$S_{\triangle ABC}=18+36=54$,$S_{\triangle ACM}:S_{\triangle BCM}=AM:BM=2:1$,所以 $S_{\triangle BCM}=\frac{1}{1+2}S_{\triangle ABC}=\frac{1}{3}\times54=18$,故 $S_{\triangle CMD}=90-20-18=52$。

(3)由 $NC=\frac{2}{3}DC$ 可得 $NC:ND=2:1$,$S_{\triangle CMN}:S_{\triangle DMN}=2:1$,所以 $S_{\triangle CMN}=\frac{2}{1+2}\times52=\frac{104}{3}$,故 $S_{四边形MBCN}=\frac{104}{3}+18=52\frac{2}{3}$或$\frac{158}{3}$。

13. 答案:(1)1717。(2)$3\frac{7}{13}$。(3)$\frac{(2n-1)\times3^{n+1}}{4}+\frac{3}{4}$。

分析:(1)项数,$(100-1)\div3+1=34$,原式$=(1+100)\times34\div2=1717$。

(2)原式$=\left[\frac{1}{\left(\frac{1}{4}\right)^2+1}+\frac{1}{4^2+1}\right]+\left[\frac{1}{\left(\frac{1}{3}\right)^2+1}+\frac{1}{3^2+1}\right]+\left[\frac{1}{\left(\frac{1}{2}\right)^2+1}+\frac{1}{2^2+1}\right]+\frac{1}{1^2+1}+\frac{1}{5^2+1}$

$=1+1+1+\frac{1}{2}+\frac{1}{26}$

$=3\frac{7}{13}$。

(3)$3S=1\times3^2+2\times3^3+3\times3^4+\cdots+n\times3^{n+1}$两式相减得 $2S=n\times3^{n+1}-(1\times3^1+1\times3^2+1\times3^3+\cdots+1\times3^n)=\frac{2n\times3^{n+1}}{2}-\frac{3^{n+1}-3}{2}$,$S=\frac{2n\times3^{n+1}}{4}-\frac{3^{n+1}-3}{4}=\frac{(2n-1)\times3^{n+1}}{4}+\frac{3}{4}$。

2024年 春·武汉明心资优生水平测试

4年级

1. 答案:0。

分析:原式$=(12+45-23-34)+(56+89-67-78)=0+0=0$。

2. 答案:2024。

分析:原式$=46\times88-88\times23=88\times23=2024$。

3. 答案:77。

分析:原式$=(4202-2024)\div11-121=77$。

4. 答案:1。

分析:原式$=23\times3\div(23\times4)\times4\times9\div(3\times9)$

$=23\times3\div23\div4\times4\times9\div3\div9$

$=1$。

5. 答案:244。

分析:$S_{空}=S_{总}-S_{红}=(12+4+12)\times(12+4+21)-(12+12)\times(12+21)=28\times37-24\times33=244$。

6. 答案:13501。

分析:将这些数配对,1→998,2→997…499→500

每对数字和 27,还多 999 和 1000,共有 $499\times27+27+1=13501$。

7. 答案:720。

分析:使乘积尽量大,除数尽量小,为 $96\times87\div12+54-30=720$。

8. 答案:2025。

分析:$S_{空}=585\times256\div144=1040$。

$S_{总}=585+256+144+1040=2025$。

9. 答案:3。

分析:甲、乙相遇于 C 时,3 人合走 2 全程;甲、丙相遇时,3 人合走 3 全程。故甲、丙相遇用时为甲、乙相遇的 1.5 倍。乙走 BC 所用 1 份时间,AC 所用 0.5 份时间,所以 $BC=2AC$。丙的速度是甲速度的 3 倍。当甲到达时,丙走了 3 千米。

第 9 题图

10. 答案:30。

分析:两位数 10~99 共有 90 个,不是 2 的倍数,必不是 4 倍数。2 倍数 45 个,3 倍数 30 个,6 倍数 15 个。$90-45-30+15=30$(个)。

11. 答案:430。

分析:如果抽到的两张点数相同,只能是 6、7、8、9、10 中间一类,共有 $6\times5=30$(种)取法;如果抽到的两张点数不同,按较大点数分类共有 $4\times4\times(9+7+5+3+1)=400$ 种(种)法;所以共有 $30+400=430$(种)不同取法。

12. 答案:7198。

分析:3 个数中有一个数是其他数的平均数,即三个数可以排成等差数列。

3 个数分别减去一个不相同的数,会得到一个等差数列。那么 3 次的平均数互不相同。

因为最小数减少也可得到等差数列。3 个数中较小两数的差小于较大两数的差。

最小数减少后得到的平均数是原中位数,中位数减少后得到的平均数是原最小数,因此最大数减少后得到的平均数只能是原中位数与原最小数的平均数。

3 次的平均数能构成等差数列,所以 3 次剩下数的和也能构成等差数列。那么三次减少的数也能构成等差数列,所以丙减少的数是 $4201\times2-1024=7198$。

13. 答案:2025。

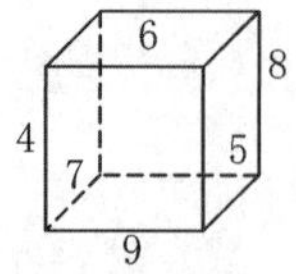

第 13 题图

分析:$4\times6\times7+5\times6\times7+8\times5\times6+8\times6\times4+4\times7\times9+5\times7\times9+5\times8\times9+8\times4\times9$

=(6+9)×(4×7+5×7+8×5+8×4)

=(6+9)×(4+5)×(7+8)

=15×9×15

=2025。

14. 答案:2000。

分析:只考虑一个。每经过 1 个 3×3 时,方法数翻 10 倍,经过 3 个 3×3 时,B 的上下均有 1000 种方法,共 2000 种。

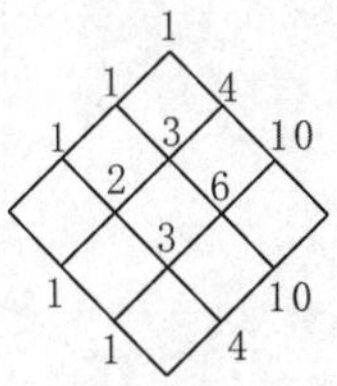

第 14 题图

15. 答案:1002。

分析:在乙拿时,剩 1 颗时会败,3 颗时,乙怎么拿甲均能拿到剩 1 颗,7 颗时,乙怎么拿甲均能拿到剩 3 颗,即甲拿之后,只需剩 2^n-1 颗,乙至多拿 $2^{n-1}-1$ 颗,甲总能拿到剩 $2^{n-1}-1$ 颗,$2^{10}-1=1023$,只需拿 2025-1023=1002(颗)。

16. 答案:1。

分析:由题意,记相等的和为下。

$5T=2\times(A+B+\cdots+I)+2\times E=90+2\times E$。

E 是 5 的倍数,E 只能为 5,$T=20$,易知 $A+T=C+G=10$。若 9 在 D 上,$A+B=G+H=20-5-9=6$。而 6 只能 1+5×2+4,而 5 用了,9 在角上,不妨设为 $A=9$,$E=5$,$I=1$,B,D 又为 2 和 4,可翻转,设 B 为 2,D 为 4,C、G 只能是 3 或 7,C 不能为 3,所以 $C=7$,$G=3$。

若 9 确定时,如图可翻转相同,只有一种。

A	B	C
D	E	F
G	H	I

9	2	7
4	5	6
3	8	1

第 16 题图

17. 答案:54。

分析:假设 A 区翻倍,2 个均是 B 区,那么 B 区可供 20 头牛 4 天,10 头牛 9 天,10 只羊 24 天,20 只羊 9 天。

如果牛每天吃 1 份草,则 B 区生长量为(10×9-20×4)÷(9-4)=2(份)。如果羊每天吃 1 份草,则 B 区生长量(24×20-9×20)÷(24-9)=4(份)。故牛吃草量为羊 2 倍。

将羊每天的吃草量定为 1 份,则牛每天吃 2 份草,B 区每天生长 4 份草,B 区原有 20×9+9×4=144(份)草。

A、B 共有 144÷2×3=216(份)草,每天生长 4÷2×3=6(份)草,10 只羊可吃:216÷(10-6)=54(天)。

18. 答案:是。

分析:所有点数可能为 1+1=2,到 13+13=26,共有 25 种,故有 26 人,故有 2 人点数相同。

5年级

1. 答案:10。

分析:原式=(12.78+7.12)-(5.36+4.64)=10。

2. 答案:2024。

分析:原式$=44\times46=45^2-1=2024$。

3. 答案:1。

分析:原式=3.9×0.25+0.1×0.25=(3.9+0.1)×0.25=1。

4. 答案:10。

分析:原式=9×2÷1.8=10。

5. 答案:455。

分析:连续 26 个数中 5 倍数有 5 个或 6 个,和为 105 可知是 5+10+15+20+25+30=105,105=5×21,21 不能写成连续 5 个数之和。必为 5~30 这 26 个数,和为(5+30)×13=455。

6. 答案:10。

分析:如图所示,作弦图。$EB=b-a$,$DF=b+c-c-a=b-a$,有 $DF=EB$,同理 $AE=CF$,勾股定理知 $AB=CD$。

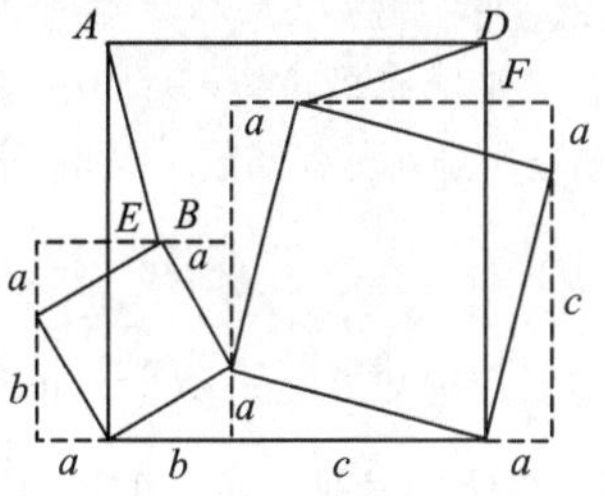

第 6 题图

7. 答案:4。

分析:继续枚举,20246066280886404482022 4…从第三位起,每 20 个一周期,2024÷20 余 4,第 2024 个数字即第 4 个数字是 4。

8. 答案:35。

分析:实际上只需要确定偶数数字的数位,所有奇数数字从小到大排列,所有偶数数字从大到小排列即可。所以共有 7×6×5÷(3×2×1)=35(个)。

9. 答案:253。

分析:如图作弦图,记边长为 4 份,BM 为 2 倍,$MH+HF=4$(份),$MH-HF=2$(份),故 $MH=3$(份),$HF=1$(份),$\frac{AN}{ND}=\frac{S_{\triangle AFE}}{S_{\triangle DFE}}=\frac{1\times3\div2+(3+1)\times4\div2-5\times1\div2}{1\times1\div2+(1+3)\times4\div2-5\times3\div2}=\frac{7}{1}$,$ND=2024\times\frac{1}{1+7}=253$。

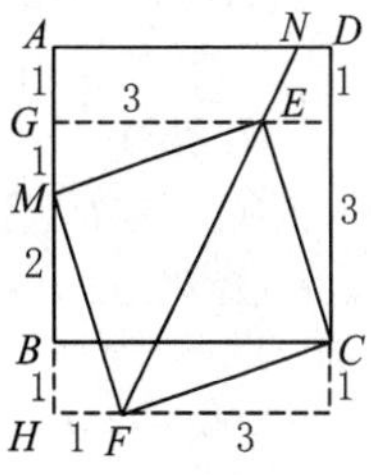

第 9 题图

10. 答案:14。

分析:3 人组共有 $7\times6\times5\div(3\times2\times1)=35$(组),不平衡情况即每组中有 1 人胜其余两人,我们称这个人“主导”一个不平衡三人组。而每人 3 胜,每个人均“主导”3 个不平衡三人组,所以共有 $3\times7=21$(个)不平衡三人组。平衡三人组有 $35-21=14$(组)。

11. 答案:648。

分析:有 2 个是红色可知有相邻两面未染色,没有染色的有 $8\times9\times9=648$(种)。

12. 答案:2024。

分析:农妇带的鸡蛋越多,售得的总价越多。若她带了 2048 个鸡蛋,则可售得 $2048+1024+512+\cdots+1=4095$(元)。因此,向下枚举可知,2024 个鸡蛋时恰可售得 4041 元。

另可将鸡蛋分成若干组,每组都是 2 的不同幂次枚,则各组售价互不干扰,2^n 枚可卖出 $2^{n+1}-1$ 元。

因为 $4041=(2^{11}-1)+(2^{10}-1)+(2^9-1)+(2^8-1)+(2^7-1)+(2^6-1)+(2^4-1)$,所以鸡蛋共有 $2^{10}+2^9+2^8+2^7+2^6+2^5+2^3=2024$(枚)。

13. 答案:2。

分析:考虑 1 和 2025 的位置,只能从一侧顺序排列所有奇数,另一侧顺序排列所有偶数。因此不同的排法只有 2 种。

14. 答案:198。

分析:由勾股定理知 $AB^2+AD^2=AC^2$,所以 $AD^2=(AC+AB)(AC-AB)=2AD(AC-AB)$,$AC-AB=\dfrac{AD}{2}$,而 $AC+AB=2AD$,所以 $AB=0.75\times AD$,若 AD 即为 16 份,则 AB 为 $16\times0.75=12$(份),ED 为 $12\times12\div16=9$(份),AE 为 $16-9=7$(份)。

$S_{阴}=2024\div4-2024\div2\div(7+16)\times7=506-308=198$。

15. 答案:38。

分析:甲手上的数是 1 或者 2,乙手上的数是 8 或者 12,丙手上的数是 9、18 或者 24。所以 3 个数的和为 $2+12+24=38$。

甲的数为 1 或 2,而 $3\times(n+1)<5^n$ 在 $n\geqslant2$ 时成立,乙、丙至多 1 个 5,若乙、丙含有 5,说明其中某个因数有 4 次方以上,不可能。乙、丙均由 2,3 构成,记为 $2^p\cdot3^q$。

乙:$2^p\cdot3^q=2(p+1)(q+1)$,由 $2\times(n+1)<2^n$,在 $n\geqslant4$ 时成立,$p\leqslant3$,同理 $q\leqslant3$,尝试知乙可以为 8 或 12。

丙可以为 9、18 或 24,乘法算式为 $2\times12=24$,和为 38。

16. 答案:30。

分析:先旋转使红色朝上,正对面选择有 5 种,水平方向为 4 种颜色的小球排列 $4\times3\times2\times1\div4=6$(种),共 $5\times6=30$(种)。

17. 答案:1716。

分析:如图对称可知,$MD=72$,$ND=96$,$MD\div3\times4=ND$,$AF=12\div3\times4=16$,$CG=36\div4\times3=27$,$S=72\times96\div2-12\times16-27\times36-48\times24\div2=2292-576=1716$。

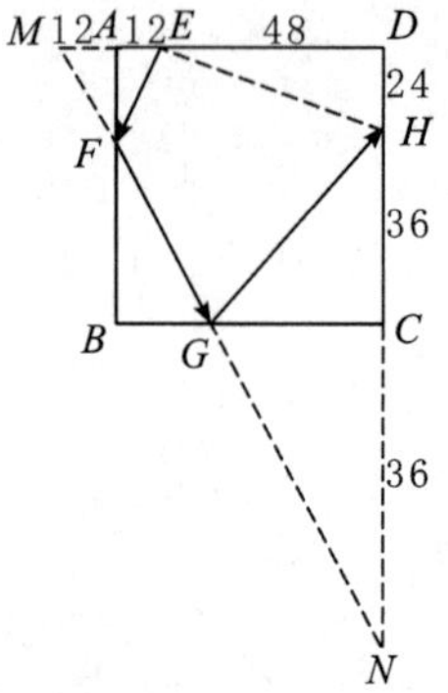

第 17 题图

18. 答案:不能。

分析:如图给 6×6 用 2 种方式标上 0、1、2,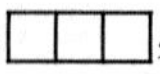必有 0、1、2 各 1 个,故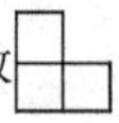中也必有 0、1、2 各 1 个。在(1)中,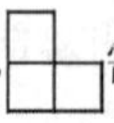需放成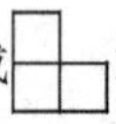或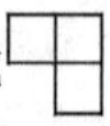。在(2)中,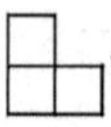需放成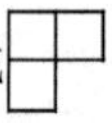或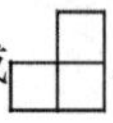。互相冲突,不可能做到。

0	1	2	0	1	2
1	2	0	1	2	0
2	0	1	2	0	1
0	1	2	0	1	2
1	2	0	1	2	0
2	0	1	2	0	1

(1)

0	1	2	0	1	2
2	0	1	2	0	1
1	2	0	1	2	0
0	1	2	0	1	2
2	0	1	2	0	1
1	2	0	1	2	0

(2)

第 18 题图

❻年级

1. 答案:$\dfrac{1}{2}$。

分析:原式$=\dfrac{32}{144}+\dfrac{27}{144}+\dfrac{13}{144}=\dfrac{1}{2}$。

2. 答案:$\dfrac{7}{5}$。

分析:原式$=(\dfrac{7}{2}-\dfrac{7}{3})\div(\dfrac{1}{2}+\dfrac{1}{3})$

$=7\times\dfrac{1}{6}\div\dfrac{5}{6}=\dfrac{7}{5}$。

3. 答案:2024。

分析:原式$=21\times23\times(\dfrac{1}{21}+\dfrac{1}{23})\times22\times24\times(\dfrac{1}{22}+\dfrac{1}{24})=(21+23)\times(22+24)=2024$。

4. 答案:$45\dfrac{9}{10}$。

分析:原式$=(1+2+\cdots+9)+(\dfrac{1}{1\times2}+\dfrac{1}{2\times3}+\cdots+\dfrac{1}{9\times10})=45+1-\dfrac{1}{10}=45\dfrac{9}{10}$。

5. 答案:6。

分析：$V_{上}:V_{下}=1:2$，$t_{上}:t_{下}=2:1$，共用 $2÷(2-1)×(2+1)=6$(小时)。

6. 答案：1012。

分析：分组。1013 及其约数、1014 及其约数……2024 及其约数。由于 1～1012 必存在 1013～2024 中的倍数，上述分组中已包含 1～2024 全部数，至多选 1012 个。构造 1013～2024 这 1012 个符合条件。

7. 答案：84。

分析：人数比 $7:5$，平均分比 $20:21$，总分比 $(7×20):(5×21)=4:3$，女生均分为 $\frac{560÷(4-3)×3}{48÷(7+5)×5}=84$。

8. 答案：$11:1$。

分析：由于正三角形内一点到 3 边距离之和 $a+b+c=\frac{2S}{边长}$ 为定值。所以在原题中有 $S_1+S_3+S_5=S_2+S_4+S_6=\frac{1}{2}S_{六边形}$，假设六边形面积为 6，易知 $S_1+S_4=S_2+S_5=2$。

$S_1=\frac{1}{2}$，$S_4=\frac{3}{2}$，$S_2=\frac{4}{3}$，$S_5=\frac{2}{3}$。

所以 $S_3=3-S_1-S_5=3-\frac{1}{2}-\frac{2}{3}=\frac{11}{6}$，$S_6=2-\frac{11}{6}=\frac{1}{6}$，$S_3:S_6=11:1$。

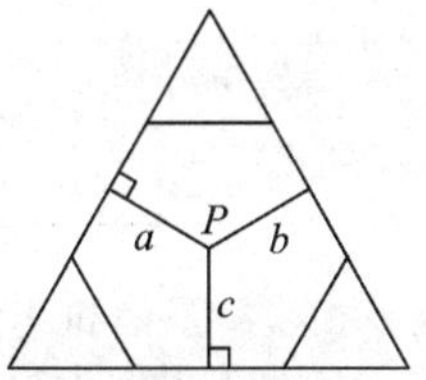

第 8 题图

9. 答案：$\frac{506}{3}$。

分析：不妨设 BC 为 3 份，DC 为 4 份，BD 为 5 份，$CE=\frac{3+4-5}{2}=1$(份)，故 $AD=DE$，有 $\angle AED=45°$，$FM=ME=EC=CN=1$(份)，$S_{\triangle DFB}=2024÷2×\frac{3×4÷2-4×1÷2-3×2÷2}{3×4÷2}=1012×\frac{6-2-3}{6}=\frac{506}{3}$。

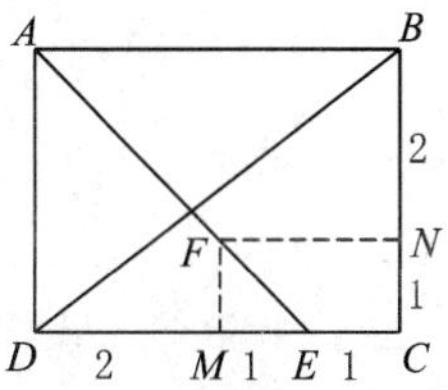

第 9 题图

10. 答案：$\frac{1}{2}$。

分析：如图，M 为中点，$PM=\frac{1}{2}CP$，$\frac{CP}{PM}=\frac{x+18}{x+6}=\frac{2}{1}$，可得 $x=6$。$S_{\triangle NQB}=S_{\triangle MNQ}$，有 $BQ=MQ$，所以 $\triangle MQC=\triangle BQC=18$，$S_{\triangle ANM}=18×2×2×\frac{1}{4}-(6+6)=6$，$\frac{AN}{NB}=\frac{6}{12}=\frac{1}{2}$。

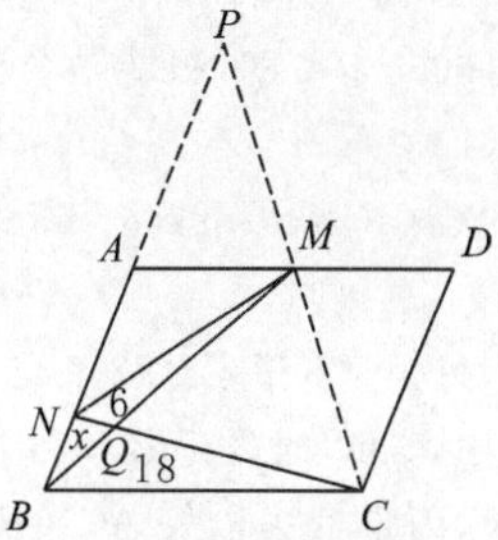

第 10 题图

11. 答案：50%。

分析：不产生 4 的倍数的数为 2 个奇数或 1 个奇数配一个非 4 的倍数的偶数，1～2024 中，有 1012 个奇数，506 个非 4 的倍数的偶数，506 个 4 的倍数的偶数，P(不是 4 的倍数)$=\frac{C_{1012}^2+1012×506}{C_{2024}^2}=\frac{506×1011+506×1012}{1012×2023}=\frac{1}{2}$，

P(是 4 的倍数)$=\frac{1}{2}$。

12. 答案：52%。

分析：设原浓度为 $x\%$，A 混合浓度为 $\frac{100+x}{2}=50+\frac{x}{2}$，$B$ 混合浓度为 $\frac{50+\frac{x}{2}+2x}{3}=\frac{50}{3}+\frac{5}{6}x$，$C$ 混合浓度为 $\frac{\frac{50}{3}+\frac{5}{6}x+3x}{4}=54$，解得 $x=52$，浓度为 52%。

13. 答案：999。

分析：从 0000～6999 共 7000 个数，后 3 位数任取，个位有唯一办法使数字和为个位数，共 $10^3×1=1000$(种)，而 0000 不存在，$1000-1=999$(种)。

14. 答案：1012。

分析：考察正四面体内切球，中心到 4 面距离相等，有内切球半径 $×S_{底}×4=S_{底}×$高，内切球半径 $=\frac{1}{4}$ 高线，回到原题，大正四面体高线如图，当把包含小球的正四面体切下时，小正四面体只有大正四面体高度的一半。$V_{小球}=\left(\frac{1}{2}\right)^3\cdot V_{大球}=\frac{1}{8}V_{大球}$，所以 $V_{小球}=\frac{1}{8}V_{大球}$，$4V_{小球}=\frac{1}{2}V_{大球}=2024×\frac{1}{2}=1012$。

15. 答案：1。

分析：由于合数数字只有 4、6、8、9，各位数字互不相同；这个数至多 4 位，至少 2 位，由于是质数，个位必为 9，2 位有 89，而 $4+6+8+9$ 是 3 的倍数，所以 4 位不存在伪合数。3 位中 $3\mid 6$，只能用 469 或 689 构成，检验 $7\mid 469$，$11\mid 649$，$13\mid 689$，$11\mid 869$。

可知，3 位也没有伪合数，只有 1 个伪合数 89。

16. 答案：6375。

分析：可知次 $=0$，八 $=4$ 或 8，右式 $>9100+1200-100=10200$ 且右式 $<10000+2000=12000$，因此 $102<$ 尝

试×十×八<120。右侧范围为 10200～11900。

若八=8,则 12<尝试×十<5,不可能,必为八=4。

此时 25<尝试×十<30,只能是 2×13,2×14,1×26,1×27,1×28,1×29。

检验可知是 28×10×40=9288−63+1975,所求 4 位数为 6375。

17. 答案:(1)每小时 8 千米。(2)9 点 18 分。

分析:如图,甲走 AC 时丙走 BC,丙上滑板到 D 和乙相遇,乙走 DB 时,丙走 AD,恰好 $AC=BD$。甲、乙、丙同时到达。$AC+CD:AD=20:5=4:1$,所以 $AC:CD=2.5:1.5$,$AC:BC=AC:AD=2.5:1$,$AC=14\times\frac{2.5}{2.5+1}=10$,$BC=4$,$V_{丙}=20\div10\times4=8$(千米/时)。

到达时间 $10\div20+4\div5=\frac{13}{10}$(小时),是 9 点 18 分。

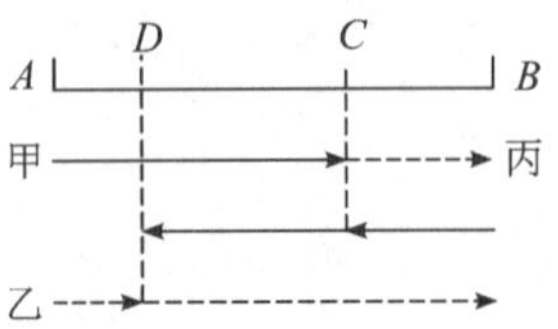

第 17 题图

18. 答案:见分析。

分析:若 4 个数中存在 8 的倍数,则必有两数之积是 8 的倍数。

若 4 个数中不存在 8 的倍数,将 4 个数按 $8k\pm1$、$8k\pm2$、$8k\pm3$ 和 $8k+4$ 分为 4 个组。

若有一组中有 2 个数,其和或差为 8 的倍数。

若每组恰有 1 个数,则$(8k\pm2)$形和$(8k+4)$形的数之积是 8 倍数。

因此,4 个数中必能找到 2 个数的和、差、积是 8 的倍数。而剩余两个数的和、差、积中必有一个是 3 的倍数。

因此,4 个数利用加减乘除运算,一定可以得到 24 的倍数。

2024年 秋·武汉明心资优生水平测试

❹年级

1. 答案:1301。

分析:原式=1429−128=1301。

2. 答案:1544。

分析:原式=2024−480=1544。

3. 答案:242。

分析:原式=18×121÷9=18÷9×121=242。

4. 答案:5000。

分析:原式=(2+100)×50÷2+(2+98)×49÷2=50×51+50×49=50×100=5000。

5. 答案:0。

分析:原式=119+118+⋯+1−2×(84+83+⋯+1)

=(1+119)×119÷2−(84+1)×84÷2×2

=60×119−85×84

=7140−7140

=0。

6. 答案:48。

分析:3 个图形各占 16 格,共 16×3=48(格)。

7. 答案:12。

分析:设 $A>B>C>D$,则 $A=B+C+D<3\times B$。

又因为 $A=B\times C\times D$,所以 $C\times D=2$,$C=2$,$D=1$。因此 $B=3$,$A=6$。

总和为 6+3+2+1=12。

8. 答案:125。

分析:共减少了 8 条边,所以小正方形的边长为 40÷8=5。

大长方形的面积为 5×5×5=125。

9. 答案:6。

分析:先确定被减数千位为 1,百位为 0,减数百位为 9。

所以减数数字均为奇数,差的数字均为偶数。

因此答案只能如图所示。

$$\begin{array}{r} 1\ 0\ 2\ 3 \\ -\quad 9\ 7\ 5 \\ \hline 4\ 8 \end{array}$$

第 9 题图

其中未用的数字是 6。

10. 答案:154362。

分析:1 只能与 5 相邻,2 只能和 6 相邻,因此 15 在首两位,62 在末两位。所求六位数是 154362。

11. 答案:35。

分析:甲比乙多 5×2+5=15(颗),乙给甲 5 颗后,甲比乙多 15+5×2=25(颗)。

所以此时乙有 25÷5=5(颗),甲有 5×(5+1)=30(颗),两人共有 5+30=35(颗)。

12. 答案:27。

分析:中央 3 个圆圈各经过 2 次,外围 3 个圆圈各经过 1 次。

13. 答案:12。

分析:三班人数是 3 个班的平均数,全校人数比一班人数的 3 倍少 12 人。

所以全校人数比二班人数的 3 倍多 12 人,即一、三班人数和比二班人数的 2 倍多 12 人。

14. 答案:19。

分析:去年弟弟年龄的 5 倍等于哥哥年龄的 4 倍,今年妈妈年龄小于哥哥年龄的 7 倍。所以去年弟弟 4 岁,哥哥 5 岁。今年弟弟 5 岁,哥哥 6 岁,妈妈 30 岁。

30−5−6=19(年)后,妈妈的年龄是哥哥与弟弟的年龄和。

15. 答案:80。

分析：重叠部分与未覆盖部分均为正方形，重叠部分的周长为128，边长为128÷4=32。

一块未覆盖部分面积为(32×32+128)÷2=576=24×24，所以大正方形的边长为24+32+24=80。

16. 答案：0；192。

分析：每个数位上都是0最少，所以写得最少的是0。

个位上共有100个0；

十位上共有91个0；

百位上共有1个0；

共100+91+1=192(个)0。

17. 答案：12。

分析：$A\times\overline{BC}=D\times\overline{EF}=\overline{GHI}$

1只能是G或H；

5只能是B、E、G、H之一；

I必为偶数。

分类讨论可知，只有4×39=2×78=156或3×58=6×29=174。

积的数字和为1+5+6=12=1+7+4。

18. 答案：84。

分析：正中央的格点不能放置。

两黑棋相邻，有4×3÷2×8=48(种)；

两黑棋相隔1个，有3×2÷2×8=24(种)；

两黑棋相隔2个，有2×1÷2×8=8(种)；

两黑棋相对，有8÷2=4(种)；

共48+24+8+4=84(种)。

19. 答案：16个小朋友，62个水果。

分析：大班每人7个水果少1个，小班每人9个水果少1个。

将9个大班小朋友，7个小朋友分为一组，共(4-3)÷(4×7-3×9)=1(组)。

所以共有9+7=16(个)小朋友，9×7-1=62(个)水果。

20. 答案：船速25海里/时，水速5海里/时。

分析：第一天船下行240-72=168(海里)，上行240-152=88(海里)；第二天船上行152海里，下行72海里。

两天用时均为10小时，上行152-88=64(海里)与下行168-72=96(海里)时间相同。

所以逆流速度为(88+168÷96×64)÷10=20(海里/时)；

顺流速度为96÷(64÷20)=30(海里/时)；

水速为(30-20)÷2=5(海里/时)；

船静水速为(30+20)÷2=25(海里/时)。

5年级

1. 答案：100。

分析：原式=48.76+51.24=100。

2. 答案：22。

分析：原式=(2048-1)-45^2=2047-2025=22。

3. 答案：115。

分析：原式=(345×5)÷(3×5)=345÷3=115。

4. 答案：650。

分析：原式=(1×2+2×3+…+25×26)÷9=25×26×27÷3÷9=650。

5. 答案：70。

分析：余角大小为(130-90)÷2=20°，所以这个角是90-20=70°。

6. 答案：540。

分析：7×180°-360°×2=540°

7. 答案：55。

分析：质数和为2+3+5+7+11+13+17+19=77；

合数和为(2+3+4+…+20)-77-209-77=132。

差为132-77=55。

8. 答案：10。

分析：6！=720=8×9×10，m!=7!×8×9×10=10!，所以m=10。

9. 答案：20。

分析：这个数必为偶数，所以最小两约数为1和2。

若最小4个约数为1，2，4，p，则$p|(1+2+4+8)$，p=3或5。

p=3时不合题意，p=5时这个数为20。

若最小4个约数为1，2，p，2p，则$p|(1+2+8)$，p=11，不合题意。

所以所求数为20。

10. 答案：10。

分析：$AC^2=4^2+2^2=20$，$CE^2=1^2+2^2=5$，$AC^2+CE^2=AE^2$，所以ACE是直角。

$AC^2\times CE^2=100$，所以$AC\times CE=10$，总面积为4×2÷2+1×2÷2+10÷2=10。

11. 答案：400。

分析：周长差恰好是2个$ABCD$的边长，所以AB=40÷2=20，S_{ABCD}=20×20=400。

12. 答案：770。

分析：注意质因数的指数满足斐波那契数列1，1，2，3，5，8，13，21，34，其中第10个数的质因数2的个数是21，质因数3的个数是34。

所以约数个数为(21+1)×(34+1)=770。

13. 答案：100。

分析：两次拼成的大正方形方阵一样大，所以黑色棋子的数量等于大方阵最外两层数量，即第二层边长的8倍，所以黑子有8×8=64(枚)，棋子共有(8+2)×(8+2)=100(枚)。

14. 答案：21。

分析：每个奇数的数字和比它前面的相邻的偶数数字和大于1，所以共有奇数项，没有$2n+1$项，则$2024+2n$的数字和为n，$9|2024+n$，且$n<36$，所以n=1或10或19或28。

逐一验证可知，只有 $n=10$ 满足，所以数列有 $10\times2+1=21$(项)。

15. 答案：10。

分析：$271\times41=11111$，所以 $271\mid\overline{1023\boxed{?}897\boxed{?}5}$，两个方框分别填 4 和 6，和为 $4+6=10$。

16. 答案：56。

分析：最大时为 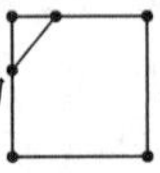，面积为 $8\times8-4\times4\div2=56$。

17. 答案：21978。

分析：

$$\begin{array}{r} 2\ 1\ 9\ 7\ 8 \\ \times\qquad\quad 4 \\ \hline 8\ 7\ 9\ 1\ 2 \end{array}$$

18. 答案：6。

分析：如图所示。

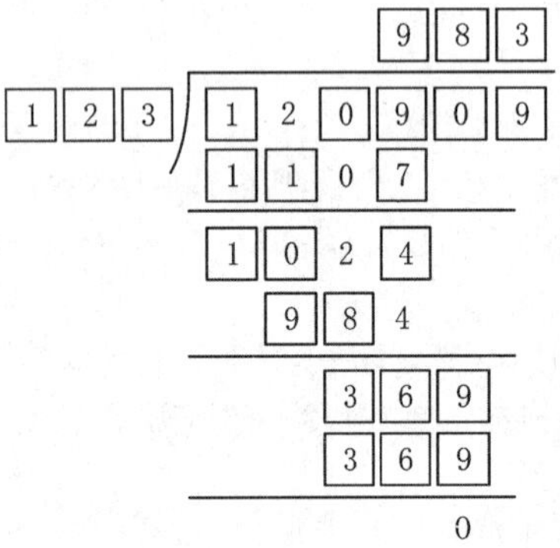

第 18 题图

19. 答案：120。

分析：如图所示，作辅助线。$FH=FI=CG$，$FH=EG$。所以 $S_{\triangle OEC}=2S_{\triangle OGC}=S_{\triangle GCD}=S_{\triangle FCD}=120$。

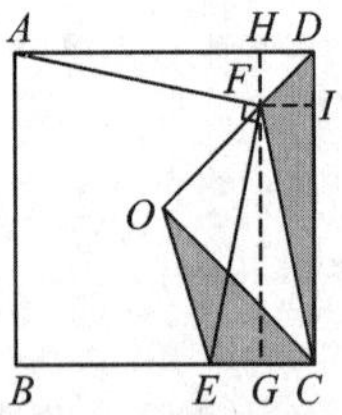

第 19 题图

20. 答案：6 种。

分析：中央 3 珠各算 2 次，外围 3 珠各算 1 次，所以中央标 1,2,3。

考虑到旋转、翻转，中央实际只有 1 种串法，外围有 $3\times2\times1=6$(种)串法。

所以共有 6(种)串法。

6年级

1. 答案：1。

分析：原式 $=\left(\frac{2}{5}+\frac{3}{5}\right)\div\left(\frac{2}{3}+\frac{1}{3}\right)=1$。

2. 答案：18。

分析：原式 $=(3+4+5+6)\times1111\div[(1+2+3+4)\times111.1]=18$。

3. 答案：$\frac{65}{2}$。

分析：原式 $=\frac{1}{1}+\frac{1+2}{2}+\frac{1+2+3}{3}+\cdots+\frac{1+2+3+\cdots+10}{10}=\frac{2}{2}+\frac{3}{2}+\frac{4}{2}+\cdots+\frac{11}{2}=\frac{65}{2}$。

4. 答案：9。

分析：$\frac{1}{82}=0.0\dot{1}219\dot{5}$，第 100 位数字是 9。

5. 答案：A。

分析：$\frac{23}{24}>\frac{19}{20}$，所以 $\frac{1923}{2024}>\frac{19}{20}>\frac{19\times23}{20\times24}$。

6. 答案：510。

分析：最后一个方格是第 11 行第 10 格，数为 510。

7. 答案：1400。

分析：三杯水的体积比为 2∶1∶4，所以总体积为 $100\times\frac{1+2+4}{(1+4)\div2-2}=1400$(毫升)。

8. 答案：77。

分析：$\left[32\times\left(1+\frac{1}{5}-1\right]\div\left[1-\frac{3}{7}\times\left(1+\frac{1}{5}\right)\right]=77$(千米)。

9. 答案：2。

分析：两人共有卡 $(5+5)\div\left(\frac{3-1}{3}-\frac{1}{1+3}\right)=24$。

10. 答案：620。

分析：第一批的 $\frac{1}{4}$ 比第二批的 $\frac{1}{4}$ 多 $20\times\frac{1}{4}=5$(件)；

第二批共测了 $(20+5)\div\left(\frac{1}{3}-\frac{1}{4}\right)=300$(件)；

两批共测了 $300\times2+20=620$(件)。

11. 答案：96。

分析：如图所示，小长方体的棱长比为 1∶3∶4，体积为 $1620\div5=324=1\times3\times4\times3^3$，所以棱长和为 $3\times(1+3+4)\times4=96$。

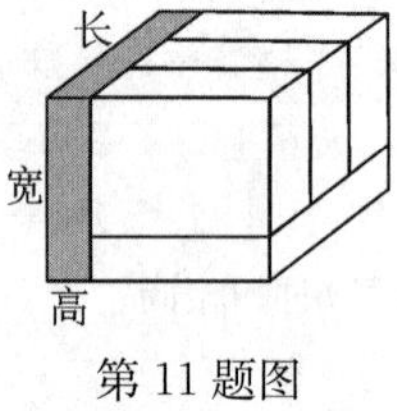

第 11 题图

12. 答案：2024。

分析：如图所示。

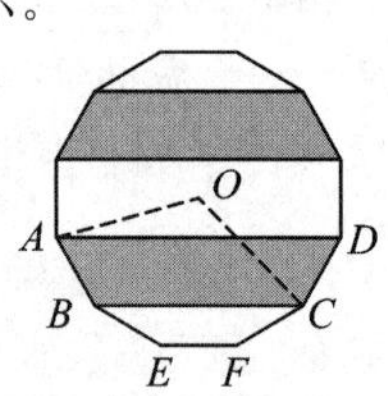

第 12 题图

$S_{ABCD}=S_{ABCO}=S_{\triangle OAB}+S_{\triangle OBC}=S_{\triangle OAB}+\frac{1}{2}\times OB\times$

$OC=S_{\triangle OAB}+\frac{1}{2}\times OE\times BF=\frac{1}{4}S_{十二边形}$。所以 $S_{空白}=S_{阴}=2024$。

13. 答案:138。

分析:原式$=\frac{24\times25}{2}\times\left(\frac{1}{2\times3}+\frac{1}{3\times4}+\cdots+\frac{1}{24\times25}\right)=\frac{24\times25}{2}\times\frac{25-2}{2\times25}=138$。

14. 答案:8。

分析:题即$\frac{A\times C}{B\times D}=8$。

若 A、C 中有 8,则其余 3 数必为 $6=2\times3$;

若 A、C 中无 8,则必有 4,其余 3 数必为 6,1,3。

所以共有 $2\times2\times2=8$(种)填法。

15. 答案:48。

分析:两人做两倍时长,完成两倍工作量,所以甲 12 天与乙 8 天工作量相同。

预计时间为$(12+8)\times\frac{12}{12-8}-12=48$(天)。

16. 答案:100。

分析:红球比白球一半多 $20+11=31$(个);

白球比红球一半多 $20-1=19$(个)。

所以球总数为$(31+19)\div\left(1-\frac{1}{2}\right)=100$(个)。

17. 答案:1012。

分析:如图所示,$S_{\triangle PQ_2O}=S_{\triangle POA}$,$S_{\triangle QP_1O}=S_{\triangle QOA}$,所以所求面积和恰为 $2S_{\triangle APQ}$,即 $2024\div200\times50\times2=1012$。

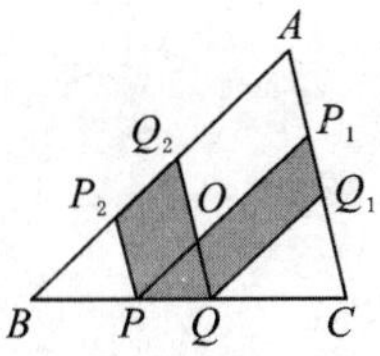

第 17 题图

18. 答案:10。

分析:如图所示,若用 3 种颜色,每种颜色两种有 $C_4^3=4$ 种;

若用 4 种颜色,有两种颜色染两点,有 $C_4^2=6$ 种;

共 $4+6=10$(种)。

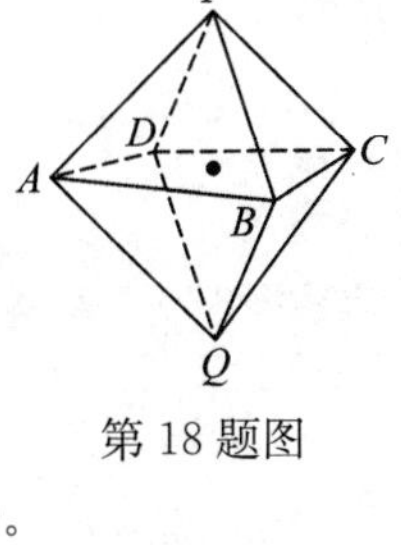

第 18 题图

19. 答案:1600。

分析:甲速是乙速的 3 倍,所以每次甲、乙相遇时,均为甲回头半程处,所以全程为 $500\div\{[(1\div2\div2)+1]\div2\div2\}=1600$(米)。

20. 答案:300。

分析:如图所示,延长 AB、AD、AE、AG 各一半至 P、Q、R、S,则 I、J 为 PQ 的三等分点,M、N 为 RS 的三等分点。

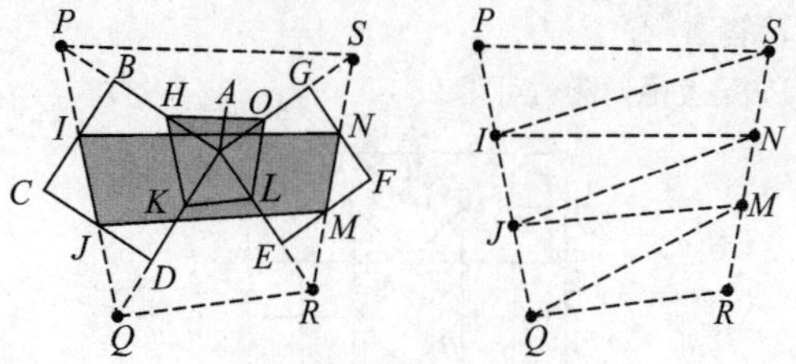

第 20 题图

$S_{四边形PQRS}=100\times3\times3=900$,

$S_{\triangle IJN}=\frac{1}{3}(S_{\triangle PIS}+S_{\triangle IJN}+S_{\triangle JQM})$,$S_{\triangle MNJ}=\frac{1}{3}(S_{\triangle SNI}+S_{\triangle NMJ}+S_{\triangle MRQ})$,

所以 $S_{四边形IJMN}=\frac{1}{3}S_{四边形PQRS}=300$。

二、历事炼心 · 2024 年模拟题精选

模拟试卷一(中年级组)★★★

1. 答案:81。

分析:原式$=12345679\times9\times45$

$=111111111\times45$。

观察规律,1×45 数字和为 $9=1\times9$,11×45 数字和为 $18=2\times9$,以此类推,原算式的数字和为 $9\times9=81$。

2. 答案:720。

分析:观察规律,$2@3=2\times3\times3=18$,$3@4=3\times4\times4=48$,$3@5=3\times4\times5\times5=300$,$2@5=2\times3\times4\times5\times5=600$,所以 $4@6=4\times5\times6\times6=720$。

3. 答案:27,19。

分析:补齐数表,易得数表是从 8 开始的连续偶数数表,2023 是这个数表的第$(2024-8)\div2+1=1009$(个)数,排完前 45 条斜线共排$(1+45)\times45\div2=1035$(个)数,第 45 条斜线最大数为 $8+(1035-1)\times2=2076$,排在第 1 行第 45 列,$(2076-2024)\div2+1=27$(个),2024 在第 45 条斜线往下数第 27 个数,因为斜线数+1=行+列,所以 2024 排在第 27 行第 19 列。

4. 答案:92806。

分析:易得“日”“赞”“盛”分别为 8,7,6,则欢=1,祖=9,此时剩余数字中仅有 3×7 能进位 2,所以乐=3,国=2,庆=5,昌=0,竖式结果为 92806。

5. 答案:27。

分析:设全班人数为 a 人,3 位同学每人分 b 颗,则有 $5a+30=6a+3b$,即 $30=a+3b$,b 最小取 1,此时 a 最大为 27,即班上人数最多为 27 人。

6. 答案:982。

分析:设三位数为$\overline{abc}$,则$\overline{abc}+(a+b+c)=101a+$

$11b+2c=99a+11b+2(a+c)$，此时只需令$11\mid 2(a+c)$，则$11\mid a+c$，a 最大$=9$，则 $c=2$，b 最大$=8$，所以$\overline{abc}$最大$=982$。

7. 答案：23。

分析：如图，标数可得 23 种。

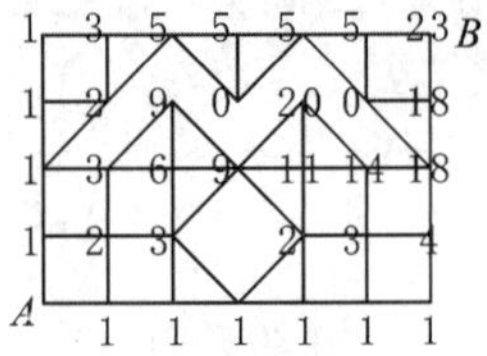

第 7 题图

8. 答案：49。

分析：①若小欢是正确的，则由小欢可知这是个平方数，则小喜是正确的，那么小悦和小乐有一个错，100 以内的两位数的平方数为 16，25，36，49，64，81。小悦与小乐一对一错，若小悦对小乐错，则 49 均符合；若小悦错小乐对，则数字和不是两位质数，有 16，25，36，64，81 符合，此时没有哪个数含有 5 以内的所有质因数。②若小欢是错误的，则其他三人都对，这个数是合数、数字和是个两位质数、含有 5 以内所有质因数且不是平方数，此时无满足要求的两位数，不符。

9. 答案：25。

分析：原式$=\dfrac{1}{21}\times24024\times\dfrac{a}{13}-\dfrac{1}{22}\times24024\times\dfrac{a}{13}$

$=8\times11\times a-12\times7\times a$

$=(88-84)\times a$

$=4a$。

所以 $4a=100$，$a=25$。

10. 答案：90720。

分析：1_ _ _ _ _ _ _ _ _：$8\times C_7^2\times C_5^2\times C_3^2\times6=30240$，同理 2，4 也可放首位，所以共有 $30240\times3=90720$(个)符合。

11. 答案：2130。

分析：水平共 14 份，1 份为 $126\div14=9$(厘米)，倾斜共 12 份，1 份为 $90\div12=7.5$(厘米)，竖直共 8 份，1 份为 $(280-126-90)\div8=8$(厘米)，所以小马的面积为 $24\times54+9\times8\times3+(9+45)\times24\div2=2160$(平方厘米)，$2160-30=2130$(平方厘米)。

12. 答案：10。

分析：兔子 40 分钟跑了两个全程，跑一个全程用 20 分钟，则乌龟跑一个全程用 50 分钟，兔子比乌龟晚出发 $50-40=10$(分钟)。

13. 答案：8。

分析：设两年前小悦一家年龄和为 x，则小喜一家的年龄和为 $2x+12$，今年小悦家的年龄和为 $x+6$，小喜家的年龄和为 $2x+20$。

当新成员都出生后，假设再过 a 年，则有 $2x+20+4+5+5a=(x+6+3+3+4a)\times2-19$，解得 $a=8$。

14. 答案：78125。

分析：传球法。

次数	偶数(0,2,4,6,8)	奇数(1,3,5,7,9)	相差
0 次	4	5	50
1 次	25	20	51
2 次	100	125	52
3 次	625	500	53
4 次	2500	3125	54
5 次	15625	12500	55
…			

组成一个八位数需传 7 次，所以奇数与偶数个数相差$5^7=78125$，奇数次方是偶数比奇数多，即偶数比奇数多了 78125 个。

15. 答案：25。

分析：如图，连接 EF，CF。

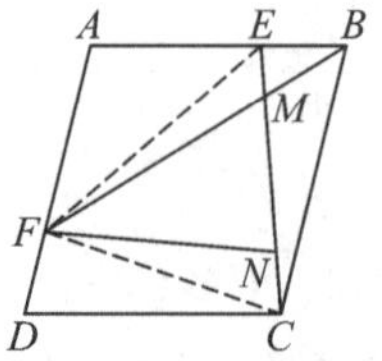

第 15 题图

$S_{梯形ADCE}:S_{\triangle EBC}=(2+3):1=5:1$，$S_{梯形ADCE}=\dfrac{5}{6}S_{\square ABCD}$，

$S_{\triangle AEF}=\dfrac{2}{3}\times\dfrac{1}{2}\times\dfrac{2}{3}\times S_{ABCD}=\dfrac{2}{9}S_{\square ABCD}$，

$S_{\triangle FDC}=\dfrac{1}{3}\times\dfrac{1}{2}\times S_{ABCD}=\dfrac{1}{6}S_{\square ABCD}$，

$\therefore S_{\triangle EFC}=\dfrac{5}{6}-\dfrac{2}{9}-\dfrac{1}{6}=\dfrac{4}{9}S_{\square ABCD}$，

$\because EM:MC=S_{\triangle EBF}:S_{\triangle BFC}$

$=\left(\dfrac{1}{2}\times\dfrac{2}{3}\times\dfrac{1}{3}\right):\dfrac{1}{2}$

$=\dfrac{1}{9}:\dfrac{1}{2}$

$=2:9$。

$\because EN:NC=3:1=33:11$，$EM:MC=2:9=8:36$，

$\therefore EM:MN:NC=8:25:11$，

$\therefore S_{\triangle MNF}=\dfrac{4}{9}\times\dfrac{25}{44}\times S_{\square ABCD}=\dfrac{25}{99}S_{\square ABCD}=\dfrac{25}{99}\times99=25$。

模拟试卷二(高年级组)★★★

1. 答案：$23\dfrac{1}{24}$。

分析：通项 $a_n=\dfrac{(n+2)^2}{n\times(n+4)}=\dfrac{n^2+4n+4}{n^2+4n}=1+\dfrac{1}{n}-\dfrac{1}{n+4}$，

其中 n 从 1 到 21，则

原式$=21+\left[\left(1+\frac{1}{2}+\frac{1}{3}+\frac{1}{4}\right)-\left(\frac{1}{22}+\frac{1}{23}+\frac{1}{24}+\frac{1}{25}\right)\right]+\frac{1}{22}+\frac{1}{23}+\frac{1}{25}$

$=21+1+\frac{1}{2}+\frac{1}{3}+\frac{1}{4}-\frac{1}{24}=23\frac{1}{24}$。

2. 答案:1440。

分析:除去小沃、小伦剩余 5 名同学的排列方式有 $A_5^5=120$(种),

将小沃、小伦加入排列共有 $A_6^1A_5^5\times2=1440$(种)。

3. 答案:41。

分析:从第 3 项开始,每一仅比前两项之和大 1,

所以第 8 项最小值是 41。

第 n 项	1	2	3	4	5	6	7	8
最小值	1	1	3	5	9	15	25	41

4. 答案:11。

分析:记第 a 行第 b 列的点为(a,b),则 C 不符合的点分别为$(1,5)$,$(2,4)$,$(2,5)$,$(3,3)$,$(3,4)$,$(3,5)$,$(4,2)$,$(4,3)$,$(4,4)$,共 9 个,

所以符合条件的共 11 个;

5. 答案:12。

分析:假设每个售饭窗口每分钟 1 个学生买到饭,

则 $4\times30=120$(个),$5\times20=100$(个),

故每分钟到食堂大厅的学生为$(120-100)\div(30-20)=2$(个/分),

开饭前已到食堂大厅的学生为 $120-30\times2=60$(个),

故若开放 7 个窗口,则需要 $60\div(7-2)=12$(分钟)。

6. 答案:18。

分析:当甲 12 岁时,设丁的年龄为 x 岁,

则丙的年龄为 $4x$ 岁,乙的年龄为 $3x$ 岁,小沃的年龄为 $2x$ 岁,

因此甲、乙、丙、丁四人的年龄和恰好是小沃年龄的 4 倍多 12 岁,

以后每过一年,甲、乙、丙、丁年龄和增加 4 岁,小沃的年龄增加 1 岁,4 倍关系保持不变,

所以 2015 年时,小沃的年龄为$(36-12)\div(4-1)=8$(岁),2025 年时,小沃 18 岁。

7. 答案:2017。

分析:设较小的质数为 x,则较大的质数为$(x+2)$,

则有$(x+2)^2-x^2=4(x+1)=8112$,

解得,$x=2027$,

所以小于 2027 的最大质数是 2017。

8. 答案:9∶11。

分析:设总时间为 2,则总路程为 $5+4=9$,则一半路程为 $9\div2=4.5$,

前一半路程所用时间 $4.5\div5=0.9$,则后一半路程所用时间 $2-0.9=1.1$,

那么这辆汽车行驶前一半路程所用时间与后一半路程所用时间的比是 $0.9:1.1=9:11$。

9. 答案:30240。

分析:设 1 至 100 这 100 个连续自然数的最小公倍数为 A,

$A=2^6\times3^4\times5^2\times7^2\times11\times13\times17\times\cdots\times97$,

故$\frac{A}{S}=2^5\times3^3\times5\times7=30240$。

10. 答案:216。

分析:如图分割,面积之差是小正方形面积的 1.5 倍,所以 $S_{差}=1.5\times12^2=216$。

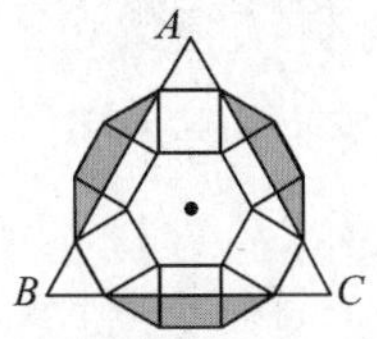

第 10 题图

11. 答案:576。

分析:设大长方体的长宽高分别为 $a,b,c(a\leqslant b\leqslant c)$,

①若 $a=1,b=1$,则恰有三个面被涂红色的小正方体有 0 个,舍;

②若 $a=1$,则 $2(b-2+c-2)=88$,解得 $b+c=48$,故 $V=abc\leqslant1\times24\times24=576$;

③若 $a>1$,则恰有三个面被涂红色的小正方体有 8 个,舍。

综上所述,$V=576$。

12. 答案:8。

分析:从戊做 5 题得 9 分可以看出,戊做对了 4 道题,下面分别讨论 5 种情况。

①假设戊第一题做错,则第二、三、四、六题做对,此时甲无法得到 7 分,舍;

②假设戊第二题做错,则第一、三、四、六题做对,此时甲无法得到 7 分,舍;

③假设戊第三题做错,则第一、二、四、六题做对,此时已无法得到 7 分,舍;

④假设戊第四题做错,则第一、二、三、六题做对,则甲、已都可得到 7 分,乙、丙、丁可得 5 分,由此推出庚得 8 分;

⑤假设戊第六题做错,则第一、二、三、四题做对,则甲、已无法同时得到 7 分,只有④满足条件,故戊得 8 分

13. 答案:第 12 行,第 63 列。

分析:1,3,5,…,2025,共 1013 个奇数,

第一层有 1 个奇数,第三层有 3 个奇数,第 5 层有 5 个奇数,…,

前 61 层共 $1+3+5+\cdots+61=961$ 个奇数(最后一个奇数是 $961\times2-1=1921$),

前 63 层共 $1+3+5+\cdots+63=1024$ 个奇数(最后一个奇数是 $1024\times2-1=2047$),

所以 2025 在第 63 层,

第 63 层,第一个数是 1923,最后一个数是 2047,

第 63 层拐角处数为$(1923+2047)\div2=1985$,$1985<2025$,$(2047-2025)\div2+1=12$,

故 2025 在第 12 行,第 63 列。

14. 答案:8。

分析:如图,分别过点 A,D 作 BC 边上的高,交 BC 于点 E,F,

因为 $AB=AC$,所以 $BE=EC$,

因为 $CD:AD=2:1$,所以 $BE:EF:FC=3:1:2$,

所以 $S_{\triangle BFD}:S_{\triangle ABC}=4:9$,

又因为 $\angle DBC=45°$,

所以 $S_{\triangle BFD}=\frac{1}{4}BD^2=\frac{4}{9}\times S_{\triangle ABC}$,

所以 $BD^2=\frac{4}{9}\times 36\times 4=8^2$,

所以 $BD=8$。

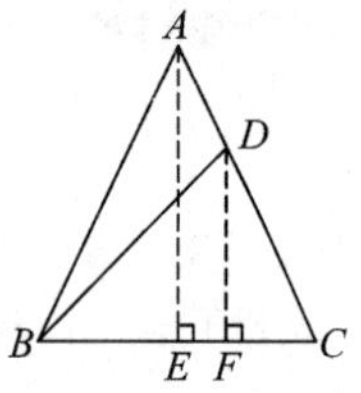

第 14 题图

15. 答案:6。

分析:设有 $r+1$ 人,

"恰有一人胜的局数最少,且只有他得分最多",设此人为 A,

为了计算 A 的得分:设 A 胜 n 局,平 m 局,则 A 的得分为 $5n+2m$,

对 A 以外的任何人而言,至少胜 $n+1$ 场,至少得分 $5n+5$,

于是 $5n+5<5n+2m$,$m>2.5$,

表明至少有 3 个人与 A 打成平局,设其中的一个认为 B,

那么,B 至少得 $(5n+5)+2$ 分,于是 $(5n+5)+2<5n+2m$,$m>3.5$,

若 $n=0$,即 A 未胜一场,则 A 的得分 $S(A)\leqslant r-1$,

但 r 个人的得分总和为 $4C_r^2=2r(r-1)$,每个人平均可得分 $2(r-1)$,

但 A 的得分最多,所以,$r-1>2(r-1)$,矛盾,

综上所述,$r>(m+n)+1>6$。

最后,$r=6$ 是可能的,做如下构造。

不妨设参加的人分别为 A、B、C、D、E、F,且 A 为第 1,

A:胜 B;平 C、D、E、F,得分 13 分;

B:胜 C、D,负 E、F、A,得分 10 分;

C:胜 D、E,负 F、B,平 A,得分 12 分;

D:胜 E、F,负 B、C,平 A,得分 12 分;

E:胜 F、B,负 C、D,平 A,得分 12 分;

F:胜 B、C,负 D、E,平 A,得分 12 分。

模拟试卷三(高年级组)★★★

1. 答案:165。

分析:通项 $a_n=\frac{(2n-1)(2n+2+1)}{2n\times(2n+2)}=\frac{4n^2+4n-3}{4n^2+4n}=1-\frac{3}{4}\times\frac{1}{n(n+1)}=1-\frac{3}{4}\times\left(\frac{1}{n}-\frac{1}{n+1}\right)$,

其中 n 从 1 到 11,则原式 $=16\times\left[11-\frac{3}{4}\times\left(1-\frac{1}{2}+\cdots+\frac{1}{11}-\frac{1}{12}\right)\right]=165$。

2. 答案:20。

分析:由已知得,$160\times(1+25\%)\times(1+n\%)\times(1-n\%)=192$,解得 $n=20$。

3. 答案:506。

分析:阴影部分的面积恰好等于 1 个小圆的面积,因为 $S_{大圆}:S_{小圆}=4:1$,所以 $S_{小圆}=2024\div 4=506$。

4. 答案:15。

分析:4 封信共有 $4\times3\times2\times1=24$(种)放法。4 封信全都放错,共有 $3\times(2+1)=9$(种)放法,所以至少有一封信放对,共 $24-9=15$(种)放法。

5. 答案:39。

分析:若 $(n+1)$ 不进位,则 n 与 $(n+1)$ 数字和相差 1,最大公因数为 1,所以 $(n+1)$ 进位,即 n 的个位为 9。因为 $S(n)$ 与 $S(n+1)$ 的最大公因数为 4,所以 n 可能是 9,19,29,39,…。经检验,n 的最小值是 39。

6. 答案:47。

分析:第 n 个图案中,"★"的个数是 $1+2+\cdots+n=\frac{n(n+1)}{2}$,"◎"的个数是 $3n$,那么 $\frac{n(n+1)}{2}\div 3n=8$,解得 $n=47$。

7. 答案:27。

分析:设一共用了 a^3 个小正方体,则没有涂色的有 $2(a-1)\times a^2\times 3=6(a-1)a^2$(个),被涂色有 $6a^2$ 个,

则 $6(a-1)a^2-6a^2=450$,解得 $(a-2)a^2=3\times5\times5$,所以 6 个面未被涂色,共 $(5-2)^3=27$(个)。

8. 答案:24。

分析:设老师带来的苹果数量是 x 个,则

第一个小朋友拿的苹果数量为 $\frac{1}{5}x$ 个,

第二个小朋友拿的苹果数量为 $\left(1-\frac{1}{5}\right)\times\frac{2}{5}x=\frac{8}{25}x$(个),

第三个小朋友拿的苹果数量为 $\left(1-\frac{1}{5}\right)\times\left(1-\frac{2}{5}\right)\times\frac{3}{5}x=\frac{36}{125}x$(个),

第四个小朋友拿的苹果数量为 $\left(1-\frac{1}{5}\right)\times\left(1-\frac{2}{5}\right)\times\left(1-\frac{3}{5}\right)\times\frac{4}{5}x=\frac{96}{625}x$(个),

第五个小朋友拿的苹果数量为 $\left(1-\frac{1}{5}\right)\times\left(1-\frac{2}{5}\right)\times\left(1-\frac{3}{5}\right)\times\left(1-\frac{4}{5}\right)x=\frac{24}{625}x$(个)。

每个小朋友都拿到了整数个苹果,所以 x 最小为 625,则最后一个小朋友拿到了 24 个。

9. 答案：30。

分析：因为 D 是 AB 的中点，所以 $S_{\triangle BEC}:S_{\triangle DEC}=2:1$。

又因为 $S_{\triangle OBC}-S_{\triangle ODE}=10$，即 $S_{\triangle BEC}-S_{\triangle DEC}=10$，所以 $S_{\triangle BEC}=20$，$S_{\triangle DEC}=10$。

又因为 $S_{\triangle OEC}-S_{\triangle ODB}=5$，所以 $S_{\triangle BDC}=20-5=15$，所以 $S_{\triangle ABC}=15\times2=30$。

10. 答案：60。

分析：设每个 A 需要用原料 x 立方米，每个 A 需要用原料 y 立方米，

则 $\begin{cases}A+2B=5,\\3A+B=7,\end{cases}$ 解得 $\begin{cases}A=1.8,\\B=1.6。\end{cases}$

设生产 m 个 B，则 $1.8(100-m)+1.6m\leqslant168$，解得 $m\geqslant60$，所以最少生产 60 个 B。

11. 答案：$\frac{1}{81}$。

分析：因为 $0<a<1$，$0<\frac{n}{2025}<1$（$0<n<2025$，且为 n 整数），所以 $0<a+\frac{n}{2025}<2$，则 $\left[a+\frac{n}{2025}\right]=0$ 或 1。又因为 $\left[a+\frac{1}{2025}\right]+\left[a+\frac{2}{2025}\right]+\cdots+\left[a+\frac{2024}{2025}\right]=25$，所以

$\begin{cases}a+\frac{1999}{2025}<1,\\a+\frac{2000}{2025}>1,\end{cases}$ 解得 $\frac{25}{2025}\leqslant a<\frac{26}{2025}$，

故 a 的最小值是 $\frac{25}{2025}=\frac{1}{81}$。

12. 答案：20。

分析：放下甲时，乙与车的路程之比为 1∶6，每个人坐车 75%，坐车路程与走路路程为 1∶3＝2∶6，

车返回时，车与乙还需走 6－1＝5(份)，其中乙走 2－1＝1(份)，车走 5－1＝4(份)。无人驾驶时车与人路程之比为 4∶1，车速为 5×4＝20 千米/时。

13. 答案：13456。

分析：①若(3)的答案是错误，(4)的答案是正确，不符合与(3)的答案相同，答案错误，则叙述正确，自相矛盾，所以(3)的答案是正确；

②进而推出(1)的答案是正确，不存在连续两题错误；

③若(2)正确，则(1)(2)(3)都正确，存在三道题的答案都是正确，与(2)的叙述矛盾，所以(2)的答案是错误，存在连续三道题的答案都是正确；

④想要存在连续三道题的答案是正确，(5)必须正确，有偶数道题目的答案是正确；

⑤若(4)的答案为错误，(6)的答案也为错误，找不到连续三道题的答案是正确，所以(4)(6)的答案都是正确；

⑥若(7)的答案为正确，正确的题目比错误的题目多 5 道，矛盾，所以(7)的答案为错误。

故将所有答案是“正确”的题目的题号，按从小到大排列，形成的多位数是 13456。

14. 答案：$\frac{4}{9}$。

分析：设 EF 分别交 AC、GC、HC 于点 K、P、R，

$\because E$ 是 AD 的中点，

$\therefore S_{\triangle DCE}=\frac{1}{4}S_{正ABCD}=\frac{1}{4}$。

$\because$ 在正方形 $ABCD$ 中，E、F 是 AD、BC 的中点，

$\therefore EK:KF=AE:FC=1:1$，$FP:GB=CF:CB=1:2$，$FR:BH=CF:BC=1:2$，

$\therefore S_{\triangle AEK}=\frac{1}{2}S_{\triangle AEF}=\frac{1}{8}S_{正ABCD}=\frac{1}{8}$。

$\because FP:GB=1:2$，N 是 GF 的中点，

$\therefore AG:FK:BG=1:1:2$，

$\therefore S_{\triangle AGM}=\frac{1\times1}{2\times3}S_{\triangle ABF}=\frac{1}{24}S_{正ABCD}=\frac{1}{24}$。

$\because FR:BH=CF:BC=1:2$，M 是 AF 的中点，

$\therefore GH:FR:BH=1:1:2$，

$\therefore S_{\triangle GHN}=\frac{1\times1}{2\times3}S_{\triangle BGF}=\frac{1}{36}S_{正ABCD}=\frac{1}{36}$。

$\because AG:GB=GH:HB=1:2$，

$\therefore AG:GH:HB=3:2:4$，

$\therefore S_{\triangle BFH}=\frac{1\times4}{2\times9}S_{\triangle ABC}=\frac{1}{9}S_{正ABCD}=\frac{1}{9}$，

故阴影部分的面积是 $1-\frac{1}{4}-\frac{1}{8}-\frac{1}{24}-\frac{1}{36}-\frac{1}{9}=\frac{4}{9}$。

15. 答案：13。

分析：由已知，可列表如下。

星期	甲	乙	丙	丁	戊
周一	×				×
周二	×	×			
周三		×	×		
周四			×	×	
周五				×	×

(1)若甲在周三，则丁、戊有 3 种可能：

①丁周一，戊周二，则乙周四，丙周五。

②丁周一，戊周四，则乙周五，丙周二。

③丁周二，戊周四，则乙周一，丙周五或乙周五，丙周一。

共 4 种。

(2)同理，若丁在周三，则甲、戊有 3 种可能，共 4 种。

(3)若戊在周三，则甲、丁有 4 种可能：

①甲周四，丁周一，则乙周五，丙周二。

②甲周四，丁周二，则乙周一，丙周五或乙周五，丙周一。

③甲周五，丁周一，则乙周四，丙周二。

④甲周五，丁周二，则乙周四，丙周一。

共 5 种。

综上所述，共有 4＋4＋5＝13(种)。

模拟试卷四(高年级组)★★★

1. 答案：1518。

分析：通项，$\frac{n^2+2025}{n^2-1}=\frac{n^2-1+2026}{n^2-1}=1+\frac{2026}{n^2-1}=1+1013\left(\frac{1}{n-1}-\frac{1}{n+1}\right)$，

原式$=1+1013\times\left(\frac{1}{2}-\frac{1}{4}\right)+1+1013\times\left(\frac{1}{4}-\frac{1}{6}\right)+1+1013\times\left(\frac{1}{6}-\frac{1}{8}\right)+\cdots+1+1013\times\left(\frac{1}{2024}-\frac{1}{2026}\right)$

$=1\times1012+1013\times\left(\frac{1}{2}-\frac{1}{4}+\frac{1}{4}-\frac{1}{6}+\frac{1}{6}-\frac{1}{8}+\cdots+\frac{1}{2024}-\frac{1}{2026}\right)$

$=1012+1013\times\left(\frac{1}{2}-\frac{1}{2026}\right)$

$=1518$。

2. 答案：70。

分析：依题意，135 点攻击力实际造成 117 点实际伤害，所以黑熊精减少的伤害为 $1-117\div(135+45)\times100\%=35\%$，所以黑熊精的防御力为 $35\%\div1\%\times2=70$(点)。

3. 答案：112。

分析：从两个不同方向来看，等边三角形的边长应该为 112 毫米和 196 毫米的公因数，若想要等边三角形的个数最少，应求最大公因数。112 和 196 的最大公因数为 28，$112\div28=4$，$196\div28=7$，所以至少需要 $4\times7\times2\times2=112$(个)等边三角形，如图所示。

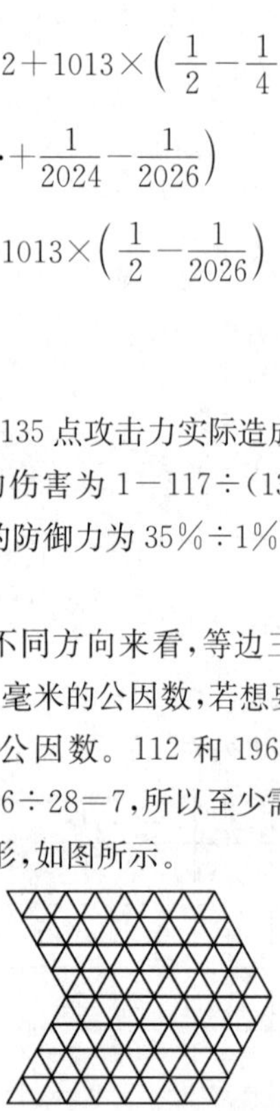

第 3 题图

4. 答案：105。

分析：此题一共混合了 3 次，我们一一分析即可。

先研究第一次混合：将甲瓶中 30 克水倒入乙瓶中，则乙瓶的溶液浓度为 $170\div(170+30)=85\%$。再研究第三次混合：将丙瓶中(浓度未知)30 克溶液倒入甲瓶中，丙与甲的质量比为 30∶70=3∶7，如图(1)所示，由“十字交叉”可得：

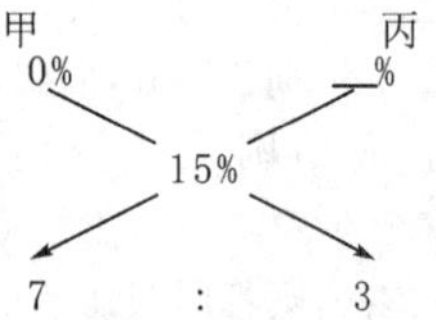

第 4 题图(1)

丙的浓度为 $15\%\div3\times7+15\%=50\%$。

最后研究第二步：将乙瓶溶液(浓度 85%)取 30 克倒入丙瓶(浓度 50%)中，如图(2)所示，由“十字交叉”可得：

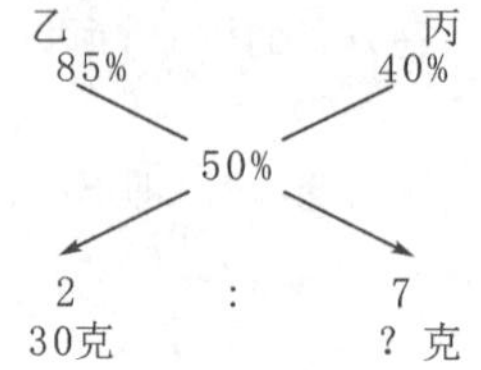

第 4 题图(2)

丙瓶中溶液的最初质量为 $30\div2\times7=105$(克)。

5. 答案：8388。

分析：假设一个“幸福数”为$\overline{abcd}$，则有：

$$\overline{ab}+\overline{cd}=8(a+b+c+d)$$
$$10a+b+10c+d=8(a+b+c+d)$$
$$9(a+c)=7(a+b+c+d)。$$

易知：$9\mid a+b+c+d$，则 $a+b+c+d=9$、18、27 或 36。

(1)若 $a+b+c+d=9$，则 $a+c=7\times9\div9=7$，$b+d=9-7=2$，此情况下最大值为 6210，最小值为 1062；

(2)若 $a+b+c+d=18$，则 $a+c=18\times7\div9=14$，$b+d=18-14=4$，此情况下最大值为 9450，最小值为 5094；

(3)若 $a+b+c+d=27$，则 $a+c=27\times7\div9=21$(不存在，舍去)；

(4)若 $a+b+c+d=36$，则 $a+c=36\times7\div9=28$(不存在，舍去)。

综上所述，最大值与最小值的差为 $9450-1062=8388$。

6. 答案：288。

分析：我们知道：在加法运算中，每进位一次，结果的数字和少 9，本题一共用了 9 个不同的数字，所以还有一个数字没有被用，我们需要求出这个没有被用的数字。假设这个数字谜进位 n 次，则算式中的 9 个数字之和为：$9n+2+0+2+4=9n+8$，西＋游＋记＋孙＋悟＋空＋天＋命＋人的结果应大于 $0+1+2+3+4+5+6+7+8=36$，

小于 $1+2+3+4+5+6+7+8+9=45$。

即 $36\leqslant9n+8\leqslant45$，则 $n=4$，说明进位 4 次。

没有被用的数字：$(0+1+2+3+4+5+6+7+8+9)-(4\times9+8)=1$。

接下来分析进位，百位必然进位 2 次，个位和十位共进位 2 次，简单分析可知，只可能是十位、个位各进位 1 次，所以有：

$$\begin{cases}记+空+人=14,\\游+5+命=11,\\西+孙+天=19\end{cases}\Rightarrow\begin{cases}记+空+人=14,\\游+命=6,\\西+孙+天=19。\end{cases}$$

情况①：若游＋命＝0＋6。

$$\begin{cases}记+空+人=7+4+3,\\游+命=0+6,\\西+孙+天=9+8+2\end{cases}或\begin{cases}记+空+人=8+4+2,\\游+命=0+6,\\西+孙+天=9+7+3\end{cases}或$$

$$\begin{cases}记+空+人=9+3+2,\\游+命=0+6,\\西+孙+天=8+7+4。\end{cases}$$

情况②：若游＋命＝2＋4。

$\begin{cases}记+空+人=8+6+0,\\游+命=2+4,\\西+孙+天=9+7+3,\end{cases}$

综上所述，共有 $4\times A_2^2\times A_3^3\times A_3^3=288$(种)情况。

7. 答案：$\frac{8}{21}$。

分析：从家到公司的所有路线共有 $C_9^5=126$ 条；

$\frac{y}{x}$的组合有$\begin{cases}x=19,\\y=1,\end{cases}\begin{cases}x=17,\\y=3,\end{cases}\begin{cases}x=13,\\y=7,\end{cases}\begin{cases}x=11,\\y=9,\end{cases}$一共有 4 种情况；

(1)若$\frac{y}{x}=\frac{1}{19}$，路线如图(1)：

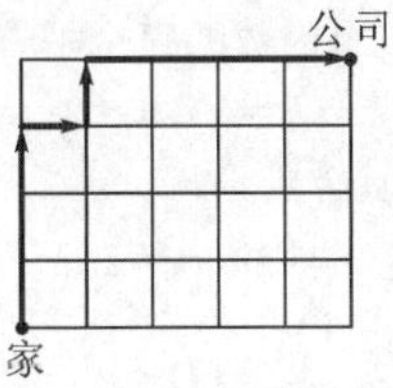

(1)

由对称性可知，共 $1\times2=2$(条)路线；

(2)若$\frac{y}{x}=\frac{3}{17}$，由 $3=2+1=1+1+1$ 可知，路线如下：

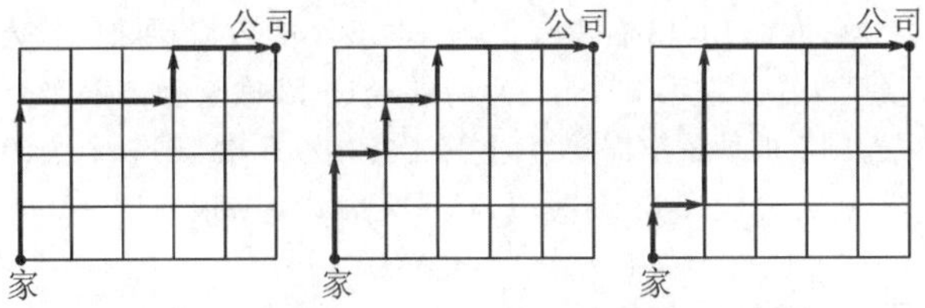

(2)

由对称性可知，共有 $3\times2=6$(条)路线；

(3)若$\frac{y}{x}=\frac{7}{13}$，由 $7=5+2=4+3=5+1+1=4+2+1=3+3+1=3+2+2=4+1+1+1=3+2+1+1=2+2+2+1$ 可知，路线如图(3)：

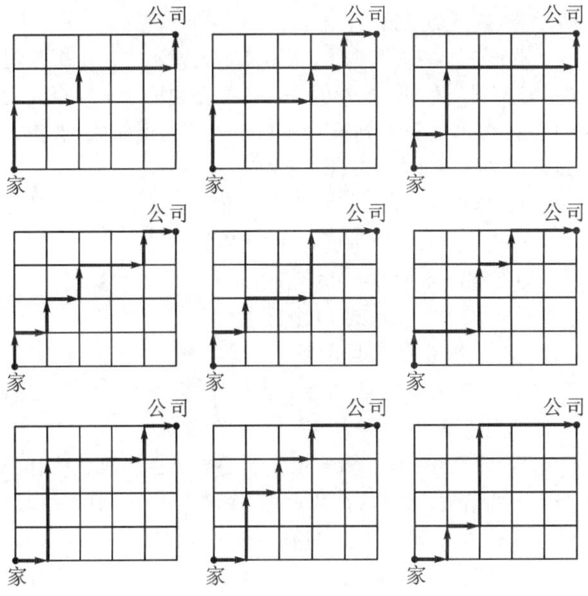

(3)

由对称性可知，共有 $9\times2=18$(条)路线；

(4)若$\frac{y}{x}=\frac{9}{11}$，由 $9=5+4=5+3+1=5+2+2=4+4+1=4+3+2=3+3+3=5+2+1+1=4+3+1+1=4+2+2+1=3+3+2+1=3+2+2+2$ 可知，路线如图(4)：

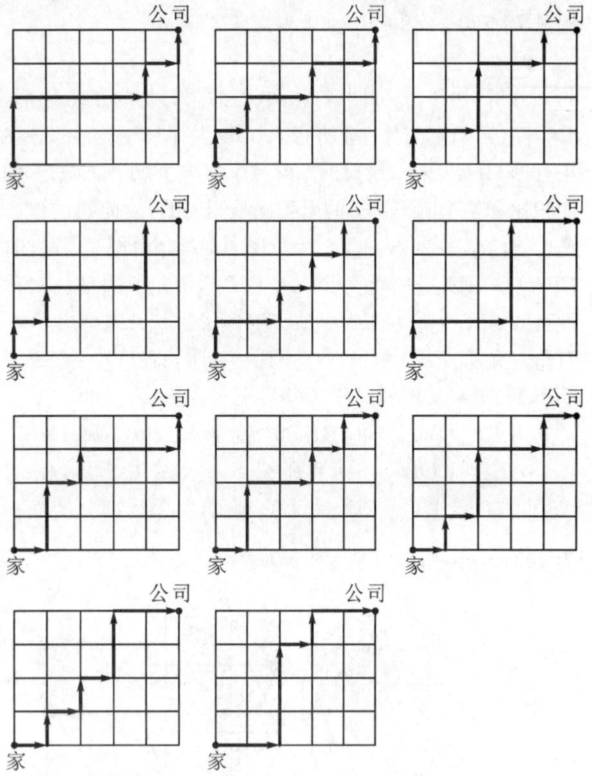

(4)

由对称性可知，共有 $11\times2=22$(条)路线。

综上所述，共有 $2+6+18+22=48$(条)路线。概率为 $P=\frac{48}{126}=\frac{8}{21}$。

8. 答案：1008。

分析：如图所示。

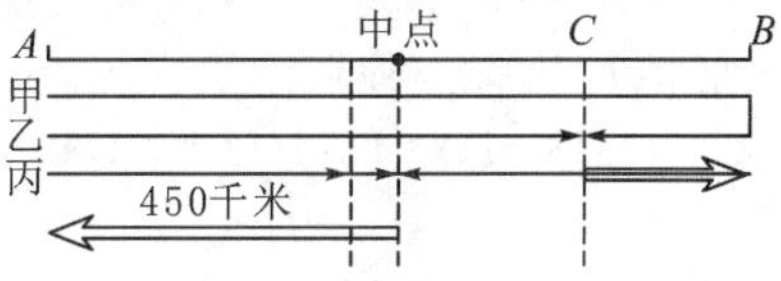

第 8 题图

甲从点 B 返回后，速度提高 50%，则甲返回点 B 前后的速度比为：$v_{甲现}:v_{甲原}=(1+50\%):1=3:2$。假设甲返回后不变速，那么甲返回后的路程应为实际路程的$\frac{2}{3}$，故 $v_{甲原}:v_{丙}=\left(1+\frac{1}{2}\times\frac{2}{3}\right):\frac{1}{2}=8:3$。

当甲返回点 A 时，甲行了 2 个全程，乙行了一个全程，假设甲返回后不变速，则 $v_{甲原}:v_{乙}=\left(1+1\times\frac{2}{3}\right):1=5:3$。

由上述可知，$v_{甲原}:v_{丙}=8:3$，$v_{甲原}:v_{乙}=5:3$。

甲、乙、丙三人原速之比 $v_{甲原}:v_{乙}:v_{丙}=40:$

24∶15。

当丙行至 450 千米时，$S_乙=450\div15\times24=720$（千米），即 $AC=720$ 千米。

甲若按原速行驶则行驶，$S_甲=450\div15\times40=1200$（千米），则 $BC=(1200-720)\div\left(1+\frac{2}{3}\right)=288$（千米），全程 $AB=720+288=1008$（千米）。

9. 答案：1012。

分析：如图，易知图(1)和图(2)的阴影均为正八边形，其中图(1)阴影部分在正方形 $ABCD$ 内，图(2)阴影部分在正方形 $GHIJ$ 内。易知正方形 $ABCD$ 与正方形 $GHIJ$ 的面积比和两个阴影部分的面积比是相同的，故此题的核心是求 $S_{正方形ABCD}:S_{正方形GHIJ}=AB^2:GJ^2$。由图(2)可知，$EF=GJ$，则此题转化为求 $AB^2:EF^2$，由正八边形的对称性可知，$EO=FO=FB=EA$，$AO=BO$，$\angle AFB=90^\circ$，在直角三角形 FBO 中：$FO^2+FB^2=OB^2$，即 $EO^2+EO^2=OB^2$，$2EO^2=OB^2$，故 $EO^2:OB^2=1:2$。

由 $EF\parallel AB$ 可知，$\triangle EFO$ 与 $\triangle BAO$ 相似，则 $EF^2:AB^2=EO^2:OB^2=1:2$ 那么 $S_{正方形ABCD}:S_{正方形GHIJ}=AB^2:GJ^2=AB^2:EF^2=2:1$，则图(2)阴影部分的面积为 $2024\times\frac{1}{2}=1012$（平方厘米）。

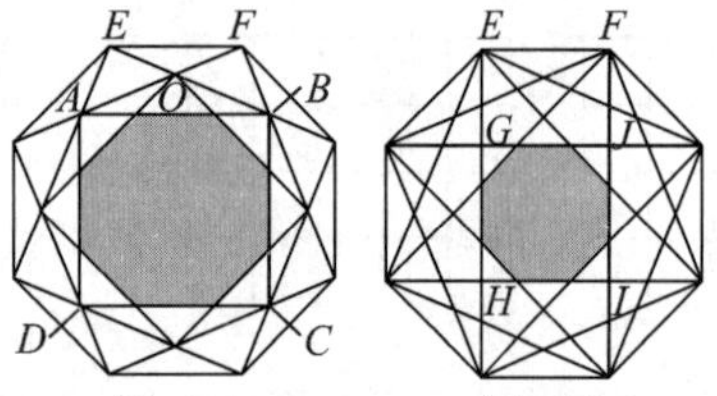

第 9 题图

10. 答案：314。

分析：如图，连接 AO、BO、OC，则 OC 与中间正方形上边垂直，过点 A 作 $AM\perp OC$，过点 B 作 $BN\perp OC$，设圆的半径 $OA=OC=OB=r$。

$324=18^2$，$196=14^2$，$256=16^2$，则 3 个正方形的边长依次为 18 厘米、14 厘米、16 厘米，

故 $OM=r-(18-14)=r-4$（厘米），$ON=r-(16-14)=r-2$（厘米）。

在 $\triangle OAM$ 中，$AM^2+OM^2=OA^2\Rightarrow AM^2=r^2-(r-4)^2=8r-16$，①

在 $\triangle OBN$ 中，$BN^2+ON^2=OB^2\Rightarrow BN^2=r^2-(r-2)^2=4r-4$。②

由②可知，$r=\frac{BN^2+4}{4}$，将 $r=\frac{BN^2+4}{4}$ 代入①中，$AM^2=8\times\frac{BN^2+4}{4}-16$，得。设 $AM=a$，则有 $a^2=2(14-a)^2-8$，整理得：$a^2-56a+384=0$，$384=(56-a)a$，得：$384=2^7\times3=(2^4\times3)\times(2^3)=48\times8$，那么 $a=48$（舍去）或 $a=8$。

所以 $8r-16=8^2\Rightarrow r=10$，故 $S_圆=\pi\times10^2=314$（平方厘米）。

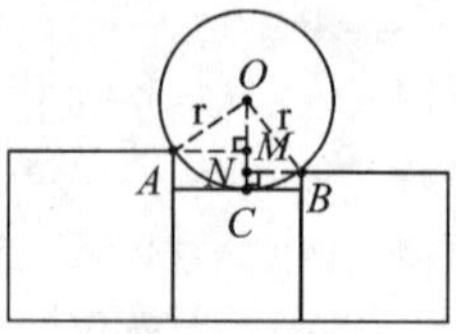

第 10 题图

11. 答案：2。

分析：由 $\frac{1}{a}+\frac{1}{b}=\frac{1}{n}$ 可得，$bn+an=ab$，整理得 $(a-n)(b-n)=n^2$。

因为 $a<b$，所以 $a-n<b-n$，由于 a 的取值有 5 个，对应的，可将 n^2 拆成 5 组不同的 2 个数相乘，故 n^2 的因数个数为 $5\times2+1=11$（个），即此题本质上是求：不大于 2024 的自然数里恰有 11 个因数的完全平方数有几个？根据因数个数定理，$n^2=a^{10}\Rightarrow n=a^5$，$n=2^5=32$ 或 $n=3^5=243$，$n=5^5=3125>2024$（舍）。

综上所述，满足条件的 n 有 2 个。

12. 答案：56。

分析：依题意，冒泡排序交换次数取决于此数右边的数有多少个比这个数小，所以我们只需要从大到小依次去看每一个比本数小的数的个数。例如，先看 15，15 后面有 14 个数比 15 小，故想要把 15 放在最右边，15 会经过 14 次交换；再看 13，13 右边有 12 个比 13 小的数，若要把 13 交换至从右往左第 3 个位置，需要经过 12 次交换。依次类推，剩下的数依次需要经过 10 次、8 次、6 次、4 次、2 次、0 次、0 次、0 次、0 次、0 次、0 次、0 次、0 次，共 $14+12+10+8+6+4+2+0\times8=56$（次）交换。

13. 答案：1012。

分析：首先考虑一个问题，第一个人是否是骗子？若第一个人是老实人，说的话是真话，则跟他所说的“都是骗子”产生矛盾，故第一个人是骗子，说明在这 2024 个人里面一定存在骗子。考虑第 2 个问题：有没有可能都是骗子？如果都是骗子，那第 1 个人说的是真话，是老实人，产生矛盾，故不都是骗子。

假设一共有 k 个骗子，则第 2 个人说不少于 1 个是对的，第 3 个人说的也是对的，……，一直到第 $(k+1)$ 个人说的都是对的，故第 2 到第 $(k+1)$ 个人都是老实人，老实人共有 k 人，故 $k+k=2024$，$k=1012$。

14. 答案：(1)35。(2)n 的最大值为 3。

分析：(1)分类枚举所有的“假质数”

①$2\times2\sim2\times47$，共 14 个；

②$3\times3\sim3\times31$，共 10 个；

③$5\times5\sim5\times19$，共 8 个；

④$7\times7\sim7\times13$，共 3 个；

综上所述，共 $14+10+8+3=35$（个）。

(2)假设 $n=4$，已知任意连续的 4 个自然数必然有一个为 4 的倍数，假设这个数为 N，令 $N=4\times k$，则 $N=2\times2\times k$。若 N 是“假质数”，只有一种可能，$N=2\times2=4$，(1、2、3、4)，(2、3、4、5)，(3、4、5、6)，(4、5、6、7) 四组均不合题意，故 $n\leqslant3$。

当 $n=3$ 时，枚举可知(33、34、35)(不唯一)符合题意，故 n 的最大值为 3。

15. 答案：(1)45 平方厘米；(2)20 平方厘米。

分析：(1)如图(1)，连接 MR,MP,PR,BE，想求阴影部分的面积，从反面考虑相对容易一些，甲$\triangle MRP$ 的面积减去三个空白三角形的面积(大小相同，形状相同)，只求$\triangle MPK$ 的面积即可。如图(2)，梯形 $AFRM$ 占了整个正六边形面积的$\frac{5}{24}$，梯形 $MREB$ 占了整个正六边形面积的$\frac{7}{24}$，$\triangle MRP$ 的面积占了整个六边形的$\frac{9}{24}=\frac{3}{8}$。由于 M，R 是各边中点，故 MR 为梯形 $AFEB$ 的中位线，则 $AF:MR:BE=2:3:4$，在梯形 $MREB$ 中：

$S_{\triangle MRK}=\frac{3^2}{(3+4)^2}\times\frac{7}{24}S_{正六边形ABCDEF}=\frac{3}{56}S_{正六边形ABCDEF}$，

阴影部分的面积占了$\frac{3}{8}-\frac{3}{56}\times3=\frac{3}{14}$，故面积为$\frac{3}{14}\times210=45$(平方厘米)。

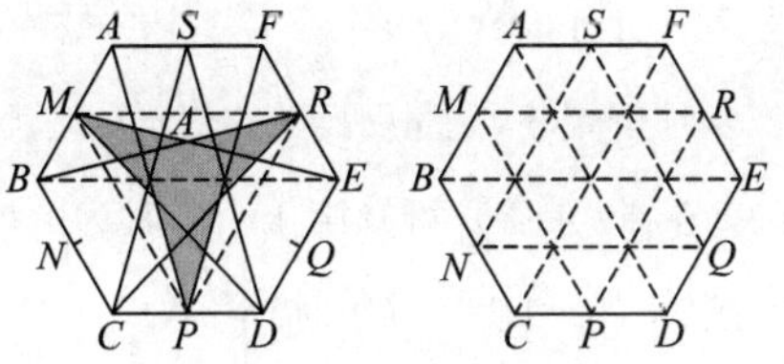

(1)　　(2)

第 15 题图

(2)如图(3)，阴影部分是由图(1)的两个阴影部分所构成，其中重叠部分即为所求，所以我们只需要求出图(3)的阴影部分面积，接下来利用容斥原理求解即可。想求阴影部分的面积，依旧从反面考虑，如图甲所示，连接 BE，CE,AD 相交于点 O,CF,SD,BR 相交于点 T。

由 $AF\parallel CD$ 可知，$\triangle SFT$ 与$\triangle DCT$ 相似，则 $SF:CD=FT:TC=1:2=2:4$。

又有 $OF:OC=1:1=3:3$，故 $FT:TO=2:(4-3)=2:1$。

正六边形内部对应位置的比均为 $2:1$，则 $S_{\triangle FRT}=\frac{2}{3}\times\frac{1}{2}S_{\triangle OEF}=\frac{1}{3}S_{\triangle OEF}$。

$\triangle OEF$ 内部阴影部分的面积占了$\triangle OEF$ 面积的 $1-\frac{1}{3}\times2=\frac{1}{3}$。

同理，整个阴影部分的面积占了整个六边形 $ABCDEF$ 的$\frac{1}{3}$，那么此题所求阴影部分的面积为$\frac{3}{14}\times2-\frac{1}{3}=\frac{2}{21}$，面积为$\frac{2}{21}\times210=20$(平方厘米)。

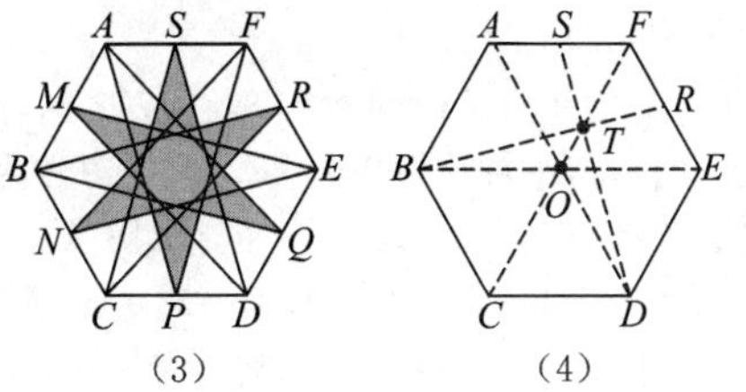

(3)　　(4)

第 15 题图

模拟试卷五(高年级组)★★★

1. 答案：4698。

分析：分析高位可知，$A=4$，分析末位可知，$D=8$。若 $B=9$，则 $E=4$ 矛盾，可知$\overline{ABCD}$表示的四位数为 4698。

2. 答案：$\frac{1}{4}-\frac{1}{4^{2024}\times2023!}$。

分析：通项为 $a_n=\frac{n\times(4n-5)}{4^n\times n!}=\frac{4n^2-5n}{4^n\times n!}=\frac{n-1}{4^{n-1}\times(n-1)!}-\frac{n}{4^n\times n!}$，将 n 从 2 至 2024 带入，原式$=\frac{1}{4^1\times1!}-\frac{2}{4^2\times2!}+\frac{2}{4^2\times2!}-\frac{3}{4^3\times3!}+\cdots+\frac{2023}{4^{2023}\times2023!}-\frac{2024}{4^{2024}\times2024!}=\frac{1}{4}-\frac{1}{4^{2024}\times2023!}$

3. 答案：128。

分析：染黑用 A 表示，未染色用 a 表示。中心 2×2 有 $2\times4=8$(种)，以图(1)为例继续分析，并将其分 4 类讨论，每一类均有 4 种，如图(2)～(5)所示，共有 $8\times4\times4=128$(种)。

	A	A	
	a	A	

(1)

	A	a	
	A	A	a
	a	A	A

(2)

	a	A	
	A	A	A
	a	A	a

(3)

	A	a	
	A	A	A
	a	A	a

(4)

	a	A	
	A	A	a
	a	A	A

(5)

第 3 题图

4. 答案：422。

分析：通过数表可快速得知 24 所在行的最小值为 9，将 1 至 6 放完后，每增加 1 圈，1 所在的列数增加 1，$18\times19=342$，增加了 8 圈，所以将 1 至 342 放好之后，1 在第 9 列，24 在第 $9-2=7$(列)，可知所在列的最大值为 $420-7=413$，$9+413=422$。

5. 答案：795。

分析：由于 $196+198+200+201+202+203+204+205+206+207=2022$，若从小到大第 5 个合数不超过 202，最小的 4 个合数之和最大为 $201+200+198+196=795$；若从小到大第 5 个合数大于 202，最小的 4 个合数之和最大为 $2025-203-204-205-206-207-208=792$。

构造 $196+198+200+201+202+203+204+205+206+210=2025$，所以最小的 4 个合数之和最大是 795。

6. 答案：269。

分析：25 除以 8 商 3 余 1，甲完成的工作量为$\frac{1}{20}\times(5\times3+1)=\frac{4}{5}$，乙的工作时间为$\left(1-\frac{4}{5}\right)\div\frac{1}{25}=5$(天)，可知 m 不超过 5。若 $m=1$，则 $4n+4<25\leqslant5n+5$，此时 n 取值 4 或 5；若 $m=2$，则 $2n+5=25$，$n=10$；若 $m=3$，则 $n+5=25$，$n=20$；若 $m=4$，则 $n+5=25$，$n=20$；若 $m=5$，则 $n=$

20。所以 $m\times n$ 的所有可能值之和为 $1\times(4+5)+2\times10+3\times20+4\times20+5\times20=269$。

7. 答案:97。

分析:根据甲说的话可知,甲为 51 或 54;再根据乙说的话可知,乙的数字组合为 2,3 或 2,6。若乙的数字组合为 2,3,根据丙所说可知,丙的数字组合为 4,6 且其两位数为 46;若乙为 2,6,根据丙所说可知丙的数字组合为 1,3 但是 31 与 13 都不能使丙保证自己的数不是最大也不是最小的。可知丙为 46。故甲、丙的两位数之和 $51+46=97$。

8. 答案:216。

分析:如图,作弦图如下,由于 $BC:CH=(2+3):3=5:3$,由沙漏模型有 $AB:HM=5:3=10:6$,可知 $ED:DG=AE:GM=2:(10+6)=1:8$。

所以 $S_{\triangle BEF}=S_{\triangle AEG}=\dfrac{ED+DG}{ED}\times S_{\triangle AED}=9\times24=216$。

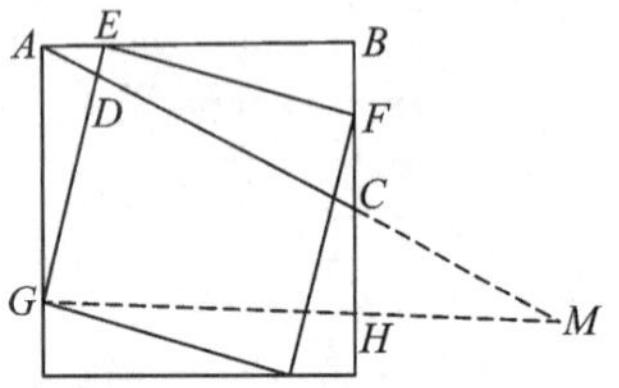

第 8 题图

9. 答案:69。

分析:由甲占比减少时混合溶液的浓度增加可知 $m<n$,由第一次混合可知 $m:n=7:9$,将第一次混合的 16 份与第二次混合的 16 份再混合在一起,总混合溶液的浓度为 $(mn+2)\%$(注:等量混合溶液的浓度为两个溶液浓度的平均数),且我们还发现甲、乙的量也相等,可得 $mn+2=(m^2+n^2)\div2$,化简可得 $n-m=2$,再结合 $m:n=7:9$ 可知,$m=7$,$n=9$。故两种浓度为 49% 和 81%,将它们按照 $15:25$ 混合,溶液的浓度为 69%。

10. 答案:1791。

分析:若我们将 n 的取值分类,再去构造对应的和为 $234n$ 的情况会特别困难。我们发现,若存在 n 个数的和为 $234n$,那么它们的平均数为 234,所选的数中一定存在不超过 234 的自然数,所以当我们取出 235 至 2024 这 $2024-235+1=1790$(个)数时是无法保证的。但我们又发现,当 $n=1$ 时,存在 234 能保证;当 $n=2$ 时,构造(1,467),(2,466),…,(233,235)共 233 个“抽屉”,存在 2 个数来自同一“抽屉”就能保证。由上述的 $1+233=234$(种)情况可知,若取走之后剩下的数不超过 233 个,取走的数中一定包含满足要求的 234 种情况中的至少一种,所以取走 $2024-233=1791$(个)数一定能保证。综上所述,至少取出 1791 个。

11. 答案:240。

分析:将 4 种颜色记为 A、B、C、D,外围 5 个顶点至少需要 3 种不同颜色,若外围 5 个顶点用 3 种颜色[形如图(1)],外围有 $C_4^3C_3^1C_2^1=24$(种)染法,内部 5 个顶点有 $1+3=4$(种),共 $24\times4=96$(种)。若外围 5 个顶点用 4 种颜色[形如图(2)],外围有 $C_4^1A_3^3=24$(种)染法,内部 5 个顶点有 $1+5=6$(种),共 $24\times6=144$(种)。综上所述,不同的染法共有 $96+144=240$(种)。

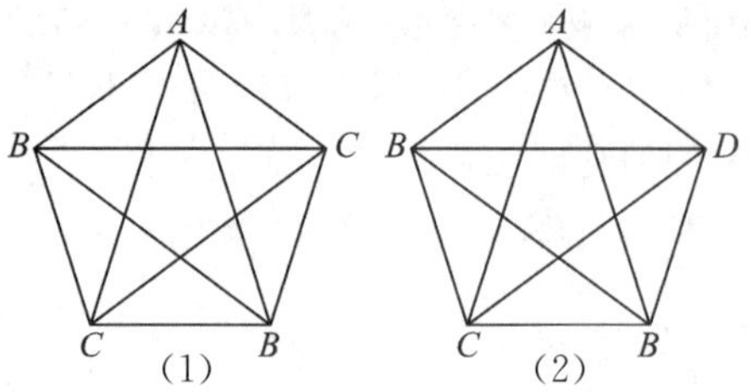

第 11 题图

12. 答案:33。

分析:由于第 3 个小时不是最多的,可知第 2 个小时结束时是在 CD 上。若第 1 个小时为上坡加上平路,则第 2 个小时为平路,根据第 3 个小时比第 2 个小时多 $6-2=4$(千米)可知,第 3 个小时中有 $4\div(15-9)=\dfrac{2}{3}$(小时)在走下坡路,第 4 个小时比第 3 个小时多走 $9-6=3$(千米),但第 4 个小时全走下坡路只比第 3 小时多 $\left(1-\dfrac{2}{3}\right)\times(15-9)=2$ 千米(矛盾),可知第 1 个小时为上坡路,第 2 个小时中有 $2\div(9-4)=\dfrac{2}{5}$(小时)平路,$\dfrac{3}{5}$小时上坡;第 3 个小时中有 $(15-4-6)\div(15-9)=\dfrac{5}{6}$(小时)平路,$\dfrac{1}{6}$小时下坡;第 4 个小时中有 $(15-4-9)\div(15-9)=\dfrac{1}{3}$(小时)平路,$\dfrac{2}{3}$小时下坡。带入可得小喜从 A 地至 B 地所走的路程为 $4\times\left(1+\dfrac{3}{5}\right)+9\times\left(\dfrac{2}{5}+\dfrac{5}{6}+\dfrac{1}{3}\right)+15\times\left(\dfrac{1}{6}+\dfrac{2}{3}\right)=33$(千米)。

13. 答案:4217。

分析:$2024=2^3\times11\times23$,由 $\overline{EF}=H\times I$ 可知,$\overline{EF}$不为质数且 H,I 不为 1。由于$\overline{AB}+\overline{CD}+\overline{EF}$不超过 $96+83+71=250$ 且不低于 $19+24+37=80$,有$\overline{GH}-I$ 在 9 至 25 之间。若$\overline{GH}-I=11$,$\overline{AB}+\overline{CD}+\overline{EF}=184$,当$\overline{GH}-I$ 为 $19-8=11$ 时,$\overline{AB}+\overline{CD}=112$,余下 4 个数字为 3,4,5,6,矛盾;当$\overline{GH}-I$ 为 $17-6=11$ 时,$\overline{AB}+\overline{CD}=142$,余下 4 个数字为 3,5,8,9,$53+89=142$ 满足要求。若$\overline{GH}-I=22$,$\overline{AB}+\overline{CD}+\overline{EF}=92$,当$\overline{GH}-I$ 为 $29-7=22$ 时,$\overline{AB}+\overline{CD}=29$,矛盾。若$\overline{GH}-I=23$,$\overline{AB}+\overline{CD}+\overline{EF}=88$,当$\overline{GH}-I$为 $29-6=23$ 时,$\overline{AB}+\overline{CD}=34$,矛盾。综上所述,四位数$\overline{EFGH}$为 4217。

14. 答案:(1)6。(2)128。

分析:(1)相邻两个数的和在 3 至 17 之间,其中平方数为 4 至多一个,平方数为 9 至多 4 个,平方数为 16 至多 1 个,故最多有 $1+4+1=6$(个)。构造如图(1)。

(2)平方数个数最多时,8,1,3,6 依次相邻,2,7,9 依次相邻,4,5 相邻,可知 3×3 棋盘被分为 3 部分(分别为 4 个格子,3 个格子,2 个格子),其中 8,1,3,6 只能形如图

(2)～(4)的 4 个 A 类型分布。图(2)类型中 8,1,3,6 有 $4\times2=8$(种),2,7,9 有 $2\times2=4$(种),4,5 有 2 种,共 $8\times4\times2=64$(种);图(3)类型中 8,1,3,6 有 2 种,2,7,9 有 2 种,4,5 有 2 种,共 $2\times2\times2=8$(种);图(4)类型中 8,1,3,6 有 2 种,2,7,9 有 $3\times2=6$(种),4,5 有 2 种,共 $2\times6\times2=24$(种);考虑旋转意义,共有 $64+(8+24)\times2=128$(种)。

(1)

2	7	9
5	1	3
4	8	6

(2)

A	A	
A	A	

(3)

A	A	
	A	
	A	

(4)

A	A	
A		
A		

第 14 题图

15. 答案:649。

分析:由三位数至少 2 个因数可知,3 个因数个数的组合为 2,3,4 至 7,8,9。百位为 2 至 5,有 3 个因数且含有数字 3 的三位数有 361;百位为 3 至 7,有 5 个因数且含有数字 5 的三位数有 625;百位为 5 至 9,有 7 个因数且含有数字 7 的三位数有 729,3 个因数个数的组合一定包含 3,5,7 至少一个,因此只需考虑百位为 3,6,7 的情况。

若百位为 3,因数个数的组合只能为 2,3,4。2 个因数只能为$\overline{32a}$型的三位数,但$\overline{32a}$不存在质数,所以因数个数不可能为 2。

若百位为 6,那么因数个数的组合只能为 4,5,6。考虑 4 个因数 p^3 或 $p\times q$(p,q 为不同质数)且百位为 6,含有数字 4 的三位数为 614,634,674,694,649,由搭配与 625 能组成等差数列可知,另一个数为 643,637,673,满足要求的只有 625,637,649。

若百位为 7,因数个数的组合为 6,7,8 时,6 个因数情况为$\overline{76a}$或$\overline{7a6}$型三位数,8 个因数的情况为$\overline{78b}$或$\overline{7b8}$型三位数。结合与 729 组成等差数列,其中(729,$\overline{76a}$,$\overline{78b}$),(729,$\overline{7a6}$,$\overline{7b8}$)从小到大不能组成等差数列,若 729,$\overline{76a}$,$\overline{7b8}$能组成等差数列则只能 $a=7$,矛盾;若 729,$\overline{7a6}$,$\overline{78b}$能组成等差数列则只能为 729,756,783,但 756 的因数个数不是 6 个,矛盾。因数个数的组合为 7,8,9 时,9 个因数的百位为 7 且含有数字 9 的三位数不存在(27^2,28^2 的因数个数不为 9 个)。

综上可知,三个三位数中最大的为 649。

模拟试卷六(高年级组)★★★

1. 答案:2。

分析:原式 $=\frac{1}{3}\times\left(\frac{9}{26}\div\frac{1}{2}\div\frac{9}{13}+5\right)=\frac{1}{3}\times(1+5)=2$。

2. 答案:202500。

分析:200□□□:后三位数字 0、2、5 全排列,共 6 个;

2020□□:202005、202050,共 2 个;

2025□□:202500,共 1 个;

所以第 9 个为 202500。

3. 答案:400。

分析:设开始时甲容器内有 $2a$ 毫升水,则乙容器内有 $3a$ 毫升水,丙容器内有$(900-5a)$毫升水。

根据等量关系可列方程:$3a+60=(900-5a)\times(1-10\%)$,解得 $a=100$。

因此,丙容器内有 $900-5\times100=400$(毫升)水。

4. 答案:8246。

分析:因为 $D\times D$ 乘积的个位是 D,所以 D 的可能值为 0、1、5、6;另外,竖式中 4 个乘积均为五位数,因此 A、B、C、D 中没有 0 和 1。若 $D=5$,乘积末尾只能为 0 或 5,无法实现 A、B、C、D 互不相同,所以 $D=6$;由于 $D=6$,进而 A、B、C 为不同的偶数,即 2、4、8;又因为四个乘积均为五位数,所以 A 不能为 2 或 4,只能为 8。为使$\overline{ABCD}$最小,让 $B=2$、$C=4$ 即可,因此$\overline{ABCD}=8246$。

5. 答案:135。

分析:

	内环	外环
单圈长度比	2	3
圈数比	5	3
单圈时间比	3	5
单圈时间/分钟	$6\div2\times3=9$	$6\div2\times5=15$
相同时间路程比	$2\times5=10$	$3\times3=9$
速度比	10	9
速度/(米/分)	$1\times10=10$	$1\times9=9$
环路长度/米	$10\times9=90$	$9\times15=135$

6. 答案:298。

分析:设 5 个砝码从小到大质量依次为 a 克、b 克、c 克、d 克、e 克,易推出如下对应关系:

32	35	39	A	B	C	D	E	F	64
$a+b$	$a+c$	$a+d$ 或 $b+c$						$c+e$	$d+e$

因为总体平均质量为 23.4 克,所以 $a+b+c+d+e=23.4\times5=117$(克);$c=117-32-64=21$(克),$a=32-21=14$(克),$b=32-14=18$(克),所以 $b+c=39$(克)。

32	35	39	A	B	C	D	E	F	64
$a+b$	$a+c$	$b+c$							$d+e$

所以 $A+B+C+D+E+F$ 的结果应为:

$a+b$	$b+c$	$c+d$	$d+e$
$a+c$	$b+d$	$c+e$	
$a+d$	$b+e$		
$a+e$			

即 $A+B+C+D+E+F=2a+2b+2c+3d+3e=2(a+b)+2c+3(d+e)=2\times32+2\times21+3\times64=298$(克)。

7. 答案:914。

分析:将单圈绳子分成 6 条线段及 6 段圆弧,而圆弧总和恰好为一个单圆的周长,要注意绳子总长还要乘以 2。

$(25\times2\times6+2\times25\times3.14)\times2=(300+157)\times2=457\times2=914$(厘米)。

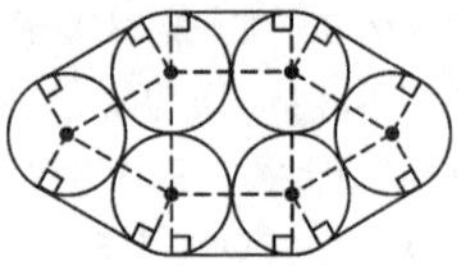

第 7 题图

8. 答案:443。

分析:三人总分 $23+21+22=66$(分),共玩了 $66\div(1+2+3)=11$(轮),因为王老师得第一名的次数最多,$11\div3=3\cdots\cdots1$,至少 4 次第一名。

若王老师得了 4 次第一名,则牛老师与马老师共得了 $11-4=7$(次)第一名,无法实现王老师最多,所以至少 5(次);

因为 $22\div3=7\cdots\cdots1$,王老师得第一名的次数至多 7 次。

若王老师得了 7 次第一名,剩余 1 分,无法构造 4 轮得分;若王老师得了 6 次第一名,剩余 $22-3\times6=4$(分),依旧无法构造 5 轮得分;若王老师得了 5 次第一名,剩余 $22-3\times5=7$(分),情况唯一,即第二名 1 次,第三名 5 次。

又因为马老师得第二名的次数最多,王老师得第二名只有 1 次,则马老师得第二名的次数至少为 6 次,他得第一名及第三名所得分数总和不高于 $21-2\times6=(9$ 分)。

若马老师得了 3 次第一名,则剩下 $11-6-3=2$(轮)共得 $9-3\times3=0$(分),不合理;若马老师得了 2 次第一名,则剩下 $11-6-2=3$(轮)共得 $9-3\times2=3$(分),第三名 3 次;若马老师得了 1 次第一名,牛老师得第一名的次数已达到 $11-5-1=5$(次),矛盾。

得到下列关系表:

人物	第一名	第二名	第三名
王老师	5	1	5
马老师	2	6	3
牛老师	11−5−2=4	11−1−6=4	11−5−3=3

因此三位数 $\overline{ABC}=443$。

补充:由牛老师得第一名有 A 次,第二名有 B 次,第三次有 C 次,我们也可以尝试用不定方程来解决:$\begin{cases}A+B+C=11,\\3A+2B+C=23,\end{cases}$ 解得 $\begin{cases}A=5,\\B=2,\\C=4,\end{cases}\begin{cases}A=4,\\B=4,\\C=3,\end{cases}\begin{cases}A=3,\\B=6,\\C=2,\end{cases}$ 通过题干条件判断合理性也可得到答案。

9. 答案:$\frac{2024}{2025}$。

分析:原式 $=\frac{3}{1\times4}+\frac{5}{4\times9}+\frac{7}{9\times16}+\cdots+\frac{89}{1936\times2025}=\frac{4-1}{1\times4}+\frac{9-4}{4\times9}+\frac{16-9}{9\times16}+\cdots+\frac{2025-1936}{1936\times2025}=1-\frac{1}{2025}=\frac{2024}{2025}$。

10. 答案:24。

分析:将甲×乙+乙×丙+丙×丁+丁×甲进行数形结合表达为:

	乙	丁
甲	甲×乙	丁×甲
丙	乙×丙	丙×丁

第 10 题图

即甲×乙+乙×丙+丙×丁+丁×甲=(甲+丙)×(乙+丁)=2024,又因为 $\begin{cases}甲+1=乙,\\乙+1=丙,\\丙+1=丁,\end{cases}$ 所以乙+丁比甲+丙多 2,即将 2024 分解为两个差 2 整数的乘积,$2024=44\times46$,$\begin{cases}甲+丙=44,\\乙+丁=46,\end{cases}$ 所以 $\begin{cases}甲=21,\\乙=22,\\丙=23,\\丁=24。\end{cases}$

11. 答案:4.7。

分析:$S_{梯形ABCD}=(2+5)\times(2+1+1)\div2=14$。

$S_{\triangle AHD}=2\times2\div2=2$,$S_{\triangle BCH}=5\times(1+1)\div2=5$,$S_{\triangle ABH}=14-2-5=7$,$S_{\triangle AEH}=7\times\frac{1}{1+2+2}=1.4$。

同理,$S_{\triangle BCG}=2.5$,$S_{\triangle ADG}=3$,$S_{\triangle ABG}=8.5$,$S_{\triangle FBG}=8.5\times\frac{2}{1+2+2}=3.4$,则 $S_{阴}=14-2-1.4-2.5-3.4=4.7$。

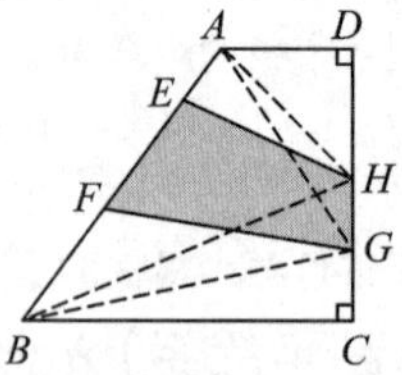

第 11 题图

12. 答案:8532。

分析:设四位数为 $\overline{ABCD}$。依题意。$\overline{ABCD}-\overline{DCBA}=\overline{EFGH}$。因为 $\overline{ABCD}-\overline{DCBA}=999A+90B-90C-999D=999(A-D)+90(B-C)=\overline{EFGH}$,所以 $\overline{EFGH}$ 必是 9 的倍数。

因为 $A+B+C+D+E+F+G+H=1+2+3+\cdots+8=36$,所以 $\overline{ABCD}$ 也是 9 的倍数。

又因为 $A+B+C+D$ 与 $E+F+G+H$ 至少为 $1+2+3+4=10$,所以 $A+B+C+D=E+F+G+H=18$。

经枚举可知,$\overline{ABCD}$ 的可能值为 8721、8631、8541、8532、7641、7632、7542、6543,逐一验证只有 $8532-2358=6174$ 符合要求。

13. 答案：8。

分析：$900=2^2\times3^2\times5^2$。可知除1以外的奇约数有3、5、9、15、25、45、75、225，因此填法有8种，具体如下：

$300\times3=299+300+301$；

$180\times5=178+179+180+181+182$；

$100\times9=96+97+98+\cdots+104$；

$60\times15=53+54+55+\cdots+67$；

$36\times25=24+25+26+\cdots+48$；

$45\times20=22.5\times40=3+\cdots+22+23+\cdots+42$；

$75\times12=37.5\times24=26+\cdots+37+38+\cdots+49$；

$225\times4=112.5\times8=109+\cdots+112+113+\cdots+116$。

14. 答案：108平方厘米。

分析：设 $EG=x$，由此可表示出一些关键边，如图。

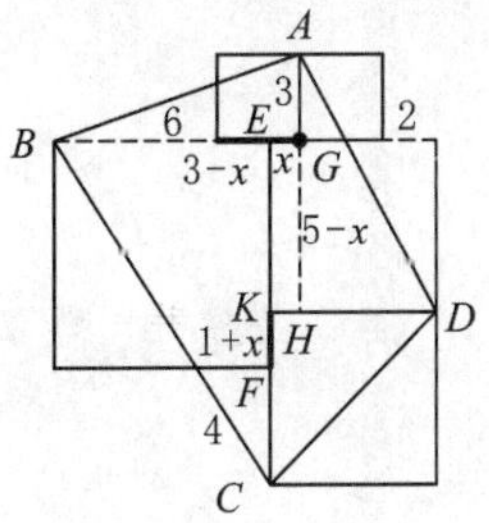

第14题图

因为 $BE=EF$，即 $6+3-x=5+x+1+x$，则 $x=1$，四边形 $ABCD$=三角形 ABG+三角形 BEC+三角形 CKD+三角形 AHD+矩形 $EKHG$。即 $13.5+48+18+22.5+6=108$（平方厘米）。

15. 答案：51。

分析：方法一相对操作搭配方式来说，表示方法更容易突破，再将不同的表示方法计算出所对应的操作搭配方式。

先顺向思考前两次操作，即从②出发经过第一次和第二次操作的情况，再逆向倒退最后两步，得到下面树状图。

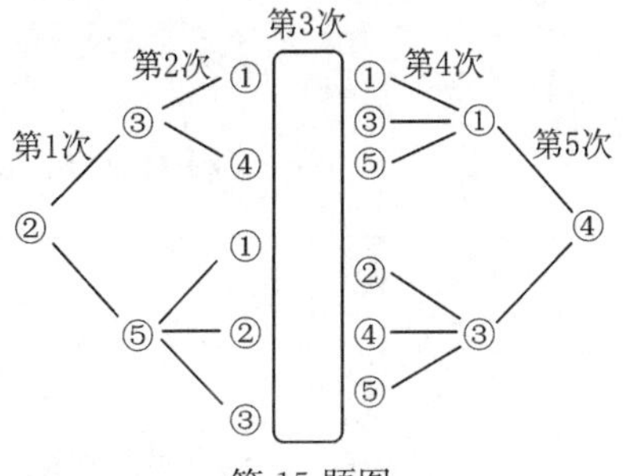

第15题图

因此，主要看第三次操作，从上到下依次考虑：

①可以连①、②、④，共3种；

④可以连③、⑤、②、⑤，共4种；

①可以连①、②、④，共3种；

②可以连③、⑤、⑤，共3种；

③可以连①、④，共2种。

共计 $3+4+3+3+2=15$（种）不同的表达方法。

操作搭配之所以多于表达方法的核心点在部分点移动可能有多种操作实现，即②→⑤可以由操作1或操作3实现，③→④可以由操作2或操作3实现，只有这两种情况。

表达方法	操作搭配方式
②③①①①④	1
②③①②③④	2
②③①④③④	2
②③④③①④	2
②③④⑤①④	2
②③④②③④	2×2=4
②③④⑤③④	2×2=4
②⑤①①①④	2
②⑤①②③④	2×2=4
②⑤①④③④	2×2=4
②⑤②③①④	2
②⑤②⑤①④	2×2=4
②⑤②⑤③④	2×2×2=8
②⑤③①①④	2
②⑤③④③④	2×2×2=8

所以操作搭配方式共有 $1+2\times7+4\times5+8\times2=51$（种）。

方法二分析点 A 从五个顶点出发，经过一步操作后的情况

	①	②	③	④	⑤
操作1后	④	⑤	①	②	③
操作2后	②	③	④	⑤	①
操作3后	①	④	⑤	⑥	⑦

出发	①③⑤	①④⑤	②④⑤	①③③	②②④
到达	①	②	③	④	⑤

转化为传球问题，即

	①	②	③	④	⑤
第一步	0	0	1	0	2
第二步	3	2	2	2	0
第三步	5	5	4	7	6
第四步	15	18	18	13	17
第五步	50	45	48	51	49

所以操作搭配方式共有51种。

图书在版编目（CIP）数据

小学数学资优教育年鉴. MO2024 / 刘嘉，付谦主编.
武汉 : 湖北科学技术出版社，2025. 5. -- ISBN 978-7
-5706-4112-3

Ⅰ. G624.5-54

中国国家版本馆 CIP 数据核字第 2025YZ2257 号

小学数学资优教育年鉴. MO2024
XIAOXUE SHUXUE ZIYOU JIAOYU NIANJIAN MO 2024

责任编辑：胡　静　梅嘉容　李雨点　李　彤
责任校对：王　璐　童桂清　　　　封面设计：喻　杨

出版发行：湖北科学技术出版社
地　　址：武汉市雄楚大街 268 号（湖北出版文化城 B 座 13—14 层）
电　　话：027-87679468　　　　邮　　编：430070

印　　刷：湖北红铅笔文化传媒有限公司　　　　邮　　编：441500

889×1194　1/16　28.25 印张　1 插页　835 千字
2025 年 5 月第 1 版　　　　2025 年 5 月第 1 次印刷
定　　价：114.00 元